महिलानॉमिक्स

Celebrating
30 Years of Publishing
in India

किताब की प्रशंसा में

'आप ऐसी कितनी किताबों को जानते हैं, जो सहजता से शाहरुख खान की फिल्मों, हालिया आर्थिक सिद्धांत, जॉब्स के डाटा, दिल्ली के प्लेबॉय की जूसी गॉसिप और भारतीय युवतियों की लवलाइफ के सामाजिक हालात का वर्णन करती है? ये किताब दिलचस्प, होशियार और चुटीले अंदाज से समकालीन भारत के लैंगिक संबंधों का ब्यौरा प्रस्तुत करती है| इसे जरूर पढ़िए|'

—**अभिजीत बनर्जी**, अर्थशास्त्र के लिए नोबेल पुरस्कार
विजेता और *पुअर इकोनॉमिक्स* के लेखक

'एक शानदार नई लेखिका का स्वागत है; मैं उनकी प्रतिभा से अभिभूत हूँ, उनके लेखन ने मुझे रूथ झाबवाला की याद दिला दी, जिन्होंने अपनी किताबों में भारतीय समाज की चीर-फाड़ करने के साथ ही उसकी सुंदर झलकियाँ भी पेश की हैं|'

—**प्रो. देवकी जैन**, सामाजिक न्याय, नारीवादी अर्थशास्त्र
और महिला सशक्तिकरण में योगदान क लिए पद्म
भूषण विजेता, और *द ब्रास नोटबुक* की लेखिका

'इन दिलचस्प कहानियों के माध्यम से प्रत्येक वर्ग की भारतीय महिलाओं की प्रोफेशनल और पर्सनल लाइफ साकार हो उठी हैं, और उन्हें बांधे रखने वाली साझा कड़ी है शाहरुख़ खान के प्रति दीवानगी| समकालीन भारत को समझने के लिए इसे जरूर पढ़ा जाना चाहिए|'

—**स्निग्धा पूनम**, नॉन-फिक्शन लेखन के लिए पेन अमेरिका
लिटरेरी अवार्ड में नामांकित, और *ड्रीमर्स* की लेखिका

'महिलाओं की फेंटेसी और हार्टब्रेक पर जबरदस्त टेक... एक दशक को परिभाषित करने वाली किताब|'

—**नीलांजना एस. रॉय**, उपन्यासकार और स्तंभकार

'...ये किताब मानवीय भावनाओं और डाटा एनालिसिस को साझा करते हुए, आधुनिक अर्थव्यवस्था में महिलाओं की स्थिति को स्पष्ट करती है| दिल चीर देने वाली सच्चाई और बेहतरीन नजरिये के साथ, श्रयना भट्टाचार्य हमें वर्किंग महिलाओं

की लाइफ में ले जाती हैं... ये महिलाएं किसी भी वर्ग और जाति से परे, अपनी दृढ़ता और चाहत की तस्वीर पेश करती हैं|'

—**मनु एस. पिल्लई**, लेखक और इतिहासकार

'एक शानदार किताब| दिलचस्प आईडिया और जबरदस्त लेखन| श्रयना ने बहुत ख़ूबसूरती से विभिन्न वर्गों की आवाज़ को प्रस्तुत किया है| ये किताब वास्तविक और व्यक्तिगत है|'

—**अक्षय मुकुल**, *राइटर, रेबेल, सोल्जर, लवर: द मेनी लाइव्स ऑफ़ अज्ञेय* के लेखक

'भट्टाचार्य की यह जटिल कहानी बताती है कि महिलाओं की स्थिति में इतना कम बदलाव क्यों आया है, जबकि और बहुत कुछ बदल गया है| शाहरुख़ के फैनडम के चश्मे के जरिए लैंगिक संघर्ष पर उनका फोकस जबरदस्त नजरिया प्रदान करता है| यह सामाजिक विज्ञान का बेहतरीन नमूना है—रोचक और बेहद सहानुभूतिपूर्ण|'

—**लांट प्रिचेट**, विकास अर्थशास्त्री, ब्लावैत्निक स्कूल ऑफ़ गवर्नमेंट, ऑक्सफ़ोर्ड यूनिवर्सिटी

'श्रयना समकालीन भारतीय महिलाओं के जीवन में झांककर, उन्हें डाटा की रौशनी में परखकर, सहजता से पाठकों के सम्मुख पेश करती हैं| उन्होंने बड़ी बहादुरी से अपनी कहानी को बुना है! शाहरुख़ उस कहानी की जादुई छड़ी है|'

—**प्रो. अश्विनी देशपांडे**, स्कोलर, अशोका यूनिवर्सिटी, और फाउंडिंग डायरेक्टर ऑफ़ सेंटर फॉर इकोनोमिक डाटा एंड एनालिसिस

'यह किताब 1991 के बाद की महिलाओं की कहानी कहती है... यह कहानी सिर्फ भारत के आइकोनिक स्टार शाहरुख खान के प्रति दीवानगी तक सीमित नहीं है| यह आधुनिक भारतीय महिलाओं के जीवन और असमानताओं से लड़ने के उनके तरीकों की जबरदस्त कमेंट्री है| रोजमर्रा की साधारण चीजों को आर्थिक परिदृश्य से जोड़ने की श्रयना की योग्यता ने इसे बहुत ख़ास बना दिया है|'

—*द हिंदू*

'बहुत कम ऐसा होता है कि किसी किताब को पढ़कर ऐसा लगे कि वो सिर्फ आपके लिए लिखी गई है| *डेस्पेरेटली सीकिंग शाह रुख* उनमें से एक है| जेंडर के प्रति भट्टाचार्य का नजरिया अनोखा है| अर्थशास्त्र के सिद्धांतों और डाटा को बेहद ख़ूबसूरती से निजी वृतांतों में पिरोया गया है| उनका लेखन ऐसे भावों को जगाता है, जो किसी अकादमिक किताब के बस की बात नहीं है|'

—*द इंडियन एक्सप्रेस*

'इस किताब ने सहजता से अपनी जगह वर्तमान के श्रेष्ठ संकलनों में बना ली है।'

—बिजनेस स्टैण्डर्ड

'चुस्त, चतुर और स्पष्टता से लिखी यह किताब हर उस व्यक्ति को पढ़नी चाहिए, जो फीमेल गेज़ को समझना चाहता है।'

—द टेलीग्राफ

'भारतीय महिलाओं पर एक नया और अनोखा नजरिया, जो बताता है कि अपने जुनून को कायम रखने के लिए वो किस हद तक जाती हैं।'

—डेक्कन हेराल्ड

'सहज... एक किताब जो जिज्ञासा को बढ़ाती है... एक किताब, जिसे खूब खूब पढ़ा जाना चाहिए...'

—ओपन मैगज़ीन

'[यह किताब] जल्दबाजी में किया गया सर्वे नहीं है। इसका काम लगभग दो दशकों तक चला है... विभिन्न दौर के इंटरव्यू, लोगों से मिलना, सिंगल-मैरिड महिलाओं के व्यूज, और देश के दूर-दराज के इलाकों में की गई यात्राएं। ये महिलाएं हिंदू, मुस्लिम और ईसाई हैं; खुश और नाखुश होममेकर्स हैं; संतुष्ट और हताश वर्किंग वीमेन हैं; और काम छोड़ चुकी व बेचैन हैं। उन्हें आपस में सिर्फ एक ही चीज़ जोड़ती है... शाहरुख़ के प्रति उनकी दीवानगी। ये किताब पढ़ने तक मैंने कभी अपनी माँ और आंटियों की उस बगावत को पूरी तरह महसूस नहीं किया था, जो हर शुक्रवार का शो देखने से वो पूरा करती थीं।'

—बीबीसी.कॉम

'यह उल्लेखनीय किताब उन चुनौतियों के बारे में है, जिनका सामना भारतीय महिलाएं करती हैं... लेकिन भट्टाचार्य ने इसमें और कई परतें जोड़ दी हैं, जिससे यह महज संघर्ष की कहानी ही नहीं रह गई है: यह महत्वाकांक्षा की कहानी है, आज़ादी की अपने मायनों की कहानी है... इन कहानियों के माध्यम से श्रयना जो पॉइंट हमारे सामने रखती हैं, उसे बहुत से अर्थशास्त्रियों ने अनदेखा छोड़ दिया था: प्यार और इच्छाओं को अनदेखा नहीं किया जा सकता। ये अर्थशास्त्र की हमारी समझ का केंद्र हैं।'

—मिंट लाउन्ज

'हमारी इकोनोमिक लाइफ और रोमांटिक लाइफ आपसे में गुंथी हुई हैं, इस किताब में भट्टाचार्य बताती हैं कि खान की फ़िल्में महिलाओं को वो अलग जीवन

प्रदान करती हैं, जिसका उन्होंने कभी ख्वाब देखा था: वो जीवन जहाँ वो अपना मनचाहा करने के लिए आज़ाद हैं, जहाँ आदमी उनके साथ तमीज से पेश आते हैं, उनकी परवाह करते हैं, उनकी जिम्मेदारियों का बोझ उठाते हैं, और बड़े से परिवार में भी उनकी उपस्थिति को महसूस करते हैं| फिल्म की टिकट खरीदकर, खुद फिल्म देखने जाना ऐसे समाज में एक बड़ा कदम है, जहाँ महिलाओं को आज भी घर का सामन खरीदने जाने की इजाजत नहीं है|'

—ब्लूमबर्ग

'बांधकर रखने वाली, एक पाठक के तौर पर, या कम से कम एक पुरुष पाठक के तौर पर, ये आपको उन राहों पर ले जाती है, जिनके अस्तित्व से आप अभी तक अनजान थे| एक बड़े शहर में, प्रोफेशनल एनालिसिस के तौर पर यह किताब किसी थैरेपी से कम नहीं है|'

—द वायर

'लेखन शैली और रोचक कहानियां इस जटिल विषय में भी आपको बोर नहीं होने देतीं| इन घटनाओं में हमेशा कोई दिल छू लेने वाला पल या हास्य छिपा है| यकीनन हम समाज पर सिनेमा के प्रभाव को जानते हैं| इस किताब ने कहानियों को मानवीयता दी है| एक फैन के नज़रिए से लिखी गई ये कहानियां लोगों के जीवन में राहत, मदद और उन्हें बांधे रखने में सिनेमा के योगदान को बयां करती हैं| और यहाँ यह काम किया है शाहरुख़ खान ने|'

—फर्स्टपोस्ट

'किसने सोचा था कि शाहरुख़ खान मध्य-वर्गीय महिलाओं की आज़ादी, उनकी हसरतों को समझने का जरिया बन सकते हैं? श्रयना भट्टाचार्य ने इस एक्सपेरिमेंट को सफलतापूर्वक पूरा किया है|'

—फर्स्टपोस्ट

'किसने सोचा था कि शाहरुख़ खान मध्य-वर्गीय महिलाओं की आज़ादी, उनकी हसरतों को समझने का जरिया बन सकते हैं? श्रयना भट्टाचार्य ने इस एक्सपेरिमेंट को सफलतापूर्वक पूरा किया है|'

—द न्यूज़ मिनट

'यह भावनाओं से भरा नॉन-फिक्शन है|'

—श्रीवत्स नेवतिया, *इंडिया टुडे*

‘भट्टाचार्य की किताब कमाल की है, क्योंकि उन्होंने उस फैनडम के बारे लिखा है, जिसका वे खुद हिस्सा हैं| इसकी वजह से उनका नजरिया कम जजमेंटल रहा है| वो मज़ेदार हैं, खुद पर हंस सकती हैं, और चुटीली बात कहने से पीछे नहीं हटतीं|’

—चिंतन गिरीश मोदी, न्यूज़ 9

‘एक महत्वपूर्ण किताब... गहराई से लिखी हुई, जैसी समकालीन भारत की किताब होनी चाहिए| हास्य, लोकल शब्दों का इस्तेमाल... डाटा पर कड़ी नज़र और किरदारों के अनुरूप तथ्यों और भाषा का इस्तेमाल इसे और ख़ास बनाते हैं|’

—शैफाली वासुदेव, वॉइस ऑफ़ फैशन

‘[श्रयना] प्यार, सेक्स और रोमांस को इकोनॉमिक्स से जोड़ने में माहिर हैं| उन्होंने हर चीज़ का तथ्यात्मक और ईमानदार ब्यौरा दिया है|’

—सुचारिता सेनगुप्ता, द बुक रिव्यू

‘...एक नजदीकी नज़र कि भारतीय महिलाएं काम, वेतन, सामाजिकता, आर्थिक आकाँक्षाओं को कैसे देखती हैं, साथ ही वो निजी मसलों, अंतरंगता, अकेलेपन, परिवार में मोल-तोल करने की पावर, आत्मसम्मान से कैसे डील करती हैं|’

—द अनएस्यूमिंग इकोनॉमिस्ट

‘आंकड़ों को ख़ूबसूरती से कहानी के धागों के साथ बुन देना भट्टाचार्य की खासियत है... ताजगी भरी कहानियां, जो एक ही साथ में समाजशास्त्र, इतिहास, अर्थशास्त्र, फैनडम और बॉलीवुड के बादशाह शाहरुख़ खान को लिखे प्रेम-पत्र की बयानगी है|’

—desibooks.co

‘[श्रयना] ने आर्थिक आंकड़ों को उठाकर एक बड़ी तस्वीर पेश की है| ईमानदारी से कहीं गई ये बातें भारतीय समाज के समाजशास्त्र, संकलन और लोकप्रिय संस्कृति को सहजता से प्रस्तुत करती हैं|’

—*बुक्स एंड आईडिया*, इंस्टिट्यूट फ्रन्कैस

Desperately Seeking ShahRukh
का हिंदी अनुवाद

महिलानॉमिक्स

उम्मीद, उन्नति और शाह रुख़ खान

श्रयना भट्टाचार्य

अनुवाद
शुचिता मीतल

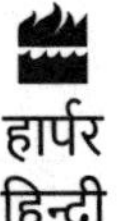

हार्पर
हिन्दी

हार्पर हिन्दी
(हार्पर कॉलिंस पब्लिशर्स इंडिया) द्वारा 2023 में प्रकाशित
बिल्डिंग नं. 10, टावर A, 4th फ्लोर, डीएलएफ साइबर सिटी, फेज II, गुरुग्राम 122002
www.harpercollins.co.in

अंग्रेज़ी का प्रथम प्रकाशन 2022

P-ISBN: 9789356991293
E-ISBN: 9789356991309

कवर डिजाइन ©: Amit Malhotra
Front cover photo/Back cover photo: Alamy

टाइपसेटिंग: डाइटेक प्रकाशन सेवाएं
मुद्रक: रेप्लिका प्रेस प्रा. लि, भारत

HarperCollinsIn

मां, बाबा, माशी, दिया के लिए

और मैं आज़ाद हूं, तीन टेढ़ी चीजों से आज़ाद—ओखली, मूसल और अपने पति और उनकी टेढ़ी चीज़ों से|

—मुट्टा, *थेरीगाथा,* 600 ई.पू.

इकोनॉमिक जेंडर गैप भारत में विशेष रूप से बहुत गहरा है... केवल एक-चौथाई महिलाएं श्रम बाजार (यानी काम करने या काम की तलाश करने) में सक्रिय रूप से लगी हुई हैं—(जो) दुनिया में सबसे कम भागीदारी दरों में से एक (है)।

—वर्ल्ड इकोनॉमिक फोरम, 2020

उनकी फ़ैंटैसीज़ हैं—क्या मेरी शादी होगी और मैं ख़ुश रह सकूंगी? क्या ऐसा हो सकता है कि मेरे पास एक छोटी कार हो और मुझे पेट्रोल की क़ीमत की चिंता न करनी पड़े? भारत में ज़िंदगी बहुत मुश्किल है, इसलिए मैं उन्हें दो घंटे की असल *फ़ैंटैसी* दूंगा।

—शाहरुख़ ख़ान, 2013

अनुक्रम

भाग 4: मन्नत

Per Cent Share of Population (Fifteen Years and Above) in the Indian Labour Force: 1993–2017

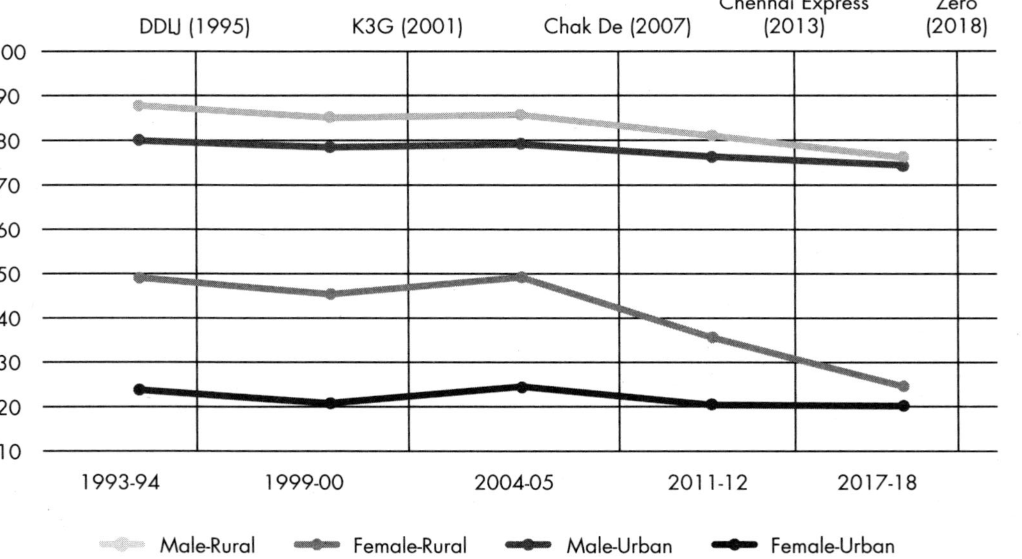

आभार

इससे पहले कि मैं आपको शाहरुख़, अपनी साथी फ़ैनगर्ल्स और उनकी फ़ैंटैसीज़ के साथ अपने सफ़र के बारे में बताऊं, मुझे कुछ वास्तविकताओं और चेतावनियों के साथ आपकी उम्मीदों पर नियंत्रण रखना होगा। दूसरों की मेहनत और प्यार या पसंद के बारे में लिखते हुए, मैंने जहां-जहां तथ्य उपलब्ध (कालक्रम, तारीख़ें, पगारें) हुए, वहां उन्हें प्रस्तुत किया है। ग्यारहवें चैप्टर में झारखंड के कुछ गांवों के नामों के अलावा बाक़ी जगहों की सटीक पहचान की गई है। यह उस रिसर्च प्रोजेक्ट से मिली नैतिक स्वीकृतियों का पालन करते हुए किया गया है जिसके माध्यम से मैं उन महिलाओं से मिली थी जिनके बारे में मैंने लिखा है। पहले चैप्टर की किरदार पांच महिलाओं की कहानियों का एक काल्पनिक सम्मिश्रण है। चौथे चैप्टर में इतिहासकार के साथ संक्षिप्त बातचीत भी एक समग्र प्रतिनिधित्व है। मैंने अपने फ़ैनडम की कहानियां बताने वाली महिलाओं की प्राइवेसी का सम्मान करने के लिए उनके नाम आदि पहचान की डिटेल बदल दी है। इस किताब में प्रस्तुत विवरणों की व्यक्तिगत प्रकृति के कारण, मैं उन उत्तरदाताओं के पास वापस गई, जो अंग्रेज़ी नहीं पढ़ सकते ताकि उन्हें बता सकूं कि मैंने उनकी लाइफ को किस रूप में समझा और लिखा है। अपनी गुमनामी को सुरक्षित रखने के लिए उन्होंने जिन बदलावों का अनुरोध किया, मैंने उन्हें शामिल किया है। यह किताब उनकी उदारता के कारण ही वजूद में आई है। इसमें दर्ज की गई घटनाएं तथ्यों पर आधारित हैं, लेकिन दूसरे व्यक्तियों के आंतरिक अनुभवों और भावनात्मक अवस्थाओं को समझने और उन्हें व्यक्त करने के लिए मैंने अपनी क्षमताओं पर भरोसा किया है। कुछ बताने और जोड़ने में हुई कोई भी ग़लती पूरी तरह से मेरी है।

तेज़ी से आते सामाजिक-आर्थिक बदलाव महिलाओं की लव-लाइफ में कैसे सामने आते हैं, इन कहानियों को एकत्र करते हुए मैं एक महत्वाकांक्षी प्रोजेक्ट—उदारीकरण के बाद के भारत में महिलाओं के एक अंतरंग इतिहास का चित्रण—पर काम करने का प्रयास कर रही हूं। और मैं कोई इतिहासकार नहीं हूं; मैं महज़ एक स्कोलर हूं। इसलिए, मैं उन सभी की बेहद आभारी हूं, जिन्होंने अपने काम को समझने में मेरी मदद की। सबसे पहले प्रेरणा और प्रोत्साहन देने के लिए, मुझे इस किताब को अपनी शर्तों पर प्रकाशित करवाने में मदद करने के लिए मेरी एजेंट और मार्गदर्शक उत्कृष्ट श्रुति देबी को आभार। मेरे कुशाग्र संपादक शौगत दासगुप्ता का बहुत-बहुत आभार, जो अब शाहरुख़ के फैन बन गए हैं। मैं उन सभी को धन्यवाद देती हूं जिन्होंने बार-बार पढ़ने और मेरे इंटरव्यू के सवालों के लिए समय निकाला—यामिनी अय्यर, अभिजीत बनर्जी, उर्वशी बुटालिया, अनुपमा चोपड़ा, सपना देसाई, ज्यां द्रेज़, इमैनुअल फ़रही, बिजॉय जैन, रेनाना झाबवाला, नायला कबीर, अनुश्री मजूमदार, नसरीन मुन्नी कबीर, सिद्धार्थ रॉय कपूर, सुप्रिया नायर, यामिनी लोहिया, रोहिणी पांडे, मनु पिल्लै, लांट प्रिचेट, वरुण राणा, नित्या राव, जी. रवींद्रन, राजा सेन, मयंक शेखर और एलेक्स ट्रैवेली। हार्परकॉलिन्स इंडिया में उदयन मित्रा, अनंत पद्मनाभन और अमृता मुखर्जी को विशेष धन्यवाद। मैं उन अनेक डाटा स्रोतों में लगे सांख्यिकीविदों और सर्वेक्षणकर्ताओं के मेहनत भरे काम के प्रति भी आभार प्रकट करना चाहती हूं, जिनका मैं इस्तेमाल कर सकी। अपने विश्लेषण को साझा करने के लिए, मैं रोज़ा अब्राहम, राजीब आचार्य, ईशान आनंद, अमित बसोले, तरुण जैन, अंजना थम्पी, जयन जोस थॉमस और सुतीर्थ सिन्हा रॉय की आभारी हूं। ध्यान भटकाने वाले फ़ुटनोट्स से बचने के लिए, मैंने किताब के अंत में एक अलग खंड में स्रोतों का हवाला देने की कोशिश की है। ध्यान रखें कि इन आंकड़ों की अपनी सीमाएं हैं। चूंकि मेरा लक्ष्य एक तकनीकी किताब लिखने का नहीं है, इसलिए आसान प्रस्तुति के लिए मैंने सरलीकरण किया है और आगे पढ़ने के लिए सुझाव दिए हैं। मैं रत्ना सुदर्शन और इंस्टीट्यूट ऑफ़ सोशल स्टडीज़ ट्रस्ट में उनके सभी सहयोगियों की हमेशा आभारी रहूंगी—उनके प्रयासों के बिना यह किताब अस्तित्व में नहीं आती।

इस लेखन को जय अर्जुन सिंह, सैम एशवर्थ, तानिया भारद्वाज, राघव चानना, गोपिका डावर, रेहान इंजीनियर, नेथैनिएल गैस्केल, अमूल्य गोपालकृष्णन, शालिनी जॉन, नेहा कौल मेहरा, सुमैया कसमाली, ज़ेन लिउ, स्वाति लोहिया, वरुण मधोक, रिंकू मुरगई, स्निग्धा पूनम, मीनाक्षी रेड्डी माधवन, सलीम रियाज़ ख़ान, मानसी

सुब्रमण्यम और कैली स्टोन की मित्रता और फ़ीडबैक मिला है। मैं अपने कार्यस्थल के वरिष्ठ प्रबंधन और सहयोगियों की भी बहुत ऋणी हूं।

यह मानवजाति विज्ञान नहीं है। मैं उन महिलाओं की रोज़मर्रा की ज़िंदगी के पूरे दस्तावेज़ीकरण करने का दावा नहीं करती जिनसे मैं मिली थी। मेरी कहानियां उस सब पर निर्भर करती हैं जो मैंने पंद्रह साल तक कानों पड़ी बातें सुनने, फ़ोन कॉल्स, फ़िल्म स्क्रीनिंग्स, शादियों, महिलाओं को प्यार और श्रम करते देखने से चुना है—मुलाक़ातों का एक ऐसा चित्रपट जिससे मुझे यह अंदाज़ा हुआ कि किस तरह ख़ाली समय, फ़ैनडम और फ़ैंटैसी आधुनिक भारत में आम महिलाओं को भेदभाव और तन्हाई से जूझने में मदद करती है। अंत में: मैं पूरी तरह से मानती हूं कि एक फ़िल्मी आइकन कोई व्यक्तिगत स्टार नहीं होता। बल्कि, एक आइकन कई सितारों (सह-अभिनेताओं, पत्रकारों, संगीतकारों, गायकों, फिल्म निर्माण दल, मेकअप आर्टिस्ट्स, लेखकों, निर्माताओं और निर्देशकों) का एक तारामंडल होता है। मि. ख़ान के बारे में लिखते हुए मैं उन सबको सलाम करती हूं, जिन्होंने उनकी जादुई फ़िल्मोग्राफ़ी को बनाने में मदद की है।

पेपरबैक संस्करण के लिए भूमिका

यह किताब उन महिलाओं को लिखा एक लव लैटर था, जो पारम्परिक 'आदर्श' भारतीय महिला के खाके और खुद को नकार देने वाली पटकथा से उठकर बाहर चली आई थीं| यह किताब शाहरुख खान और समाज-विज्ञान रिसर्च की पावर को लिखा एक लव लैटर था| किताब की रिलीज के बाद से, हर इंटरव्यू और हर टॉक में मुझसे पूछा गया कि क्या यह किताब मिस्टर खान तक पहुंची थी| अप्रैल 2022 में, आखिर यह मुमकिन हो पाया| ये मेरी कल्पना से भी परे था, लेकिन मैं खुद मन्नत में गई और इस किताब के इष्ट को खुद अपने हाथों से ये किताब सौंपी| उन चंद लम्हों में, मिस्टर खान ने उन सभी महिलाओं के प्रति अपना आभार व्यक्त किया, जो इस रिसर्च प्रोजेक्ट का हिस्सा बनी थीं| उन्होंने कहा, 'इकोनोमिक्स को इतने दिलचस्प और ज्ञानवर्द्धक तरीके से समझना सुखद है|'

यह किताब कभी भी शाहरुख खान के निजी या व्यावसायिक जीवन को समेटने के लिए नहीं थी| उनके सेलिब्रिटी वर्क को समेटने के लिए मैं बहुत साधारण 'फैन' हूँ| मेरी यह किताब भारतीय महिलाओं के व्यावसायिक जीवन को समझने का प्रयास है; मिस्टर खान ये जानते थे| उन्होंने मेरा शुक्रिया अदा किया कि मैंने उनका कुछ 'सदुपयोग' किया और मैं हमेशा उनकी कर्जदार रहूंगी कि उनके जरिये ही मैं इस अनोखी रिसर्च को अंजाम दे पाई|

मैं उन सब महिलाओं की भी कर्जदार हूँ, जिन्होंने मेरी इस किताब में भूमिका अदा की| मुझे आशा है कि इस शोध से हासिल सफलता से मैं एक ऐसी जगह बना पाऊँगी, जहाँ हम शाहरुख़ की दीवानी एक साथ आकर कुछ और मज़ेदार चीजें कर पाएं| आखिरकार, एक ऐसी दुनिया में जहाँ महिलाओं की आवाज़ों, ख़ुशी और उत्साह को हमेशा उथला या सतही मानकर नकार दिया जाता है, मैं उन सभी का

शुक्रिया अदा करना चाहूंगी, जिन्होंने इस किताब को पढ़ा, इसे सराहा और दूसरों को भी इसे पढ़ने के लिए प्रेरित किया| जब मैं यह नोट लिख रही हूँ, तो 2022 वर्ल्ड इकोनोमिक फोरम जेंडर गैप इंडेक्स में अर्थव्यवस्था में महिलाओं की भागीदारी के मामले में भारत को नीचे से पांचवें स्थान पर रखा गया है| मुझे आशा है कि इस किताब के जरिये आप समझ सकेंगे कि कैसे हम दुनिया की अर्थव्यवस्था में लैंगिक-असामनता के मामले में पिछड़ गए| इन निराशाजनक आंकड़ों के पीछे से निकाली गई इन कहानियों के माध्यम से शायद आप इन सबमें परिवार और फिल्मों की भूमिका समझ पाएं| हम सभी इस समस्या का हिस्सा हैं; और हम समाधान भी हो सकते हैं|

प्रस्तावना
शाहरुख़ की पनाह में

कोई न कोई चाहिए, प्यार करने वाला

—दीवाना (1992)

हक़ीक़त में हमें अपने आसपास उनके अलावा और लोगों की ज़रूरत नहीं होती, जिनके साथ बंद होने के दौरान हम बात करना पसंद करेंगे।

-शाहरुख़ ख़ान, 2020

मेरी लाइफ में सैक्सुअलिटी हमेशा एक झमेला रही है। मैंने अपनी टीनेज और अडल्ट उम्र के कई साल किसी न किसी महान आदमी का ध्यान आकर्षित करने में बिताए हैं। मैं उन महिलाओं में से हूं जिनके बारे में आपके दोस्त बात करते हैं। मतलब, उस बदनाम कहावत वाली महिला, 'इतनी सारी अच्छी सिंगल औरतें लेकिन कितने कम अच्छे सिंगल आदमी।' काम पर, मैं सक्षम और शांत हूं। प्यार में, मैं एक डगमगाती नाकामी हूं।

अफ़सोस कि संगियों के मार्केट ने मुझे बचाव के लिए भागने को मजबूर कर दिया है। घायल और ज़ख़्मी, मैं एक मामूली रोमांटिक उन्माद के स्पेक्ट्रम के साथ डोलती रहती हूं। किसी-किसी दिन, सैक्सुअल रोमांस की तलाश थकी हुई और घिनौनी लगती है। कभी-कभी, एकांगी संबंध की प्रथा एक सिरचढ़ी दुर्लभ चीज़ सी लगती है, जिससे एक कमिटेड रिश्ता सबसे लुभावना कॉन्ट्रैक्ट लगने लगा है। मेरे अंदर वो संतुलन और लापरवाही नहीं है, जो दिल्ली जैसे शहर में रोमांस करने के लिए ज़रूरी है। मैं इतनी कॉस्मोपॉलिटन या कूल नहीं हूं कि सेक्स के इंटरनेशनल रिवाजों के कोड समझ सकूं। मेरे प्रेम संबंधों में एक आध्यात्मिक और शारीरिक

शर्म रुकावट खड़ी करती है। मैं जो हूं उसे लेकर मैं लगातार बेचैनी महसूस करती हूं। प्यार की मेरी तलाश के लिए कोई उम्मीद नहीं है। क्योंकि उस शख़्स को बाहर की दुनिया में ज़र्रा बराबर भी प्यार कैसे मिल सकता है, जो अपने भीतर थोड़ी सी भी सहजता पैदा नहीं कर सकता?

2019 में, मैंने एक लिटरेरी एजेंट, वित्तीय स्वतंत्रता के साथ और कोई पार्टनर मिलने की संभावना के बिना अपने तीस के दशक के मध्य में क़दम रखा। फिर भी, मुझे लगता था कि मैं ठीक रहूंगी। मेरी ज़िंदगी एक एकांगी रिश्ते में एडवेंचर्स की एक सीरिज होगी। मैंने सोचा था कि हां, मेरे बहुत से दिन ख़ुद पर तरस खाने और एकतरफ़ा ख़्वाहिश में बर्बाद हो जाएंगे। शायद मुझे कोई मिल जाए। लेकिन शायद सार्थक काम और क़रीबी दोस्त पीठ पर सवार रोमांटिक बोझ से तालमेल बिठाने में मेरी मदद कर सकते। जो भी हो, मैं प्यार को लेकर चिड़चिड़ी सी हो गई थी। स्थिर और समान स्तर की रोमांटिक पार्टनरशिप कोरी कल्पना सी लगती थी। मेरी लव लाइफ मेरी पहचान का एक गौण हिस्सा बन गई थी| मैं एक कामकाजी प्रोफेशनल थी, मैं एक फ़ैन थी, मैं एक पक्की दोस्त थी, मैं कमज़ोर माता-पिता की प्रमुख केयरटेकर, मैं एक ग़रीब देश में अपराधबोध से भरी विलासिता का जीवन जीने वाली उच्च जाति की अंग्रेज़ीभाषी भारतीय थी। इन अनुभवों ने उसे परिभाषित किया था जो मैं ख़ुद को मानती थी। अब किसी की पार्टनर या पत्नी न होना उतना नहीं सालता था जितना 25-30 साल की उम्र में होता था। अपनी प्रोडक्टिव तन्हाई में संतुष्ट, मैं एक शांत जीवन जीने के लिए लगभग तैयार ही थी। और फिर, मार्च 2020 के बीच, भारत ठहर गया।

सार्स-कोव-2 से उपजे डवलपमेंट क्राइसिस ने अपने शुरुआती दिनों में मुझ जैसे हाफ-इकोनोमिस्ट को भी बेहद बिजी रखा। सरकारी अफ़सरों के साथ वीडियो कॉल्स और वर्चुअल मीटिंग्स से भरे घंटे दिमाग़ को घुमाकर रख देते थे। मैंने जितना संभव हुआ, सिस्टम की सेवा करने की कोशिश की। एटलांटिक पार के सहयोगियों के साथ ईमेल और व्हाट्सएप के बेतहाशा आवागमन के कारण, लॉकडाउन के बावजूद मैं शायद ही कभी अकेली रही थी। डैडलाइंस मेरी साथी थीं। हफ़्ते बीतते गए, और अनेक हिंदुस्तानियों की तरह, मैं भी दुनिया के इस तरह बेसाख़्ता भरभराकर ढहने को समझने का संघर्ष करती रही—एडवांस्ड पश्चिमी देशों के कभी कुशल रहे सिस्टम ध्वस्त हो रहे थे। भारत में, उग्र रेज़िडेंट वेलफ़ेयर एसोसिएशन्स की आंटियां सोशल डिस्टैंसिंग के बहाने अपने जातिवाद को खुली छूट दे रही थीं। टीवी पर, टैक्नोक्रेट 'फ़िस्कल स्पेस' पर चर्चाएं कर रहे थे। इंटरनेट

पर, लोग एक-दूसरे के और अपनी सरकारों के ख़िलाफ़ अपना गुस्सा निकाल रहे थे। शांत डॉक्टर स्वच्छता और धैर्य बनाए रखने का उपदेश दे रहे थे, जबकि कोविड को नकारने और लॉकडाउन को शक भरी नज़रों से देखने वाले इनके पीछे साज़िश की बात कर रहे थे; अपने गांवों पहुंचाने की गुहार लगाकर थक चुके भूखे मज़दूर आखिर पैदल ही अपने घर की ओर निकल पड़े थे। इधर प्रशासनिक अधिकारी ईमानदारी से प्रयास करने या बेकार के बहाने दे रहे थे, और उधर आम लोग मिलकर बुज़ुर्गों के लिए भोजन पका रहे थे। दुखद बात यह थी कि लाखों लोग नौकरी खो रहे थे, बॉस मज़दूरी दबा रहे थे और हममें से जो संपन्न थे, वो घरों पर डिलीवर की गई शराब में अपने दर्द और डर को डुबो रहे थे। तब तक हम यह नहीं जानते थे कि भारत में महामारी की पूरी भयावहता अभी सामने नहीं आई है। एक साल में, हमारे सभी डर, संरचनात्मक अन्याय और नाकारापन विशाल रूप धरकर हर तरफ़ फैली मौत और निराशा के सर्वव्यापी भूत में विलीन हो जाने वाले थे।

मैं इस सबके बारे में बिना तय किए सहज रूप से बातचीत करने को उतावली थी। इस क्राइसिस के बीच किसी को थामने के लिए। इसके बजाय, मैंने दोस्तों के साथ वर्चुअल डेट्स प्लान करने पर समझौता कर लिया था, जहां हमारी अंतरंगता में ख़राब इंटरनेट कनेक्शन बार-बार बाधा डालता रहता था। मेरी बेस्ट फ्रेंड को भी, जो ख़ुद भी सिंगल थी, ऐसा ही महसूस होता था। लेकिन स्क्रीन पर शब्दों और चेहरे के संकेतों के माध्यम से व्यक्त किया गया हमारा आपसी प्यार और एकजुटता भीतर की घबराहट को बमुश्किल ही शांत कर पा रही थी। हर रात, जब मैं बीते हुए दिन पर सोचती, तो मुझे अकेलेपन की टीस में घुली तन्हाई का अनुभव होता।

मैं एक बेआराम सी कुर्सी पर बैठी, स्क्रीन और खिड़कियों के रास्ते दुनिया को देखती थी। मैं महिलाओं को वायरस के ख़िलाफ़ जंग लड़ते—पत्नियों को अपने ससुराल वालों की देखभाल करते, मांओं को बच्चों को हाथ न धोने के लिए फटकारते, सामुदायिक स्वास्थ्य कार्यकर्ताओं, नर्सों और संपर्क-खोजियों की महिला सेना को कम वेतन पर आवश्यक सेवाएं करते—देखती। डोमेस्टिक सर्वेंट पर बुरी तरह निर्भर मेरे अपने इलाक़े में, पत्नियां अब, अपने पतियों की मदद के बिना, बड़े-बड़े परिवारों के लिए खाना बनातीं और सफ़ाई करती थीं। ज़बरदस्त उत्पादकता का संकेत देने को उत्सुक पुरुष, ऑफ़िस के सहयोगियों और क्लायंट्स के साथ फ़ोन पर ज़ोर-ज़ोर से घंटों बिताते। वो अपने व्यक्तित्वों के केंद्र, अपने ऑफिस लौटने के लिए बेचैन थे। विवाहित महिलाएं अपने घरेलू जीवन के अंतहीन घंटों में वापस लौट गई थीं। उनमें से कुछ के लिए तो यह हमेशा

जैसा ही था। 'घर पर रहने की तो हमें आदत है,' कॉलोनी की एक हाउस वाइफ ने मुझसे कहा, 'लेकिन मेरी नौकरानी के न आने से काम बहुत ज़्यादा हो गया है। ये लॉकडाउन मर्दों और बच्चों के लिए बहुत कठिन है—वो हमसे कहीं अधिक बाहर जाते हैं।' जब हम अपनी-अपनी छतों से दुआ-सलाम कर रहे थे, तो वो सुखाने के लिए कपड़े डाल रही थीं। डाटा से पता चलता है कि अधिकांश भारतीय महिलाएं अपने परिवार और बच्चों के लिए कैरियर और अपने घरों से परे की दुनिया की क़ुर्बानी दे देती हैं। बस वायरस इस बलिदान को और अधिक नाशुक्रा और मेहनत भरा महसूस करा रहा था। लॉकडाउन के दौरान पुरुष पार्टनरों की घरेलू हिंसा बढ़ रही थी; महिलाएं थक चुकी थीं और उनके पास अपने लिए कोई समय नहीं था।

इन ऑनलाइन और ऑफ़लाइन दृश्यों को देखकर, मैं आत्मसंतुष्ट और धन्य महसूस करती थी। मैं अपने बरामदे की सुविधाजनक जगह से मेहनतकश मांओं, बेचैन पतियों और चिड़चिड़े बच्चों को देखती, और ख़ुद को और अपने एक्स-बॉयफ्रेंड्स को मुझे घुटन भरी घरेलू ज़िंदगी से बचा लेने के लिए धन्यवाद देती। मैं आभारी महसूस करती थी कि मुझे कम बर्तन धोने पड़ रहे थे और मेरे पास एक वेतनभोगी पेशेवर के रूप में दुनिया में भाग लेने की आज़ादी थी। सोशल मीडिया पर और वर्चुअल फ्रेंड-डेट्स पर, मैं बराबरी वाली दुर्लभ पार्टनरशिप देखती—बर्तन धोते पति, वेबिनार आयोजित करती बीवियां। ये असाधारण रिश्ते मुझे हक़ीक़त से उतने ही दूर लगते थे जितना कि हिंदी फ़िल्मों में बेची जाने वाली रोमांटिक फ़ैंटेसीज़, कम से कम मेरे एकदम आसपास के माहौल में दिखाई देने वाले घरेलू असंतुलन की तुलना में। लेकिन कभी-कभी अपनी पारंपरिक सड़क पर, असमानता वाले घरों के अंदर भी, मैं थकी हुई पत्नियों को अपने पतियों के साथ घुलमिलकर बातचीत करते देख सकती थी। मुझे इन जोड़ों से ईर्ष्या होती थी, हालांकि मैं कभी भी उन जैसी नहीं बननी चाहती। उनके बीच बिना अपॉइंटमेंट के बातचीत होती थी। पारंपरिक भारतीय विवाह के नियमों के मुताबिक़ वो एक-दूसरे को डॉक्टर के पास ले जाने को मजबूर थे। इन जोड़ों के बीच एक तरह की ऐसी सरल सुलभ सी सपोर्ट थी जिसकी मैं बस कल्पना ही कर सकती थी।

इस आपदा ने मेरी तन्हाई को एकपक्षीय बना दिया है। मैं अपने बूते हूं। कोई भाई-बहन नहीं, कोई पति नहीं, कोई विरासत नहीं, कोई मित्र समुदाय नहीं, मेरे बूढ़े माता-पिता के अलावा कोई पारिवारिक सेफ्टी नेट नहीं। ये तथ्य अब उतने सहज महसूस नहीं होते जितने दुनिया भर में लॉकडाउन लगने से पहले होते

थे। भारत में हेल्थ क्राइसिस के दौरान ऑनलाइन मैरिज साइटों पर होने वाले रजिस्ट्रेशंस में आई तेज़ी से पता चलता है कि मेरी तरह और भी बहुत से लोग असहज हैं। महामारी मुझे शादी के लिए जुनूनी बनने को प्रेरित नहीं कर सकती। मैं अपने दोस्तों के साथ भी रहना शुरू नहीं करने वाली हूं। दोस्ती के ताने-बाने से मानव बुनियादी ढांचा बनाना महंगा और अनिश्चित है। मेरे सबसे क़रीबी सिंगल फ्रेंड्स का एक ग्रुप मज़ाक़ में कहता है कि हम एक अपार्टमेंट बिल्डिंग किराए पर लेंगे, और हर कोई अलग-अलग फ़्लोर पर रहेगा। लेकिन यह अस्पष्ट भविष्य में बहुत दूर कहीं की बात है। अगले दशक में, जब हम फिर से जुड़ेंगे और महामारी के बाद के अपने व्यक्तित्व को नए सिरे से बनाएंगे, तो मेरे दोस्त निस्संदेह अपनी आज़ाद ज़िंदगियां जीना जारी रखेंगे। और आत्मनिर्भरता में मेरा विश्वास हिल तो बेशक गया है, लेकिन मेरे पास यह सोचने की कोई वजह नहीं है कि मैं अकेले रहने को ही तरजीह नहीं दूंगी।

अच्छे दिनों में, मेरी तन्हाई बड़ी मुश्किल से जीतकर हासिल की गई साथी जैसी लगती है। वो मुझे अपने जीवन को अपनी मर्ज़ी के मुताबिक़ डिज़ाइन करने, स्वार्थी होने और मेरे देश की अधिकांश महिलाओं की तुलना में कहीं अधिक सार्वजनिक भूमिका निभाने की अनुमति देती है। बुरे दिनों में, मेरी तन्हाई मेरा अभिशाप बन जाती है, मुझे याद दिलाती है कि उसे मैंने नहीं चुना, कि मैं अकेली हूं क्योंकि मेरे जीवन में कभी प्यार आया ही नहीं। वो मुझे किसी समझदार आदमी के लिए समझौता करने में नाकाम रहने के लिए फटकारती है। अपने सबसे भयंकर रूप में, वो एक पार्टनर और प्यार पाने की दबी हुई फ़ैंटेसीज़ को फिर से जिला देती है। जब फ़ैंटेसीज़ फिर से उभरती हैं, तो पुराने संदेह भी उभरते हैं। मेरी तन्हाई असफल रोमांसों से छवियों को उभारती है, और पिछले विकल्पों की चीर-फाड़ करते हुए असहज करने वाले सवाल पूछती है। जैसा कि आप जल्द ही जान लेंगे, अभी बहुत समय नहीं हुआ जब मैं अपना ज़्यादातर वक़्त किसी न किसी आदर्श रूप से सभ्य क़िस्म के आदमी के पीछे लगे रहकर बिताती थी। अपनी तन्हाई द्वारा पिछले कष्टों में लौटने के लिए प्रोत्साहित होकर, मैं अपने रोमांटिक अतीत के भद्दे अवशेषों को कुरेदती हूं। उसने मुझे क्यों नहीं चुना? वो विशेष व्यक्ति मैं क्यों नहीं हो सकती थी? कोई मेरे प्यार में पागल क्यों नहीं है? क्या मैं इतनी अच्छी नहीं हूं? क्या मैं बहुत नख़रीली हूं? रोमांटिक रिजेक्शन के साइनपोस्टों से भरा एक नक़्शा भूत की तरह मेरे पीछे लग जाता है। मुझे अपने भूत को भगाने की कोशिश करनी होगी।

मेरे आंसुओं भरे सबसे ज़्यादा निराशामय पलों में—जो कि बेहिसाब रहे हैं—वो होता है। वो धुंधली छवि, वो शाहरुख़ ख़ान। बाहें फैलाए, प्यार और वैवाहिकता में अंतिम पनाह का वादा करते, मगर फिर भी मेरी फ़िल्मी कल्पनाओं और अपेक्षाओं का मज़ाक़ उड़ाते हुए। उसकी छवि एक लगातार रिमाइंडर का काम करती है कि मैं कितना लंबा सफ़र तय कर चुकी हूं—उन आदमियों से लगातार असंतुष्ट जिनके योग्य बनने की मैं ख़ुद कोशिश करती रही हूं। मैं थक चुकी हूं, मैं निराश हूं, और मैं हताश हूं, लेकिन जैसा कि मैंने पिछले एक दशक में जाना है, मैं अकेली भी नहीं हूं।

जोर बाग़ के ड्रॉइंग रूम्स से लेकर झारखंड के जंगलों तक, विविध वर्गों और समुदायों में, शाहरुख़ ख़ान आधुनिक भारत में एक औरत होने के नीरस परिश्रम और अपमान से पैदा हुए अनेक आंसू भरे पलों में सहारे के रूप में सामने आते हैं। जहां लोधी रोड के आलीशान घरों में शाहरुख़ के सपने महज़ पलायनवाद के तौर पर काम करते हों, वहीं ग़रीब और कामकाजी वर्ग की महिलाओं में एक फ़ैनडम में डूबना दृढ़ता का, यहां तक कि विरोध का भी, एक रूप बन जाता है। परिवार से अलग स्वतंत्र रूप से फ़िल्में देखने और अपने हीरो से जुड़ी चीज़ें ख़रीदने की क्षमता रोज़गार से मिलने वाली आज़ादी है। शाहरुख़ के गुणों को सराहना वांछनीय *बनने* के बजाय अपनी इच्छाओं को व्यक्त करने के प्रति एक महिला के उत्साह को दर्शाता है। डे ड्रीम्स, पोस्टर और सिनेमा टिकट छिपे हुए आक्रोश और विरोध का संकेत देते हैं। उम्मीदों, थकान, हताशा और असंतोष के बीच फंसी, आज़ाद होने के लिए लगातार तरसती... मैं भारत की एकाकी कामकाजी महिलाओं से जुड़ गई हूं।

अपनी प्रोफेशनल लाइफ के पंद्रह साल के दौरान, देश भर की महिलाओं से बात करते हुए, मैंने एक फ़ैन क्लब बनाया है जो दुखों और तकलीफ़ों के समय में शाहरुख़ की ओर मुड़ता है। क्लब की कोई भी सदस्य एक दूसरे को जानती नहीं; वो कभी मिलेंगी भी नहीं। क्लब का अस्तित्व सिर्फ़ मेरे दिमाग़ में है। लेकिन कोविड-19 संकट के दौरान ख़ान के ट्वीट और फ़िल्मों पर हर सदस्य उठ बैठती थी। शाहरुख़ की तलाश करने में, वो सिर्फ़ मनोरंजन की तलाश नहीं कर रही हैं। बेशक वो मज़े भी करना चाहती हैं। लेकिन वो नई लिपियों और रूपकों की, पुरुषों से, पैसे से और शादी से जुड़े नए तरीक़ों की भी तलाश कर रही हैं।

यह किताब शाहरुख़ ख़ान के बारे में नहीं है। बल्कि, मैं यह सामने लाने की आशा कर रही हूं कि कैसे फीमेल फ़ैन्स उनके आइकन का इस्तेमाल अपने

बारे में बात करने के लिए करती हैं। उनकी कहानियां बताएंगी कि कैसे उनकी फ़िल्मों, गीतों और इंटरव्यूज़ को परिवारों, कार्यस्थलों और समकालीन रोमांस के भीतर असमानता पर स्त्रियोचित बातचीत को आकार देने के लिए इस्तेमाल किया जाता है।

ज़िंदगी को अक्सर जो हम हैं और जो हम बनना चाहते हैं उसके बीच की दूरी के रूप में वर्णित किया जा सकता है। शाहरुख़ की सबसे महान फ़िल्मों में से एक *स्वदेस* (2004) में, उनका किरदार अपनी जड़ों से दोबारा जुड़ने के लिए अमेरिका से भारत लौटता है। अपने बचपन की आया को खोजने के लिए एक सुदूर गांव जाते हुए वो एक साधु को लिफ़्ट देता है। वो मिलकर ए.आर. रहमान के संगीत से सजा और जावेद अख़्तर द्वारा लिखित एक गीत गाते हैं। गाने के बोल हैं कि *यूं ही चला चल राही, जीवन गाड़ी है, समय पहिया*।

मेरी असल रुचि उन कुछ भारतीय महिलाओं की ज़िंदगी पर रोशनी डालने में है, जिन्होंने 1990 के दशक से 2020 के दशक तक एक फ़िल्म स्टार के साथ सफ़र किया है। ये सफ़र नारीवादी सिद्धांतों से उतना ही दूर है जितना कि शाहरुख़ की फ़िल्में हैं। उनकी राजनीति शायद प्रगतिशील आदर्शों पर खरी न उतरे। लेकिन प्रत्यक्ष दिखने वाले घिनौने विश्वास उन भारतीय महिलाओं द्वारा जिए अनुभवों को समझने के लिए महत्वपूर्ण गाइड का काम करते हैं जिनके पास सक्रिय ट्विटर हैंडल नहीं हैं, जिन्हें समाचारों में ज़िक्र करने के लिए बहुत मामूली समझा जाता है।

भारतीय धन वितरण में उनके स्थान के आधार पर मैंने हर महिला के सफ़र को पेश किया है। इस किताब का पहला भाग अभिनेता शाहरुख़ और उन फ़ैंटैसीज़ का परिचय देता है जो वो उच्चवर्गीय महिलाओं में प्रेरित करते हैं। ये कहानियां मेरे जैसे फ़ैन्स की ज़िंदगियों को छूती हैं, विद्या (एक ब्राह्मण इंजीनियर), एक 'राजपूत फ़िलॉसफ़र' और विभिन्न उच्चवर्गीय महिलाओं का मेल जिनके मैंने इंटरव्यू लिए। भाग दो एक महत्वाकांक्षी सरकारी क्लर्क 'अकाउंटेंट,' और अकेलेपन और नींद की कमी की मारी एक फ़्लाइट अटेंडेंट गोल्ड को पेश करता है—दोनों ही अपने रूढ़िवादी कारोबारी-वर्ग के परिवारों में घर के बाहर सवैतनिक नौकरी करने वाली पहली महिलाएं हैं। भाग तीन भारत की असुरक्षित और निम्न आय वाली महिलाओं पर नज़र डालता है: अहमदाबाद की झुग्गियों में एक सामुदायिक संगठनकर्ता और अनौपचारिक कामगार ज़ाहिरा; पश्चिमी उत्तर प्रदेश के अर्ध-ग्रामीण क्षेत्र में अपने जीवन से बुरी तरह पक चुकी एक गारमेंट वर्कर मंजू; एक बंगाली पार्ट टाइम कुक और घरों में साफ़-सफ़ाई करने वाली संध्या; और एक आदिवासी ईसाई

डोमेस्टिक वर्कर लिली, जो ग्रामीण झारखंड और दिल्ली के पॉश इलाक़े जोर बाग़ के बीच आती-जाती रहती है। भाग चार विभिन्न स्कोलर्स और एक्टिविस्ट्स के साथ एक छोटी सी चर्चा से शुरू होता है। मैं फ़ैन्स—विभिन्न धर्मों, वर्गों और देशों से एक समन्वित मिश्रण—से बात करके अपनी किताब ख़त्म करती हूं, जो अपने मनपसंद सितारे की एक झलक पाने की उम्मीद में मुंबई में शाहरुख़ के बंगले के बाहर लाइन में खड़े रहते हैं।

बाद में आने वाले चैप्टर्स में 1980 के दशक में पैदा हुए निराशाजनक रोमांटिकों से भरे एक विरोधाभासी फ़ैन क्लब का कालक्रम है, एक ऐसे असंभव रूप से आदर्श क़िस्म के प्यार की कल्पना करने वाले लोग जिसे उन्होंने एक अभिनेता को स्क्रीन पर उकेरते देखा है। लेकिन असल दुनिया की उनकी सभी कोशिशों में बेहद लचीलापन था, और वो अक्सर स्टेटस, सुरक्षा और वित्तीय स्वतंत्रता अर्जित करने की क़ीमत के रूप में उस प्यार की क़ुर्बानी भी दे देती थीं जिसके बारे में वो कल्पनाएं करती थीं। ये महिलाएं जब भी वास्तविक दुनिया और इसकी महामारियों और व्यावहारिकताओं को कठिन पातीं, तो वो शाहरुख़ पर भरोसा करती थीं। क्योंकि हक़ीक़त के बारे में बेतहाशा गहरा असंतोष ही हमें कल्पना में रहने को मजबूर करता है।

तो, यह क्लब कैसा दिखता है? ये महिलाएं किन हक़ीक़तों से भाग रही हैं? इनकी फ़ैंटैसीज़ इन्हें कहां ले जाती हैं? आर्थिक उदारीकरण से लेकर आर्थिक तालाबंदी तक, इनके दिन और दिन में देखे गए सपने कैसे थे?

1
फ़ैंटेसीज़

1
लवलैस लैंडस्केप

उलझन भी हूं तेरी, उलझन का हल भी हूं मैं

- ज़ीरो (2018)

एक सर्च ऑपरेशन की कल्पना करें। हम एक सर्च टीम हैं, जो एक टूटे दिल वाली महिला के मन में चल रहे एकालाप, उसके दिल की गहराइयों में छिपी बातों की खोज के सफ़र पर निकली है, जो वो ख़ुद से करती रहती है। जाने-पहचाने नज़ारों और आवाज़ों से भरे रोमांटिक शोक का यह संसार हममें से शायद ही किसी के लिए अजनबी हो। ऊपरी तौर पर हमारी सब्जेक्ट शांत है, शायद किसी हद तक चंचला भी है। लेकिन जब हम उसके निजी ख़्यालों को सुनते हैं, तो हम उसे नुकसान के बाद के संघर्ष से जूझते देखते हैं। वो एक टूटे दिल और घायल आत्मा को मरहम लगा रही है। हम इस फ़ैसले पर पहुंचते हैं कि उसके दिल का दर्द मामूली नहीं है। हमारा सर्च ऑपरेशन उसकी बनाई हुई तस्वीरों को परखना शुरू करता है; हम उन कहानियों के श्रोता बन जाते हैं जो वो ख़ुद को सुनाती है।

जैसे-जैसे हम उसके मन के संसार में उतरते हैं, हमें समझ आने लगता है कि वो दुनिया को किस नज़र से देखती है। उसे अपना काम पसंद है। उसकी पेशेवर ज़िंदगी ज़बरदस्त वफ़ादारी दर्शाती है। वो उन क्लायंट्स और सहकर्मियों की ओर एक स्नेह भरा जुड़ाव महसूस करती है जिन्होंने संभलने और कामयाबी हासिल करने में उसकी मदद की है। हम उसके मन में उन मददगारों और सलाहकारों के प्रति गहरी कृतज्ञता महसूस करते हैं जिन्होंने ऑफ़िस की ज़िंदगी, उसके वरिष्ठता-क्रम और रोज़मर्रा की राजनीति के बीच उसका मार्गदर्शन किया है। उसे अपने

ऑफ़िस के लिए एक अहम और मूल्यवान कामकाजी पेशेवर व्यक्ति के रूप में अपनी उपलब्धियों पर गर्व है। उसे दरकिनार करने, उसकी आवाज़ को दबाने के लिए डिज़ाइन किए गए सिस्टम में अपने दिखाई देने और मूल्यवान होने का वो गर्व उसे अपनी क़द्र के अहसास का एक पूरा ख़ज़ाना प्रदान करता है।

काम पर उसका पिछला सप्ताह बहुत महत्वपूर्ण रहा है—एक ऐसा प्रोजेक्ट सफलतापूर्वक दुनिया के सामने लाया गया था जिसका उसी ने संचालन किया था। हमें उम्मीद होनी ही चाहिए थी कि वो इस जीत से रोमांचित होगी। लेकिन इसके उलट जब हमने उसके मन को खंगाला, तो पाया कि वो बेचैन है, अपनी ख़ामी के लिए ख़ुद को कोस रही है। वो लॉन्ग डिस्टेंस रोमांस की अचानक और आश्चर्यजनक मौत से बेहद दुखी है। दुनिया में एक उपयोगी योगदान देने की ख़ुशी प्यार में ठुकराए जाने के दंश से पूरी तरह बर्बाद हो गई लगती है। उसने ख़ुद को इस आदमी के सामने धीरे-धीरे खोला था, और उसे लगता था कि उसने भी ऐसा ही किया है। वो एक दूसरे के जीवन की छोटी-छोटी बातों पर भी ध्यान देते हुए अपने बीच एक अंतरंगता ला रहे थे। दोनों के बीच एक ऐसा आकर्षण था जो डिनर टेबल को भी ज़िंदादिल बना देता था। अफ़सोस कि अहं ने एक दूसरे के भावनात्मक अन्वेषण और खोज की सभी संभावनाओं को कुचल दिया। दूरी, अपनी-अपनी ज़िंदगियों के लक्ष्य, अनेक समझदारी भरे अभिप्राय बीच में आए। नई दिल्ली जाने के लिए न्यूयॉर्क से लंदन की फ़्लाइट पर उसके सवार होने से छह घंटे पहले वो उससे 'वजह तुम नहीं, वजह मैं हूं' जैसी घिसी-पिटी बातें करने लगा था।

होटल के बेड पर पसरी वो ख़ुद को याद दिलाती है कि इस रिश्ते का शादी या स्थायी रिश्ते में बदलना कभी अपेक्षित था ही नहीं। इस संबंध की बुनियादी बातें ही नामुमकिन सी थीं — नई दिल्ली में एक बेहद कामयाब कैरियर वाली भारतीय महिला का न्यूयॉर्क में उतने ही कामयाब कैरियर वाले एक गोरे पश्चिमी आदमी को डेट करना। लेकिन तमाम अड़चनों के बावजूद उसने कभी यह नहीं सोचा था कि इसका अंत इतना भीषण होगा, कि उस बंदे का रवैया इतना अड़ियल होगा। रोने से मन हल्का होता, लेकिन उसका शरीर इसके लिए तैयार नहीं था। अपने दर्द को आंसुओं के रास्ते शारीरिक रूप से प्रकट करने में लाचार सी वो होटल की चादरों को भींचे पड़ी रहती है। हम ध्यान से सुनते हैं: वो अपने आभासी रिश्ते के ख़त्म होने का उतना दुख नहीं कर रही है जितना इस बात का कि इस रिश्ते के ख़त्म होने का उसके एक्स पर बज़ाहिर किसी क़िस्म का कोई असर नहीं पड़ा।

हम उसके अहं को रोते-कराहते सुनते हैं। *वो कितना बेपरवाह और अस्पष्ट था। सेक्स और लगातार बातचीत के उसके लिए कोई ख़ास मायने नहीं रहे होंगे,*

मैंने ही शायद हमारे रिश्ते की गहराई को ग़लत समझा होगा। क्या सेक्स बुरा था? मुझे तो याद नहीं कि यह कभी उसके लिए बुरा रहा था। उसने मुझे कभी बहुत गंभीरता से लिया ही नहीं। अगर उसे सही मायनों में मेरी ज़रा भी चिंता होती या इसकी कि मैं उसके लिए कैसा महसूस करती हूं, तो वो मेरी फ़्लाइट से चंद घंटे पहले कभी ऐसा नहीं करता। वो इसे तमीज़ से ख़त्म करता। इसके बजाय, ऐसा लगता था जैसे वो हमारे पूरे अफ़ेयर के दौरान नींद में चलता रहा हो। जब मैंने कहा कि हम अपने संबंध को बर्बाद कर रहे हैं, तो उसने सुझाव दिया कि अगली बार जब मैं न्यूयॉर्क आऊं तो हम साथ में डिनर करें। डिनर!

होटल के रिसेप्शन ने उसके ग़ुस्से भरे गाथागीत में बाधा डाल दी है, और उसे सूचित किया है कि एयरपोर्ट पिकअप जल्द ही आने वाला है। वो मौक़ा-ए-वारदात की जांच कर रहे किसी डिटेक्टिव की तरह कमरे की सारी बारीकियों को याद करते हुए चारों ओर देखती है। वो ख़ुद से कहती है कि वो एक क्रूर भावनात्मक अपराध का शिकार बनी है। मगर फ़ोरेंसिक जांच कुछ और ही कहती है।

निश्शब्द उसका मन सारी छवियों को फिर से देखने लगता है। वो याद करती है कि कैसे वो होटल के कमरे में घुसे थे। वो उम्मीद कर रही थी कि उसकी रवानगी से पहले वो सेक्स करेंगे। लेकिन वो बोला कि उसे यह नहीं चाहिए, कि अब वो उसे नहीं चाहता। पहले तो उसने दूरी की शिकायत की। कुछ आधे-अधूरे से वाक्यों के बाद उसने अपने हमले का रुख़ बदल दिया। उसने अस्पष्ट सा कुछ कहा कि उसे 'अपने जीवन को समझना' है। उसने दावा किया कि वो एक 'जटिल इंसान' है। वो उस दृश्य को याद करके ज़ोर से हंस पड़ी। वो *इतना* भी जटिल नहीं है, हम उसे कहते सुनते हैं।

वो उसके टाइप को अच्छे से जानती है। वो पश्चिम की संज्ञानात्मक दुनिया का नमूना है, जहां किसी भी रूप में कमज़ोरी दिखाने की जगह नपे-तुले संतुलन को सख़्ती से तरजीह दी जाती है। अपनी क्षमता के भार के नीचे दबा जाता ज़बरदस्त प्रतिभा और परफ़ेक्शन वाला शख़्स। एक सरल और भला शख़्स, जिसका प्रेम-संसार निरंतर रूप से एकांगी रिश्ता रखने के मशीनी रिवाज में डूबा हुआ है। एक ऐसा शख़्स जिसने इतनी बार अंतरंगता बनाई और छोड़ी है कि वो प्यार के दर्द और छोटी-मोटी बेक़रारियों का आदी हो चुका है। एक ऐसा शख़्स जो ठूंस-ठूंसकर तारीफ़ें हासिल कर चुका है, पर फिर भी ज़िंदगी में मायनों के लिए तरस रहा है। एक रणनीतिक शख़्स, जिसके आत्म-बोध के सर्द हिसाब-किताब ने हमारी सब्जेक्ट को उसके लिए असुविधाजनक और असंगत के रूप में वर्गीकृत कर दिया है।

हमें डर है कि वो अपने उत्पीड़न की एक ग़ैरभरोसेमंद गवाह है। उसकी यादें बिना किसी सही तरतीब के उठती हैं। पूरी बातचीत के दौरान उसका दिमाग़ अपने स्टॉकिंग से झांकते एक छेद को लेकर भटकता रहा था। *कोई हैरानी नहीं कि उसने मुझे छोड़ दिया; कौन मर्द फटी होज़री वाली लड़की की इच्छा करेगा?* अपने स्टॉकिंग की ख़ामी को छिपाने के बीच उसने उसे कहते सुना था, 'क्या तुम्हें कभी ऐसा नहीं लगता कि तुम अकेली रहना चाहती हो?'

उसने हां में जवाब दिया था। लेकिन अब, कुछ घंटों बाद, उसका दिल एक कड़वे अनकहे सच पर अटक गया है: *वो सभी इंसानों से मुक्ति नहीं चाहता, वो मुझसे, हमारी अंतरंगता से आज़ादी चाहता है।* तन्हाई की उसकी तलाश एक फ्रॉड जैसी लगती है। *शायद उसे मुझसे इतना लगाव है ही नहीं,* वह सोचती है। *शायद मुझे ख़ुद से ही बहुत लगाव नहीं है।*

आभासी एक्स ने बातचीत में तारीफ़ का तड़का लगाने की भी कोशिश की थी, और मज़ाक़ में कहा था कि वो 'उसे मक्खन लगाने' की ज़रूरत भी महसूस नहीं करता। हमारी टीम उसके संघर्ष को सुनती है: *मुझे मान लेना चाहिए कि मैं ज़बरदस्त हूं, हालांकि यह बंदा अब मुझे छूना तक नहीं चाहता। कि मैं इतनी अच्छी हूं, इतनी ज़बरदस्त हूं, कि अपने विकल्पों को तौलने के बाद उसने फ़ैसला किया कि वो मुझसे दोबारा कभी बात किए बिना आसानी से काम चला सकता है।* हम देखते हैं कि ठुकराए जाने के उसके ज़ख़्म इतने हरे हैं कि वो दूसरे शख़्स के द्वंद्व या आत्मपरकता पर ग़ौर करने में कोई दिलचस्पी नहीं दिखाती।

वो अपने मन में बार-बार अपनी जुदाई के दृश्य को दोहराती है। एक घंटे तक उसके लगातार अटपटे से होते बहाने सुनने के बाद वो बोली थी कि वो होटल के कमरे से चला जाए। वो उसकी प्रतिक्रिया को बोरियत, अपराधबोध और राहत की खिचड़ी के रूप में याद करती है। 'वाक़ई? क्या तुम यही चाहती हो? तुम क्या पसंद करोगी? कुछ लोग बात करना चाहते हैं, कुछ लोग बिल्कुल भी बात नहीं करना चाहते,' उसने ऑफ़र दिया था, मानो वो किसी रेस्तरां का मेन्यू पढ़ता वेटर हो। *मैडम, आप किस तरह का ब्रेक-अप पसंद करेंगी? सनी साइड अप या स्क्रैंबल्ड?* स्क्रैंबल्ड।

जब उन्होंने एक दूसरे से अंतिम विदा लेना शुरू किया, तो उसने अपनी सारी परिपक्वता जुटाकर उसे शुभकामनाएं दीं। 'मैं तुम्हें मिस करूंगी,' उसने कहा था। वो कुछ नहीं बोला। उसके पास शब्द नहीं थे और वो एक हमदर्दी भरे अंत की उम्मीद कर रही थी, और इसके बीच उस कमरे में उन दोनों के बीच की सारी सद्भावना छूमंतर हो गई थी। हम जान जाते हैं कि यहां असल में कोई अपराध नहीं

हुआ है। उसका ब्रेक-अप इतना घिसा-पिटा सा था कि उसके सामने घिसा-पिटापन भी शरमा जाए। एक व्यक्ति ने बहुत अधिक शब्दों या किसी लाग-लपेट के बिना अचानक ही दूसरे को छोड़ने का फ़ैसला किया था। रोमांटिक शक्ति का असंतुलन बेशक असहनीय है, लेकिन इसे अभी तक अपराध घोषित नहीं किया गया है।

एयरपोर्ट की सिक्योरिटी जांच पूरी होने के बाद वो अपनी बैस्ट फ्रेंड को फ़ोन करती है और सलाह लेती है। 'अगर तुम यह उम्मीद करती हो कि ब्रेक-अप करते वक़्त कोई आदमी अच्छी-अच्छी बातें बोलेगा, महज़ तुम्हें यह दिखाने के लिए कि उसे वास्तव में कैसा लग रहा है, तो तुम बहुत ज़्यादा की उम्मीद कर रही हो। वैसे भी, वो चाहे कुछ भी कह ले, तुम्हें अच्छा नहीं लगेगा। ज़िंदगी तुम्हारी मनपसंद उन बकवास हिंदी रोमांटिक फ़िल्मों जैसी नहीं होती, जिनमें शाहरुख़ रोता है और उसे हमेशा पता होता है कि लड़की क्या सुनना चाहती है और उसे कैसे बोलना है। असल ज़िंदगी में मर्द सेक्स के लिए पागल रोबोट होते हैं जो बमुश्किल ही ख़ुद को व्यक्त कर सकते हैं। जो हुआ उसके लिए मुझे अफ़सोस है लेकिन शायद यही बेहतर है। उसने जो किया या नहीं किया, उसके लिए ख़ुद को दुखी मत करो,' उसकी बैस्ट फ्रेंड फ़ोन पर कहती है। लेकिन वो समझदारी भरी सलाह को समझने के मूड में नहीं है। जब वो अपनी फ़्लाइट में चढ़ती है, तो जुदाई के ग़म की जगह अपमानित क्रोध ले लेता है। रोने में असमर्थ, सोने में असमर्थ, वो अपनी शैंपेन का सिप लेती है।

हमारी सबजेक्ट इतनी मूर्ख नहीं है जो यह मान ले कि वो अकेली ही है जो चीज़ों को उनके असली रंग में देख सकती है। कई चीज़ों पर उसके विचार कठोर, सनक भरे नहीं हैं अलावा उस पुरानी प्रेम हीनता के जो उसके शहर में सफल महिलाओं की नियति है। विशिष्ट वर्ग के स्त्री-पुरुषों के बीच रोमांटिक असमानता में उसका दृढ़ विश्वास अडिग है, वर्षों के अनुभव से वो जम चुका है। वो सोचती है: *क्या अपनी रोमांटिक बेचारगी मेरी अपनी बनाई है? क्या मैं असल ज़िंदगी में शाहरुख़ का इंतज़ार कर रही हूं? क्या मैं इस जंजाल में उलझ गई हूं? मेरे सारे रिश्ते जैसे एक ही पैटर्न पर चलते हैं — मैं सिर्फ़ एक आदमी की परवाह करना चाहती हूं, जबकि वो सिर्फ़ अपनी परवाह करना चाहता है।*

वो बहुत डरी हुई है। वो डरी हुई है कि वो ख़ुदग़र्ज़ आदमियों को पसंद करने के लिए ही बनी है। वो डरी हुई है कि उसका सारा फ़ेमिनिज़्म, दोस्तियां, कड़ी मेहनत, इच्छाशक्ति, ताक़त और सफलता उसे प्यार के बेमेल बाज़ार से नहीं बचा सकते। उसे यह अपराधबोध है कि वो इतनी प्रबुद्ध नहीं है कि जोड़े के बंधन की ज़रूरत को ठुकरा सके। वो नर्वस है कि प्यार की उसकी तलाश और कुछ नहीं

बल्कि उन्हीं स्वरूपों से प्यार करने की तलाश है जो उसका दमन करते हैं। उसे हताशा भरी ज़रूरत महसूस होती है कि रोए-चिल्लाए लेकिन अहं और ग़ुस्से ने उसके आंसुओं की नलिकाओं को ब्लॉक कर दिया है। *मैं ऐसी इंसान कैसे बन गई?*

हम उसे उसके और उसके परिवेश के पुरुषों के बीच व्यक्तिगत ख़ुशी के लिए असमान संभावनाओं की फ़हरिस्त बनाते सुनते हैं। उसके आभासी एक्स की ज़िंदगी, जो कि अंतरराष्ट्रीय स्तर पर प्रतिष्ठित है, उसमें यह विश्वास पैदा करती है कि वो हमेशा दिलचस्प और सही लोगों से मिलेगा। वो चुटकियों में किसी भी रोमांटिक संबंध को छोड़ सकता है क्योंकि उसके लिए विकल्प पाने की संभावनाएं कम नहीं हैं। वो भी इस मैदान में खेल सकती है। अफ़सोस कि उसके लिए मैदान उतना खुला और बेरोकटोक नहीं है। पितृसत्ता, भौगोलिक स्थिति और ऐसे हैंडसम आदमियों के लिए उसकी पसंद जो अपनी पार्टनर के कैरियर में रुचि लेते हों, यह सुनिश्चित करने के लिए काफ़ी हैं कि वो दिल्ली के रोमांटिक ठहराव में फंसी रहेगी, जहां सेक्स तो भरपूर है लेकिन किसी विश्वसनीय संबंध की संभावना दुर्लभ और लगातार कम होती जा रही है।

लेकिन वो अपनी रोमांटिक अपेक्षाओं के साथ सौदेबाज़ी करने को तैयार नहीं है। *शायद इसकी वजह शाहरुख़ की वो बेवक़ूफ़ी भरी फ़िल्में और इंटरव्यू हैं। मेरे स्टैंडर्ड बेतहाशा ऊंचे हैं, मैं असल ज़िंदगी में एक फ़िल्म स्टार की उम्मीद कर रही हूं,* हम उसे ख़ुद से कहते सुनते हैं। इन 'स्टैंडर्ड्स' के लिए वो जो क़ीमत चुकाती है, वो है अकेलापन और कुछ सामाजिक दिक़्क़तें। उसके किसी भी एक्स को प्यार में इतनी भयानक अड़चनों का सामना नहीं करना पड़ता है, वो सब ठीक रहेंगे। दिल्ली में उसकी जैसी विशेषताओं वाले किसी लड़के को रोमांटिक विकल्पों के इतने उथले पूल, और इसके नतीजे में सामने आने वाले डरों और बदहाली का सामना नहीं करना पड़ेगा। *अगर मैं ऐसी नौकरी और डिग्री वाला पुरुष होती, तो मैं डेट्स और दूसरों के आकर्षण के समंदर में तैर रही होती। लेकिन मैं पुरुष नहीं हूं।*

हम उसे बेचैनी के साथ आज़ादी का रास्ता तलाश करने की कोशिश करते देखते हैं। झटपट इमीग्रेशन से निकलते हुए वो सोचती है: *क्या बॉयफ्रेंड ढूंढ़ने के लिए संघर्ष करना एक उपयुक्त नारीवादी शिकायत है?*

हीथ्रो से लंदन में अपने होटल जाने के दौरान टैक्सी में उस पर शर्मिंदगी सी सवार रहती है। हाउंस्लो और सैंट्रल लंदन के बीच कहीं बातूनी मोरक्कन ड्राइवर पूछता है कि क्या वो भारतीय है। वो पूछता है कि क्या वो शाहरुख़ ख़ान को जानती है।

बेशक वो शाहरुख़ को जानती है। वो उसे प्यार करती है। वास्तव में, अब तक, उसे विश्वास हो गया है कि उसे प्यार करना ही कुछ हद तक उसकी समस्या है। उसकी समस्या और उसका हल भी। बचपन के वर्षों का प्रभाव शाहरुख़ वो शख़्स था जिसने उसके अंदर की बच्ची को मूर्ख बनाकर उसे रोमांटिक प्रेम को तरजीह देना सिखाया था। टैक्सी ड्राइवर उत्तरी अफ़्रीका और मिडिल ईस्ट में बसे शाहरुख़ के फ़ैनबेस के गुण गा रहा है। 'नादिया मुराद तक उसकी फ़ैन है, कमाल की औरत है, और मलाला भी। दोनों नोबेल शांति पुरस्कार विजेता हैं। मैंने देखा था। आप उन्हें जानती हैं? आपको यह पता है?'

वो बोलना जारी रखता है, 'बुरा मत मानना पर मुझे लगता है कि मैं आपसे इन चीज़ों के बारे में बात कर सकता हूं। लगता है शाहरुख़ को जल्द ही दुबई चले जाना होगा। आपने देखा है ना कि आपके देश में क्या हो रहा है? मुझे समझ नहीं आता, लेकिन लगता है कि उन्होंने राजधानी में इंटरनेट काट दिया और वो मुसलमानों को बाहर निकालना चाहते हैं?'

'यह सही नहीं लगता,' वो जवाब देती है।

यह जनवरी 2020 है, उसके एक महीने बाद का समय जब भारत के कई हिस्सों में उस क़ानून के ख़िलाफ़ विरोध प्रदर्शन फूट पड़े थे, जिसमें 'अवैध' आप्रवासियों को नागरिकता देने की दिशा में एक रूपरेखा तैयार की गई थी, बशर्ते कि वो मुस्लिम न हों। छात्र, कलाकार और हज़ारों आम नागरिक भारत की धर्मनिरपेक्ष साख और चरित्र की रक्षा के लिए सड़कों पर उतर आए थे। वो जानती थी कि उसके अपने दोस्त भी विरोध में शामिल हुए थे। बहुत से लोगों को शाहरुख़ जैसी बड़ी हस्तियों से नाराज़गी थी, जिन्होंने अपने पुराने शैक्षिक संस्थान जामिया मिलिया इस्लामिया विश्वविद्यालय में छात्रों पर पुलिस द्वारा की गई हिंसा की सार्वजनिक रूप से निंदा नहीं की थी। लेकिन शाहरुख़ और भारत के करेंट अफ़ेयर्स की ये सारी बातें उसे विचलित नहीं करती हैं। हम देखते हैं कि वो इसके बजाय अपने दिल के दर्द में और गहरे डूब जाती है। उसके अंदर राजनीति पर सोचने लायक़ भावनात्मक ऊर्जा शेष नहीं है। *ये महत्वपूर्ण लड़ाइयां हैं। और यहां मैं अपनी आत्म-विलासी प्रथम-विश्व चिंताओं में डूबी हूं।*

उसकी ख़ामोशी से बेपरवाह ड्राइवर ने अपनी बात जारी रखी: 'उम्मीद है कि यह सब जल्द ठीक हो जाएगा। लेकिन शाहरुख़ चाहें तो मोरक्को भी आ सकते हैं। वहां लोग उन्हें बहुत पसंद करते हैं। मेरे फ़ोन में उनके कुछ गाने हैं, मैं बजाऊं उन्हें?'

उसने फ़ौरन मना कर दिया। वो कहती है, 'मेरा अभी एक बहुत ख़राब ब्रेक-अप हुआ है, मैं शाहरुख़ के मूड में नहीं हूं।' कैब में सन्नाटा छा जाता है। जब वो होटल पहुंचते हैं, तो ड्राइवर बैग उतरवाने में उसकी मदद करता है। वो मुस्कुराता है और कहता है, 'सब ठीक हो जाएगा—आप, शाहरुख़ और देश। देख लेना। *कभी ख़ुशी, कभी ग़म,* मैंने सही बोला ना?'

'हां, सही बोला। शुक्रिया।'

वो साल 2001 में आई शाहरुख़ की एक शानदार फ़िल्म *कभी ख़ुशी, कभी ग़म* की बात कर रहा था। उस फ़िल्म का ज़िक्र उसके भीतर आत्म-स्वीकृति को प्रेरित करता है: *यह मेरे दुखी होने का समय है—कोई करेंट अफ़ेयर्स, कोई किताबें, कोई नारीवादी नारेबाज़ी या प्रतिरोध की मार्मिक तस्वीरें इस दर्द को नहीं रोक सकतीं।* भले ही कितना भी तुच्छ हो, वो महसूस करती है कि कैसे सामान्य हेटरो गेम उसे निराश कर रहा है, कैसे वो ख़ुद को निराश कर रही है। ऐसे समय में जब उसके कई दोस्तों ने उसे संदेश भेजा था कि 'शाहरुख़ अपनी चुप्पी से देश को निराश कर रहे हैं,' वो सोचती है: *क्या शाहरुख़ ने मुझे निराश किया है? क्या इस प्रेमहीन जगह पर मुझे उसने पहुंचाया है?*

जल्दी से शावर लेने के बाद, गहन आध्यात्मिक उद्देश्य के साथ, वो शाहरुख़ के वेक्स स्टेच्यु से बात करने के लिए मैडम तुसाद म्यूज़ियम में जाती है। अब वो उसके सामने खड़ा है। उसकी तमाम आत्म-दया और निजी नाकामियों की मोमीय रचना। वो सांस भरती है और उससे बात करने लगती है।

यह तुम्हारी ग़लती है। तुम ख़ुद भी शायद दिल्ली के सारे बेवक़ूफ़ आदमियों जैसे हो। लेकिन मैं तुम्हें देखते, तुम्हें सुनते हुए बड़ी हुई हूं। तुम्हें, जिसके पास इतनी सारी बातें हैं, जो हमेशा अपनी भावनाएं दर्शाता है, जो हमेशा बोलता रहता है, जो अपने चेहरे से इतना कुछ कहता है। तुम्हें, जिसकी आंखें आंसुओं से भरी होती हैं। मैं जानती हूं कि यह 'एक्टिंग' है, कि असल जीवन में पुरुषों से जज़्बाती तौर पर इतना परिपक्व होने की उम्मीद करना मेरी मूर्खता है। लेकिन मैं इस फ़ैंटैसी को नहीं छोड़ सकती।

वो शाहरुख़ से गुजारिश करती है कि रोमांटिक फेलियर की तकलीफ से उसे मुक्त करे। वो एक फ़ैन है, नए दौर की भक्त है। जहां एक ओर उसके देश में लोग चाहते हैं कि शाहरुख़ का साक्षात स्वरूप उनकी ओर से बोले, अपनी आवाज़ के राजनीतिक वज़न के साथ उनके निजी गुस्से की गूंज बने, वहीं वो बस इतना चाहती है कि उसके सामने खड़ा यह वेक्स स्टेच्यु एक आध्यात्मिक संदेश ऊपर

भेज दे। फ़िलहाल, इस वेक्स स्टेच्यु ने दिव्य गुण हासिल कर लिए हैं। उसे विश्वास है कि दुनिया में रोमांटिक जस्टिस के लिए ज़िम्मेदार उच्च शक्ति के साथ यह स्टेच्यु उसका मीडिएटर है, संवाद का उसका साधन है।

शिकायतकर्ता अपना पक्ष रखती है। वो उसे बताती है कि यह ब्रेक-अप अनुचित मालूम देता है, कि वो यह याद रखने के लिए संघर्ष कर रही है कि उसकी ज़िंदगी में काम की तुलना में पुरुष का प्यार दूसरे दर्जे की चीज़ है। *परिवार और दोस्ती काफ़ी क्यों नहीं हैं? मेरा पेशेवर जीवन मुझे उस तरह की ख़ुशी क्यों नहीं दे सकता जैसी मेरा एक्स देता था? आदमी का प्यार इतना अहम क्यों है? बड़ी फ़ेमिनिस्ट हस्तियों को पढ़ना, रीट्वीट करना और उनका पाठ करना एक बात है। दिल्ली में एक डरी हुई अकेली महिला के रूप में हर रोज़ उनके सबक़ को जीना बिल्कुल अलग बात है। जब हमारे देश में महिलाएं विरोध और संघर्ष में रत हैं, तो मुझे इस आत्म-जुनून के लिए अफ़सोस है, लेकिन मैं अपनी चोट को दरकिनार नहीं कर सकती। मैं इसे कहां जमा कर सकती हूं? क्या तुम मेरी मदद कर सकते हो?*

हम उसकी शिकायत को एक फ़ैन की प्रार्थना में बदलते देखते हैं। वो उसका आशीर्वाद मांगती है और वो उस सार्वजनिक जगह पर भद्दे ढंग से फूट-फूटकर रोने लगती है। अब आंसू नहीं रुकेंगे। वो भागकर अपने लंदन के होटल पहुंचती है और सारा दिन रो-रोकर गुज़ार देती है। हम एक बदलाव महसूस करते हैं; उसकी उदासी शर्म से पाक हो गई है। अपने लंदन प्रवास के दूसरे और अंतिम दिन, शहर में लंबी सैरों के लिए वो *गली बॉय* एल्बम को अपना साथी बनाती है। अपने दुख के लिए एक साउंडट्रैक के रूप में रणवीर सिंह पर भरोसा करके वो ख़ुद को गद्दार जैसा महसूस करती है। लेकिन शाहरुख़ का गाना सुनना और बाहर सबके सामने फिर से आंसुओं भरा तमाशा खड़ा करने से बचना नामुमकिन है।

दिल्ली की अपनी फ़्लाइट में, वो हवाई जहाज़ के वाई-फ़ाई चमत्कार के माध्यम से शाहरुख़ का आह्वान करने का साहस जुटाती है। वो पलक झपकते उद्धरण और ज्ञान पेश करता, मुस्कुराता और आश्वासन देता, मर्दाना कोमलता की तस्वीर बना उसके मोबाइल फ़ोन पर आ जाता है। इस बार वो रोते-रोते सो जाती है।

वो धुंधलाई आंखों के साथ दिल्ली के टर्मिनल 3 एयरपोर्ट पर उतरती है, और बैगेज बेल्ट से अपना सामान इकट्ठा करने वाले इंसानों को देखती है। वो सोचती है कि क्या उसके आसपास के लोगों को अपनी किसी नाकामी या रिजेक्शन से

निपटने के लिए किसी बड़ी हस्ती की ज़रूरत पड़ती है। वो हैरान होती है कि वो कैसे ज़िंदा रहते हैं, और आधुनिक ज़िंदगी हम सबको जो भावनात्मक घाव देती है, उससे निपटने के लिए भटकाव और आराम वो कहां से हासिल करते हैं।

हमारा सर्च-ऑपरेशन जारी रहता है। हम 2021 के मध्य तक उसके विचारों का अध्ययन करते हैं। इस दौरान, दुनिया के सबसे अप्रत्याशित दौर के बीच, रिकवरी का एक अप्रत्याशित रुटीन शुरू हो जाता है। वो कई लॉकडाउन्स के दौरान काम करती है। वो अपने परिवार के व्हाट्सएप ग्रुपों पर राजनीति पर बहस करती है। बीच-बीच में उदास पड़े रहने और रोने के दौरों के साथ, वो उपयोगी बनने की कोशिश करती है। महामारी की दूसरी लहर के चरम पर वो अजनबियों को अस्पताल के बिस्तर और टीकाकरण के स्लॉट दिलाने में मदद करती है। वो अपने प्रियजनों और सहकर्मियों को खोती है। मौत की ख़बरों से घिरी, वो उस होटल के कमरे में बिताए अपने समय की यादों में खो जाती है जहां उसके आंतरिक जीवन का हमारा सर्वेक्षण शुरू हुआ था, उस समय की यादों में जब रोमांस उसकी पीड़ा का एकमात्र कारण था। आख़िरकार, उसे अहसास होता है कि कायनात और उसके आभासी एक्स ने उस पर बहुत बड़ा उपकार किया है। उन्होंने मिलकर यह सुनिश्चित किया है कि वो एक ऐसे व्यक्ति के साथ नाख़ुश रिश्ते में रहने से बचे जो ख़ुद को छिपाता हो। वो शाहरुख़ की फ़िल्मों और साक्षात्कारों पर लौट आती है; देखभाल और कनेक्शन की उसकी मांग मज़बूत हो जाती है। और वो वर्चुअल डेट्स के ज़रिए अपनी तर्कहीन खोज को जारी रखती है। अंतहीन रोमांटिक निराशा के इस परिदृश्य से बचने के लिए वो बेताबी से शाहरुख़ की तलाश कर रही है।

हम हैरान से, अपने सर्च-ऑपरेशन से दूर आ जाते हैं। ब्रिजेट जोन्स के विशेष प्रतीकों, *फ़्लीबैग, सेक्स एंड द सिटी* की महिलाओं और तीसेक वर्ष की विशिष्ट वर्ग की महिलाओं की पीड़ा का प्रतिनिधित्व करने वाले दूसरे आधुनिक सांस्कृतिक चिह्नों में एक बॉलीवुड अभिनेता की ड्योढ़ी पर रोती हीरोइन शामिल नहीं है। यह चल क्या रहा है?

शाहरुख़ कौन है? अपने सबसे हताश क्षणों में वो उसी की ओर क्यों मुड़ती है? अपने आइकन के लिए उसका प्यार आधुनिक भारतीय महिलाओं की आधुनिकता के बारे में क्या कहता है?

मैं सबसे आसान सवाल से शुरू करूंगी।

2

कौन हैं शाहरुख़?

पहली बात तो, मुंबइया फ़िल्में तमाशा होती हैं, कलात्मक प्रयास नहीं। उन्हें कलात्मक न होने का दोष देना ऐसा ही है जैसे मुहम्मद अली को चार्ली चैप्लीन न होने के लिए कोसना।

—आशीष नंदी, 1981

मैं सपने बेचता हूं और हिंदुस्तान के लाखों लोगों को मुहब्बत देता हूं, जो मानते हैं कि मैं दुनिया का बेहतरीन प्रेमी हूं।

—शाहरुख़ ख़ान, 2017

अगर आपने शाहरुख़ ख़ान का नाम नहीं सुना है, तो जहां की मैं हूं, वहां आपको जाहिल-अज्ञानी समझा जा सकता है। उनकी शोहरत इतनी वैश्विक, इतनी व्यापक है कि भारत से मुख़ातिब होते समय विदेशी राजनीतिज्ञों और पॉप स्टार्स के लिए उनका उल्लेख करना एक परंपरा सी बन गई है। 'सेनोरिटा... बड़े बड़े देशों में...,' बराक ओबामा ने राष्ट्रपति के रूप में अपने दिल्ली दौरे के दौरान एक भाषण में *दिलवाले दुल्हनिया ले जाएंगे (डीडीएलजे; 1995)* फ़िल्म से शाहरुख़ ख़ान की मशहूर लाइन बोली थी और तुरंत ही लोगों का दिल जीत लिया था। पॉपस्टार ज़ैन मलिक और फ़ुटबॉल खिलाड़ी मैसुट ओज़िल शाहरुख़ ख़ान के फ़ैन हैं। अभिनेता रिज़ अहमद ने ख़ान से तारीफ़ पाने पर 'भौचक्का रह जाने' के बारे में ट्वीट किया था। कोरिया के पॉप स्टार और बॉयबैंड उनसे प्यार करते हैं, उनके गानों और अंदाज़ों की नक़ल करते हैं। नाइजीरिया से लेकर पेरू तक उनके एक्टिव फ़ैन क्लब हैं। सिंगापुर ने एक ऑर्किड को उनका नाम दिया है। 2018 में

दावोस में उन्होंने एल्टन जॉन और केट ब्लैंचेट के साथ वर्ल्ड इकोनॉमी फ़ोरम का क्रिस्टल अवार्ड जीता था। शाहरुख़ को 'भारत में बाल और महिला अधिकारों को प्रोत्साहन देने में नेतृत्व' के लिए पुरस्कार प्रदान किया गया था। दुनिया की सबसे ऊंची इमारत दुबई की बुर्ज ख़लीफ़ा शाहरुख़ के जन्मदिन पर उनके सम्मान में रौशन की जाती है। जैसा कि फ़ातिमा भुट्टो ने एशिया की लोकप्रिय संस्कृति के बढ़ते प्रभाव के बारे में अपने अध्ययन, *न्यू किंग्स ऑफ़ द वर्ल्ड*, में लिखा था: 'आज, पश्चिम में कम जाने जाने के बावजूद ख़ान ग्लोबल साउथ से उभरते व्यापक सांस्कृतिक आंदोलन की महान हस्तियों में से एक हैं... अपनी पहुंच और आकर्षण में वास्तविक संदर्भ में वैश्विक, यह दूसरे विश्व युद्ध के बाद से सॉफ़्ट-पावर पर अमेरिका के एकाधिकार को अब तक की सबसे बड़ी चुनौती है।'

मि. ख़ान जैसे सजग और बुद्धिमान आइकन के बारे में कुछ भी मौलिक लिख पाना असंभव सा लगता है। 2019 में अमेरिका के लेट नाइट प्रोग्राम की मशहूर हस्ती डेविड लैटरमैन के साथ एक इंटरव्यू में शाहरुख़ ने ख़ुद को 'एम्प्लोये ऑफ़ द मिथ ऑफ़ शाहरुख़ ख़ान' कहा था। 2016 में *फ़ैन* शीर्षक की एक फ़िल्म में उन्होंने अपने ही सेलिब्रिटी रूप के साथ एक अद्भुत संवाद किया था, जिसमें उन्होंने एक फ़ैन और फ़ैन के फ़ेवरीट फ़िल्म स्टार की दोहरी भूमिकाएं निभाई थीं। भारतीय सिनेमा के लोकप्रिय फ़िल्म आलोचक बरद्वाज रंगन ने इस फ़िल्म को 'उनके अंतर्निहित शाहरुख़-पन का जोखिम भरा विखंडन' कहा था। अनेक लोगों ने फ़िल्म को शाहरुख़ की बेहतरीन अदाकारियों में से एक कहा था। 2009 में उन्होंने *बिल्लू* में अभिनय किया था, जो गांव के जीवन और ग्रामीण युवतियों पर एक ऐसे सितारे का जादुई असर दर्शाती है जो काफ़ी कुछ शाहरुख़ जैसा है। शाहरुख़ के प्रशंसकों से जुड़ी मेरी पसंदीदा फ़िल्मों में से एक है कम बजट की फ़िल्म *शाहरुख़ बोला 'ख़ूबसूरत है तू'*। 2010 में रिलीज़ हुई इस फ़िल्म में प्रीतिका चावला ने सड़क पर फूल बेचने वाली एक युवती की उल्लेखनीय भूमिका निभाई है। शाहरुख़ ख़ान की दीवानी वो लड़की अपने हीरो से मिलने को बेताब है। एक करिश्माई दिन, वो ख़ुद शाहरुख़ को फूल बेचती है। शाहरुख़ फ़िल्म में एक मिनट के कैमियो में दिखाई देते हैं। फूलों के पैसे देते समय शाहरुख़ उस लड़की से कहते हैं कि वो ख़ूबसूरत है। जब वो इन घटनाओं के बारे में अपनी दोस्तों को बताती है तो वो उसका मज़ाक़ उड़ाती हैं, ख़ासकर जब वो उन्हें बताती है कि शाहरुख़ ने उसके रूप की तारीफ़ की थी। कहानी का फ़ोकस इस पर है कि कैसे एक फ़ैन दिन में सपने देखती है और यह साबित करने के लिए लड़ती है कि उसकी कहानी सच्ची है—कि वो शाहरुख़ से मिली थी, और वो ख़ूबसूरत है।

2017 में, शाहरुख़ ने वैनकूवर में एक टैड टॉक दी थी। वर्ल्ड पॉलिसी, ऑटोमेशन और परस्पर संपर्क के लिए लोगों द्वारा एक सर्वव्यापी सिद्धांत के रूप में करुणामय प्रेम को अपनाने की आवश्यकता पर बल देते हुए उन्होंने मानवता की यात्रा और एक बढ़ती उम्र के फ़िल्म स्टार के रूप में स्वयं अपनी यात्रा के बीच एक मनोरंजक समानांतर खींचा था। भावनात्मक कायरता, विचारों पर सैंसर और निंदनीय कामों से भरी हमारी दुनिया में करुणा के लिए उनका आह्वान घिसापिटा नहीं लगा। उदात्त रोमांटिक अवधारणाएं इन दिनों उग्र मानी जाती हैं।

कनाडा के दर्शकों के सामने, जो एक इक्यावन वर्षीय फ़िल्म स्टार के रूप में उनकी शोहरत की असीमता से अनजान थे, मि. ख़ान ने अपना परिचय 'एक ग़रीब स्वतंत्रता सेनानी के मुस्लिम पुत्र' के रूप में दिया था। असुरक्षा दर्शाने के हल्के-फुल्के अंदाज़ में, जो उनकी सार्वजनिक छवि की विशिष्टता है, वो कहते हैं, 'इस टॉक से पहले, मैंने अच्छी तरह, कड़ाई से ख़ुद को आईने में देखने का फ़ैसला किया। और मुझे अहसास हुआ कि मैं मैडम तुसाद में रखे अपने मोम के पुतले जैसा दिखने लगा हूं। अहसास के उस पल में मैंने ख़ुद से पूछा... क्या मुझे अपने चेहरे को दुरुस्त करना होगा?'

यह लिखते हुए मैं थोड़ी सिहर सी हो जाती हूं, क्योंकि अपने जवां रोमांसों के लिए मशहूर एक हस्ती के लिए अपने चेहरे पर नज़र आती उम्र को स्वीकार करने के लिए अकल्पनीय बहादुरी की ज़रूरत होती होगी। वो भी अजनबियों से भरे कक्ष में। फिर मैं हंस पड़ती हूं। क्योंकि मैंने शाहरुख़ ख़ान के अनेक आलोचकों को उनके बारे में ठीक *यही* आलोचना करते सुना है, कि कैसे वो अपना ही कैरिकेचर बन गए हैं, कैसे वो प्रेम में ठुकराए हीरो की भूमिका निभाने के लिए बहुत बूढ़े, बहुत थके-पके से हो गए हैं। क्या ये आलोचक अपनी आलोचनाएं ख़ुद शाहरुख़ द्वारा अपनी आलोचना में कही जाने वाली बातों से सीखते हैं? या उन्हें अच्छी तरह पता है कि लोग उन्हें कैसे देखते हैं? मुझे लगता है दूसरी बात ज़्यादा सही है। वो शख़्स अपने कल्ट और सेलिब्रिटी की अभूतपूर्व समझ दर्शाता है।

तो यहां कुछ भी नया कह पाना मुश्किल है। क्योंकि कोई अपने आइकन से इतनी बारीकी से पूछताछ नहीं करता है जैसे शाहरुख़ ख़ुद अपनी करते हैं। मगर मैं आपको कुछ प्राइवेट और कुछ पब्लिक तथ्य बताऊंगी।

इतने बरसों में, मैं ऐसे अनेक लोगों से मिली हूं जो उनसे मिल चुके हैं या उन्हें इंटरव्यू कर चुके हैं। मेरे ऐसे मित्र भी हैं जिन्होंने भारतीय टेलीविज़न शो में शाहरुख़ ख़ान द्वारा होस्ट की जाने वाली टैड टॉक्स भी दी हैं। दीवानी लगने

का जोखिम लेते हुए मैंने ऐसे किसी भी व्यक्ति से तफ़सील देने की गुज़ारिश की जिनके बारे में मुझे पता था कि उनकी शाहरुख़ से मुलाक़ात हो चुकी है। मैंने क्या जाना? मैंने जाना कि वो क्लासिक माइल्ड्स सिगरेट पीते हैं। जिससे भी मैंने बात की, सब उनके साथ वक़्त गुज़ारने के बाद, उनके घोर आकर्षण का शिकार होकर, ख़ुद को सुपरस्टार समझते हुए आए। हालांकि सभी के लिए यह संवाद बहुत सुखद नहीं रहा था—मेरे कुछ वार्ताकार उनके हंसी-मज़ाक़ और अपने काम के प्रति उनके घोर समर्पण से आहत हुए थे—मगर यह सबने महसूस किया कि शाहरुख उदार, हाज़िरजवाब और मीडिया में अपनी छवि को लेकर बहुत सजग थे। मुंबई में पत्रकारों ने कहा कि किसी भी कमरे में क़दम रखते ही शाहरुख़ वहां की एनर्जी बदल देते हैं। 2018 में जब अनुश्री मजूमदार ने शाहरुख़ का इंटरव्यू लिया था तब वो *इंडियन एक्सप्रेस* में फ़िल्म पत्रकार थीं। 'मेरे पैंतीस मिनट,' उन्होंने बताया, 'उनके साथ किसी फ़िल्म में होने जैसे थे। वो आपको ऐसा महसूस करवाते हैं जैसे कमरे में सबसे अहम शख़्स आप हैं और इतने ज़हीन हैं और सजग रहते हैं कि आपको कोई सवाल या शब्द दोहराना नहीं पड़ता, वो पहली बार में ही उसे समझ लेते हैं। उनके अंदर पहले पल में ही आपके अंदर कुछ देख लेने की क़ाबिलियत है और वो ख़ुद को आपकी शख़्सियत के मुताबिक़ ढाल लेते हैं, उनसे की जा रही अपेक्षाओं को छेड़े बिना। वो वाक़ई स्पेशल हैं।'

एक और फ़ैन पत्रकार एक असहज सी घटना याद करती हैं। 2016 में एक मैगज़ीन के लिए उनसे शाहरुख़ का इंटरव्यू करने को कहा गया था। अपना इंटरव्यू ख़त्म करने की ओर, उन्होंने शाहरुख़ से पूछा कि रोमांटिक प्यार के बारे में उनका क्या नज़रिया है। 'पता नहीं मैंने उनसे क्यों पूछ लिया,' वो मुझे बताती हैं। 'मैं ख़ुद को रोकना चाहती थी, मगर रोक नहीं पाई। ऐसा नहीं कि वो इस विषय के महारथी हैं, न ही मेरे थेरेपिस्ट हैं। मगर, मुझे जानना था कि प्यार के बारे में वो क्या सोचते हैं। उन्होंने हमारी पीढ़ी के लिए प्यार को परिभाषित किया था। मैं ख़ुद को रोक नहीं पाई। वो मेरा इकलौता मौक़ा था।' शाहरुख़ ने विनम्रता से जवाब दिया, उन्हें बताया कि इतने वर्षों में उन्होंने जो भी किरदार निभाए हैं, उनमें प्यार के अनेक रूप रहे हैं। कि प्यार नादान, जुनूनी, चंचल, प्यारा, ईर्ष्यालु और दिल तोड़ने वाला रहा था। फिर उन्होंने उदारतापूर्वक पत्रकार की मां का, वो भी उनकी फ़ैन हैं, अभिवादन करते हुए उनके लिए एक छोटा सा वीडियो फ़िल्माया, और दोनों महिलाओं की ख़ुशी का ठिकाना न रहा।

एक अमेरिकी दोस्त ने, जो शाहरुख़ की फ़िल्मों या उनके स्टारडम से अनजान थीं, लंदन में एक पार्टी में उन्हें देखा था। उन्होंने उन्हें 'ब्राउन कैरी ग्रांट'

कहा, और तब से ही वो उनकी वफ़ादार फ़ैन हैं। सैल्फ़ीज़ और फ़ैन पलों की उन सब कहानियों में से, जिनकी मैं राज़दार बनी हूं, मेरी ईर्ष्या को सबसे ज़्यादा भड़काया एक इकोनॉमिस्ट-पॉलिसी अध्येता फ़ैन की कहानी ने जो शाहरुख़ से हीथ्रो एयरपोर्ट पर मिली थीं। फ़ास्ट-ट्रैक इमीग्रेशन की लाइन में वो उनके पीछे थीं और इस दौरान दोनों एक अग्रणी कमर्शियल बैंक में इकोनोमिस्ट के तौर पर उनकी नौकरी के बारे में बातें करते रहे। शाहरुख़ ने उनसे वादा किया था कि पासपोर्ट की औपचारिकताएं पूरी करने के बाद वो उनके साथ सैल्फ़ी लेंगे। इमीग्रेशन से निकलने के बाद उन्होंने पाया कि ख़ान उनके साथ फ़ोटो खिंचवाने के लिए पूरे धीरज से इंतज़ार कर रहे हैं, जिसे उन्होंने तुरंत अपने पति और दोस्तों को भेज दिया।

अब मैं केवल उस जानकारी के आधार पर शाहरुख़ की तस्वीर उकेरना चाहूंगी जो सार्वजनिक डोमेन पर उपलब्ध है। शाहरुख़ ख़ान कौन हैं? इंटरनेट आपको बताता है कि वो 'दुनिया के सबसे बड़े फ़िल्म-स्टार' हैं, 'ब्रेड पिट से भी बड़े' हैं, 'भारत के टॉम क्रूज़' हैं। आधुनिक भारत के वास्तविक अटल लीजेंड शाहरुख़ 1992 से फ़िल्म व्यवसाय में हैं। हिंदी सिनेमाई इतिहास मेंउनकी फ़िल्में भारी मुनाफ़ा और प्रशंसा अर्जित करती आई हैं। फ़िल्म समीक्षक और इतिहासकार उन्हें आज़ाद भारत की उन मीडिया-सैवी हस्तियों में शुमार करते हैं, जिन्होंने भारतीय सेलिब्रिटी संस्कृति में क्रांति ला दी है। ख़ान अभिनेता के साथ-साथ एक उद्यमी भी हैं, जो प्रमुखतः अपने व्यक्तित्व के कारण एंडोर्समेंट और फ़िल्म-निर्माण योजनाओं के साम्राज्य के प्रमुख हैं।

आमिर और सलमान ख़ान के साथ, शाहरुख़ भी उस बॉलीवुड ख़ान-तिगड़ी का एक हिस्सा हैं जो भारतीय सांस्कृतिक जीवन पर व्यापक रूप से हावी है। इन तीनों में, शाहरुख़ ने सबसे ज़्यादा रोमांटिक फ़िल्में की हैं। उनके फ़िल्मी सफ़र में ऐसी प्रेम कहानियां हैं जो हिंदी रोमांटिक कहानियों की बुनियाद, और ऐसा मापदंड स्थापित करती हैं जिस तक पहुंचने की हसरत सभी बॉलीवुड प्रेम कहानियां करती हैं। 1990 के दशक से पहले जन्मे लोगों के लिए, वो देसी रोमांस के सभी प्रतीकों और हाव-भावों का मूर्त रूप हैं। यह एक ऐसी उपलब्धि है जिसका शाहरुख़ ख़ान आनंद भी लेते हैं और उपहास भी उड़ाते प्रतीत होते हैं। मसलन, 2007 की एक फ़िल्म में, उन्होंने 'मुहब्बत मैन' के रूप में बड़े पर्दे की अपनी रोमांटिक महाशक्तियों की पैरोडी की थी। भारत की सबसे बड़ी ऑनलाइन मैट्रीमोनियल सेवा की एक चालीस वर्षीय मार्केटिंग प्रमुख ने मुझे बताया: 'अच्छा हो या बुरा, मगर इस शख़्स ने 1980 के दशक में जन्मे ज़्यादातर भारतीयों के लिए

मुहब्बत को परिभाषित किया है। जब हम मुहब्बत के बारे में सोचते हैं, तो हमारा ध्यान भी नहीं जाता कि हम उनके बारे में सोच रहे हैं।'

सलमान आत्मविश्वास से भरे पुरुष किरदार निभाते हैं, सार्वजनिक अवसरों पर बोलते कम हैं और अपने बाइसेप्स की ओर ज़्यादा ध्यान खींचते हैं। वो व्यंग्यात्मक और मज़ाक़िया स्वभाव के हैं, और भारतीय प्रेस में अपने मुक़द्दमों और अथक क़ानूनी कार्रवाइयों के लिए ज़्यादा जगह पाते हैं। आमिर का कैरियर अभिनय की पारंपरिक समझबूझ के अनुरूप है। नौजवान प्रेमी की भूमिकाओं की प्रारंभिक सफलताओं से ऊपर उठकर वो एक ऐसे अभिनेता के रूप में विकसित हुए हैं जो दिलचस्प कहानियों, कला और कौशल का पर्याय है। उन्होंने लगातार समर्पित 'परफ़ेक्शनिस्ट' होने की पब्लिक इमेज बनाई है।

मगर हिंदी फ़िल्मी सेलिब्रिटी की प्रकृति को समझने के लिए हमें किसी एक्टर की फ़िल्मोग्राफ़ी या उसके अभिनय-कौशल की बजाय एक विस्तृत नज़रिया अपनाने की आवश्यकता होती है। ये लोग हीरो हैं, महज़ काम करने वाले एक्टर नहीं। जैसा एक विद्वान ने कहा है, 'देवत्व आरोपित करने वाले देश में' भारतीय फ़िल्मी सितारे 'देवताओं जैसी प्रसिद्धि' भोगते हैं। अभिनेता और उनकी फ़िल्में आम भारतीयों की बोल-चाल, पहनने-ओढ़ने और आपसी संवाद के तरीक़ों को आकार देती हैं। उनकी एक महत्वपूर्ण सांस्कृतिक छाप है। जहां शिक्षित फ़िल्मी दर्शकों की एक नई पीढ़ी की दिलचस्पी करिश्माई सितारों की तुलना में सामग्री में अधिक है, तो वहीं दर्शकों का एक बड़ा समूह तीनों ख़ानों से अपनी फ़िल्मों में ही नहीं बल्कि सार्वजनिक उपस्थिति में भी सिनेमाई करिश्मे की अपेक्षा करता है। ये प्रशंसक अभिनेताओं के हाव-भाव की नक़ल करते हैं। वो इन ख़ान अभिनेताओं के कैरियर के हर पहलू पर नज़र रखते हैं—वो टीवी शो जिन्हें वो होस्ट करते हैं, वो विज्ञापन जिनमें वो दिखाई देते हैं, सोशल-मीडिया की उनकी पोस्ट और उनसे जुड़ी हर ख़बर और उनके दिए हर इंटरव्यू। सलमान और शाहरुख़, ख़ासतौर से, ऑन-स्क्रीन निभाई जाने वाली भूमिकाओं को अपने ऑफ़-स्क्रीन व्यक्तित्व में आत्मसात करते हुए अपने पब्लिक करिश्मे पर निर्भर रहते हैं। यह प्रक्रिया स्वभक्षी क़िस्म की है, जिसमें एक्टर बार-बार अपनी पिछली फ़िल्मों की लोकप्रिय भंगिमाओं और हाव-भावों को भविष्य की फ़िल्मों में ले आते हैं और अक्सर हर भूमिका में ख़ुद को ही निभाते नज़र आते हैं। यही उनके फ़ैन चाहते हैं।

अगर आमिर की शोहरत योग्यता और फिल्मों के उत्कृष्ट चुनावों से बनती है और सलमान की भड़कीले मर्दाना आत्मविश्वास से, तो शाहरुख़ चिंता और

असुरक्षा दर्शाते हैं। वो आमतौर पर आहत किरदार निभाते हैं—आहत प्रेमी, आहत हीरो, आहत पति, आहत मुस्लिम, यहां तक कि आहत खलनायक भी। अपनी फ़िल्मों में शाहरुख़ शायद ही कभी ख़ुद के और अपने आसपास के लोगों के साथ सहज होते हैं। शाहरुख़ के किरदारों को सताने वाली असुरक्षाएं तीन दशकों में फैले उनके कैरियर की प्रगति के साथ विकसित हुई हैं। 1990 के दशक की शुरुआत में, उनके द्वारा निभाए गए किरदार प्यार और सफलता पाने के लिए फ़िक्रमंद थे। हम देखते हैं कि शाहरुख़ फ़िल्म *चमत्कार* (1992) में बड़े शहर में देहाती होने की चिंता, *दीवाना* (1992) और *कभी हां कभी ना* (1994) में प्यार में मुक़ाबले की चिंता, *राजू बन गया जेंटलमैन* (1992) में मध्यमवर्गीय नैतिक चिंताओं, *डर* (1993) में एकतरफ़ा प्यार की विषाक्त चिंता या *बाज़ीगर* (1993) में अपने परिवार के सम्मान पर हमले से उत्पन्न हिंसक चिंता को अभिनीत करते हैं। पत्रकार एवं फ़िल्म निर्माता परोमिता वोहरा ने ख़ान के कैरियर के बारे में *इंडियन एक्सप्रेस* में प्रकाशित एक ख़ूबसूरत आलेख में उनके 90 के दशक के ऑन-स्क्रीन व्यक्तित्व को 'आदर्श पुरुषों के क्लब की अस्वीकृति से घायल सामाजिक रूप से बहिष्कृत व्यक्ति' कहा है।

नब्बे के दशक के उत्तरार्ध से जब शाहरुख़ ने ओवरसाइज़ शर्ट और बैगी जींस की वार्डरोब को अलविदा कहा, तो उनके फ़ैशन के चुनाव उन स्टाइलिश किरदारों के अनुरूप थे जिनकी बाहरी ख़ूबसूरती प्यार और विदेश में प्रवासन को लेकर उनकी बेचैनी को छिपा नहीं सकती थी। *डीडीएलजे* में एक एनआरआई के रूप में परंपरा और रोमांटिक स्वतंत्रता के बीच रास्ता निकालने की चिंता है, *कभी ख़ुशी कभी ग़म* (2001) और *परदेस* (1997) में अपने कुलीन पिता के प्यार के बारे में अनिश्चित एक दत्तक बच्चे की चिंता है, *कुछ कुछ होता है* (1998) में एकल अभिभावक होने की और *कल हो ना हो* (2003) में आसन्न मौत से जुड़ी चिंता है। शाहरुख़ की व्याकुल कला नई सहस्राब्दी में भी बख़ूबी फैली है। वैश्वीकृत संपत्ति के सभी प्रतीकों को धारण करते हुए उनके कपड़े और शरीर परिष्कृत हो गए, मगर अभी भी वो *कभी अलविदा ना कहना* (2006) में वैवाहिक बेवफ़ाई, *स्वदेस* (2004), *फिर भी दिल है हिंदुस्तानी* (2000) और *मैं हूं ना* (2004) में राष्ट्र-निर्माण, *माई नेम इज़ ख़ान* (2010), *रईस* (2017) और *चक दे! इंडिया* (2007) में एक मुसलमान होने की चिंता से जूझ रहे हैं। पिछले कुछ वर्षों में असामान्य सी फ़िल्में देखी गई हैं, जिनमें शाहरुख़ ने निर्विवाद रूप से आकर्षक पुरुष की भूमिका नहीं निभाई। इसके बजाय, उनके किरदार ऐसी उत्साही महिलाओं से प्यार करने

की चिंता से भरे हुए हैं जो *जब हैरी मैट सेजल* (2017) और *ज़ीरो* (2018) में सामाजिक स्थिति या उपलब्धियों के मामले में उनसे कहीं आगे हैं।

शाहरुख़ की फ़िल्मों में अपने लिए या दुनिया में अपनी जगह को लेकर हीरो की चिंताओं के समाधान का दायरा कृत्रिम रूप से कूल और हास्यास्पद कॉमेडी से लेकर सेक्स स्टि कमेंट्री तक हो सकता है। चिंता हत्या के रूप में भी सामने आती है। उनके पात्र अक्सर जज़्बाती तौर पर असहाय होते हैं, जिन्हें लगता है कि उन्हें पूरा प्यार नहीं मिल रहा है और वो प्यार पाने की अपनी ललक को छोड़ने के लिए भी तैयार नहीं होते हैं। शाहरुख़ के किरदार जिस प्यार की तलाश में रहते हैं, वो केवल एक औरत का पारंपरिक प्यार नहीं है; उन्हें पिता, मित्रों और देशवासियों के प्यार और स्वीकृति की भी बेतहाशा तलाश रहती है। वो जिन पुरुषों की भूमिका निभाते हैं, वो गहराई से महसूस करते हैं, हमेशा दूसरे की निगाहों के प्रति संवेदनशील होते हैं और बेहद, बेहद (बेहद) आंसू बहाते हैं। कम उम्र में अपने माता-पिता को खोने की शाहरुख़ की अपनी निजी कहानी ने उनके कोमल और हमदर्द इंसान होने की कहानी में इज़ाफ़ा ही किया है। 90 के दशक के शुरू में उनके अपना पहला बड़ा फ़िल्म पुरस्कार जीतने का दृश्य, आंसू भरी आंखों से आसमान की ओर पुरस्कार उठाकर जन्नत से देखती अपनी दिवंगत मां के प्रति आभार व्यक्त करना बहुत कुछ बॉलीवुड पारिवारिक गाथाओं के अंतिम दृश्य जैसा लगा था। लेकिन हमें ख़ान के लिए कभी दुख नहीं होता; वो अपनी शोहरत का भरपूर मज़ा लेते प्रतीत होते हैं। अपनी कमज़ोरियों की ओर से सजग और तीखे कटाक्षों के साथ निजी ख़ुलासे भरे पलों से हमेशा हमें लुभाते हुए शाहरुख़ ने एक ख़ुशगवार अंदाज़ में अपनी अभिमानी और संतुलित पब्लिक छवि बनाई है। अपने प्रशंसकों के लिए वो सेक्स अपील, बुद्धिमानी और चटपटी टिप्पणियों का एक अबूझ पैकेज हैं। अपने और दुनिया से जुड़े उनके सभी उद्धरणों और मज़ाक़ों में हमेशा अपनी संवेदनशीलताओं को छिपाते एक व्यक्ति का आभास मिलता है।

शाहरुख़ की छवि मानक मर्दाना अवधारणा से हटकर है। आमिर और सलमान दोनों ने अपने शरीर को असाधारण शारीरिक शक्ति की मिसाल बनाकर अनेक पुरुष दिलों पर अधिकार कर लिया है। अगर ऑनलाइन सर्च किया जाए तो ऐसे कई वीडियो मिल जाएंगे जो सबसे निष्क्रिय पुरुषों को निर्देश और महत्वाकांक्षी लक्ष्य देते हुए बताएंगे कि उन दोनों अभिनेताओं ने किस तरह अपनी मांसपेशियां बनाईं। बॉडी बिल्डिंग गेम में शाहरुख़ भी उतरे। सिक्स-पैक एब्स में उनकी लेट प्रविष्टि ने अख़बारों के पहले पन्नों और पत्रिकाओं पर जगह पाई। और उन्होंने अपनी 2022 में रिलीज़ होने वाली आगामी फ़िल्म *पठान* के लिए इसे

जारी रखा है। हालांकि अपने अधिकांश कैरियर में, उनका डीलडौल हल्का, कम मांसपेशियां दिखाने वाला रहा है। पर्दे पर एक सौम्य शारीरिक उपस्थिति प्रस्तुत करते हुए उनकी क़द-काठी अन्य दो ख़ानों से भिन्न है। यहां तक कि *डॉन* सीरीज़ के हत्यारे अपराधी की उनकी भूमिका शारीरिक बल की तुलना में मनोवैज्ञानिक ख़ौफ़ अधिक दर्शाती है। ख़ान एक सख़्त और उदासीन आदमी की भूमिका (जिसे मूल रूप से अमिताभ बच्चन ने निभाया था) को चुलबुला बनाते और विभिन्न पलों में जीते हुए उसके साथ खेलने का फ़ैसला करते हैं। एक मशहूर फ़िल्म लेखक और वृत्तचित्र फ़िल्म निर्माता नसरीन मुन्नी कबीर ने कहा था कि उनकी 'उदास आंखें' हैं जो महिलाओं को उनका बचाव करने के लिए प्रेरित करती हैं।

उनकी सेक्सुअलिटी को लेकर भी अफ़वाहें गर्म रहती हैं। वो ख़ुद भी इन्हें हवा देते हैं। एक टीवी शो में उन्होंने *सेक्स एंड द सिटी* की सामंथा को उद्धृत करते हुए ख़ुद को 'ट्राइ-सेक्सुअल' कहा था, 'क्योंकि मैं कुछ भी ट्राइ कर सकता हूं।' दक्षिण एशियाई मेट्रोसेक्सुअल के सरपरस्त शाहरुख़ भारत के पहले पुरुष आइकन बने जो महिला सौंदर्य उत्पादों को एंडोर्स करते हैं। आमिर ने दो शादियां की हैं। सलमान कुआंरे रहे, महिलाओं के साथ उनके रिश्ते गॉसिप कॉलमों की खाद-पानी हैं। शाहरुख़ तीस साल से हाई स्कूल की अपनी प्रेमिका से शादीशुदा हैं।

अन्य दोनों ख़ानों की अपेक्षा शाहरुख़ कहीं ज़्यादा 'मिडिल क्लास' भी दिखते हैं। समाजशास्त्रियों ने बेशुमार किताबें और पेपर लिखे हैं कि वे किस तरह नवउदारवादी नैतिकता की अभिव्यक्ति हैं, कैसे भाई-भतीजावाद से व्याप्त उद्योग में शीर्ष पर पहुंचकर इसकी मिसाल बने हैं कि भारत के काल्पनिक योग्यता तंत्र में 'कैसे कामयाब हुआ जाए।' जहां आमिर और सलमान प्रतिष्ठित और फिल्म-उद्योग के पुराने परिवारों से ताल्लुक़ रखते हैं, वहीं शाहरुख़ के पास अपनी सफलता को संबल देने के लिए ऐसा कोई मशहूर परिवार नहीं है।

गूगलट्रेंड का डाटा आपको दक्षिण एशिया के बाहर शाहरुख़ के अंतरराष्ट्रीय फ़ैनबेस की झलक प्रदान करता है। दुनिया के कुछ सबसे अधिक विवादास्पद क्षेत्रों में उनके प्रशंसक मौजूद हैं— बोलीविया, तंज़ानिया, सीरिया, इराक़, यमन, सूडान, मिस्र और मोरक्को उन शीर्ष पच्चीस देशों में शामिल हैं जहां उनके नाम को सबसे अधिक खोजा जाता है। भारत में, उनके प्रशंसक सर्वव्यापी हैं। पश्चिम बंगाल के बाद देश में शाहरुख़ को गूगल पर सर्च करने वाला दूसरा सबसे बड़ा भाग अलग-थलग स्थित अंडमान और निकोबार द्वीपसमूह के नाम जाता है। गूगल सर्च के इस मुक़ाबले में जहां सलमान हिंदी भाषी क्षेत्रों में बाज़ी मारते हैं, वहीं शाहरुख़ भारत के दक्षिणी क्षेत्रों, पुदुच्चेरी, केरल और तमिलनाडु, में अधिक सर्च किए जाते हैं, जहां

महिला-कल्याण और सामाजिक गतिशीलता के प्रभाव देश के बाक़ी हिस्सों की तुलना में कहीं बेहतर हैं। 2019 में, मैं यह समझने के लिए कोच्चि शहर गई थी कि यह उन शहरों में से एक क्यों है जहां सलमान की तुलना में शाहरुख़ को बेतहाशा गूगल सर्च करने की रिपोर्ट मिलती है। पहले ही दिन, पर्यटक स्थल फ़ोर्ट कोच्चि में एक कैफ़े के बाहर मैंने स्कार्फ़ पहने कुछ लड़कियोंको इस बात पर बहस करते देखा कि लंच कहां करना है। मैं उनके पास गई और मैंने पूछा कि उनका फ़ेवरीट एक्टर कौन है। वो खिलखिलाने लगीं और समझ नहीं पा रही थीं कि मुझे इसमें दिलचस्पी क्यों है। मेरे पागलपन के लिए हमदर्दी सी दिखाते हुए उन्होंने एक सुर में जवाब दिया: शाहरुख़। उनमें से एक लड़की ने कहा, 'वो अच्छा आदमी है।'

उत्तर की पितृसत्तात्मक काउ-बैल्ट से बहुत दूर, दक्षिण की इन लड़कियों ने शाहरुख़ को इसलिए पसंद किया क्योंकि वो एक अच्छे आदमी की उनकी धारणा में फ़िट बैठते हैं। मैंने इस युवती से पूछा कि उसे क्यों लगता है कि शाहरुख़ 'अच्छे' हैं। फिर खिलखिलाहट। फिर एक जवाब आया: 'मैंने ऑनलाइन उनकी दावोस स्पीच और टेड टॉक देखी थी और मैं उनके इंटरव्यू देखती हूं। उनकी फ़िल्में तो ओके हैं, लेकिन वो बुद्धिमान हैं और ज़िंदगी और महिलाओं के बारे में अच्छा बोलते हैं। मुझे यह पसंद है।' उसकी सहेली ने कहा, 'वो एक मज़हबी इंसान लगते हैं, यह अच्छा है।' हमने कुछ और बातें कीं, और मैंने जाना कि ये लड़कियां कॉलेज की दोस्त हैं। उन्होंने हाल ही में अपनी फ़र्स्ट ईयर की परीक्षा दी थी और फ़ोर्ट कोच्चि में रविवार बिताने, और वहां चल रही कला-प्रदर्शनी बिएनेल को देखने आई थीं। वो सभी कॉलेज जाने वाली मुस्लिम लड़कियां थीं, जिनके परिजन खाड़ी प्रवासी थे। उनके परिवार में उनसे पहले कोई लड़की कॉलेज नहीं गई थी।

2002 के गुजरात दंगों पर एक पुरस्कार-विजेता किताब की लेखिका, पत्रकार राना अय्यूब ने एक बार एक लेख लिखा था जिसमें कहा था कि धर्मनिरपेक्षता और मुस्लिम पहचान पर बार-बार हस्तक्षेप के माध्यम से ज़ाहिर होने वाले उनके 'साहसी संदेश' के लिए भारत शाहरुख़ को धन्यवाद देता है। उनके इंटरव्यू को पढ़कर और उनकी फ़िल्मों को देखकर ऐसा आभास होता है कि शाहरुख़ अपनी सार्वजनिक छवि में बाकी दोनों ख़ानों से ज़्यादा मुसलमान हो गए हैं। कई मौक़ों पर, धार्मिक असहिष्णुता के लिए शाहरुख़ की आलोचना से नाराज़ हिंदू दक्षिणपंथी समूहों के हमलों से उनकी फ़िल्मों की रिलीज़ प्रभावित हुई है। शायद शाहरुख़ की सबसे दमदार अदाकारी *चक दे! इंडिया* में थी, जिसमें उन्होंने एक मुस्लिम हॉकी खिलाड़ी की भूमिका निभाई थी जिस पर पाकिस्तान के ख़िलाफ़ एक मैच को जान बूझकर हार जाने का आरोप है। उनका किरदार एक महत्वपूर्ण जीत

के लिए भारतीय महिला हॉकी टीम को कोचिंग देकर ख़ुद को बेदाग़ करने का फ़ैसला करता है। भारत ने उसका दिल तोड़ दिया है, और वो खेल में कामयाबी को अपनी मानसिक शांति और सुकून हासिल करने के एक साधन के तौर पर प्रयोग करने के लिए, अयोग्य मानी जाने वाली एथलीटों के एक मिश्रित समूह के साथ जुड़ जाता है। 2010 में,9/11 के बाद के अमेरिका में एक हिंदू-मुस्लिम दंपती पर बनी एक फ़िल्म *माई नेम इज ख़ान* में उन्होंने एस्परगर सिंड्रॉम से पीड़ित एक मुस्लिम व्यक्ति की भूमिका निभाई थी। उनका पात्र, रिज़वान ख़ान, अमेरिका में हुए एक हेट-क्राइम में अपने प्यारे सौतेले बेटे को खो देता है। अपने बेटे की मौत की प्रतिक्रिया में रिज़वान फ़ैसला करता है कि अमेरिकी राष्ट्रपति को खोजेगा, ताकि वो उन्हें और दुनिया को बता सके कि रिज़वान का परिवार आतंकवादियों को पनाह नहीं देता, कि वो ख़ुद आतंकवादी नहीं है। *माई नेम इज़ ख़ान एंड आई एम नॉट ए टैररिस्ट।* आउटलुक पत्रिका में प्रकाशित एक प्रभावशाली लेख में शाहरुख़ ने लिखा था, 'मैं एक आतंकवादी समझे जाने से इतना उकता गया था कि मैंने अपनी बात साबित करने के लिए एक फ़िल्म बनाई, लेकिन फिर भी, और यह कोई मामूली विडंबना नहीं थी कि जब मैं इसके प्रीमियर के लिए यात्रा कर रहा था तो एक अमेरिकी हवाई अड्डे पर मुझे रोक दिया गया था।'

ख़ान के कैरियर के एक कुख्यात प्रकरण में, 2012 में उन पर मुंबई के वानखेड़े क्रिकेट स्टेडियम में प्रवेश करने पर रोक लगा दी गई थी। मुंबई क्रिकेट एसोसिएशन का दावा था कि एक क्रिकेट मैच के बाद उन्होंने कुछ अधिकारियों के साथ हाथापाई की। कहानी सुर्ख़ियों में आई; बेतहाशा गुस्से में दिखने वाली उनकी एक तस्वीर शायद हर भारतीय ने देखी होगी। आख़िरकार, मुंबई पुलिस को शाहरुख़ के ख़िलाफ़ की गई शिकायतों में कोई दम नहीं दिखा, और अब उन पर कोई प्रतिबंध नहीं है। बाद में टीवी शो *आप की अदालत* में रजत शर्मा के साथ एक इंटरव्यू में शाहरुख़ ने बताया कि उन्हें उन सुरक्षा गार्डों पर गुस्सा आ गया था जिन्होंने उनके बच्चों को मैनहैंडल किया था। जब वो उन्हें मैदान से लेने पहुंचे, तो उनकी धार्मिक पहचान को लेकर एक भद्दी टिप्पणी भी की गई थी। शर्मा के शो को लाइव दर्शकों के साथ फ़िल्माया गया था, जब शाहरुख़ ने इस घटना और अपनी नाराज़गी का वर्णन किया तो दर्शकों ने तालियां बजाकर सहानुभूति दर्शाई। अपने अधिकांश कैरियर में मीडिया में शाहरुख़ को हमेशा आदर्श मॉडरेट मुस्लिम की भूमिका निभाने के लिए बुलाया जाता रहा है। इतिहास गवाह है कि हमें हमारी धर्मनिरपेक्ष परंपराओं, अपने अंतरधार्मिक विवाह, दिल्ली में एक रामलीला से अभिनय में अपने पदार्पण, सभी प्रमुख धार्मिक ग्रंथों को पढ़ने

और हिंदू पर्व-त्योहारों को मनाने की याद दिलाते हुए उन्होंने बहुत सहजता से यह भूमिका निभाई है। लेकिन 2013 में वो भड़क गए और उन्होंने लिखा, 'मैं अपने समुदाय का प्रतिनिधित्व करने के लिए चुने गए लोगों में से हूं, ताकि हम दूसरे समुदायों को हम सब पर इस तरह की प्रतिक्रिया करने से रोक सकें जैसे कि हम किसी तरह की कोई मिलीभगत कर रहे हैं, या एक ऐसे धर्म के नाम पर किए गए अपराधों के लिए ज़िम्मेदार हैं जिसे हम उन दोषियों से एकदम भिन्न रूप में देखते हैं जो इन अपराधों को अंजाम देते हैं।'

अगर *माई नेम इज़ ख़ान* ने दर्शकों को एक झलकी दिखाई थी कि 'आतंकवाद के ख़िलाफ़ जंग' को लेकर शाहरुख़ की क्या भावनाएं हैं, तो सिनेमा के माध्यम का सहारा लिए बिना 2015 में उन्होंने ख़ुद अपनी बात रखी थी। भारत में आयोजित पहले ट्विटर टाउन हॉल में, शाहरुख़ ने राजदीप सरदेसाई से कहा था कि वो देश में फैल रही 'घोर असहिष्णुता' को लेकर फ़िक्रमंद हैं और उन्हें दुख होता है कि एक भारतीय मुस्लिम के रूप में अक्सर आपको 'अपनी भारतीयता की सफ़ाई' देनी पड़ती है। बाद में बरखा दत्त के साथ एक इंटरव्यू में उन्होंने भारत के प्रमुख फ़िल्म संस्थान के प्रमुख पदों पर राष्ट्रीय स्वयं सेवक संघ (आरएसएस) के सदस्यों की नियुक्ति का विरोध कर रहे छात्रों का समर्थन किया था। शाहरुख़ ने सैल्फ़-सैंसरशिप और धार्मिक असहिष्णुता पर अपना मत व्यक्त करने से पहले कहा था, 'छात्र सही हैं।' हताश दिखते शाहरुख़ ने टिप्पणी की थी, 'यह तथ्य ही कि यह साबित करने के लिए कि इंडिया कितना सेक्युलर है, हमें तीनों ख़ानों के बारे में बोलते रहना होता है, साबित करता है कि इंडिया (उतना सेक्युलर) नहीं है।'

इन मशहूर टेलीविज़न पत्रकारों के साथ ये इंटरव्यू शाहरुख़ के पचासवें जन्मदिन के मौक़े पर हुए थे। टेलीकास्ट के तुरंत बाद भारतीय जनता पार्टी (बीजेपी) के राष्ट्रीय महासचिव ने शाहरुख़ को 'देशद्रोही' घोषित कर दिया। उत्तर प्रदेश के वर्तमान मुख्यमंत्री 2015 में सांसद थे; उन्होंने शाहरुख़ की टिप्पणियों और भाषा को उन आतंकवादियों जैसा बताया जिन्होंने मुंबई पर 26/11 के हमलों की साज़िश रची थी, और दावा किया कि अगर 'बहुसंख्यक समुदाय' शाहरुख़ की फ़िल्मों का बायकॉट कर दे, तो स्टार किसी 'आम मुसलमान' की तरह सड़कों पर घूमने के लिए मजबूर हो जाएगा। उस समय विपक्षी दलों और बीजेपी के अधिकृत प्रवक्ताओं तक ने शाहरुख़ के ख़िलाफ़ इन टिप्पणियों का विरोध किया था, जबकि राष्ट्रीय सरकार ने इन कथनों से किनारा कर लिया था। एक महीने बाद अपनी टिप्पणियों से उपजे विवाद और अपनी फ़िल्मों की रिलीज़ में बाधा डालने की धमकियों पर मनन करते हुए शाहरुख़ ने मुंबई के अख़बार *मिड-डे* से कहा था कि

उनका मतलब यह नहीं था कि इंडिया असहिष्णु है, बल्कि वो भारतीय युवाओं को सलाह दे रहे थे कि एक ज़्यादा सेक्युलर और प्रगतिशील भविष्य बनाने में सहायता करें। 'मैं कुछ कहता हूं,' उन्होंने कहा, 'और उसे तोड़-मरोड़ दिया जाता है, और मैं मुश्किल में पड़ जाता हूं। यह परेशानी की बात है।' तब से ही शाहरुख़ धर्म और देश की राजनीति में किसी भी दख़लंदाज़ी की ओर से सतर्क रहने लगे हैं।

कोच्चि में, ऐसे ही, मैं केरल सरकार द्वारा जन डिजिटल साक्षरता अभियान के अंग के तौर पर चलाई जाने वाली एक कैंटीन में चली गई। वहां पुरुष भरे हुए थे जो अपने स्मार्टफ़ोनों पर यूट्यूब वीडियो और रोज़गार विज्ञापन देखने के लिए फ़्री वाई-फ़ाई का इस्तेमाल कर रहे थे। रिसर्च का बहाना करके मैंने उनमें से कुछ से उनके पसंदीदा अभिनेताओं के बारे में पूछा। किसी ने भी सलमान का नाम नहीं लिया। पहली बार ऐसा हुआ था कि मैं किसी ऐसी जगह पर गई थी जहां सलमान ख़ान का कोई फ़ैन नहीं था। मैंने उनसे पूछा ऐसा क्यों है, और एक युवक मुस्कुराते हुए बोला: 'केरल में, हम मलयाली अच्छी कहानियों वाली अच्छी फ़िल्में देखते हैं। नॉर्थ के लोग मसल्स और मर्दानगी के लिए सलमान को पसंद करते हैं। मगर हमारे यहां मोहनलाल और ममूटी जैसे एक्टर हैं। मसल्स के लिए हमारे पास तेलुगु फ़िल्मों के राना डग्गूबाती और प्रभास हैं। सलमान की ज़रूरत ही नहीं है।' सारे आदमी हंसने लगे—दक्षिण के लोगों के लिए दक्षिण की मसल्स। मैंने उनसे शाहरुख़ के बारे में पूछा तो उन्होंने कहा कि वो 'उनकी इज़्ज़त करते हैं' लेकिन फ़िल्मों से ज़्यादा उनके इंटरव्यू देखना पसंद करते हैं। उन्हें लगता था कि जिस तरह वो ख़ुद को पेश करते हैं वो बहुत शिक्षाप्रद है और वो मीडिया से उनके संवाद को ये टिप्स लेने के लिए देखते हैं कि रोज़गार-प्रदाताओं को कैसे प्रभावित करें। और 'लड़कियां उन्हें पसंद करती हैं,' वो सब सहमत थे।

फ़िल्मी माइनॉरिटी

एक फ़ैन के तौर पर अपने पूर्वाग्रह को परखने के लिए मैंने भारत के कुछ अग्रणी फ़िल्म-लेखकों और आलोचकों से बात की, जो कि बड़े प्रकाशनों के लिए काम करते हैं। जब हमने शाहरुख़ की शख़्सियत के बारे में बात की, तो सबके पास कहने के लिए एक जैसी ही बात थी: वो महिलाओं के आइकन हैं। मयंक शेखर, जिनकी समीक्षाएं मुख्यधारा की प्रेस में प्रकाशित होती रहती हैं, ने कहा, 'वो महिलाओं के हीरो हैं।' एक और आलोचक ने कहा, 'किसी का भी किसी भी उम्र की महिला पर वो असर नहीं होता, जैसा उनका होता है।'

मैंने अनुपमा चोपड़ा से बात की, जो भारत के नामी-गिरामी फ़िल्म-लेखकों और आलोचकों में से एक हैं और मामी मुंबई फ़िल्म फ़ेस्टिवल की डाइरेक्टर हैं। उन्होंने भारतीय सिनेमा पर कई पुरस्कार विजेता किताबें लिखी हैं। 2007 में, उन्होंने शाहरुख़ के उदय के बारे में *किंग ऑफ़ बॉलीवुड: शाहरुख़ ख़ान एंड द सेडक्टिव वर्ल्ड ऑफ़ इंडियन सिनेमा* लिखी थी। मैंने उनसे पूछा कि अतीत के किसी भी भारतीय अभिनेता की तुलना में ख़ान की छवि अधिक महिला-अनुकूल (बावजूद इसके कि उन्होंने ऐसे पुरुषों की भूमिकाएं निभाई हैं जो महिलाओं को चोट पहुंचाते हैं और आमतौर पर पारंपरिक पितृसत्तात्मक लीक पर चलते हैं) क्यों लगती है। 'बात फ़ेमिनिज़्म की इतनी नहीं है,' उन्होंने कहा, 'जितनी यह कि वो महिलाओं के साथ किस तरह गरिमापूर्ण और सम्मानजनक तरीक़े से पेश आते हैं। उन्होंने ऐसे लड़कों की भूमिकाएं निभाईं जो बेतहाशा अमीर और आकर्षक थे, लेकिन जो घर और रसोई के कामों में महिलाओं की मदद भी करते थे।' यह उनके काम के ज़रिए दर्शाया गया एक रूपक था, वो कहती हैं: *दिलवाले दुल्हनिया ले जाएंगे* में राज के रूप में अपनी बेहद कामयाब रोमांटिक भूमिका में उनका पात्र लड़कों के साथ रग्बी खेलता है और हवाई जहाज़ की रेस लगाता है, लेकिन साड़ी ख़रीदने में एक बुआ की मदद भी करता है। करवाचौथ पर वो सिमरन के साथ व्रत रखता है, जिससे यह आम एकतरफ़ा अनुष्ठान नहीं रह जाता, और मेहमानों की आवभगत करता है जैसे महिलाओं से अपेक्षा की जाती है। हमने ऐसा तालमेल पहले कभी नहीं देखा था। उन्होंने पर्दे पर मर्दानगी को फिर से परिभाषित किया। यह बहुत ही विशिष्ट कल्पना थी। हमने इसे इतना पसंद किया कि उन वक़्तों को नज़रअंदाज़ कर दिया जब उनके पात्रों ने महिलाओं के साथ घटिया हरकतें की थीं। इसलिए, मैं पूरे यक़ीन से नहीं कह सकती कि यह (उनकी कल्पना) स्पष्ट रूप से फ़ेमिनिज़्म या महिलाओं से जुड़े मुद्दों से जुड़ी थी— ऐसी फ़िल्में भी थीं जिनमें वो महिलाओं को मार रहे थे और उन्हें चोट पहुंचा रहे थे। लेकिन अपनी रोमांटिक फ़िल्मों में, ख़ासकर *दिलवाले दुल्हनिया ले जाएंगे* से शुरू करके, उनके पात्रों ने महिलाओं को भावनात्मक संबल के निजी पलों की पेशकश की। उन्होंने असल मर्द के एक अधिक प्रगतिशील और आधुनिक दृष्टिकोण के साथ सांचे को तोड़ दिया।'

2017 में, भारत के सिनेमा हॉलों में दस में से छह दर्शक पुरुष होते थे। 2015 में हुए एक देशव्यापी सर्वेक्षण में पाया गया कि केवल आठ प्रतिशत वयस्क महिलाओं ने ही महीने में कम से कम एक बार सिनेमा हॉल जाने की बात कही। दूसरी ओर, इसी सर्वेक्षण में पाया गया कि बाईस प्रतिशत पुरुषों ने हर महीने

सिनेमा हॉल जाने की बात कही। एक स्नेही पुरुष की अपनी भूमिका द्वारा एक विशाल पैमाने पर महिला प्रशंसकों की मांगों को पूरा करके शाहरुख़ ने हमेशा ही फ़िल्मों के एक माइनॉरिटी समूह की कल्पनाओं को पूरा किया है। हालांकि आर्थिक अनिश्चितता और कम क़ीमत वाले सिंगल-स्क्रीन थिएटरों में आई कमी ने अधिकांश भारतीयों की फ़िल्में देखने की क्षमता को सीमित किया है, मगर पुरुषों की तुलना में महिलाएं अधिक संघर्ष करती हैं, ख़ासकर बड़े पर्दे पर सिनेमा देखने के मामले में। मीडिया उपकरणों तक सीमित पहुंच या स्वतंत्र आय की कमी, मौज-मस्ती के लिए समय न होने, असुरक्षित सार्वजनिक स्थान और टिकटों की बढ़ती क़ीमतें भी फ़िल्मों का आनंद लेने वाली महिलाओं की संख्या को सीमित कर देती हैं। पुरुष जिन चीज़ों को देखना चाहते हैं उन्हें देखने के लिए उनके पास अधिक पैसा होता है।

उम्र बढ़ने के साथ जब शाहरुख़ युवा रोमांस से दूर हुए, तो उन्होंने मज़बूत आदमी की भूमिका निभाने के प्रलोभन के आगे घुटने टेक दिए। 2013 से 2015 के बीच उनकी फ़िल्मोग्राफ़ी विचारहीन एक्शन फ़िल्मों से अटी पड़ी है जिनमें वो दिलचस्प महिलाओं से बहुत कम बात करते हैं। मालूम होता था कि वो उन अति-बलिष्ठ अर्धदेवों तक पहुंचने में व्यस्त थे जो भारत पर राज करते थे। उस समय व्यावसायिक रूप से सबसे सफल हिंदी फ़िल्में आत्म-मुग्ध वयस्क-बच्चों—संगीतकारों, पुलिसवालों, फ़ोटोग्राफ़रों और सोने के दिल वाले माफ़िया डॉनों—का चरित्र अध्ययन थीं। मुख्यधारा की फ़िल्मों में पुरुषों की संवेदनशीलता लुप्त हो गई थी। शर्टहीन सलमान और मुस्कुराहट विहीन एक्टिविस्ट आमिर (वो भी अक्सर शर्टहीन) का राज था। जब सिक्स-पैक ने भावुकता की जगह ले ली और फ़्लैट एब्स वाहवाही बटोर रहे थे, तो शाहरुख़ ही हमारी एकमात्र उम्मीद थे। अफ़सोस कि नौजवानों ने सलमान के स्टंट को प्राथमिकता दी, और एक ऐसी दुनिया को मंज़ूर किया जिसमें किसी लड़की के लिए प्यार का प्रदर्शन पाशविक ताक़त और शारीरिक जाइरेशन से किया जाता था। रोमांस में हीरोइन से बात तो बमुश्किल ही होती थी, मगर उसे बचाने के लिए दूसरे आदमियों की धुनाई ज़रूर होती थी। 2013 में रिलीज़ हुई शाहरुख़ की *चेन्नई एक्सप्रेस* भी इसी तर्ज़ पर थी और बॉक्स-ऑफ़िस पर उनकी सबसे बड़ी हिट साबित हुई। महिला फ़ैन निराश हुईं। समीक्षकों ने महसूस किया कि 'मास' हिट के लिए शाहरुख़ अपने पारंपरिक शहरी 'मल्टीप्लेक्स' प्रशंसकों को निराश कर रहे हैं।

शाहरुख़ के बारे में आप यह अक्सर सुनते होंगे। फ़िल्म समीक्षक इस बात को रेखांकित करते हैं कि सलमान जैसे आइकनों की मास अपील के उलट, वो हमेशा

परिष्कृत, शहरी दर्शकों के बीच लोकप्रिय, मल्टीप्लेक्स-फ़्रेंडली हीरो रहे हैं। छोटे शहरों और ग्रामीण समुदायों में शाहरुख़ के प्रशंसकों से मिलने के बाद, जो दिल्ली या मुंबई के किसी महंगे मल्टीप्लेक्स सिनेमा में टिकट ख़रीदने का सपना भी नहीं देख सकते, मुझे इस मास-मल्टीप्लेक्स विभाजन पर हमेशा संदेह रहा है।

मास बनाम मल्टीप्लेक्स दर्शकों को लेकर अपने सवालों को मैं हिंदी सिनेमा की कुछ सबसे सफल और शैलीगत रूप से उन्नत फ़िल्मों के निर्माता सिद्धार्थ रॉय कपूर के पास ले गई। 2019 में हमारी मुलाक़ात के समय वो फ़िल्म एंड टेलीविजन प्रोड्यूसर्स गिल्ड ऑफ़ इंडिया के अध्यक्ष थे। रॉय कपूर की कामयाबियों में 2016 की एक फ़िल्म *दंगल* है, जो दो महिला पहलवानों की सफलताओं और उनके द्वारा झेले गए तनावों के बारे में है। युवा महिलाओं की उल्लेखनीय अदाकारी के साथ, फ़िल्म में शाहरुख़ के लिए एक ख़ूबसूरत तारीफ़ शामिल है। जब मुख्य किरदार गीता एक राष्ट्रीय खेल अकादमी में प्रशिक्षण लेने के लिए अपना घर छोड़ती है, तो उसकी साथी महिला पहलवान डिनर के बाद टीवी पर *डीडीएलजे* देखने का आग्रह करती हैं। गीता मना करती है; कि वो सोना पसंद करेगी। जवाब में उसकी दोस्त, एक को-ट्रेनी, कहती है, 'शाहरुख़ को ना नहीं बोलते, पाप लगता है।' इस संवाद के बाद *डीडीएलजे* के एक मशहूर सीन को देखते हुए इन भावी खिलाड़ियों के आहें भरने और सीटी बजाने का एक छोटा सा सीन है। *डीडीएलजे* की तरह ही *दंगल* भी हिंदी सिनेमा के इतिहास की व्यावसायिक रूप से सबसे अधिक सफल शीर्ष दस फिल्मों में से एक है।

मैंने रॉय कपूर से कहा कि मुझे मल्टीप्लेक्स और मास फ़िल्मों के बीच के अंतर के बारे में बताएं। उन्होंने आसान लेबलों के प्रति आगाह करते हुए उत्तर दिया। 'उद्योग में,' उन्होंने कहा, 'हमें चीज़ों की बारीकियों को समझने से पहले उन्हें लेबल करने की जल्दी रहती है। ये आला फ़िल्में, जो ज़्यादा पढ़े-लिखे दर्शकों को लक्षित करती हैं, पहले भी मौजूद थीं। बात सिर्फ़ इतनी है कि इन फ़िल्मों के दर्शकों का विस्तार हुआ है क्योंकि दर्शक अब ज़्यादा पढ़े-लिखे हैं।' हम सहमत थे कि कोई स्पष्ट मास—मल्टीप्लेक्स बाइनरी नहीं है और इसके बजाय एक साधारण परिभाषा पर राज़ी हुए: कि एक मास फ़िल्म का मतलब बस एक ऐसी फ़िल्म है जिसका बजट और वितरण नेटवर्क बड़ा होता है, एक ऐसी फ़िल्म जिसे आप, आपकी मां, आपकी मां का प्रेसवाला और आपकी मां के प्रेसवाले का विस्तारित परिवार टेलीविज़न प्रीमियर से पहले देख सकते हैं। एक मल्टीप्लेक्स फ़िल्म मेरे और मेरे दोस्तों जैसे शहरी, पश्चिमी तौर-तरीक़ों वाले और तुलनात्मक रूप से धनी दर्शकों को ध्यान में रखकर बनाई जाती है, जो अक्सर कम स्क्रीनों पर रिलीज़ होती

है। ये दर्शक ऐसे पात्रों और कहानियों वाले यथार्थवादी सिनेमा को पसंद करते हैं जिनसे वे ख़ुद को 'जोड़' सकते हैं। जिन महिला शाहरुख़ फ़ैन्स को मैं जानती थी, उन्हें इस बात से कोई फ़र्क़ नहीं पड़ता था कि वो उन फ़िल्मों से जुड़ पाती हैं या नहीं जिन्हें वो देखती हैं। उन आक्रामक रूप से मर्दाना स्थानों को देखते हुए जहां ये महिलाएं रहती हैं, वो हक़ीक़त से भागने को तरसती हैं। अफ़सोस की बात है कि बॉलीवुड की फ़ैंटेसीज़ मुख्य रूप से पुरुषों के लिए बनाई गई थीं।

2019 में भारतीय सिनेमाघरों में हिंदी फ़िल्में देखने वाली महिलाओं की हिस्सेदारी पर चर्चा करते हुए मैंने रॉय कपूर से एक अनुमान लगाने के लिए कहा। उन्होंने कहा, 'मुझे लगता है कि एक समय था जब अस्सी फ़ीसदी दर्शक पुरुष होते थे। कुछ जगहों पर इसमें सुधार आया है। लेकिन मुझे लगता है कि अभी भी पुरुष ही ज़्यादा हैं, साठ से सत्तर प्रतिशत, यह इस पर निर्भर करता है कि आप कहां हैं।' हमने इस बारे में बात की कि महिलाओं के लिए सिनेमा हॉल में फ़िल्में देखना कितना मुश्किल है और क्या यह असमानता उन्हें हैरान करती है। 'सच कहूं तो,' रॉय कपूर ने माना, 'मुझे इस पर हैरानी नहीं होती। मुझे दुख होता है। लेकिन हम सब जानते हैं कि हम किस तरह के देश में रहते हैं। हम यह उम्मीद कैसे कर सकते हैं कि सिनेमा देखने का तरीक़ा कुछ अलग होगा?'

शाहरुख़ की फ़ैनगर्ल्स के लिए, 2013 से 2015 के बीच हिंदी फ़िल्मों का रोमांस बासी हो गया था। ऑन-स्क्रीन मिलेनियल प्यार की उन्मत्त ऊर्जा ने उसे थका दिया। ऋतिक सेक्स के लिए कुछ ज़्यादा ही परफ़ेक्ट थे। रणवीर बस स्वैग और सेक्स थे। रणबीर पूरी तरह गरिमामय और सेक्स थे। आयुष्मान सेक्स के लिए बहुत प्यारे थे। उन्होंने उन कुछ उल्लेखनीय फ़िल्मों को सराहा जिनमें औरतों ने पुरुषों के बजाय आपस में प्यार करना सीखा था। वयस्क पुरुषों को वयस्क महिलाओं से प्यार करते देखने के लिए शाहरुख़ की महानगरीय प्रशंसकों ने विदेशी मीडिया पर भरोसा किया। सिनेमा हॉल में बैठकर, अपने हीरो को एक्शन फ़िल्मों में तेज़ कारों और बहुत कम लड़कियों के साथ देखते हुए शाहरुख़ की कई फ़ैनगर्ल्स की शारीरिक संरचना कमज़ोर हो गई थी। हमारे आइकन ने हमें छोड़ दिया था। प्रसारित छवियों से कोई जुड़ाव ढूंढ़ पाने में नाकाम हमने ख़ुद को भारतीय लोकप्रिय संस्कृति के भीतर एक द्वीप पर असहाय भटकते पाया। यह याद करते हुए कि शाहरुख़ के अधिकांश किरदार कैसे कभी प्यार में पागल राज या राहुल हुआ करते थे, अनुपमा चोपड़ा ने 2013 की *चेन्नई एक्सप्रेस* की अपनी समीक्षा को इस गुज़ारिश के साथ ख़त्म किया था, 'अब वापस आ जाओ, राहुल। गिले-शिकवे सब माफ़।'

घोर मर्दानगी में घूम-फिरने के बाद, 2016 में हमारा हीरो एक महिला निर्देशक के साथ हमारे पास वापस आया। उन्होंने एक युवती के लिए एक सेक्सी मनोचिकित्सक की भूमिका निभाई थी। तब से, वो पर्दे पर महिलाओं से बात करने और ऐसी फ़िल्मों में काम करने पर बल देते हैं जिनमें महिलाओं के पास संवादों का आधे से ज़्यादा हिस्सा हो। यह उन व्यावसायिक हिंदी फ़िल्मों से एक क्रांतिकारी कूच था जिनमें एक पुरुष सुपरस्टार की भड़कीली, दबंग मौजूदगी अनिवार्यतः औरतों की आवाज़ को दबा देती थी।

2010 के दशक के अंतिम दौर में, दर्शकों के पास ऐसी बेहतरीन मल्टीप्लेक्स फ़िल्में और वेब सीरीज़ थीं जिनमें औरतों को बोलने की जगह दी गई थी। हालांकि, समान रूप से महिलाओं के डायलॉग वाली 'मास' फ़िल्में अब बॉक्स-ऑफ़िस रिकॉर्ड पर राज नहीं करतीं। महिलाओं की अनेक आवाज़ों के साथ *डीडीएलजे* 1995 की सबसे बड़ी हिट और बॉक्स-ऑफ़िस पर अब तक की सबसे ज़्यादा कामयाब रही फ़िल्मों में से एक थी। लेकिन 2020 में, हम फिर से एक ऐसे बॉक्स ऑफ़िस पर वापस आ गए, जिस पर भड़कीले और अहंकारी पुरुष हावी थे। महिलाओं के मासिक धर्मस्वास्थ्य पर फ़िल्में बनीं जिनमें बमुश्किल ही कोई स्त्री संवाद था। पुरुष लगातार महिलाओं के लिए और उनकी जगह पर बोलते थे। हालांकि हिंदी फ़िल्मों की स्क्रिप्ट मुखर और रोमांचक महिलाओं को स्थान देने के लिए बदल रही थीं, मगर इंसानियत और व्यक्तिपरकता का एक बड़ा हिस्सा पुरुष पात्रों को मिलना जारी रहा, और स्त्रियों को विद्रूप ढंग से वस्तु की तरह दर्शाया जाता रहा। जिन फ़िल्मों में महिलाएं खुलकर और ख़ूब बात करती थीं, उनमें अक्सर पुरुष सुपरस्टार नहीं होते थे। जब महिलाओं की बातें कथानक के केंद्र में होती थीं, तो उनके पात्र आमतौर पर अवधारणाएं या कारण होते थे, मुश्किल से ही कभी जटिल, पूरी तरह से सुगठित व्यक्तित्व होते थे। वो पात्र वैसी ही थीं जिन्हें परोमिता वोहरा ने '[स्त्री] प्रकारों की एक नई सूची—बुरी, कमअक़्ल, बहादुर, पीड़िता' कहा था। सेल्युलाइड पर औरतें हमेशा ब्यूटी, बिच या बेचारी ही होती हैं, हमारी अपनी उलझी हुई कोई देसी ब्रिजेट जोन्स तक नहीं।

इसी के साथ, मल्टीप्लेक्स की परिष्कृत फ़िल्मों ने फ़िल्मों में पुरुषों के लिए शाहरुख़ की तरह करिश्माई होने या सलमान की तरह बॉडी बनाने की ज़रूरत को कम कर दिया है। उनके कथानक दर्शकों को सेक्सुअल आकर्षण, पुरुषों की ताक़त या धन के मापदंडों से परे पुरुष पात्रों को सराहने में मदद करते हैं। वो थके-हारे कॉरपोरेट, उम्रदराज़ पुरुषों, गंजे होते पुरुषों, बेरोज़गार-से-शुक्राणुदाता-बने-युवाओं, कोयला माफ़ियाओं, गैंगस्टरों और मनोरोगियों के बारे में सहानुभूतिपूर्ण

कहानियों के साथ पूंजीवाद के नाकाम पुरुषों को एक अनोखी आंतरिकता प्रदान करते हैं। मल्टीप्लेक्स के नए हीरो शायद ही कभी महानता के स्तर पर पहुंचते हों, मगर वो हमारे आसपास के पुरुषों के बारे में शानदार कहानियां होते हैं। हीरोइनें, मगर, अभी भी वस्तु ही हैं, उनकी सेक्स लाइफ़ ही एकमात्र दिलचस्पी की चीज़ प्रतीत होती है। वो शारीरिक रूप से तो मौजूद होती हैं, चाहे कुश्ती कर रही हों, डांस कर रही हों, जौहर कर रही हों, या तकलीफ़देह ढंग से ग्लैमरस दिख रही हों, मगर लगभग हमेशा चुप रहती हैं। एक महामारी के बीच इस किताब के अंत में, मैंने मापा कि हिंदी सिनेमा की कुछ सबसे बड़ी हिट फ़िल्मों में औरतों ने कितने डायलॉग बोले। परिणाम निराशाजनक थे। फ़िल्मों में ज़्यादातर महिलाएं ख़ूबसूरत और गूंगी रहती हैं।

महामारी द्वारा सिनेमाघरों को बंद करने से पहले, 2019 में सबसे ज़्यादा मुनाफ़ा अर्जित करने वाली हिंदी फिल्म *वॉर* थी, जिसमें ऋतिक रोशन और टाइगर श्रॉफ़ थे। हिंदी सिनेमा में इसका योगदान निश्चित रूप से होमो इरोटिका को मुख्य धारा में लाना है। कैमरा इन दोनों हीरो को, उनके सुडौल शरीरों, उनकी चाल-ढाल और ख़ूबसूरती को बारीकी से सराहता है। पुरुष बदन के लिए इस पूजनीय सराहना में औरतें बस प्रासंगिक हैं, जो भारतीय मुस्लिम पहचान में उड़ती सी दिलचस्पी के साथ एक स्टाइलिश एक्शन फ़िल्म होने का दिखावा करती है। इंटरवल के बाद बिकनी-पहने एक दृश्य और गाने में एक लड़की ज़रा सी देर को दिखाई देती है, जिसके तुरंत बाद वो मर जाती है। एक और स्त्री पात्र कहानी में महत्वपूर्ण भूमिका निभाती है लेकिन लगभग कुछ भी नहीं बोलती। इसकी तुलना महामारी से पहले आई शाहरुख़ की अंतिम फ़िल्म *ज़ीरो* से करें, जिसमें दो हीरोइनों की सशक्त भूमिकाएं थीं—कैटरीना कैफ़ ने एक बेहद आकर्षक, अशांत अभिनेत्री की और अनुष्का शर्मा ने एक वैज्ञानिक की भूमिका निभाई है। फ़िल्म को मर्दों के कारनामों में कोई दिलचस्पी नहीं है और ये ऐसे दृश्यों से भरी है जिनमें ये मज़बूत महिलाएं शाहरुख़ के पात्र का मज़ाक़ उड़ाती हैं क्योंकि वो उनकी टक्कर में कहीं नहीं है। शाहरुख़ के पात्र को बौना बनाकर इस अंतर को शाब्दिक बना दिया गया है। बेशक, ख़ान हमेशा हमें अनुमान लगाते रहने देंगे, मुझे या किसी और को कभी भी ख़ुद को घिसे-पिटे खांचे में क़ैद नहीं करने देंगे। महामारी के बाद आने वाली उनकी फ़िल्म वही टीम बना रही है जिसने *वॉर* बनाई थी।

शाहरुख़ फ़ेमिनिस्ट आइकन नहीं हैं। किसी फ़िल्म की व्यावसायिक नियति को तय करने वाली पुरुषों की ज़बरदस्त ताक़त कभी भी ऐसा नहीं होने देगी। जैसा कि आप शायद जानते हों, या इस किताब को पढ़ने के दौरान पाएंगे कि अपनी

फ़िल्मोग्राफ़ी में पर्दे पर वो बहुत लड़कियों का पीछा करते हैं और बहुत ज़हरीली बातें बोलते हैं। लेकिन जब समकालीन फ़िल्मों की तुलना में उनकी सबसे बड़ी हिट फ़िल्मों के स्क्रीन टाइम और डायलॉगों को मापते हैं, तो शाहरुख़ की फ़िल्मों में औरतों के डायलॉगों को कहीं ज़्यादा समय और स्थान दिया जाता है। उनकी फ़िल्मों में स्त्री पात्र कहीं अधिक समान भूमिका निभाती हैं, शायद इसलिए कि मारधाड़ से भरपूर एक्शन ड्रामा या ख़तरनाक गैंगस्टर कहानियों की तुलना में रोमांटिक प्रेम या पारिवारिक सद्भाव स्थापित करने के लिए महिलाओं की अधिक भागीदारी की आवश्यकता होती है। हालांकि उन फ़िल्मों में भी जिनमें शाहरुख़ ने अपराधियों या रोबोट की भूमिका निभाई है, स्त्रियों के बोल कहानी के केंद्र में होते हैं। और मुंबई से लेकर मोरक्को तक महिलाओं के पास शाहरुख़ के बारे में कहने के लिए बहुत कुछ है। वो फ़ेमिनिस्ट आइकन नहीं हैं, लेकिन निश्चित रूप से फ़ीमेल आइकन हैं।

शाहरुख़ होने का मतलब है विशाल क्षेत्रों, धर्मों और वर्गों की महिलाओं के लिए एक महत्वपूर्ण आइकन होना। ऐसा कोई होना जो अनेक महिलाओं को सराहना, क्रोध और क्रोध की जड़—अपेक्षाओं—में एकजुट करता है।

3
शाहरुख़ का निर्माण

मेरे आलोचक शिकायत करते हैं कि मैं केवल लव स्टोरीज़ ही करता हूं। आप सामान्य तौर पर एक प्रेमी के रूप में मुझे ख़ारिज नहीं कर सकते। अगर माएं मुझे एक आदर्श बेटे के रूप में पसंद करती है, लड़कियां मुझसे शादी करना चाहती हैं, तो इसकी वजह यह है कि वो शाहरुख़ ख़ान की बारीकियों को देखती हैं, महज़ उस जोकर को नहीं जो अपनी बांहें फैलाए खड़ा है।

—शाहरुख़ ख़ान, 2016

विद्या शेखर से मेरी मुलाक़ात 2016 में एक इतवार की दोपहर *ऐ दिल है मुश्किल (एडीएचएम)* के शो पर हुई थी। यह फ़िल्म डाइरेक्टर-प्रोड्यूसर करण जौहर की एक कोशिश थी लंदन और वियना के बीच रहने वाले अमीर दक्षिण एशियाई प्रवासियों के एक बेहद ख़ूबसूरत ग्रुप के बीच एक तरफ़ा प्यार को खंगालने की। तीन घंटे लंबी इस फ़िल्म का केवल आधा घंटा भारत में एक शादी के सीक्वेंस को दिया गया है। शाहरुख़ ख़ान ने पांच मिनट का कैमियो किया था। मैंने ठान लिया था कि मैं इसे मिस नहीं करूंगी।

ऐ दिल है मुश्किल की दीवाली रिलीज़ जोखिम में पड़ गई थी। बड़े बजट की हिंदी फ़िल्में अक्सर त्योहारों और सार्वजनिक छुट्टियों के आसपास रिलीज़ की तारीख़ें पाने के लिए जद्दोजहद करती हैं। लेकिन दक्षिणपंथी राष्ट्रवादी समूहों ने फ़िल्म दिखाने वाले सिनेमाघरों में तोड़फोड़ करने की धमकी दे दी थी। क्यों? क्योंकि *एडीएचएम* की कास्ट में ख़ूबसूरत पाकिस्तानी एक्टर फ़वाद ख़ान भी शामिल थे। कभी हाशिए पर रहे लेकिन अब मुख्यधारा में आने की संभावना देख

रहे नेताओं ने घोषणा की कि फ़िल्म में पाकिस्तानी टेलेंट का इस्तेमाल भारत में सीमा-पार के विद्रोहियों से लड़ने वाले भारतीय सैनिकों का अपमान है। फ़िल्म की रिलीज़ से एक महीने पहले ही एक आतंकवादी हमले के बाद, जिसमें संघर्षग्रस्त कश्मीर में भारतीय सेना के सत्रह जवान मारे गए थे, भारत और पाकिस्तान के बीच संबंधों में काफ़ी खटास आ गई थी। भारतीय अधिकारियों का दावा था कि यह हमला पाकिस्तान द्वारा प्रायोजित था। आख़िरकार, इंडियन मोशन पिक्चर्स प्रोड्यूसर्स एसोसिएशन ने एक बयान जारी करके घोषणा की कि भविष्य में वो पाकिस्तानी कलाकारों को काम नहीं देंगे। फ़िल्म एंड टेलीविज़न प्रोड्यूसर्स गिल्ड ऑफ़ इंडिया ने सरकार के आतंकवाद-विरोधी प्रयासों के प्रति एकजुटता ज़ाहिर की।

विवाद के चरम पर करण जौहर ने एक भावनात्मक बयान का वीडियो जारी किया: 'मैंने हमेशा माना है कि अपनी देशभक्ति ज़ाहिर करने का सबसे अच्छा तरीक़ा प्यार फैलाना है। और मैंने अपने काम और अपने सिनेमा के माध्यम से हमेशा यही दिखाने की कोशिश की है। जब पिछले साल सितंबर से दिसंबर तक मैंने अपनी फ़िल्म *एडीएचएम* की शूटिंग की थी, तब माहौल बिल्कुल अलग था। हालात बिल्कुल अलग थे। हमारी सरकार पड़ोसी देश के साथ शांतिपूर्ण संबंध बनाने की कोशिश कर रही थी। और मैंने उन प्रयासों का, उस वक़्त उन प्रयासों का सम्मान किया था। मैं आज की भावना का भी सम्मान करता हूं। मैं इस भावना को समझता हूं क्योंकि मैं भी ऐसा ही महसूस करता हूं। आगे बढ़ते हुए, मैं यह कहना चाहूंगा कि, यक़ीनन, हालात को देखते हुए मैं पड़ोसी देश की प्रतिभाओं के साथ नहीं जुड़ूंगा। लेकिन इसी के साथ मैं आपसे एक बात जानने की गुज़ारिश करता हूं—कि मेरी टीम के तीन सौ से अधिक भारतीयों ने मेरी फ़िल्म बनाने में अपना ख़ून, पसीना और आंसू बहाए हैं। मुझे नहीं लगता कि उनके लिए यह न्यायसंगत होगा कि अन्य भारतीयों के कारण उन्हें किसी भी तरह की अशांति का सामना करना पड़े।' फ़िल्म निर्माता ने शुरुआती क्रेडिट में भारतीय रक्षा बलों को श्रद्धांजलि दी। प्रोडक्शन हाउस ने सेना कल्याण कोष में पांच करोड़ रुपए का योगदान दिया। इन बयानों और रिआयतों ने 22 अक्टूबर 2016 को फ़िल्म की शांतिपूर्ण रिलीज़ का मार्ग प्रशस्त किया।

सैकड़ों कर्मचारियों की ओर से करण जौहर की अपील भारत के 2.8 अरब डॉलर के फ़िल्म उद्योग के आकार और आर्थिक ताक़त का संकेत देती है, जो दुनिया के सबसे बड़े फ़िल्म उद्योगों में से एक है। डाटा वेबसाइट स्टेटिस्टा के

अनुसार, 2017 में इसने लगभग ढाई लाख लोगों को रोज़गार दिया था। भारत में हर साल बीस से अधिक भाषाओं में लगभग दो हज़ार फ़िल्में बनती हैं। फ़ेडरेशन ऑफ़ इंडियन चैंबर्स ऑफ़ कॉमर्स एंड इंडस्ट्री (फ़िक्की) के अनुसार, 2019 में फिल्म उद्योग ने आर्थिक मंदी के बीच उम्मीद से कहीं बेहतर प्रदर्शन किया और दस प्रतिशत की वृद्धि की। भारतीय फ़िल्म उद्योग पर बॉलीवुड का दबदबा है, जो राजस्व में चालीस प्रतिशत का योगदान देता है। 2019 की ऑरमैक्स बॉक्स ऑफ़िस रिपोर्ट के मुताबिक़, भारत में, उस वर्ष सिनेमा देखने जाने वालों की संख्या बढ़कर एक अरब हो गई थी, जिनमें से 34 करोड़ दर्शक हिंदी फ़िल्मों के थे। कोई हैरानी नहीं कि 2019 में हिंदी फ़िल्मों की सकल बॉक्स-ऑफ़िस संग्रह राशि 49.5 अरब रुपए के ऐतिहासिक उच्च स्तर पर पहुंच गई थी।

एडीएचएम की अक्टूबर रिलीज़ से एक हफ़्ता पहले, जैसे ही ऑनलाइन टिकट मिलना शुरू हुए, मैंने दिल्ली के अपने पसंदीदा मूवी थिएटर में सबसे अच्छी सीटों में से एक को बुक कर लिया। एक सैक्शन ब्रेक के समानांतर पंक्ति में स्थित सीट पर टांगें फैलाने की भरपूर जगह थी। उसके एकदम सामने कोई सीट नहीं थी जिससे पर्दे को देखने में कोई रुकावट नहीं आती थी। मैं इस सिनेमा हॉल में एकल-सीट चुनने में माहिर थी। और पता लगा कि विद्या भी थी। करीब सौ सीटों वाला सिनेमा हॉल खचाखच भरा हुआ था। यह फ़िल्म भारत और यूके में बॉक्स ऑफ़िस पर एक बड़ी सफलता साबित हुई। मैं अपनी सीट पर जल्दी जा पहुंची थी और फिर मैंने अपने आसपास के माहौल को देखना शुरू कर दिया, परिवार और बीसेक जोड़े इतवार के अपने बेहतरीन परिधानों में आए थे। फ़वाद ख़ान को देखने के लिए उत्साहित कॉलेज की लड़कियों का बड़ा सा दल आ पहुंचा। 'पाकिस्तानी आदमी इंडियन आदमियों से कहीं ज़्यादा हॉट होते हैं, यार,' मैंने एक युवती को अपने समूह में ऐलान करते सुना। उसकी सहेली हंस पड़ी और व्यंग्यात्मक लहजे में बोली, 'ऐसी एंटी-नेशनल मत बन।' लड़कियों के गैंग में हंसी का फुहारा फूट पड़ा।

मेरे पीछे दक्षिणी दिल्ली की सर्वव्यापी डिज़ाइनर-लेबलों वाली आंटियों की फ़ौज जमा हो गई थी। दौलत और ब्रंच के सुरूर में वो अपने झिलमिलाते शहद जैसे सुनहरे बालों और झिलमिलाते शहद जैसे सुनहरे बैग लिए आई थीं। कई अमेरिकी सबर्बों की तुलना में दक्षिण दिल्ली के कुछ इलाक़ों में शायद ब्लीच किए ब्लौंड बाल ज़्यादा मिलते है। ब्रंच क्लब फ़िल्म के हीरो रणबीर कपूर को देखने के लिए बेताब था। वो उनके गुणगान करने लगीं: 'सोणा मुंडा है।'आदतन मेरे

कान उनकी बातों पर लग गए। पुरुष शरीर पर टिकी स्त्री निगाह ने हमेशा मेरी दिलचस्पी को जगाया है।

जब विज्ञापन शुरू हुए, तो मैंने देखा कि एक हाथ अपनी जेब में डाले विद्या अकेले हॉल में आ रही है। वो अपनी नियत सीट पर पहुंची तो पता लगा कि हाथों में हाथ थामे और टांगें लिपटाए एक जोड़े ने उसकी जगह पर क़ब्ज़ा कर रखा है। विद्या लंबी और सुडौल थी, हॉल में मौजूद उन कुछ महिलाओं में से एक जो बाल ब्लो-ड्राइ से सीधे रेशमी करवाए बिना अपने घुंघराले बालों और कुर्ते को सहज आत्मविश्वास के साथ पहने थी। वो उस तरह की लड़की थी जो इसलिए सेक्सी लगती हैं क्योंकि वो बहुत सहज दिखती हैं। विद्या ने भी लैगरूम और आराम से फ़िल्म देखने की उम्मीद में सबसे अच्छी पंक्ति में, मुझसे आठ सीट दूर, एक सीट बुक की थी। जोड़े ने हिम्मत नहीं हारी। वो नाख़ुश दिख रही थी—सीटिंग अरेंजमेंट पर चल रही सौदेबाज़ी की वजह से शांति से ट्रेलर देखने का मौक़ा उसके हाथ से निकल जाएगा।

'हमें आने में देर हो गई थी, ज़्यादातर टिकट बिक चुके थे। उन्हें हमारे लिए एक साथ दो सीटें नहीं मिलीं। इसलिए हमें अलग-अलग पंक्तियों के टिकट ख़रीदने पड़े। क्या आप हमारे साथ सीट एक्सचेंज कर सकती हैं?' बॉयफ्रेंड ने कहा। जोड़े में बंधी गर्लफ़्रेंड ने भी विद्या से अनुरोध किया कि उसके बॉयफ्रेंड के साथ सीट बदल ले। मैंने देखा कि विद्या उनके प्रस्ताव पर विचार कर रही है, जल्दी से उनके द्वारा सुझाई गई सीट पर नज़र दौड़ाती है और सीमित लैगरूम की वजह से उसे अस्वीकार कर देती है। उसने वापस जोड़े को देखा और विनम्रता से मना कर दिया। उसने अपनी नियत सीट बुक करने के लिए मेहनत की थी और अतिरिक्त पैसा ख़र्च किया था, और यह उसे दी जा रही सीट से कहीं बेहतर थी। विद्या ने अपने कंधे उचकाए और मुस्कुराई, उसने बॉयफ्रेंड को अपने नियत सीट पर लौटने के लिए कहा। वो युवक बैठा रहा और उसने हैरानी जताई कि विद्या मान नहीं रही है। 'लेकिन आप अकेली हैं, मैम, इसलिए हमने सोचा था कि आप एडजस्ट कर लेंगी,' जोड़े ने चिरौरी की। उनका ख़्याल था कि विद्या अपने आराम के मुक़ाबले उनके जोड़ेपन को तरजीह देगी। हमारी क़तार में मौजूद सब लोग तमाशे का आनंद ले रहे थे। दिल्ली की आंटियों का ध्यान भी उन्हीं पर था। मैंने उनमें से एक को गहरी सांस भरते और दूसरी से कहते सुना, 'ये लड़की इतनी मुश्किल क्यों हो रही है, वो इतना प्यारा जोड़ा हैं और कितनी अच्छी तरह पूछ रहे हैं; बस एक सीट की ही तो बात है।'

विद्या विनम्र मगर दृढ़ रही, उसने कहा, नहीं। वो जोड़ा सिनेमा हॉल से चला गया। उनका मक़सद एक सामाजिक गतिविधि के तौर पर,अपने संग-साथ के पब्लिक जश्न के तौर पर फिल्म देखना था। विद्या सुकून के साथ तन्हाई में अपने स्टार को देखना चाहती थी। जब उसने अपना पर्स और पॉपकॉर्न सीट पर रखे, तो हमारी नज़रें मिलीं। वो ख़ुश थी कि वो अपने हक़ के लिए खड़ी हो सकी। लेकिन उस जोड़े को उनके सिनेमाई अनुभव से महरूम करने के अपराधबोध से उसकी ख़ुशी ख़त्म हो रही थी। यह महसूस करते हुए कि वो अलग-थलग हुआ सा महसूस कर रही है, मैं उसकी ओर मुस्कुराई। इस भीड़ में केवल हम ही दो महिलाएं थीं जो ख़ुद से फ़िल्म देखने आई थीं, हॉल में बिना किसी कंपनी के अकेली महिलाएं थीं। जवाब में वो भी मुस्कुराई। एकाकी महिलाओं की मूक एकता। कई हमदर्दी भरी निगाहों के बाद, फ़िल्म के दौरान शब्दों का आदान-प्रदान किए बिना हम दोस्त बन गए।

यह हमारा साझा अकेलापन नहीं था जिसने उस अंधेरे हॉल में हमारी दोस्ती की नींव डाली थी। वो शाहरुख़ थे। जब वो अपने कैमियो के लिए पर्दे पर आए तो हमने एक साथ ख़ुशी जताई। जब क्रेडिट में उन्हें धन्यवाद दिया गया तो हमने हूटिंग की। अपने बेबाक उत्साह को स्वीकार करते हुए हमने एक-दूसरे को स्वीकृति दी। फ़िल्म भारतीय सेना को धन्यवाद देने के साथ शुरू हुई थी और काली पृष्ठभूमि और इन शब्दों के साथ समाप्त हुईः 'वी लव यू, शाहरुख़।' विद्या और मैं शाहरुख़ से *प्यार करते थे*, और अपना प्यार जताने में हम बचकाना और बुलंद थे। दिल्ली की आंटियों, कॉलेज की सहेलियों के गैंग और हमारे आसपास बैठे दूसरे लोगों ने हमारी ओर जजमेंट भरी निगाहें डालीं। वो हमसे शर्मिंदा थे। हम स्पष्ट रूप से बेहूदा और अजीब थे। मगर न विद्या को और न मुझे परवाह थी। क्योंकि इस पॉश और सुरक्षित सिनेमा हॉल में हमारा फ़ैनडम ऐसी जगह थी जहां माफ़ी दरकार नहीं थी, यह ऐसी जगह थी जहां हम पुरुष निगाहों से मुक्त थे, एक ऐसी जगह जहां हमने अपने आप में होने के लिए इजाज़त नहीं मांगी थी, जहां किसी और की मौजूदगी मायने नहीं रखती थी। यह एक अंधेरे हॉल में उन क्षणिक पलों में से एक था जब हमें सुंदर, आकर्षक और उचित होने की परवाह नहीं थी। विद्या और मैं आम जीवन में सौम्य और विनम्र थे, लेकिन फ़िल्म देखने के दौरान फ़ोन पर बातचीत करने वाले लोगों पर चिल्लाने का हमारा साझा इतिहास था। सिनेमा हॉल हमें इजाज़त देता है कि इस फ़िक्र को छोड़ दें कि लोग हमारे बारे में क्या सोचते हैं, कि बेबाकी से अपने आराम, मस्ती और आज़ादी पर दावा करें।

मीट-क्यूट

जब मैं छोटी थी तो मैंने प्यार के बारे में कुछ जानने की बहुत कोशिशें कीं, और चूंकि स्कूल में यह नहीं पढ़ाया जाता था, तो मैंने फ़िल्मों का रुख़ किया कि शायद कुछ पता चले कि प्यार क्या होता है और इसे लेकर क्या करना होता है।

—एंडी वारहोल, 1975

मूवी थियेटर से बाहर निकलने वाली भीड़ के बीच से गुज़रते हुए विद्या ने पहल की और मुझसे पूछा कि फ़िल्म के बारे में मेरी क्या राय है। हालांकि मुझे फ़िल्म अच्छी लगी थी, मगर फ़िल्म के हीरो से मुझे कई शिकायतें थीं। उसने सहमति में सिर हिलाया। एक सीन पर तो हम दोनों को घोर आपत्ति थी।

एडीएचएम में रणबीर कपूर एक म्यूज़िशियन, और धनी व्यवसायी के बेटे अयान सेंगर की भूमिका निभाते हैं। पहले हाफ़ में हम अयान की सबसे अच्छी दोस्त द्वारा उसके प्यार को ठुकरा देने के बाद उसके जवां दिल को द्वेषपूर्ण और सर्द पड़ते देखते हैं। कपूर आश्चर्यजनक रूप से प्रतिभाशाली अभिनेता हैं, वो अयान के दर्द और हसरत को करंट की तरह आपकी सिनेमा की सीटों में प्रवाहित कर देते हैं। संगीत और निर्देशन स्पष्ट रूप से फ़िल्म की ऊर्जा को बढ़ाते हैं। प्रेम में ठुकराया जाना और तन्हाई अयान के लिए संगीत में रचनात्मकता का दौर बनते हैं। साथ ही, ज़िंदगी में वापसी करने और उबरने के लिए वो एक सफल, आत्मसंयमी और असाधारण सुंदरी कवयित्री सबा के साथ एक रिश्ते की शुरुआत करता है, जिसे ऐश्वर्या राय बच्चन निभाती हैं। वियना में सबा के कलात्मक फ़्लैट में पहली बार उनके मिलने के बाद, फ़िल्म कुछ ऐसा करती है जो मुख्यधारा की बड़े बजट की हिंदी फ़िल्में लगभग कभी नहीं करतीं। इस जोड़े को ख़ुद-ब-ख़ुद प्यार नहीं हो जाता। न ही जागने पर वो भ्रम, अपराधबोध और शर्म से भरे होते हैं। कोई भी दहशत में दरवाज़े से बाहर नहीं भागता। न ही दर्शकों को गुदगुदाने के लिए महिला के शरीर का वस्तुकरण किया गया है। वो यह दिखावा करते हुए शांत और बेपरवाह नहीं दिखते हैं कि सेक्स बेमानी था। इसके बजाय दर्शक दो लोगों को शांत, संयमित और परिपक्व तरीक़े से अपने अंतरंग संसर्ग के निहितार्थों का आकलन करते देखते हैं।

यदि भारत की रोज़गार दर हमारे आर्थिक रूपांतरण को ट्रैक करने में हमारी मदद करती है, तो लोकप्रिय हिंदी फ़िल्मी तमाशे हमारे नैतिक रूपांतरण को ट्रैक करते हैं। चूंकि थिएटर या साहित्य के मुक़ाबले हिंदी सिनेमा की लोगों तक ज़्यादा

पहुंच है, इसलिए ये छवियां इस बारे में हमें कुछ अहम जानकारी देती हैं कि किसी भी दौर में क्या दिखाना और कल्पना करना मुनासिब है। विशेषकर, जौहर के अति-भावुक रोमांटिक ड्रामा अहम पैमाना हैं कि कैसे हमारे आचार-विचार बदल रहे हैं। हिंदी सिनेमा में दर्शाए जाने वाले प्यार के तमाम सुख-दुख के बावजूद स्त्री-पुरुष शायद ही कभी आपस में अपने प्यार और अंतरंगता के संदर्भ में बात करते हुए दिखाए जाते हैं। वो अपने प्रेमी के लिए शेरो-शायरी करते हैं, गाने गाते हैं, तालमेल के साथ डांस करते हैं, हाथ में हाथ डालते हैं और सॉफ़्ट पॉर्न का प्रदर्शन करते हैं, लेकिन जब सेक्स पर चर्चा करने की बात आती है तो वो हास्यास्पद ढंग से हिचकिचाने लगते हैं।

हिंदी सिनेमा में सेक्स को दिखाना अब टैबू नहीं रहा। आज के दौर की कई फ़िल्में कहानी में कम से कम एक 'हॉट सीन' या 'आइटम सॉन्ग' ठूंसने की कोशिश करती हैं क्योंकि सेक्स दर्शकों की संख्या बढ़ा देता है। ऐतिहासिक रूप से देखें तो हिंदी फ़िल्मों में विलेन सेक्स को प्यार से अलग करते हैं; उन्हें बलात्कारी या महिला शरीर के अनैतिक शोषणकर्ता के रूप में दर्शाया जाता है। हाल ही में, थ्रिलर फ़िल्मों की एक उप-शैली स्त्री-पुरुषों द्वारा एक दूसरे से फ़ायदा उठाने या बदला लेने के साधन के रूप में आपसी सहमति से सेक्स का उपयोग करने लगी है। एक और उप-शैली कॉरपोरेट या रचनात्मक कार्यस्थल को सेक्स से बहुत ज़्यादा भरा दिखाने की कोशिश करती है, जहां महिलाएं पुरुषों के सत्ता के खेल में महज़ मोहरा होती हैं, वो ऐसा आभास देती हैं जैसे सेक्स एकमात्र तरीक़ा है जिसके ज़रिए कोई कैरियरोन्मुख महिला आगे बढ़ सकती है। बॉलीवुड की सेक्स कॉमेडी पुरुषों को शादी के बाहर यौन संतुष्टि खोजने के लिए दंडित किया जाता दिखाती हैं। कुछ फ़िल्में यह बताने के लिए कैजुअल सेक्स का उपयोग करती हैं कि पात्र पापमय जीवन जी रहे हैं और अपने सांस्कृतिक और नैतिक बंधनों से दूर हट गए हैं। 2008 की फ़िल्म *फैशन* में एक शर्मनाक, स्पष्ट रूप से नस्लवादी दृश्य में दिखाया गया है कि कैसे एक काले आदमी के साथ बिस्तर में जागने के बाद एक सुपरमॉडल को अहसास होता है कि उसका नैतिक कम्पास टूट गया है। और, अंत में, एक हालिया विकास 2012 में रिलीज़ हुई *कॉकटेल* जैसी फ़िल्में हैं जो एक स्त्री के विवाहपूर्व सेक्स के प्रति झुकाव को यह जताने के शॉर्टकट के रूप में दर्शाती हैं कि वो कितनी आधुनिक और कूल है। बेशक, अंततः उसे प्यार में अस्वीकृति और एक कार दुर्घटना के ज़रिए सज़ा दी जाती है।

बड़े बजट की रोमांटिक हिंदी फ़िल्में शायद ही कभी यह मानती हैं कि दो सभ्य लोगों के बीच सेक्सुअल संबंध महज़ आनंद या मौज-मस्ती के लिए बन सकते हैं, कि सेक्स कभी प्यार या शादी की ओर नहीं ले जाता। आधुनिक हिंदी रोमांसों में पारंपरिक रूपक यह है कि आप केवल उसी के साथ सेक्स करेंगे जिससे आप प्यार करते हैं, और सेक्स प्यार का चरमबिंदु है। अगर आप किसी के साथ सेक्स करते हैं और उससे प्यार या शादी करने की परवाह नहीं करते, तो आप सज़ा या दर्शकों का फ़ैसला पाने के योग्य हैं। हिंदी फ़िल्में शायद ही कभी दिखाती हैं कि कैसे आम लोग अपने सेक्सुअल संबंधों के मायने खोजने के लिए जूझते हैं। ऐसा करते हुए ये फ़िल्में कथित रूप से पारंपरिक भारतीय मूल्यों की पुष्टि करती हैं जिनमें सेक्स की कोई भी बात वर्जित बनी रहती है।

हिंदी फ़िल्मों में लोगों के प्यार की तीव्रता के बावजूद आप वास्तव में कभी यह नहीं समझ पाएंगे कि फ़िल्मों में ये लोग एक-दूसरे से उतना प्यार क्यों करते हैं जितना वो करते हैं। लोकप्रिय हिंदी सिनेमा में प्यार युवा और भोला होता है। इन चित्रों में यह एक विशिष्टता या संज्ञा बन जाता है, कोई गतिविधि या क्रिया नहीं। यह एक व्यक्ति के *भीतर* स्थित एक सहज अडिग भावना है जिसे दूसरा व्यक्ति उभारता है, न कि दो हमेशा बदलते रहने वाले लोगों के *बीच* हमेशा बदलते रहने वाले परस्पर संपर्क की एक श्रृंखला। हिंदी फ़िल्मों के स्टैंडर्ड फ़ॉर्मेट में, प्यार की परिणति आमतौर पर शादी और सेक्स में होती है। 1990 के दशक के उत्तरार्ध से शाहरुख़ की फ़िल्में इसी आदर्श का प्रतीक रही हैं। हाल ही में 2017 की एक फ़िल्म के अलावा मुझे एक भी ऐसी फ़िल्म याद नहीं जिसमें शाहरुख़ ने ऐसा किरदार निभाया हो जो कैज़ुअल सेक्स में लिप्त रहता हो। दर्शकों ने उन्हें केवल चार फ़िल्मों में 'सेक्स सीन' करते देखा है, जिनमें वो किसी लड़की के साथ बिस्तर पर दिखते हैं—हमेशा कोई ऐसी लड़की जिसे उनका पात्र पूरे दिल से चाहता है—मगर बिना किसी ग्राफ़िक डिस्प्ले के।

शाहरुख़ की फ़िल्में और गानों के सीक्वेंस बेहद सेक्सी होते हैं, लेकिन शायद ही कभी शादी से पहले आवेग की परिणति होती है। उन्होंने केवल *माया मेमसाब* (1993) और 2006 में आई *कभी अलविदा ना कहना* में शादी के इतर सेक्स को अभिनीत किया है। पहली फ़िल्म *मैडम बोवरी* पर आधारित है, जिसमें शाहरुख़ मुख्य पात्र के कई प्रेमियों में से एक की भूमिका निभाते हैं। दूसरी,करण जौहर की फ़िल्म, शाहरुख़ के पात्र को एक विवाहेतर संबंध में लिप्त होते दिखाती है, जिसमें बेवफ़ाई करने वाले पति और पत्नी तीन साल के लंबे अलगाव की सज़ा भोगने के

बाद फिर से एक होते हैं। उनकी सभी रोमांटिक फ़िल्मों में, सच्चे प्यार का अंत शादी के बंधन से होना चाहिए। विवाह ही आमतौर पर सेक्स को वैधता प्रदान करता है। प्रेमी मरने के बाद भी एक हो सकते हैं।

कुछ ही हिंदी फ़िल्में इस तर्ज़ से हटती हैं; उससे भी कम फ़िल्में दो वयस्कों के बीच आपसी सहमति से पहली बार बने सेक्स संबंध के बाद की सुबह की बातचीत को दर्शाती हैं। लेकिन जैसे-जैसे भारत के कुछ इलाक़ों में सेक्स , रिश्तों और शादी की कहानी बदल रही है, वैसे-वैसे फ़िल्में भी बदल रही हैं। *एडीएचएम* में जो सीन विद्या और मुझे अच्छा नहीं लगा था, वो इस बदलाव की उलझी प्रकृति का संकेत देता है, और कि कैसे भारतीय आधुनिकता अशिष्ट प्रवृत्तियों को ख़ूबसूरत मान लेती है। इस सीन को एक खुले किचन में शूट किया गया है, जो सुशिष्ट भारतीय घरों में तेज़ी से लोकप्रिय हो रहा है।

अयान सुबह की कॉफ़ी पी रहा है। वो सबा से उसकी शायरी को अपने गानों के लिए इस्तेमाल करने देने का अनुरोध करता है, जिसके लिए वो मान जाती है। वो अपने सेक्स से जुड़े संदर्भों पर बात शुरू करते हैं। तलाक़शुदा सबा का कहना है कि वो कोई गंभीर रिश्ता नहीं चाहती। अयान का सुझाव है कि वो एक-दूसरे से सामान्य तौर पर मिलते रहें। वो इस संबंध के नियमों के बारे में पूछती है। 'नियम,' वो कहता है, 'जिन्हें आसानी से तोड़ा जा सकता हो।' सबा इस नो-स्ट्रिंग-अटैच्ड व्यवस्था पर सोचती है। वह अयान की ओर मुड़ती है और, उचित ही, पूछती है: 'तो तुम अपने संगीत के लिए मेरी शायरी लोगे, तुम्हें अपने खोए प्यार और टूटे दिल को भूलने का मौका मिलेगा, मगर तुम्हारे साथ रहकर मुझे क्या मिलेगा?' अयान सबा को अपनी ओर खींचता है और कहता है, 'क्या मैं काफ़ी नहीं हूं?'

वो आलिंगन करते हैं, और कैमरा सबा के घोर संतोष भरे चेहरे पर ज़ूम इन करता है। अयान की मात्र शारीरिक मौजूदगी और आलिंगन ही इस समझदार और आत्मनिर्भर महिला को संतुष्ट करने के लिए काफ़ी हैं। फ़िल्म कभी किसी ऐसे उपयोगी गुण को सामने नहीं लाती जो सबा की संबंध परक ज़रूरतों को पूरा करने के लिए अयान को 'काफ़ी' बनाते हों। वो अक्सर स्वार्थी, भावनात्मक रूप से अविकसित, उजड्ड और मूर्ख लगता है। और करिश्माई ढंग से, इस फ़िल्म की लड़कियों को लगता है कि उसका स्वार्थीपन प्यारा है। सबा अयान की लीग से एकदम बाहर है। मैं कल्पना करती हूं कि वो बिस्तर में लाजवाब होगा।

विद्या, जो *एडीएचएम* की रिलीज़ से कुछ ही महीने पहले चौंतीस साल की हुई थी, फिल्म के बाद कॉफ़ी पीते हुए मेरी थ्योरी से सहमत थी। 'यही बात होनी

चाहिए,' उसने कहा। 'यह उसकी सेक्स की महारत ही होगी। वो हमें और कुछ तो ऐसा नहीं दिखाते हैं जो वो दे सकता हो; वो सिर्फ़ एक उलझा हुआ अमीर लड़का है। सच कहूं तो उस क़िस्म के बंदे का उस क़िस्म की महिला के साथ कोई मैच नहीं है। लेकिन दिल्ली में अपने आसपास देखिए—बेहद बदसूरत आदमियों के साथ बला की ख़ूबसूरत महिलाएं होती हैं, और वो महिलाएं असुरक्षित भी होती हैं। आदमियों को लगता है कि उन्होंने इन महिलाओं के साथ होकर उन पर बहुत बड़ा उपकार किया है। कम से कम रणबीर हैंडसम तो है।'

हम अपनी मुलाक़ात की आकस्मिकता और अपने बीच अप्रत्याशित जुड़ाव को लेकर गदगद थे, हमें यह अच्छी तरह पता था कि हम एक ऐसे शहर में रहते हैं जहां अपने तीसरे दशक तक लोग अपने गुटों में बंध चुके होते हैं। दिल्ली अजनबियों के साथ औचक मुलाक़ातों का शहर नहीं है। यहां आपसे अलग दुनिया में रहने वाले नए लोगों से मिलना आसान नहीं है। यदि आप गोरे हैं, तो आपको अतिरिक्त सामाजिक दिलचस्पी मिल जाती है। लेकिन भारतीयों के बीच, आप सड़क पर या पार्कों में अजनबियों को देखकर ऐसे ही नहीं मुस्कुरा देते हैं; शहर पैदल चलने वालों के लिए नहीं है। फ़ुटपाथ टूटे-फूटे हैं, और मास्क से पहले से भी गर्मी और प्रदूषण ने हमारी मुस्कुराहटों को सीमित करके हमें बेजान सा बना दिया है। महिलाओं के लिए शहर दोस्ताना नहीं है; हम हमेशा त्योरियां चढ़ाए रहते हैं या अपने चिड़चिड़े चेहरों को आराम दे रहे होते हैं। हममें से अधिकांश महिलाएं बार या रेस्तराओं में अजनबियों से बात करने से बचती हैं—इसे सस्तापन माना जाता है और यह सांस्कृतिक रूप से स्वीकार्य नहीं है। और इसमें पॉश दिल्ली के गुंडों से टकराने का गंभीर जोखिम है। विद्या ने बताया कि कैसे एक बार जब वो एक फ़्रेंडडेट के बाद शाम को घर के लिए चली, तो एक कार में कुछ आदमी उसका पीछा करने लगे। वो सीटियां बजा रहे थे और बेहूदा फब्तियां कस रहे थे। उन आदमियों ने उसका पीछा तभी छोड़ा जब उन्होंने देखा कि विद्या सड़क पर आगे खड़ी एक पुलिस वैन की ओर जा रही है। विद्या ने कार में सवार एक युवक को पहचान लिया था; उस रेस्तरां में जहां वो अपने दोस्त से मिली थी वहां वो एक दूसरे को देखकर मुस्कुराए थे।

अगर न्यूयॉर्क अजनबियों से शानदार मुलाक़ातों का शहर है, तो नई दिल्ली ऐसा शहर है जहां आप ड्रॉइंग रूम में भी अजनबियों से बचते हैं। दिल्ली की ज़िंदगी किसी विक्टोरियन उपन्यास में जीने जैसी लगती है, जहां आने की घोषणा और दूसरों से परिचय करवाने की अपेक्षा की जाती है। लोगों को ऐप्स, कीर्तन मंडलियों और सशुल्क सदस्यता क्लबों के ज़रिए 'नेटवर्क' बनाने और एक दूसरे से मिलने

की अनुमति देकर नए आध्यात्मिक प्रचलन और कारोबार मेल जाल के मामले में शहर के बाज़ार की नाकामी को भुना रहे हैं। ख़ुशक़िस्मती से, शाहरुख़ ने मुझे विद्या से मिलवाया।

विद्या से मेरी मुलाक़ात एक असामान्य सी बात थी। हम एक ही स्कूल या यूनिवर्सिटी में नहीं गए थे, हम एक साथ काम नहीं करते थे, न ही हमारे माता-पिता एक-दूसरे को जानते थे। भारत की राजधानी में स्कूल और कॉलेज में बने नेटवर्क ही सबसे अच्छे होते हैं। तीस साल का होने के बाद, आप अपनी मेहनत और समय के साथ जो करते हैं, उसके आधार पर आपका सामाजिक दायरा बनता है। वकील वकीलों के साथ, पत्रकार पत्रकारों के साथ, नई-नई माएं अपने 'हॉट मॉम' व्हाट्सएप ग्रुप की अन्य माओं के साथ ड्रिंक करती हैं। फ़ार्महाउसों के मालिक ऐसे दूसरे लोगों के साथ उठते-बैठते हैं जिनके पास फार्महाउस हों। जोड़े दूसरे जोड़ों के विस्तारित समूह के भीतर सामाजिक मेलजोल करते हैं। अपने सामाजिक दायरे से बाहर के लोगों के साथ हमारा संपर्क हमारे कर्मचारियों तक सीमित होता है—जो हमारी गाड़ी चलाते हैं, साफ़-सफ़ाई करते हैं, हमारे गंदे बर्तन धोते हैं और हमारे बच्चों की देखभाल करते हैं—या जो रोज़मर्रा का कोई काम करते हैं। अपने लाखों सामाजिक बुलबुलों के साथ दिल्ली बहुत स्थानीय सी लग सकती है। अभिजात वर्ग के लिए दो करोड़ लोगों का शहर बीस लोगों का सुरक्षित गढ़ बन जाता है।

फ़ैनडम ने विद्या के साथ मेरी दोस्ती की नींव रखी। इसने हमें खोल दिया। हमने अपने परिवारों, बॉयफ्रेंड और रिज़्यूमे पर बातें कीं। वो तीन प्रतिष्ठित संस्थानों—एक इंडियन इंस्टीट्यूट ऑफ़ टैक्नोलॉजी, एक इंडियन इंस्टीट्यूट ऑफ़ मैनेजमेंट और अध्ययन के लिए पार्ट टाइम स्कॉलरशिप के साथ एक आइवी लीग पॉलिसी स्कूल—की उत्पाद थी। एक मल्टीनेशनल फ़र्म में 'कॉरपोरेट बॉयज़ क्लब' को पांच साल झेलने के बाद उसने एक प्रतिष्ठित निजी फ़ाउंडेशन में सस्टेनेबल एनर्जी से जुड़ने के लिए वेतन में कटौती मंज़ूर की। उसके नए नियोक्ता वीकएंड का मान रखते थे। हालांकि अपने परामर्श कार्य में विद्या को अभी भी ऐसा लगता था कि अपने विचारों को विश्वसनीयता दिलाने के लिए उसे किसी सीनियर पुरुष का समर्थन चाहिए। वैसे, पिछले कार्यस्थल की तुलना में उसके नए ऑफ़िस में वरिष्ठता का चक्कर कम था। 'कम से कम यहां मैं अपने पुरुष बॉस से कह सकती हूं कि अगर उन्हें मेरा आइडिया ठीक लगता है तो उसका समर्थन करने के लिए ईमेल भेजें। मेरी पिछली फ़र्म में उन दरवाज़ों पर आदमियों का क़ब्ज़ा रहता था जो साथ में शराब पीते थे और अक्सर महिलाओं के साथ अजीब बर्ताव करते थे।'

वो अपनी नौकरी का आनंद ले रही थी और उसे उम्मीद थी कि वो अक्षय ऊर्जा का अपना ख़ुद का व्यवसाय शुरू करेगी। कॉफ़ी डिनर में बदल गई। विद्या ने रणबीर कपूर के पात्र के बारे में अपनी तीखी टिप्पणियां जारी रखीं। 'लेकिन शाहरुख़ ने इसे समय देने लायक़ बना दिया, भले ही वो इसमें केवल पांच मिनट के लिए ही क्यों न आया हो।'

कुछ सोचते हुए विद्या ने जिन का घूंट भरा, और शाहरुख़ के बारे में कहने लगी: 'मुझे बहुत ख़ुशी है कि वो हर तरह के इतने सारे ब्रांड का विज्ञापन करता है। मुझे ड्राइव करते हुए उसकी तस्वीर वाले बिलबोर्ड के पास से निकलना अच्छा लगता है, इससे मैं आप ही आप मुस्कुराने लगती हूं। कहीं न कहीं, हम साथ सफ़र करते हैं। यह नॉस्टेल्जिया तो है ही लेकिन कुछ और भी है। वोटिपिकल भारतीय आदमियों से बहुत अलग है—वो प्रवचन नहीं झाड़ता, और न ही बस बॉडी बनाकर अपनी ताक़त दिखाता है। वो कमज़ोर होने में भी बहुत सहज है। भले ही यह नाटक हो, मगर मैं इसे सराहती हूं। वास्तव में, जैसे-जैसे मैं बड़ी हो रही हूं, मैं उसे कहीं ज़्यादा पसंद करने लगी हूं। जब वो महिलाओं के बारे में बात करता है तो वो दूसरों का ध्यान रखने वाला और विचार शील लगता है। हमारे देश में, जहां हर आदमी कमीना, या भेड़िया, या औरतों से बात करने में बुनियादी रूप से अक्षम सा लगता है, यह देखना दुर्लभ ही है।'

विद्या के बॉयफ्रेंड ने नौ साल तक रिश्ते में रहने और उसे धोखा देने के बाद फ़ोन पर उससे ब्रेक-अप कर लिया था। '2013 में मेरे अमेरिका से दिल्ली आने पर पहले साल तो हम बहुत लड़ते थे, मेरी योग्यताओं की वजह से वो मुझे घमंडी कहता था। जब उसने विदेश में अध्ययन के लिए एप्लाई किया था तो उसका एडमिशन नहीं हुआ। मेरी मां ने कहा कि यह साफ़ दिख रहा है कि वो मेरी कामयाबी को लेकर सहज नहीं है। तब मुझे उनकी बात पर विश्वास नहीं हुआ। लेकिन पीछे मुड़कर देखने पर यह साफ़ नज़र आता है कि वो मुझे सज़ा दे रहा था। मुझे नहीं लगता कि उसने जानबूझकर यह किया था, वो बहुत अच्छा और प्रोग्रेसिव था, लेकिन यह बस हो गया।' अपना रिश्ता ख़त्म होने के बाद विद्या ने जिन पुरुषों के साथ संबंध बनाए, उनके घटिया रवैये से वो हैरान हो गई। उसने मुझे घटिया पन की एक झलक दिखाई—'एक बंदा तीन महीने तक अच्छे से डेट करने के बाद गोली देने लगा; एक बंदे को आप जिस पार्टी में लेकर गईं, वहां वो दूसरी लड़की के पीछे लग गया; और वो बंदा जो कहता है कि सेक्स करने के बाद ही वो किसी उत्तर भारतीय लड़की के साथ रहेगा; वो बंदा जो उन सभी महिलाओं को नज़र अंदाज़ करता है जो उसे ख़ूबसूरत नहीं लगतीं और आपकी महिला मित्रों से इज़्ज़त से पेश

नहीं आ सकता; वो बंदा जो मुझ से कहता है कि अगर रिश्ता गंभीर हो गया तो मुझे काम करना बंद करना होगा... हर तरह के घामड़ भरे पड़े हैं। पार्टनर खोजने की कोशिश का मेरा अनुभव बताता है कि दिल्ली के ज़्यादातर पुरुष अपने से ज़्यादा सफल महिलाओं को डेट या उनसे शादी नहीं कर सकते। उन्हें ऐसी लड़की चाहिए होती है जो पूरी तरह से उनपर निर्भर रहे, जो उन्हें वैसे ही देखे जैसे मैं शाहरुख़ को देखती हूं। कुछ लोग बिना जाने ऐसा करते हैं। और दूसरे शुरू में उदार होने का दिखावा करेंगे, लेकिन यह ज़्यादा चलता नहीं है।'

1981 और 1996 के बीच जन्मे शहरी भारतीय मिलेनियल्स के बीच हुए एक हालिया सर्वेक्षण में पाया गया कि उनका एक बहुत विशाल हिस्सा शादी और बच्चों के बिना जीवन की कल्पना नहीं कर सकता। विद्या विद्रोही थी, उसे पति खोजने की कोई जल्दी नहीं थी। उसे मातृत्व की भी कोई इच्छा नहीं थी। भारत की जनगणना के अनुसार, वो एक जनसांख्यिकीय अनियमितता थी, जो उन वयस्क केवल ग्यारह प्रतिशत भारतीय महिलाओं के छोटे से समूह का हिस्सा थी जिन्होंने कभी शादी नहीं की थी। उसकी उम्र और उसके वर्ग की भारतीय महिलाओं का विशाल बहुमत कम से कम दो बच्चों वाली पत्नियां थीं।

भारत में, हमारे परिवार और हमारी लोकप्रिय संस्कृति लड़कियों को इस ख़्याल के साथ तैयार करते हैं कि शादी वो सबसे अहम चीज़ है जो वो अपने साथ कर सकती है। वो उसे सिखाते हैं कि एक स्थिर विवाह से ही जीवन को ठोस और वैध बनाया जा सकता है। और ज़्यादातर भारतीय महिलाएं उन पुरुषों से प्यार करना सीख लेती हैं जिनसे वो शादी करती हैं। परिवार युवतियों को वैवाहिक रिश्तों से अपनी अपेक्षाओं को सीमित करना, घर बसाना और एडजस्ट करना सिखाते हैं। इनमें से कुछ सलाह मददगार हो सकती हैं, लेकिन भारतीय महिलाओं के समाजीकरण का लक्ष्य समान रूप से संतुष्टि दायक अंतरंगता के लिए महिलाओं की सेक्सुअलिटी और महत्वाकांक्षाओं को पंगु बनाना है। मसलन, विद्या के रिश्तेदारों और दोस्तों को लगता था कि वो 'बहुत ज़्यादा मीनमेख़' निकाल रही है, कि उसे किसी समझदार लड़के पर समझौता कर लेना चाहिए। 'समझदार', विद्या हंसती है, 'आमतौर पर इसका मतलब होता है कि कोई ऐसा बंदा जो मुझे अच्छा न लगे। लेकिन मैं किसी ऐसे इंसान के साथ नहीं रह सकती, जिसकी मैं तारीफ़ न कर सकूं या जो मुझे आकर्षक न लगे। आप भले ही शाहरुख़ की फ़िल्मों को, या उन किताबों को दोष दें जो मैंने पढ़ी हैं, लेकिन मैं ऐसा नहीं करूंगी! मैं किसी ऐसे शख़्स के साथ समझौता करने के बजाय अकेले रहना पसंद करूंगी, जिसकी ओर मैं आकर्षित नहीं हूं! मेरे मानक शाहरुख़ के समान ऊंचे हैं!'

विद्या की विरासत

एक इंजीनियर और तमिल ब्राह्मण होने के नाते विद्या भारत की आधुनिक जाति-वर्ग व्यवस्था के शिखर पर थी। विज्ञान और शिक्षण में स्नातक की डिग्री प्राप्त उसकी मां, ललिता फ़िज़िक्स की टीचर थीं, उन्होंने उस तीसरे व्यक्ति से शादी कर ली थी, जिससे उन्हें मिलवाया गया था। विद्या के माता-पिता शादी से पहले कई अवसरों पर मिले थे, और 1978 में तमिलनाडु के छोटे से शहर के लिए इसे 'बहुत ज़्यादा', और बहुत प्रगतिशील माना गया था। विद्या की नानी सलेम में अपने घर के पास स्थित एक प्रतिष्ठित प्राइवेट स्कूल में टीचर के रूप में नौकरी करने वाली परिवार की पहली महिला थीं। और उसकी परनानी शादी से पहले कॉलेज की शिक्षा पूरी करने वाली परिवार की पहली महिला थीं। हर क़दम के लिए कोशिशों और बहुत प्लानिंग की ज़रूरत पड़ी, इनमें से कोई भी आज़ादी और उपलब्धि आसानी से नहीं मिली थी। 'हां,' उसने मुझसे कहा, 'दक्षिण भारत में परिवार शिक्षा पर बहुत ध्यान देते हैं, लेकिन उस ज़माने में यह सवाल ही नहीं उठता था कि लड़कियों को पढ़ाई के लिए इतनी दूर जाने की अनुमति मिलेगी। जब मेरी पर नानी ने इतनी ज़्यादा शिक्षा हासिल कर ली, तो वो मेरी नानी के चुनावों का साथ देने के लिए उत्सुक थीं, और मुझ तक यह सिलसिला जारी रहा। हमारे परिवार की महिलाओं ने एक दूसरे की मदद की।'

1982 में विद्या के जन्म के बाद ललिता ने अपनी बेटी की देखभाल करने के लिए अपनी नौकरी (स्कूली शिक्षक की) छोड़ने का फ़ैसला किया। वो अपने परिवार की पहली महिला थीं, जो एक बच्ची को जन्म देकर संतुष्ट थीं। ललिता ने अपने माता-पिता के दबाव का विरोध करते हुए कहा कि उनमें फिर से जन्म देने की इच्छा या क्षमता नहीं है। जब उनके ससुराल वालों ने यह कहते हुए आग्रह किया कि उन्हें 'दिल्ली में अपनी देखभाल के लिए एक बेटे की ज़रूरत होगी,' तो ललिता आग बबूला हो गईं। उन्होंने और उनके पति दोनों ने तर्क दिया कि बेटों के लिए प्राथमिकता पुराने दौर की चीज़ है और उनके जैसे शिक्षित तमिल परिवार के उपयुक्त नहीं है।

भारत में एक ही बेटी पैदा करने का निर्णय अभी भी असामान्य है, 1980 के दशक में जब विद्या का जन्म हुआ था, तब तो यह और भी ज़्यादा था। 2016 में भी, चालीस वर्ष से ऊपर की केवल पांच प्रतिशत भारतीय महिलाओं ने ही एक बच्ची के जन्म के बाद और संतानों को जन्म नहीं दिया। विद्या के मामले में, उनके माता-पिता ने व्यावहारिकता के साथ-साथ अपने प्रगतिवाद से प्रेरित होकर एक

संयुक्त निर्णय लिया था। अपने परिवारों से दिल्ली आने वाले वो पहले व्यक्ति थे और यह एक महंगा शहर था। बाहरी प्रभाव से मुक्त होकर, अपने घर में शेखर दंपती यह मानने को तैयार नहीं थे कि विद्या केवल विवाह करके ही सफलता और ऊंचे सामाजिक स्तर को हासिल कर सकती है। उसके माता-पिता ने उसकी शिक्षा में भारी निवेश किया था, इस उम्मीद में कि वो अपने लिए और अंततः उनके लिए अच्छा करेगी। उन्होंने उसे आत्मनिर्भर बनने और सार्थक काम खोजने के लिए प्रोत्साहित किया।

अपने माता-पिता के विश्वासों और अपनी लगन से विद्या भारतीय महिलाओं के एक बेहद प्रिविलेज्ड छोटे से समूह का हिस्सा बन गई। अक्टूबर 2016 की उस शाम को जब विद्या और मैंने अपने पैसों पर फैन गर्ल की मस्ती की, खाया-पिया, तो हम पूरे देश में अपनी उम्र की सात प्रतिशत से भी कम महिलाओं में से थीं, जिनके पास एक नियमित, वैतनिक नौकरी थी। 2017 तक में समृद्ध, शहरी मेट्रोपॉलिटन दिल्ली में पंद्रह से उनसठ वर्ष की आयुवर्ग के 71.4 प्रतिशत पुरुषों की तुलना में इसी आयुवर्ग की मात्र 13.7 प्रतिशत महिलाओं ने कहा कि उनके पास किसी तरह की वैतनिक नौकरी है। दिल्ली में एक शहरी वेतन भोगी महिला कर्मचारी की औसत मासिक आय मोटे तौर पर 14,000 से 25,000 रुपए के बीच थी। 2017 में वेतन भोगी नौकरी वाली औसतन दस शहरी महिलाओं में से केवल तीन का अपने नियोक्ताओं के साथ लिखित अनुबंध हुआ था। नियमित वेतन भोगी नौकरियों वाले *सभी* भारतीयों में केवल चार प्रतिशत की प्रतिमाह 50,000 रुपए से अधिक की आय थी। अपनी दो पोस्ट ग्रेजुएट डिग्रियों के साथ विद्या टैक्स कटने के बाद इससे चार गुना अधिक कमाती थी और बेहतरीन सामाजिक सुरक्षा लाभ हासिल करती थी। और इस तरह, पीढ़ियों से संचित पूंजी और देखभाल के ज़रिए विद्या ख़ुद को अकेले, अपनी मर्ज़ी से किसी भी वक़्त किसी भी फ़िल्म को देखने के लिए टिकट ख़रीद पाने में समर्थ पाती थी। उसकी आर्थिक सफलता ने उसे अपनी शर्तों पर प्यार तलाश ने की छूट दी थी, उसे अपने परिवार या अपने भरण-पोषण के लिए किसी पुरुष की ज़रूरत नहीं थी। इससे उसे ख़ुद को, शाहरुख़ को और अपने फ़ैनडम को तुष्ट करने की छूट मिली थी।

विद्या शाहरुख़ को अपने सिसजेंडर रोमांस की दुनिया की सभी अच्छी बातों का पुलिंदा कहती है। हमने बात की कि 90 के दशक के बाद के सालों में शाहरुख़ का टीनएज फ़ैन होना सांस्कृतिक रूप से किस तरह से ऑन-पॉइंट था, भले ही हमारे ज़्यादा अंग्रेज़ीदां सहपाठियों के बीच यह अन-कूल रहा हो। अपने तीस के दशक में इस फ़ैनडम को बनाए रखना मुश्किल बात थी। एक वयस्क महिला के

रूप में सामने आ कर यह जताना आसान नहीं था कि हम अभी भी एक फ़िल्म स्टार पर लट्टू हैं। अपने दोस्तों के बीच *अपने फ़ैन होने* की बात क़ुबूल करना परेशानी की बात थी। हमसे उम्मीद की जाती थी कि अब तक हम बड़े हो चुके होंगे। एक वयस्क के रूप में परिपक्व होने का एक हिस्सा संतुलित और समझदार होना है। एक वयस्क स्वभाव मांग करता है कि हम सार्वजनिक संस्कृति और लोकप्रिय शख़्सियतों की प्रशंसा में कंजूसी और रुखाई से काम लें। किसी भी समझदार महिला से यह उम्मीद नहीं की जा सकती कि वो बिलबोर्ड पर शाहरुख़ को देखकर बेसाख़्ता हंसेगी। फ़ैनडम ने हमारे आत्म-संयम की कमी की चुगली की। इसने संकेत दिया कि हम ऐसी महिलाएं हैं जिनका अपने हार्मोन, भावनाओं और कामकाज पर पर्याप्त नियंत्रण नहीं हैं। यह जान बूझकर किया गया नादानी भरा काम था, जो कि हम जैसी भली-भांति शिक्षित तीसेक साल की महिलाओं से अपेक्षित व्यवहार में नहीं आता था।

स्टुडेंट और फ़ैन

ख़ुद को इतनी गंभीरता से कभी मत लेना कि तुम अपने विचारों को लेकर इतने स्पष्ट हो जाओ कि दूसरे लोगों की इज़्ज़त करना ही बंद कर दो।

—शाहरुख़ खान, 2015

विद्या के लिए फ़ैनडम का क्या मतलब था? वो एक 'फ़ैन' की किसी भी आदर्श धारणा पर खरी नहीं उतरती थी। 1990 के दशक में एक किशोरी के रूप में भी, उसके कमरे में शाहरुख़ का कोई पोस्टर नहीं था, उसने कभी कोई ख़ास यादगार चीज़ें जमा नहीं कीं। उसकी मां इसकी इजाज़त नहीं देतीं। विद्या अक्सर मुझ से कहती थी कि शाहरुख़ के लिए उनके प्यार को किसी भौतिक वस्तु की नहीं, केवल उनकी फ़िल्मों तक पहुंच की ज़रूरत थी। उसने शाहरुख़ को उनकी पहली फ़िल्म आने के एक साल बाद 1993 में पाया था। ग्यारह साल की उम्र में उसने केबल पर उनकी एक फ़िल्म देखी और उन पर फ़िदा हो गई। तब से, उसने यह पक्का करने की कोशिश की कि उनकी सभी फ़िल्में देखे, भले ही उसे उनको टेलीविज़न पर दिखाए जाने तक इंतज़ार करना पड़े। उसके माता-पिता और क़रीबी दोस्तों को सिनेमाहॉल में हिंदी फ़िल्में देखने में क़तई दिलचस्पी नहीं थी। मिडिल स्कूल में वो अपने माता-पिता के पीछे पड़ी कि उसके लिए शाहरुख़ के साउंड ट्रैक और वीडियो रिकॉर्डिंग ख़रीद दें। विद्या के माता-पिता इस शर्त

पर सहमत हुए कि वो स्कूल में अच्छा प्रदर्शन करेगी और अपने घर के कामों को पूरा करेगी।

विद्या ने मज़ेदार कहानियां सुनाईं कि कैसे उसके माता-पिता को फ़िक्र थी कि शाहरुख़ के लिए उसका बढ़ता जुनून उसे ख़राब छात्र बना देगा। कि कैसे टेलीविज़न पर शाहरुख़ की फ़िल्म आने वाले दिन वो होमवर्क और यहां तक कि अपने दोस्तों को भी छोड़ देती थी। उसके किशोर उत्साह को रोक पाना नामुमकिन था। उसके बीस के दशक के मध्य में पहुंचने तक इंटरनेट पर शाहरुख़ के वीडियो क्लिप आसानी से उपलब्ध होने लगे थे। उसके लिए, शाहरुख़ वो थे जिसे अनेक सांस्कृतिक मानव विज्ञानी 'उदात्त' कहेंगे—कुछ ऐसा जिसे केवल अनुभव किया जा सकता है मगर साफ़-साफ़ बताया या समझाया नहीं जा सकता। बॉलीवुड और उत्तर-आधुनिकता वाद पर अपनी किताब में नीलम सिद्धर राइट ने लोकप्रिय हिंदी सिनेमा को 'अप्रस्तोत्य को प्रस्तुत करने और उदात्त को—विशेष रूप से प्रेम जैसी गहन भावनाओं को—स्क्रीन पर उतारने की कोशिश करने की अपनी लगन में अद्भुत' लिखा है।

विद्या के लिए शाहरुख़ महज़ एक अभिनेता या आइकन नहीं, बल्कि एक ऐसा अहसास थे जिसकी ओर वो तैरती थी। उसके पास यह बताने के लिए शब्द नहीं थे कि शाहरुख़ की कल्पना उसे कैसा महसूस कराती थी। धैर्य, महत्वाकांक्षा, गर्मजोशी, सुरक्षित, नॉस्टेल्जिया और प्यार जैसे शब्द कुछ विकल्प थे जिन्हें वो कहती और नाकाफ़ी कहकर छोड़ देती थी। बारहवें से सोलहवें साल के बीच उसने शाहरुख़ के लिए एक निजी और आंतरिक मंदिर बनाए रखा। 'मेरे परिवार या स्कूल में हिंदी फ़िल्मों और अभिनेताओं को पसंद करना अच्छा नहीं माना जाता था। मेरी मां अगर शाहरुख़ की फिल्म में मुझे मूर्खों की तरह मुस्कुराते हुए पकड़ लेतीं तो मुझे अजीब नज़रों से देखती थीं। मुझे शर्मिंदगी होती थी, इसलिए मैंने अपनी फ़ैनडम की हदों को सबसे छिपाए रखा।'

जैसे-जैसे विद्या दुनिया को और ज़्यादा देखती, वैसे-वैसे शाहरुख़ की छवियां रोज़मर्रा की चिंताओं और हसरतों को रूप और आकार देती रहीं। आख़िरकार, उसने अपने फ़ैन होने की बात ज़ाहिर कर दी। उसने कहा कि उसके फ़ैनडम की सार्वजनिक घोषणा, आंशिक रूप से, स्कूल की उनकी एक दोस्त कम दुश्मन के साथ लंबे समय से चली आ रही प्रतिद्वंद्विता से प्रेरित थी। विद्या को जानने के मेरे पहले साल में उससे उसकी बैचमेट के बारे में बात किए बिना शाहरुख़ के बारे में बात करना असंभव ही था। हमने उसे 'स्टुडेंट' का नाम दे दिया।

विद्या और स्टुडेंट किंडरगार्टन से लेकर मिडिल स्कूल तक गहरी दोस्त थीं। वो लंबी-लंबी दोपहरों में फ़ोन पर अपनी पसंद के लड़कों और किताबों के नामों पर बातें करतीं और अपने माता-पिता की शिकायत करती रहती थीं। उन्होंने एक-दूसरे को 'बेस्टफ्रेंड' का ख़िताब दे दिया था। फिर, जब वो सोलह बरस की हुईं तो उसने विद्या को छोड़ दिया, उससे एकदम कन्नी काट ली। उसकी सबसे अच्छी दोस्त ने उसके फ़ोन कॉल का जवाब देना बंद कर दिया। स्टुडेंट ने अपने विस्तृत पारिवारिक नेटवर्क और ट्यूशन क्लासों में अपने नए प्रशंसक और दोस्त ढूंढ़ लिए थे। विद्या ने स्टुडेंट की नई मंडली के साथ कुछ शामें बिताईं और वो समझ गई कि वो उनमें फ़िट नहीं होती है। 'मैं तब वास्तव में इसे पकड़ नहीं पाई थी। मुझे लगा था कि मैं कूल नहीं हूं या ऐसी ही कोई फ़ालतू सी बात। लेकिन अब मैं इसे समझा सकती हूं। वो मुझसे कहीं ज़्यादा वैस्टर्नाइज़्ड और सॉफ़िस्टिकेटेड थे। उन्होंने जो किताबें पढ़ीं, जो म्युज़िक वो जानते थे, उसमें मैं एकदम मिसफ़िट थी।अब मैं यह भी जानती हूं कि मेरे अंदर मिसफ़िट होने की भावना इसलिए भी थी क्योंकि वो मुझसे कहीं बेहतर संपर्कों वाले, और समृद्ध परिवारों के थे। यह एकदम सीधा-सपाट था। हम अब एक-दूसरे की दुनिया से जुड़ नहीं पाते थे। उसने कोशिश भी नहीं की। हम अलग हो गए।'

स्टुडेंट जानती थी कि विद्या शाहरुख़ से कितना प्यार करती है। और बेस्ट फ्रेंड के रूप में उनके ब्रेक-अपके बाद, उसने इस जानकारी का इस्तेमाल क्लासिक टीनएज लड़ाई में एक रणनीति के तौर पर किया। पश्चिमी मीडिया तक विद्या की पहुंच के बावजूद एक हिंदी फ़िल्म आइकन के लिए उसका सतत प्यार उसे घटिया पसंद के लिए अपमानित करने का हथियार बन गया था। स्कूल में, लंचब्रेक और ख़ाली पीरियड्स में स्टुडेंट अपने समान दोस्तों के बीच विद्या का ज़ोर-शोर से मज़ाक़ उड़ाती थी। स्टुडेंट की फुर्ती, हाज़िर जवाबी और सामाजिक दबदबे का मुक़ाबला करने में असमर्थ विद्या को अपना बचाव कर पाने में मुश्किल होती थी। इतने पर भी वो अपनी दोस्त को मिस करती थी और पुराने दिनों को याद करती थी। उसे उम्मीद थी कि उसकी चुप्पी उसकी पुरानी बेस्ट फ्रेंड की कुछ हमदर्दी हासिल कर सकेगी। ऐसा कभी नहीं हुआ। स्टुडेंट दुनिया को खोजने में, कूल टीनएज औरआत्मविश्वास के लाभों का आनंद लेने में बहुत व्यस्त थी। स्कूल के अपने अंतिम वर्ष में, स्टुडेंट ने इंजीनियरिंग परीक्षा देने के विद्या के 'नर्डी, कुकी-कटर' फ़ैसले के लिए विद्या का बहुत मज़ाक़ बनाया। इन मज़ाकों में तड़का लगाने के लिए विद्या की बिना वैक्स की हुई 'बालों भरी' टांगों पर भी छींटाकशी की गई। अपने तीस के दशक में भी, विद्या को वो एक-एक अपमान याद है जिन्हें उसने एक विस्तृत कैटलॉग में दर्ज कर लिया था।

स्कूल में कभी भी एक 'पॉपुलर' लड़की नहीं रही टीनएज विद्या ने, स्टुडेंट के संरक्षण के बिना, ख़ुद को हमेशा सामाजिक दायरे से बाहर पाया। अक़्लमंद होने और गणित एवं विज्ञान में गहरी दिलचस्पी रखने के बावजूद, कठोर भारतीय परीक्षा प्रणाली में अच्छा प्रदर्शन करने के लिए आवश्यक रट्टाफ़िकेशन में असमर्थ होने के कारण वो 'टॉपर' नहीं थी। युवा छात्रों को 'परीक्षाओं में कामयाब होने के पागलपन का शिकार' बनने के लिए मजबूर करके भारत के प्रतिष्ठित स्कूल, जैसा कि एक बार रवींद्रनाथ टैगोर ने कहा था 'योग्य उम्मीदवारों का समुदाय' पैदा करते हैं। ज़बरदस्त मनोवैज्ञानिक तनाव के अलावा, एक रचनात्मक छात्र समुदाय को तुलना और प्रतिस्पर्धा के सुव्यवस्थित विषय बनाकर उत्पादकता की परफ़ेक्ट इकाइयों में परिवर्तित करने वाले ऐसे पाठ्यक्रमों का प्रभाव कहीं अधिक घातक होता है। रोज़ाना, विद्या के टीचर्स और माता-पिता उसे याद दिलाते थे कि *पर्याप्त* विकल्प उपलब्ध नहीं हैं। अच्छा परीक्षा परिणाम परमानंद बन गया था। विद्या कहती है, 'मैं स्कूल की बहुत सी ऐसी लड़कियों को जानती हूं जिन्होंने कैरियर या आगे की पढ़ाई छोड़ दी थी क्योंकि उनका मानना था कि ख़राब अंक आने का मतलब है कि वो ख़राब हैं। वो शैक्षिक प्रति स्पर्धा से इतना डरती थीं कि उन्होंने जल्दी शादी करने का फ़ैसला कर लिया और कभी कोई और विकल्प नहीं आज़माए; उन्होंने हिम्मत खो दी थी।'

स्टुडेंट का दल और विद्या की क़रीबी दोस्त भी अकादमिक मेरिट लिस्ट में शामिल नहीं थीं। हालांकि वो अन्य क्षेत्रों में अच्छा कर रही थीं—डिबेट, ड्रामा क्लब या बॉयफ्रेंड ओलंपिक। विद्या को लड़कों का कोई ख़ास ध्यान नहीं मिलता था। इन परेशानियों के बारे में वो अपनी मां या अपनी दोस्तों से बात नहीं कर पाती थी।

इसके बजाय, यह यक़ीन करके कि वो ख़ूबसूरत नहीं है और उसमें सामाजिक रूप से दुनिया में कामयाब होने का कौशल नहीं है, वो व्यंग्यात्मक होती गई और अपने आप में सिमट गई। इस मोड़ पर उसने किताबों, टेलीविज़न और शाहरुख़ ख़ान का रुख़ किया। 'पीछे मुड़कर देखूं, तो मुझे पता है कि 90 के दशक के बाद के सालों में उसकी कुछ फ़िल्मों से फ़ायदे से ज़्यादा नुकसान नहीं हुआ। वो ऐसा विजेता था जो हमेशा ख़ुद में महिलाओं की दिलचस्पी जगाता था, सब कुछ उसके हिसाब से चलता था। उन फ़िल्मों पर सिगरेट की तरह स्वास्थ्य चेतावनी होनी चाहिए थी। मुझे वो फ़िल्में पसंद थीं क्योंकि मैं उससे प्यार करती थी, लेकिन अब मैं बेहतर समझती हूं।'

चार साल की बातचीत में मुझे विद्या की शिकायत समझ में आने लगी थी। एक क़रीबी राज़दार के हमलों और उसके द्वारा नकार किए जाने ने उसके अंदर

भारत की बड़ी चूहा दौड़ के विजेताओं में शामिल होने की ललक पैदा की। बातों से स्टुडेंट से लड़ने में असमर्थ, वो अपनी उपलब्धि के ज़रिए उस से लड़ेगी। वो नए जोश के साथ अपनी किताबों की ओर मुड़ गई। शायद पारंपरिक शैक्षिक सफलता, जिसे अंकों और प्रवेश परीक्षा के परिणामों के माध्यम से मापा जाता है, उसमें वो आत्मविश्वास पैदा करेगी जिससे वो अंततः स्टुडेंट और उसकी अस्वीकृति से पनपे शून्य को दूर कर सकेगी। स्टुडेंट के साथ विद्या ने ख़ुद को जीवन भर के प्रतिस्पर्धात्मक संघर्ष में क़ैद कर लिया था। एक अंतहीन परीक्षा में।

1999 में स्कूल पूरा करने पर विद्या को इंजीनियरिंग, मेडिसन, क़ानून या मैनेजमेंट जैसे सामान्य कैरियरों के अलावा और किसी विकल्प के बारे में पता ही नहीं था। लगन से, उसने मिलिट्री की सी सटीकता के साथ इंजीनियरिंग प्रवेश परीक्षा की तैयारी की, और एक इंडियन इंस्टीट्यूट ऑफ़ टैक्नोलॉजी (आईआईटी) में एडमिशन पाकर उसने ख़ुद को और अपने स्कूल में लगभग सभी को आश्चर्य चकित कर दिया। सही इंजीनियरिंग स्कूल में प्रवेश पाने के लिए जूझने के बाद, उसने अपने ग्रेड पॉइंट एवं रैंक को बनाए रखने के लिए संघर्ष किया। 'मेरी कक्षा में मुश्किल से कुछेक लड़कियां थीं,' उसने कहा। 'और उनमें से कोई भी मेरी दोस्त नहीं थी। मैं उनसे बहुत अलग थी। मैं अपना समय लड़कों के साथ बिताती थी। यह मस्त था लेकिन बहुत कठिन था।'

भारतीय शैक्षिक जीवन के भीड़ भरे गलियारों से पार पाने की जद्दोजहद में विद्या के लिए अवचेतन मन में कहीं शाहरुख़ और उनकी सफलता आत्मविश्वास का पर्याय बन गए थे। कॉलेज में वो छोटे शहरों के कई युवकों से मिली जो शाहरुख़ से उतना ही प्यार करते थे जितना वो करती थी। उनके लिए हिंदी फ़िल्मों और फ़िल्मी सितारों से प्यार करना स्वाभाविक था। वास्तव में, इनमें से कई युवक इतने ग़रीब परिवारों से आए थे कि सिनेमा हॉल में फ़िल्म देखना उनके लिए एक शग़ल, एक फ़िज़ूलख़र्ची था। विद्या के कई सहपाठियों के लिए शाहरुख़ 90 के दशक की परीकथा का प्रतिनिधित्व करते थे—इस बात का जीता-जागता सुबूत कि लगन और प्रतिभा समाज में रुतबा हासिल करवाएगी। कैंपस के उनके सबसे क़रीबी दोस्तों में से एक का प्रतिष्ठित इंडियन एडमिनिस्ट्रेटिव सर्विसेज (आईएएस) में चयन हो गया था। जब उसने विद्या को यह ख़ुश ख़बरी देने के लिए फ़ोन किया, तो कहा, 'अब मैं तो शाहरुख़ बन गया।'

आईआईटी में गुज़ारे समय ने भारतीय समाज के समकालीन गठन को समझने में विद्या की मदद की। उसने अपने सहपाठियों का इस तरह अध्ययन किया जैसे एक नई जनजाति की खोज करने वाला मानव विज्ञानी करता है। शुरुआती छह

महीनों में वो हिंदी फ़िल्मों के लिए अपने उत्साह की शुक्रगुज़ार थी क्योंकि यह उन कुछ अनुभवों में से था जो उसके और छोटे शहरों से आए उसके सहपाठियों के बीच समान थे। संगीत और किताबों में उसकी रुचि भी मददगार रही। अचानक वो लोकप्रिय और कूल हो गई थी, वो अपने नए दोस्तों को एल्बम और किताबें उधार देती और उनकी सिफ़ारिश करती, शाहरुख़ और बॉब डिलन दोनों के बारे में पूरे अधिकार से बात करने में सक्षम थी। बाज़ी अब पूरी तरह से पलट गई थी। यह देखकर कि उसके कितने ही दोस्त किताबें या अच्छा खाना खरीदने के लिए संघर्ष करते हैं, उसे अपने धन और सौभाग्य पर अपराध बोध होता था।

उधर दक्षिण दिल्ली में, वो अमीर महसूस नहीं करती थी। शेखर परिवार में क़िल्लत ने धावा बोल दिया था। उसके पिता ने अपना पैतृक अधिकार बेच दिया था ताकि वो दिल्ली में एक साधारण सा घर ख़रीद सकें। भारत के परमाणु महानगरीय अभिजात वर्ग में शामिल होने की उम्मीद में उन्होंने तमिलनाडु में अपनी जड़ों और सामाजिक-आर्थिक सहयोग के स्रोत को छोड़ दिया था। लेकिन विद्या के पिता ने अपने विस्तृत परिवार को कभी नहीं छोड़ा। उन्होंने अपनी बचत का एक बड़ा हिस्सा अपनी बहन के आर्थिक रूप से कमज़ोर परिवार को उधार दे दिया था। आख़िरकार, विद्या के माता-पिता ने दिल्ली का अपना फ़्लैट बेच कर चेन्नई में एक घर ख़रीद लिया, जहां उसकी बुआ और विधवा दादी एक अच्छे अस्पताल और चचेरे भाइयों के पास रह सकें। परिवार के पुरुष मुखिया के रूप में उसके पिता को अपनी महिला रिश्तेदारों की ज़िम्मेदारी उठानी थी। दोनों में से किसी भी महिला की अपनी कोई आय या रोज़गार नहीं था। लेकिन ख़र्च बढ़ता गया और उन्होंने ख़ुद को घोर क़र्ज़ में डूबा पाया। उस समय वो इंजीनियरिंग के दूसरे वर्ष में थी और वो याद करती है कि उसके माता-पिता कितने कमज़ोर और उदास लग रहे थे। 'जब उन्हें घर बेचना पड़ा तो उन्होंने वास्तव में कुछ खो दिया था; उन्हें लगा जैसे उनके जीवन भर की मेहनत बेकार हो गई। यह देखते हुए कि हमारे पास कुछ नहीं बचा था, मेरी मां बहुत चिंतित थीं कि मेरे पिता शांत मन से रिटायर नहीं हो पाएंगे। मुझे पता था कि उनकी मदद करने और इस तरह के भविष्य से बचने के लिए मुझे अच्छा करना होगा।' संपत्ति, आय और नेटवर्क पूंजी वो प्रिज़्म बन गया था जिसके ज़रिए विद्या ने दुनिया को देखा।

बीस साल की उम्र में, इंजीनियरिंग स्कूल के अपने तीसरे साल में अपने माता-पिता की आर्थिक असुरक्षा को समझते हुए, कहीं अधिक वैविध्यपूर्ण पुरुषों की नई दोस्तियों से मज़बूती पाकर शाहरुख़ से प्यार करना विद्या की इच्छा, सामाजिक श्रेणी और वरीयताओं का एक महत्वपूर्ण दावा बन गया था। विद्या स्कूल से तो बच

गई थी। लेकिन अभी तक स्टुडेंट से नहीं बच पाई थी। वो दोस्तों के समान ग्रुप का हिस्सा बनी रहीं। पूरी गर्मी की छुट्टियों के दौरान जो काफ़ी हद तक स्कूल के पुराने गैंग के साथ बीतती थीं, विद्या लगातार शाहरुख़ की फ़िल्मों और उनके दिए इंटरव्यूज़ के बारे में बात करने लगी। वो अपने फ़ैनडम का ऐलान कर रही थी। वो ख़ुद में पैदा हुआ नया आत्मविश्वास दर्शा रही थी और चाहती थी कि स्टुडेंट जान ले कि वो अब बराबरी के स्तर पर लड़ सकती हैं। दोनों लड़कियां अपनी आपसी तूतू-मैंमैं का लुत्फ़ लेतीं। जैसे-जैसे साल बीतते गए, उनके झगड़े काफ़ी स्टाइलिश होते गए।

2003 में इंजीनियरिंग की डिग्री पूरी करने के बाद विद्या विदेश जाकर पीएचडी करने पर विचार करने लगी। हालांकि भारत के बिज़नेस स्कूल, जिनके बाद बहुत अच्छे वेतन वाली नौकरी मिलना तय थी, ज़्यादा प्रेक्टीकल रास्ता लग रहे थे। मैंने महसूस किया कि विद्या आर्ट्स या अकादमी की ज़िंदगी, रिसर्च और लेखन के लिए समर्पित ज़िंदगी चाहती थी। उसके पास सामाजिक विज्ञान में अच्छा प्रदर्शन करने की योग्यता और अंक थे। बदक़िस्मती से उसे अपने माता-पिता से विरासत में, कोई बचत नहीं, क़र्ज़ मिला था। उसके अंदर 'अच्छा जीवन जीने और दुनिया को देखने' की लालसा भी विकसित हुई। उसके पिता कभी दार्शनिक नहीं रहे थे। लेकिन वो निश्चितता की एक ही धारणा से चिपके रहे: कि 'नए मध्यम वर्ग' के बच्चों को अपनी जगह पता होनी चाहिए और उन्हें नए मध्यम वर्गों के लिए उपलब्ध नौकरियों से जुड़े रहना चाहिए; कि भारतीय मेधा और एकेडेमिया की दुनिया केवल मेधावान और एकेडेमिया के बच्चों के लिए उपलब्ध है।

आईआईटी में अपने अंतिम सेमेस्टर के दौरान रोज़ाना रात को विद्या के पिता उसे लेक्चर देते थे कि कैसे आर्ट्स और एकेडेमिया में कामयाब होने के लिए लोगों को बरसों कम वेतन और अनिश्चित अनुबंधों के साथ रहना पड़ता है, और उनके जैसा परिवार वह नहीं कर सकता। उनके मुताबिक़ भारतीय प्राइवेट सैक्टर कहीं अधिक सुरक्षित स्थान था, जिसे आर्थिक उदारीकरण ने उनके जैसे वेतन भोगी परिवारों के लिए सुलभ बना दिया था। पहले केवल सरकारी नौकरी को ही सुरक्षित माना जाता था। अचानक, भारत की अर्थव्यवस्था के खुलने के साथ, प्राइवेट फ़र्मों और बहुराष्ट्रीय कंपनियों के बेहतर विकल्प उपलब्ध हो गए थे। वो जानते थे कि यह एक फ़ॉर्मूलाबद्ध रास्ता है, कि विद्या शायद कुछ अलग चाहती होगी, लेकिन कम से कम ये विकल्प उनकी बेटी के लिए खुले हैं। वो पहले पैसा कमा सकती है और बाद में अपनी रचनात्मक आकांक्षाओं को पूरा कर सकती है। वो अपना ख़ुद का सुरक्षा जाल बुन सकती है। विद्या के माता-पिता प्रांतीय तमिलनाडु से निकलकर

दिल्ली के व्यावसायिक, वेतन भोगी वर्ग में आने वाले दल में शामिल हो गए थे। अब वो अगला क़दम उठाने, कॉरपोरेट सीढ़ी पर चढ़ने और पारिवारिक ख़ुशहाली को सुदृढ़ करने के लिए तैयार थी।

बिज़नेस स्कूल के अपने वर्षों के दौरान और फिर अपनी पहली कॉरपोरेट नौकरी मिलने के बाद भी, विद्या स्टुडेंट के बारे में जानकारी लेती रही। सभी सूचनाएं उसकी ईर्ष्या को पोषित करती रहीं। उसने सुना कि स्टुडेंट एक पारिवारिक मित्र और योजना आयोग के एक सदस्य के साथ काम कर रही थी। ख़ासकर विद्या की तुलना में स्टुडेंट को बहुत कम भुगतान मिलता था, लेकिन संयुक्त राज्य अमेरिका में डॉक्टरेट की पढ़ाई के लिए जाने से पहले उसने काफ़ी सामाजिक पूंजी अर्जित कर ली थी, जहां उस पूंजी को और धार मिली। बाद में, जब विद्या अपनी पहली नौकरी में हमेशा हाशिए पर धकेले जाने को लेकर संघर्ष कर रही थी, तो उसने सुना कि स्टुडेंट महत्वपूर्ण फ़्रांसीसी विचारकों और सबाल्टर्न अध्ययनों को पढ़ने के बाद, 'सब जगह जातीय-बकवास है' कहते हुए पोस्ट-मॉडर्न में गहरे उतर गई।

अपने प्रतिशोध की कहानियां सुनाते हुए विद्या उत्तेजित हो जाती थी। विद्या ने स्टुडेंट का ज़िक्र करते हुए एक बार मुझसे कहा, 'उसने कुछ ऐसा कहा कि वो कभी कोई डिज़ाइनर पोशाक नहीं ख़रीद सकी क्योंकि उसकी क़ीमत बहुत ज़्यादा थी। उसने सोने के बेहद ख़ूबसूरत कारीगरी वाले गहनों को पहने हुए यह कहा था, जो उसने कहा कि उसकी दादी ने उसे दिए थे। तो, अगर मैं सभी ज़रूरी करों का भुगतान करते हुए अपने ख़ुद के पैसों से अपने लिए कोई अच्छी चीज़ ख़रीदूं, तो यह भड़कीला और फिजूलखर्ची है। लेकिन वो पूरी तरह से नैतिक और सर्वहारा वर्ग की समर्थक है क्योंकि अपनी सारी महंगी चीज़ें उसे विरासत में मिली हैं। जब हम छोटे थे तब मैं उसके घर जाती थी। उसके माता-पिता के पास घर में रहने वाली नौकरानी थी, जबकि उन दिनों हममें से कुछ के यहां पार्टटाइम नौकरानी भी नहीं थी। उनकी दीवारों पर सबसे प्रसिद्ध लोगों की पेंटिंग्स भी हैं। यह ऐसी संपत्ति है जो हमारे सपनों या हसरतों से भी परे है। वो दिखावा करती है कि उसके पास मुझसे और मेरे दोस्तों से कम धन है जो कॉरपोरेट सेक्टर में काम करते हैं। इस पर मुझे बहुत गुस्सा आता है।' शराब के पैग पर विद्या ख़ुद को नक़ली आक्रोश में ढाल लेती थी: 'उसने एक बार हमारी एक कॉमन दोस्त से कहा कि उसे पैसे में विश्वास नहीं है, कि वो एक संकल्पना है। सही है, पैसा उनके लिए संकल्पना है जिनके पास बहुत सारा है।'

2010 में विद्या अठाईस साल की हुई और उसने अपनी कॉरपोरेट नौकरी में पांच साल पूरे कर लिए थे। अपने परिवार के क़र्ज़ का एक बड़ा हिस्सा चुकाने और

कुछ बचत करने के बाद, उसने एक प्रतिष्ठित अमेरिकी यूनिवर्सिटी में एक पब्लिक पॉलिसी पाठ्यक्रम के लिए आवेदन किया। एक अमेरिकी पॉलिसी प्रोग्राम कौशल और नेटवर्क में मददगार होता। विद्या को शिकायत थी कि क़र्ज़ उसका पीछा ही नहीं छोड़ता है। हालांकि उसे आंशिक स्कॉलरशिप मिली थी, लेकिन अपनी बाक़ी शिक्षा का ख़र्च उठाने के लिए उसे स्टूडेंट लोन का इंतज़ाम करना था। लगातार आवेदन करने और इंटरव्यू देने के एक दौर के बाद 2012 में वो बहुत अच्छी नौकरी के ऑफ़र के साथ भारत लौट आई। यह उसके ख़्वाबों की नौकरी नहीं थी, लेकिन उसमें इतना पैसा था कि वो अपने बक़ाया स्टूडेंट लोन को निबटा सकती थी और एक घर ख़रीदने के लिए पैसे बचा सकती थी।

2013 तक, स्टुडेंट को एक प्रसिद्ध अमेरिकी यूनिवर्सिटी में पोस्ट-डॉक्टरल पद मिल गया था। इस पद से उसे भारत में अभिलेखीय कार्य करने के लिए समय मिल गया था। स्टुडेंट बड़ी होकर गंभीर लक्ष्यों वाली एक गंभीर महिला बन गई थी। उसने दिल्ली में स्थापित विदेशों में पढ़े ब्यूरोक्रेट्स और यूनिवर्सिटी के प्रोफ़ेसरों से भरे अपने परिवार, और उसके कलाकारों और बुद्धिजीवियों के व्यापक नेटवर्क से सलाह, संपत्ति और संपर्क विरासत में पाए थे। विद्या कहती थी कि स्टुडेंट को अक्सर आडंबर भरे नैतिक आक्रोश के दौरे पड़ते थे, और उसे अपने कथित फ़ेमिनिज़्म, ग़रीबों और कमज़ोर वर्ग के लिए हमदर्दी के बारे में लोगों को लंबे-चौड़े भाषण देने में कोई पछतावा नहीं होता था। अभी भी स्टुडेंट के विशेषाधिकारों को लेकर आक्रोश के अवशेषों से भरी विद्या मुझे बताती, 'उसे ग़रीब ऐसे किसी रोमांटिक आइडिया की तरह पसंद थे जिस पर आप चर्चा करते हैं, ऐसा तो है नहीं कि उसे कभी भी अपने क्षेत्र में मौक़ों के लिए उनसे या फिर मध्यम वर्ग के लोगों से ही मुक़ाबला करना होगा। इस मामले में, इंजीनियर और मैनेजमेंट के छात्र अलग होते हैं। मुझे इस सारी "मैरिट" की बकवास में यक़ीन नहीं है। मैं देखती हूं कि किस तरह अमीर बच्चे आईआईटी या आईआईएम में प्रवेश के लिए बेहतर कोचिंग पाते हैं। लेकिन फिर भी, उसके मुक़ाबले हमने भारत के एक कहीं बड़े तबक़े के साथ प्रतियोगिता में हिस्सा लिया और उनके साथ पढ़ाई की है। किसी तरह, अमेरिकी यूनिवर्सिटी का उसका पैसा उसे एक साफ़ मन दे देता है, जबकि प्राइवेट सैक्टर में अच्छा वेतन पाने वाला हर शख़्स नव-उदारवादी पूंजीवाद की कठपुतली होता है, जिसे हमेशा शर्मिंदगी महसूस करनी चाहिए।'

विद्या की बातों से मैं समझने लगी थी कि स्टुडेंट की ज़िंदगी की हसरत एक गंभीर जन-सरोकारों से जुड़ी बुद्धिजीवी के रूप में पहचाने जाने की थी। उसकी महत्वाकांक्षाएं 2000 के दशक में अरुंधति रॉय और रामचंद्र गुहा द्वारा उठाए गए

हस्तक्षेपों से काफ़ी प्रभावित थीं। उसे उनका टेलेंट और शोहरत पाने की ललक थी; वो चाहती थी कि उनकी तरह ही उसके शब्द भी मायने रखें। अपने तीस के दशक में मौजूद वो एक असाधारण बुद्धिमान और दिलचस्प वार्ताकार थी। अपने बीस के दशक में और तीस के दशक के शुरुआती सालों में, स्कूली समारोहों में विद्या हमेशा अपने बचपन की बेस्ट फ्रेंड के साथ जुड़ने की कोशिश करती थी। अपनी लगभग साधारण तौर पर होने वाली बातचीत में विद्या को हमेशा ऐसा लगता था कि स्टुडेंट उसे समझने के बजाय उसे सुधारने, या उसे नीचा दिखाने में ज़्यादा दिलचस्पी लेती है।

'आप हमेशा यह महसूस करते हुए आते थे जैसे कि भारत में आदिवासी समुदायों पर हो रही यातनाओं की एकमात्र वजह *आप* ही हैं। एक रात उसने मुझसे पूछा कि मैं ख़ुद को आईने में देख कैसे पाती हूं, क्योंकि मैं एक मल्टीनेशनल कंपनी में काम कर रही थी। मुझे उससे यह पूछने का मन हुआ कि क्या वो ख़ुद कोई स्टूडेंट लोन चुका रही है या कि उसे अपने माता-पिता का ख़र्च उठाना पड़ता है। बस उसे याद दिलाने के लिए कि हममें से कुछ लोगों को उसकी तरह शुद्ध सैद्धांतिक पदों की विलासिता हासिल नहीं है। उसे यह समझने में मदद करने के लिए कि अपने बुढ़ापे के लिए मुझे ख़ुद बचत करनी है, कि मेरे पास कोई ज़मीन नहीं है जिसे मैं किराए पर दे दूं या बेच दूं, कि मेरी ऐसी आर्थिक ज़रूरतें हैं जो उसके परिवार में कभी नहीं होंगी,' विद्या ने कहा।

'काग़ज़ी फ़ेमिनिस्ट,' विद्या ने स्टुडेंट को लेकर शिकायत की, यह मानते हुए कि उसकी दोस्त कम दुश्मन केवल अपने वर्ग की महिलाओं को ही बिन मांगी सलाह दे सकती है या उनके साथ होड़ कर सकती है। उसकी सारी फ़ेमिनिस्ट सोच और उदारता दिल्ली के उन समृद्ध परिवारों के बच्चों के लिए आरक्षित थी, जिनके साथ वो पली-बढ़ी थी। 2015 में एक स्कूल रीयूनियन पार्टी में, तीसेक साल की भरी-पूरी महिला के तौर पर विद्या द्वारा अपने हठी फ़ैनडम के ऐलान पर स्टुडेंट भौचक्की दिखने लगी। 'मैं समझती थी कि तुम एक गंभीर इंसान हो,' स्टुडेंट ने अपनी ब्रिटिश उच्चारण वाली इंग्लिश में विद्या से कहा, जिसे केवल सैंट्रल दिल्ली के ड्राइंग रूमों और बीबीसी के अभिलेखीय फुटेज में सुना जाता है। स्टुडेंट बाक़ी शाम विद्या की आलोचना करती रही कि वो एक ऐसे अभिनेता की फ़ैन है जिसकी फ़िल्में ज़हरीली कल्पना से भरी हुई हैं और जिसके अनेक विज्ञापन भारत में उपभोक्ता पूंजीवाद को हवा देते हैं।

विद्या के लिए शाहरुख़ को इस तरह ज़ोर-शोर से दरकिनार करना स्टुडेंट के अनपरखे विशेषाधिकार के अलावा और कुछ नहीं था। 'ऐसा नहीं लगता कि वो वैसे भी तुम्हें या तुम्हारी बात को समझना चाहती थी,' मैंने नर्मी से सुझाया।

'शायद,' विद्या ने जवाब दिया। 'शायद वो मुझे शर्मिंदा करने का कोई भी बहाना ढूंढ़ रही थी। यह आम घटिया बात है जो कभी-कभी महिलाओं के बीच होती है। कुछ औरतें लड़कों के लिए लड़ती हैं, कुछ एक-दूसरे के पर्स का मज़ाक़ उड़ाती हैं, वो और मैं एक-दूसरे की रुचियों और राजनीति को कोंचते रहते हैं। ज़ाहिरी तौर पर यह नहीं हो सकता कि मैं शाहरुख़ की फ़ैन भी होऊं और फ़ेमिनिस्ट भी। कि मैं यशराज की फ़िल्म देखूं और बर्गमैन को सराहूं। अजीब बात है कि कैसे लोग हर वक़्त वर्ग विभाजन को दूर करने की बात करते हैं, मगर यह बताने के लिए कि दूसरे लोग कितने घटिया हैं, उन्हें नीचा दिखाने के लिए हर तरह के सांस्कृतिक चिह्नों का उपयोग करते हैं। शाहरुख़ पर उसके हमले से मैं बौखला गई थी।'

'वो तुम्हारे लिए इतना मायने क्यों रखता है?' मैंने पूछा।

'वो सैल्फ़-मेड है,' उसने पल भर भी रुके बिना उत्तर दिया। 'फ़िल्में भले ही बहुत अच्छी न हों। लेकिन वो राजिंदर नगर का एक लड़का था जो टॉप पर पहुंचा, वो आउटसाइडर था जिसने एक इन साइडर-क्लब इंडस्ट्री में, जहां वो किसी को नहीं जानता था, बिना किसी पारिवारिक संबंध के अपने दम पर कामयाबी हासिल की। वो किसी पृष्ठभूमि का नहीं था। किसी और चीज़ से ज्यादा मैं इसे सराहती हूं।'

बिना पृष्ठभूमि का आदमी

मैं यहां मुक़ाबला करने नहीं आया हूं, मैं राज करने आया हूं। एक आम मिडिल क्लास लड़का सुबह को उठता है, उसकी आंखों में सपने हैं। जब वो मुंबई आता है, तो वो कहता है: 'पता है—मैं इस पर राज करूंगा, मैं उन लोगों पर राज करूंगा जो यहां मौजूद हैं।' पूरी विनम्रता और अच्छी भावना से (मैं कहूंगा कि), मेरे कोई बाप-दादा नहीं हैं, न मां हैं जो यहां मुंबई में मुझे आगे धकेल सकें। मगर मैं स्टार बनूंगा जो सैल्फ़-मेड होगा। और अगर मैं सैल्फ़-मेड हो गया, तो मैं अपने लिए एक ऐसी कैटेगरी बनाऊंगा जो न पहले कभी थी और न कभी होगी।

—शाहरुख़ ख़ान, 2011

बिना पृष्ठभूमि का तो कोई नहीं होता। शाहरुख़ विभाजन के बाद के एक मुस्लिम परिवार से आते हैं जिसने अपने बेटे को दिल्ली के एक प्रतिष्ठित कैथोलिक स्कूल में आला दर्जे की शिक्षा प्रदान करने के लिए कड़ी मेहनत की थी। उनकी हाई-क्वालिटी की स्कूली शिक्षा ने उन्हें सरकारी अनुदान पाने वाली बेहतरीन दिल्ली यूनिवर्सिटी और जामिया मिल्लिया इस्लामिया में उच्च शिक्षा पाने का मौक़ा दिया।

1980 के दशक में जब अधिकांश नौजवानों की एक अच्छे स्कूल तक भी पहुंच नहीं थी, इस शिक्षा ने उन्हें भारत में आर्थिक रूप से प्रतिष्ठित किया। वो 'बिना किसी पृष्ठभूमि' के नहीं थे, वो दिल्ली के नव मध्यम वर्ग के थे।

सालों तक, विद्या और मैं इस पर बहस करते रहे कि शाहरुख़ वास्तव में कितना 'सैल्फ़मेड' थे। वो उनकी सफलता को पूरी तरह से कड़ी मेहनत और व्यक्तिगत प्रतिभा की विशुद्ध अनैतिहासिक घटना के रूप में पेश करती थी। मेरा मानना था, उन सारे लेखकों की तरह जिन्हें मैंने पढ़ा था, कि यह उपलब्धि सामाजिक स्तर पर निर्मित थी। भारत जैसे असमान देशों में यह ख़ासतौर से सच था, जहां जाति दुनिया में आपका प्रारंभिक स्थान निर्धारित करती है। विद्या मेरी 'बंगाली उदारवादी वामपंथी' सोच के लिए मुझे झिड़कती थी, जो नाम मात्र के जातीय या वर्गीय प्रिविलेज के लिए भी किसी की कामयाबी को अमान्य क़रार देती है। हालांकि वो यह मानती थी कि जाति द्वारा मिलने वाले लाभ व्यक्तिगत उपलब्धियों को समर्थ बनाते हैं, मगर उसका यह भी कहना था कि ये अब उन सामाजिक समारोहों और ऑफ़िसों में लागू नहीं होते जहां वो एक कामकाजी वयस्क के रूप में है, जहां 'हर कोई लगभग एक समान होता है क्योंकि हमारे माता-पिता आर्थिक रूप से सक्षम बने थे।' वो ज़ोर देकर कहती है कि दिल्ली में बेहतर स्कूलों और हाई-क्वालिटी की शिक्षा तक व्यापक पहुंच ने जाति या धर्म के आधार पर मतभेदों को पाट दिया है। केवल एक चीज़ जिसने सुशिक्षित अभिजात वर्ग के भीतर भेद पैदा किया है, वो है सामाजिक संपर्क और पारिवारिक संपत्ति।

उसके लिए शाहरुख़ की सफलता 'एक आदमी के उससे कहीं आगे निकलने' का प्रतीक थी जिसकी उसकी पृष्ठभूमि को देखते हुए किसी को उससे अपेक्षा थी। 'मैं जानती थी कि वो उनके मज़हब, एक मुस्लिम व्यक्ति के रूप में उनकी सफलता की बात नहीं कर रही थी। उनके पर्दे पर आने से पहले भी भारत में कई मुस्लिम सुपर स्टार थे। वो नेटवर्क की बात कर रही थी। भारत में सेब पेड़ से ज़्यादा दूर नहीं गिरता। 2020 में जारी नवीनतम आंकड़ों से पता चलता है कि पूरी दुनिया में भारत में सामाजिक उत्थान की दर सबसे कम है। आपका जीवन पथ और कैरियर अक्सर पूरी तरह से इस पर निर्भर करते हैं कि आपके माता-पिता क्या करते हैं, वो किसे जानते हैं और आपको विरासत में कितनी पूंजी मिली है। जब कामगार रोज़गार की संभावनाओं को तलाशते हैं, तो उन्हें नौकरियों की सूचना और ट्रेनिंग तक पहुंच और वित्तीय सहायता प्रदान करने के लिए अर्थशास्त्री सगे-संबंधियों के नेटवर्क और जाति-आधारित समुदायों

की भूमिका पर प्रकाश डालते हैं। बिज़नेस-संपर्क कंपनी लिंक्डइन द्वारा 2019 में किए गए एक सर्वेक्षण में, छिहत्तर प्रतिशत भारतीयों ने कहा कि उन्हें अच्छी नौकरी मिलती है या नहीं, यह निर्धारित करने में 'संपर्क' सबसे महत्वपूर्ण कारक थे। विद्या ने ख़ुद भी कड़वाहट से और काफ़ी विस्तार से शिकायत की कि भारत में 'कला, साहित्य या पॉलिसी में दिलचस्प कैरियर' केवल उन लोगों के लिए उपलब्ध हैं जिनके पास इतना पारिवारिक धन है कि वो जोखिम ले सकें,और लंबे समय तक और कम भुगतान वाली अप्रेंटिसशिप करते रहें। अपने ख़ुद के पीड़ित होने की उसकी यह धारणा और कॉरपोरेट डेस्क जॉब के अलावा किसी रचनात्मक कैरियर तक पहुंचने में उसकी असमर्थता ही शाहरुख़ की सफलता को इतना ख़ास और मोहक महसूस कराती है।

एक ऐसी इंडस्ट्री में जिसे अक्सर भाई-भतीजावादी और अपने आप में सीमित माना जाता है, शाहरुख़ की ज़बरदस्त कामयाबी भारत में एक लीजेंड बन गई है। यह देखते हुए कि शाहरुख़ के फ़िल्मों में आने से पहले भी हिंदी सिनेमा में ज़्यादातर पुरुष और महिला सुपरस्टार 'सैल्फ़-मेड' थे, जो फ़िल्म व्यवसाय के किसी परिवार से कोई मदद या विरासत पाने का दावा नहीं करते थे, यह 90 के दशक की एक दिलचस्प और अजीबो ग़रीब कहानी ही है। भारत के सबसे पहले सिने-आदर्शों में से एक दिलीप कुमार को 1940 के दशक में अपने पिता की ड्राई-फ्रूट की दुकान में काम करते हुए खोजा गया था। लीजेंडरी देव आनंद एक वकील के बेटे थे और अपनी पहली फ़िल्म पाने से पहले एक अकाउंटिंग फ़र्म में क्लर्क के रूप में काम करते थे। अमिताभ बच्चन और गुरुदत्त जैसे आइकन हालांकि कला से जुड़े परिवारों के हैं, मगर फ़िल्मी परिवार के नहीं थे। श्रीदेवी एक वकील की बेटी थीं, माधुरी दीक्षित मराठी वेतन भोगी मिडिल क्लास परिवार की थीं और 1950 के दशक की सुपरस्टार महासुंदरी मधुबाला एक ग़रीब व्यक्ति की बेटी थीं, जिन्होंने इम्पीरियल टोबैको कंपनी की अपनी नौकरी गंवा दी थी। धर्मेंद्र के पिता एक स्कूल के हैडमास्टर थे और राजेश खन्ना एक स्पोर्ट्स मैन थे। महान अभिनेता पृथ्वी राज कपूर का पुत्र होने के कारण शायद राजकपूर फ़िल्मी पृष्ठभूमि से उभरने वाले पहले भारतीय सुपरस्टार थे। हालांकि उनके दादा पेशावर में एक पुलिस कर्मी थे। वहीदा रहमान के पिता एक प्रशासक थे, जबकि मीना कुमारी और नरगिस को संगीतकार एवं कलाकार माता-पिता फ़िल्मों में लाए थे। अगर किसी की फ़िल्मी पृष्ठभूमि थी भी—जैसे कि अभिनेता जैमिनी गणेशन और अभिनेत्री पुष्प वल्ली की पुत्री रेखा—तो भी इससे पूरे कैरियर के दौरान उनकी राह मख़मली हुई प्रतीत नहीं होती।

ज़ाहिर है, शाहरुख़ भारतीय फ़िल्मों के एकमात्र या पहले 'सैल्फ़-मेड' स्टार नहीं थे। आप यह भी तर्क दे सकते हैं कि 90 के दशक के उनके कुछ समकालीन अभिनेता जैसे अक्षय कुमार भी बाहरी थे। फिर विद्या के लिए उनकी व्यावसायिक सफलता इतने असंगत ढंग से ख़ास क्यों थी? पहले के कई दूसरे सैल्फ़-मेड सितारों की यात्राओं की तुलना में उनकी कामयाबी को सामाजिक उत्थान का मज़बूत सबूत क्यों माना गया? इसका उत्तर न केवल इसमें निहित हो सकता है कि कैसे बॉलीवुड तेज़ी से कुछ लोगों तक केंद्रित और भाई-भतीजावादी होता जा रहा था, बल्कि भारत के कुलीनवर्ग की आकांक्षाएं और संरचना भी किस तरह बदल रही थीं।

जिस दौर में विद्या ने शाहरुख़ को जाना था, तब तक फ़िल्मी फ़लक पर उन अभिनेताओं और अभिनेत्रियों का वर्चस्व हो गया था जो इंडस्ट्री के बच्चे थे। 90 के दशक पर राज करने वाले अभिनेता थे गोविंदा, अनिल कपूर, सलमान ख़ान, सनी देओल और आमिर ख़ान। गोविंदा को छोड़कर अन्य सभी सितारे फ़िल्मी परिवारों से थे। काजोल, रानी मुखर्जी और करिश्मा कपूर जैसी शाहरुख़ की कई सह-कलाकार भी स्थापित फ़िल्मी परिवारों की थीं। एक समाजशास्त्रीय चश्मे से शाहरुख़ की कामयाबी का मूल्यांकन करते हुए, और हमेशा हमें याद दिलाते हुए कि कैसे अभिनय जैसे क्षेत्रों में घुसने और कामयाब होने की संभावना योग्यता पर आधारित होने के बजाय विरासत में प्राप्त थी, मीडिया ने इस अंतर को उभारा। दिलचस्प बात यह है कि उस समय के किसी भी मीडिया आउटलेट ने बॉलीवुड पर इसी तरह राज करने वाली अभिनेत्रियों पर—आख़िर शाहरुख़ की ही तरह श्रीदेवी, माधुरी दीक्षित, जूही चावला और उर्मिला मातोंडकर को भी कैरियर के रूप में अभिनय परिवार के माध्यम से विरासत में नहीं मिला था—इसी तरह की रिपोर्ट करने की ज़हमत नहीं की। हमने पत्रकारों या दर्शकों को इन महिलाओं की तारीफ़ करते कभी नहीं सुना जो अपने दम पर कामयाब हुई थीं। इन महिलाओं के बारे में अधिकांश आलेख उनकी सुंदरता और प्रेमसंबंधों तक ही सीमित रहे। जब मैंने विद्या से इस विसंगति के बारे में पूछा, तो उसकी प्रतिक्रिया बहुत ठंडी थी: 'इसकी वजह यह है कि महिलाओं की उपलब्धियों को उसी नज़र से नहीं देखा जाता जैसे पुरुषों की उपलब्धियों को देखा जाता है। और शाहरुख़ की कामयाबी कहीं अधिक रोमांचकारी थी।'

जितना मैं शाहरुख़ के कैरियर के लिए विद्या की प्रशंसा को टटोलती, उतना ही वो रक्षात्मक हो जाती और बात को टाल जाती, फिर एक दिन उसने यह बात

कही: 'शायद उसकी सफलता मेरे लिए इसलिए अहम है कि वो बहुत कुछ मेरे जैसा है। मैं बहुत शाहरुख़ जैसी हूँ।' अविश्वास से मैंने पूछा कि उसका क्या मतलब है। 'यह हमारे व्यक्तित्वों की सीधी तुलना तो नहीं है लेकिन मुझे लगता है कि हम एक ही सामाजिक दायरे के हैं, हम एक ही जगह के हैं। हम दिल्ली के लोग हैं, हमारा सरोकार घर बनाना और पैसे जमा करना है, हम उससे कहीं ज़्यादा चाहते हैं जो हमारे माता-पिता चाहते थे। शाहरुख़ उस इच्छा का प्रतिनिधित्व करता है। मुझे नहीं लगता कि मेरी तरह ही उसके माता-पिता के यहां आने से पहले उसके दादा-दादी शहर में रहते होंगे। और मैं उसके जैसे लड़कों को जानती थी। वो उनमें से कई लड़कों जैसा था, जिनके साथ मैं स्कूल और आईआईटी में थी, जो मिडिल क्लास थे लेकिन सुपर अमीर या संपर्कों वाले नहीं थे। उसे सॉलिड शिक्षा लेनी पड़ी और उसका इस्तेमाल अपना नेटवर्क बनाने, अपने लिए काम खोजने और सफल होने के लिए करना पड़ा। ऐसा लगता था जैसे उसने समझौते किए और ऐसे काम किए जो शायद ज़्यादा पैसा कमाने के लिए उसे पसंद न रहे हों। मैं इसे समझ सकती हूं। उसने शादियों में डांस किया; वो ब्रांड्स को एंडोर्स करने वाले पहले अभिनेताओं में से था। उसके लिए अच्छा कमाना और अच्छा करना अहम था। वो पैसों की, और उसे कमाने की परवाह करता था, वो जानता था कि सुरक्षा हासिल करना कितना ज़रूरी है। मेरे और उसके जैसे लोगों को, किसी पर निर्भर हुए बिना, अच्छी आजीविका कमाने के लिए काम करने की ज़रूरत है। हमारी सीमाएं हैं। हम जैसे लोगों के लिए कलात्मक पथ पर चलना कठिन है, हमारे पास इसके लिए प्रोफ़ाइल नहीं है।'

वो ठहरी और उसने एक सूत्र पिरो दिया था, जिस पर हमें बार-बार वापस आना था: 'लेकिन पता है, यही वजह है कि मैं दिल्ली के अमीर परिवारों के इन बच्चों से शाहरुख़ को उस तरह पसंद करने की उम्मीद नहीं करती जैसे मैं करती हूं। मेरा मतलब है, स्टुडेंट को ही ले लो। हम साथ में स्कूल गए। जब हम बच्चे थे तब वो भी शाहरुख़ को मेरे जितना ही पसंद करती थी। फिर, उसने हिंदी फ़िल्मों की शिकायत करना शुरू कर दिया और कहने लगी कि वो उनसे ऊपर उठ गई है।'

उसकी आवाज़ में तीखी पीड़ा थी। 'वो और मैं बहुत एक जैसे हैं—हमारे माता-पिता हमें भारत के सबसे अच्छे स्कूलों में भेजने में सक्षम थे, हम इंग्लिश बोलते हैं। लेकिन इस लड़की में और मुझमें एक अंतर है। और यह बहुत बड़ा है। शाहरुख़ की तरह ही मेरे माता-पिता भी मुझे बस अच्छी शिक्षा दे सकते थे, लेकिन अपनी राह बनाने के लिए मुझे इसका इस्तेमाल ख़ुद करना था। मैं अपने माता-पिता

के क्षेत्रों में काम नहीं करती। वो दिल्ली में बहुत लोगों को नहीं जानते, वो मेरे लिए किसी से सिफ़ारिश नहीं करवा सकते और काम के लिए वो मुझे किसी से जोड़ नहीं सकते। मैं किसी दोस्त के दोस्त को ऐसे ही फ़ोन नहीं कर सकती जो मुझे नौकरी दे सके या आवेदन के निबंध करने में मेरी मदद कर सके या आइवी लीग कॉलेज के लिए मेरी सिफ़ारिश कर दे। मेरे परिवार या उनके दोस्तों के ग्रुप में कोई भी देश से बाहर नहीं गया है। स्टुडेंट जैसी लड़कियों के लिए उनके परिवार दिल्ली में बहुत समय से रह रहे हैं और उन्होंने सही संपर्क बनाए हैं। उनके अपने घर हैं और उनपर पैसा कमाने का बहुत कम दबाव है। वो मेरे जैसी लड़कियों से बहुत भिन्न तरह से बड़ी हुई हैं।'

बेशक, ईर्ष्या और तुलनात्मक अभाव की विद्या की भावनाओं में कुछ भी नया नहीं है। भारत जैसे जाति-आधारित समाज में पीढ़ियों से नेटवर्क संपत्ति के फ़र्क़ मौजूद रहे हैं। यदि विद्या स्टुडेंट के विशेषाधिकारों को लेकर तिरस्कृत महसूस करती है, तो भारत के अधिकांश लोग विद्या के ब्राह्मण सरनेम के विशेषाधिकार के लिए उससे घृणा करेंगे। उच्च जाति का तमिल ब्राह्मण होने के कारण विद्या के परिवार के पास ज़बरदस्त सामाजिक-राजनीतिक संपत्ति थी। लेकिन उसे विश्वास था कि ये लाभ दिल्ली में सारस्वत ब्राह्मण स्टुडेंट को मिलने वाले कल्याणकारी लाभों के समान नहीं हैं। उसका दावा था कि उसके जातिगत विशेषाधिकारों का उस दुनिया में कोई मतलब नहीं है जिसमें स्टुडेंट के माता-पिता अपने पुराने कॉलेज ग्रुप के उच्च पदस्थ मित्रों से मदद ले सकते हैं।

अपने परिवार में विद्या पहली 'पूरी दिल्ली वासी' थी। वो सलेम में पैदा हुई थी और पांच साल की उम्र में भारत की राजधानी में आ गई थी। उसके माता-पिता छोटे, उनींदे शहरों में स्कूल गए थे, कज़िन्स और पारिवारिक मित्रों के तंग नेटवर्क में अपने जैसे ही लोगों से घिरे रहे थे। स्टुडेंट के माता-पिता एक अधिक वैविध्य पूर्ण और महानगरीय भीड़ में घुलते-मिलते हुए दिल्ली यूनिवर्सिटी में पढ़े थे और ऑक्सफ़ोर्ड में उनकी मुलाक़ात हुई थी। हालांकि विद्या के माता-पिता की तुलना में उसके दोस्तों के ग्रुप की विविधता ने नई दोस्तियों के लिए जगह बनाई, उन्होंने नई प्रतिद्वंद्विता के लिए भी जगह पेश की। 'वो मेरी तरह मिडिल क्लास कैसे हो सकती है?' अपनी दोस्त कम दुश्मन को लेकर विद्या का सोचना था।

2016 से 2020 के बीच हुई हमारी सारी बातचीतों में विद्या ने हमेशा ख़ुद को 'मिडिल क्लास' ही कहा था। यह उसका संकेत देने का तरीक़ा था कि उसके पास वित्तीय सुविधाओं का अभाव था और उसे आर्थिक सुरक्षा के लिए कोशिशें करने की ज़रूरत थी। शाहरुख़ के अपने बीस के दशक के अंतिम दौर में फ़िल्मों

में सफलता पाने का मतलब था कि वो भारत के आर्थिक अति-अभिजातवर्ग का सदस्य बन गए थे। मगर विद्या का क्या? क्या बहुत अच्छा वेतन पाने वाली तीसेक साल की विद्या मिडिल क्लास होने का दावा कर सकती थी? और स्टुडेंट? ये लोग भारत के आर्थिक मानचित्र में कहां मौजूद थीं?

भारत के छह मानचित्र

भारत में विशेषाधिकार और वर्गीय पदानुक्रमों को मापने के लिए समाज विज्ञानी छह विधियों का उपयोग करते हैं। पहला जाति है। विद्या का हिंदू ब्राह्मण सरनेम सामाजिक मध्य में होने के उसके किसी भी दावे को अमान्य घोषित करता है। दूसरा, देवेश कपूर जैसे राजनीति-वैज्ञानिकों ने सुझाव दिया है कि मिडिल क्लास को परिभाषित करने के तरीक़ों के रूप में हम कॉलेज की डिग्री और व्यक्ति की आयकर देने की क्षमता का उपयोग करें। कपूर की परिभाषाओं के आधार पर विद्या और स्टुडेंट योग्यता तो पा लेंगे, लेकिन वो जिस मिडिल क्लास का गठन करते हैं, वो भारतीय आबादी का एक सौभाग्यशाली हिस्सा भर होगा—केवल आठ प्रतिशत से कुछ अधिक भारतीयों के पास कॉलेज की डिग्री है और पांच प्रतिशत से कम आयकर देते हैं। मरियम असलानी जैसी आर्थिक समाजशास्त्री एक तीसरी ज़्यादा व्यापक विधि का उपयोग करती हैं जो मिडिल क्लास की पहचान करने के लिए व्यक्ति की नौकरी, आय, जीवन शैली, शिक्षा, सामाजिक संबंधों, आकांक्षाओं और दृष्टिकोणों की प्रकृति को जोड़ती है। इस तरह की विस्तृत परिभाषा को लागू करते हुए 2011 में उन्होंने पाया कि भारत की अठाईस प्रतिशत जनसंख्या मध्यवर्गीय है, जिसमें से लगभग तीन प्रतिशत उच्च मध्यवर्गीय है और चौदह प्रतिशत निम्न मध्यवर्गीय। विद्या और स्टुडेंट निश्चित रूप से असलानी के उच्च मध्यवर्ग का हिस्सा होंगी क्योंकि दोनों ही उच्च शिक्षित हैं, अच्छी तन्ख़ाह वाली पक्की नौकरी करती हैं, अपने भविष्य के लिए बचत करते हुए आगे बढ़ने के लिए उत्सुक और सक्षम हैं।

बेशक, हम हमेशा यह मानकर चल सकते हैं कि अर्थशास्त्री सफ़ाई से काट-छांट करके बताते हैं। यह प्रणालीगत प्रवृत्ति है जो, अगर समझने में नहीं तो, लोगों को वर्गीकृत करने में मददगार साबित होती है। भारत में सुविधाओं को मापने का चौथा तरीक़ा, जिसे अर्थशास्त्री पसंद करते हैं, सीधे-सरल तरीक़े से व्यक्ति के 'उपभोग व्यय'—भोजन और स्मार्ट फ़ोन जैसी चीज़ें ख़रीदने की उनकी क्षमता—का उपयोग करना है। व्यय क्षमता किसी व्यक्ति की डिस्पोज़ेबल आय

का एक उपयोगी मापक है। यदि हम वर्ग निर्धारित करने के लिए क्रय शक्ति का उपयोग करेंगे, तो विद्या कभी भी मध्यम वर्ग में नहीं आ पाएगी। न ही स्टुडेंट आएगी। सबसे हालिया उपलब्ध आंकड़ों के अनुसार, एक औसत दिल्लीवासी प्रतिमाह 3,298 रुपए ख़र्च करता है। विद्या और स्टुडेंट ख़ान मार्केट में एक वक़्त के भोजन पर आसानी से 3,000 रुपए ख़र्च कर सकती हैं। ग्लोबल अपर मिडिल क्लास के समकक्ष आमदनी वाली ये लोग समृद्ध दिल्ली के शीर्ष के पांच प्रतिशत ख़र्च करने वालों में से हैं, शेष भारत को तो छोड़ दें।

पांचवां तरीक़ा मनुष्यों को वर्गीकृत करने के लिए व्यक्तिगत आय के कुछ मानकीकृत मापदंडों का प्रयोग करता है। 2015 में, प्यूग्लोबल रिसर्च स्टडी ने उन लोगों को 'मध्यम-आय' आबादी के तौर पर परिभाषित किया था, जो प्रतिदिन 10 से 20 यूएस डॉलर के बीच कमाते हैं। भारत में, इसका मतलब वो लोग हैं जिनका मासिक वेतन लगभग 20,000 से 40,000 रुपए के बीच है। इस परिभाषा के आधार पर भारत की आबादी का केवल तीन प्रतिशत, लगभग 3.2 करोड़ की जनसंख्या, मध्यम-आयवर्ग में था। 2001 से 2011 के बीच, भारत ने इस मध्यम-आयवर्ग में 1.7 करोड़ लोगों को जोड़ा। इसी समयावधि में, चीन में बीस करोड़ से अधिक लोग मध्यम-आय वाले बन गए, जबकि ब्राज़ील ने लगभग 2.4 करोड़ लोगों को जोड़ा। विद्या और स्टुडेंट 'उच्चआय' वाले दस लाख से कुछ अधिक भारतीयों के समूह का हिस्सा होंगे, जो एक दिन में 50 अमेरिकी डॉलर से अधिक कमाते हैं। भारत के अधिकांश—सतत्तर प्रतिशत—लोग दो से दस अमेरिकी डॉलर प्रतिदिन, या लगभग 4,000 से 20,000 रुपए प्रतिमाह के बीच 'निम्न-आय' कमाते हैं। इस निम्न-आयवर्ग में, जो अनुमानतः 93.8 करोड़ लोग हैं, बड़े पैमाने पर अनौपचारिक आय और बिना किसी लिखित अनुबंध वाला भारत का विशाल अनियमित श्रमिक वर्ग निहित है। इसमें निर्माण श्रमिक, खेतिहर मज़दूर, रेहड़ी-पटरी वाले और कूड़ा बीनने वाले शामिल हैं। हाल ही में वो चिरस्थायी ग़रीबी से बाहर आए हैं और ख़तरनाक रूप से ग़रीबी रेखा के क़रीब हैं। महामारी और पर्याप्त आजीविका प्रोत्साहनों की कमी ने इन श्रमिकों को पस्त कर दिया है।

अब तक, भारत का कोई भी सामाजिक-आर्थिक मानचित्र विद्या और स्टुडेंट दोनों को देश के शीर्ष पांच प्रतिशत के सदस्यों के एक बहुत छोटे से, अति-विशेषाधिकार प्राप्त वर्ग में रखेगा। हालांकि, केवल आय संपत्ति का अपर्याप्त माप है—इसमें किराए, स्टॉक या वित्तीय शेयरों से होने वाली आमदनी शामिल नहीं होती है। लोग अपनी आय के बारे में झूठ भी बोलते हैं। उदाहरण के लिए, हम भावी श्वसुर को प्रभावित करने के लिए बढ़ा-चढ़ाकर आमदनी बता सकते हैं। या

करों से बचने या ख़ुद को कमतर दिखाने के लिए आमदनी कम बता सकते हैं। आय में ऋणों को भी एडजस्ट करना होता है; विद्या के अच्छे-ख़ासे मासिक वेतन का लगभग आधा हिस्सा ऋण और पारिवारिक लेनदारों का बक़ाया चुकाने में निकल जाता है। अति-धनवानों को संभवतः आय की आवश्यकता भी नहीं होती। उनके पास 'परिसंपत्तियां' होती हैं। नतीजतन, भारत के लिए एक छठे मानचित्र की ज़रूरत है। यह मानचित्र 'संपत्ति स्वामित्वों' को मापने पर निर्भर करता है। संपत्ति या किसी व्यक्ति की नेट वर्थ का अनुमान लगाना कठिन है। सरकार पूरी पारदर्शिता से सभी कर और आय डाटा जारी नहीं करती है। मगर सांख्यिकीविद एक व्यक्ति के स्वामित्व वाली ज़मीनों, इमारतों, वाहनों और वित्तीय संपत्तियों के मूल्य को जोड़कर और उनके ऋणों और देनदारियों को घटाकर अनुमान लगाते हैं। अर्थशास्त्री ईशान आनंद और अंजना थम्पी ने 1991 से 2012 के बीच इस तरह के आंकड़ों का गहन विश्लेषण किया, और हमें आधुनिक भारत के धन वितरण पर बेहद सटीक टिप्पणी प्रदान की। उन्होंने पाया कि एक शहरी भारतीय की औसत संपत्ति 1991 के 26,204 रुपए से बढ़कर 2012 में 145,773 रुपए हो गई, जो मुख्य रूप से ज़मीन के बढ़ते मूल्य से प्रेरित थी।

विद्या के पास कोई संपत्ति या ज़मीन नहीं थी, लेकिन उसके पास महत्वपूर्ण स्टॉक और एक महंगी कार थी। इस जानकारी के साथ मैं अब भी आराम से उसे भारत के धनवितरण के टॉप दस प्रतिशत में स्थान दे सकती थी। यह देखते हुए कि स्टुडेंट को अपने माता-पिता से अनेक संपत्तियां प्राप्त होंगी, वो शायद टॉप पांच प्रतिशत में आ जाएगी। उसके परिवार के पास साउथ दिल्ली की बेहतरीन कॉलोनियों में दो घर थे, एक में वो रहते थे और दूसरे को उन्होंने यक़ीनन एक लाख प्रति माह से अधिक के किराए पर दिया हुआ था। उसकी मां का परिवार प्रतिष्ठित विदेश सेवा अधिकारियों का था और उनके पास कुछ पुराना पैसा भी था, यह बात विद्या जानती थी और अक्सर दोहराती थी। भारत में तेज़ी से चढ़ते रियल एस्टेट बाज़ार ने और प्रॉपर्टी होने के कारण मिलने वाले सामाजिक महत्व ने स्टुडेंट के परिवार को मनोवैज्ञानिक, सामाजिक और आर्थिक रूप से इतना समृद्ध बना दिया था जिसकी विद्या का परिवार कल्पना भी नहीं सकता था। अपने पेपर में आनंद और थम्पी ने एक सरल, घोषणात्मक वाक्य में स्टुडेंट के घर का मालिक होने की स्थिति के प्रति विद्या की मनोग्रंथि को रेखांकित किया है: 'भूमि सबसे महत्वपूर्ण संपत्ति थी, और अभी भी है।'

स्टुडेंट भाग्यशाली थी कि वो अविवाहित बेटी के रूप में अपने पिता की संपत्ति का दावा कर सकती थी। 1940 के दशक के अंतिम दौर में भारतीय संसद

ने अंबेडकर के हिंदू कोड बिल का विरोध किया था जिसमें हिंदू महिलाओं के लिए संपत्ति के समान अधिकार को सुनिश्चित करने के खंड शामिल थे। 1956 में, हिंदू उत्तराधिकार अधिनियम को मंज़ूरी दी गई, जिसके तहत संपत्ति पुरुषों को प्राप्त होगी; केवल तलाक़शुदा या विधवा बेटियां ही अपनी पैतृक संपत्ति पर अधिकार का दावा कर सकती थीं। लगभग आधी सदी बाद, 2005 में मनमोहन सिंह की सरकार ने हिंदू उत्तराधिकार अधिनियम में संशोधन किया जिससे महिलाओं को संपत्ति में उत्तराधिकार मिल सके। महामारी के दौरान, अगस्त 2020 में, भारतीय सुप्रीम कोर्ट ने और अधिक स्पष्ट किया कि 2005 के संशोधन से पहले जन्मी महिलाएं भी संपत्ति के इन अधिकारों का दावा कर सकती हैं। इन क़ानूनी परिवर्तनों ने स्टुडेंट को अपने पिता की संपत्ति तक सीधी पहुंच प्रदान कर दी थी। 2018 के आंकड़ों से पता चलता है कि महिलाओं के पास देश की पारिवारिक संपत्ति का बमुश्किल बीस प्रतिशत हिस्सा है, जो कि लगभग चालीस प्रतिशत के वैश्विक औसत से बहुत पीछे है।

कर डाटा, सर्वेक्षण डाटा और राष्ट्रीय खातों के आंकड़ों को मिलाकर अर्थशास्त्री थॉमस पिकेटी और लुकास चांसेल भारत में राष्ट्रीय आय का एक तीक्ष्ण मापक बनाने का प्रयास करते हैं। इन विधियों का उपयोग करते हुए, अपनी सभी सीमाओं के साथ, वो पाते हैं कि शीर्ष दस प्रतिशत के पास 1992 के पैंतीस प्रतिशत से बढ़कर 2015 में राष्ट्रीय आय का छप्पन प्रतिशत था। हालांकि, ये आंकड़े शीर्ष दस प्रतिशत के भीतर मौजूद महत्वपूर्ण वर्गीकरणों को, समाज के उस हिस्से को छिपाते हैं जिसमें वरिष्ठ सरकारी अधिकारी, अरब पति रियल-एस्टेट टाइकून से नेता बने लोग, लगभग न के बराबर इंग्लिश बोलने वाले ज़मींदार किसान, इंग्लिश के अलावा और कुछ नहीं बोलने वाले सोशलाइट, शानदार दहेज पाने वाले सरकारी क्लर्क, स्टुडेंट के परिवार जैसे उच्च बौद्धिक परिवार, अपने स्टॉक पोर्ट फ़ोलियो के साथ विद्या, करोड़ों में खेलने वाला बिज़नेसमैन और ख़ुद शाहरुख़ शामिल हैं। वास्तव में, भारत के आर्थिक अभिजातवर्ग के बीच धन की सघनता बढ़ गई है। 2015 में सबसे धनी एक प्रतिशत भारतीयों के पास देश की कुल आय का इक्कीस प्रतिशत था, जो कि 1992 में केवल दस प्रतिशत था।

विद्या और स्टुडेंट शायद अगले नौ प्रतिशत में हैं, जिनके पास 1991 से लगातार एक तिहाई भारतीय संपत्ति रही है। सांख्यिकीय रूप से, भारत के शीर्ष दस प्रतिशत में गिनी इंडेक्स—धन की असमानता की डिग्री का एक मापक जिसमें 0 पूर्ण समानता का, और 100 पूर्ण असमानता का प्रतिनिधित्व करता है—1991 के 37 से बढ़कर 2012 में 49 हो गया।

1990 और 2010 के दशकों में जब भारत में असमानता और अधिक बढ़ी, तो न केवल सबसे ग़रीब और सबसे धनी लोगों *के बीच* असमानताएं बेतहाशा बढ़ीं, बल्कि सबसे धनी लोगों के *भीतर* भी असमानताएं बढ़ी हैं। 2015 में, शीर्ष दस प्रतिशत में एक वयस्क की औसत आय एक औसत भारतीय की आय से पांच गुना अधिक थी। उसी वक़्त, शीर्ष 0.1 प्रतिशत लोगों की औसत आय शीर्ष दस प्रतिशत के किसी भारतीय की आय से पंद्रह गुना ज़्यादा थी। आनंद और थम्पी पाते हैं कि धन और जाति परस्पर जुड़े हैं। 2012 में, एक 'सामान्य'—उच्च जातियों को इंगित करने वाला सांख्यिकीय शब्द—जाति के व्यक्ति की औसत संपत्ति अनुसूचित जाति के व्यक्ति की तुलना में चार गुना अधिक थी। और जातियों में बढ़ती असमानता के बावजूद 2012 में शहरी उच्च जाति के लोगों (77) *के बीच* धन की असमानता का गिनी इंडेक्स उतना ही ज़्यादा था जितना सभी भारतीयों (74) में धन की असमानता थी। 2018 की क्रेडिट सुइसवेल्थ रिपोर्ट का अनुमान था कि भारत में शीर्ष दस प्रतिशत लोगों की धन में हिस्सेदारी लगभग 77.4 प्रतिशत बढ़ गई है, जबकि अकेले शीर्ष एक प्रतिशत का मूल हिस्सा 51.5 प्रतिशत था। इस तरह के सर्वे से पता चलता है कि भारत केवल और अधिक असमान ही नहीं होता जा रहा है, बल्कि बेतहाशा अमीर और महज़ अमीरों के बीच भी असमानता बढ़ती जा रही है।

यह डाटा हमें विद्या के तुलनात्मक अभाव की तर्कहीन भावना को समझने में मदद करता है, भले ही हमें उसके लिए कोई ख़ास अफ़सोस महसूस न हो। यह उसके इस आग्रह को भी स्पष्ट करता है कि देश के धन और आय वितरण में टॉप दस प्रतिशत में होने के बावजूद वो एक अस्पष्ट से 'मध्यमवर्ग' का हिस्सा है। विद्या कोई मूर्ख या नव रूढ़िवादी नहीं थी: वो अपने विशेषाधिकार को समझती थी, वो जानती थी कि उसके और बाक़ी देश के बीच की खाई बेतहाशा बढ़ गई है। वो वंचित, और ऐतिहासिक रूप से वंचित समुदायों के लिए सकारात्मक कार्रवाई का समर्थन करती थी। फिर भी, वो समाज के अपने वर्ग और उन लोगों के बीच बढ़ती असमानताओं को स्पष्ट रूप से महसूस कर रही थी जो सैद्धांतिक तौर पर तो उसके जैसे थे, लेकिन वास्तव में एकदम भिन्न थे। वो जानती थी कि उसके और स्टुडेंट के बीच का अंतराल भी विकराल हो गया है; कि उसकी बहुत अच्छी तन्ख़ाह वाली नौकरी भी कभी उसे उतनी प्रतिष्ठा या वित्तीय स्वतंत्रता नहीं देगी, जितनी कि दिल्ली के शक्तिशाली लोगों और प्राइम इलाक़ों में रियल एस्टेट तक स्टुडेंट की पहुंच उसे देगी। वो ख़ुद को औसत भारतीय के मुक़ाबले में नहीं, बल्कि स्टुडेंट के मुक़ाबले में देखती थी। विद्या ख़ुद को संस्कृति, क्लबों और संपर्कों की कमी का शिकार मानती थी। वो देखती थी कि जिनके पास संपत्ति और पुराना पैसा

होता है, वो लोग हमेशा अभिजातवर्ग के ज़्यादा सुदृढ़ सदस्य होते हैं। कि वो हमेशा एक-दूसरे की मदद करते हैं, जबकि उसके जैसे आर्थिक रूप से आगे बढ़ने के इच्छुक लोगों को टेढ़ी नज़रों से देखते हैं। विद्या गवाह थी कि कैसे बुद्धिजीवियों और 'इन्फ्लुएंसर्स' की एक नई पीढ़ी आमतौर पर ऐसे परिवारों से आ रही है जिनके पास ज़मीनें थीं और जिनके पास औद्योगिक-बल से प्राप्त धन या महत्वपूर्ण संपर्क थे; कैसे पुराने नेटवर्कों और पहले से मौजूद विशेषाधिकारों का सार्वजनिक प्रदर्शन और प्रसारण ही उच्च-समाज की संस्कृति का एकमात्र बिंदु था; कैसे स्टुडेंट के परिवार ने यह सुनिश्चित करने के लिए अपनी पूरी स्थापित ताक़त लगा दी थी कि उनकी बेटी और अधिक कामयाबी हासिल करे। विद्या को उसी सेफ्टी नेट की लालसा थी, जो उसे लगता था कि स्टुडेंट के पास है। शक्तिशाली नेटवर्कों से जुड़े बिना कामयाब होने की विद्या की यही ललक थी जिसने उसे यक़ीन था कि उसे 'काफ़ी कुछ शाहरुख़ जैसा' बना दिया है।

विद्या को कोई संघर्ष या जद्दोजहद नहीं करनी पड़ी, भारतीय फ़लक पर अपनी विशिष्ट स्थिति का भरपूर फ़ायदा उठाते हुए वो फली-फूली। लेकिन 'मम्मी-पापा के घरों और शक्तिशाली संपर्कों' वाले लोगों से उसकी ईर्ष्या ने उसके राजनीतिक और दुनिया को देखने के नज़रिए को हमेशा के लिए बदल दिया था। यह अच्छी तरह से समझते हुए कि किसी को उसके माता-पिता ने जो कुछ दिया है उसके लिए आप उससे नफ़रत नहीं कर सकते, वो जानती थी कि उसकी शिकायतें ओछी हैं। अपनी भावनाओं को खुले तौर पर या पूरी तरह से व्यक्त करने में असमर्थ उसने शाहरुख़ को एक तावीज़ की तरह पाया, 'वंशवादी' अभिनेताओं पर उनकी फ़तह उसके अपने संघर्ष का प्रतीक थी। एक शख़्स जो बिना व्यंग्य के ख़ुद को बॉलीवुड का बादशाह कह सकता था। जिसने संपर्कों के अभिशाप को धता बताई थी और अनजान ऊंचाइयों को नापा था।

अंततः, विद्या की शिकायतों और स्टेटस की फ़िक्र को नरेंद्र मोदी द्वारा राहुल गांधी के तीखे तिरस्कार में राजनीतिक अभिव्यक्ति मिली। अपने बीस के, और तीस के दशक में भी उसने स्टुडेंट के प्रति अपनी ईर्ष्या को अपनी शाहरुख़-भक्ति में बदल दिया था। 2014 में, उसने स्टुडेंट के लिए अपनी सारी नफ़रत गांधी के ख़िलाफ़ वोट देने में उड़ेल दी। उसने भाजपा को चुना क्योंकि उसे लगता था कि कांग्रेस एक ऐसी पार्टी है जिसका मक़सद 'केवल इन नेटवर्क टाइप लोगों के विशेषाधिकारों को संरक्षित करना ही' है। पांच साल बाद मॉब-लिंचिंग की घटनाओं और डूबती अर्थव्यवस्था को नज़र अंदाज़ करने में असमर्थ होकर उसने राष्ट्रीय चुनावों में विपक्षी आम आदमी पार्टी (आप) के लिए मतदान किया। उसे सिविल

सेवा में रह चुके एक एक्टिविस्ट इंजीनियर और दिल्ली के लुटियंस अभिजात वर्ग से कोई संबंध न रखने वाले आपके नेता अरविंद केजरीवाल पसंद थे।

जब 2019 के चुनाव परिणाम घोषित हुए, तो उसकी भावनाएं मिली-जुली थीं, उसे निराशा हुई कि भाजपा एक और कार्यकाल के लिए जीत गई, लेकिन राहत भी मिली कि 'स्टुडेंट जैसे लोग देश के लिए अप्रासंगिक बन रहे हैं।' विद्या 'आलसी उदारवादियों' से 'भारत को वापस लेने' की आवश्यकता का समर्थन करती थी, जो उसका मानना था कि 'कुछ बनाए बिना केवल आलोचना' कर सकते हैं। जनवरी 2020 में, उसने मुझे स्टुडेंट के साथ अपने टकराव की लेटेस्ट घटना के बारे में बताने के लिए फ़ोन किया। यह स्कूल के एक व्हाट्स एपग्रुप पर बहस से शुरू हुआ और शाहरुख़ से जुड़ी एक और तूतू-मैंमैं में बदल गया था।

यह बहस छिड़ी थी दिसंबर 2019 के अंत में नेशनल रजिस्टर ऑफ़ सिटिज़न्स को लागू करने की राष्ट्रीय सरकार की कोशिशों और उसके बाद यूनिवर्सिटी के छात्रों पर हुए हमलों के ख़िलाफ़ देश व्यापी विरोध प्रदर्शनों को लेकर। स्टुडेंट ने अमेरिका की एक अच्छी स्टेट यूनिवर्सिटी में एक स्थायी एकेडेमिक पद हासिल किया था। वो भारत में पढ़ाने के लिए अस्थायी तौर पर वापस आने पर भी विचार कर रही थी और विरोधों पर समर्थन जताते हुए ऑनलाइन मुखर उपस्थिति दर्ज कर रही थी। विद्या गुड़गांव में एक विरोध प्रदर्शन में शामिल हुई थी। उसे यह मुद्दा न्यायसंगत लगा था, उसने मुझसे कहा, 'लेकिन स्टुडेंट जैसे लोगों के साथ खड़ा होना मुझे अजीब लगता है। मैं सोशल मीडिया पर उसकी अहंकारी आत्मतुष्ट पोस्ट देखती हूं और मुझे उसके साथ ज़रा भी एकजुटता महसूस नहीं होती। मैं ऐसे क़ानूनों के प्रभाव से पीड़ित लोगों के साथ खड़ी हूं और, मुझे लगता है, जिस दौर में हम हैं, मुझे अपने निजी मुद्दों को अलग रख देना चाहिए। लेकिन यह लड़की इसे असंभव बना देती है।'

अपने स्कूल के व्हाट्स एप ग्रुप पर विरोध में शामिल विद्या के फ़ोटो देखकर, स्टुडेंट ने शिकायत करना शुरू कर दिया कि 'विद्या के शाहरुख़' सामने क्यों नहीं आ रहे और सीएए-एनआरसी के विरोध का साथ क्यों नहीं दे रहे। स्टुडेंट अभिनेत्री दीपिका पादुकोण की तारीफ़ करते नहीं थकती थी, जो जवाहर लाल नेहरू विश्वविद्यालय में छात्रों की एक विरोध सभा में शामिल हुई थीं। विद्या ने समझाने की कोशिश की कि पूर्व में शाहरुख़ ने असहिष्णुता पर बहुत कुछ कहा था और उन्होंने इसकी भारी क़ीमत चुकाई थी। विद्या ने स्टुडेंट की प्रतिक्रिया के बारे में बताया: 'वो ये मानने को तैयार ही नहीं थी, वो ग्रे नहीं देख सकती, उसके साथ सब कुछ काला होता है या सफ़ेद। हमारे साथ हो या हमारे ख़िलाफ़, आप

या तो नैतिक रूप से कायर हैं या संत हैं। लेकिन ज़िंदगी तो बीच में जी जाती है। यह बहुत निराशाजनक था। कोई इस तरह से नहीं बोल सकता जैसे वो बोलती है। इसका मतलब यह नहीं है कि वो लोग चुप हैं।'

2020 के विरोध प्रदर्शनों में राष्ट्रीय राजनीति ने भले ही विद्या और स्टुडेंट को कुछ पल की प्रतिबद्धता में जुड़ने पर मजबूर किया हो, मगर मन से वो हमेशा अलग ही रहेंगी। राष्ट्र व्यापी लॉकडाउन के कुछ हफ़्तों के भीतर, विद्या ने अपने स्कूल व्हाट्सअप ग्रुप पर महामारी पर अरुंधति रॉय के लेख के लिए स्टुडेंट की प्रशंसा का मज़ाक़ उड़ाया। 'मुझे नहीं पता था कि मिस रॉय पब्लिक हैल्थ एक्सपर्ट हैं,' उसने कहा।

स्टुडेंट की प्रतिक्रिया थी, 'शायद नहीं, लेकिन हमें तुम जैसे डाटा टाइप्स से ज़्यादा उनकी आवाज़ की ज़रूरत है, जिन्होंने हमारे विकास मॉडल की इंसानी क़ीमत को नज़र अंदाज़ करके यह समस्या पैदा की है।' 'कैसे,' विद्या ने पलटवार किया, 'क्या तुम विशेषज्ञता या डाटा के बिना इस संकट से बच सकती हो? क्या तुम ऐसे लेख लिख सकती हो जो लोगों को जादू से वैक्सीन और पैसे उपलब्ध करा दें?'

इस तरह की बहसबाज़ी हर जगह हो रही थी। महामारी ने विद्या, स्टुडेंट और आरामदेह जीवन जीने वाले उच्चवर्ग के सभी लोगों में दहशत पैदा कर दी थी। हमने अपने आरामदेह घरों से अपने साथी देशवासियों की दुर्दशा देखी और हम यह समझ रहे थे कि हम भी किसी तरह इसमें फंसे हुए हैं। हममें से कई लोग चंदा देने, क्राउड-फ़ंड करने या भूखे लोगों को खाना खिलाने के लिए साथ जुड़े। लेकिन इसके साथ ही हम जानते थे कि यह टूटी हड्डी पर बैंड-एड लगाने जैसा है। मगर फिर भी हममें से कोई नहीं जानता था कि आगे का रास्ता कैसे बनाया जाए। कोई राजनीति संभव नहीं थी, हम सब बंद थे, अपने आस पास के लोगों की जान बचाने में लगे हुए थे। जब अनिश्चितता और पीड़ा को सहना असंभव हो गया, तो हमें नज़र फेरनी पड़ी। स्टुडेंट ने रोष भरी उदारवादी पोस्ट लिखीं और अपने पसंदीदा बुद्धिजीवियों को पढ़ा। विद्या ने दीवानावार शाहरुख़ और टैक्नोक्रेट्स को फ़ॉलो किया।

विद्या के लिए स्टुडेंट हमेशा संपत्तियुक्त सुविधा संपन्न जागृति का ख़ाली ख़ोल बनी रहेगी। स्टुडेंट से कभी न मिलने के कारण मेरे पास यह जानने का कोई ज़रिया नहीं था कि क्या उसके मन में भी विद्या के लिए इतना ही द्वेष और प्रतिस्पर्धा है। विद्या ने कभी इस बारे में ज़्यादा बात नहीं की कि उसके हिसाब से स्टुडेंट उसके बारे में क्या सोचती है। दिल्ली की अपनी ज़िंदगी का एक अच्छा-ख़ासा हिस्सा स्टुडेंट जैसे लोगों के साथ बिताने के बाद मेरा अनुमान था कि वो विद्या को एक

बौद्धिक प्रतिद्वंद्वी के रूप में गंभीरता से नहीं लेती। इसके बजाय, विद्या के निष्ठावान होने के लिए वो शायद उसे नीची निगाह से देखती है। स्टुडेंट के लिए विद्या की निष्ठा शायद सबसे ज़्यादा बिना किसी दुविधा के शाहरुख़ के बारे में अच्छा सोचने के फ़ैसले से झलकती थी—एक ऐसा शख़्स जिसकी पैसा कमाने और पलायनवादी फ़िल्में बनाने में दिलचस्पी ने उसे घृणित रूप से पूंजीवादी और बुरी तरह से अराजनीतिक, और एक मुखर फ़ेमिनिस्ट हीरो का उलट बना दिया था। मुझे ऐसा लगता था जैसे ये दोनों महत्वाकांक्षी महिलाएं हमेशा वही खेल खेलती रहेंगी जिसे फ़िलॉसफ़र एग्नेस कैलर्ड उचित रूप से 'महत्व के खेल' के रूप में परिभाषित करती हैं, जो 'धन, प्रतिभा, उपलब्धियों या संपर्कों के आकस्मिक संदर्भ' के ज़रिए काम करता है। एक-दूसरे की कंपनी में वो इसे रत्ती भर भी महसूस किए बिना उदासीनता दर्शाएंगी। चालें थकाऊ और अंतहीन होंगी।

स्टुडेंट अब शाहरुख़ से असीम रूप से ग़रीब, असीम रूप से कम रसूख़दार और संपर्कों वाली हो सकती है, लेकिन विद्या के लिए वो ऐसे सुपरस्टार अभिनेता थे जिन्होंने अपने पास मौजूद हर चीज़ के लिए संघर्ष और मेहनत की थी। और स्टुडेंट को विलासिता और सुविधाओं से दुलारा गया था। विद्या के निष्कर्ष केवल उसे अपने आदर्श और उस फ़ैंटैसी के और क़रीब ही लाते हैं जिनका वो प्रतिनिधित्व करते हैं।

चेन्नई एक्सप्रेस

विद्या द्वारा अकेले देखी गई पहली फ़िल्म अगस्त 2013 में आई शाहरुख़ की *चेन्नई एक्सप्रेस* थी। उसने अपने एकल टिकट का जश्न मनाया और फ़िल्म का जश्न मनाने के लिए संघर्ष किया। उस साल, शाहरुख़ के बॉक्स-ऑफ़िस कलेक्शन के अब तक के सबसे निम्नस्तर पर पहुंचने के कारण अनेकों फ़ैनगर्ल्स का मनोबल गिर गया था। *चेन्नई एक्सप्रेस* बॉक्स-ऑफ़िस पर सोने का अंडा साबित हुई, जिसने दुनिया भर में 63 मिलियन अमेरिकी डॉलर की आय की। इस 'एक्शन-कॉमेडी' फ़िल्म ने व्यावसायिक रिकॉर्ड तोड़ दिए, जिसकी कॉमेडी में तमिल लोगों का कैरिकेचर निहित था। विद्या ख़ुद को इतना दिल्लीवासी समझती थी कि अतिरंजित तमिल लहजे ने उसे परेशान नहीं किया। लेकिन अधिकांश फ़िल्म में उसे शर्मिंदगी सी होती रही। आमतौर पर शाहरुख़ द्वारा निभाई भूमिकाओं की तुलना में हीरो कहीं अधिक अशिष्ट लग रहा था, फ़िल्म पुरुष हॉर्मोनों से भरी थी। विद्या को यक़ीन था कि उसके हीरो ने चालीस के दशक के एक आदमी की भूमिका निभाते हुए भी बड़े होने से इंकार करते हुए विद्या की अपनी असहजता को प्रतिबिंबित किया है।

मैं विद्या की अधिकांश आशंकाओं से सहमत थी, लेकिन मैं यह मानूंगी कि फ़िल्म के कुछ हिस्से मुझे पसंद आए थे। प्रशंसक शायद ही कभी इम्यून होते हैं। उसमें अभी भी उस शाहरुख़ की झलकियां थीं जिनसे मैं प्यार करती थी, ऐसे सीन थे जिनमें वो अपने प्रेम के प्रति पूरी तरह से समर्पित दिखाई देते हैं। और पुरुष समर्पण का यही कृत्य जिसमें एक पुरुष शादी या मातृत्व से पहले एक स्त्री को पूजता हो, उनकी हर फिल्म को अनूठा बना देता है। सलमान महिलाओं की रक्षा करते हैं, आमिर हमें सिखाते हैं, शाहरुख़ *हमें देखते हैं।* उस वक़्त मुझे शाहरुख़ की पहले से कहीं ज़्यादा ज़रूरत थी। मुझे देखे जाने की ज़रूरत थी। मेरी निजी ज़िंदगी इतने अफ़सोसनाक हाल में थी।

4
एक एक्टर और एक एरिस्टोप्रेट

एक व्यक्ति ने ब्रह्मांड से कहा:
'महोदय, मेरा अस्तित्व है!'
'लेकिन,' ब्रह्मांड ने कहा,
'इस बात ने मुझमें
आभार की भावना नहीं जगाई।'

—स्टीफ़न क्रेन

प्रेम में कामयाबी की राह में मेरी एक शाश्वत अड़चन आदमियों का चुनाव रही है, ख़ासकर उन लोगों में से जो उस शहर में पले-बढ़े हैं जिसे मैं घर कहती हूं। बेशक, मैं बहुत ज़्यादा ट्रॉमा-ड्रामा की संभावनाओं से भरे रोमांटिक रिश्तों में फंसती रही हूं, लेकिन इसमें मेरे साथ दिल्ली भी दोषी है। उदासीन और सख़्त मां की तरह, दिल्ली बिना कोई लाड़ जताए मेरे सारे आरोपों को जज़्ब कर लेती है। बज़ाहिर बुरे निजी निर्णय लेने में मेरी महारत की वजह से मुझे जिन मुसीबतों को झेलना पड़ता है, वो उन तरीक़ों से और बढ़ जाती हैं जिनसे यह शहर मेरे रोमांटिक चुनावों को गढ़ता है। हममें से अधिकांश लोगों से जल्दी ही किसी के साथ जुड़ने की—स्कूल, कॉलेज या कॉलोनी के दोस्तों, परिवार के पुराने परिचितों के नेटवर्क या माता-पिता के दख़ल से अपना जीवनसाथी खोजने की—उम्मीद की जाती है। लेकिन अगर आप देर से बड़ी होती हैं, या अपनी शिक्षा को प्राथमिकता देती हैं, या एक अकेली महिला के रूप में शहर आती हैं और बीस के दशक के अंतिम सालों में या तीस के दशक में ख़ुद को एक साथी की तलाश करते पाती हैं, तो दिल्ली

आपके लिए अपने दरवाज़े बंद कर देती है। 'अच्छे वाले' सभी हाथ से निकल चुके होते हैं, और दूसरी लड़कियों को ख़ुश कर रहे होते हैं। भले, समझदार लड़के आपको कोई ख़ास उत्तेजित नहीं कर पाते हैं, जबकि सबसे बुरे क़िस्म के एल्फ़ा पुरुषों के स्वांग से आपको हैरान कर देते हैं। आप मुस्कुराती हैं और यह विश्वास करते हुए लगातार बढ़ते अपमानों को झेलती रहती हैं कि प्रेम के आगमन के साथ यह सब समाप्त हो जाएगा। आप रोती हैं, पढ़ती हैं, शाहरुख़ की पुरानी रोमांटिक फ़िल्में देखती हैं, खुद को समेटती हैं और शहर के रोमांटिक मलबे के अवशेषों को खंगालने की कोशिश करती हैं। फ़िल्में और दोस्त उम्मीद बंधाते हैं—अगर यह शहर शाहरुख़ ख़ान को बनाने में कामयाब रहा है, तो यहां कोई न कोई तो जरूर होगा। लेकिन हक़ीक़त आपकी आस्था पर अनेकानेक मिसाइली हमले करती है।

भारत की राष्ट्रीय राजधानी में सर्दियों की हवा उतनी ही ज़हरीली हो गई है जितनी कि इसके अनेक कुंवारों द्वारा अपनाई गई चालबाज़ियां। यह ऐसा शहर है जहां मैंने एक मोटे, तोंद वाले आदमी को एक ख़ूबसूरत ब्यूटी क्वीन को उसके वज़न के लिए सताते देखा है। एक दोस्त ने मुझे पांच फ़ुट दो इंच के एक आदमी के बारे में बताया, जिसने तीन महीने लंबी बातचीत के बाद पहली डेट अचानक तीन मिनट में ही ख़त्म कर दी। उसका बहाना सीधा-सरल सा था: वो जानता था कि पुरुषों द्वारा नियंत्रित और उनके लिए अनुकूल 'बाज़ार' में उसे ऐसी लड़की मिल सकती है जो उसकी सामाजिक स्थिति को कई इंच बढ़ा दे। यही कारण था कि उसे यह मानने में कोई शर्मिंदगी नहीं थी कि वो मुख्य रूप से 'मॉडल' लड़कियों को डेट करता है। कई असफल बिज़नेस कर चुका बंदा अपनी डेट के सफल उपक्रमों पर हंसता है। और अनगिनत मौक़ों पर मैं एक ख़ास युवा ग्लोबल-लीडर-टाइप के बंदे पर (जिसने उपलब्धि को दुखद रूप से महत्वपूर्ण बैठकों में भाग लेते हुए फ़ोटो खिंचवाने से जोड़ दिया है) हंसी हूं: वो लड़कियों को 'लीडरशिप' पर भाषण देगा, और अंततः सुझाव देगा कि वो लड़कियां अच्छी तनख़्वाह वाली नौकरियां छोड़ दें क्योंकि 'उनमें (उनके लिए) कोई विकास या भविष्य नहीं है।' कभी-कभी, वो बहुत ज़्यादा वोदका चढ़ा लेगा और मानेगा कि अपनी सामान्य पेशेवर अक्षमता को छिपाने के लिए महिलाएं अपने सेक्स का प्रयोग करती हैं। आप आहें भरती हैं और शाहरुख़ के अंतहीन सपने देखती हैं।

सभी सिंगल महिलाओं की ओर से मैं जानती हूं कि दिल्ली में डेटिंग करना अपनी सबसे ख़राब असुरक्षाओं और कमियों के साथ निरंतर मुक़ाबला करते रहने जैसा है। जिन्होंने अभी तक तन्हाई में खुशी नहीं पाई है, उनके लिए इस शहर में प्यार की राह में हुए हादसों पर अफ़सोस करते रहना एक पार्टटाइम

काम बन जाता है। जो शिकायत नहीं करतीं, उन्होंने इसके वैवाहिक सर्कस के सामने समर्पण कर दिया है—कई थक जाती हैं, दूसरों ने हार मान ली है, कुछेक ने बाज़ी मार ली है। मेरे मामले में, जीवन के पहले दो दशक 'उस एक' को पाने के लिए सामाजिक रूप से मिलने-जुलने में बीत गए; तीसरा दशक मैंने उसकी तलाश में बर्बाद कर दिया और मेरा अनुमान है कि चौथा दशक अपनी खोज से उबरने में बीतेगा।

2010 के दशक की शुरुआत में, भारतीय सेना और मुझ पर एक ही तरह के भेदभाव को क़ायम रखने का आरोप लगाया जा सकता था: बाक़ी सबके ऊपर जाटों और राजपूतों को तरजीह देना। हालांकि मेरी प्यारी दोस्त *फ्रेंड्स* से जुमला उधार लेकर कहती थीं कि मैं *'हू' ज हू ऑफ़ ह्मन क्रैप* (इंसानी कचरे के बेहतरीन)' को डेट कर रही हूं, मगर सुप्रीम कोर्ट में एक याचिकाकर्ता ने राष्ट्रपति के अंगरक्षक दल (पीबीजी) के लिए भारतीय सेना की भर्ती नीतियों में एक ही जाति के प्रति पूर्वाग्रह को उजागर किया। स्वाभाविक रूप से, सेना ने शारीरिक आधार पर अपना बचाव किया—पीबीजी एक छोटी औपचारिक यूनिट है जो राष्ट्रपति भवन में होने वाले कार्यक्रमों के दौरान पर्याप्त 'भव्यता' को सुनिश्चित करने के लिए समान आकार-प्रकार के (छह फुट से अधिक) लंबे ऑफ़िसर्स की मांग करती है। इसलिए केवल योद्धा जातियां ही सटीक होंगी।

देश के उत्कृष्ट मामलों की तुलना में अपने प्रेम संबंधों की मामूली प्रकृति के बावजूद, मैंने सेना के बचाव और अपने बीच समानताएं पाईं। मेरे लिए भी एक पार्टनर दिल्ली के मेरे सामाजिक जीवन रूपी परफ़ॉर्मेंस आर्ट में एक एक्सेसरी भर बन गया था। अपने दम पर रहने या अपनी मर्ज़ी से जीने के बोझ को उठा पाने में असमर्थ होकर मैंने दिल्ली के सामंती ज़मींदारों में से एक के साथ जुड़ने का फ़ैसला किया। यूनिवर्सिटी के किताबी कीड़ों के झुंड से अलग होने के लिए दृढ़ संकल्प हो मैं इस आदमी के शांत आत्मविश्वास पर फ़िदा हो गई थी। विशिष्ट सुविधाओं से उपजे, सफल 'निवेशों' से मिलने वाली वित्तीय स्वतंत्रता से गमकते उसके आत्मसंयम ने मेरी चिंतित वेतनभोगी आत्मा को लुभा लिया। वो दिखता भी शशि कपूर जैसा था। हालांकि रूप-रंग के मामले में वो मेरे जीवन को आबाद करने वाले औसत पुरुषों से मीलों आगे था, मगर मैंने इस तथ्य को नज़रअंदाज़ कर दिया कि उसकी बुद्धि शून्य को छूती थी।

साल भर चली हमारी मुलाक़ातों के शुरुआती दिनों में उसके बिना मुझे एक पल भी या ख़ुद मैं भी दिलचस्प नहीं लगती थी, मैं पितृसत्ता की शर्मनाक भागीदार बन गई थी। वो 'वो एक' बन गया था; मैं उसके अतीत के वशीभूत थी, मुझे विश्वास

था कि मुझमें उसकी रुचि कोई क्षणिक चूक थी। उसका ध्यान स्वीकृति का एकमात्र सार्थक रूप बन गया था। मेरी आत्म-धारणा 'उस एक,' उसके मूड और उसकी कामेच्छा के साथ घटती-बढ़ती थी। उसे एक एकांगी रिश्ते में लुभाए रखना मेरी एकमात्र रूहानी खोज बन गई थी।

प्रेम के शिल्प के एक महान फ़िलॉसफ़र रोलैंड बार्थेस ने एक बार कहा था, 'दृश्य उस वस्तु को पवित्र कर देता है जिसे मैं प्रेम करने वाला हूं।' दिल्ली में वो दृश्य एक आक्रामक पितृसत्ता द्वारा व्यवस्थित होता है जो प्रेम में हमारी पसंदों—हमारे दिमाग़ में सैट के डिज़ाइन और फ़र्नीचर—को निर्धारित करता है ।

जब मेरी दोस्तों और मैंने विपरीतलिंगी वयस्क रोमांस में अपनी शुरुआती कोशिशें कीं, तो जल्द ही हम इस नतीजे पर पहुंच गए कि उच्चवर्गीय मेटिंग बाज़ार बेवजह के आत्मविश्वास से भरे पुरुषों और बेवजह के आत्म-संदेहों से भरी महिलाओं के बीच बड़ी सफ़ाई से बंटा हुआ है। जिन पुरुषों से हमारा साबक़ा पड़ा, उनमें से अधिकांश का मानना था कि सुघड़ता या गरिमा के बिना भी प्रेम और संबंध हासिल होना आध्यात्मिक गारंटी हैं। जबकि स्त्री-लोक—हमारे सैलून के चक्करों और गुणों के बावजूद—को यह सोचने के लिए निर्देशित किया गया है कि प्रेम और संबंध प्रतिस्पर्धात्मक संघर्ष से भरी तलाश हैं। क्रियान्वयन की विद्यार्थी के तौर पर मुझे हमेशा विश्वास और चिंताओं का यह सांस्कृतिक प्रसार आकर्षक लगा है। हालांकि, महज़ यह कह देना ठीक नहीं है कि महिलाओं के विपरीत कुलीन पुरुष हक़दारी और पितृसत्ता के कारण आसानी से प्रेम पाने की अपेक्षा करते हैं। हमारी सामाजिक संरचना का उल्लेखनीय पहलू यह है कि कैसे हम पुरुष हक़दारी और पितृसत्ता को मज़बूत करते रहते हैं, कैसे हम क़ानून और समय के साथ आए बेशुमार बदलावों के बावजूद पुरुषों और महिलाओं के बीच जुड़ाव की उन्हीं शर्तों को बनाए रखते हैं।

एक ऐसे देश में जहां राज्य हमें एक-दूसरे के साथ उचित व्यवहार करने के लिए, यहां तक कि शौचालय का उपयोग करने के लिए भी, मनाने को संघर्ष कर रहा है, हमने लैंगिक भूमिकाओं को सुरक्षित रखने के मामले में सोशल इंजीनियरिंग का एक परिष्कृत रूप हासिल कर लिया है। हमारे संस्थानों ने, जो ज़रूरत के वक़्त बेहद सामयिक और निष्क्रिय होते हैं, लैंगिक पहचान को मज़बूत करने में उत्कृष्ट दक्षता दर्शाई है। किसी तरह हम यह सुनिश्चित कर लेते हैं कि पुरुष और महिलाएं वही आत्मसात करें जिसकी समाज उनसे अपेक्षा करता है, और जादुई ढंग से, हममें से अधिकांश अपनी-अपनी लैंगिक पहचान और जुमलों को जीते हैं। कि पुरुषों को पैसा कमाना चाहिए और महिलाओं को प्यार कमाना चाहिए।

सांख्यिकीय बंधन

बेशक, प्यार कमाना पैसा कमाने से कहीं अधिक कठिन है। जब घरेलू कामों और देखभाल की बात आती है तो भारत में पुरुषों और सरकारी एजेंसियों से मिलने वाली मदद दुनिया में सबसे कम है। बच्चों की देखभाल करने, भविष्य के कार्यबल को पालने, और इसी के साथ बुजुर्गों की देखभाल करने का भारी बोझ भी महिलाएं अकेले उठाती हैं। प्यार हमें प्रेरित करता है कि ख़ुशी-ख़ुशी कमर-तोड़ देखभाल के काम को ओढ़ें। पर्याप्त मात्रा में घरेलू मदद उपलब्ध होने पर भी प्रेम सुनिश्चित करता है कि महिलाएं उत्साह के साथ घर को संभालें। फ़ेमिनिस्ट एक लंबे समय से कह रहे हैं कि देखभाल-प्रदाताओं के रूप में महिलाओं की अवैतनिक, अप्रशंसित भूमिका 'घरेलू दासता' का एक ऐसा रूप है जिसे स्वीकार करने के लिए हमारा समाजीकरण किया गया है। इसके साथ ही, वो यह भी मानते हैं कि महिलाएं हर तरह के कारणों से परिवार के सदस्यों और प्रियजनों की देखभाल करती हैं, जिनमें रिश्तों के भीतर अपनी स्थिति को सुदृढ़ करना, प्यार का इज़हार करना और बदले में प्यार को महसूस करना शामिल हैं। लेकिन पुरुषों से शायद ही कभी देखभाल और प्यार के चुनौतीपूर्ण हिस्सों को पूरा करने की अपेक्षा की जाती है। जैसा कि स्कॉलर और लेखक बेल हुक ने इंगित किया है, 'लैंगिक भेदभाव ने भावनात्मक देखभाल की व्यवस्था की है और प्यार करना महिलाओं का काम है और पुरुष इतना थके हुए घर आते हैं कि वो कोई भावनात्मक संबल प्रदान नहीं कर सकते।'

महिलाओं के लिए प्यार एक कठिन काम है। घरेलू कामों की कड़ी मेहनत के अलावा दूसरे लोगों की भावनाओं और ज़रूरतों का ध्यान रखने की ज़िम्मेदारी भी अपने आप ही महिलाओं को सौंप दी गई है। हमारे समाज में महिलाओं को ही विचारशीलता और सब्र दिखाना होता है, उन्हें ही संतुलन के साथ प्रतिक्रिया देनी होती है, जबकि, जैसा प्रचलित है, प्रेमवश किए श्रम को न तो मान्यता दी जाती है और न ही उचित रूप से उसका मुआवज़ा दिया जाता है। ऑफ़िस या फ़ैक्टरी में, आपको अपनी मेहनत की निराशाजनक अदृश्यता को स्वीकार करने के लिए पैसे दिए जाते हैं। प्रेम, जिसकी महिलाओं से अपेक्षा की जाती है, समान रूप से अदृश्य, गहन कार्य है जिसके लिए पारिश्रमिक का कोई भी स्पष्ट मानदंड नहीं है। प्यार को समय, कौशल और प्रयास की आवश्यकता होती है। बाहर की दुनिया में पैसा कमाना, बुरी तरह से तनावपूर्ण होते हुए भी, कहीं अधिक सीधा-सपाट है।

भारत की अर्थव्यवस्था की इमारत पुरुषों द्वारा अर्जित धन और व्यापार पर खड़ी है जिसे महिलाओं द्वारा प्रदत्त अदृश्य प्रेम और अवैतनिक देखभाल बांधे रखती

है। 2017 की वर्ल्ड इकोनॉमिक फ़ोरम की रिपोर्ट में पाया गया था कि छियासठ प्रतिशत भारतीय महिलाओं का श्रम अवैतनिक रहता है। केवल बारह प्रतिशत पुरुषों का श्रम अवैतनिक था। ऑक्सफ़ैम ने पाया है कि भारतीय महिलाएं प्रति दिन 3.26 अरब घंटे अवैतनिक देखभाल का काम करती हैं, जो कि अनुमानतः भारतीय अर्थव्यवस्था में लगभग 19 ट्रिलियन रुपए का योगदान है। 2017 में, पंद्रह वर्ष और उससे अधिक उम्र की लगभग दस में से छह भारतीय महिलाओं ने अपना सारा समय पूरी तरह से अवैतनिक घरेलू कामों में बिताया। इसके विपरीत, पंद्रह वर्ष और उससे अधिक आयु के दस में से सात पुरुष कार्यरत थे या सक्रिय रूप से रोज़गार की तलाश में थे। शिक्षित महिलाओं की संख्या में तीव्र बढ़ोतरी के बावजूद श्रम का यह वितरण पिछले दो दशकों से एक सा रहा है। 2004 से 2011 के बीच भारत की अर्थव्यवस्था में औसतन सात प्रतिशत की वृद्धि हुई, मगर श्रम बल में महिलाओं की हिस्सेदारी गिरकर 32.6 प्रतिशत रह गई, और 2011 से 2017 के बीच यह और ज़्यादा गिरकर 23.3 प्रतिशत के ऐतिहासिक निचले स्तर पर पहुंच गई।

2017 में, पंद्रह से उनतीस वर्ष की आयु के शहरी युवाओं में पुरुषों के 18.7 प्रतिशत की तुलना में महिलाओं ने 27.2 प्रतिशत पर स्वतंत्र भारत की सबसे अधिक बेरोज़गारी दर दर्ज की। *इकोनॉमिक एंड पॉलिटिकल वीकली* (ईपीडब्ल्यू) में भारत की उच्च बेरोज़गारी दर पर टिप्पणी करते हुए दो अग्रणी श्रम अर्थशास्त्रियों ने कहा कि 'आय के संदर्भ में नौकरी खोने में बढ़ोतरी ने पुरुषों को नहीं, केवल महिलाओं को प्रभावित किया है।' हालांकि 2018 के सरकारी श्रम सर्वेक्षण ने महिला-रोज़गार हिस्सेदारी में और गिरावट न होने की रिपोर्ट करके थोड़ी सी राहत दिखाई थी, मगर महामारी ने भारतीय कार्यबल को और अधिक पुरुष-केंद्रित ही बना दिया है, ख़ासकर शहरों में। सरकार के त्रैमासिक पीरियोडिक लेबर फ़ोर्स सर्वे के अनुसार, भारत के राष्ट्रीय लॉकडाउन की अवधि में, अप्रैल से जून 2020 के बीच, पंद्रह वर्ष से अधिक आयु के लगभग सत्तावन प्रतिशत शहरी पुरुष कार्यरत थे। शहरी महिलाओं के लिए यही हिस्सेदारी 15.5 प्रतिशत थी। सैंटर फ़ॉर मॉनीटरिंग इंडियन इकोनॉमी (सीएमआईई) द्वारा एकत्र किए गए राष्ट्रव्यापी सर्वेक्षण डाटा का उपयोग करते हुए अज़ीम प्रेमजी यूनिवर्सिटी के अर्थशास्त्रियों द्वारा प्रकाशित एक रिपोर्ट के अनुसार 2020 के अंत तक नब्बे प्रतिशत पुरुष कर्मचारी, जिनके पास दिसंबर 2019 में महामारी शुरू होने से पहले की अवधि में नौकरी थी, किसी न किसी तरह का रोज़गार पाने में सक्षम हो गए थे, जबकि सात प्रतिशत लोग वापस आने में असमर्थ रहे। महामारी से पहले नौकरी करने वाली महिलाओं में, 2020 में अप्रैल से दिसंबर के बीच केवल तैंतालीस प्रतिशत काम करना जारी रखने में

सक्षम रहीं, जबकि लगभग आधी महिलाएं कभी भी वैतनिक काम पर नहीं लौटीं। इसका निहितार्थ यह है कि महामारी की पहली लहर के बाद दस में से पांच कामकाजी महिलाओं ने अपना रोज़गार खो दिया। जहां कोविड-19 के संकट ने अनेक भारतीय पुरुषों को अच्छी नौकरियों से अनिश्चितता भरे स्वरोज़गार की ओर धकेल दिया, वहीं महिलाएं बस कार्यबल से बाहर हो गईं।

इन तथ्यों को भली-भांति दर्ज और प्रचारित किया गया है। लेकिन किसी वजह से उनके निहितार्थ पूरी तरह से आत्मसात नहीं किए गए। 'आहत भावनाओं' वाले गणतंत्र में जहां हानिरहित वेब सीरीज़, ट्वीट्स, स्टैंड-अप कॉमेडी कार्यक्रम या खानपान की संस्कृति से क़ानूनी झमेले और सार्वजनिक विरोध शुरू हो जाते हैं, वहां महिलाओं को कार्यबल से हटाए जाने को लेकर शायद ही कोई जन-आक्रोश है। उच्चवर्गीय पुरुष अंतरराष्ट्रीय और भारतीय समाचार मीडिया में महिला रोज़गार के दुखद स्तरों, और पुरुषों और महिलाओं के बीच आर्थिक असंतुलन पर अफ़सोस जताने वाले लेख पढ़ेंगे। फिर वो 'बारीकियां' निकालकर डाटा का ज़ोर-शोर से प्रतिवाद करेंगे और दावा करेंगे कि 'हालात कहीं ज़्यादा जटिल हैं, मैं आपको ज़मीनी हक़ीक़त समझाता हूं।' 'ज़मीनी हक़ीक़त वाले अंकलों' के साथ महिला-रोज़गार के आंकड़ों पर बात करना दिल्ली के सामाजिक आयोजनों में मेरा पसंदीदा शग़ल बन गया है। यह मेरी एकमात्र पार्टी तरकीब है: उन लोगों से कहने के लिए मेरे पास ज़्यादा कुछ नहीं है जो ग्राफ़ या संख्याओं को नहीं समझते।

महामारी के हमें दूसरे लोगों की कंपनी से दूर होने के लिए मजबूर करने से पहले 2020 में मैं एक पार्टी में गई थी, वहां मैंने भारतीय इतिहास के एक लोकप्रिय इतिहासकार को भारत के रोज़गार-परिदृश्य में लैंगिक अंतराल पर सबूतों के साथ प्रभावित करने की कोशिश की। ज़मीनी हक़ीक़त वाले अंकल के विपरीत, इतिहासकार प्रश्नों की झड़ी के साथ तथ्यों पर बहस करने लगे। यह डाटा कहां से आया है? 'भारत सरकार के नेशनल सैंपल सर्वे या एनएसएस से,' मैंने जवाब दिया।

'क्या यह विश्वसनीय है?' उन्होंने आगे पूछा। लोगों के अनुभवों को आंकड़ों में लुप्त करने की कोशिश की ज्ञानपूर्ण बहादुरी को स्वीकार करते हुए मैंने फिर भी समझाया कि डाटा एक शक्तिशाली संकेत देता है कि कैसे आर्थिक अवसर लिंग, स्थानों और सामाजिक दरारों में वितरित किए जाते हैं। एक प्रिय पत्रकार मित्र भी हमारे साथ जुड़ गए। उन्होंने बताया कि जो लोग भारतीय अर्थव्यवस्था पर नज़र रखते हैं, वो इन आंकड़ों के जारी होने की प्रतीक्षा कर रहे थे: 'वो भारतीय श्रम परिदृश्य पर सबसे अच्छा दीर्घकालिक दृष्टिकोण प्रदान करते हैं। यहां तक कि 2017 के परिणामों के जारी होने में देरी को अंततः मीडिया के लीक करने

और सरकार के शीर्ष सांख्यिकीविदों द्वारा औपचारिक इस्तीफ़े से रोका गया था,' उन्होंने जोड़ा।

हमने भारत के श्रम सर्वेक्षणों के इतिहास पर बात की। यह सोचकर कि क्या औपचारिक तनख़्वाह पाने वाले उच्च वर्ग के व्यावसायियों को ही 'रोज़गार-प्राप्त' माना जाता है, इतिहासकार इस बात को लेकर उत्सुक थे कि यह जानकारी कैसे एकत्र की जाती है। 'और मेरी नौकरानी का क्या? क्या उसे गिना गया है?' उन्होंने पूछा और यह महसूस करके झेंप गए कि यह प्रश्न कितना टिपिकल था।

फिल्म निर्माताओं की तरह ही, सांख्यिकीविदों ने भी भारतीय जीवन की जटिलता को दर्शाने के लिए संघर्ष किया है। लेकिन सांख्यिकीविदों के समुदाय को कल्पना या पलायनवाद में कोई दिलचस्पी नहीं है। 1970 में, बेरोज़गारी अनुमानों पर विशेषज्ञों की समिति ने योजना आयोग को एक रिपोर्ट दी थी जिसमें उसका आकलन था: 'हमारी जटिल अर्थव्यवस्था में श्रम बल, रोज़गार और बेरोज़गारी की स्थिति इतनी बहुजातीय है कि एक-आयामी परिमाणों में समूहन को उचित नहीं ठहराया जा सकता।' विशेषज्ञ समिति की सिफ़ारिशों पर सितंबर 1972 से अक्टूबर 1973 के बीच भारत का पहला रोज़गार सर्वेक्षण किया गया। तब से, सरकार के सांख्यिकीय तंत्र ने लगातार कमोबेश समान पद्धति से हर पांच साल में रोज़गार सर्वेक्षण किया है। 1970 की रिपोर्ट की विचारधारा पर चलते हुए सर्वेक्षण की प्रश्नावलियां प्रत्येक भारतीय राज्य के एक बड़े और सांख्यिकीय रूप से प्रतिनिधि क्षेत्र में विस्तृत जानकारी एकत्र करती हैं। सर्वेक्षणकर्ता चुने हुए घरों में जाकर यह नहीं पूछते हैं कि परिवार के सदस्य काम करते हैं या नहीं। इसके बजाय, वो उन सभी वैतनिक और अवैतनिक गतिविधियों को रिकॉर्ड करने का प्रयास करते हैं जिनमें प्रत्येक व्यक्ति पिछले वर्ष, सप्ताह और दिन में शामिल रहा है। इस गतिविधि की जानकारी की तुलना की जाती है और उन कार्यों की पहचान करने के लिए इसका उपयोग किया जाता है जिनमें किसी व्यक्ति का अधिकांश समय और प्रयास लगता है। इसका उद्देश्य यह सुनिश्चित करना है कि विविध व्यवसाय, पार्टटाइम कर्मचारी और भारतीय रोज़गार की दुनिया की विभिन्न बारीकियां डाटा में दिखाई दें।

आंकड़ों पर सांख्यिकीविदों से ज़्यादा संदेह किसी को नहीं होता। वो हमें उन सांख्यिकीय बाधाओं के बारे में चेतावनी देते हैं जो रोज़गार सर्वेक्षण भारतीयों के अस्थिर और बहुस्तरीय श्रम पर थोपते हैं। इस तरह की चिंताओं को देखते हुए एक्टिविस्ट्स और सांख्यिकीविदों ने अनेक वर्ष सहयोग करके यह सुनिश्चित किया है कि महिलाओं के काम की अनौपचारिक और अंतराल युक्त प्रकृति को बेहतर

ढंग से दर्ज किया जाए। नतीजतन, मैंने इतिहासकार को बताया कि सरकारी सर्वेक्षण में प्रयुक्त होने वाली 'रोज़गार' की धारणा को व्यापक और समावेशी बनाने की कोशिश की जाती है, जो फुल-टाइम नियमित वेतनभोगी श्रमिकों से बहुत आगे जाकर दिहाड़ी मज़दूरों, स्वरोज़गार करने वालों और पार्टटाइम कर्मचारियों को शामिल करती है। बिना लिखित अनुबंध या औपचारिक कार्य व्यवस्था वाले लोगों को भी कर्मचारियों के रूप में मान्यता दी जाती है। पारिवारिक उद्यमों में मदद करने वालों को भी कामकाजी आबादी का हिस्सा माना जाता है। 'आपकी पार्ट-टाइम घरेलू सहायिका या लोकल रेहड़ी वाले को भी शामिल किया गया है और उन्हें बारोज़गार के रूप में वर्गीकृत किया गया है। साल के बस कुछ महीनों में अपने घरों में ट्यूशन पढ़ाने वाली महिलाओं को भी इस व्यापक परिभाषा में शामिल किया जाता है,' मैंने स्पष्ट किया।

तो, ये रोज़गार अनुमान हमें क्या बताते हैं? जनवरी 2018 तक, भारत के 77 प्रतिशत कर्मचारी पुरुष थे। सैंटर फ़ॉर मॉनीटरिंग इंडियन इकोनॉमी (सीएमआईई) द्वारा किए गए एक हालिया सर्वेक्षण में पाया गया है कि 2019 में कार्यबल में महिलाओं की संख्या केवल 10.7 प्रतिशत थी। पिछले पच्चीस वर्ष में, ग्रामीण श्रम बल में पुरुषों और महिलाओं के बीच की खाई बेतहाशा बढ़ी है। भारत के कार्यबल में शहरी पुरुषों और महिलाओं की हिस्सेदारी में अंतर लगातार व्यापक बना रहा है। इतिहासकार का फ़ोकस हमारे आसपास के शहरी रोज़गार की डायनेमिक्स को उजागर करने पर केंद्रित था। 2004 से 2017 के बीच, शहरी भारत में 14.9 मिलियन नए कर्मचारी अर्थव्यवस्था में शामिल हुए। इनमें केवल 2.9 मिलियन महिलाएं थीं। अगर हम शहरी रोज़गार के आंकड़ों को आयु, जाति, स्थान, शिक्षा या धन के आधार पर बांटें, तो लैंगिक अंतर अच्छा-ख़ासा रहता है। भारत में विवाह और बच्चों का लालन-पालन महिलाओं को सवैतनिक नौकरी करने या उसमें बने रहने से रोकता है। 1993 की तरह ही 2017 में भी तीस से चौंतीस वर्ष की आयु की लगभग इकहत्तर प्रतिशत शहरी भारतीय महिलाएं पूरी तरह से अवैतनिक घरेलू कामों में लगी हुई थीं। पच्चीस से उनतीस वर्ष की आयु की शहरी महिलाओं में भी लगभग सत्तर प्रतिशत (69.4) पूरी तरह से घरेलू कर्तव्यों को निभा रही थीं। ये महिलाएं 'बेरोज़गार' नहीं थीं; वो या तो घर के कामों में बहुत व्यस्त थीं या उन्होंने सवेतन रोज़गार खोजने की कोशिश करना छोड़ दिया था।

'और सुशिक्षित और उच्चवर्गीय महिलाएं? वो तो काम कर रही होंगी,' इतिहासकार ने अपने लिए एक और ड्रिंक बनाते हुए पलटवार किया। समान

रूप से अविश्वास से भरे पार्टी के दूसरे मेहमानों के साथ कई बार हो चुकी इस बातचीत को सुन चुके मेरे पत्रकार मित्र चुपके से खिसक लिए थे।

मैंने बताया कि भारत की सबसे धनी शहरी महिलाओं में एक चौथाई से भी कम आय के लिए काम करती हैं। पोस्टग्रेजुएट डिग्री वाली महिलाओं के नौकरी में होने की संभावना सबसे अधिक होती है। मगर नौकरी करने वाले पोस्टग्रेजुएट पुरुषों का प्रतिशत समान डिग्री वाली महिलाओं की तुलना में लगभग दोगुना है। 'क्या दक्षिण भारत में यह बेहतर है?' उन्होंने पूछा।

'हां,' मैंने जवाब दिया। 'नौकरीपेशा लोगों की यह खाई उत्तरी राज्यों में गहरी हो जाती है। हालांकि अधिक प्रगतिशील दक्षिणी राज्यों में भी ये अंतर मौजूद हैं। उदाहरण के लिए, तमिलनाडु में 46.3 प्रतिशत महिलाओं की तुलना में पोस्टग्रेजुएट डिग्री वाले लगभग 83 प्रतिशत शहरी पुरुष कार्यबल में थे।'

तल्लीन श्रोता मिलने पर मैंने और विस्तार से बताया। मैंने कहा, 'अगर मैं 2017 के आंकड़ों को सीमित करके ख़ासतौर से पंद्रह से उनसठ साल के बीच की शहरी आबादी पर फ़ोकस करूं, जिससे हमें बच्चों और बुजुर्गों को गिनने से बचने में मदद मिलती है, तो 74.2 प्रतिशत पुरुष कार्यरत थे। महिलाओं के लिए यही अनुमान 19.8 प्रतिशत है। उन राज्यों में भी, जैसे सिक्किम और आंध्र प्रदेश, जहां रोज़गार में महिलाओं की सबसे ज़्यादा हिस्सेदारी कही जाती है, एक तिहाई से भी कम शहरी महिलाएं स्वतंत्र आय के लिए काम करती हैं।'

'और भारत के सबसे बड़े शहरों में? मेट्रोपॉलिटन भारत में कितनी महिलाएं नियमित वेतन पाती हैं?'

बहुत कम, मैंने अपने मुख़ातिब से कहा, जिनके कंधे अब तक शिथिल हो चुके थे। नियमित वेतन की नौकरियों में महिलाओं की सबसे अधिक हिस्सेदारी वाले दो शहर रायपुर और कोयंबटूर हैं। रायपुर पर मैं असमंजस में पड़ जाती हूं। कोयंबटूर को समझना आसान है, भारत के सबसे बड़े वस्त्र-उद्योग क्षेत्रों में से एक, और मेरे दिल के बहुत क़रीब, यह देश के उन तीन शहरों में से एक है जिन्हें शाहरुख़ और सलमान से ज़्यादा बार गूगल पर खोजा गया है।

दिल्ली, बेंगलुरु, कोलकाता और मुंबई के फ़ैशनेबुल शहरों में वेतनभोगी नौकरियों में पुरुषों और महिलाओं के बीच भारी अंतर है। व्यस्त ग्रेटर मुंबई नगरपालिका क्षेत्र में, जिसमें कोलाबा के पॉश शहरी और बांद्रा-जुहू के ख़ूबसूरत ग्लूटेन-फ़्री लोग शामिल हैं, मात्र 15.4 प्रतिशत महिलाएं नियमित वेतनभोगी नौकरी करती हैं। 40.4 प्रतिशत स्थायी, वेतनभोगी रोज़गार के साथ ग्रेटर मुंबई के पुरुष

बेहतर प्रदर्शन करते हैं। यदि मैं विश्लेषण का दायरा बढ़ाकर दिहाड़ी कामगार, स्व-रोज़गार में लगे लोगों और नौकरी की तलाश करने वालों को शामिल करूं, तो भी शहरों में पुरुषों और महिलाओं के बीच बहुत बड़ा अंतर रहता है। उदाहरण के लिए, बेंगलुरु में अपने तीन-चौथाई से अधिक पुरुष समकक्षों की तुलना में केवल 22.2 प्रतिशत महिलाएं श्रम बल में हैं। और वर्ग, जाति और शिक्षा के प्रत्येक वर्ग में शहरी पुरुष शहरी महिलाओं की तुलना में कमाते भी अधिक हैं।

जब मैं इन आंकड़ों के बारे में बात कर रही थी, तो इतिहासकार और मेरे साथ दिल्ली के एक जोशीले महारथी भी आ जुड़े, जो 'नीति-निर्माण में काम करने वाले' चतुर लोगों के गुट के सदस्य थे। अपनी ख़ुद की क्षमताओं पर लट्टू, खुले आत्म-प्रचार के कारण उबाऊ ये लोग अपना समय सामाजिक समारोहों में अपनी हालिया ट्विटर बहसों की चीरफाड़ करते हुए और केवल उन लोगों को सुनने पर ख़र्च करते हैं जिन्हें वो शक्तिशाली मानते हैं। उनके सीवी उनका व्यक्तित्व बन जाते हैं। पूरी तरह आश्वस्त कि वो भारत को उन लोगों के विचारों से बचाएंगे जिनके पास डॉक्टरेट की डिग्री नहीं है, और शिक्षा प्रणाली एवं अपनी मांओं से ढेरों दुलार पाकर उन्हें अपनी आवाज़ों से कुछ ज़्यादा ही प्यार हो जाता है। मुझे बेझिझक मान लेना चाहिए कि मैंने जिस तरह उसका ब्योरा दिया था इस महारथी ने शायद मुझे *ठीक* उसी तरह देखा था—एक और कठोर आत्मलीन किताबी कीड़ा। महारथी ने विषय बदलने की कोशिश की, लेकिन कोई फ़ायदा नहीं हुआ। वो इस बात से नाख़ुश था कि इतिहासकार उसके साथ किसी और कोने में चलने को तैयार नहीं हुए, वो यह समझने में असमर्थ था कि कोई दिल्ली के किसी ड्राइंगरूम में एक ऐसी महिला से क्यों बात करना चाहेगा जिसका कोई रसूख़ नहीं है। अब बेचारा महारथी हमारे साथ जुड़ने के लिए मजबूर हो गया। वो फूहड़पन से मुझे यह बताते हुए हमारी बातचीत में शामिल हुआ कि अगले दिन वो मेरे बॉस के साथ लंच करने वाला है। मुझे पता था कि यह झूठ है, क्योंकि मेरे बॉस ढाका में थे और मैंने उनसे एक घंटे पहले ही बात की थी। महारथी ने नौकरियों के आंकड़ों पर तो विश्वास किया लेकिन उसका कहना था कि शायद महिलाएं काम करना ही नहीं चाहती होंगी।

इतिहासकार ने गंभीरता से कहा: 'डॉक्टरेट कार्यक्रमों में मेरे पास जो महत्वाकांक्षी भारतीय छात्र आते हैं, उनमें अधिकांश महिलाएं होती हैं। वो मीडिया पर भी हावी हैं।' हम आधा घंटा और समस्या के विभिन्न कारणों पर चर्चा करते रहे। एक विदेशी समाचार प्रकाशन के एक महत्वपूर्ण संपादक को देखकर महारथी तो दस मिनट में ही चलता बना था।

भारत के महाद्वीपीय आकार और विविधता को देखते हुए महत्वाकांक्षी और पेशेवर रूप से सफल महिलाओं से भरे एक सूक्ष्म परिवेश में रहना पूरी तरह से मुमकिन है, जो न्यूयॉर्क जैसा महसूस होता है, यह जाने बिना कि ये स्थान कितने छोटे और सांख्यिकीय रूप से नगण्य हैं। आप कल्पना नहीं कर सकते कि भारत के सबसे उच्चवर्गीय या दूरस्थ हिस्सों में किसी ने कितनी बार कहा होगा कि टीवी या रेडियो पर महिलाओं की लगातार उपस्थिति से पता चलता है कि भारतीय महिलाएं सशक्त और मज़बूत हुई हैं, कि हमें आशान्वित होना चाहिए। भारत में मीडिया यक़ीनन महिलाओं की जगह जैसा लगता है। हालाकि ये छोटे-छोटे एन्क्लेव हैं, जो वर्तमान में ख़राब अर्थव्यवस्था और महामारी की मेहरबानी से कम होते जा रहे हैं। 2017 का सरकारी रोज़गार सर्वेक्षण हमें बताता है कि मीडिया में सर्वव्यापी महिला चेहरे—बिलबोर्ड मॉडल, पत्रकार, लेखक, संगीतकार, रचनात्मक व्यवसायी, परफ़ॉर्मिंग कलाकार और खिलाड़ी—शहरी भारत की कामकाजी महिलाओं का लगभग 0.5 प्रतिशत हैं।

मैंने इतिहासकार को ज़मीनी हक़ीक़त वाले अंकलों के बारे में बताया, जिन्होंने भारत में महिला-रोज़गार संकट को ही नकार दिया था। हमने हैरानी जताई कि क्या वो ख़ुद को गिरती महिला रोज़गार संख्या में लिप्त महसूस करते हैं। अम्बेडकर के काम का हवाला देते हुए फ़ेमिनिस्ट तर्क देते हैं कि सबसे मज़बूत बुनियादी ढांचे और सर्वोत्तम सुधारों के बावजूद, जो परिवार धन के लिए पूरी तरह से केवल पुरुषों के भरोसे रह सकते हैं, वो अपनी यौन शुद्धता की रक्षा करने के जुनून के कारण नौकरियों तक महिलाओं की पहुंच को रोकना जारी रखेंगे। 2016 में, सैंटर फ़ॉर द स्टडी ऑफ़ डेवलपिंग सोसाइटीज़ (सीएसडीएस) द्वारा पंद्रह से चौंतीस वर्ष की आयु के भारतीयों के बीच किए गए एक सर्वेक्षण में पाया गया कि उनमें से चौरासी प्रतिशत विवाह अरेंज्ड थे। इनमें दस में से नौ शादियां अपनी ही जाति में हुई थीं। रिसर्च इंस्टीट्यूट ऑफ़ कंपैशनेट इकोनॉमिक्स के विद्वानों द्वारा किए गए एक अन्य सर्वेक्षण के अनुसार, जिसके परिणाम जनवरी 2018 में ईपीडब्ल्यू में प्रकाशित हुए थे, ग्रामीण राजस्थान में लगभग साठ प्रतिशत और दिल्ली में चालीस प्रतिशत ग़ैर-दलितों ने सजातीय विवाहों की रक्षा करने के लिए अंतरजातीय विवाहों के ख़िलाफ़ क़ानून बनाने का समर्थन किया। यहां तक कि 2021 में भी, सामाजिक व्यवहारों पर एक भली-भांति निर्मित प्यू सर्वेक्षण में पाया गया कि सभी भारतीयों में साठ प्रतिशत से अधिक यह सुनिश्चित करना चाहते हैं कि महिलाएं अपने संबंधित जाति समूहों के बाहर शादी न करें। इस तरह के आंकड़ों के आधार पर एक्टिविस्ट तर्क करते हैं कि जाति और पितृसत्ता का गठजोड़ हैं। वो इस तथ्य को रेखांकित करते

हैं कि किस तरह परिवार अपने जातीय नेटवर्क की शुद्धता बनाए रखने के लिए महिलाओं के शरीर और उनकी गतिशीलता पर नियंत्रण रखना चाहते हैं। इस तरह के नियंत्रण महिलाओं के रोज़गार अवसरों के न्यूनतम होने का एक प्रमुख कारण हैं; उनका अल्टीमेट लक्ष्य वर्जित समुदायों से बॉयफ्रेंड बनाने या कार्यस्थलीय प्रेम की किसी भी संभावना को कम करना है।

वास्तव में, भारत में महिला रोज़गार में गिरावट पर प्रकाश डालने वाला एक प्रमुख सिद्धांत इस बात पर केंद्रित है कि कैसे आर्थिक विकास ने लाखों परिवारों के लिए यह मुमकिन बना दिया है महिलाओं को वैतनिक नौकरियों से हटाकर रूढ़िवादी मूल्यों का पालन करें। समाजशास्त्री इसे 'संस्कृतीकरण' प्रभाव कहते हैं। ज़्यादा आमदनी परिवार के सदस्यों को शुद्धतावादी उच्च-जातीय सामाजिक अनुष्ठानों को करने का अवसर देती है, जिनमें घर के भीतर महिलाओं के शारीरिक सम्मान की कड़ी सुरक्षा की जाती है। जैसे-जैसे आमदनी बढ़ती है, परिवारों को आर्थिक रूप से समर्थ बने रहने के लिए अधिक सदस्यों के काम करने की आवश्यकता नहीं रहती और महिलाओं को बाहर काम करने से हतोत्साहित किया जाने लगता है। इस तथ्य ने भारत को मध्यम-आय वाला ऐसा एकमात्र देश बनने में मदद की है, जहां तेज़ी से हुआ आर्थिक विकास और ग़रीबी में कमी आने का दौर और अधिक महिलाओं के घर से बाहर काम करने में फलीभूत नहीं हुआ है।

संस्कृतीकरण का एक और प्रभाव यह है कि ऐतिहासिक रूप से वंचित जातियों के आर्थिक स्तर में सुधारों से भी इन समूहों में महिला-रोज़गार के अवसरों में सुधार नहीं आया है। हालांकि अन्य पिछड़ी जातियों (ओबीसी) ने और अनुसूचित जातियों (एससी) के कुछ वर्गों ने पिछले तीन दशकों में आर्थिक बढ़त हासिल की है, मगर इन समुदायों के भीतर पुरुषों और महिलाओं के बीच रोज़गार का अंतर केवल बढ़ा ही है। पिछले पंद्रह वर्ष में ओबीसी या एससी पुरुषों में आधे हमेशा कार्यरत रहे हैं। इसी अवधि में इन समूहों में महिला रोज़गार दर आधी रह गई है। समाजशास्त्री मानते हैं कि ये अंतराल न केवल भेदभाव के कारण हैं, बल्कि इसलिए भी हैं कि ये समुदाय ऊंची जातियों के शुद्धतावादी तौर-तरीक़ों की नक़ल करना चाहते हैं, जिनमें महिला रोज़गार सबसे कम है। अनेक यह भी कहते हैं कि आय बढ़ने के साथ ही कामकाजी वर्ग की महिलाएं भी अपनी मर्ज़ी से घर से बाहर जाकर नौकरी न करके ख़ुश हैं। रोज़गार छोड़ने से महिलाओं को यह सुविधा मिलती है कि वो लचीले ढंग से—अपने बच्चों की परवरिश करने, ज़रूरत पड़ने पर पारिवारिक उद्यमों में तदर्थ अवैतनिक सेवाएं देने और थोड़े से ख़ाली समय का आनंद लेने के बीच—अपनी ऊर्जा को बांट सकें।

क्या शहरी रोज़गार में निरंतर जारी असमानता ज़मीनी हक़ीक़त वाले अंकलों की वजह से है? शुद्धता के प्रदर्शन से है? या वजह उन नौकरियों में कमी आना है जो ऐतिहासिक रूप से महिलाओं को रोज़गार देती थीं? शायद महिलाएं घर पर अधिक संतुष्टि पाती हैं? या अगर वो कैरियर बनाती हैं तो वो प्यार खोने का जोखिम उठाती हैं? क्या यह महिलाओं के आर्थिक मुद्दों के लिए महज़ राजनीतिक उत्साह की कमी है? हालांकि जाति-आधारित राजनीति भारतीय चुनावी परिदृश्य पर हावी हो गई है, मगर फ़ेमिनिस्ट इस बात को रेखांकित करते हैं कि कैसे महिलाओं को सशक्त बनाने के लिए दिए जाने वाले राजनीतिक भाषण अक्सर 'उसी पितृसत्ता में रचे-बसे होते हैं जिससे लड़ने का वो दावा करते हैं।' यह निराशाजनक और घिसी-पिटी बात है, लेकिन भारत जैसे विविधतापूर्ण देश में ये सभी बातें एक साथ ही मज़बूत और अपर्याप्त स्पष्टीकरण हैं।

यह हमेशा से स्पष्ट रहा है कि इन आंकड़ों की कोई भी बात भारतीय अभिजात वर्ग को निश्चय ही शर्मिंदा कर देती है, जो ख़ुद को आधुनिक आत्मनिर्भर महिलाओं वाले एक आधुनिक देश के आधुनिक सदस्य के रूप में पेश करना पसंद करते हैं। लेकिन सर्द ठोस सबूत हमें देश में पुरुषों और महिलाओं के बीच आर्थिक अवसरों में शर्मनाक असमानता दिखाते हैं। लड़कियों की शैक्षिक उपलब्धियों में तेज़ी से बढ़ोतरी और प्रजनन में गिरावट के बावजूद, आर्थिक भागीदारी और अवसरों में लैंगिक अंतर पर वर्ल्ड इकोनॉमिक फ़ोरम की 2020 की रिपोर्ट ने भारत को पाकिस्तान, सीरिया, यमन और इराक़ के साथ दुनिया के सबसे निचले पांच देशों में रखा है।

यह ज़रूरी नहीं है कि सभी महिलाएं नौकरी तलाशें ही। हालांकि विभिन्न अध्ययन दर्शाते हैं कि 'घरेलू कामों' में लगी अनेक युवा महिलाएं अपने दम पर पैसा कमाने का अवसर चाहती हैं। उनकी आकांक्षाओं को मानदंड और विद्वेषपूर्ण सार्वजनिक स्थान कम कर देते हैं। कम वेतन और अनिश्चित अनुबंधों वाली नौकरियां भी नई एकजुटताओं और व्यक्तित्वों को उभार सकती हैं। काम घर के बाहर नए स्थानों और संपर्कों को खोलता है। हम किसी ऐसे व्यक्ति से प्रभावित हो सकते हैं जिससे हम काम के माध्यम से मिलते हैं; जैसे हम काम पर होते हैं अपने उस रूप से हमें प्यार हो सकता है; जब हम कहीं और प्यार नहीं पाते तो अपने काम से जुड़े रह सकते हैं। मौज-मस्ती, सुकून या अर्थ के लिए कार्यस्थल पर रिश्तों का रुख़ किया जा सकता है। हम नौकरशाह-बेटी, कढ़ाईकर्ता-मां या संगीतकार-पत्नी बन सकते हैं। पुरुष कहीं अधिक आसानी से ऐसे विविधतापूर्ण और संयुक्त व्यक्तित्वों तक पहुंच जाते हैं। जो महिलाएं

व्यावसायिक पहचान बनाना चाहती हैं, जो मातृत्व का या परिवारों के भीतर स्नेहपूर्ण कामों का या फुल-टाइम देखरेख-कर्ता बनने का आनंद नहीं लेतीं, वो भारत में आमतौर पर कष्ट पाती हैं। आदर्श रूप से शादी और देखभाल करने के ज़रिए हासिल प्रेम भारतीय महिला की ज़िंदगी में बुनियादी चीज़ है।

'कोई हैरानी नहीं, भारतीय महिलाओं का एक बहुत छोटा वर्ग स्वतंत्र आय अर्जित करता है। पुरुषों के आजीविका कमाने के साथ देखभाल-कर्ता के रूप में महिलाओं की प्रमुख भूमिका भारत के शहरी रोज़गार परिदृश्य की एक स्थायी विशिष्टता है,' मैंने तर्क दिया, तभी महारथी फिर से हमारे साथ आ जुड़ा और मुझसे बोला 'भाषण देना बंद करो।' वो मुस्कुराते हुए इतिहासकार की ओर पलटा और कहने लगा, 'डाटा उतना भी दिलचस्प नहीं है।'

लुटियंस लैबोरेटरी

सामाजिक-आर्थिक मंच पुरुषों के पक्ष में स्थापित होने के साथ ही वंश, संपत्ति और क्षमताओं वाले पुरुष विवाह बाज़ार में अपने तुलनात्मक लाभ को समझ लेते हैं और इस तरह शक्ति का प्रयोग करते हैं। और इस लाभ के भीतर ही कहीं पुरुष में देवत्व आरोपण, और सुरक्षात्मक पालन-पोषण एवं विशेषाधिकारों से निर्मित और पोषित, एक दमनकारी पिता और एक स्नेही मां द्वारा दाग़दार, संस्कृति द्वारा समर्थित, आसानी से आहत होने वाले और टूट पड़ने को आतुर एक शिशु पुरुष के अहंकार के निर्माण और उसके संरक्षण के बीज निहित होते हैं।

बेशक, प्रेम और पुरुषत्व पर मेरे सभी सिद्धांतों का इम्तेहान 'उस एक' द्वारा प्रस्तुत प्रेम की प्रयोगशालाओं में हुआ था। हम 2012 में एक पार्टी में मिले थे। दिल्ली में डेटिंग ऐप्स पर आप 'उस एक' जैसे पुरुषों से शायद ही कभी मिलें। यदि आपकी प्रोफ़ाइल आकर्षकता के फ़ॉर्मूले में फ़िट बैठती है, तो हो सकता है आपको उनके दूर के ग़रीब रिश्तेदार मिल जाएं, जो बुरे दौर में फंस गए हैं। 'उस एक' और उसके जैसे लोगों के उलट, इन ग़रीब जागीरदारों के पास जिमख़ाने की सदस्यता, राजनीतिक संपर्क या कामयाब उद्यम नहीं होते हैं, लेकिन उनके पास बंदूक़ें, बिखरती जागीरें, अनियमित आय और निराशा एवं क़र्ज़ के पहाड़ होते हैं। आपने उन्हें अपनी कार के पास से झन्नाटे से निकलते या बार में गोरी महिलाओं को घूरते देखा होगा, वो पुरुष जिनके धातुई रंग के रथों पर 'राजपूत बॉयज़' की मुहर लगी होती है। लेकिन अपनी भिन्न-भिन्न सामंती नियतियों के बावजूद, इस ज़मींदार-वर्ग के पुरुष वंशज पलायन की खोज में एकजुट प्रतीत होते हैं—इस

उम्मीद में कि गति, अधिकार का ग़ुरूर, दंभ भरी आत्म-संतुष्टि और यदा-कदा रस्मी सेक्स उस क़ीमत की भरपाई करेगा जिसे इतिहास और अर्थव्यवस्था ने उनकी मूंछ वाली मर्दानगी से वसूला है।

स्त्री-जाति से द्वेष अभिजात वर्ग का एकाधिकार नहीं है। एल्फ़ा पुरुष सभी वर्गों में पाए जाते हैं। हम सबने इन पुरुषों के हाथों पीड़ा पाई है—अशिष्ट मजनूं, मोटापे का मज़ाक़ बनाने वाले, मानसिक अत्याचारी, धौंस जमाने वाले, जो परंपरा और ख़ानदानी इज़्ज़त को सर्वोपरि रखते हैं, मगर इस सबके साथ ही वस्तु मानते हुए लोगों के साथ हो रहे बर्ताव का मज़ा लेते हैं। मैं जिन सामंती पुरुषों के हाथों से बच निकली, वो अपने जाति-समूहों की जटिलताओं और सामाजिक पायदानों पर ख़ूब मुलम्मा चढ़ाते हुए बोलते थे। लेकिन मेरे प्रेम और दिल टूटने का इन बारीकियों से कोई साबक़ा नहीं पड़ा था। मेरा प्रेम संबंध पूरी तरह से एक छोटे से सामाजिक परिवेश में बसा था।

इस तरह के आंकड़े पढ़ने की आदी होने के कारण कि कैसे देश की कुल ख़र्च करने योग्य आय का 45 प्रतिशत शीर्ष के 20 प्रतिशत भारतीय परिवारों के पास है, मैं असमानता के अर्थशास्त्र को समझ गई थी। मध्यमवर्गीय होने के हमारे दावों के बावजूद, मैं जानती थी कि आर्थिक रूप से मध्य वर्ग बड़े पैमाने पर ग्रामीण और अशिक्षित था। महज़ शहरी दिल्ली में रहने और हाई-स्कूल पास होने भर से मेरे आसपास के लगभग सभी लोग देश के शीर्ष-दो आर्थिक स्तरों में थे। लेकिन मैं यह भी जानती थी कि भारत के सबसे अमीर एक प्रतिशत ने 1982 के छह प्रतिशत से अपनी आय का इक्कीस प्रतिशत अर्जित किया है। 'वो एक' मज़ाक़ में कहता था कि वो '0.1 प्रतिशत' का हिस्सा है। वो शायद सही था। इस 0.1 प्रतिशत, कुलीनों में भी कुलीन वर्ग, की संपत्ति में दूसरे विश्व युद्ध के बाद से 1983 तक लगातार कमी आती रही थी। 1980 के दशक के मध्य से 2015 तक भारतीय आय में उनकी हिस्सेदारी बढ़कर 8 प्रतिशत पर आ गई, लगभग उसी स्तर पर जो भारत के स्वतंत्रता प्राप्त करने से पहले था।

'उस एक' के प्यार में बीते मेरे दिन-रात के दौरान धन की इस सीढ़ी की सामाजिक बुनावट मेरे सामने स्पष्ट हुई। आर्थिक फ़लक के नज़रिए से पड़ोसी होने के बावजूद एक अनदेखी लकीर इस आदमी की और मेरी दुनिया को बांट रही थी। यह बंटवारा भेदभावपूर्ण था; यह सेक्स और हंसी-ठिठोली तो करने देता था, लेकिन विश्वसनीयता और आत्मीयता को रोकता था। उसे काम के बारे में बात करना नापसंद था, वो इसे निम्न स्तर की संस्कृति मानता था। उसकी मां से लेकर उसकी पारिवारिक मित्र, ग्लैमरस, बेरोज़गार महिलाएं उसके सामाजिक

दायरे में आम आदर्श थीं जिनके लिए शादी एक बीमा कवच थी। जबकि, पुरुष प्रतिस्पर्धात्मक सरोकारों की रेलपेल थे, जो अपनी ख़ानदानी विरासतों को दांतों से दबाए लटके हुए थे। मनु के आधुनिक क़ानूनों ने दुनिया को तीन कुलों में विभाजित किया: उनका परिवार, उनके बोर्डिंग-स्कूल के दोस्त और शेष। शेष 'उस एक' के लिए लोग नहीं, बल्कि अनेक क़िस्म की भूखों को तृप्त करने का साधन थे: एक्स मज़ाक़ों के लिए, वाई साफ़ क़मीज़ों के लिए, ज़ेड सेक्स के लिए।

मैं ज़ेड 100 थी। वो दोहनकर्ता था, अपने आनंदों को हासिल करने के लिए रोज़ाना के शोषण को लेकर वो पूरी तरह सुकून से था। उसके बोर्डिंग-स्कूल के दोस्त अक्सर कहते थे कि भारतीय जाति व्यवस्था ने ऐतिहासिक रूप से नागरिक संघर्ष पर नियंत्रण रखा था, क्योंकि लोगों ने दुनिया में अपनी श्रेणियों का अंदरूनीकरण कर दिया था। यह तो उदारीकरण था जिसने सारी गड़बड़ पैदा की है, क्योंकि हर कोई ज़्यादा चाहता है। सामाजिक विभाजन की किसी भी चर्चा से इस बात पर लंबे, आडंबरी भाषण शुरू हो जाते कि मुझे कैसे 'शांत हो जाना और ज़्यादा सोचना बंद कर देना' चाहिए और यह मान लेना चाहिए कि कुछ लोग दूसरों की तुलना में बेहतर होते हैं।

'उस एक' और उसकी मित्र मंडली को बारीकी से देखते हुए, मैं जल्दी ही जान गई थी कि दिल्ली के कुलीन कुंवारे प्लेबॉयज़ के बारे में विशेष रूप से कुछ भी असाधारण नहीं था। वो दुनिया भर के आकार-प्रकार के औसत दर्जे के अहमक़ लगते थे। 'उस एक' की परवरिश ने उसे आकर्षण दिया था, ईमानदारी नहीं। और मैं बहुत ज्यादा गंभीर थी। इस बात ने मामले को और भी बिगाड़ दिया था कि मैं एक भावी अर्थशास्त्री थी जो श्रम, कल्याण और असमानता का अध्ययन कर रही थी। जब हमारे शुरुआती महीनों के शानदार सेक्स की धुंध छंटने लगी, तो मैंने देखा कि वो अपनी विशिष्ट स्थिति के बारे में कितना अनजान था, यह मानने के लिए भी अनिच्छुक कि कैसे स्टेटस ने निरंतर संतुष्टि के उसके जीवन को सहेज रखा है। दुनिया के बारे में उसके विचार जड़ थे—उसके अतीत की किसी भी जानकारी ने वर्तमान का मार्गदर्शन करने के बारे में कोई अंतर्दृष्टि प्रदान नहीं की थी। ऐसा लगता था जैसे उसके लोगों ने ख़ुद को बदलाव के विरुद्ध, किसी भी तरह के आत्मनिरीक्षण या अपने अनुभवों की जांच के विरुद्ध सिखा-पढ़ा लिया था। आत्म-आलोचना एक बीमारी थी, जिसके लिए हंसी-मज़ाक़ और नशे का वैक्सीन आवश्यक था। कोई भी सबूतों के आधार पर या बातचीत के ज़रिए अपने पूर्ववर्तियों को अपडेट करने की उत्सुकता नहीं दिखाता था। सेक्स और प्यार की बात आने पर ऐसा अंधापन विकट था। 'प्लेयर' और 'बैड बॉय' जैसे शब्दों का

महिमा मंडन किया जाता था, उस सारी पीड़ा से अलग करके जो कथित 'प्लेयर' और 'बैड बॉय' देते थे। अपने सामने प्रेमिकाओं को आंसुओं का सैलाब बनते देखते हुए भी, अतीत के उस दर्द में से कोई भी महिलाओं के प्रति अपने व्यवहार में कोई बदलाव नहीं लाया था। इस सबको 'औरतों का रोज़ का नाटक' नाम दे दिया जाता। उसे सुरक्षित करने की अपनी उम्मीदों के अनुरूप, अपने ख़ुद के प्रिविलेज की अनदेखी करते हुए मैंने उसे नाराज़ करने का जोखिम लिया और उसे उसके अतीत और जीवन में स्थान के बारे में शिक्षित करने की कोशिश की, और इस बारे में कि उसने अपने प्रेम-जीवन को कितने ग़लत ढंग से लिया है, कैसे उसकी दौलत ने उसके निजी आदान-प्रदान में मानवीय गरिमा के मूल्य को कम किया है। इस बेज़ियन बोझ को वहन करना असंभव साबित हुआ। अर्थशास्त्रियों को डाटा पर अत्याचार करना सिखाया जाता है; और मैंने खुद को ही प्रताड़ित कर लिया। इन लम्हों में, मैं बहुत ज़्यादा अनाकर्षक हो जाती थी। मैं दूर-दूर तक लुभावनी नहीं लगती थी, मैं गंभीर और कर्कश हो जाती थी।

उसके सामाजिक मेलजोल 'फ़ालतू बातें करने' की धारणा पर आधारित थे। इन शामों का हमेशा एक बंधा-बंधाया पैटर्न होता था: अंदर आने और हाइ-हैलो की झड़ी के बाद महिलाएं और पुरुष अलग-अलग बंट जाते। पुरुष अपने स्कूल या कॉलेज के दिनों की बात करते, महिलाएं स्कूल या कॉलेज में अपने बच्चों के दिन की बात करती। यात्रा, टीवी शो, कारोबारी सौदों, राजनीति, गपशप, आयाएं, स्कूल और फ़ैशन पर बुनियादी बातें लुब्रिकेंट का काम करतीं। अक्सर केयरगिवर्स, कैटरर्स और ट्रेनर्स के फ़ोन नंबर और उन पर रिव्यु का आदान-प्रदान किया जाता। महिलाओं और पुरुषों के बीच बातचीत सीमित रहती थी, अक्सर चुलबुले मज़ाक़ों के रूप में होती थी। 'वो एक' इन मौक़ों पर मेरे सामाजिक मेलजोल पर नज़र रखता था। एक बार, जब मैं उसके एक दोस्त के साथ प्रॉपर्टी की क़ीमतों की गतिशीलता पर बातचीत कर रही थी, तो वो मेरे पास आने और फुसफुसाते हुए यह कहने पर मजबूर सा हो गया, 'तुम्हें कोई ले चुका है और तुम वाक़ई इसके टाइप की नहीं हो, यह याद रखना।'

पूरी तरह आश्वस्त कि वो सबके साथ सो रहा है, मैं शायद ही गरिमा और शांति की तस्वीर थी। वो मेरी चिंता पर हंसा। 'तुम मुझे जितने अफ़ेयर्स के लायक़ मान रही हो, उनके लिए मुझसे तीन गुना शक्तिशाली आदमी चाहिए।'

हम शायद ही कभी एक जोड़े के रूप में उसके इलाक़े में साथ गए थे। लेकिन मेरे अंदर चालीस के दशक में चल रहे मानवविज्ञान के इन नमूनों को अपनी सहेजी हुई किशोरावस्थाओं को दूसरों के खारे पानी में सहेजते, एक-दूसरे को

बग्स या डॉन्क्स बुलाते देखने के लिए उनसे मिलने की हसरत थी। उनकी एकमात्र करेंसी दोस्तों का अनुमोदन थी। अदृश्य वाहवाही। जल्द ही मैं जान गई थी कि प्रेम संबंध एक नीरस समलिंगी केक पर महज़ विपरीतलिंगी संबंधों की आइसिंग थे। सिंगल लोगों के अपने पिछले अवतारों से ये स्त्री-पुरुष आपस में घनिष्ठ संबंध शेयर करते थे: हर कोई हरेक के साथ रहा था; ज़ंग लगे डिब्बों की लड़ी की तरह सब एक इतिहास से जुड़े थे। वासना, लोभ और विवाह की चिंताएं एक दूसरा माहौल था। सिंगल पुरुष अक्सर अपने जैसे 'स्वभाव' वाली महिला के साथ बसने से पहले कई इच्छुकों को आज़माते थे। स्वभाव ऐसी महिला के लिए कोड था जो शादी के बाद अपनी नौकरी छोड़ दे और उसी जाति समूह से आती हो। सामाजिक माहौल अक्सर पूर्ण संपर्क खेल जैसा लगता था। 'डेटिंग' हास्यास्पद तौर पर शिष्ट प्रयोग था।

महिलाएं केवल पुरुष सेक्सुअलिटी के लिए क़सीदे का काम करती थीं। 'वो एक' और उसके दोस्त अपनी पार्टनर्स की परेड कराते थे, मानो यह कहने के लिए, 'देखो मैंने क्या हासिल किया है।' उसके कई सिंगल दोस्त थे—रिश्तेदार जो वैवाहिक बाज़ार से घायल दिखते थे—हालांकि उसके विवाहित दोस्त कहीं अधिक एकल ज़िंदगी जीते थे। ब्रदरहुड का ऐसा ही एक विवाहित सदस्य दावा करता था कि उसकी गर्लफ्रेंड्स अक्सर विक्टोरिया'ज़ सीक्रेट के कैटलॉग की लड़कियों जैसी दिखती हैं, जबकि उसकी भारतीय पत्नी एक अच्छी मां और सफल व्यवसायी थी। पुरुषों को सलमान ख़ान, व्हिस्की और एक-दूसरे के साथ समय बिताना पसंद था। शाहरुख़ ख़ान को ज़ोर-शोर से 'ज़नाना' कहकर गलियाना भी उनका एक पसंदीदा शग़ल था, जिससे मुझमें बसी फ़ैनगर्ल का जी मिचला जाता था। पुरुष अक्सर सूजे-फूले और बीमार से दिखते थे। वो जीवन को एक लंबा, बड़ा शिकार बताते हुए शिकार करना पसंद करते थे। चलताऊ क़िस्म का लिंगवाद हावी था; महिलाएं जो अज्ञात अस्तित्व थीं, उन पर अक्सर पैसों के लिए शादी करने या 'ऑपरेटर' होने का आरोप लगाया जाता था। मैंने एक संभ्रांत स्विंगर्स क्लब की खुसर-पुसर सुनी थी। इस पर विश्वास करना मुश्किल था; एक-दूसरे के लिए अपने खुले प्रेम को देखते हुए ये पुरुष महिलाओं को आकर्षक पाने में लाचार लगते थे।

अगर उसका समाज दमनकारी था, तो क्या हुआ? वो शशि कपूर की तरह तो दिखता था। ड्रिंक्स बेहतरीन थीं और महिलाएं सजी-संवरी और पतली थीं। ख़ूबसूरत, बुद्धिमान और ऊबी हुई इन महिलाओं ने अपना पूरा जीवन अपने दिमाग़ों और शरीरों को सजाने-संवारने और परफ़ेक्ट बनाने में लगा दिया था। अब वो सामाजिक समारोहों में कामनीय होने का इंतज़ार करती थीं, जबकि उनके पति

अतीत में नशे में डूबे रहते थे। 'उस एक' ने मुझसे कभी ज़्यादा उम्मीद नहीं की थी। स्लिम रहो और मुस्कुराओ, वो मज़ाक़ में कहता। और कभी भी अपने काम के बारे में बात मत करना, न कभी किसी से उसके काम के बारे में पूछना।

एक ऐसे देश में जहां कार्यबल में महिलाओं की संख्या तेज़ी से घट रही है, मैं अपनी नौकरी को सम्मान के तमग़े के तौर पर लेती हूं। लेकिन यह एक संवेदनशील मुद्दा था। एक कामकाजी महिला होने ने जो अपने बिलों का भुगतान ख़ुद करती हो, मुझे एक विलक्षणता बना दिया था और मुझे इस तरह नज़रों में न आने का निर्देश दिया गया था। हमारे साथ के पहले महीने में, मुझे याद है कि मैंने उसके एक दोस्त की पत्नी से पूछा था कि वो अपने समय का क्या करती है। वो मुस्कुराई और बोली कि वो एक राजकुमारी है। मैंने गंभीरता से पूछा कि क्या राजकुमारी के रूप में उसकी भूमिका उसका व्यवसाय है, यह संकेत करते हुए कि संपत्तियों, घरों और पुरानी जायदादों का प्रबंधन एक कठिन काम होता होगा। उसकी त्योरियां चढ़ गईं और वो कहने लगी, 'हमारे पास उसके लिए नौकर हैं। जब समय मिलता है तो मैं जनसंपर्क पर ध्यान देती हूं। तुम्हारा मतलब है तुम *रोज़* ऑफ़िस जाती हो?' मैंने हामी भरी, और जब उसने वोदका टॉनिक का घूंट भरा तो मैं वहां से हट गई।

दूसरी औरतों के साथ मेरी बातचीत आमतौर पर दोनों पक्षों के खिन्न होने पर पहुंच जाती थी। मुझे उनका परफ़ेक्शन आक्रामक लगता, जबकि वो मेरी महत्वाकांक्षाओं को आक्रामक महसूस करतीं। उस दौरान मैं एक नौकरी के लिए इंटरव्यू दे रही थी जो हमेशा से मेरा सपना रही थी—वेतन अच्छा था और उससे यह सुनिश्चित हो जाता कि मैं अपने माता-पिता के लिए घर और इलाज का इंतज़ाम कर सकूंगी और अपने लिए किराए पर फ़्लैट ले सकूंगी। नौकरी में मुझे ऐसे सहकर्मियों के साथ काम करने का अवसर मिलता जो मेरे क्षेत्र के सर्वश्रेष्ठ तकनीशियनों और गाइड में से थे। जब मैंने 'उस एक' को बताया कि मेरे लिए यह पद क्या मायने रखता है तो उसने कहा, 'यह नौकरी तो एक पति की तरह है।' अपनी एप्लीकेशन की डेडलाइन और इंटरव्यू की भागदौड़ में मैं बुरी तरह नर्वस थी। चयन प्रक्रिया बेहद प्रतिस्पर्धात्मक थी और मैं संभावनाओं से बहुत ज़्यादा प्रेरित थी। लगातार अपने भविष्य पर पकड़ बनाते हुए मेरे रात-दिन मॉक इंटरव्यू देने में बीत रहे थे। एक रात जब मैं इंटरव्यू के निबंध तैयार कर रही थी, 'उस एक' ने सुझाव दिया कि हम उसके दोस्त के यहां डिनर पर चलें। साड़ी और सामाजिक चिंताओं में लिपटी दिशाहीन सी मैं पार्टी में एक के बाद एक ग़लतियां करती गई। जब मैंने वहां मौजूद महिलाओं और उसके दोस्तों से इंटरव्यू की तकनीकों पर चर्चा करने का आग्रह किया तो मैं केवल आश्वासन चाहती थी। मैंने बस व्यावसायिक इच्छा और घबराहट

ही ज़ाहिर की। इसे ऊटपटांग और घमंड के रूप लिया गया था: टेबल पर बैठे लोगों ने महसूस किया कि मैं 'दिखावा' कर रही हूं।

जब हम उसके दोस्त के सैंट्रल दिल्ली के कंक्रीट के मैंशन से वापस चले, तो 'उस एक' ने कहा, 'मुझे तुमसे कुछ बात करनी है।' हमने कार पार्क की और उसके लिविंग रूम में गए। उसने पथरीली चुप्पी ओढ़े रखी। मैं सोच रही थी कि यह व्हिस्की का असर है या मेरी कंपनी का चमत्कार। 'उस एक' के नौकर से कहा गया कि हमारे लिए ड्रिंक बनाकर चला जाए। ख़ूबसूरत कट-ग्लास के जामों में ड्रिंक बनाई गई थी; 'उस एक' ने किसी हिंदी-फ़िल्मों के संगीतकार के एक कन्सर्ट की पुरानी रिकॉर्डिंग लगा दी जिसे मैं पहचान नहीं पाई। उसकी निगाह छत और मेरे बीच झूलती रही। मैं अचानक डर गई। क्या यह मेरे साथ ब्रेक-अप कर रहा है? क्या मुझे उसके पवित्र हरम से निकाला जा रहा है? मेरा भी एक हिस्सा निकलने को मचल रहा था। लाखों ख़्याल मेरे दिमाग़ में गड्डमड्ड होने लगे थे—मुझे वो एप्लीकेशन का निबंध भेजना है। मुझे अपने सभी अकादमिक सर्टिफिकेट्स खोजने हैं। काश यह जल्दी मुझे इस मुसीबत से बाहर कर दे। लेकिन मैं इसके बिना सब कैसे कर पाऊंगी? जब उसने अपनी चुप्पी बनाए रखी, तो एक एप्लीकेशन निबंध का एक प्रश्न मेरे मन में कौंधा: *आपको किस बात ने इस पद के लिए आवेदन करने के लिए प्रेरित किया?* मेरा जवाब: पिछले कुछ सालों से मैं एक्टिविज़्म, प्रशासन और शिक्षा जगत के क्षेत्र में काम कर रही हूं...

'तुमने आज बहुत बुरा बर्ताव किया,' 'उस एक' ने अचानक ऐलान किया। 'इस तरह का बर्ताव क़तई नहीं चलेगा।' और फिर, पैंतालीस मिनट तक वो उस शाम के मेरे बर्ताव की चीरफाड़ करता रहा। मैंने इससे ज़्यादा बुरा कभी महसूस नहीं किया था। ऐसा लगा जैसे अपने इंटरव्यू को लेकर मैं फ़ालतू बड़बड़ किए जा रही थी और उससे मैंने वहां मौजूद सभी बेरोज़गार हाउसवाइव्ज़ को नाराज़ कर दिया था। 'वो बिज़नेस ओनर हैं, कुछ एकल-हवेली के राजघरानों के थे, क्या तुम्हें लगता है कि उन्हें परवाह है या वो जानते हैं कि तुम क्या करती हो?' उसने जारी रखा। 'यह सभी के लिए शर्मनाक और अपमानजनक था। यहां कोई तुम्हारी डिग्रियों और पढ़ाई से प्रभावित नहीं है, न ही तुम्हारे इंटरव्यू से। काश तुम बस शांत रहतीं और इतना पागलपन न करतीं। दूसरी चीजों के बारे में बात करना सीखो। या चुपचाप अपनी ड्रिंक पिया करो।'

मैं भी फट पड़ी। उसकी डिनर-पार्टी के मेहमानों की श्रम-बाज़ार की असुरक्षाओं के लिए मैं ज़िम्मेदार नहीं थी, न ही मैं उनकी भावनाओं के लिए ज़िम्मेदार थी। और साफ़ है कि किसी को चोट पहुंचाने का मेरा कोई इरादा

नहीं था। गुस्से और अपमान से भभकती मैं उसके घर से चली आई। अपने घर वापस पहुंचकर मुझे अहसास हुआ कि यह एक पैटर्न था। उसके लिए मेरी सारी उपलब्धियां शर्मिंदगी की वजह बन गई थीं। जब मुझे मेरी मनचाही नौकरी का ऑफ़र मिला, तो उसने मुझे बधाई देने की भी ज़हमत नहीं की। वो झूठी दिलचस्पी या उत्साह भी नहीं दिखा पाया। मेरी सबसे क़रीबी दोस्त ने एक पार्टी दी; निमंत्रण अस्वीकार कर दिया गया।

कुछ हफ़्ते बीत गए, तो मैंने उसे बुलाया। पार्टी के निमंत्रण को ठुकराने के बाद उसने कुछेक बार मुझसे संपर्क करने की कोशिश की थी, लेकिन मैं कभी ख़ुद को उसके फ़ोन या मैसेज का जवाब देने के लिए तैयार नहीं कर पाई। यह तो अपने नए अपार्टमेंट में जाने की योजनाओं के बीच था कि मैं यह चाहने लगी थी कि मेरे जीवन के निर्णय कोई और ले। वहां, उस तीन-बेडरूम के फ्लैट में एकदम अकेले, सामान से भरे डिब्बों से घिरे हुए मुझे उसकी पहले से कहीं ज़्यादा ज़रूरत थी। अपने माता-पिता को छोड़ने के सामाजिक मूल्यांकन, अपने ख़ुद के अपराधबोध और तन्हाई से भटकाने, अपने ख़ुद के प्रवास से अपना मन हटाने के लिए मुझे उसकी ढाल की ज़रूरत थी।

2013 में, जब मैंने दक्षिण दिल्ली की बंगाली-प्रभुत्व वाली पूर्व शरणार्थी कॉलोनी चित्तरंजन पार्क से बाहर निकलने और निज़ामुद्दीन ईस्ट में घर खोजने का फ़ैसला किया, तो मेरे घरवालों को लगा जैसे मैंने उन्हें धोखा दिया है। इसलिए नहीं कि मैं अकेले रहने जा रही थी, बल्कि इसलिए कि मैंने सत्ता के क़रीब वाले इलाक़े में रहना चुना था। मेरी मां ने कहा, 'तुम डिफ़ेंस कॉलोनी या आसपास की किसी जगह पर क्यों नहीं रहतीं?' उनकी निगाह में ख़ान मार्केट पांच किलोमीटर के दायरे में चाटुकारिता का केंद्र था। 'आईएएस अधिकारी और अमीर कांग्रेसी टाइप के लोग वहां रहते हैं। यह हरा और ख़ूबसूरत है, लेकिन यह मत भूलो कि तुम्हारे माता-पिता रिंग रोड के दूसरी तरफ़ सावित्री सिनेमा के जाम में फंसे रहते हैं।'

आप कहां रहते हैं, यह ऐतिहासिक रूप से भारत के सामाजिक नक़्शे पर आपके स्थान के एक विश्वसनीय संकेत के तौर पर काम करता है। अर्थशास्त्री लोकेशन के लाभों के बारे में लिखते हैं—आप कहां है, यह अक्सर इस बात की भविष्यवाणी करता है कि आप क्या बनेंगे। शहरों में, आपका वार्ड नंबर और उसका नगर निगम ग्रेड बताता है कि आप कितना किराया देते हैं। दिल्ली बुरी तरह से वर्गीकृत है: भारती नगर में रहने का मतलब है कि आपका परिवार टैक्स एडमिनिस्ट्रेशन में काम करता है, सुंदर नगर में रहना पुराने पैसे वाले होने का संकेत देता है। दिल्ली में श्रमिकों के प्रवास की नई लहर पूर्वी दिल्ली के बाहरी

इलाक़ों में बस गई, क्योंकि अधिकांश शहर बहुत महंगा है। डाटा से पता चलता है कि लोकेशन शहरी ग़रीबी का एक प्रभावी और सांख्यिकीय रूप से महत्वपूर्ण द्योतक है; सरकारें आमतौर पर कल्याणकारी कार्यक्रमों को प्रभावी ढंग से लक्षित करने के लिए आवासीय पते का उपयोग करती हैं।

बड़े होने के दौरान, मैं कभी भी पूरी तरह से दिल्ली में बस नहीं पाई थी। जब लोग मुझसे पूछते हैं कि मैं कहां से हूं, तो मुझे अपना जवाब पूरी तरह से मनगढ़ंत सा लगता है। मैं धीमे से बुदबुदाती हूं 'दिल्ली से,' क्योंकि मैं अपने जीवन के अधिकांश भाग में यहीं रही हूं, लेकिन आप हमेशा मेरी अनिश्चितता के पुट को पकड़ लेंगे। क़रीबी दोस्त इस बात की पुष्टि करेंगे कि नौकरी में अपने पहले साल तक, इस शहर और इसके सामाजिक या भौतिक भूगोल का मुझ पर शायद ही असर पड़ा था। झारखंड और बंगाल के छोटे शहरों के बीच लगातार आते-जाते रहने, और फिर आवासीय क्षेत्रों में बड़े बदलाव से मेरी रोज़मर्रा की ज़िंदगी दिल्ली के दिखावे से हमेशा अलग-थलग लगी। अपनी शुरुआती टीनएज से ही मैं जान गई थी कि मैं ग्रेटर नेशनल कैपिटल टैरिटरी के महान हिस्सों से बहुत दूर एक बाहरी ब्रह्मांड में रहती हूं। इस क़दम से, ख़ान मार्केट से बस दो किलोमीटर दूर, मैं आज़ादी और विलासिता के केंद्र में आ पहुंची थी।

'अब तो तुम बिल्कुल हमारे जैसी हो गई हो,' 'उस' ने कहा। और वो सही था। लेकिन यह घर की या उस जगह की बात नहीं थी जिसने मुझे उसके जैसा बना दिया था—मैं किसी जायदाद की मालिक नहीं थी। नहीं, यह मेरी आज़ादी थी। मैंने उसकी थोड़ी सी आज़ादी हासिल कर ली थी। अगर हम सामाजिक दायरे में महिलाओं को अमीरों और वंचितों में बांटने के लिए कोई रेखा खींचना चाहें, तो ख़ाली समय पाने या ख़ुद से 'फ़ुर्सत के पल ख़रीदने'—ड्रिंक करने, सिगरेट पीने, फ़िल्में देखने, ब्यूटी पार्लर जाने, अपने ऊपर ध्यान देने या कुछ भी न करने—की क्षमता पूरे दक्षिण एशिया में सबसे सुदृढ़ सांख्यिकीय और समाजशास्त्रीय परिभाषाओं में से एक के रूप में उभरकर आती है। चुनाव का अभाव हमारी महिलाओं को त्रस्त करता है।

राष्ट्रीय आंकड़े बताते हैं कि भारत में, और निश्चित रूप से उत्तर में, महिलाओं की शारीरिक गतिविधियों को लगातार नियंत्रित किया जाता है। अधिकांश को किसी भी सार्वजनिक स्थान पर जाने के लिए इजाज़त लेनी होती है, और उनका अपने दैनिक रुटीन पर शायद ही कोई नियंत्रण होता है। किसी शिक्षित व्यक्ति से शादी करने से भी निगरानी के इस परिदृश्य में कोई बदलाव नहीं आता। धन से भी कोई मदद नहीं मिलती। वास्तव में, मैं जितनी भी धनी भारतीय महिलाओं को

जानती हूं, लगभग उन सभी ने किसी अच्छे-बंदे-को-नियंत्रण-जुनूनी-में-बदलते देखा है।

लंदन स्कूल ऑफ़ इकोनॉमिक्स में पढ़ाने वाली और महिलाओं के काम की एक अग्रणी स्कॉलर नायला कबीर चिंता व्यक्त करती हैं कि परिवार अपनी बेटियों या पत्नियों की रक्षा करने की अपनी प्रवृत्ति का उपयोग उन्हें बेड़ियों में जकड़ने के साधन के रूप में करते हैं। वो कहती हैं, 'इसकी वजह यह है कि इज़्ज़त और शर्म की इन अवधारणाओं में अभी भी आमूलचूल बदलाव आना बाक़ी है, और जहां कहीं भी ये अवधारणाएं सांस्कृतिक पैटर्न के रूप में मौजूद हैं, वहां वो महिलाओं की सेक्सुअलिटी से बहुत ज़्यादा जुड़ी हुई हैं,' वो कहती हैं। 'हम अभी भी ऐसी दुनिया में रहते हैं जहां परिवार और पुरुषों की इज़्ज़त इस बात पर निर्भर करती हैं कि महिलाएं और उनके शरीर किस तरह पेश आते हैं। परिवार असल में अपने ग़ैरइरादतन प्रतिरोधात्मक तरीक़ों से अपनी और अपनी बेटियों की रक्षा करने की कोशिश कर रहे हैं। और सेक्सुअलिटी की इस चर्चा में यह व्याप्त है कि व्यक्तिगत स्थान से बाहर महिलाओं से कैसे पेश आने की उम्मीद की जाती है। महिलाएं लगातार चिंतित रहती हैं—कुछ दिख तो नहीं रहा है? क्या मैं बहुत ज़्यादा मुस्कुरा रही थी? परिवार की इज़्ज़त सदाचारी स्त्री के इर्द-गिर्द घूमती है। जब एक औरत पत्नी बन जाती है, तो ईर्ष्या और पुरुषों के अपनी पत्नियों के शरीर पर स्वामित्व को लेकर नई डाइनेमिक्स बन जाती हैं। जैसे ही कोई महिला बाहर क़दम रखती है, तो वो दुनिया को कुछ संकेत दे रही होती है कि उसने परंपरा को तोड़ दिया है। और लिंग के आधार पर बहुत ज़्यादा विभाजित ऐसे समाजों में, मुझे स्त्री-शरीर को लेकर यह तल्लीनता आश्चर्यजनक और अपरिवर्तनीय लगती है। एक तरह से पुरुष-शरीर को लेकर ऐसा कोई जुनून नहीं हैं। पुरुष-शरीर को स्वस्थ और उत्पादक माना जाता है, लेकिन कोई उन्हें उस तरह से नियंत्रित नहीं करता। विशेषाधिकार प्राप्त महिलाएं अक्सर वो होती हैं जिन्हें अपने शरीर पर पूर्ण नियंत्रण होता है और जिस तरह वो अपना समय व्यतीत करती हैं। और इसलिए, इस घर में, अपनी नई नौकरी के साथ, अब परिवार की निगरानी से दूर, जो चाहूं वो करने के लिए स्वतंत्र होने के कारण मुझे परम महिला विशेषाधिकार प्रदान किया गया था।

मैं भयानक चुनाव करने के लिए आज़ाद थी।

देर रात को संदेश मिलते ही वो तुरंत वाइन की बोतल लेकर आ पहुंचा, मुझे घर के लिए बधाई दी, कुशन के डिज़ाइन और सीटिंग अरेंजमेंट पर सुझाव दिए। ज़्यादा बातचीत या टकराव के बिना हमने अपना नाच फिर से शुरू कर दिया। बेशक, प्रतिबद्धता की कोई पेशकश नहीं थी, कोई माफ़ी नहीं जुड़ी थी—मेरे

सारे गुस्से को 'ज़रूरत से ज़्यादा सोचने' और 'बुरे बर्ताव' के नाम कर दिया गया। और इसलिए, अपनी उम्मीदों से उसे खिन्न करने के डर से मैंने इसे शांति और लापरवाही से लेना जारी रखा।

हमें फिर से बताएं: *आपने इस पद के लिए आवेदन क्यों किया है?*

उस रात मुझे अहसास हुआ कि मैं पाखंडी थी। क्लास और फ़ेमिनिज़्म पर अपने लेक्चरों के बावजूद, मुझे 'उस एक' के साथ अपनी रंगरेलियों पर शर्मनाक ढंग से गर्व था। अपनी सारी पूर्वनियत दौलत और आत्मविश्वास के साथ वो उस तरह के पुरुषों का प्रतिनिधित्व करता था जिसके साथ मेरे जैसी स्त्री को नहीं होना चाहिए था। मगर फिर भी मैं उसे लुभाने में कामयाब रही। एक शक्तिशाली पुरुष के साथ स्टेटस और सुख को जोड़कर मैं उन बेरोज़गार राजकुमारियों से अलग नहीं रही थी जिनसे उसके दोस्तों ने शादी की थी, जिन्हें मैंने अपने फ़ेमिनिस्ट दुश्मनों के रूप में बहुत कठोरता से आंका था। मेरे सामाजिक दायरे में कोई भी उस दुनिया से जुड़ाव महसूस नहीं कर सकता था जिसमें मैं फ़िलहाल रह रही थी। तुम शाहरुख़-विरोधी के साथ हो, मेरी बेस्ट फ्रेंड्स का अंदाज़ा था। उन दिनों, मैं बार-बार शाहरुख़ के इंटरव्यू और इमेजरी पर वापस जा रही थी। जज़्बाती तौर पर शाहरुख़ का सुदूर स्थित आइकन उस वास्तविक दुनिया के आदमी से कहीं ज़्यादा उपलब्ध महसूस होता था जिसके साथ मैं थी।

मुझे पता होना चाहिए था; ज़्यादातर महिलाओं को होता है। दिल्ली में, यह एक सार्वभौमिक रूप से स्वीकार की जाने वाली सच्चाई है कि एक दौलतमंद सिंगल आदमी अपना हरम बनाने में लगा होगा। स्वाभाविक निष्कर्ष यह है कि स्वतंत्र आय वाली सिंगल महिलाओं को इसके उलट दिशा में चलना चाहिए। कुलीन वर्ग के कुंवारे विनाशकारी कुंवारे बने रहना क्यों चुनते हैं, यह एक बोरिंग सवाल है जिसका जवाब सीधा-सादा सा है: यह अच्छा समय बिताने की आड़ में एक अपेक्षित नारी-विरोधी पॉवर ट्रिप है। नहीं, इससे ज़्यादा दिलचस्प सवाल यह है कि संभ्रांत महिलाएं क्यों मान जाती हैं? आत्मनिर्भर महिलाएं प्यार की खोज में इन विनाशकारी पुरुषों के साथ क्यों जुड़ जाती हैं? मैंने इस पद के लिए आवेदन क्यों किया था? जैसा कि मेरे कुछ बुद्धिमान दोस्त पूछते थे, '"उसके" लिए यह कैसी विवशता थी?'

महिलाओं के लिए दिल्ली कोई सहारा नहीं छोड़ती। महिला-रोज़गार में आती कमी, एक पक्ष में झुके संपत्ति-अधिकार, घरेलू कामकाज का असमान विभाजन और उन महिलाओं के प्रति बेतहाशा द्वेष भाव जो अपने घर से परे स्थित दुनिया से

ज़्यादा जुड़ने की कोशिश करती हैं, एकांगी विवाह को एक रिश्ते से कहीं ज़्यादा बना देती हैं। मददगार प्रशासन के अभाव में, अनेक महिलाएं प्रेम और विवाह के माध्यम से एक सुरक्षित और लाभदायक मानव व्यवस्था को हासिल करने की आशा करती हैं। एक आदमी अब आदमी नहीं रह जाता, वो पहचान, अस्तित्व और भरण-पोषण का स्रोत बन जाता है। वो खोए हुए अवसरों का प्रतीक बन जाता है—अगर आप एक आदमी के लिए अपना कैरियर छोड़ने जा रही हैं, तो वो सर्वश्रेष्ठ दांव होना चाहिए। मानवविज्ञानी कहते हैं कि भारत के उत्तरी क्षेत्र एक 'क्लासिक' पितृसत्तात्मक क्षेत्र का हिस्सा हैं। महिलाएं 'पितृसत्तात्मक सौदेबाज़ी' में समझौते करती हैं—पुरुषों और पारिवारिक जीवन द्वारा उन पर थोपे गए सभी तरह के तिरस्कारों को झेलते हुए, क्योंकि सहयोग से मिलने वाले लाभ अहम लगते हैं। अर्थशास्त्री नीरस और सटीक भाषा का उपयोग करते हैं—महिलाओं की विनिमय-शक्ति कमज़ोर होती है क्योंकि उनके बाहर निकलने के विकल्प सीमित होते हैं। कोई भी आपको बैठाकर खेल की थ्योरी या पितृसत्ता के निर्देश नहीं बताता है, आप धीरे-धीरे ख़ुद ही खेल के नियमों को सीखती हैं। जल्द ही, आप दुनिया में ऊपर बढ़ने में आपकी मदद करने के लिए किसी आदमी को तलाशते हुए अपने स्वयं के भेदभाव में शामिल हो जाती हैं।

मैं संभ्रांत, नौकरीपेशा भारतीय महिलाओं के एक छोटे से अल्पसंख्यक वर्ग की हूं; हममें से अधिकांश सामाजिक-राजनीतिक पूंजी, पारिवारिक संपत्ति वाली या ख़ानदानी अमीर नहीं हैं, बल्कि हम नियमित वेतनभोगी नौकरियों वाले और सामाजिक सुरक्षा लाभ प्राप्त भारतीयों के अति-विशिष्ट समूह का हिस्सा हैं। पैसे को किसी पॉश आदमी के उपकार पाने या उसकी हसरत करने की हमारी किसी भी ज़रूरत को ख़त्म कर देना चाहिए। मार्केटिंग अभियान अक्सर मेरी क्रय-शक्ति को लक्ष्य बनाते हैं। हम महिलाओं की एक नई पीढ़ी का हिस्सा हैं—हमारे परिवारों में पहली महिलाएं जिन्होंने उस चीज़ का अनुभव किया है जिसे समाजशास्त्री एंथनी गिडेंस ने 'शुद्ध संबंध' कहा है, '...जिसमें किसी सामाजिक संबंध से उसकी अपनी ख़ातिर (और इसलिए) जुड़ा जाता है कि एक टिकाऊ आपसी संबंध में दोनों व्यक्ति क्या हासिल करते हैं; और जो केवल तब तक ही जारी रहता है जब तक दोनों पक्ष एक दूसरे को उसमें बने रहने के लिए पर्याप्त संतुष्टि प्रदान करते हैं।' एक ऐसे देश में जहां केवल पांच प्रतिशत महिलाओं का ही इस मुद्दे पर एकमात्र नियंत्रण है कि वो किससे शादी करें, हम एक सशक्त अल्पसंख्यक वर्ग में हैं।

हममें से अधिकांश की मांओं के पास विवाह के बाहर प्रेम पाने की विलासिता कभी नहीं रही; बहुतों को कभी अपनी पसंद के पुरुष को डेट करने या उससे

शादी करने का मौक़ा नहीं मिला। पश्चिम बंगाल और झारखंड के बीच पली-बढ़ी मेरी नानी के लिए परिवार ही उनकी पूरी दुनिया था। परिवार की इकाई के बाहर दोस्ती करने की अवधारणा से मेरी नानी को मेरी मां ने परिचित करवाया था। जिससे आप शादी करना चाहें उसे पाने से पहले रिश्तों को आज़माकर देखना वो अवधारणा थी जिससे अपनी मां को मैंने परिचित करवाया था। कुछ पुरुषों के सहयोग, कई महिलाओं के बलिदान और घोर साहस के मेल से मेरी जाति ने आज़ादी के लिए जोश और कौशल हासिल किया है। मगर फिर भी, समय-समय पर, चर्चों, कैफ़े और बार में मैं एक ही कहानी सुनती रहती हूं: मज़बूत इरादों वाली महिलाओं का किसी मूर्ख, कुलीन एल्फ़ा पुरुष के चक्कर में उलझ जाना, और सेक्स बाज़ार द्वारा रीता और पराजित महसूस करना।

अपनी स्वतंत्रता से निराश महसूस करने वाली महिलाएं परंपरा से जुड़ी होती हैं। आपकी अपनी सफलता किसी आदमी के सामाजिक या वित्तीय स्तर से अर्थ पाने की मोहताज नहीं होनी चाहिए। घर के बाहर के आपके अनुभवों को कुछ विवेक और सहायता प्रदान करनी चाहिए। आत्मनिर्भरता को प्रतिरोध और विद्रोह की भूख को आधार प्रदान करना चाहिए। लेकिन यहां तो महिलाओं की अपेक्षाओं के व्याकरण के साथ अजीबोग़रीब चीजें होती हैं। विद्वेषपूर्ण और कठोर सार्वजनिक क्षेत्र महिलाओं के अंतरंग संपर्कों को भारी और अकथनीय बोझ से लाद देता है। दिल्ली की गुत्थी शायद यह नहीं है कि कुछ आत्मनिर्भर महिलाएं विनाशकारी कुंवारे लोगों के प्रेम में क्यों फंस जाती हैं, बल्कि यह है कि वो अपने प्रेम-जीवन को पुरुष शक्ति और प्रतिष्ठा के साजो-सामान में क्यों उलझा देती हैं। क्यों इतनी सारी सफल महिलाएं अपने निजी जीवन में असमानता के प्रति झुकाव और सहनशीलता हासिल कर लेती हैं? बाद वाला सवाल, और मेरा अपना जुर्म, प्रेम के मेरे सारे संघर्ष और गुस्से की जड़ बना हुआ है। मैं अक्सर अपने गुस्से को रोक लेती हूं; यह कभी-कभार कॉकटेल-पार्टी की नर्वस बकबक के रूप में रिस ही आता है।

'उस एक' से मिलने तक, प्रेम की मेरी दुनिया नीरस थी। काफ़ी कुछ विद्या की ही तरह मैं भी सही आदमी को खोजने में तो नाकाम रही थी, लेकिन चमत्कारिक ढंग से मुझे सही नौकरी मिल गई थी। अचानक मैं अपनी पेशेवर दक्षताओं का योग बन बैठी। और उतने ही अचानक, डेटिंग की दुनिया में मेरी दक्षताएं अक्षमताओं जैसी लगने लगीं। काम के प्रति मेरे जुनून को एक महिला के लिए अप्रिय, अनाकर्षक गुण पाते हुए पुरुष मुझे मेरा काम समझाते। मैं जो करती थी, उसके लिए मेरा उत्साह और उससे मेरा घोर लगाव एक ऐसी कमी बन गया था जिसे कोई सौंदर्य उत्पाद छिपा नहीं सकता था।

अपने तीसरे दशक के शुरू के सालों में, मैं आख़िरकार समझ गई थी कि मेरी उम्र के कई स्ट्रेट, अरेंज्ड शादी के बाज़ार के बाहर क्रियाशील पुरुषों का सामाजिकीकरण ऐसा हुआ था कि वो ऐसी महिलाएं चाहते थे जो चीयरलीडर्स या स्टेटस सिंबल हों। यह समझते हुए कि हम सभी अपने असमान समाज और परिस्थितियों का शिकार हैं, मैंने इन पुरुषों को उनकी रोमांटिक पसंदों के लिए दोष देना छोड़ दिया था। दिल्ली के परिदृश्य ने मामले को बस बिगाड़ा ही था, जहां सामंतवाद प्रादा पहनता था और बाज़ार की अर्थव्यवस्था होने का दिखावा करता था। हममें से हर कोई चाहता था कि हमारे निजी जीवन में न्यूनतम प्रयास की ज़रूरत हो।

मैं जिन नौजवानों से मिलती थी, जो मेरे समकक्ष थे, मेरी तरह ही अपनी संभावनाओं को पूरा करने के लिए जुनूनी थे, वो हमेशा अपने शानदार भविष्य की बातें करते थे। हमारा काम थका देने वाला था, रात-दिन दिल्ली के अवसरों की भूलभुलैया से पार पाने में बीतते थे। ऊर्जा इस शहर के व्यावसायिक कोड और सरपरस्ती के नेटवर्क को समझने में लगाई जा रही थी। 90 के दशक के मध्य में आए आर्थिक उछाल की मेहरबानी से, जो 2008 के वैश्विक वित्तीय संकट को भी झेल गया था, महानगरों के अंग्रेज़ी बोलने वाले युवा भारतीयों के पास 2010 के दशक की शुरुआत में देश के इतिहास में पहले से कहीं अधिक विकल्प उपलब्ध थे। उनके लिए पैसा उपलब्ध था जो इसे हासिल करना जानते थे। नई पत्रिकाएं स्थापित की जा रही थीं, नई कंपनियां लोगों को काम दे रही थीं, भारत पर नई किताबें लिखी जानी थीं, बाहर पढ़ने के लिए नई स्कॉलरशिप्स की घोषणा की जा रही थी। और हमने ख़ुद को अखाड़े में उतार दिया। प्रतियोगिता हमारे जीने की वजह बन गई थी। 2010 के दशक ने हम सबको उत्साही कामयाब बना दिया था। और कामयाबी का एक हिस्सा सही जगहों पर आमंत्रित किया जाना और सही व्यक्ति के साथ दिखना था।

'उस एक' को पेशेवर प्रतिस्पर्धाओं या सामाजिक लक्ष्यों को हासिल करने के लिए तैयार नहीं किया गया था—उसके पास बस एक सेक्स ड्राइव थी—और न ही उसे आर्थिक समकक्षों के साथ प्रेम करना सिखाया गया था। उसे बस ख़ुद की अवधारणा से प्यार करना सिखाया गया था। और इसलिए, मैं उसके पास वापस लौटी। मैं जानती थी कि हमारी ज़्यादातर बातचीत मेरी हीनता की पुष्टि ही करती हैं। लेकिन उन लंबी, अलसाई, ठहरी हुई दोपहरों और शामों में, मुझे एक ऐसा आदमी मिला था जो अपने आप में पूरी तरह से संतुष्ट था क्योंकि उसे जीवन में और कुछ नहीं चाहिए था। उसके साथ बीते अपने समय में, मैं दिल्ली के ड्राइंगरूमों

के स्टेटस ओलंपिक से बहुत दूर रहती थी। उसे मेरी योजनाओं या मेरे माता-पिता से कोई मतलब नहीं था। 'उस' ने ख़ुद को उन एल्फ़ा पुरुषों से भिन्न कर लिया था, जिनसे मैं अपने परिवेश में रूबरू होती थी, जो देश के औद्योगिक और राजनीतिक परिदृश्य की बात आने पर क्रांतिकारी रूप से विद्रोही भावना का समर्थन करते थे, मगर अपने प्रेम-संसार में बेहद साधारण क़िस्म के रूढ़िवादी पुरुषत्व से जुड़े रहते थे। उसने उदारवाद पर प्रवचनों के पीछे भावनात्मक श्रम से बचने, कई पार्टनरों और पतले कमसिन शरीरों को चाहने की अपनी प्राथमिकता को नहीं छिपाया था। वो जो सेक्स कर रहा था उसमें एक अजीब तरह की ईमानदारी थी। हमारे जुड़ाव से मुझे दिल्ली के कुछ ऐसे हिस्सों में प्रवेश मिला जहां जाने का मैंने कभी सपने में भी नहीं सोचा था। मैं मानती हूं कि हमें साथ देखकर दूसरी महिलाओं के जलने का मैं मज़ा लेती थी। मैं बेहतरीन साड़ी पहनती थी, बेहतरीन वाइन पीती थी, मामूली सी इच्छा पर विलासिता की गोद में पहुंचा दी जाती थी। मैं लालची हो गई थी।

'उस' के साथ फिर से जुड़ने से पहले, मेरा रोमांटिक जीवन उस व्याकुल बेहोशी में डूब गया था, जिससे वो झकझोरकर निकाले जाने का इंतज़ार कर रहा था। ऑफ़िस में दिन उपयोगी थे, रातें सोशल मीडिया पर चुपके-चुपके उसे देखते रहने, सेक्सुअल मुक़ाबलों को परखने के बीच प्यार पाने की लालसा करते बीततीं। लेकिन उसका विकल्प मिलना असंभव था। अगर बात यह नहीं होती, तो मैं किसी दूसरे आदमी को चुन लेती और उसे भूल जाती। लेकिन मैं कभी नहीं भूल पाई। 'वो' और उसकी स्वीकृति की मायावी मुहर मुझे परिभाषित करने लगी थी। उसकी ग़ैरमौजूदगी ने मुझे ऐसी आदिम उदासी में जकड़ दिया था, जिसे मैं आंसुओं से भी नहीं धो सकती थी।

'उस' के और उसके दोस्तों के बिना दिल्ली की ज़िंदगी अधूरी लगती थी। मैं उसकी बनाई मार्टिनी को मिस करती, अपने मस्कुलर बॉडी पिलो को मिस करती। उसके साथ कमरों में प्रवेश करने को मिस करती। जल्द ही, मुझे समझ में आ गया कि शहर में छह फ़ुट से लंबे सभी पुरुष एक-दूसरे को जानते हैं, और पहली मुलाक़ातों, ऐप डेट्स और डिफ़ेंस कॉलोनी की पत्रकार पार्टियों की आम दुनिया से अलग-थलग अपने ख़ुद के ख़ूबसूरत कोकून के अंदर ही विचरते हैं। तो जब समय आया, तो मेरी हताशा और सेक्सुअल असंतुष्टि मुझे वापस उसी सामंती सर्कस में ले गई। हमारे पुनर्मिलन के कुछ महीने बाद, मैं उसके बचपन के एक हार्वर्ड अंडरग्रेजुएट दोस्त से मिली, जिसे हार्वर्ड स्कूल के अपने दिनों और अपने व्यावसायिक उपक्रमों पर अंतहीन चर्चा करने दी गई थी। वास्तव में, मैंने 'उसे' अपने पुरुष मित्र की पेशेवर उपलब्धियों का जश्न मनाने के लिए पार्टियां देते भी देखा। कुछ को फ़ेसबुक मंज़ूरी

भी मिली। और जल्द ही मैं जान गई थी कि 'उस' की नज़र में महिलाओं की तुलना में पुरुष आइवी लीग की डिग्रियों को, फ़ाइनेंस पर झूठी-सच्ची बातें करने और शानदार नौकरियों को कहीं अधिक गरिमा के साथ निभाते हैं। औरतें—फ़ैशन ब्लॉगिंग और सोशल-मीडिया को प्रभावित करने के ज़रिए अनौपचारिक आय अर्जित करके—जी-हुज़ूरी वाले कैरियरों के लिए सबसे उपयुक्त थीं।

हमारे रिश्ते के उस दूसरे दौर में 'ज़्यादा सोचने' के आरोप उसका राग बन गए थे। सम्मानजनक पारस्परिकता की किसी भी अपेक्षा पर 'उसे' ज़िम्मेदार ठहराने को झट से ध्यान पाने और ज़्यादा सोचने का नाम दे दिया जाता। एक घंटे इंतजार करने की बात पर नाराज़ होना ज़्यादा सोचना था। अक्सर हम एकदम अजनबियों के साथ कार्यक्रमों में शामिल होते। वो अक्सर इन आयोजनों में मुझे दरकिनार कर देता था, अचानक से मुझे पार्टी के किसी अदृश्य खेल के रूप में लेने लगता। छोड़ने की किसी भी भावना को व्यक्त करना—तर्कसंगत हो या तर्कहीन—हमेशा ज़्यादा सोचने का चिह्न था। काम की डैडलाइन की अड़चनों को देखते हुए, अंतिम समय पर बने प्लान पर परेशानी जताना ज़्यादा सोचना था। एक बार, मैंने 'उस' के पास जाकर उसके एक दोस्त की शिकायत की, जो मेरे साथ घटियापन करने की कोशिश कर रहा था। जवाब में, उसने कहा, 'वाक़ई? इस तरह की क्लासी जगह पर? वो बस नशे में है, तुम फिर से ज़्यादा सोच रही हो।'

ख़ुशक़िस्मती से, ज़्यादा सोचने पर इस बल ने उसकी मंडलियों की महिलाओं के साथ समान दिलचस्पी के एक पहलू को उभार दिया। हर किसी पर ज़्यादा सोचने का आरोप लगाया गया था। सबकी अपनी दुख भरी कहानी थी। हमने जंग लड़ रहे सैनिकों की तरह एक दूसरे की कहानियां सुनीं। अपने पति की बेवफ़ाई का पता लगाने के बाद सैपरेशन चाहना ज़्यादा सोचने की एक प्रमुख श्रेणी थी। महिलाओं की निजी भावनाओं को ज़ाहिर करने वाली अधिकांश बातें टिपिकली ज़्यादा सोचने में आती थीं। अंतरंगता ज़्यादा सोचना थी। मैं इन महिलाओं के साथ कभी गहरी दोस्ती नहीं कर पाई थी, मैं ख़ुद को उनसे अलग दिखाने में बहुत व्यस्त थी। हम विभिन्न सामाजिक मिट्टियों के बने थे। लेकिन ज़्यादा सोचने वाली औरतों के रूप में तिरस्कृत होकर हमने समान आधार, बहनापे और एकजुटता का पल पाया था। 'उसके' और मेरे बीच चीज़ें बहुत बुरा रूप लेने लगी थीं। बौद्धिक प्रभुत्व, व्यावहारिक ज्ञान और यौनेच्छा पर अधिकार जताना हमारे संबंध का केंद्र बन गया, हर बातचीत बोर्डिंग-स्कूल टाइप बहस में बदल जाती।

ख़ूबसूरती के मुद्दे पर हम महिलाओं के बीच एकजुटता का सूत्र खुला। उसकी एक दोस्त ने कहा कि मैं 'उस' की किसी भी पुरानी गर्लफ्रेंड की तुलना में कहीं

अधिक 'सुडौल' थी। सभी महिलाओं ने ज़ोर-शोर से सहमति जताई। कई ने ट्रेनर, त्वचा विशेषज्ञ और मेंटीनेंस रुटीन सुझाए। छिपी हुई तारीफ़ों की ओर से बेख़बर, सेक्सुअल मुक़ाबले और अपने शारीरिक डिस्मॉर्फ़िया से त्रस्त होकर मेरी ज़िंदगी ग्लूटेन-फ़्री चीले खाने की एक अंतहीन श्रृंखला बन गई थी।

एक रात, मैं पटना के ट्रिप से दिल्ली पहुंची थी। बहुत ठंड थी, बारिश सभी के चेहरों पर थपेड़े मार रही थी। हमें एक छोटी सी, कंपैनियन के रूप में हमारी दूसरी, डिनर पार्टी में जाना था। 'उस' के लिए मेरा जुनून अपनी कमर के लिए मेरे जुनून में बदल गया था। कोई मुझ पर मौलिकता का आरोप नहीं लगा सकता था। क्रोनिक डाइटिंग के ज़रिए मैंने आख़िरकार अपना लक्षित वज़न हासिल कर लिया था। प्लेन का खाना मिट्टी जैसा लगा था और भूख के मारे मेरा बुरा हाल था। सामंती पालतू बनने के बाद से जब मैं अपना पहला चीट-मील खाने के लिए डिनर टेबल की ओर लपकी, तो मैंने पाया कि 'वो' अपनी पूरी छह फ़ुट तीन इंच की काया के साथ मेरे रास्ते को रोके हुए है। उसने धीरे से मेरी कलाई पकड़ी और मेरी ख़ाली प्लेट टेबल पर रख दी। 'तुम यहां नहीं खा सकतीं, 'उसने कहा, उसकी आंखें आतंक से फैल गई थीं। कुछ न समझ पाने पर मैंने पूछा क्यों। उसने ख़ाली टेबल से दूर चमचमाती भीड़ की ओर देखा और कहा, 'पब्लिक में बस कुत्ते खाते हैं। प्लेट नीचे रखो, तुम्हें खाना नहीं चाहिए।'

उस पल मैं सोच में पड़ गई कि क्या इन मग़रूर, पोलो-खेलने वाले मनोरोगियों के लिए खाना खाना भी बहुत अंतरंग क्रिया है। लेकिन फिर मैंने देखा कि उसके कज़िन की पत्नी अपने मुंह में कबाब ठूंस रही है। मैंने बिरयानी और अपनी ख़ाली प्लेट को देखा। मैंने खाना खाया। वो घूरता रहा। मैंने अपने लिए टैक्सी बुला ली। अगले दिन मैंने कहा कि हमें अलग हो जाना चाहिए। वो मुस्कुराया और सहमत हो गया। मैं कभी फ़िट हो ही नहीं पाई थी, उसने कहा। 'तुम बहुत ज़्यादा गंभीर हो, हर चीज़ को बहुत गंभीरता से लेती हो।' मैं कभी भी हक़ीक़त और सिद्धांतों को अलग नहीं कर पाती हूं। और मुझे फ़िनिशिंग स्कूल जाना चाहिए।

हमारे अलग होने के बाद, जब दिन अनिश्चितताओं के सैलाब में घिर गए, तो मैं रियल एस्टेट में दिल लगाने सैंट्रल दिल्ली के अमृता शेरगिल मार्ग पर पहुंच जाती। पुराने अमलतास के पेड़ों से घिरे 220 करोड़ के बंगले ही मेरी आत्मा को सुकून दे पाएंगे। मैं ऐसे कई लोगों को जानती हूं जो इस सड़क पर इसकी भव्यता को सराहते हुए घूमते हैं। हम सभी अति-संभ्रांत वर्ग के अतिरेकों को तकते हुए, उनके प्रति अपने अजीब, मनोलैंगिक जुनून में एकजुट हो गए थे। आपके औसत 'मध्यमवर्गीय' भारतीय के दिल से जितनी हसरतें और मखौल लुटियंस की दिल्ली

के लिए निकलती हैं उतनी और किसी चीज़ के लिए नहीं। लगभग 3,000 एकड़ में फैले इस क्षेत्र में एक हज़ार बंगले हैं; प्राइवेट उपयोग के लिए सत्तर प्रॉपर्टीज़ के साथ ये अधिकांश बंगले मंत्रियों और वरिष्ठ सरकारी अधिकारियों के लिए आरक्षित रहते हैं। कोई हैरानी नहीं कि इन एन्क्लेवों के प्राइवेट निवासी कुछ सबसे अमीर जीवित भारतीय हैं।

अमृता शेरगिल मार्ग के संभ्रांत वर्ग की विलासिताओं के म्यूज़ियम के तौर पर पॉपुलर होने के बावजूद, अपनी वॉक पर क्लास और टूटे दिल की तहक़ीक़ात करते हुए मुझे यक़ीन था कि मैंने ऐसे किसी को नहीं देखा था, अगर किसी को देखा था तो, जिसे मैं जानती थी। दिल्ली को अक्सर अपने देश को खोजती राजधानी कहा जाता है। लेकिन अमृता शेरगिल मार्ग के निवासी सुपरह्यूमन लगते थे, वो अपने ही ग्रह पर टेलीपोर्ट करने में सक्षम थे। ख़ामोशी और सुकून को और कैसे समझा सकते हैं? कभी किसी को मुहल्ले में छोटे-मोटे कामों के लिए निकलते नहीं देखा जाता है, और बग़ीचे और गार्ड बुरी तरह से ऊबे और साफ़-सुथरे दिखते हैं। मैंने हैलोवीन पार्टियों और डिनर पर अजीब सी बातचीतों की अफ़वाहें सुनी थीं, लेकिन इन दावों की पुष्टि करने के लिए मेरे पास कोई सबूत नहीं था।

ऐसे ही एक दिन तनाव की स्थिति से उबरकर, मैंने फिर से भौचक्की सी ख़ुद को इस मार्ग पर पाया। शरद ऋतु की हवा भरी शाम थी। एक युवक और महिला लोदी गार्डन बस स्टॉप की ओर जा रहे थे, मैं उनके पीछे-पीछे घिसट रही थी। वो बंगाली में बहस कर रहे थे। यह घटना इस इलाक़े में पैदल चलने वाले इंसानों के क्रियाकलाप का मेरा पहला अनुभव, और एक बड़े बुलबुले का टूटना बनी। मैं चौकस थी, एकदम सावधान। औरत उसे डांट रही थी, 'तुम्हारा ध्यान बहुत इधर-उधर जाता है। नीचे देखा करो, अपना काम किया करो और मैडम को सीधे मत देखा करो। ये लोग पसंद नहीं करते। मैं तुम्हें यहां काम करने के लिए लाई हूं, फ़ालतू बातों के लिए नहीं।'

उसका जवाब कुछ दबा-दबा सा था; मैं उसे सुन नहीं पा रही थी। कुछेक लाइन बड़बड़ाने के बाद, उसने औरत के फ़ीडबैक को बेमन से मानने का संकेत देते हुए अपने कमज़ोर कंधों को झटका। कई हफ़्ते बाद, मैंने फिर से उस औरत को अपने मोबाइल फ़ोन पर लगे देखा। उसने वही पीली साड़ी पहन रखी थी—शायद उसकी यूनिफ़ॉर्म रही हो। चुपचाप बातें सुनने की गरज़ से मैंने अपनी स्पीड बढ़ा दी। जब तक हम गोवा सदन, राज्य सरकार के गैस्टहाउस, के पास से निकले, जो बस टर्मिनल का आधा रास्ता था, उसकी आवाज़ ने तेज़ी पकड़ ली थी। जब वो

अपने फ़ोन पर चिल्ला रही थी, तब मैं उसकी हताशा और परिहास सुन रही थी, 'दीदी, इन घरों में पार्टटाइम काम करने को हमें बुड्ढे चाहिए। ये लड़के क़ाबू में नहीं रहते और मैनेज नहीं कर पाते। वो घूरते हैं और काम में देरी करते हैं। मेदिनीपुर या दिल्ली में इन्होंने ऐसी औरतों को कभी देखा नहीं है। यहां हमारी मैडमें टॉप-क्लास सुंदर हैं, घंटों जिम में रहती हैं, महंगी चीज़ें पहनती हैं और कुछ भी नहीं खातीं। मैं तो नए लड़कों को डिफ़ेंस कॉलोनी या सीआर पार्क के घरों में काम करने भेजती हूं। कॉलोनी की वो ज़िंदगी उनके लिए सही है। वहां मैडमें ऐसी नहीं हैं। वो बच्चों वाले किसी बंगाली घर में काम कर सकता है। वहां वो ठीक काम कर लेगा।'

हम बस स्टॉप पहुंच गए थे। टॉप-क्लास सुंदरियों की यह गाइड रुक गई और उसने देखा कि मैं उसकी बातचीत में दिलचस्पी ले रही हूं। वो अपने फ़ोन पर लौटी। 'दीदी, मैं बाद में फोन करती हूं,' उसने कहा, और दिल्ली परिवहन निगम की बस 522 सीएल में ग़ायब हो गई। और मैं एक संभावना की ओर बढ़ने लगी।

जब मैंने अपने पिछले रोमांस के भीतर के डाइनेमिक्स को *देखना* शुरू कर दिया, तो अब अनदेखी करने का विकल्प नहीं रहा था। मुंबई से दिल्ली की एक फ़्लाइट पर मुझे 'उस' के दल के दो आदमी मिले थे। टेक-ऑफ़ के बाद वो ज़ोर-ज़ोर से इशारे करके कहने लगे कि मैं बिज़नेस क्लास में उनके पास आ जाऊं क्योंकि उनके क़रीब में एक ख़ाली सीट थी। मैं उनसे बस तीन पंक्ति पीछे 'प्रीमियम इकोनॉमी' में बैठी थी। मैंने सुझाव दिया कि वो मेरी सीट पर आ जाएं, क्योंकि मेरी पूरी पंक्ति ख़ाली है। उसका एक दोस्त मेरे पास आया, मुस्कुराया और बोला कि मैं बुद्द् हूं। 'तुम हमेशा ही बहुत अजीब लड़की थीं। यार, तुम ऐसे आराम को क्यों ठुकरा रही हो?' क्यों, वाक़ई?

मैं बिज़नेस क्लास में चली गई और फ़ौरन ही असहज महसूस करने लगी। फ़्लाइट अटेंडेंट और दूसरे मुसाफ़िरों की निगाहें मुझे कोंच रही थीं। मुझ पर घबराहट का हल्का सा दौरा पड़ने लगा था। प्रीमियम इकोनॉमी में, मैं कॉफ़ी मांगने की हक़दार थी। यहां मैं चुप पड़ गई थी। 'उस' के दोस्तों ने मेरे लिए एक कप कॉफ़ी का ऑर्डर कर दिया और अपनी पिछली जीतों और छुट्टियों के बारे में बातें करने में लग गए। पैंतालीस मिनट की भारी बेचैनी के बाद मैं वापस अपनी सीट पर चली गई और राहत की सांस ली। बिज़नेस क्लास में मैं अपने शक्तिशाली दोस्तों की मेहरबानी और दया पर निर्भर थी। मैं सोचती रही थी—अगर फ़्लाइट अटेंडेंट ने मुझसे वहां से जाने के लिए कहा तो? क्या ये लोग मेरे रुकने का साथ देंगे या मुझे निकाल बाहर करेंगे? पंक्ति 4ए में ऐसे कोई अस्तित्व संबंधी प्रश्न नहीं

थे। मुझे पता था कि मेरी जगह कहां है। नज़ारा प्रीमियम इकोनॉमी से भी वही था। बिजनेस क्लास में अतिरेक था।

लेकिन, यक़ीनन, इसी अतिरेक में तो मुझे दिलचस्पी थी।

'उस' के साथ मेरे ब्रेक-अप के फ़ाइनल दौर में—बेपनाह ज्ञान के स्रोत—बॉलीवुड के दिव्य हस्तक्षेप की ज़रूरत थी। मैं और एक क़रीबी दोस्त एक ट्रेंडी बार में ड्रिंक कर रहे थे, तभी भारत के सबसे युवा अभिनेताओं में से एक अपने विशाल दल-बल के साथ अंदर आया। बार में ज़्यादा लोग नहीं थे, लेकिन उसके आने के बाद स्टाफ़ ने एक तरह से बार को बंद कर दिया था। लेकिन सब कुछ ठीक नहीं था। एक वक़्त पर, सारी मौज-मस्ती और हंगामे के बीच, वो बंदा आंसू बहाने लगा। वो अपने दोस्तों के साथ ग़ायब हो गया, दिलासा दिए जाने और समझाने-बुझाने के बाद वो सूजी आंखें लिए वापस आया। मैं उसे जानती थी: वो दिलकश, बेइंतहा ख़ूबसूरत, कमाल का प्रतिभाशाली था; उसकी पहली फ़िल्म मेरी हमेशा की फ़ेवरीट फ़िल्मों में से एक है। तब, 2013 की जुलाई में, बड़ी हिट देने से पहले, उसके अंदर असली मेगास्टार बनने के सभी स्पष्ट गुण थे। फिर भी उस रात उसकेउदास और तन्हा सामाजिक रूप को मैं कभी नहीं भूलूंगी। अपने नशे और टूटे दिल से भरी स्तब्धता में मैं उसके पास गई, उसे गले लगाया और पूछा कि वो क्यों रो रहा है। मैं समझ नहीं पा रही थी कि एक बंदा जिसके पास इतना कुछ—प्रतिभा, कामयाबी, शोहरत और ख़ूबसूरती—है, वो कैसे परेशान हो सकता है। मेरी उत्सुकता से हैरान होकर उसने अपनी आने वाली फ़िल्म के बारे में कुछ फ़ालतू सी बातें कहीं। उसने प्रीमियर के पास देने, तारीफ़ और हंसी-मज़ाक़ करके मेरे सवालों को टालने की कोशिश की। मैंने उसे गाल पर किस किया—मेरी सबसे क़रीबी बॉलीवुड मुलाक़ात—और उसे, और एक भारतीय पुरुष परमेश्वर की अपनी खोज को गुडबाइ कह दिया।

इस अभिनेता से मुलाक़ात एक आध्यात्मिक थेरेपी जैसी थी। यह ऐसा शख़्स था, जिसे पूरी तरह से हमारे पितृसत्तात्मक समाज का वरदहस्त और कृपा प्राप्त थी, मगर फिर भी वो अपनी कमज़ोरी और असुरक्षा को खुलेआम ज़ाहिर कर सकता था। उस पल में बॉलीवुड का यह चमकीला प्रोडक्ट एक भरा-पूरा इंसान बन गया था। और जल्द ही मैंने मान लिया कि 'वो' मेरे लिए कभी भी जीता-जागता इंसान नहीं था, वो एक बेवक़ूफ़ी भरा इनाम बन गया था। एक सुंदर ट्रॉफ़ी जो मेरे व्यक्तित्व को मायने देता। और मैंने अपनी घोर लालसा को देखा कि वो असल में क्या थी—एक साधारण कामकाजी महिला के रूप में अपनी शर्तों पर मायने और अपनी जगह खोजने की कड़ी मेहनत से एक भटकाव। आज भी जब मैं उस

एक्टर की तस्वीरें और होर्डिंग देखती हूं, तो उसकी इंसानियत और हमारी छोटी सी बातचीत के लिए आभारी हो मुस्कुरा देती हूं। मैं कभी नहीं भूल पाऊंगी कि उस रात जब मैं जा रही थी, तो सुपरस्टार के डाइरेक्टर दोस्त ने फुसफुसाकर उससे पूछा था, 'यह क्या चाहती थी?'

हम उन लोगों में इतनी दिलचस्पी क्यों लेते हैं जो इतने ऐशो-आराम में जीते हैं, इस पर मनन करते हुए मनोविश्लेषक एडम फ़िलिप्स कहते हैं कि वो 'हमें परेशान करते हैं, हमें उत्तेजित करते हैं, क्योंकि वो हमारे बारे में, हमारे अपने डरों और हसरतों के बारे में हमें कुछ अहम बातें बताते हैं।' वो अतिरेकों और प्रस्तावों पर बातचीत को निर्देशित करने में संस्कृति की भूमिका पर बल देते हैं: 'क्योंकि हम कुछ ख़ास नहीं है—चींटियों और डैफ़ोडिल्स की तरह—हमें ख़ास महसूस करवाना संस्कृति का काम है; उसी तरह जैसे माता-पिता को दुनिया के बड़े फ़लक में अपने बच्चों को अपनी नगण्यता को सहने, और ख़ुशी से सहने, के लिए विशेष महसूस करवाने में मदद करनी होती है।'

कई महीने बाद, मुझे 'वो' और उसका गुट ख़ान मार्केट में नज़र आए। उनके साथ सेक्सी लड़कियों की एक प्रभावशाली फ़ौज थी। लेकिन मुझे नज़रअंदाज़ कर दिया गया। उसके एक दोस्त ने जाते वक़्त मेरी ओर हाथ हिलाकर गर्मजोशी से हैलो कहा। मेरा दिल और आत्म-सम्मान का भाव डूब गए। मैं ब्रेक-अप के बाद बचकाना बर्तावों के पैटर्न की आदी हूं: लेकिन 'उसके' सेक्सुअल अपमानों का दंश हमेशा अहम और तीखा लगता है। एक रिमाइंडर कि मैंने प्रीमियम-इकोनॉमी टिकट पर बिज़नेस क्लास में सफ़र करने की हिम्मत की थी। और हालांकि यह छोटी सी एपिसोड बहुत मस्त थी, मगर किसी भी फ़िनिशिंग स्कूल, अकादमिक डिग्री या कमर के घेरे के बावजूद यह आदमी कभी भी मेरे साथ वैसा ही बर्ताव नहीं करता जैसा यह अपने परिवार या अपने दोस्तों के साथ करता है: एक समकक्ष इंसान के रूप में। 'उसे' और उसके दोस्तों और प्रशंसकों की मंडली को देखते हुए मैंने महसूस किया कि मुझे अब इन पुरुषों से प्रेम या सेक्सुअल प्रमाणन की हसरत नहीं थी—मैं केवल एक सम्मानजनक साहचर्य चाहती थी।

मेरे लिए 'वो' और उसके दोस्त दिल्ली की प्राचीन वस्तुओं का संग्रह थे। दौलत ने उनकी विशिष्टता के निजी ब्योरों को सुदृढ़ किया था, लेकिन नगण्यता की किसी भी भावना से बचाव की गारंटी देने की इसकी क्षमता कम हो रही थी। राजनीतिक रूप से ऊपर उठ रहे मध्यम वर्ग वाले एक ग़रीब देश में पुरानी दौलत के बूते क़ायम अतिरेकता एक एकाकी और घृणित स्थान है। लेकिन 'वो' हमेशा नियंत्रण में प्रतीत होता था। मैंने सोचा, *हमेशा नियंत्रण में रहने वाला वो जायदाद वाला ख़ून।*

किसी भी चिंता को हमेशा दोस्ती, ज़मीनों और व्हिस्की में छिपाने वाला। और यहां मैं, कमज़ोर इच्छाशक्ति वाली महिलाओं की महान परंपरा में, पुरुष नियंत्रण द्वारा बुने गए एक हास्यास्पद कफ़न में अपनी सभी स्त्रीजनित चिंताओं को छिपाने की कोशिश कर रही थी। मुझे याद है कि मैं उन लड़कियों के गुट को ग़ौर से देख रही थी जो 'उसे' घेरे हुए थीं। वो एक मित्रता भरी ग़ुलामी दर्शा रही थीं जो यक़ीनन हमारे अपने साथ के समय में मैं भी दिखाती थी—इस बात का सुबूत कि मूर्खता एक सर्व-लिंगी और टॉप-दस-प्रतिशत का विकार है। प्यार में अभिजात्य होने के लिए हमें सही सबक़ मिलता है। भारत में, मूर्खता हमारी सबसे बड़ी विलासिता है।

दूसरे दोस्तों के रोमांटिक और सेक्स संबंधों को खोजते हुए मैंने जवाबों के लिए पिछले कुछ वर्षों का एक बड़ा हिस्सा 'उसके' साथ अपने संबंधों को समझने की कोशिश में बिताया है। मुझे अहसास हुआ कि कैसे लोकप्रिय संस्कृति ने हमें प्यार के लिए निर्लज्ज बना दिया है। हम सब इसकी हसरत करते हैं—जैसे शाहरुख़ ख़ान की फ़िल्मों में हीरोइनें करती थीं। जैसे शाहरुख़ करते थे। और अचानक, मुझे एक योजना मिल गई थी। फ़िल्म और जीवन में रोमांस की कमी से व्याकुल होकर, मैंने हम फ़ैनगर्ल्स के बारे में कहानियां इकट्ठा करने और लिखने का फ़ैसला किया। ये कहानियां आम जगहों की नादान लड़कियों के बारे में एक निजी गाथा होगी जो अधिक समानता और गरिमा से भरे प्रेम का सपना देखती हैं। 'उसे' खोजने की थकाऊ और निराशाजनक दौड़ से बचने की कहानियां।

इतने वर्षों में मैं शाहरुख़ की फ़ैनगर्ल्स के एक बड़े सिस्टरहुड की धुरी बन गई थी। इनमें से कुछ महिलाएं क़रीबी दोस्त थीं, दूसरी कलीग, क्लायंट और मैन्टर थीं। मुझे हवाई अड्डों और मॉल में फ़ैन मिलीं, दोस्तियां कीं, प्रशंसकों की अपनी कहानियां एक-दूसरे से बांटीं। दूसरों की फ़ैनडम को बेहतर ढंग से समझने के लिए मैंने उन्हें रिसर्च सब्जेक्ट के रूप में देखा। उनकी कहानियों से मुझे सुकून मिला। मैंने उन्हें जमा किया, बड़ी सावधानी से डायरी में नोट्स के रूप में जीवन इतिहास और क़िस्सों को लिखा। 2013 में, जब शाहरुख़ ने मैचो-लैंड में क़दम रखा, तो मैंने अपने हीरो को फिर से जिलाने के लिए महिला प्रशंसकों की संगति पर भरोसा करने का फ़ैसला किया। योजना हमारी सामूहिक निराशा की तुलना करना और उसे शांत करना थी।

5
एक समग्र संभ्रांत

आप केवल तभी सीख सकते हैं जब आपके पास ख़ाली वक़्त हो।

—जिद्दू कृष्णमूर्ति, 1977

मैंने किसी भी भारतीय, बांग्लादेशी या पाकिस्तानी पुरुष में स्त्री-विद्वेष पहचानने के लिए एक सरल सा टैस्ट बनाया है। अगर कोई पुरुष शाहरुख़ को पसंद करता है, तो वो आमतौर पर प्रगतिशील है। अगर कोई सलमान को पसंद करता है, तो वो सही नहीं है। अगर कोई आमिर को पसंद करता है, तो वो अक्सर दाढ़ीवाला उदारवादी है जिसे अपनी आवाज़ बहुत ज़्यादा पसंद होती है। मेरा टैस्ट शायद ही कभी नाकाम रहता है।

—एक फ़ैन जिसका 2016 में इंटरव्यू किया था

मैंने उन महिलाओं से शुरू किया, जिन्हें मैं बहुत अच्छी तरह जानती थी, जो 1980 के दशक में सामाजिक-आर्थिक विशिष्ट सुविधाओं में जन्मी थीं, जो विद्या और मेरे जैसी थीं। शुरू करने के लिए यह आसान स्थान था। शाहरुख़ ख़ान के फ़ैन्स से गुमनाम इंटरव्यू चाहते हुए मैंने सर्वे के लिए एक प्रश्नावली टाइप की। इसमें बेसिक जनसंख्या संबंधी जानकारी मांगी गई थी और बातचीत की एक श्रृंखला में भागीदारी करने की इच्छा जानी गई थी।

2013 से 2017 के बीच कॉफ़ी ब्रेक और मेल-मुलाक़ातों के ज़रिए मैंने पाया कि तीसेक साल की संभ्रांत महिलाओं के फ़ैनडम ने एक जैसा आकार ले लिया है। हम बहुत भिन्न थीं, मगर ऐसा लगता था जैसे शाहरुख़ को हम एक ही चश्मे से

देखते हैं। हम भारतीयों की वो आख़री पीढ़ी थे जिसने ऐप्स, इंटरनेट या स्मार्टफ़ोन के बिना किशोरावस्था और शुरुआती वयस्कता में क़दम रखा था। प्रणय रॉय हमें दुनिया भर की ख़बरें सुनाते थे और अपने हाई स्कूल क्रश को हम इंस्टाग्राम या फ़ेसबुक पर कभी नहीं देख सके थे। 1990 के दशक में हमने शाहरुख़ को पाया था। हम उनके प्रशंसकों का *पहला* समूह, उन पर दावा करने वाली लड़कियों की पहली पीढ़ी थे। हमने उन्हें सुपरस्टार बनाया था।

मैंने जिस भी फ़ैन से बात की, वो सब इस पर अटल थीं कि उन्हें वो फ़िल्में सख़्त नापसंद रही हैं जिनमें शाहरुख़ का पात्र लड़कियों के पीछे पड़ता या उन्हें नुकसान पहुंचाता है, मगर उन्होंने उनके ऑन-स्क्रीन रोमांटिक व्यक्तित्व को चुना। लेकिन जैसे-जैसे हम अपने बीस और तीस के दशक में पहुंचे, शाहरुख़ के लिए हमारा प्यार बदलने लगा था। हम फ़िल्मों के बजाय मीडिया के साथ उनकी बातचीतों और पब्लिक शो को प्राथमिकता देने लगे। इंटरव्यू और लेक्चर शाहरुख़ की कला का अहम हिस्सा बन गए। 2013 में प्रशंसकों के साथ मेरी बातचीत के समय, हम सभी उनकी फ़िल्मों से ज्यादा उनके ऑफ़-स्क्रीन मीडिया व्यक्तित्व पर फ़िदा थे। अपने तीस के दशक की ये महिलाएं टीनएजर्स की तरह उनके इंटरव्यूज़ पर गश खाती थीं।

जब फ़ैनगर्ल्स बड़ी होकर फ़ैन-वुमन बनीं, तो अनेक ने शाहरुख़ की फ़िल्मों को देखना छोड़ दिया, लेकिन उनके प्रति जुनूनी बनी रहीं। मुलाक़ात तय करने की तीन नाकाम कोशिशों के बाद एक चौंतीस वर्षीय थकी-मांदी फ़ैन-महिला मुझसे मिलीं। वो घर और नौकरी संभालने की बाज़ीगरी से जूझ रही थीं और उनके लिए अपने लिए समय निकालना ही मुश्किल था, मेरे सवालों को तो छोड़ ही दीजिए। 'मैंने घर पर एक नई कुक रखी है और मुझे उस पर निगाह रखनी होती है। उसे खाना बनाने के लिए अकेला नहीं छोड़ सकती,' उन्होंने हमारी पहली मुलाक़ात रद्द करने पर मुझसे कहा था। जिस दिन हम मिले, वो ऑफ़िस और घर के कामों के बीच बारह घंटे का दिन बिताकर निकली थीं। अपने बालों को उंगलियों से संवारते हुए उन्होंने कहा: 'शाहरुख़ की कोई नई फ़िल्म आती है तो अच्छा लगता है। मैं फ़िल्म देखने जाऊंगी, बेशक। मैं उन्हें सपोर्ट करने और यह देखने जाती हूं कि वो क्या कर रहे हैं। मुझे उन्हें देखने में मज़ा आता है। लेकिन सबसे अच्छी बात यह है कि उनकी रिलीज़ पर उन्हें कई मीडिया इंटरेक्शन और इंटरव्यू भी करने होते हैं। वो हमेशा देखने लायक़ होते हैं! यह उनकी परफ़ॉर्मेंस का हिस्सा है। मुझे इसकी ज़रूरत है, बस यह जानने के लिए कि भारत में ऐसे विचारशील पुरुष भी हैं। और वो हमेशा कुछ ख़ास या दिलचस्प बात कहते हैं।' उन्होंने अपनी बात को

स्पष्ट करने के लिए हाल ही में एक पत्रकार को दिए ख़ान के एक इंटरव्यू का ज़िक्र किया: 'उन्होंने कुछ ऐसा कहा था कि वो किसी महिला को कैसे इतना सम्मान दें कि वो उनसे प्यार करने लगे। भारत में और कौन सा आइकन या स्टार महिलाओं के बारे में ऐसी बात करता है?'

2018 में, एक युवा बंगाली फ़ैन ने शिकायत की कि शाहरुख़ की फ़िल्मों के रोमांस ने उसे 'ज़िंदगी भर के लिए बर्बाद कर दिया।' उसने शाहरुख़ पर उसे एक हताश रोमांटिक बनाने का आरोप लगाया, जिसे हमेशा किसी आदमी से 'परफ़ेक्ट प्रपोज़ल' की उम्मीद रहती है, जिसमें वो उसके हीरो के ऑनस्क्रीन रोमांटिक रुटीन की नक़ल करेगा। आख़िरकार, उसने गाने और शायरी के ज़रिए अपने बॉयफ्रेंड को शादी के लिए प्रपोज़ करके लैंगिक भूमिकाओं को उलट दिया। उस शख़्स द्वारा शाहरुख़ के रोमांटिक अवतार की तरह बर्ताव करने की उम्मीदों को छोड़ते हुए, उसने प्रपोज़ करने में शाहरुख़ की भूमिका अपनाई, वो अपने प्रेमी के साथ रोमांस करते हुए घुटनों के बल बैठी और उससे शादी करने के लिए कहा।

जिन महिलाओं ने इंटरव्यू के लिए मेरे फ़ोन का जवाब दिया, उन्हें भी लगता था कि शाहरुख़ ने उन्हें भी रोमांटिक रूप से बर्बाद कर दिया है। वो सब विविधतापूर्ण समूह की थीं जिन्हें मैंने स्नोबॉलिंग नाम की एक तकनीक के ज़रिए खोजा था, जिसमें एक फ़ैन मुझे दूसरे से जोड़ती जाती थी जब तक स्नोबॉल से शुरू हुआ खेल एवलांच नहीं बन गया। अपने रोज़मर्रा के कामकाजी जीवन में आंकड़ों को लेकर कठोर होने से थककर, मैंने इंटरव्यू के लिए महिलाओं को चुनने के लिए कठोर सैंपलिंग नियमों के बजाय फ़ैनगर्ल्स के क्यूरेटेड चुनाव पर चलने का फ़ैसला किया। मुझसे बात करने में दिलचस्पी रखने वाली अधिकांश महिलाएं अपने तीस के दशक के मध्य में पहुंच रही थीं। वो अपनी फ़ैनडम के बारे में सावधान थीं। वैवाहिक स्थिति उनके व्यक्तित्व का एक संयोजक सिद्धांत था—संदेशों या बातचीतों में वो अक्सर अपने बारे में सबसे पहले यही लिखती थीं।

सेक्स , प्यार और शादी पर सब इंग्लिश में बात करती थीं। जिन महिलाओं से मैं मिली, उनका मानना था कि हिंदी फिल्मों की हीरोइनों की तुलना में वो ख़ुद को अमेरिकी टीवी शो के पात्रों के ज़्यादा समान पाती हैं। लगभग आधी फ़ैन-महिलाएं विवाहित थीं, चौथाई उनके बताए अनुसार ख़ुशहाल रिश्तों में थीं और शेष चौथाई अविवाहित थीं। सब स्ट्रेट थीं। मैंने जिन विवाहित महिलाओं से बात की, उनमें हर पांच में से दो ने कहा कि उन्होंने परिवार वालों के शामिल हुए बिना प्यार के लिए शादी की थी। अधिकांश अपनी शादी से ख़ुश थीं लेकिन चाहती थीं कि उनके पति

उनके साथ अधिक समय बिताएं। एक फ़ैन-महिला ने कहा, 'पुरुषों और महिलाओं के बीच का अंतर अजीब है। जब मेरा दिन बहुत व्यस्त गुज़रता है, तो मैं उसके बारे में बात करना चाहती हूं। और वो बस अपने टीवी में घुस जाते हैं। मुझे लगता है शायद इसी वजह से इतनी महिलाएं शाहरुख़ की फ़िल्मों को पसंद करती हैं—वो महिलाओं से अपनी भावनाओं और हर चीज़ के बारे में बात करते रहते हैं। मेरे पति मज़ाक़ में कहते हैं कि शाहरुख़ बहुत बोलता है।'

जिन महिलाओं ने अरेंज्ड मैरिज के ज़रिए अपने जीवनसाथी पाए थे, उनमें से अधिकांश प्रस्ताव स्वीकार करने से पहले कई बार अपने पतियों से मिली थीं। महिलाओं के एक छोटे से समुदाय ने भागकर शादी की थी, क्योंकि उनके पार्टनर भिन्न जातियों या धार्मिक समुदायों के थे। विवाहित फ़ैन-महिलाओं के बीच केवल शाहरुख़ के लिए प्यार ही समान लक्षण नहीं था—उनमें से अधिकांश घर से बाहर काम नहीं करती थीं। हमारी चार वर्षों की जान-पहचान के दौरान कई महिलाओं ने नौकरी छोड़ दी थी। इन चुनावों को हमेशा 'स्वाभाविक' माना जाता था, जिसकी वजह टिपिकली प्रेग्नेंसी और बच्चे होना होता है। मैंने जिन लोगों से बात की, उनमें से लगभग सभी को इस बारे में एक स्पष्ट समयरेखा या ब्योरा देने में परेशानी हुई कि वो फ़ुल-टाइम गृहिणी कैसे बनीं। *यह बस हो गया।* मैंने यह जुमला बहुत सुना। जब हमने उनके रोज़गार संबंधी निर्णयों के बारे में बात की तो सामाजिक उत्पीड़न, उलझन और अपराधबोध की भावना गहरा गई। चार साल की कठिन बातचीत के बाद मैंने फ़ैन-महिलाओं के विवाहित पूल में तीन अलग-अलग समूहों को खोज लिया। प्रत्येक समूह दूसरे द्वारा आंका गया महसूस करता था।

पहले समूह में वो महिलाएं थीं, जिन्होंने ख़ुद को परिभाषित करने के लिए वेतनभोगी रोज़गार या वित्तीय आत्मनिर्भरता को अहम नहीं माना। उन्होंने कभी भी अपने अंदर कैरियर बनाने की भावना पैदा नहीं की थी। अपनी मांओं की तरह ही इस समूह ने घर से बाहर काम करने की इच्छा नहीं रखी और शादी के बाद पेशेवर या कॉरपोरेट जगत से पीछे हट गया। उन्होंने महसूस किया कि मातृत्व और परिवार ही उनकी ज़िंदगी है, जो उन्हें अर्थ और उद्देश्य प्रदान करते हैं। एक छत्तीस वर्षीया फ़ैन ने कहा, 'मुझे काम करने में मज़ा नहीं आया और इतनी अच्छी पृष्ठभूमि है नहीं कि अच्छी तनख़्वाह वाली नौकरी मिले। कुछ ऐसा करने का कोई मतलब नहीं है जिसकी आपको परवाह न हो और मज़ा भी न आए, या जिसमें आप अच्छा न कर पाएं, ख़ासकर तब जब मुझे जीवित रहने के लिए काम करने की ज़रूरत नहीं है। मुझे मां और अच्छी पत्नी होना पसंद है। मैं घर पर बहुत अच्छा समय बिताती हूं, मेरे ससुराल वाले मुझे वो सब करने देते हैं जो मैं चाहती हूं। मुझे

आज़ादी है। मेरे पति मुझसे प्यार करते हैं और अच्छा पैसा कमाते हैं। वो मुझे वो सब देते हैं जिसकी मुझे ज़रूरत है। मेरी कोई क़रीबी दोस्त भी काम नहीं करती और हम काफ़ी समय साथ गुज़ारते हैं। मेरा जीवन अच्छा है। लेकिन मुझे महसूस होता है कि कामकाजी महिलाएं और समाज हाउसवाइव्ज़ और काम न करने वाली महिलाओं को जज करता है। आजकल, समाज के ऊंचे तबक़ों में, महिलाओं के लिए कैरियर एक स्टेटस सिंबल बन गया है। मैं ऐसी महिलाओं को जानती हूं जो अपने पतियों से कुछ छोटा-मोटा बिज़नेस करवाने में मदद करने के लिए कहती हैं, इसलिए नहीं कि वो काम करना चाहती हैं बल्कि इसलिए कि वो कैरियर महिला होने का ठप्पा चाहती हैं। मुझे परवाह नहीं है और मुझे अपने परिवार के अलावा किसी और को प्रभावित करने की ज़रूरत भी नहीं है।'

एक अन्य फ़ैन की शादी एक सफल रियल एस्टेट एजेंट से हुई थी। उसने कहा, 'मुझे लगता है अगर पुरुषों के पास विकल्प होता और समाज उन पर दबाव नहीं डालता तो कई पुरुष भी काम करना बंद कर देते। बहुत कम आदमी अपनी पसंद का काम कर पाते हैं।'

महिलाओं का एक दूसरा समूह महसूस करता था कि उनकी व्यावसायिक पहचान उनके व्यक्तित्व के लिए महत्वपूर्ण थी। हालांकि बच्चे होने के बाद उन्होंने धीरे-धीरे इन कैरियर संबंधी महत्वाकांक्षाओं को छोड़ दिया था। मातृत्व और अपने कैरियर के बीच बंटकर, अचानक लालन-पालन में मिली सार्थकता ने उन्हें नौकरी पर लौटने में देरी करने के लिए प्रोत्साहित किया। वैसे भी, भारत में मां बनने के बाद महिलाओं के लिए काम पर लौटने के लिए बहुत कम प्रोत्साहन हैं। भारतीय नौकरी बाज़ार में महिलाओं द्वारा गंभीर 'मातृत्व दंड' झेलना अभी भी जारी है। उच्च वर्ग के घरों में घरेलू सहायकों को रखने की क्षमता से भी यह नहीं बदलता कि मातृत्व किस तरह महिलाओं को कार्यबल से बाहर कर देता है। दिल्ली में हुए एक सर्वेक्षण में हमने पाया कि सैंतालीस प्रतिशत वयस्क महिलाओं ने कहा कि उन्होंने प्रसव के बाद काम छोड़ दिया। 2019 के लिए सीएमआईई के आंकड़ों के अनुसार, शहरी भारत के सबसे धनाढ्य वर्ग की बीस से पचपन वर्ष के बीच की आयु की केवल दस प्रतिशत मांओं के पास वैतनिक नौकरी थी। 2017 में एक महत्वपूर्ण क़ानून द्वारा मैटरनिटी लीव बढ़ाने के बाद भी नियोक्ता नौकरियों और शिशु-देखभाल के लिए बहुत कम छूट प्रदान करते हैं। महिलाओं को अक्सर समान कार्य के लिए पुरुषों की तुलना में कम वेतन मिलता है और आगे बढ़ने के अवसर और भी कम मिलते हैं। शहरी भारतीय पुरुष यक़ीनन शिशु-देखभाल और घरेलू कामकाज में मदद करवाने से हाथ खींचने में विश्व चैंपियन भी कहे जा सकते हैं।

मैंने जिन महिलाओं से बात की उनमें से कुछ ने अपने पति और ससुरालवालों की ओर से बच्चों और घर पर ध्यान देने का दबाव महसूस किया था, लेकिन वैतनिक नौकरी को छोड़ने के निर्णय को शायद ही कभी ज़बरदस्ती में लिया बताया गया। ज़्यादातर का दावा था कि अब 'आत्मा-चूस लेने वाली नौकरियों' और 'ऑफ़िस के पुरुष सत्तावादी माहौल' को छोड़कर वो खुश हैं। उन्हें अच्छी मां होने पर बहुत गर्व था। लेकिन इस मुखौटे के पीछे मैंने कुछ पछतावा महसूस किया। एक महिला ने कहा कि उसे लगता है कि 'कुछ क़रीबी नौकरीपेशा दोस्त जज करती हैं। लेकिन मां बनना एक फुल-टाइम जॉब है। कॉरपोरेट जगत में अच्छा प्रदर्शन करने में बहुत अधिक घंटे और बहुत अधिक ताक़त लगती है। आपको प्रेरित होना होता है। मां होने ने मेरे लिए यह बदल दिया। और आप जीवन में केवल एक लक्ष्य को ही अपना सौ प्रतिशत दे सकते हैं।'

एक और महिला का विचार था, 'मेरे पति शाहरुख़ की तरह नरम और मज़ाक़िया हैं। उन्होंने मुझे कभी नौकरी छोड़ने को नहीं कहा, लेकिन मुझे ऐसा लगा कि इसी में समझदारी है। एक बच्चे को अपनी मां की ज़रूरत होती है और मैं अपने बेटे के साथ समय बिताने को मिस नहीं करना चाहती थी। और ऐसा भी नहीं है कि नौकरी बहुत अच्छी या मेरे लिए बहुत सार्थक थी। मेरे पति की बहुत अच्छी नौकरी थी और हम एकल आमदनी में घर चला सकते थे। मुझे उम्मीद है कि अपने बेटे के बड़ा होने के बाद मैं काम पर लौटूंगी, लेकिन हर साल यह और मुश्किल लगता है। मैं कोई कलाकार या बिज़नेसवुमन नहीं हूं, मैं अपने लिए काम नहीं कर सकती। मैंने ऑफ़िस के माहौल में अच्छा काम किया था, लेकिन मुझे पता है कि मुझे जिस तरह की नौकरियां पसंद थीं, उनमें समर्पण चाहिए और मुझे लचीलेपन की ज़रूरत है। ये दोनों बेमेल हैं।'

समाजशास्त्री इसे 'हतोत्साहित कामगार प्रभाव' कहते हैं, जिसमें महिलाएं काम करने के लिए हतोत्साहित महसूस करती हैं क्योंकि उनके पति उनकी अपेक्षा कहीं अधिक पैसा कमाते हैं और कार्यस्थल महिलाओं के साथ सही व्यवहार नहीं करता है। वैतनिक काम पर लौटने के फ़ायदों और नुकसानों को तौलते हुए, कई महिलाएं केयर गिवर होने में अधिक प्यार, सामाजिक मान्यता और आत्मसम्मान पाती हैं, इसी कारण से वो वैतनिक रोज़गार की दुनिया से लगातार हटती जा रही हैं। अंतर्राष्ट्रीय श्रम संगठन (आईएलओ) द्वारा अप्रैल और जून 2018 के बीच एकत्र किए गए डाटा के अनुसार एक शहरी भारतीय महिला हर दिन घरेलू कामों में पांच घंटे लगाती है, जबकि एक शहरी पुरुष घरेलू कामों में उनतीस मिनट लगाता है। घरेलू कामों में पुरुषों की हिस्सेदारी के मामले में भारत

का स्थान दुनिया के सबसे निचले पांच देशों में पाकिस्तान, माली, कंबोडिया और दक्षिण कोरिया के साथ है।

जिन शादीशुदा मांओं से मैंने बात की, उन्हें काम और बच्चे की देखभाल में संतुलन बना पाना बहुत मुश्किल लगा था। पत्नियों ने नौकरी छोड़ दी क्योंकि उनके पतियों ने शायद ही कभी चाइल्डकेअर और घर के कामकाज की ओर कोई दिलचस्पी दिखाई थी। जिन महिलाओं से मैंने बात की, उनमें से एक ने बताया कि वो और उसके पति बिज़नेस स्कूल में साथ थे: 'लेकिन जब मैं प्रेग्नेंट हुई, तो हमने फ़ैसला किया कि मैं काम छोड़ दूंगी क्योंकि एक पिता के रूप में उसकी योग्यता एक मां के रूप में मेरी क्षमता का विकल्प नहीं हो सकती थी। यह एक प्रेक्टीकल फ़ैसला था।' एक और ने कहा, 'किसी-किसी दिन मुझे इतना गुस्सा आता है कि मैं सब पर चिल्लाना चाहती हूं। मेरे पति और ससुरालवाले मुझसे केवल खाने और कपड़ों के बारे में ही बात करते हैं। और कुछ नहीं। मुझे नौकरी छोड़नी पड़ी और अपने बेटे की देखभाल करनी पड़ी, और फिर से सही नौकरी ढूंढ़ना कठिन हो रहा है। अवसर कम हैं और कैंडीडेट बहुत हैं। मैं अपने पति से कहती रहती हूं कि मैं घर में जितना काम करती हूं, उसके लिए वो तनख़्वाह दें!'

एक तीसरे समूह में विवाहित प्रशंसकों का वो छोटा सा समूह शामिल था, जिन्होंने भारतीय संदर्भ में सुपरवुमन बनने की कोशिश की थी। शादी के बाद भी वो घर से बाहर काम करती रहीं। आईएलओ का डाटा उनकी समय की तंगी को सामने लाता है: औसत कामकाजी भारतीय महिला प्रति सप्ताह 44.4 घंटे काम करती है, जो अन्य विकासशील देशों में उसकी बहनों की तुलना में कहीं ज़्यादा है, जो औसतन छत्तीस घंटे काम करती हैं। ज़रूरत से ज़्यादा काम करने और तनावग्रस्त रहने के कारण, यह समूह घरेलू कामों की उस तादाद को लेकर सबसे ज़्यादा नाराज़ था जो वो अभी भी कर रहा था। कुक, सफ़ाईवाली और आया को रखने के बावजूद इन महिलाओं का कहना था कि अपने घरों में बच्चों और बुज़ुर्गों की देखभाल के लिए वो असंगत रूप से ज़िम्मेदार महसूस करती हैं। एक महिला ने ख़ुलासा किया, 'लोग सोचते हैं कि अगर आपके पास स्टाफ़ है तो ज़िंदगी बहुत आसान हो जाती है। लेकिन यह असल में इस बात पर निर्भर करता है कि आपको कैसे काम करने वाले मिलते हैं। मेरी एक मेड है जो शिफ़्ट में आती है, वो हमारे साथ नहीं रहती। कामों की सारी फ़ेहरिस्तों को ठीक से निबटाने में, किराने का सामान ख़रीदने, होमवर्क में बच्चों की मदद करने में बहुत जोड़तोड़ करनी पड़ती है। मुझे अच्छे से घर चलाना पसंद है और मैं चाहती हूं कि मेरा परिवार अच्छा खाए

और अच्छे से रहे। इससे मुझे ख़ुशी मिलती है। इसके लिए ताक़त चाहिए। मेरे पति इन बातों की ज़्यादा परवाह नहीं करते। उनसे अपने हिस्से का काम करवाने के लिए मुझे चिकचिक, और कहीं ज़्यादा मेहनत करनी पड़ती है, इसलिए मैं ख़ामोशी से सब कर लेती हूं।'

मैंने शाहरुख़ की शादीशुदा फ़ैन-महिलाओं से कहा कि वो हिसाब लगाएं कि अपने पतियों की तुलना में घर के काम करने या उनका इंतज़ाम करने में वो कितने घंटे बिताती हैं। ऐसे ही किसी शुक्रवार को उन्होंने यह किया। नतीजा—विवाहित कामकाजी महिलाएं अक्सर ऑफ़िस में आठ घंटे की शिफ़्ट पूरी करती हैं और घर के कामकाज को निबटाने में और चार घंटे लगाती हैं। उनके पतियों ने ऑफ़िस में नौ घंटे और घरेलू कामों में आधे घंटे से भी कम समय बिताया था, जो अधिकतर ड्राइवर को निर्देश देना भर होता था। जब मैंने इन नतीजों को सारी महिलाओं को बताया, तो किसी ने भी आश्चर्य नहीं जताया। एक उत्तरदाता ने कहा, 'मैं आपको बताऊं, जब भी मेरे पति बर्तन धोने में मेरी मदद करने का सोचते हैं, तो हर बार मैं प्रसाद चढ़ाती हूं। पिछले साल में मैं केवल दस बार ही प्रसाद चढ़ा पाई हूं। और मेरी दोस्त कहती हैं कि मैं ज़्यादातर से बेहतर हूं!' एक और ने कहा, 'ऐसा नहीं है कि मेरे पति सपोर्टिव या प्रोग्रेसिव नहीं हैं। मुझे लगता है कि अगर मैं उनसे मदद करने को कहूंगी तो वो कर देंगे। लेकिन मुझे भी पूछने में गिल्टी महसूस होता है। मैं जानती हूं कि यह अजीब है और क़तई फ़ेमिनिस्ट नहीं है, लेकिन मुझे लगता है कि अगर मैं उनसे अपना काम करने के लिए कहती हूं तो मैं नाकाम हो रही हूं।'

जैसे-जैसे हमारी बातें आगे बढ़ीं, कुछ और महिलाओं ने माना कि अपनी नौकरी छोड़ने के लिए उनके अंदर नाराज़गी है। उन्हें लगता था कि उनके पति ने उनके कैरियर में रुचि न लेकर उनके साथ विश्वासघात किया है। जैसा कि एक तीस वर्षीय पूर्व एचआर मैनेजर ने मुझे बताया, 'जब मेरी बेटी के जन्म के बाद मेरे ससुरालवालों और पति ने सुझाव दिया कि मैं अपनी नौकरी छोड़ दूं, तो मुझे बहुत बुरा लगा। लेकिन ज़्यादा संघर्ष न कर पाने के लिए मैं ख़ुद से भी उतना ही ग़ुस्सा थी। मुझे हमेशा लगता था कि एक अच्छे आदमी से शादी करने का मतलब यह होगा कि मेरा पति हमेशा मेरे गोल्स को सपोर्ट करेगा। लेकिन जब मैं प्रेग्नेंट हुई तो मैंने महसूस किया कि सबसे अच्छे पुरुष भी महिलाओं का घर पर रहना ही पसंद करते हैं।' उन्होंने हंसते हुए कहा, 'असल जिंदगी में कोई शाहरुख़ नहीं हैं। सारे मर्द सलमान जैसे हैं। महिलाओं को रूढ़ियों से लड़ना पड़ता है और लड़ाई में हार माननी पड़ती है। मुझे घर पर रहना स्वीकार करना पड़ा क्योंकि मेरे पति कभी भी घर और बच्चों की देखभाल उस तरह से नहीं कर पाते जैसे मैं कर सकती हूं। मेरी

बेटी अभी पांच साल की है, और मेरे ससुरालवाले चाहते हैं कि हम बेटे के लिए कोशिश करें। मैंने मना कर दिया है, लेकिन मेरे पति अपने माता-पिता के सामने हद नहीं खींच पाते हैं। जब भी मैं कहती हूं कि मैं काम पर वापस जाना चाहती हूं और यह कि हम एक आया और मेरे ससुरालवालों के साथ घर चला सकते हैं, तो मेरे पति कहते हैं कि मेरा काम करना पॉइंटलैस है क्योंकि वो मुझसे ज़्यादा कमाते हैं। उन्हें लगता है कि मुझे घर पर रहना और दूसरी औरतों की तरह इसका लुत्फ़ लेना चाहिए। लेकिन मैं यह नहीं कर सकती, मैं अपनी नौकरी और ऑफ़िस लाइफ़ को मिस करती हूं। पता नहीं क्यों भारत में महिलाओं से ऑटोमेटिकली नौकरी छोड़ने की उम्मीद की जाती है। इसे सामान्य माना जाता है, और मुझे नहीं लगता कि ऐसा है। मैं अपनी बेटी को यह नहीं सिखाऊंगी।'

इन शादीशुदा महिलाओं के लिए, शाहरुख़ उनकी युवावस्था का प्रतीक बन गए थे, उम्मीदों से भरे दौर का, एक ऐसे दौर का जब उन्हें लगता था कि ऐसा आदमी खोजना मुमकिन है जो उन्हें वैसे ही प्यार करेगा जैसी वो हैं और हमेशा उनके चुनावों के लिए खड़ा होगा। असल जीवन में कहीं अधिक सौदेबाज़ी चाहिए थी। एक आदमी आपसे प्यार कर सकता है, उसे आपसे शादी करने के लिए मनाया जा सकता है, वो एक बेहतरीन पिता हो सकता है, लेकिन ज़रूरी नहीं कि वो आपकी आज़ादी की हिमायत करेगा। एक महिला ने मुझे बताया, 'कभी-कभी मैं अपनी टीनएज बेटी के साथ शाहरुख़ की रोमांटिक फ़िल्में देखती हूं और उसे चेतावनी देती हूं। मैं उससे कहती हूं कि असल ज़िंदगी में ऐसे मर्द नहीं होते, कोई मर्द तुम्हारे लिए नहीं लड़ेगा। अपने लिए तुम्हें ख़ुद लड़ना होगा। वो मुझ पर हंसती है और यक़ीन नहीं कर पाती कि मुझे ऐसी रोती-धोती फ़िल्में पसंद हैं। वो उससे कहीं ज़्यादा समझदार है जितनी उसकी उम्र में मैं थी।'

जिन शादीशुदा महिलाओं से मैंने बात की, एक बड़ी संख्या में वो नौकरी में नहीं रही थीं, अधिकांश सिंगल महिलाएं घर से बाहर काम कर रही थीं। मेरी बातचीतों में सामने आया यह पैटर्न राष्ट्रीय सर्वेक्षणों में पाए गए रुझानों को दर्शाता है। 2019 के लिए सीएमआईई रोज़गार डाटा के विश्लेषण से पता चलता है कि बीस से पचपन वर्ष की आयु के बीच की सबसे अमीर टॉप बीस प्रतिशत शहरी भारतीय महिलाओं में से केवल छह प्रतिशत विवाहित महिलाएं नौकरीपेशा थीं, जबकि पंद्रह प्रतिशत अविवाहित महिलाएं स्वतंत्र आय के लिए काम कर रही थीं। तलाक़शुदा और पति से अलग हो चुकी महिलाओं की रोज़गार दर सबसे ज़्यादा थी—67.8 फ़ीसदी।

अविवाहित कामकाजी महिलाएं आत्मनिर्भर थीं लेकिन विशाल भारतीय वैवाहिक सर्कस से दुखी थीं। हरेक के पास सिंगलडम की गहरी खाइयों से एकाध

ख़ौफ़नाक कहानी मौजूद थी। एक ने कहा, 'स्वतंत्र या तलाक़शुदा आदमियों को, जो भले ही मेरे बराबर कामयाब भी न हों, यहां कहीं अधिक स्वीकार्यता और डेटिंग में कामयाबी मिलती है।' इन सिंगल महिलाओं में से अधिकांश का दिमाग़ हमेशा विवाह और एकांगी संबंध में उलझा रहता था। वो हवाई अड्डे की लगेज बैल्ट पर रखे बैग की तरह किसी के द्वारा उठाए जाने की प्रतीक्षा करती सी महसूस करती थीं। पीड़ा भरी बेशुमार रातें 'मेरी अपेक्षाएं बहुत ज़्यादा हैं' के राग में छिपी हुई थीं। अपने शाहरुख़ के सपनों के बावजूद अनेक महिलाओं ने कहा कि उनके अंदर ग़लत क़िस्म के आदमियों से जुड़ बैठने की बीमारी है: उन असंभव जीवों से जो कभी भी अपने पार्टनर को इंसान नहीं मान सकते। अन्यों को लगता था कि नज़र के दायरे में कोई सूटेबल उम्मीदवार नहीं था: उदारवादी महिलाएं मिलेजुले शादीशुदा और अप्रतिबद्ध सिंगल पुरुषों के साथ सोई थीं। 'समझौते' का राग अलापती रूढ़िवादी महिलाओं ने बिना शर्त समर्पण करके उबाऊ आदमियों से शादी कर ली।

इन चैट के लहजे और बुनावट से मुझे असहजता होने लगी थी। जिन महिलाओं ने अपनी नौकरियां छोड़ दी थीं, उनके भी, मोटे तौर पर देखें तो, अपने परिवारों, पार्टनरों और यहां तक कि ख़ुद अपने साथ भी बेहतर संबंध प्रतीत हुए। अपने प्रियजनों के साथ उनके तालमेल में कम सौदेबाज़ी और कम हताशाएं थीं। जब मैंने अपने फ़ेमिनिस्ट दर्प से इन महिलाओं को देखना बंद किया, तो मुझे आश्चर्य हुआ कि क्या उनका नज़रिया अधिक स्पष्ट था, जिन्होंने पितृसत्तात्मक समाज में प्रेम और विवाह में निहित निराशाओं और बलिदानों के साथ तालमेल बिठा लिया था। कामकाजी महिलाओं, चाहे विवाहित हों या अविवाहित, की शिकायत थी कि स्ट्रेट पुरुषों के प्यार, घरेलू कामकाज और यौन संतुष्टि में पारस्परिकता और समानता की कमी थी। जब मैं किसी भी सिंगल महिला से कहती कि अपने आदर्श पार्टनर का ब्योरा दें, तो उत्तर सीधा-सरल होता था। काश वो लेष मात्र भी शाहरुख़ जैसा हो। जब मैंने शादीशुदा महिलाओं से शाहरुख़ के बारे में पूछा, तो उन्होंने अपनी पत्नी और परिवार के लिए उनके प्यार की तारीफ़ें कीं। यह लिखते हुए मुझे हमारी रोमांटिक दुर्दशा पर हंसी आती है। फ़िल्मों ने किस तरह हमारी हसरतों का ख़ाका बनाया है? शाहरुख़ आदर्श पुरुष कैसे बने?

आपने आदर्श व्यक्ति को कैसे गढ़ा

मेरी रिसर्च ने मुझे यक़ीन दिलाया कि शाहरुख़ के पास बेहतरीन महिला प्रशंसक हैं। मेरे इंटरव्यूज़ ने न केवल ख़ान के लिए मेरे प्यार को मज़बूती दी, बल्कि मुझे उनके प्रशंसकों से भी प्यार हो गया। हमने अंतहीन बातें कीं; एक प्रशंसक की

कहानी दूसरी पर ले गई। शाहरुख़ की छाया हमारे अंतरंग जीवन पर छाई हुई थी। हम सब सक्रिय रूप से पश्चिमी शख़्सियतों को फ़ॉलो करते थे। मगर, एक ज़्यादा स्वदेशी आदर्श पुरुष को साकार करने में मदद के लिए हम मिस्टर ख़ान पर भरोसा करते थे। दिल्ली, भोपाल, चंडीगढ़, लखनऊ, रायपुर, मुंबई, कोलकाता और पटना में गहराई से की अस्सी बातचीतों से मैं टिपिकल उच्च-मध्यम वर्ग की शाहरुख़-फ़ैन और उनके प्यार की तलाश की एक समग्र तस्वीर बना पाई। यदि आप ऐसी महिला हैं, तो मेरा प्यार और हमदर्दी आपके साथ है। यह आपकी नामुमकिन उम्मीदों का नक़्शा है। यह है वो तरीक़ा जिससे आपने अपने आदर्श व्यक्ति का गठन किया है।

पहले-पहल, आदर्श आदमी की धारणा एक अंधेरे थिएटर या परिवार के लिविंग रूम में एक ख़ूबसूरत एक्टर पर एक बचकाने क्रश के रूप में उभरती है। बाल-बुद्धि की पहुंच से परे बनी फ़िल्में देखते हुए आदर्श पुरुष गढ़ा जाता है। सिनेमा वो गोंद है जो आपके परिवार को जोड़े रखता है, ख़ासकर तब जब आपमें और आपके रिश्तेदारों में और कुछ भी समान नहीं होता। शायद अपने दादा-दादी, नाना-नानी को आप फ़िरंगी सी दिखती और सुनाई देती हैं। आप अपने आप को 'अपर मिडिल क्लास' कहती हैं, यह संकेत देने के लिए कि आपका परिवार सामाजिक-आर्थिक सीढ़ी में ऊपर चढ़ गया है, लेकिन आप भारत के पुराने पैसे और इंग्लिश बोलने वाले संभ्रांत वर्ग से नहीं हैं। हो सकता है आपके माता-पिता अपने परिवारों में पहले कॉलेज ग्रेजुएट, वो पायनियर रहे हों जिन्होंने इंग्लिश भाषा के साथ सहजता बनाई और उच्च अध्ययन या अच्छी तनख़्वाह वाली नौकरियों के लिए अपने मामूली शहर से बाहर निकले हों। 1980 के दशक में उन्होंने ऐसा काम खोजकर वित्तीय सफलता पाई, जिससे वो भारत के नवोदित मेट्रोपॉलिटन जीवन में कूद सके।

लेकिन आपके माता-पिता अपनी मामूली जड़ों से जुड़े रहेंगे। आपके पिता इतने अमीर नहीं हैं कि गर्मी की रोमांचक छुट्टियों का प्लान बना सकें, न ही वो निवेश के मामले में स्मार्ट हैं। आपकी मां ज़्यादातर समय थकी रहती हैं। जून में आपको छोटे शहरों में हांक दिया जाता है जहां आपके नाना-नानी रहते हैं, ताकि आपकी मां को सांस लेने की जगह मिल सके। आप यह देखते हुए बड़ी होती हैं कि अपने दोस्तों और परिवारों से अलग करने वाली अपनी कामयाबी को आपके माता-पिता कितने असहज ढंग से लेते हैं। फ़ार्महाउस और विदेशों में छुट्टी मनाने जाना शायद ही कभी 90 के दशक की किसी उच्च-मध्यमवर्गीय फ़ैनगर्ल की

गर्मियों की यादों का हिस्सा होता है। अच्छे एयर कंडीशनर, अच्छी नौकरी, अच्छे पति और अच्छी प्रॉपर्टी लेने की चर्चाएं सर्वव्यापी होती हैं।

जून 1992 में, आपकी मां के ऋषि कपूर की प्रशंसक होने की मेहरबानी से, आप शाहरुख़ को उनकी पहली फिल्म *दीवाना* में एक अमीर उद्योगपति के असंतुष्ट बेटे के रूप में देखती हैं। उनका पात्र सीधे-सहज तरीक़े से उस लड़की का पीछा करता है जिससे वो प्यार करता है, अंततः उसका दिल जीतता है और अपने परिवार की दौलत को छोड़कर मैकेनिक बन जाता है। उनका पहला हिंदी फ़िल्म गाना, जो फ़िल्म में उनका पहला दृश्य भी है, मुंबई की सड़कों पर मस्ती भरी राइड पर फ़िल्माया गया है। नज़ारों को देखते हुए, वो कैमरे को देखते हैं, अपनी बांहों को आकाश की ओर उठाते हैं, और गाने का मुखड़ा शुरू करते हैं, *'कोई ना कोई चाहिए, प्यार करने वाला।'*

आप उन्हें देखती हैं। और, पहली बार, आपके अपने हार्मोनों का अहसास होता है। आपने पहले कभी ऐसी जेनेटिक चीज़ नहीं देखी है। आप उनके और उन संभावनाओं के लिए लालायित हो जाती हैं जो वो पेश करते हैं। एक फ़ैन का जन्म हो गया है। 90 के दशक के बीच में, आप अपने लोकल केबल भैया को फ़ोन करके उससे शाहरुख़ की फ़िल्मों के पायरेटेड प्रिंट दिखाने का आग्रह करती हैं। आपके माता-पिता शर्मिंदा होते हैं और आपको झिड़कते हैं। नवंबर 1992 में, आप अज़ीज़ मिर्ज़ा की शानदार फ़िल्म *राजू बन गया जेंटलमैन* में उन्हें देखती हैं, जिसमें वो एक छोटे से पहाड़ी शहर से आए एक महत्वाकांक्षी युवा सिविल इंजीनियर की भूमिका निभा रहे हैं, जो तेज़-तर्रार मुंबई में आगे बढ़ने की जद्दोजहद कर रहा है, लेकिन फिर भी 'लवेरिया' पर गाना गाने में सक्षम है। 1992 और 1993 के दौरान, अपनी मां को नाराज़ करते हुए भी आप इस धुन को गुनगुनाती रहती हैं। *'लव, लव, लव, लवेरिया हुआ।'*

एक साल बाद, 1993 के नवंबर और दिसंबर के महीनों में, आप *बाज़ीगर* और *डर* में उनके नेगेटिव मोड़ पर हतप्रभ रह गईं। आप इन फ़िल्मों को माता-पिता की गाइडेंस के बिना कॉलोनी के केबल चैनल पर देखती हैं। आप शायद ऐसी बच्ची हैं जो घर की चाबी लेकर स्कूल जाती हैं, और जब मां-पिताजी काम पर होते हैं, तो सारे उपकरणों पर आपका राज होता है। अगले साल, शाहरुख़ दो बड़ी रिलीज़ देते हैं—पहली, *कभी हां कभी ना* में वो प्यार में हारे एक विनम्र शख़्स की भूमिका निभाते हैं। दूसरी, *अंजाम*, एक पागल, लगभग मनोरोगी स्टॉकर के रूप में उनकी वापसी देखती है, जो प्रेम में ठुकराए जाने को सहन नहीं कर

सकता। इन फ़िल्मों में शाहरुख़ ने जो किरदार निभाए, उन्होंने उनके अपने शब्दों में 'हिंदी फ़िल्मों के विलेन को एक बिल्कुल नया आयाम दिया।' लैंगिक निहितार्थ तो आपको बहुत बाद में दिखाई देंगे। उस समय तो आप बस वशीभूत रहेंगी। आपके किशोर हार्मोन नैतिकता या फ़ेमिनिज़्म से अनजान हैं, इसलिए शाहरुख़ के आत्मविश्वास, ऑन-स्क्रीन आकर्षण और ख़ूबसूरती पर फ़िदा आप बेशर्मी से *'ये काली काली आंखें'* गाती हैं। और धीरे-धीरे आप अपने ख़्यालों के आदर्श पुरुष को गढ़ना शुरू कर देती हैं, उसे इन पिक्चरों और अपनी फ़ैंटैसी के कच्चे माल से ढालती हैं। पहला नियम: एक आदर्श आदमी, सिक्स-पैक रूप से पहले वाले, शाहरुख़ की तरह दिखना चाहिए।

उस समय के भारतीय एक्शन हीरो आपको बहुत कम अपील करते हैं। उभरे हुए बाइसेप्स और पेल्विक थ्रस्ट से प्रतिभा कैसे झलक सकती है? आपके माता-पिता कहते हैं कि शाहरुख़ में नैतिकता की कमी है, कि दूसरे एक्टर विलेन की ऐसी भूमिकाएं नहीं निभाते हैं जो लड़कों को लड़कियों को डराने के लिए प्रोत्साहित करें। विरोध में आप पैर पटकती हैं और शाहरुख़ पर अपने अटूट विश्वास का ऐलान करती हैं। 'कोई और हीरो हीरोइनों को इतना ख़ुश नहीं कर सकता,' आपका बचकाना बचाव है। इस बात से अचंभित होकर कि उनके सभी गानों में लड़कियां कैसे दमक रही होती हैं, आपको लगने लगता है कि आप *यही तो* चाहती हैं: ऐसा आदमी जो लड़की को ख़ुशी से दमकता महसूस करा सके। आपको विश्वास है कि *उनके* जैसे आदर्श आदमी का प्यार आपको बॉलीवुड हीरोइनों की तरह ख़ूबसूरत बना देगा।

अक्टूबर 1995 में दीवाली की छुट्टियों में, आप अपने घरवालों के साथ सिनेमा हॉल में *डीडीएलजे* देखती हैं। आपकी मां, आंटियों और बहनों ने यह पक्का कर लिया होगा कि आपके पिता पहले ही टिकट ख़रीद लें। आपके लिए यह पहले सीन का प्यार होगा। घर पर आपकी बारह वर्षीया अवतार एक फ़्रिल वाली गुलाबी ड्रेस पहनकर शाहरुख़ के साथ एक डांस में जाने का नाटक करेगी, जबकि बैकग्राउंड में *कभी हां कभी ना* का *'ऐ काश के हम'* बज रहा होगा। जल्द ही, आप सफ़ेद पोशाक पहनने और *डीडीएलजे* के *'मेरे ख़्वाबों में जो आए'* पर नाचने लगेंगी। सरसों के खेत, लंदन और 'यूरोप' अच्छे पतियों के पर्याय बन जाएंगे। प्यार का मतलब ट्रेन में मदद के लिए हाथ बढ़ाना होगा। प्यार का मतलब शादी होगा। प्यार एक एकांगी संबंध वाली परी कथा होगा।

डीडीएलजे देखने के बाद लाखों युवतियां सही आदमी को खोजने के लिए बेताब होकर सिनेमा हॉल से बाहर निकली थीं। यह आइडिया शाहरुख़ ने नहीं

रोपा था। इसके बीज तो ख़ूबसूरत काजोल ने बोए थे, जिन्होंने हीरोइन सिमरन की भूमिका निभाई थी। वो आश्चर्यजनक रूप से सुंदर मगर फिर भी ऐसी थीं जिनसे रिलेट किया जा सकता था, एक ऐसा मेल जो हमारे वर्तमान वीगन फ़िल्मी सितारों के युग में असंभव सा लगता है। सिमरन अपनी मां को अपनी लिखी कविता सुनाकर फ़िल्म की शुरुआत करती है। वो एक अनजान आदमी—अनदेखा अनजाना सा—से मिलने की अपनी फ़ैंटैसी के बारे में लिखती है। उसके प्रेमी राज के रूप में शाहरुख़ का अभिनय इन फ़ैंटैसीज़ को साकार करता है। आदर्श पुरुष दमनकारी पितृसत्ता से अनजान होगा जो प्रेम करने की आज़ादी में विश्वास करेगा और अपनी महबूबा को बेइंतहा प्यार करने में समर्थ होगा। विरोधाभासी रूप से, वो *डीडीएलजे* के राज की नक़ल करते हुए परंपरा से भी जुड़ा रहेगा, जो भागने से इंकार करके अपनी प्रेमिका को खोने का जोखिम उठाता है, और इसके बजाय उसका हाथ पाने के लिए वो उसके पिता की स्वीकृति जीतने के लिए दृढ़ है। *डीडीएलजे* में, घंटे भर तक ऐसा द्वेषपूर्ण बिगड़ा लड़का बनने के बाद जो सिमरन को परेशान करता रहता है, हमदर्दी से भरा राज मल्होत्रा सामने आता है, जो शाहरुख़ की फ़ैन्स को एकदम साफ़-साफ़ याद है। अचानक, उसे सिमरन की सलामती की चिंता होने लगती है—उसके कॉफ़ी ऑर्डर से लेकर एक अजनबी के साथ अरेंज्ड विवाह के लिए राज़ी होने के उसके फ़ैसले और उसकी प्रार्थना तक।

फ़िल्म के दूसरे भाग में, वो घर के कामों में मदद करके सिमरन के परिवार की महिलाओं का प्यार हासिल करने की कोशिश करता है। एक फ़ैनगर्ल की मां ने मुझसे कहा, 'मैंने पहली बार किसी फ़िल्म में हीरो को गाजर छीलते और घर की औरतों के साथ इतना समय बिताते देखा था।' रत्ती भर भी सेक्स के बिना फ़िल्म बर्तन धोने और विचारशील घरेलूता को रोमांस के बराबर रखती है। *डीडीएलजे* का अंत ग्रामीण पंजाब के एक रेलवे प्लेटफ़ॉर्म पर होता है। सिमरन अपने पिता का आशीर्वाद लेती है और स्टेशन को तेज़ी से छोड़ रही ट्रेन पर राज के साथ जाने के लिए दौड़ती है। कितना जादुई होगा, आप सोचती हैं, अपने ख़्वाबों के शख़्स द्वारा मैरिज एक्सप्रेस पर खींच लिया जाना, ट्रेन की वो सवारी जो आपको आनंदलोक में ले जाएगी।

1996 में, *चाहत* में शाहरुख़ एक महिला के पागल जुनून का शिकार बनते हैं, उसके बाद एक एनआरआई जो मुंबई की एक बार डांसर के प्रेम में पड़ जाता है (*अंग्रेज़ी बाबू देसी मेम*)। ये फ़िल्में आपकी पसंदीदा नहीं हैं। लेकिन अगला साल अच्छा है: शाहरुख़ की चार रिलीज़ आती हैं, जिनमें पहली *कोयला*

में उन्होंने एक मूक नौकर की भूमिका निभाई है, जो अपने सामंती मालिक के ख़िलाफ़ विद्रोह करता है। *यस बॉस* में वो एक मध्यमवर्गीय महत्वाकांक्षी बनते हैं जो अपने ख़ानदानी अमीर बॉस और भारत की सामंती कार्यस्थलीय संस्कृति के ख़िलाफ़ विद्रोह करता है। प्रतिरोध प्यार से शुरू होता है—उनका किरदार अपने शक्तिशाली मालिक की मिस्ट्रेस से प्यार करने लगता है। *परदेस* में उन्होंने एक और एनआरआई की भूमिका निभाई है जो एक ऐसी लड़की से प्यार करने लगता है जिससे उसे प्यार नहीं करना चाहिए। ये सभी पुरुष परंपरा को ठुकराए बिना प्यार के लिए विद्रोह कर रहे हैं, हालांकि वो इसकी अस्थिरताओं और आलोचनाओं से आहत होते हैं। साल की समाप्ति उनके सबसे बड़े संगीत-रोमांसों में से एक *दिल तो पागल है* के साथ हुई।

90 के दशक के बाद के दौर में, शहरी भारत ने सैटेलाइट टेलीविज़न और दर्जनों चैनलों द्वारा दिन-रात पेश किए जाने वाले मनोरंजन का आनंद लेना शुरू किया। ख़ुद को-कमतर-दिखाते हुए-ख़ुद का-प्रमोशन करने के अपने अनूठे अंदाज़ के साथ आप शाहरुख़ की इंटरव्यू देने की मनभावन शैली की खोज करती हैं। आपको अपनी क़िस्मत पर विश्वास नहीं होता। यहां आप स्कूल के बाद घर पर अकेली हैं, और टीवी चलाकर अपने पसंदीदा सितारे को सीधे आपसे बात करते पा सकती हैं। इंग्लिश बोलने वाली जितनी फ़ैन्स से मैं मिली, वो सब इन शुरुआती इंटरव्यूज़ को याद करती हैं। शाहरुख़ सेलिब्रिटीज़ की उस पहली पीढ़ी का हिस्सा थे, जिन्हें भारत की टेलीकॉम क्रांति से लाभ हुआ था। सैटेलाइट टेलीविज़न नेटवर्क के प्रसार से भारतीय घरों में फ़िल्मी दुनिया के बारे में बहुत सारे शो पहुंचने लगे। नए टीवी चैनलों को नई सामग्री चाहिए थी। भारत में तेज़ी से बढ़ते मीडिया उद्योग को हिंदी सिनेमा में एक लाभदायक पार्टनर मिला और वो रोज़ाना मशहूर हस्तियों के बारे में ख़बरें देने लगा। आप हर रात किसी न किसी टेलीविज़न नेटवर्क पर किसी एक्टर का इंटरव्यू देख सकती थीं, जबकि अख़बारों के पूरे-पूरे सप्लीमेंट फिल्मी गपशप के लिए समर्पित होते थे। मीडिया घराने लगातार शाहरुख़ के आइकन और इंटरव्यू को प्रसारित करते थे। आपके मुखर और मिलनसार हीरो से बचना मुश्किल था।

इन टेलीविज़न वार्ताओं ने शाहरुख़ के अब तक के सर्वश्रेष्ठ प्रदर्शन: बेख़ौफ़ मध्यवर्गीय सुपरस्टार के उनके रूप की शुरुआत की। चेन-स्मोकर, जागरूक, चतुर, बेझिझक और बेहद मज़ाक़िया—आपका समर्पण मज़बूती पाएगा। वो अपने साक्षात्कारकर्ता, फ़िल्म उद्योग और अपनी ख़ुद की शोहरत के लिए एक हसीन तिरस्कार दर्शाते हैं। एक्टिंग बिज़नेस है, वो ज़ोर देते हैं और आंख मारते हुए कहते

हैं, 'इस तरह के एक्सपोज़र से तो एक डोर नॉब भी स्टार बन सकता है।' एक अभिनेता के रूप में अपने 'पांच स्टैंडर्ड एक्सप्रेशन्स' और सीमित प्रतिभा को लेकर ख़ुद को कमतर जताने के उनके मज़ाक़ होते हैं। वो ख़ुद को इंडस्ट्री में बाहरी व्यक्ति बताते रहते हैं। शाहरुख़ के इंटरव्यू आपकी डिक्शनरी में 'मध्यम वर्ग' शब्द को जोड़ते हैं। अपने इंटरव्यूज़ में, वो आज़ादी और धर्मनिरपेक्षता की बात करते हैं; वो अपनी वित्तीय असुरक्षा की और यह सुनिश्चित करने की कहानियों से आपको रुलाते हैं कि कैसे अपनी बहन और पत्नी की देखभाल करने में सक्षम होने के लिए उन्होंने अंतहीन घंटे काम किया था। और इस तरह, आप सोचती हैं: एक आदर्श व्यक्ति मेहनत से अपनी अड़चनों से संघर्ष करेगा। वो आपकी देखभाल करेगा, आपको एक अच्छा घर देगा, बेहतरीन कमाने वाला और सबसे सुरक्षित दांव होगा। वो 'वो एक' होगा और 'एक' पर्याप्त होना चाहिए।

शाहरुख़ उन आदमियों से कितना अलग हैं जिनसे आपका टीनएज रूप बाहर की दुनिया में, सड़कों पर टकराएगा। धीरे-धीरे, आप पहचानने लगती हैं कि बस स्टॉप से आपका पीछा करने वाला या आपके नंबर पर क्रैंक-कॉल करने वाला मनोरोगी किस तरह आपके हीरो द्वारा अपनी शुरुआती फ़िल्मों में निभाए गए स्टॉकर की नक़ल कर रहा है। आपको शाहरुख़ पर गुस्सा आता है। आप अपनी निगरानी करना शुरू कर देती हैं; आप ग्रुप में चलती हैं; आप मानती हैं कि आपको पूरी दुनिया से सुरक्षा की आवश्यकता है। आप सार्वजनिक स्थानों पर हमेशा सतर्कता बरतते हुए जाती हैं। आप सिमट जाती हैं। आप शाहरुख़ को उनके इंटरव्यू और लव स्टोरीज़ में देखती हैं, सोचती हैं कि आपको परेशान करने वाले आदमी अपने आइकन के ज़्यादा स्नेहिल हिस्सों से क्यों नहीं सीख सकते। जल्द ही, आप वर्गीकरण करने लगती हैं। आप स्टॉकर के रूप में शाहरुख़ को नापसंद करती हैं। इसके बजाय, आप अपने हीरो में बस बेहतरीन देखने का फ़ैसला लेती हैं। वो उस ज़ाहिरी तौर पर मनोरोगी को चित्रित करना बंद करके, उन पर आपके विश्वास का जवाब देते हैं।

वैवाहिक वफ़ादारी में आपका किशोर उम्र का विश्वास शाहरुख़ के एकांगी विवाह के योगीत्व में राष्ट्रीय मीडिया की बचकाना रुचि में प्रतिबिंबित होगा। आप डूबकर फ़िल्मफ़ेयर के उन लेखों को पढ़ती हैं, जो शाहरुख़ के एक वफ़ादार पति के कौशल को सराहते हैं। आपके माता-पिता को शर्मिंदा करते हुए, यह सब डिनर पर पूरे परिवार के लिए पेश होने वाले टीवी इंटरव्यू में दिखाया जाता है। आपको वो शर्मिंदगी भरी शामें बख़ूबी याद हैं। आप अपने संकोची परिवार के साथ थीं: दाल, सब्ज़ी और सेक्स । तीन इंटरव्यू की हमेशा बात की जाती है।

पहला, 1996 में भारत के परंपरावादी सार्वजनिक प्रसारण नेटवर्क दूरदर्शन पर पत्रकार राजीव शुक्ला के साथ बातचीत। शुक्ला शाहरुख़ से कहते हैं, 'हर कोई कहता है कि वो अपनी पत्नी से प्यार करता है, लेकिन फ़िल्म इंडस्ट्री में आए दिन हम किसी एक्टर और एक्ट्रेस के बीच अफ़ेयर की ख़बरें सुनते हैं। आपके बारे में ऐसी कोई ख़बर कैसे नहीं आती?' शाहरुख़ मज़ाक़ करते हैं कि वो अपने अफ़ेयर्स को वहीं छुपाते हैं, जहां अपने टैक्स रिटर्न छुपाते हैं। फिर वो विजयी भाव से कहते हैं, 'मैं ख़ुशहाल शादीशुदा हूं। मैं अपनी पत्नी से बेहद प्यार करता हूं। मैं उन सभी अभिनेत्रियों से प्यार करता हूं जिनके साथ मैं काम करता हूं। वो मेरी दोस्त हैं। और आज हम जिस तरह के समाज में रहते हैं, वहां यह ज़रूरी नहीं है कि आप जिस लड़की के साथ काम करें, उसके साथ रोमांस भी करें।' उसी समय के आसपास, भारत के पहले निजी टीवी चैनलों में से एक स्टार प्लस पर पत्रकार तवलीन सिंह के साप्ताहिक शो *एक दिन एक जीवन* में शाहरुख़ की वफ़ादारी पर दूसरी चर्चा होती है। वो फ़िल्म *डुप्लीकेट* (1998) की शूटिंग के दौरान एक पूरे दिन शाहरुख़ के साथ रहती हैं। सिंह वॉयसओवर में कहती हैं कि अधिकांश मशहूर भारतीय अभिनेताओं के अनेक अभिनेत्रियों के साथ रोमांटिक संबंध होते हैं, जैसे कि विवाहेतर अफ़ेयर फ़िल्म उद्योग के विवाहित पुरुषों के लिए कोई स्टेटस सिंबल हो। वो शाहरुख़ को असाधारण और अपनी प्रसिद्धि से 'बिगड़े नहीं' कहती हैं, क्योंकि वो अभी तक किसी स्कैंडल में नहीं फंसे हैं। भारत जैसे रूढ़िवादी देश में एक राष्ट्रीय टेलीविज़न शो में वो उनसे उनकी वफ़ादारी के बारे में पूछती हैं। आप हंसती हैं और याद करती हैं कि वो कितने ऊबे हुए दिख रहे थे। ख़ान वैवाहिक एकांगी संबंध का पोस्टर बॉय बनने के आदी हो चुके हैं।

वो मुस्कुराते हैं और जवाब देते हैं, बांहें फैली हुई हैं और हाथ आपस में जुड़े हुए हैं, 'मुझे लगता है मैं गे हूं। हर कोई यही पूछता और कहता रहता है: तुम्हारा नाम किसी और एक्ट्रेस के साथ क्यों नहीं जुड़ा? लेकिन वो दोस्त हैं। मैं उनके सुख-दुख में साथ रहता हूं। मैं हमेशा इस इंप्रेशन में रहा था कि मैं जिन हीरोइनों के साथ काम करता हूं, मुझे उनके साथ काम करना है, मुझे उनसे प्यार नहीं करना है। इसलिए, मैंने फ़ैसला किया कि मैं उनके साथ काम करूंगा।' दशकों बाद, जब इस किताब की लेखिका आपके तीस के दशक में आपसे बात करेगी, तो आप एकांगी रिश्ते वाले विवाह का स्तुतिगान करने को लेकर नाक-भौंह सिकोड़ेंगी। इसके बजाय आप इस बात की तारीफ़ करेंगी कि शाहरुख़ महिलाओं के साथ सहकर्मियों और साथियों की तरह बर्ताव करते हैं, कि उन्होंने एक के बाद एक इंटरव्यू में हमें याद दिलाया कि कार्यस्थल पर महिलाएं प्रोफ़ेशनल थीं, पुरुषों के सुख और विजय के लिए सेक्सुअल ऑब्जेक्ट नहीं।

1997 में सिमी गरेवाल को दिए एक और टेलीविज़न इंटरव्यू ने, जिसे उनके पहले बेटे के जन्म के कुछ ही समय बाद फ़िल्माया गया था, एक समर्पित पति और विकसित व्यक्ति के रूप में शाहरुख़ की छवि को और अधिक स्थापित किया। न केवल उन्होंने यह ऐलान किया कि, 'मुझे लगता है कि मेरे अंदर औरत बहुत ज़्यादा है,' बल्कि वो आदमी नारीत्व को पूजनीय बनाने की बात भी करता है। पत्नी के बारे में पूछे जाने पर शाहरुख़ के चेहरे पर चमक आ जाती है। 'मैं एक एक्टर हूं,' वो कहते हैं, 'क्योंकि मुझे शाहरुख़ होना पसंद नहीं है। वो गौरी हैं क्योंकि उन्हें गौरी होना पसंद है। वो मेरे जीवन में ठहराव और सुकून का अहसास लाती हैं। और मैं ऐसा कुछ भी नहीं करना चाहता जिससे उनके दिल का सुकून खो जाए।' और इस तरह, स्टार शाहरुख़ आपके किशोर मन को यह विश्वास दिला देंगे: एक पुरुष की पत्नी होने का मतलब सच में कुछ ख़ास होना है। पति आपकी आंतरिक निष्ठा को अहमियत देगा और उसका सम्मान करेगा; वो आपका जज़्बाती सुख-चैन सुनिश्चित करेगा।

आप उनकी फ़िल्मों की समीक्षा करेंगी। आप उन्हें टीवी पर बात करते सुनेंगी। और आप यक़ीन करने लगेंगी कि हर लड़की के लिए एक आदर्श पुरुष तय होता है; कि सच्चा प्यार स्वाभाविक है और वो हमेशा शादी में परिणत होगा; कि हर लड़की रेलवे प्लेटफ़ॉर्म पर अपने सच्चे प्यार को पा सकती है। प्रेम सुप्रीम हो जाएगा, एक लड़की के लिए अल्टीमेट उपलब्धि हो जाएगा। प्रेम में यह विश्वास निश्चितता बन जाता है, अंकगणित की कैलकुलेशन्स के परिणामों की तरह। जैसा कि एक फ़ैनगर्ल ने कहा, 'मैं उनकी रोमांटिक फ़िल्मों से बाहर निकली और बस इतना जानती थी कि दुनिया में इस तरह का प्यार होता है। जैसे दो और दो चार होते हैं—अगर आप किसी ऐसे शख़्स से मिलती हैं, तो आप पिघलने लगती हैं और आपको प्यार हो जाता है। स्वीकार करने के लिए यह सबसे आसान कंसेप्ट था।' एक और फ़ैनगर्ल ने कहा, 'मैंने सिमी का वो इंटरव्यू देखा और एक बात जानी: कि मेरे माता-पिता की शादी उनके जैसी नहीं है। और कि मैं वही चाहती थी जो गौरी और शाहरुख़ के पास था।'

अगस्त 1998 शाहरुख़ के प्रशंसकों की ज़िंदगी में *दिल से* का रोमांच लेकर आया। इसमें उन्होंने ऑल इंडिया रेडियो के एक्ज़ीक्युटिव अमरकांत वर्मा की भूमिका निभाई है। सिनेमेटोग्राफ़र संतोष सीवान उनकी आंखों में जीवंतता लाते हैं। *दिल से* के गानों को कोरियोग्राफ़ करने के लिए, *उस* ट्रेन पर *उस* डांस के लिए हम सभी महिला प्रशंसक फ़राह ख़ान की हमेशा ऋणी रहेंगी। आप शाहरुख़ के हवा में लहराते बालों में उंगलियां फिराने के सपने देखती हैं। उनका किरदार, अमरकांत,

एक आतंकवादी से दीवानावार प्यार करने लगता है और गणतंत्र दिवस परेड में उसे आत्मघाती विस्फोट से ख़ुद को उड़ाने से रोकते हुए उसकी बाहों में मर जाता है। वो एक लड़की और देश के प्रति प्रेम के लिए मर जाता है। जैसा कि शाहरुख़ की एक फ़ैन ने मुझसे कहा, 'कोई हैरानी नहीं कि जब प्यार की बात आती है तो महिलाओं की हमारी पीढ़ी बर्बाद है। हमने इस ख़ूबसूरत आदमी को ट्रेन के ऊपर नाचते, बेहद ख़ूबसूरत सैटिंग्स में लड़कियों से रोमांस करते देखा और यह सब उसने इतने विश्वास के साथ किया कि हमने प्यार के उस सपने को ख़रीद लिया जो उसने हमें बेचा था। हमने तय किया कि यही प्यार तो हमें अपने जीवन में चाहिए।' शाहरुख़ ने हमेशा प्यार की मार्केटिंग की। ट्रेन के ऊपर उन्हें नाचते देखकर आप हमेशा मुस्कुरा उठेंगी; केरल के बैकवाटर्स के बीच लुंगी पहने उनकी छवि हमेशा आपकी हसरतों को सुलगा देगी।

अक्टूबर में करण ज़ौहर के साथ शाहरुख़ की कई रोमांटिक हिट फ़िल्मों में से पहली आती है, जिसमें अक्खड़ ख़ूबसूरत लड़कों को अनुचित रूप से शानदार लड़कियों की सहानुभूति और प्यार मिल जाता है।

1990 के दशक के अंत तक जब देश में धन का प्रवाह बढ़ने लगता है, तो आप देखती हैं कि शाहरुख़ के पात्र स्टॉकर की अपनी शुरुआती हताशा को छोड़ देते हैं और आलीशान हवेलियों में प्यार की तलाश शुरू कर देते हैं। वो ज़्यादा ख़ूबसूरत दिखते हैं। और उनकी हीरोइनें भी। 1998 में, शाहरुख़ एक प्रतिष्ठित कोल्ड ड्रिंक के विज्ञापन के लिए एक बस के ऊपर खड़े होते हैं और ऐलान करते हैं, 'ये दिल मांगे मोर।' हमारा नया राष्ट्रीय उद्‌घोष।

सहस्राब्दी के मोड़ पर, शाहरुख़ के प्रशंसकों की यह पहली पीढ़ी जज़्बाती तौर पर अशांत टीनएज में है। एक दिन, गणित के एग्ज़ाम में सबसे ज़्यादा ग्रेड पाकर आप अपनी डेस्क पर लौटती हैं और एक गुमनाम क्लासमेट का नोट पाती हैं जिसमें लिखा है, 'तुम मैथ में भले ही अच्छी हो, लेकिन वास्तव में तुम बदसूरत हो।' और आपको बाज़ार में एक औरत के मोल का अंदाज़ा होता है। किसी वांछनीय आदमी का ध्यान पाना ही वो एकमात्र करेंसी बन जाती है जो मायने रखती है। यदि आप अपनी युवावस्था में बड़ी सेक्सुअल कामयाबी और सामाजिक मान्यता पा लेती हैं, तो आप एक वफ़ादार फ़ैनगर्ल नहीं बनी रहेंगी। आप समझदार हो जाएंगी और शाहरुख़ को महज़ मनोरंजन की तरह लेंगी, क्योंकि अब आपको वास्तविकता से भटकाव की ज़रूरत नहीं है। लेकिन, अगर आपकी टीनएज मौज-मस्ती या दोस्ती के बिना कठोर रहती है, तो शाहरुख़ सामाजिक टॉनिक का एक अहम स्रोत बने रहेंगे।

हाई-स्कूल के आपके क्रशेज़ में से बहुत कम पॉज़िटिव प्रतिक्रिया देते हैं। कई तो दोस्त रहने पर ज़ोर देंगे। 'दोस्त' शब्द बेइज़्ज़ती, एक पुराना सांत्वना पुरस्कार बन जाएगा। आपको यह सोचना याद आता है कि आप जैसी लड़की को शाहरुख़ जैसे लड़के से दोस्ती करने का कोई मौक़ा नहीं मिलने वाला। शाहरुख़ के उन विवादास्पद प्रेम त्रिकोणों तक में 'दोस्त' करिश्मा कपूर या काजोल जैसे दिखते थे। और शाहरुख़ तो स्टार थे, सबके आकर्षण का केंद्र। अपनी टीनएज के अंतिम दौर में, आप अंदाज़ा लगाती हैं: एक आदर्श आदमी सबसे अच्छा आदमी भी होता है, जो सुर्ख़ियां बटोरता है और हमेशा आपसे बेहतर, ज़्यादातर से बेहतर होता है, जिसे सब पाना चाहते हैं। ऐसे आदमी का प्यार आपको शक्तिशाली बना सकता है, क्योंकि आप उसके प्रतिबिंबित वादों और क्षमता के साये में रहेंगी। ऐसे शक्तिशाली आदर्श व्यक्ति का प्यार पाने के लिए आपको यथासंभव परफ़ेक्ट होना होगा। संभ्रांत फ़ैनगर्ल ओप्रा की अद्भुत मेकओवर संस्कृति द्वारा लील ली जाएगी। वो *कुछ कुछ होता है (केकेएचएच)* में काजोल की तरह ख़ुद को कटी-छंटी भौंहों और स्ट्रेट बालों के साथ पतली, गरिमामयी, परफ़ेक्ट प्राणी में बदलने का संकल्प लेगी। ख़ूबसूरती हासिल करना, प्यार पाने का गारंटीशुदा ज़रिया, आपका परमानेंट और सबसे पहला काम बनकर सामने आएगा।

जब आप वयस्कता के क़रीब पहुंचती हैं, तो कॉलेज में एडमीशन की दौड़ शुरू हो जाती है। आप सुंदर होने की कोशिशों को छोड़ देती हैं। बोर्ड परीक्षा हमेशा धुंधलाई सी रहेंगी। आपको कैलकुलस पढ़ने के बीच में लिए छोटे-छोटे ब्रेक में शाहरुख़ के गाने सुनकर बहाए आंसू और तनाव याद रहेंगे।

स्कूल छोड़ने के बाद आपकी दुनिया बहुत तेज़ी से फैलती है। आपकी मां ने कभी मार्क्स या फ़्रायड के बारे में नहीं सुना होगा। आप हमेशा साहित्य पर पकड़ बनाती रहती हैं या ऐसी किताबें पढ़े होने का नाटक करती हैं जिन्हें आप ठीक से जानती भी नहीं हैं, और भूखों की तरह संस्कृति के हर उस कण को आत्मसात करती हैं जो कॉलेज की लाइब्रेरी और 2000 के दशक की शुरुआत के बाल-इंटरनेट पर उपलब्ध है। इस समय, शाहरुख़ का फ़ैन होना एक राजनीतिक आयाम इख़्तियार करेगा। आप न केवल उस एकमात्र भारतीय आइकन को सपोर्ट कर रही हैं जो उचित तौर पर सेक्सी लगता है—वो शख़्स जो सेंट स्टीफ़ंस में नहीं, हंसराज कॉलेज में पढ़ा था—बल्कि आप ऐसे विशेषाधिकार को भी अस्वीकार कर रही हैं जिसे हासिल नहीं किया गया है।

अंडरग्रेजुएशन के अपने अंतिम सालों में, आर्थिक स्थिरता और आज़ादी सबसे अहम हो जाती है। घर पर ऋण की क़िस्तों, मासिक किराए और क्रेडिट

कार्ड भुगतानों की चर्चाओं से घिरी और यह देखते हुए कि आपकी आंटियां कैसे शिकायत करती रहती हैं कि उन्हें अपने पति या बेटों से पैसा मांगना पड़ता है, आप महसूस करती हैं कि नौकरी शाहरुख़ और जीवन के विभिन्न सुखों की भरपाई कर सकती है। इससे आपकी मूवी टिकट का पैसा मिलेगा। आपमें से कुछ लोग वेतन के आइडिया से ज़बरदस्त लगाव बना लेती हैं जो कि आपका अपना एकाधिकार होगा। अगर आपके पास नौकरी होगी, तो आपको अपने माता-पिता के पैसे या इजाज़त लेने की ज़रूरत नहीं होगी। लेकिन एक आदमी की ज़रूरत आपको हमेशा होगी।

कई फ़ैन्स ने शाहरुख़ से मिलने के लिए उनके मुंबई स्थित बंगले 'मन्नत' के बाहर बेक़रारी से इंतज़ार करने की अपनी युवा कोशिशों के बारे में बताया। दिल्ली में एक कॉलेज की स्टुडेंट के रूप में, मैंने पढ़ा कि वो अपनी 2002 की शानदार, उस समय की सबसे महंगी हिंदी फ़िल्म *देवदास* से जुड़े एक प्रमोशनल कार्यक्रम के लिए स्थानीय पीवीआर में आने वाले हैं। कॉलेज की मेरी सबसे अच्छी दोस्त तानिया शाहरुख़ से मिलने की मेरी मुहिम में मेरे साथ चलने के लिए तैयार हो गई। हम सिनेमा हॉल पहुंचे, जहां पहले से ही भारी भीड़ जमा हो चुकी थी और पुलिसवाले लोगों को अंदर जाने से रोक रहे थे। तनिया ने सुझाया कि फ़ायर एग्ज़िट से चलने की कोशिश करते हैं, जहां एक हरियाणवी सुरक्षा गार्ड उदासीन भाव से हमारा रास्ता रोके खड़ा मिला। मैंने गुज़ारिश की कि हमें अंदर जाने दें। वो हंसा और बोला, 'तुम लोग भी आजकल की मूर्ख लड़कियां हो; उन्हें छोड़ दो, वो केवल एक एक्टर हैं।' हम तब तक मिन्नतें करती रहीं जब तक कि उसने अपने कंधे उचकाकर रास्ता नहीं दे दिया। जब एक पत्रकार उनका इंटरव्यू ले रहा था, तो मैं शाहरुख़ से बस एक हाथ की दूरी पर खड़ी थी।

बॉडीगार्ड्स का एक घेरा शाहरुख़ को घेरे हुआ था। ऑटोग्राफ़ पाने के लिए धक्का-मुक्की करते हम दर्जनों लोगों को उन्होंने एक मीठी सी मुस्कुराहट दी। 'अगली बार,' उन्होंने कहा। मैंने मायूसी से भरकर उन्हें पुकारा, 'लेकिन अगली बार कभी नहीं आएगा!' उन्होंने मेरी ओर एक शरारती मुस्कराहट उछाली, और कहा, 'इंशाअल्लाह, अगली बार आएगा,' और किसी गुप्त दरवाज़े से बचकर निकल गए। कई फ़ैन्स ने बाल-बाल चूकने की ऐसी ही कहानियां सुनाईं। लगता था जैसे हरेक फ़ैन को उसका अपना 'इंशाअल्लाह' पल मिला हो। वो घर जाती और अपने अप्रभावित भाई-बहन या मित्र को बताती। वो आंखें चढ़ाते। 'तुम्हें एक असली बॉयफ़्रेंड चाहिए, तुम क्या पाने की उम्मीद कर रही थीं?'

हम क्या पाने की कोशिश कर रही थीं? हम फ़ैंटैसी का पीछा कर रही थीं। और यह फ़ैंटैसी और हक़ीक़त के बीच का, उस ऑटोग्राफ़ को पाने और शाहरुख़

के अपने दल के साथ ग़ायब हो जाने के बीच का वो इंच था, जिसने जीवन को इतना रोमांचक और हताशा भरा बना दिया था। एक और मुलाक़ात का इंतज़ाम करने के लिए भगवान पर भरोसा करने में असमर्थ होकर हममें से हर किसी ने अपने दम पर उस 'अगली बार' को बनाने का संकल्प लिया। कुछ ने दशकों तक इंतज़ार किया, कुछ ने हार मान ली, दूसरी केवल दिन भर चुपचाप बैठ भर पाईं।

पीछे मुड़कर देखने पर यह साफ़ होता है कि पागलपन भरा फ़ैनडम मन में दबी हसरतों को निकालने का एक तरीक़ा था। युवावस्था में यह बड़े होने की सामान्य असहजताओं, क्रूर शैक्षिक प्रतिस्पर्धा, सेक्सुअल दंश और गिरते अंकों से एक भटकाव था। फ़ैनडम ख़ुद को बनाने का एक तरीक़ा था। सामाजिक रूप से अनुपयुक्त, आप फ़ैंटैसी में पलायन कर जाती हैं। लेकिन फ़ैंटैसी अपनी क़ीमत वसूल लेती है। इतने वर्षों में, शाहरुख़ की फ़िल्मों और इंटरव्यूज़ ने बहक जाने का मिज़ाज बनाया है। हमेशा रिश्तों में फ़ैनगर्ल रहना चाहते हुए, ऐसे पुरुषों की तलाश करते हुए जिन्हें आप एक सुदृढ़ पितृसत्तात्मक पायदान पर रख सकें, आप एक नाज़ुक स्त्रीत्व का निर्माण करती हैं। आप मुझे बताएंगी कि आप अपनी ज़िंदगी में मौजूद आदमियों को कैसे अक्सर विलेन और हीरो बना देती हैं, कि वो कभी भी आपके लिए असल लोग नहीं होते। जब उनके इंसान होने का सच आपके सामने आता है, तो यह आपको बुरी तरह से निराश कर देता है।

सिंगल फ़ैन्स के तौर पर हम जानने लगते हैं कि कोई भी आदमी हमारी कल्पनाओं में फ़िट नहीं बैठ पाता, न ही उस झिलमिलाती शाहरुख़ मृगतृष्णा के क़रीब पहुंच पाता है। शादीशुदा औरतों के लिए भी उनकी शादी अक्सर आदर्श की अप्राप्यता का रिमाइंडर होती हैं। शादी में सेक्सुअल प्रेम कभी भी क़ायम नहीं रहता। आपमें से कोई कहेंगी, 'शादी ऐसी नहीं होती।' शादियां घटती-बढ़ती ताक़त का संघर्ष बन जाती हैं, कुछ फलती-फूलती हैं, और दूसरी ख़ामोशी से घरेलू रीति-रिवाजों और बच्चों की देखभाल के बोझ तले दम तोड़ देती हैं। अप्रैल 2020 में, जब दुनिया एक वायरस से लड़ रही थी, शादीशुदा फ़ैन्स, जिनके साथ मैंने संपर्क क़ायम रखा था, मुझे बताती थीं कि शादी कितनी अनुचित महसूस होती है, कैसे पुरुष पलड़ा अपने पक्ष में झुका लेते हैं। पतियों द्वारा हाथ बंटाने की सांकेतिक पेशकश करने के बावजूद, उनमें से अधिकांश वास्तव में घरेलू कामों को और ज़्यादा कठिन बनाने के अलावा कुछ नहीं कर पाते थे। घर में रहने वाले नौकरों के बिना पत्नियों को लगने लगा था जैसे कि उन्होंने 'सोचना बंद कर दिया हो'; वो बच्चों के पीछे लगे रहने और एक-बर्तन में बनने वाले व्यंजनों को खोजने में व्यस्त रहती थीं। अनेक ने अपने परिवारों से जितना हो सका उतना प्राइवेट समय निकालने

की कोशिश की। एक महिला के लिए इसका मतलब बाक़ी सबके सो जाने पर शाहरुख़ की फ़िल्मों में ख़ुद को खो देना था। 'लॉकडाउन के दौरान उनकी फ़िल्में देखना,' उसने मुझे बताया, 'एक रिमाइंडर था कि प्यार वास्तव में कभी इस राह पर नहीं जाता। जब हम जवान थे तब मुझे अपने पति के साथ इन लव स्टोरीज़ को देखना याद है। हम एक दूसरे से बहुत प्यार करते थे। कभी हम जो थे वो अब नहीं रहे। मैं अब भी उनसे प्यार करती हूं, और वो भी मुझसे प्यार करते हैं। हम एक-दूसरे के आदी हो गए हैं, और हम कुछ बना रहे हैं, लेकिन यह वो प्यार नहीं है जिसके सपने शाहरुख़ ने हमें दिखाए थे। आपको कोई यह कभी नहीं बताता कि राज सिमरन का कैसा पति बनेगा।'

अपने तीस और चालीस के दशक में आप शाहरुख़ की 90 के दशक की रोमांटिक फ़िल्मों को अलग नज़रिए से देखती हैं। उन ख़ूबसूरत प्रेमियों में से कोई भी शानदार आदमियों जैसा नहीं लगता। फ़िल्मों के पहले भाग में, वो लड़कियों को भावनात्मक रूप से तोड़ने में ख़ुश होते दिखाई देते हैं। आप देखती हैं कि *दिल से* में शाहरुख़ का अमरकांत अपनी पसंदीदा लड़की को जबरन चूमता है, कि उस ट्रेन पर राज सिमरन की गरिमा या सहमति का पूरा सम्मान नहीं करता है। मगर फिर भी, परेशान करने वाली ये घटनाएं फ़िल्मों के प्रति आपके उत्साह को कम नहीं करतीं। फ़िल्मों में सिमरन और मेघना की तरह आप भी पुरुषों के बुरे बर्ताव की आदी हैं।

आप शाहरुख़ को उन पुरुषों से ऊपर उठने देती हैं जिन्हें वो अभिनीत करते हैं। गाने और इंटरव्यू मदद करते हैं। और प्यार और लालसा को दर्शाने वाली उनकी ऑन-स्क्रीन प्रतिभा भी। इनमें से हरेक फ़िल्म में एक—या कई—अहम मनोवैज्ञानिक पल होते हैं जिनमें एक बहुत ज़्यादा दोषपूर्ण लड़का एक लड़की को—उसके वैश्विक नज़रिए, उसकी ज़रूरतों, उसकी राजनीति को—अपने संकीर्ण हित से ऊपर रखता है। एक के बाद एक फ़िल्म में आप उन्हें अपनी आइसक्रीम *(कभी हां कभी ना)*, अपनी नौकरी *(यस बॉस)*, अपनी प्रतिष्ठा *(दीवाना)*, परिवार के बुज़ुर्ग की मंज़ूरी *(परदेस)*, लड़की को आसानी से पाने का मौक़ा *(कभी हां कभी ना)* और यहां तक कि अपना जीवन *(दिल से)* भी बलिदान करते देखती हैं। जिस लड़की से वो प्यार करते हैं, उसके प्रति घोर कमिटमेंट दिखाने का ख़ान का भावुक चित्रण उनके 90 के दशक के फ़िल्मों की आपकी यादों पर परदा डाल देता है। आप इन फ़िल्मों के शुरुआती पहलुओं को पूरी तरह से स्वीकार करती हैं, मगर फिर भी उस प्यार का जश्न मनाती हैं जो शाहरुख़ इन फ़िल्मों की हीरोइनों को देते हैं। आप अपने हीरो के लिए अविश्वास को दरकिनार करने के लिए तत्पर हैं।

आजकल, महामारी के बाद की ज़िंदगी से तालमेल बिठाते हुए, आप शाहरुख़ को उतना याद नहीं करतीं जितना कि आपका टीनएज रूप करता था। वो एक ऐसे परिदृश्य का हिस्सा बन गए हैं जिसे आप सराहती हैं और बादलों या पेड़ों की तरह सहज रूप से लेती हैं। आप उम्मीद करती हैं कि वो किसी वेब सीरीज़ में एक सेक्सी बूढ़े आदमी की भूमिका में आएंगे। बुरे दिनों में, जब आप थक जाती हैं या आपका दिल टूट जाता है, तो आप शाहरुख़ का आह्वान करती हैं। आप सबसे सेक्सी जीवित शख़्स के लिए मुस्कुराती हैं। आपकी कल्पना में वो आमतौर पर *डीडीएलजे* की उसी मशहूर लाल और सफ़ेद जर्सी में हाथ हिलाते और मुस्कुराते और यह सुझाव देते होते हैं कि अपनी परेशानियों को भूल जाएं। आपकी आत्मा पर अंकित हो चुका सीन। एक रोमांटिक फ़रेबी। आप उनके सोशल मीडिया फ़ीड देखती हैं और सोचती हैं कि क्या वो किचन में मदद कर रहे होंगे।

अलग-अलग दायरे

रायपुर के कुछेक पांच सितारा होटलों में से एक के कैफ़े में आप शिफ़ॉन की साड़ी में लिपटी मुझसे मिलने आती हैं। आपने अपने परिवार से कहा है कि मैं हयात होटल में ठहरी एक कज़िन की दोस्त हूं। हम कुछ महीने पहले दिल्ली में एक पार्टी में मिले थे। अपनी लंबी हील्स पर इतराती, स्वास्थ्य और आयुर्वेदिक रुटीन पर चर्चा करती, नकचढ़ी सी आपको एक राजकुमारी के रूप में मैंने ख़ारिज कर दिया था। लेकिन फिर आपने मुझसे कहा कि आप शाहरुख़ की फ़ैन हैं। 'मैं तो शाहरुख़ की बेइंतहा दीवानी हूं,' आपने बिना किसी संदर्भ के कहा था। 'लेकिन मुझे उनसे बहुत सी समस्याएं भी हैं।' मुझे याद है कि मैं आपकी इस स्वीकारोक्ति से चकरा गई थी और अवाक रह गई थी। मैं अब आपको वर्गीकृत करके रफ़ा-दफ़ा नहीं कर सकती थी। इसके बजाय, मैंने ख़ुद को आपके लिए गर्मजोशी से भरा पाया। पार्टी से जाते समय आपने मुझे अपना फ़ोन नंबर दिया और कहा कि हमें बात करनी चाहिए।

आपका राजपूत पति सदियों पुराने दौलतमंद ख़ानदान का है और आपके गृहनगर में उसकी बहुत इज़्ज़त है। हर दिन आपकी मां आपको आपके सौभाग्य की याद दिलाती है। इस दिन मैं काम के सिलसिले में रायपुर में हूं, और हम मिलने का फ़ैसला करते हैं। मैं देखती हूं कि गार्ड और कर्मचारियों के चापलूसी भरे अभिवादनों को स्वीकार करते हुए आप सहजता से होटल की लॉबी में आती हैं। मैनेजर आपको मेरी मेज़ तक लेकर आता है। आप शनेल का बग-आइड चश्मा उतारती हैं और लाइम सोडा का ऑर्डर करती हैं। आपको प्रभावित करने के लिए

उत्सुक वेटर अचानक जी-हुज़ूरी करने लगता है। 'यह सब मेरे पति की वजह से है,' आप कहती हैं। 'उनके बिना कोई परवाह भी नहीं करेगा। इन दिनों बहुत सारी ग़रीब राजपूत लड़कियां हैं।' शाहरुख़ की आपकी पहली याद, आप मुझे बताती हैं, तब की है जब आपके परिवार ने 1990 के दशक की शुरुआत में एक प्राइवेट स्क्रीनिंग में *चमत्कार* देखी थी। आप व्यंग्य से सर झटकते हुए कहती हैं कि छोटे शहरों के राजघराने लगभग सदी के अंत तक फ़िल्म देखने जाते नहीं थे। आप मुझे अपने जीवन के उन शुरुआती दिनों में ले जाती हैं जब आपका परिचय आपके पसंदीदा फ़िल्म स्टार से हुआ था।

आप प्रीटीन हैं। आपका फ़ैशनेबल बड़ा कज़िन शाहरुख़ का फ़ैन है और सबको *चमत्कार* देखने के लिए इकट्ठा करता है। आपके माता-पिता अभिनेता नसीरुद्दीन शाह को पसंद करते हैं, और स्क्रीनिंग में आ जाते हैं। बहरहाल, आपका ध्यान तो ख़ान पर है। आपको तुरंत इस बंदे से प्यार हो जाता है, जो ख़ुशी-ख़ुशी एक मसख़रे की भूमिका निभाता है, जो थोड़ा सा लड़कियों जैसा है, जो ख़ुद को गंभीरता से नहीं लेता, हर उस आदमी के उलट जिसे आप असल जीवन में जानती हैं। 'वो बहुत प्यारे और दयालु थे। और बेहद ख़ूबसूरत,' आप मुझसे कहती हैं। 'उनमें कुछ अलग बात थी। उसके बाद हमने उनकी सारी फ़िल्में देखीं। मैं अपने भाइयों को उनकी सारी फ़िल्में घर लाने के लिए मजबूर करती थी। वो बहुत खुश नहीं होते थे। वो सलमान के फ़ैन थे और मेरे पिता को अंग्रेज़ी फ़िल्में पसंद थीं।'

जल्द ही, आप शाहरुख़ के इंटरव्यू (आपकी आंट और कज़िन्स दिल्ली से फ़िल्मी पत्रिकाएं लाते हैं) पढ़ने लगती हैं और टीवी पर उन्हें देखती हैं। आपको याद है कि आपको अपने साथ चालाकी किए जाना महसूस होता था, जैसे वो ख़ुद को बेच रहे हों। लेकिन उनका अपनी मार्केटिंग का नज़रिया भी ताज़गी भरा है। 'एक आदमी का ख़ुद को एक अच्छे पति के रूप में पेश करना बहुत असामान्य था। कोई और ऐसा करता नहीं दिखता था।' आप मुझे बताती हैं कि आप बड़ी छातियों और उससे भी बड़े अहं वाले पुरुषों के बीच पली-बढ़ी हैं। कि ये पुरुष रोने को कमज़ोरी समझते हैं और अक्सर शराब पी-पीकर मर जाते हैं। वो शाहरुख़ पर हंसते हैं, जबकि आप जब उन्हें स्क्रीन पर रोते देखती हैं तो सुरक्षित और स्नेही महसूस करती हैं। यह पहली बार था जब आपने किसी आदमी को इस तरह रोते देखा था, 'जैसे वो सच में रो रहे हों।' जब एक आदमी असुरक्षित और कमज़ोर होता है तब सुरक्षा की यह भावना आपके साथ रह जाती है। 'इतने सालों बाद, मैं अब भी उनसे प्यार करती हूं। ठीक वैसे ही जैसे बचपन में करती थी। अब भी, वो उस

हाइपर मैचो नॉनसेंस से बहुत अलग हैं जो हम अपने देश में देखते हैं। और मुझे लगता है कि वो उम्र के साथ और सेक्सी हो गए हैं!'

आप एक उदास ध्वस्त होते घर में अपनी सीमाओं से पूरी तरह अनजान रहते हुए बड़ी हुई हैं। आपके परिवार के सदस्य सामंतवादी उत्तर भारत के एक कोने में, जिसे हम ऑब्स्क्योराबाद कहने के लिए सहमत होते हैं, स्थित भूतपूर्व राजघराने के हैं। आपके पिता दुखद ज़मींदार, कारोबारी और नेता साबित होते हैं। लेकिन वो आपसे प्यार करते हैं और आपको भरपूर आज़ादी देते हैं। टीनएज में कज़िन्स और आंटियों के एक बड़े समूह की कंपनी में आप जीप चलाती हैं, पेड़ों पर चढ़ती हैं और घंटों बिना रुकावट के पढ़ती हैं। आपके परिवार की पसंदीदा सदस्य एक सॉफ़िस्टिकेटेड आंट हैं, जिनके बारे में कहा जाता है कि वो जयपुर की शाही महिलाओं को जानती थीं। वो एक उच्च शिक्षित विधवा हैं, जो आपको जेन ऑस्टेन, ब्रोंटे सिस्टर्स और डोरिस लैसिंग से मिलवाती हैं। आप उनके साथ अपनी पहली सिगरेट पीती हैं। आप सोचने के काम को पसंद करना सीखती हैं। आप अपने दिल्ली के कज़िन्स के साथ फ्रेंच और जापानी सिनेमा देखती हैं। जब आप कई डिस्टिंक्शंस के साथ मिडिल स्कूल की परीक्षा को पास करती हैं, तो कल्पना करती हैं कि आप हमेशा काले कपड़े पहनने वाली इंटेलेक्चुअल की ज़िंदगी जीने के लिए ख़ुद को तैयार कर रही हैं।

आप एक ख़ुशहाल घर में रहती हैं, लेकिन अपने लिए दृढ़ता से खड़े होना आपके लिए संघर्ष है। आप अपने भाई-बहनों के बीच खो जाने को तैयार नहीं हैं। अंत में, कक्षा 10 की बोर्ड परीक्षा आपको उड़ान भरने का मौक़ा देती है। आपकी मां सुझाव देती हैं कि परीक्षाओं की बेहतर तैयारी करने के लिए आपको एक प्रतिष्ठित बोर्डिंग स्कूल में दाख़िला दिलवाना चाहिए। आपके पिता सहमत होते हैं। आपकी मां शादी के बारे में धीरे से कुछ कहती हैं।

स्कूल में, आप बेहद ख़ूबसूरत और गरिमामयी बुद्धिजीवी के रूप में उभरती हैं। लोग आपसे थोड़ा घबराते हैं। आपके टीचर आपके माता-पिता से कहते हैं कि आपमें काफी संभावनाएं हैं। आपकी मां फिर से शादी की बाबत कुछ कहती हैं। आप शादी के नाम से ख़ौफ़ खाती हैं, इसे ऐसा रसातल कहती हैं, जिससे कोई राजपूत महिला कभी बाहर नहीं निकली है। उन युवा आंखों के पीछे आप समझदार और बुद्धिमान हैं। आपने शादी को नज़दीक से देखा है, इसके अंदरूनी लॉजिक को परखा है, आप जानती हैं कि यह औरतों के लिए घातक है। पति के परिवार का बल पत्नी को खा जाता है। आपकी दुनिया में, शादी एक महिला को अपने आप से अलग कर देती है।

आप स्कूल ख़त्म करती हैं और देश के सर्वश्रेष्ठ स्नातक कॉलेजों में से एक में प्रवेश पाती हैं। यह दिल्ली में है और आपके माता-पिता एक कज़िन से आपको साथ रखने के लिए कहते हैं। आपको लगता है कि आपने आख़िरकार ऑब्स्क्योराबाद को पीछे छोड़ दिया है। आप फ़िलॉसफ़ी पढ़ती हैं और शिकागो यूनिवर्सिटी में पोस्टग्रेजुएशन स्टुडेंट बनने की उम्मीद करती हैं ताकि आप मार्था नुसबॉम से मिल सकें, जिनकी फ़ोटो आपने अपने कमरे में शाहरुख़ के पोस्टर के बग़ल में लगा रखी है।

दिल्ली आपके लिए वैसी ही है जैसे बत्तख के लिए पानी होता है, घर पर शहर की सबसे पॉश डिनर पार्टियों में दिलकश युवती की भूमिका में, जिमख़ाने में या सरोजिनी नगर में मोलभाव करती ख़रीदार के रूप में एकदम सहज-स्वाभाविक। हालांकि, आपको सबसे अच्छा लगता है अपने कॉलेज की लाइब्रेरी में। आप अपनी दीवानगी को एक ज़माने पहले मर चुके विचारकों और समान रूप से एक ज़माने पहले मर चुके उनके सिद्धांतों के लिए सुरक्षित रखती हैं। आपके दोस्त आपको 'असेक्सुअल' कहते हैं क्योंकि आप उन अनेकों लड़कों को नज़रअंदाज़ कर देती हैं जो आपसे प्यार करते हैं। लेकिन आदमी आपको उत्तेजित ही नहीं करते। नुसबॉम के आलेख करते हैं। आप ज्ञान की, संस्कृति की प्यासी हैं। जानने के लिए बहुत कुछ है।

आप अपनी मां से अपने जल्द होने वाले विवाह के बारे में सुनती हैं। यह गर्मियों में आपके ऑब्स्क्योराबाद लौटने के कुछ सप्ताह बाद की बात है। आपने अभी-अभी ग्रेजुएशन किया है, और आपका दिमाग़ विदेश में आगे की पढ़ाई के लिए आवेदन करने की योजनाओं और रणनीतियों से भरा है। जब आपकी मां आपको यह ख़बर देती हैं तो आप अपने कमरे में बंद हो जाती हैं और क़सम खाती हैं कि आप भाग जाएंगी। लेकिन आप जानती हैं कि आप नहीं भागेंगी। आपकी मनपसंद आंट इस सबकी अवश्यंभाविता समझाती हैं। आपके पिता क़र्ज़ में डूबे हैं और आपकी शादी ही उनके बचाव का रास्ता है। आपको एक मज़बूत और भावहीन अच्छी राजपूत लड़की होने के लिए कहा जाता है। शाहरुख़ की फ़िल्मों के मैराथन के ज़रिए आप अपनी आज़ादी की उम्मीदों को इच्छा-मृत्यु दे देती हैं।

अपना लाइम सोडा पीते हुए आपकी आंखों में आंसू आ जाते हैं और आप कहती हैं, 'मुझे नहीं लगता कि आदमी यह समझ सकते हैं कि हममें से कितनी ही औरतें उनसे शादी करके दुखी हैं। अगर वो जानते, तो मुझे नहीं लगता कि वो इसे ज़ारी रखना चाहेंगे। मुझे नहीं लगता कि मैं कभी इतना रोई हूं। मैंने पढ़ने की कोशिश की। किताबों से बात नहीं बनी। शाहरुख़ की फ़िल्में देखने से थोड़ी राहत मिली, लेकिन बहुत कम। हालांकि आज भी जब मैं *कल हो ना हो* देखती

हूं, तो ऐसा लगता है जैसे मैं अपने बेडरूम में वापस पहुंच गई हूं और अपनी भावी शादी से समझौता करने की कोशिश कर रही हूं। मुझे हमेशा लगता है कि उस फ़िल्म में शाहरुख़ के साथ मैं भी मर रही हूं।'

शादी के दो साल के दौरान आपका पति आपको छूता है। मगर जैसे ही आप दो बेटे पैदा कर देती हैं, तो वो आपको अकेला छोड़ देता है। आपकी कज़िन कहती है कि वो उसे मुंबई में एक बी-ग्रेड स्टारलेट के साथ पार्टियों में जाते देखती है। आपको परवाह नहीं होती। आपके लिए अंतरंगता का मतलब सेक्स नहीं है, बातचीत है। आपकी शादी उतनी ही शब्दहीन है जितनी कि सेक्स -हीन है। आपका पति अच्छी अंग्रेज़ी नहीं बोल पाता है। उसे यह नापसंद है कि आप इतनी परिष्कृत और पॉश हैं, हालांकि उसने ठीक इन्हीं विशेषताओं के लिए आपसे शादी की थी। लेकिन आपके अदबो-आदाब और सामाजिक कामयाबी उसकी श्रेष्ठता की भावना को बौना बना देते हैं। शादी में मारपीट भी हुई। जिस रात यह हुआ, आप तभी ऑब्स्क्योराबाद चली गईं और आपने पुलिस को फ़ोन करने की धमकी दी। मीडिया में आपके कज़िन्स के दोस्त हैं, और आपको यक़ीन है कि मामला स्थानीय अख़बारों में आ जाएगा। लेकिन आपके परिवार वाले मामले को सुलझा लेते हैं। आपके भाई आपके साथ खड़े हैं। वो वादा करते हैं कि अगर आपको ख़तरा या असुरक्षा महसूस हुई तो वो आपको घर ले जाएंगे। आप अपने पति से नहीं डरतीं, आप महसूस करती हैं कि वो एक कमज़ोर आदमी है। आप जानती हैं कि वो आपको चोट नहीं पहुंचाएगा, लेकिन उसके साथ सहज रहने में आप कभी भी पूरी तरह सुरक्षित महसूस नहीं करतीं।

आप मुझे बताती हैं कि इस दोपहर जब हम मिल रहे हैं, तो शायद उसने आपके पीछे किसी जासूस को भेजा है। आप परिवार और कॉलेज के पुराने दोस्तों से मिलने के लिए हर महीने दिल्ली जाने को लालायित रहती हैं। शादी के पांच साल बाद आपको सेक्स के लिए अपनी दबी इच्छा का पता लगता है। आपके शरीर के आग्रह आपको हैरान कर देते हैं। आपने दिल्ली में एक 'सेक्स फ्रेंड' बनाया है, एक ऐसा शख़्स जिसके साथ आप एक प्रयोग के तौर पर बिस्तर पर गई थीं। वो इतना बेवक़ूफ़ है कि बातों से आपका दिल नहीं बहला सकता। लेकिन सेक्स संतोषजनक और गुप्त है।

अगर आपकी शादी आपको ख़ुश नहीं करती, तो कम से कम आपके बच्चे करते हैं। आपको ख़ुशी है कि आपके बेटे हैं; लड़कियों की तरह उन पर शादी का बोझ नहीं आएगा। आप उन्हें प्रगतिशील बनाने का वादा करती हैं। 'इसलिए वो जानते हैं कि अच्छे आदमी रो सकते हैं, और अपनी पत्नियों को ऐसा महसूस

कराते हैं जैसे शाहरुख़ हमें करवाते हैं, सुरक्षित और इच्छित,' आप मुझे बताती हैं। आपके ससुराल वाले महिलाओं को पढ़ने या घर से बाहर काम करने की अनुमति नहीं देते। लेकिन आप घर में ही काम और पढ़ाई ले आई हैं। आप फ़िलॉसफ़ी में एक पत्राचार कोर्स कर रही हैं और आपने एक विशद लाइब्रेरी बनाई है। लाइब्रेरी, दक्षिण दिल्ली में किराए पर एक फ़्लैट, और मासिक भत्ता अपने बच्चों के साथ रायपुर लौटने की शर्तें हैं। आपने वो गढ़ा है जिसे परिवारों के भीतर ताक़त और सौदेबाज़ी का अध्ययन करने वाले अर्थशास्त्री, एक 'अलग दायरा' कहते हैं, जिसमें पति-पत्नी शादी के भीतर ही अलग-अलग इकाइयों के रूप में रहते हैं। आपके पति को आपसे ज़्यादा अपनी इज़्ज़त की परवाह है, लेकिन आप जानती हैं कि वो बच्चों से प्यार करता है। कोई स्कैंडल न हो, यह पक्का करने के लिए वो आपको वो सब देता है जो आपको चाहिए होता है। आप योजना बना रही हैं कि अपने पति से एक निजी कला संग्रह के लिए पैसा देने को कहेंगी।

अगले साल, आप अपने बेटों को एक प्रतिष्ठित प्राइवेट स्कूल में सैटल होने में मदद करने के लिए दिल्ली आ जाएंगी। रोज़ाना दोपहर तीन बजे जब घर में सन्नाटा होता है, तो आप अपने कमरे का दरवाज़ा बंद कर लेती हैं, सिगरेट जलाती हैं और पढ़ती हैं या शाहरुख़ की पुरानी फ़िल्में देखती हैं। इन अलसाई दोपहरों में, आपने सबसे ज़्यादा बार *पहेली* को देखा है। मणि कौल की फ़िल्म *दुविधा* की रीमेक, इसे 2005 में रिलीज़ किया गया था। पूर्व-आधुनिक भारत में सैट, इसकी कहानी रूढ़िवादी राजस्थान में एक युवा लड़की लच्छी द्वारा झेली जाने वाली वैवाहिक दुविधा पर केंद्रित है। वो अपनी परंपरागत शादी में प्यार पाने के लिए उत्सुक है। लच्छी की शादी बेपरवाह किशन से होती है, जिसे शाहरुख़ ने निभाया है, जो अपनी शादी की रात भी अपने खातों पर काम करता रहता है और सुबह-सुबह एक कारोबारी दौरे पर निकल जाता है। मगर, एक भूत को लच्छी से प्यार हो जाता है और वो उससे रिश्ता जोड़ने के लिए उसके पति का रूप धारण कर लेता है। वो अपनी असली पहचान को स्वीकार कर लेता है और लच्छी को भूत और उसकी रोमांटिक चेष्टाओं से प्यार हो जाता है। यहां किशन के इस भूतिया अवतार में शाहरुख़ स्त्री की इच्छाओं, सेक्सुअल और भावनात्मक, को सजीव करते हैं। अंततः, असली पति अपनी यात्रा से लौट आता है। फ़िल्म के बाक़ी हिस्से में अनेक पात्र हैं जो दो किशनों की पहेली को सुलझाने की कोशिश करते हैं। अंततः प्यार जीत जाता है, साथ ही सच्चा प्यार पाने की लच्छी की कल्पना भी।

अपने तीस के दशक में, आप अंततः यह समझने में सक्षम होती हैं कि आपको 'शाहरुख़ की रोमांटिक फ़िल्में और मूर्खतापूर्ण गाने' क्यों पसंद हैं। इन

गानों में, हीरो उस लड़की पर पूरे दिल से ध्यान देता है जिससे वो प्यार करने का दावा करता है। सेल्युलाइड पर और किसी शख़्स की अपेक्षा ख़ान प्यार में पूरी तरह डूबी निगाह पैदा कर सकते हैं। अपनी सारी रोमांटिक ताक़त के साथ वो अपनी प्रेमिका की भव्यता को देखते हैं, उनकी आंखें ख़ुशी और आध्यात्मिक संतुष्टि से भर जाती हैं। तर्कसंगत बुद्धि को शाहरुख़ की निगाह बहुत भावुक और हास्यास्पद लगती है, लेकिन आप परवाह नहीं करतीं। क्योंकि उस नज़र में तिरस्कार नहीं है, वो ऐसी नहीं है जिसमें एक लड़की को परेशानी भरे बोझ या क़र्ज़-वसूली के साधन या वासना की वस्तु, पुरुष कामुकता के लिए एक मूक, शिकायत रहित आउटलेट के रूप में देखा जाता है। अपनी सभी फ़िल्मों में, तब भी जब वो अच्छी भूमिका निभाते हैं या महिला गरिमा पर हमला करते है, वो पल भर के लिए गाने के दृश्यों में उस ट्रेडमार्क नज़र को ले आते हैं। वो अपनी प्रेमिकाओं को सम्मान और प्रशंसा के, आध्यात्मिक और शारीरिक आलिंगन के ऐसे भाव से देखते हैं जिसे आपने असल में कभी अनुभव नहीं किया है।

आप बेतहाशा उस निगाह को पाना चाहती हैं, आप चाहती हैं कि वो बाहें आपको उस नज़र से थामें, उस आदमी की निगाह से जो एक लड़की को उसकी आत्मा और ख़ुद उसके लिए पूजता है। असल जीवन में, आपके विकल्प सीमित हैं। अपनी राजपूताना वास्तविकता के बंधनों को देखते हुए, आप अपने पति की नज़रों से दूर होकर ख़ुश हैं और शादी के भीतर अपनी कड़ी मेहनत से हासिल किए अकेलेपन में आनंदमग्न हैं। आप शाहरुख़ के उन गानों को गुनगुनाने और उन पर मनन करने में, मारिया पोपोवा के ब्लॉग में सुझाई गई किताबों को पढ़ने और उनसे नोट्स बनाने में अपना दिन बिताती हैं, रोमांचित होती हैं कि आपका पति अब आप पर या आपके ख़ूबसूरत विचारों पर ध्यान नहीं देता।

***

मैंने शाहरुख़ की जिन संभ्रांत और उच्च-मध्यमवर्गीय फ़ैनगर्ल्स से बात की, उनमें से अनेक ने ख़ुद को उन स्तंभों से बंधा पाया जो उनके जीवन को व्यवस्थित करते थे। कार्यस्थलों, परिवारों और पुरुषों को अभी भी इन महिलाओं द्वारा अपेक्षित मान्यता, प्रेम और स्वतंत्रता के प्रति पूरी तरह से अनुकूल होना बाक़ी है। कोई आश्चर्य नहीं कि ये फ़ैनगर्ल शाहरुख़ की अपनी कल्पना से ऐसे चिपकी हुई हैं जैसे वो ठाठें मारते समुद्र में बहती लकड़ी हों।

शाहरुख़ की शख़्सियत के बारे में मुझसे बात करते हुए, फ़िल्म समीक्षक मयंक शेखर ने इस बात पर रोशनी डाली कि वो व्यापक तौर पर भारतीय प्रवासियों

और बड़े शहरों के लोगों के स्टार हैं। उन्होंने कहा कि शाहरुख़ का 'एनआरआई पर केंद्रित बॉलीवुड पलायनवाद छोटे शहरों के आम लोगों को अचंभित करता है।' यह एक महत्वपूर्ण बिंदु है—आमतौर पर शाहरुख़ के मल्टीप्लेक्स दर्शकों का एक बड़ा खंड संभ्रांत घरों की महिलाएं हैं। लेकिन हम स्पष्ट रूप से अकेली नहीं थीं। शाहरुख़ के दम-ख़म वाले मास-मार्केट के एक स्टार की, शहरी और ग्रामीण दोनों तरह की, कामकाजी और मध्यम वर्ग की एक बड़ी तादाद में महिला प्रशंसक होनी चाहिए।

1980 के दशक के मध्य से, भारतीय पारिवारिक जीवन के पारंपरिक आजीविका अर्जक पुरुष मॉडल ने ख़ुद को दबाव में पाया है। एक व्यापक शक्ति-समूह ने लाखों युवतियों को अपने होने और काम करने के नए तरीक़े खोजने के लिए बाहरी दुनिया में निकाला। शाहरुख़ की फ़ैन्स के साथ अपनी मुलाक़ातों के माध्यम से, लगभग एक दशक में मैं अनेक ऐसी महिलाओं—सब उस नन्हे और सिकुड़ते हुए भारतीय महिला कार्यबल की सदस्य—की ज़िंदगी में डूबी-उतराई थी जो जाति और वर्ग से विभाजित मगर वैतनिक रोज़गार और अपने फ़ैनडम से एक हैं। शाहरुख़ के डिजिटली सैवी मल्टीप्लेक्स फ़ैन बेस का सर्वे करना काफ़ी आसान था। मुश्किल तो 'मास' को खोजना होने वाला था। हालांकि मेरे पास फ़ोन नंबर और नाम-पते थे, मगर इन महिलाओं के पास मेरे प्रोजेक्ट पर बर्बाद करने के लिए समय नहीं था।

मैंने जानकारी को अंतर्दृष्टि में बदलने की कोशिश करते हुए पुराने नोट्स और क़िस्सों को पढ़ा। लुटियंस दिल्ली से लेकर ग्रामीण उत्तर प्रदेश तक मैं जिस भी फ़ैन-महिला से मिली, उसने इसी क़िस्म के क़िस्से सुनाए कि कैसे एक आदमी ने उसके व्यक्तित्व को रौंदा है, कैसे उसका परिवार उससे एक टिकटिकाते टाइम बम जैसा बर्ताव करता है, कैसे शादी के बाज़ार ने उसे व्यर्थ महसूस करवाया, कैसे उन्हें कम पैसा मिलता है और कैसे सार्वजनिक स्थान दुर्गम बने रहे। शाहरुख़ की हर फ़ैन में निराशा का एक समान स्रोत था: किसी ने भी पुरुषों के साथ अपने संबंधों में भावनात्मक समानता या घरेलू बराबरी महसूस नहीं की थी। सबने दिलासा या भटकाव के लिए शाहरुख़ का रुख़ किया था। लेकिन दौलत और जाति एवं वर्ग की सुख-सुविधाओं ने दिल तोड़ने वाले विभाजनों की भरपाई कर दी—हालांकि हमारी सभी आज़ादियां पितृसत्ता ने कसकर जकड़ रखी थीं, मगर फिर भी समाज के ऊपरी तबक़े की महिलाओं को प्राप्त विकल्प कहीं अधिक व्यापक थे।

विद्या या राजपूत फ़िलॉसफ़र जैसी संभ्रांत महिलाओं के पास विकल्प थे, भले ही वो कितने भी बंधनों में हों। उन्होंने अच्छी शिक्षा के लाभों का आनंद लिया और,

परिणामस्वरूप, नई संभावनाओं और विचारों तक पहुंच हासिल की। वो काम करना या काम से हटना चुन सकती थीं। वो मातृत्व की थोड़ी थकावट किसी आया या नौकर को सौंप सकती थीं। वो अपनी समस्याओं पर पैसा फेंक सकती थीं और उन्हें मिटा नहीं तो कम तो कर सकती थीं। वो तितलियों के लिए इंतज़ार कर सकती थीं या स्थिर सुरक्षा के लिए राज़ी हो सकती थीं। वो अकेले भी रह सकती थीं। लेकिन चुनाव की यह भाषा कामकाजी वर्ग की महिलाओं से दूर रही। ग़रीबी और अनिश्चितता ने उनके काम करने के निर्णयों को तय किया। विवाह और मातृत्व जीवनशैली के फ़ैसले नहीं थे, वो प्रेम, स्टेटस और सुरक्षा पाने का एकमात्र रास्ता थे। कौशल की उनकी शक्ति बुरी तरह से प्रतिबंधित थी। किसी आदमी के बिना रहना न प्रेक्टीकल था, न इसकी इजाज़त थी।

इस घुटन के बीच भी मैं उन महिलाओं से मिली, जिन्हें लगता था वो मौज-मस्ती करने की हक़दार हैं, जो अपने तन-मन पर और ज़्यादा नियंत्रण पाने की इच्छा रखती थीं। वो विश्वास करती थीं कि एक महिला को अपनी ज़िंदगी चुनने का स्पष्ट अधिकार है। कुछ ने देश और संस्कृति द्वारा उनके लिए तय किए गए जीवन से बाहर निकलने का विकल्प चुना और नए रास्ते बनाए। उन्होंने जो पैसा कमाया, उसका इस्तेमाल उन्होंने किराए पर घर और वीसीडी प्लेयर लेने के लिए किया। कड़ी मेहनत से मिली आज़ादी ने उन्हें अपने मोबाइल फ़ोन, बैंक खाते और ईमेल एड्रेस रखने की छूट दी।

शाहरुख़ की फ़ैन्स के जीवन में घुसने से पहले मैं भारत के गांवों और मज़दूर वर्ग के समुदायों से मिली थी, मैं मध्यम वर्ग की महिलाओं से शुरू करूंगी। उन कहानियों से जो मैंने दुकानदारों और छोटे व्यवसाय के मालिकों की बेटियों से सुनी थीं, उन औरतों से जो दुनिया के एक नई सदी में प्रवेश करते समय वयस्कता के कगार पर थीं। जैसे-जैसे भारत की अर्थव्यवस्था खुली, उनसे अपेक्षा की गई कि वो घर में रहें और अच्छे घर में शादी करें। इसके बजाय, उन्होंने सरकारी क्लर्क या फ़्लाइट अटेंडेंट बनना चुना, अच्छी तनख़्वाह वाली स्थायी नौकरी ढूंढ़ी, अपने परिवार में किसी से भी ज़्यादा कमाया और यात्राएं कीं। सेक्सुअल एडवेंचर और प्रोफ़ेशनल महत्वाकांक्षा के लिए उन्होंने परिवार की सुरक्षा और अरेंज्ड मैरिज को धता बताने की हिम्मत की। दिलचस्पी और तार्किक सुविधा की वजह से, मैंने फ़ैसला किया कि पहले इन स्वच्छंद महिलाओं, इन सांस्कृतिक बहिष्कृतों से बात करूंगी।

2
बाज़ीगर

6
अकाउंटिंग में एडवेंचर

हमारा जीवन हर चीज का हिसाब देने में बीत जाता है—हम कहां गए, हमने क्या खाया, हम क्या पका सकते हैं, हम किससे मिले... सबका हिसाब देना और बताना होगा। महिलाएं बेहतरीन अकाउंटेंट बनती हैं—हमारे पास हर चीज़ का जवाब है, हम जांच किए जाने की उम्मीद करते हैं, हमारे जीवन का ऑडिट किया जाता है। पुरुषों के लिए ऐसी कोई सोच नहीं है; एक बार वो स्कूल खत्म कर लें, तो वो जो चाहें वो करने के लिए आज़ाद होते हैं। उनसे कौन सवाल करता है? केवल उनकी पत्नियां और मांएं, जिन्हें आमतौर पर नज़रअंदाज़ कर दिया जाता है।

—अकाउंटेंट-फ़ैनवुमन, 2016

मैंने ब्यूरोक्रेसी में काम करने वाली एक फ़ैनगर्ल से संपर्क करने से शुरुआत की। वो दिल्ली में रहती थीं और नियमित रूप से ईमेल देखती थीं। जब मैंने उनकी कहानी लिखने की इजाज़त मांगी, तो उन्होंने सुझाव दिया कि हम उन्हें अकाउंटेंट कहें। कोई आम अकाउंटेंट नहीं, उनका दुखड़ा यह था कि वो अपनी चार्टर्ड अकाउंटेंसी की ट्रेनिंग पूरी नहीं कर पाई थीं। इसके बजाय, वो एक 'गज़ेटेड अकाउंटेंट' थीं, वो अक्सर ज़ोर देती थीं। उन्हें अपने काम पर, मेहनत से अर्जित अपने कौशल और स्टेटस पर गर्व था। अकाउंटेंसी में उनकी ट्रेनिंग ने, भले ही अधूरी सही, उनके जीवन को बदल दिया था। वो अक्सर कहती थीं कि औरतें बेहतरीन अकाउंटेंट होती हैं—उनका सारा जीवन रिकॉर्ड रखने में बीतता है।

उनके अनुसार, भारतीय पुरुष समझौते और सावधानी का मिज़ाज पैदा नहीं कर सकते। महिलाएं लगातार स्क्रूटनी और आंकड़ों के लिए उपयुक्त होती हैं।

कोई भी अकाउंटेंसी को एक क्रांतिकारी व्यवसाय के रूप में नहीं लेता। मेरे उदारवादी मित्र कभी-कभी मज़ाक़ करते हैं कि किसी बैंकर या अकाउंटेंट को क्रांति का नेतृत्व करते किसने सुना है। लेकिन भारतीय महिला अकाउंटेंट क्रांतिकारी हैं, पुरुषों के साथ प्रतिस्पर्धात्मक, तकनीकी रूप से चुनौतीपूर्ण नौकरी जॉइन करती हैं जिसमें अच्छा पैसा है और अक्सर देर तक काम करना होता है। भारत में अकाउंटिंग पेशे में महिलाओं की ऐतिहासिक रूप से कमज़ोर उपस्थिति रही है। हालांकि खाते बदल रहे हैं। 2015 में, भारत में लगभग तीन लाख क्वालीफ़ाइड चार्टर्ड अकाउंटेंट थे, जिनमें से इक्कीस प्रतिशत महिलाएं थीं। 2012 से 2014 के बीच अकाउंटेंसी प्रवीणता परीक्षा में शामिल होने वाली महिलाओं की संख्या दोगुनी हो गई थी। फिर भी संयुक्त राज्य अमेरिका से यह बहुत पीछे है जहां लगभग बासठ प्रतिशत अकाउंटेंट और ऑडिटर महिलाएं हैं, या यूरोप से जहां तिरेसठ प्रतिशत अकाउंटेंट महिलाएं हैं। वैश्विक स्तर पर, महिलाओं के बीच अकाउंटिंग एक लोकप्रिय व्यवसाय है क्योंकि इसमें उन्हें छोटे स्तर की अपनी प्रेक्टिसों को पंजीकृत करने और घर से काम करने की सुविधा मिलती है। इसके अलावा, कई बड़ी अकाउंटिंग फ़र्म अपने स्टाफ़ को समय के मामले में लचीलापन प्रदान करती हैं।

भारतीय अकाउंटिंग में महिलाओं के इतिहास से अकाउंटेंट अच्छी तरह वाक़िफ़ थीं। 'सभी महिला भारतीय अकाउंटेंट्स की मां' आर. शिवभोगम उनकी फ़ेवरीट थीं, जो 1933 में चार्टर्ड अकाउंटेंट के रूप में अर्हता पाने वाली पहली भारतीय महिला बनी थीं। वो प्रख्यात भारतीय शिक्षाविद् और समाज-सुधारक आर.एस. सुब्बलक्ष्मी की बहन थीं। अकाउंटेंट को शिवभोगम की कहानी रटी पड़ी थी। मात्र तेईस साल की उम्र में शिवभोगम सविनय अवज्ञा आंदोलन में भाग लेने के लिए जेल चली गई थीं। विवाह के प्रस्ताव न के बराबर थे—अकाउंटेंट का मानना था कि रूढ़िवादी परिवार ऐसी बहू नहीं चाहते थे जो जेल में रही गांधीवादी महिला स्वतंत्रता सेनानी हो। अकाउंटेंट ने कहा, 'मद्रास में उनका परिवार शादी के प्रस्ताव भेज रहा था, लेकिन मुझे लगता है कि किसी ने उन्हें स्वीकार नहीं किया।' शादी के बाज़ार में अपने गिरते मूल्य से बेफ़िक्र शिवभोगम ने, सब छोड़कर, एक अकाउंटेंट बनने का फ़ैसला किया। शिवभोगम में अकाउंटेंट की दिलचस्पी इसलिए भी बढ़ी थी कि 'चार्टर्ड अकाउंटेंसी परीक्षा में टॉप करने वाली महिला को उनके नाम पर एक पुरस्कार मिलता है।' वो ऑनलाइन गईं और शिवभोगम के बारे में सब कुछ जानने के लिए उन्होंने कॉलेज की लाइब्रेरी के धूल भरे रैकों को खंगाला।

1937 में, तत्कालीन क़ैदियों को ख़ुद को अकाउंटेंट के रूप में पंजीकृत करने से रोकने वाले ब्रिटिश क़ानूनों के ख़िलाफ़ अपील जीतने के बाद शिवभोगम ने अपनी स्वतंत्र प्रेक्टिस स्थापित की। 1955 में, वो सदर्न रीजनल काउंसिल ऑफ़ द इंस्टीट्यूट ऑफ़ चार्टर्ड अकाउंटेंट्स ऑफ़ इंडिया (तत्कालीन मद्रास काउंसिल) की अध्यक्ष बनीं। आज तक भी वो इस पद को संभालने वाली एकमात्र महिला हैं। शिवभोगम ने लगभग तीन दशक तक प्रेक्टिस की। कोचिंग कक्षाएं और पुरस्कार प्रदान करने की पेशकश करके उन्होंने लड़कियों को अकाउंटेंसी चुनने के लिए प्रेरित करने के काफ़ी प्रयास किए। व्यस्त रहते और लगातार प्रतिष्ठा हासिल करते हुए शिवभोगम ने कभी भी पति खोजने की कोशिश नहीं की। उन्होंने शादी के चक्कर में न पड़ने का फ़ैसला किया, एक ऐसा विकल्प जिससे, मूर्खतापूर्ण ढंग से, हमारे अपने समय की महत्वाकांक्षी महिला अकाउंटेंट अभी भी जूझ रही हैं। 'लड़कों की तुलना में लड़कियों का पास प्रतिशत ज़्यादा होता है,' एक ऑडिटर ने बताया जिनसे मैंने बात की थी, 'लेकिन कई बीच में ही छोड़ देती हैं। आपको परीक्षा के तीनों चरण पास करने होते हैं और एक अवधि का कार्य अनुभव भी चाहिए होता है। यह एक लंबे समय का निवेश है। दूसरी इंटरमीडिएट परीक्षा देने के बाद कई लड़कियां छोड़ देती हैं। यह प्रक्रिया बहुत कठिन और प्रतिस्पर्धात्मक है, इसके लिए बहुत अधिक फ़ोकस चाहिए और, मुझे यह कहते हुए अफ़सोस होता है लेकिन, मुझे लगता है कि ज्यादातर लड़कियों पर अच्छा दिखने और शादी करने और घर बसाने पर ध्यान देने का बहुत अधिक दबाव होता है। परीक्षा की तैयारी शायद ही कभी उनकी पहली प्राथमिकता हो पाती है।'

अकाउंटेंट के पास आज के ज़माने की नायिकाएं भी थीं। वो प्राइस वाटर हाउस कूपर्स (पीडब्ल्यूसी) इंडिया की सत्यवती बरेरा से अचंभित थीं। 2016 में, बरेरा भारत में एक बिग फ़ोर अकाउंटिंग फ़र्म की पहली महिला चीफ़ ऑपरेटिंग ऑफ़िसर बनीं। जब उनके प्रमोशन की ख़बर आई, तो अकाउंटेंट ने एक इंटरव्यू ईमेल किया जो बरेरा ने राष्ट्रीय प्रेस को दिया था। बरेरा ने कहा था, 'जब 1980 के दशक में मैं इस व्यवसाय में शामिल हुई, तो प्रवेश स्तर पर कुछेक महिलाएं थीं, लेकिन प्रबंधकीय स्तर पर शायद ही कोई महिला थी। मुझे यह भी याद है कि ऐसे क्लायंट्स भी थे जो आग्रह करते थे कि उनके प्रोजेक्ट महिलाओं को न दिए जाएं, शायद इसलिए कि उन्हें लगता था कि यह (काम) महिलाओं के अनुकूल नहीं है। मुझे यह देखकर ख़ुशी होती है कि हम वहां से बहुत आगे निकल आए हैं। पीडब्ल्यूसी, ईवाई (अर्न्स्ट एंड यंग), डेलॉइट और केपीएमजी जैसी—द बिग फ़ोर—फ़र्मों में काम करना महिलाओं के लिए चुनौतीपूर्ण हो सकता है क्योंकि

इसमें देर-देर तक काम करना और बहुत ज़्यादा यात्राएं, कभी-कभी दूर-दराज़ के इलाक़ों में भी, शामिल होती हैं। मेरे परिवार को शुरू में मेरे देर तक काम करने को लेकर फ़िक्र होती थी। लेकिन जल्द ही वो इसके आदी हो गए। पीडब्ल्यूसी ने एक मज़बूत सपोर्ट सिस्टम भी प्रदान किया। इसने, और घरेलू मोर्चे पर मिली सपोर्ट ने, मुझे चुनौतियों से पार पाने में सक्षम बनाया।' अकाउंटेंट ने मुझे भेजी ईमेल में पूछा था: 'हममें से कितनी इतनी भाग्यशाली हैं जिन्हें ऑफ़िस या अपने परिवारों से ऐसी सपोर्ट मिलती है?'

हम 2009 में मिले थे। उस समय, दिल्ली की मलिन बस्तियों में कल्याणकारी कार्यक्रम कैसे काम कर रहे हैं, इस पर एक रिसर्च को पूरा करने के लिए प्रयासरत एक अंतरराष्ट्रीय विकास एजेंसी ने मुझे दिल्ली सरकार के साथ सलाहकार के रूप में काम करने के लिए नियुक्त किया था। शहरी महिलाओं के रोज़गार पैटर्न को समझने के लिए अपनी पहली नौकरी के एक बड़े हिस्से में दिल्ली की मलिन बस्तियों और कॉलोनियों में छात्र-नेतृत्व वाले सर्वेक्षण आयोजित करने के बाद, यह नया काम एक स्वाभाविक विस्तार सा लगा। इसमें ज़्यादा वेतन और बेहतर संभावनाएं थीं। अपने कैरियर के इस नए चरण से उत्साहित होकर मेरे पास जीवन की एक उन्नत योजना थी। हालांकि, मैं जिस तरह से अपने व्यावसायिक जीवन को मैनेज कर रही थी, उससे अकाउंटेंट प्रभावित नहीं थीं।

वो डाटा फ़ाइलों और सावधानीपूर्वक बनाए नोट्स की मेरी व्यवस्थित भूलभुलैया से प्रभावित *थीं*। ये उस फ़ाइनल रिपोर्ट में इनपुट के रूप में लिए जाने वाले थे जो मैं सरकार और अपने एंप्लॉयर को प्रस्तुत करती। 'अच्छी शिक्षा को छिपाया नहीं जा सकता,' उन्होंने टिप्पणी की। मेरे जैसे समृद्ध, नेक इरादों वाले लोगों पर मुस्कुराते हुए उन्हें यक़ीन था कि शहरी ग़रीबों में मेरी दिलचस्पी एक सनक है, एक अस्थायी दौर है। उन्हें लगता था कि मुझे कॉरपोरेट कैरियर पर ध्यान देना चाहिए और स्थानीय प्रशासकों और एक्टिविस्ट्स पर अपनी ऊर्जा बर्बाद नहीं करनी चाहिए। अकाउंटेंट मेरे जैसी महिलाओं के लिए दिल्ली को एक वेटिंग रूम समझती थीं, जिससे मुझे आगे चले जाना चाहिए। एक अमेरिकी पति और एक अमेरिकी नौकरी, वो मुझसे कहतीं, मेरा लक्ष्य होना चाहिए: 'मुझे लगता है कि आपकी कंसल्टिंग से इस एजेंसी में फुल-टाइम नौकरी मिल सकती है, और फिर छोड़कर आप विदेश जा सकती हैं। यह हो सकता है, बशर्ते आप बहुत मेहनत करें।'

दिल्ली की एक सबसे कम ग्लैमरस अधीनस्थ सेवा के लिए उनके एक परीक्षा उत्तीर्ण करने के तुरंत बाद हमारी पहली मुलाक़ात हुई थी। उनका काम सरकारी

विभाग में एक कनिष्ठ लेखा अधिकारी की सहायता करना था। अपने ऊपर मौजूद उच्च-रैंकिंग प्रशासनिक कैडर के बहुत सारे सरों और मैडमों के कठोर वरिष्ठता-क्रम में दबी हुई वो ऐसे अप्रशंसित अगोचर लिपिकीय काम करती थीं, जो सरकारों को गोचर बनाते थे।

दिल्ली सचिवालय की उनकी राह बहुत सारी परीक्षाओं, बहुत सारे साहस और बहुत अधिक आशंकाओं से प्रशस्त हुई थी। 'सरकार में पुरुष इस तरह जताते हैं जैसे वो यहीं के लिए पैदा हुए हैं,' उन्होंने मुझसे कहा। 'सबसे रद्दी कॉन्ट्रेक्ट स्टाफ़ भी अपने प्रमोशन या स्थायी होने के बारे में निश्चित होता है। जब चीज़ें उनके हिसाब से नहीं होतीं तो वो हैरान हो जाते हैं। हम महिलाएं इसके विपरीत हैं—हमारी सभी सफलताएं, चाहे जितनी छोटी हों, हमें आश्चर्यचकित करती हैं। मुझे याद है अपने पहले दिन मैं इसी चिंता में थी कि मेरा काम ठीक तो है। मेरे आसपास के आदमियों ने मेरा मज़ाक़ उड़ाया कि मैं कितना अनिश्चित महसूस कर रही हूं, उन्होंने मज़ाक़ किया कि मैं लगातार तारीफ़ें सुनना चाह रही हूं। मैं पहली बार सरकार में फ़ुल-टाइम अधिकारी के रूप में काम कर रही थी, इसलिए मुझे आत्मविश्वास चाहिए था। मेरे आसपास के आदमी हमेशा आत्मविश्वास से भरे दिखते थे। भारतीय आदमियों को परीक्षा में अच्छे अंक, अच्छी डिग्री और अच्छी नौकरी मिल जाएं तो वो अपने आप को सशक्त भगवान समझते हैं।'

अकाउंटेंट के दादा की असामयिक मृत्यु के बाद, उनके पिता के परिवार ने 1950 के दशक में मेरठ की अपनी ज़मीन बेचकर दिल्ली में एक छोटा सा स्टोर खोल लिया था। जैसे-जैसे दिल्ली का शहरीकरण हुआ और अर्थव्यवस्था खुली, व्यापार अच्छा हो गया। उपभोक्ता कंपनियां मूल्य निर्धारण और आपूर्ति के प्रबंधन के बारे में अधिक पेशेवर होने लगी थीं। लोगों के हाथ में ज़्यादा पैसा नज़र आने लगा था। पूर्वी दिल्ली के रोहतास नगर का उनका इलाक़ा बदलने लगा, नए अपार्टमेंट बन रहे थे। नए परिवार आ रहे थे। सबको ब्रेड चाहिए थी और वो ब्रांडेड साबुन और पाउडर ख़रीदते थे। 1981 में जन्मी अकाउंटेंट इकलौती संतान थीं। उनकी मां दूसरा गर्भ धारण करने में असमर्थ थीं। उसके सभी कज़िन लड़के थे। अकाउंटेंट के विस्तारित परिवार और आस-पड़ोस के कुछ युवक उनके माता-पिता के वो बेटे बन गए जिन्हें पाने की उन्हें हसरत थी। उन्हें महसूस होता था कि उनके परिवार में उन लोगों की ज़्यादा पूछ और आवभगत होती है, और हर वीकएंड पर लोकल मंदिर में पूजा के बाद उन्हें शानदार भोजन और मिठाई खाने के लिए आमंत्रित किया जाता है। बाक़ी सबकी तरह उनके माता-पिता भी इन लड़कों की हर हरकत पर कुछ ज़्यादा ही हंसते थे। उन्हें ख़ूब सर चढ़ाया जाता था।

अकाउंटेंट को अपने कज़िन्स और कॉलोनी के भैयाओं की कंपनी पसंद आती थी, मगर उन्हें इस बात पर रोष था कि कैसे अंकलजी-आंटीजी का विस्तृत नेटवर्क उनकी उपेक्षा करता और लड़कों पर फ़िदा होता। उन्होंने अपने जैंडर में विलीन होने से इंकार कर दिया, वो महज़ एक और प्यारी आज्ञाकारी लड़की बनने को तैयार नहीं थीं, जो लड़कों को देवता मानती और उन्हें सराहती। उनका इंकार उनके स्कूल के रिपोर्ट कार्ड में मुखर हुआ। अगर वो सबसे प्यारी या सबसे मज़ेदार नहीं हो सकती थीं, तो वो सबसे ज़्यादा अध्ययनशील होंगी। परीक्षा-आधारित उत्कृष्टता उस पुरुष पूजा के प्रति उनका प्रतिशोध था जो वो अपनी दुनिया में देखती थीं।

अपने परिवार में वो कॉलेज पूरा करने वाली, घर से निकलकर, और वो भी सरकारी नौकरी में, काम करने वाली पहली महिला थीं। 'मेरे पिता का हमारे पड़ोस में बहुत सम्मान था। अब हर कोई मुझे भी उसी तरह देखता है,' उन्होंने कहा। भारत में सरकारी अधिकारी बनने की संभावना लगभग उतनी ही कम है जितना कि शाहरुख़ बनना। लगभग हर सरकारी पद के लिए दसियों लाख नहीं तो लाखों आवेदक तो होते ही हैं। अकाउंटेंट बेफ़िक्र थीं। वो संख्याओं, उत्तरों को याद करने, स्टडी प्लान और व्यवस्थित विचारों को लेकर सहज थीं।

शाहरुख़ ने उनके अकादमिक वेग को आर्काइव किया। वो आमतौर पर उनकी फ़िल्म रिलीज़ की तारीखों को उस समय की परीक्षाओं के आधार पर याद रखती हैं जिनके लिए वो पढ़ रही होती थीं। वो उनका इनाम और परीक्षा के तनाव और पढ़ाई के कष्टकारी रुटीन से भटकाव थे। आठ साल की उम्र में उन्होंने नेशनल टीवी पर पूरे जुनून के साथ *फ़ौजी* (1989) के हर एपिसोड को देखा था। 'वो बहुत सुंदर और बहुत मस्त थे। मुझे शो तो अच्छी तरह याद नहीं है, मैं छोटी थी, लेकिन हमारी कॉलोनी में हर कोई इसकी ही बात करता था। वो हमारे लिए तब भी स्टार थे। हम सब अपना होमवर्क पूरा करते और साथ बैठकर देखते।' *इंडिया टुडे* के साथ एक इंटरव्यू में इस टीवी सीरीज़ और अपनी शोहरत पर टिप्पणी करते हुए शाहरुख़ ने कहा था, 'साढ़े छह घंटे में मैं देश की धड़कन बन गया था।'

चौदह वर्ष की आयु में अकाउंटेंट ने अपनी दोस्त के घर पर एक धुंधले वीडियो पर *डीडीएलजे* देखी थी। *डीडीएलजे* से पहले, उन्होंने लोकल केबल मूवी नेटवर्क पर *मैंने प्यार किया, 100 डेज़, बाज़ीगर, लम्हे, चांदनी* और 'गोविंदा की कुछ फ़िल्में' ऐसे ही ख़राब प्रिंट में देखी थीं। 1993 में, उनके पिता ने दुकान पर पूरे दिन ख़बरों की जानकारी रखने और अपने मनोरंजन के लिए एक सैटेलाइट सब्सक्रिप्शन लिया था। जब वो रात को दुकान बंद करते, तो अकाउंटेंट टीवी

ऊपर ले जातीं जहां उनकी दोस्त उनके साथ फ़िल्में देखने और मशहूर लोगों के बारे में गपशप करने के लिए आ जुड़तीं। उन्होंने मुझे बताया, '*मैंने प्यार किया* देखने के बाद मेरी कॉलोनी की सारी बड़ी लड़कियां सलमान ख़ान को पसंद करने लगी थीं। लेकिन मुझे एक्ट्रेस ज़्यादा पसंद आई थी। फिर हमने दूरदर्शन पर *डीडीएलजे* की मेकिंग के बारे में एक घंटे का शो देखा, और कॉलोनी और स्कूल में हर कोई बस उस फ़िल्म को देखने जाने की बात कर रहा था। हमेशा टीवी पर गाने आ रहे होते थे। दीवाली के दौरान एक-एक करके स्कूल की मेरी सभी दोस्तों ने इसे देख लिया। मेरी मां ने आग्रह किया कि हम भी इस फ़िल्म को देखें, लेकिन पापा को ठीक नहीं लग रहा था। हमने कॉलोनी में *डीडीएलजे* देखी क्योंकि पापा हॉल में इसे देखने नहीं जाना चाहते थे।'

पूर्वी दिल्ली के एक साधारण आवासीय क्षेत्र में पली-बढ़ी अकाउंटेंट ने बताया कि 90 के दशक के बाद के सालों में कैसे *डीडीएलजे* ने टीनएज लड़कियों की एक पूरी पीढ़ी के लिए प्यार के मुहावरे को गढ़ने में मदद की थी। उन्होंने कहा कि अरेंज्ड मैरिज और नीरस घरेलू जीवन की आदी किसी भी महिला ने शाहरुख़ के रोमांटिक अवतार जैसा आदमी पहले कभी नहीं देखा था। 'उस फ़िल्म ने हम सभी के लिए कुछ बदल दिया था। हम पारिवारिक समारोहों में, स्कूल के लंच ब्रेक और खेलने के समय में इसके बारे में बात करते थे। मैं इसे समझा नहीं सकती, लेकिन कुछ ख़ास था। उनकी दयालु आंखें... मेरी मां ने भी उन्हें पसंद किया। हमने कभी किसी आदमी को औरतों से इतने इज़्ज़त और प्यार से बात करते नहीं देखा था, कभी किसी आदमी को किसी औरत पर इस तरह ध्यान देते नहीं देखा था। वो किचन में औरतों से बात कर रहे थे। जिस तरह से वो हीरोइन की बहन और मां से बात करते थे! हमारा पूरा ब्लॉक उनसे प्यार करने लगा था। उसके बाद वो लव स्टोरीज़ करते रहे और मैंने ज़्यादा से ज़्यादा देखने की कोशिश की। कभी-कभी, हम कुछ दोस्त केबल भैया के घर जाती थीं और उनसे लोकल वीडियो चैनल पर शाहरुख़ की लेटेस्ट फ़िल्म दिखाने का अनुरोध करती थीं। हमारे पिताओं को यह पसंद नहीं था। हम अपनी मांओं या भाइयों से पैसे उधार लेकर लोकल मार्केट से कैसेट और मैगज़ीन ख़रीदते थे। मैं और मेरी दोस्त इन्हें शेयर करते थे।'

बचपन में, अकाउंटेंट दिन भर अपने पड़ोस की सड़कों और पार्कों में घूमती फिरती थीं; रात में बाहर रहना बहुत असुरक्षित था। स्कूल के अपने अंतिम वर्ष में उन्होंने उत्कृष्ट छात्र होने के लिए एक बड़ा नक़द पुरस्कार पाया था। उन्होंने कुछ पैसों से एक वॉकमैन ख़रीदा। स्कूल की टॉपर के रूप में उन्होंने आख़िरकार वो

ध्यान और प्रशंसा जीती थी जो वो अपने परिवार से चाहती थीं। तो, अकाउंटेंट को उनकी पसंद का गैजेट दिला दिया गया था।

बोर्ड परीक्षा में अपने अच्छे अंकों की बदौलत दिल्ली विश्वविद्यालय में कॉमर्स के डिग्री कोर्स में दाख़िला मिलने से भी उनकी दुनिया फ़ौरन बड़ी नहीं हो गई थी। पिता की दुकान में उनकी मदद की ज़रूरत थी और इसलिए अपने कॉलेज के साथियों के साथ घुलने-मिलने के लिए उन्हें समय नहीं मिलता था। नॉर्थ कैंपस के उन शुरुआती महीनों में, जब उनकी सहेलियां क्लास के बाद मोमोज़ खाती थीं और लेमन टी पीती थीं, तो वो वापसी की सूनी बस पकड़ लेती थीं। अकाउंटेंट अपने पिता से नाराज़ थीं, उन्हें यक़ीन था कि उनकी अचानक आई यह लाचारी बाहरी दुनिया में उनके एडवेंचरों को रोकने की एक चाल थी। वो दिल्ली विश्वविद्यालय से घर लौटने के लिए जानबूझकर लंबे और घुमावदार रास्तों की बस लेने लगीं। वो डीटीसी स्टॉपों का इस्तेमाल उसी तरह करती थीं, जैसे सैनिक टोह लेने के लिए पुलों, स्मारकों और लैंडस्केप का इस्तेमाल करते थे: ख़ुद को एक अज्ञात लैंडस्केप में खोजने के लिए, दुनिया में अपना रास्ता बनाने के लिए। इन डीटीसी एडवेंचरों में उनका पसंदीदा संगीत शाहरुख़ के गाने थे। वो अपने वॉकमैन के लिए हमेशा अतिरिक्त बैटरी रखती थीं। अकाउंटेंट सेफ़्टी पिनों से लैस होकर सफ़र करती थीं ताकि 'परवर्टेड टाइप्स' को, उन आदमियों को मज़ा चखा सकें जो बसों में महिलाओं से छेड़छाड़ करते हैं, जो शहर में तकलीफ़ देह ढंग से आम घटना है।

वो आमतौर पर किसी ख़ाली बस का या 'लेडीज़ ओनली' सेवा का ही इंतज़ार करती थीं। पुरुषों की निगाहों से मुक्ति ज़रूरी थी, क्योंकि बस के ये सफ़र दुनिया के बारे में सोचने का उनका समय था। अगर बस में ज़्यादा भीड़ नहीं होती थी, तो वो अपनी धुनें गुनगुनातीं। वो रोहतास नगर में अपने जीवन से ख़ुश थीं, लेकिन इन डीटीसी बसों में वो हसरतें पालती थीं। कॉलेज में अपने शुरुआती दिनों से ही उन्हें विश्वास हो गया था कि कनॉट प्लेस के आसपास कहीं एक अद्भुत दुनिया है जो उनकी पहुंच से बाहर है। अपने पसंदीदा बस मार्ग पर, केंद्रीय सचिवालय का पूरा चक्कर लगाते हुए, वो सरकारी कार्यालयों से निकलते ऊबे हुए शरीरों को तकती थीं। बाद में वो ऐसी बसें लेती थीं जो उन्हें ख़ान मार्केट और पृथ्वीराज रोड के आगे से ले जाती थीं। शहर में इस तरह के भ्रमण एक बेशक़ीमती रुटीन, भविष्य के बारे में दिवास्वप्न देखने का समय बन गए थे। वो अपनी असल ज़िंदगी के शुरू होने के लिए बेताब थीं।

'मेरे पिता,' अकाउंटेंट ने कहा, 'मेरे कहीं भी जाने को लेकर बहुत सख़्त थे। शहर असुरक्षित था। यूनिवर्सिटी ऑफ़िस तक में एग्ज़ाम फ़ीस जमा करने की

लाइन में खड़ी मेरी दोस्तों को अनुचित तरीक़े से छुआ गया था! वापस घर में, गली के लड़के तंग करते और सीटी बजाते थे, और मुझे घर से बाहर क़दम रखने के लिए भी उनकी इजाज़त लेनी होती थी। वो यह भी तय नहीं कर पा रहे थे कि मैं कॉलेज जाऊं या नहीं; उन्हें मनाने के लिए स्कूल की प्रिंसिपल, मेरी मां और मुझे संघर्ष करना पड़ा था। जब मैंने कॉलेज जाना शुरू किया, तो वो बहुत नर्वस थे और मुझे बस स्टॉप पर ख़ुद छोड़ा करते थे।' लगाम धीरे-धीरे ही ढीली होती थी। 'जून में कॉलेज के फ़र्स्ट ईयर के फ़ाइनल्स पूरे होने के बाद, मैं अपनी सबसे पक्की दोस्त के साथ *जोश* देखने गई। उसके भाई ने हमारे लिए टिकट ख़रीदे थे। कुछ महीने बाद, दीवाली के क़रीब, जब मैं अपने सैकंड ईयर में थी, हमने *मोहब्बतें* देखी। टिकट के पैसे मैंने ख़ुद दिए थे, कॉलेज की एकेडमिक प्रतियोगिता में जीते हुए पैसों में से। मेरी दोस्त का भाई उसे मूवी हॉल पर लेने आ गया था और उन्होंने मुझे घर छोडा था। मेरे माता-पिता ने उसे घर तक गाड़ी लाते देख लिया। हालांकि मेरी सहेली भी कार में थी, लेकिन मेरी मां ने मुझे थप्पड़ मारा। ज़िंदगी में उन्होंने मुझे बस तभी मारा था। उन्होंने कहा कि सिनेमा हॉल लड़कियों के अकेले जाने, या किसी और लड़की के साथ भी जाने की जगह नहीं हैं। मेरे माता-पिता इस बात से भी नाराज़ थे कि मैंने जो पैसा जीता था उसे उनके पास सुरक्षित रखवाने के बजाय महंगे टिकटों पर ख़र्च कर दिया था। मेरी मां ने कहा कि फ़िल्में केबल पर दिखाते ही हैं, इसलिए हॉल में देखने की कोई ज़रूरत नहीं थी। मेरे पिता ने कहा कि शाहरुख़ की ये फिल्में बहुत ज़्यादा वेस्टर्न हैं। मुझे सज़ा के तौर पर एक हफ़्ते तक कॉलेज नहीं जाने दिया गया।'

इस टकराव के बाद, अकाउंटेंट के फ़िल्में देखने के प्लान गोपनीयता और शर्मिंदगी में लिपटे होते थे। वो 'एक्स्ट्रा क्लास' के बहाने चोरी-छिपे दोस्तों के साथ दिल्ली विश्वविद्यालय के आसपास के सिनेमा हॉल में जाने लगीं। वो अपने टिकट के अधपन्ने को छिपाकर रखती थीं, और घर में टीवी पर शाहरुख़ के आने पर वो अपने उत्साह को मुश्किल से ही रोक पाती थीं। वो गातीं और झूमतीं। शाहरुख़ के आकर्षण को झुठलाने में नाकाम, बशर्ते वो घर के अंदर तक सीमित हो, उनकी मां भी गाने में शामिल हो जाती थीं। मां-बेटी ने उनके कई इंटरव्यू देखने के लिए भी समय निकाला। लेकिन उनके पिता की नापसंद बढ़ी ही, उन्हें यक़ीन था कि उनका परिवार उत्साह के संकट में पड़ गया है। वो शिकायत करते कि शाहरुख़ नक़ली है, कि वो बहुत बोलता है, कि उसकी फिल्में एनआरआई और दक्षिण दिल्ली टाइप लोगों के लिए थीं, उनके जैसे यमुना पार रहने वाले मध्यम वर्ग के लोगों के लिए नहीं। वो अपनी बेटी को समझदार बनने की ज़रूरत पर लेक्चर देते। ख़ान में कुछ ऐसा था जो अकाउंटेंट के पिता को बहुत परेशान करता था।

अकाउंटेंट डायरी लिखती थीं, उनकी अपनी प्रेरक स्क्रैपबुक। उनके तेरहवें जन्मदिन से शुरू हुआ आस्था भरा एक काम, वो उसमें शाहरुख़ की तस्वीरें चिपकाती थीं, और उन बातों को लिखती थीं जो उनके हीरो ने कही थीं और जो उन्हें प्रेरणादायक लगती थीं। उन्होंने कहा कि उनकी इंग्लिश अच्छी हुई क्योंकि वो शाहरुख़ के इंटरव्यूज़ का पूरे जुनून से पालन करती थीं; उनके शब्दों की नक़ल करने और उन्हें समझने की उनकी भरपूर कोशिशों ने सुनिश्चित किया कि वो अपनी ग्रामर पर महारत पाएं। वो डायरी में अपने स्टडी प्लान और रोज़मर्रा की बातें भी लिखती थीं।

कॉलेज के सैकंड ईयर में वो अक्सर कॉलोनी के साइबर कैफ़े जाने लगीं। पार्टटाइम नौकरियों और शाहरुख़ के लेटेस्ट इंटरव्यू दोनों की तलाश में वो घंटे भर सर्फ़ करने का पैसा देतीं। कैफ़े आदमियों से भरा होता था जो ब्लौंड्स की तस्वीरों को तकते थे। मगर उनके लिए इंटरनेट, डीटीसी की बस की खिड़की से बाहर देखने की तरह, दूसरी दुनियाओं के लिए एक पोर्टल था। शायद अपनी ज़िंदगी बनाने की उनकी इच्छा को भांपकर उनके माता-पिता उनकी शादी की बात करने लगे। उस रात उन्होंने अपनी डायरी की शरण ली और शाहरुख़ की कभी कही इस बात में सुकून पाया: 'जो भी चीज़ आपको रोक रही है, वो तब तक दूर नहीं होगी जब तक कि आप खड़े नहीं होंगे और अपनी पूरी ताक़त से अपना रास्ता बनाना शुरू नहीं करेंगे। रोना बंद करो और आगे बढ़ना शुरू करो।' एक बार, मेरे लिए उनकी कैरियर सलाह शाहरुख़ का एक और उद्धरण था। 'अमीर बनने से पहले फ़िलॉसफ़र मत बनना।' शाहरुख़-ज्ञान की ये छुटपुट बातें एक पनाहगाह थीं, ये उस समय आत्म-संवेदना से भरी थीं जब दुनिया में सिर्फ़ दुख और चिंताएं ही थीं। एक फ़िल्म पत्रिका को दिए शाहरुख़ के एक इंटरव्यू से उद्धृत करते हुए वो अपने क्षणिक दर्द को दूर करने के लिए ख़ुद से कहती थीं, 'भ्रमित होना ठीक है। भ्रम दुनिया में स्पष्टता पाने का रास्ता है।'

'पापा का डिस्कंफ़र्ट' शायद वो जुमला था जो अकाउंटेंट हमारी बातचीत में अक्सर इस्तेमाल करती थीं। उन्हें यह बताते सुनते हुए कि उनके पिता शाहरुख़ के बारे में कैसे बोलते थे, ऐसा लगा जैसे वो समझते थे कि शाहरुख़ की फ़िल्में और तस्वीरें वो प्रदूषण हैं जो उनके घर के वातावरण को ख़राब कर रही हैं। उन्हें लगता था कि उन्हें अपनी बेटी की भलाई के लिए उसके फ़ैनडम को नियंत्रित करना होगा। अकाउंटेंट के लिए यह अजीब सा अनुभव था—एक ऐसे आदमी को जिसे वो प्यार करती थीं, एक दूसरे आदमी के लिए जिसे वो प्यार करती थीं इस तरह की खुली घृणा और शक का ज़हर उगलते सुनना। उनकी फ़ैनडम पर पहरा

लग गया, उनके पिता उनके कमरा बंद करके पढ़ने में बाधा डालने लगे, बस यह देखने के लिए कि वो पढ़ रही हैं या फ़ैनगर्लिंग कर रही हैं। कभी-कभी, वो उन्हें अपनी डायरी में लिखते या अपने जमा किए कटआउट उसमें चिपकाते हुए रंगे हाथों पकड़ लेते थे। उन्हें जमकर डांटा जाता। ऐसा लगता था जैसे उनके पिता को अपनी बेटी के सर उठाते यौवन से डर लगता था। वो डायरी उनके हाथ-पैर फुला रही थी। उन्हें इस बात की चिंता थी कि उनकी बेटी द्वारा अपनी डायरी में लिखे शब्दों और उद्धरणों ने उसे रोहतास नगर और उनकी पकड़ से दूर कर दिया है। वो डायरी अकाउंटेंट को दुनिया से—एक ऐसी जगह जो उसे ख़तरनाक, अजीब और मायावी दिखाती थी—जिरह करने का मौक़ा देती थी।

पीछे मुड़कर देखने पर अकाउंटेंट को लगता था कि शाहरुख़ उनके घर के भीतर असमानता की पहली धुरी थे जिसे वो भावनात्मक तौर पर अस्वीकार्य पाती थीं। 'जब मेरे पिता जानना चाहते थे कि मैं कहां जा रही हूं या वो मुझसे घर के आसपास रहने के लिए कहते,' उन्होंने एक बार मुझसे कहा था, 'तो मैं जानती थी कि वो चाहते हैं मैं सुरक्षित रहूं। मैं कभी उनसे ज़्यादा देर नाराज़ नहीं रही। और कोई भी लड़की घर के काम और बेटी के दूसरे फ़र्ज़ पूरे करने की शिकायत नहीं करेगी। मैं अपनी मां की मदद करना चाहती थी। लेकिन वो मुझे एक एक्टर को पसंद करने और उसकी फ़िल्में देखने जैसी सीधी-सादी सी बात के लिए अपराधी महसूस करवाते थे। वो मेरे कज़िन भाइयों को क्रिकेट देखने से तो कभी नहीं रोकते थे। मेरी सहेलियां भी ऐसी ही बातें सुनाती थीं। हम सब बहुत ग़ुस्से में थे क्योंकि हम जानते थे कि हमारे परिवारों और कॉलोनी के लड़के हर समय अकेले फ़िल्में देखते हैं। अगर वो स्कूल में ठीकठाक करते रहें, तो कोई उन पर चिल्लाता नहीं था न फ़िल्म देखने जाने के लिए उन्हें मारता था। लेकिन हममें से कुछ लड़कियां टॉपर थीं, मगर फिर भी जब हम फ़िल्म देखने जाते थे तो हमें झूठ बोलना पड़ता था।'

उन्होंने कहा, 'जब उस समय मेरी मां ने मुझे फ़िल्म देखने जाने के लिए थप्पड़ मारा था, भले ही वो शाहरुख़ को मेरे जितना ही पसंद करती थीं, तभी मैं जान गई थी कि मुझे जीवन में क्या चाहिए। मैं अपने आसपास के पुरुषों की तरह बनना चाहती थी। मैं बिना पूछे या अपराधबोध के फ़िल्में देखना चाहती थी। अंग्रेज़ी बोलना सीखना और अकाउंटेंट बनना ही नौकरी पाने और आज़ाद होने का एकमात्र तरीक़ा था।' अकाउंटेंट ने सिनेमा टिकट के साथ आज़ादी की तुलना की।

कॉलेज के अपने अंतिम वर्ष में अकाउंटेंट ने कुछ अतिरिक्त पैसे कमाने के लिए कॉलोनी के बच्चों को अंग्रेज़ी और गणित पढ़ाने का फ़ैसला किया। कक्षाएं घर पर ही दी जाती थीं और उन्हें हर महीने 2,000 रुपए से थोड़ा कम मिलते थे।

उन्होंने सावधानी से पैसे बचाए। उनके पिता को अच्छा नहीं लगता था कि वो पैसे अपनी मां को नहीं देतीं। मेरा ख़्याल था कि वो इस बात से डरते थे कि यह नया पैसा उनके घर में क्या लाएगा। एक-दो बार शिकायत करने के बाद वो रुक गए, क्योंकि बेटी के पैसे मांगने के विचार ने उन्हें आहत कर दिया था। 'मेरे पिता,' अकाउंटेंट ने बताया, 'मानते थे कि अपने परिवार की देखभाल करना, उसका भरण-पोषण करना आदमी का काम है। आदमी कभी भी औरतों से पैसे के बारे में बात नहीं करेंगे कि वो कहां से आया। लेकिन वो जानते थे कि मैं पैसे कमाकर अपने लिए अच्छा काम कर रही हूं, इसलिए उन्होंने मुझे कभी नहीं रोका।' जल्द ही, अकाउंटेंट अपने परिवार के लिए दीवाली उपहार ख़रीदने लायक़ पर्याप्त कमाने लगी थीं। एक कज़िन की मदद लेकर चुपके से उन्होंने एक बैंक खाता खोल लिया।

उनके दिन पैक्ड थे, कॉलेज जाना, घर के कामों में अपनी मां की मदद करना, चार से छह के बीच दो घंटे अपने पिता की दुकान पर काम करना, जब वो पूजा करते और झपकी लेते थे, शाम को अपनी ट्यूशन पढ़ाना और रात में चार घंटे अपनी पढ़ाई के लिए समय निकालना। इंस्टेंट कॉफ़ी और रोहतास नगर से बाहर निकलने के अपने इरादे पर जीते हुए वो बमुश्किल ही सोती थीं, उन्होंने मुझे बताया। वीकएंड पर वो माता-पिता को बताए बिना बरिस्ता जाने या फ़िल्म देखने के लिए अपने कमाए पैसों में से थोड़े से इस्तेमाल करती थीं। यह उस भविष्य का स्वाद था जो वो अपने लिए बनाना चाहती थीं। हाथ में थोड़ा पैसा आने से ज़िंदगी रोमांचक हो गई थी।

2002 में कॉलेज से ग्रेजुएशन करने के बाद भी उन्होंने पड़ोस के बच्चों को पढ़ाना जारी रखा और अपने माता-पिता को राज़ी किया कि उन्हें अकाउंटेंसी फ़ाउंडेशन और इंटरमीडिएट टैस्ट देने दें। वो जानती थीं कि वो एक लंबी और कठिन यात्रा शुरू कर रही हैं। चार्टर्ड अकाउंटेंट बनने में पांच या छह साल लगते, जिनमें कई परीक्षाएं और तीन साल के कार्य अनुभव की आवश्यकता शामिल हैं। परीक्षा की तैयारी के लिए उन्हें एक कोचिंग सैंटर में दाख़िला लेना होता, लेकिन फ़ीस इतनी ज़्यादा थी कि वो अपनी आमदनी से उसका ख़र्च नहीं उठा सकती थीं। उनके पिता ने कहा कि वो केवल एक साल की कक्षाओं के लिए पैसा दे सकते हैं। इतना काफ़ी था। उनकी मां को यक़ीन था कि वो अकाउंटेंसी की कठिन ट्रेनिंग को कभी पार नहीं कर पाएंगी। 2003 में वो अकाउंटेंट फ़ाउंडेशन की परीक्षा निकाल ले गईं और उन्होंने ख़ुद को लड़कों से भरी कक्षा में पाया। कोचिंग संस्थान के अपने पहले सप्ताह में उनकी दोस्ती तरुण से हुई और वो स्टडी पार्टनर बन गए। वो उसके होमवर्क और असाइनमेंट में मदद करती थीं। बदले में, वो उनका हाथ

थामता और तारीफ़ों से सराबोर कर देता। उन्होंने पास के एक थिएटर में फ़िल्में देखीं। यह लव था। उन्होंने तरुण के साथ पहली फ़िल्म *वीर-ज़ारा* (2004) देखी थी, भारत-पाक प्रेम कहानी पर बनी महागाथा, जो नवंबर 2004 के दीवाली सीज़न के दौरान बिना किसी विरोध के रिलीज़ हुई थी। शाहरुख़ के वीर ने जैसे प्रीति ज़िंटा की ज़ारा को छुआ था, अकाउंटेंट को भी वैसे ही छुए जाने की लालसा थी।

तरुण ने सुझाव दिया कि सरकारी परीक्षाओं की तैयारी के लिए वो उसके साथ एक स्टडी ग्रुप में शामिल हो जाएं। तरुण के माता-पिता ने उसे सलाह दी थी कि दूसरे विकल्प भी खुले रखे, उन्होंने उसे बताया था कि सरकार देश की सबसे अच्छी नियोक्ता है। अकाउंटेंट जितने लड़कों को जानती थीं, वो सभी सरकारी नौकरी के लिए कोशिश करने की योजना बना रहे थे। इन परीक्षाओं की तैयारी के लिए तरुण ने एक मशहूर कोचिंग संस्थान में दाख़िला लिया था और उसके स्टडी ग्रुप में वो दोस्त थे जो उसने वहां बनाए थे। उसने कहा अगर अकाउंटेंट इस समूह में शामिल हो जाती है, तो वो ज़्यादा समय साथ बिता पाएंगे और वो परीक्षा के लिए पढ़ाई करने में उसकी मदद कर सकती है। अकाउंटेंट को ज़्यादा समझाने की ज़रूरत नहीं थी; वो भी सरकारी नौकरियों के लिए कोशिश कर सकती थीं और तरुण के ग्रुप में जुड़ने से उन्हें एक और महंगी कोचिंग क्लास का पैसा दिए बिना उसका स्टडी मैटीरियल मुफ़्त मिल जाएगा। वो नए लोगों से मिलेंगी। और जितने घंटे वो रोहतास नगर से दूर और तरुण के साथ बिताएं, उतना अच्छा है। उन्होंने अपने माता-पिता से कहा कि उनके नए स्टडी ग्रुप में सब लड़कियां हैं। 'अगर मैंने उनसे कहा होता कि वो ज़्यादातर लड़के हैं, तो वो मुझे कभी उससे नहीं जुड़ने देते। वो सोच रहे थे कि ये सब परीक्षाएं और कक्षाएं शादी होने से पहले के मेरे शौक़ हैं।'

अकाउंटेंट की योग्यता और बड़ी मात्रा में जानकारी ग्रहण करने की क्षमता से प्रभावित होकर उनके नए स्टडी ग्रुप ने उन्हें सरकारी नौकरियों पर गंभीरता से विचार करने के लिए प्रोत्साहित किया। 2004 में, अकाउंटेंट ने उस संस्थान द्वारा दी जाने वाली सब्सिडी के लिए क्वालीफ़ाइ कर लिया, जहां वो चार्टर्ड अकाउंटेंसी की कक्षाएं ले रही थीं। जैसे-जैसे उनका काम और प्रभावशाली होता गया, तरुण बदलने लगा। वो उन्हें चिढ़ाने लगा, पहले शराफ़त से और फिर आक्रामक ढंग से, कि वो महिला कोटे की लाभार्थी थीं। वो कहता, 'हर कोई महिला उम्मीदवारों के लिए पक्षपातपूर्ण होता है।' कोटा, ज़ाहिर है, कल्पना थी। अकाउंटेंट के लिए परीक्षा पास करने और नौकरी पाने की प्रक्रिया उतनी ही कठोर थी जितनी तरुण के लिए थी। लेकिन उसका शांतिपूर्ण-आक्रामक मज़ाक़ करना जारी रहा कि लड़कों को अपने परिवारों से सहयोग पाने के लिए कितनी मेहनत और कोशिश करनी पड़ती

है। हर स्टडी सैशन का अंत बहस में होता। वो अपनी सफलता के लिए, तरुण को बुरा महसूस कराने के लिए, उसके तानों पर गुस्से से जवाब देने के लिए दोषी महसूस करने लगीं। उन्हें यकीन हो गया था कि वो एक बहुत बुरी गर्लफ्रेंड बन गई हैं। बुरी क्योंकि उन्होंने उन अवसरों को खोजा जो भारत कॉमर्स एवं अकाउंटेंसी की छात्राओं के एक छोटे से अल्पसंख्यक समूह को प्रदान करता है।

सीए कोचिंग संस्थान की पहली बड़ी प्रारंभिक परीक्षा से पहले तरुण ने उनके नोट्स उधार मांगे। अकाउंटेंट ने दे दिए। उसने उन नोट्स की फ़ोटोकॉपी करवाकर उन्हें दूसरे छात्रों को बेच दिया। गुस्से में भरकर अकाउंटेंट ने तरुण से सफ़ाई मांगी। वो अपनी गर्लफ्रेंड के साथ ऐसा बर्ताव कैसे कर सकता है? तरुण ने उनसे कहा कि वो कभी उसकी गर्लफ्रेंड नहीं थीं। उसने कहा कि वो एक समुदाय के भी नहीं हैं। उनके बीच शायद ही कुछ गंभीर था, उसने ऐलान किया। वैसे भी, उसके माता-पिता उसके लिए पत्नी खोज रहे थे। परीक्षा के बाद उनका नॉन-बॉयफ्रेंड खुलकर द्वेषपूर्ण हो गया। तरुण दूसरे पुरुष छात्रों की कंपनी में उनका मज़ाक़ उड़ाने लगा। उन्हें सुनाते हुए उसने खिल्ली उड़ाते हुए कहा कि वो तो केवल उनके नोट्स के लिए उनके साथ रहता था। उन्होंने मुझसे कहा, 'मुझे छोटा महसूस कराकर उसे अच्छा महसूस होता था।'

तानों ने अपना असर दिखाया। सीए इंटरमीडिएट परीक्षा में अपने पहले प्रयास में असफल हो जाने पर अकाउंटेंट शैक्षिक रूप से पिछड़ने लगीं। कभी उत्साही रहे उनके शिक्षकों ने सुझाव दिया कि वो घर पर रहें क्योंकि लड़कियां घरेलू अर्थशास्त्री बेहतर बनती हैं। उन्होंने कहा कि यह पैटर्न उन्होंने पहले भी देखा है—ज़हीन लड़कियां जो प्रतियोगी परीक्षाओं में अच्छा प्रदर्शन नहीं कर पातीं। उनके पिता ने भी यह याद दिलाते हुए उन्हें हतोत्साहित करना शुरू कर दिया कि उनकी आर्थिक स्थिति इतनी अच्छी नहीं है कि वो उनके लिए किसी चार्टर्ड अकाउंटेंट के साथ आर्टिकिलशिप तलाश सकें। न ही वो उनके बार-बार परीक्षा देने का ख़र्च उठा सकते थे। मगर वो उनकी शादी के लिए लड़का ढूंढ़ सकते थे। वो रोईं और एक बार फिर दिलासा और प्रेरणा पाने के लिए शाहरुख़ की ओर मुख़ातिब हुईं।

'सफलता एक ख़राब टीचर है,' उन्होंने एक बार कहा था। 'असफलता आपको विनम्र बनाती है।'

रोमांस और अकाउंटेंसी ने उन्हें नाकाम कर दिया था। उन्होंने दोनों से संन्यास लेने का फ़ैसला कर लिया। अपनी सीमाओं को स्वीकार करते हुए, उन्होंने भारत की प्रतियोगी परीक्षा संस्कृति के चक्र में लौटने का इरादा किया। उन्होंने अपने

माता-पिता के लड़कों से मिलवाने के प्रस्ताव को स्वीकार कर लिया, बशर्ते वो उपयुक्त सरकारी पदों के लिए पढ़ाई और आवेदन कर सकें। उनके माता-पिता ने उन्हें प्राइवेट सैक्टर की नौकरियों के बारे में नहीं सोचने दिया क्योंकि किसी अच्छे परिवार में उनकी शादी के मोल के सामने उनकी आय का मोल कम हो जाता। वो दूर-दराज़ के ऑफ़िसों में उनके देर रात तक रुकने से भी डर रहे थे। सरकारी नौकरी में स्थायित्व और स्टेटस के कारण आश्वासन का पुट होता है। यह एक कहीं अधिक जाना-समझा और सुगम विचार था। कई दिनों की सौदेबाज़ी के बाद एक शांति समझौता हुआ—माता-पिता ने अकाउंटेंट के सरकारी सपनों की बात मान ली और अकाउंटेंट उनके शादी कराने के जुनून के लिए तैयार हो गईं।

उनके पड़ोसियों ने बातें बनाईं: 'बेशक उसे पढ़ना और काम ढूंढ़ना पड़ेगा। उससे शादी तो कोई करेगा नहीं।' उन्होंने फिर कभी तरुण से बात नहीं की। लड़के दूसरी लड़कियों का शग़ल बन गए थे। उनके पास सिर्फ़ शाहरुख़ थे। लड़कों की दुनिया अदृश्य हो गई थी, उन्होंने सेक्सुअली सफल होने और लुभाए जाने में दिलचस्पी खो दी थी। उनके माता-पिता ने कुछ रिश्ते खोजने की कोशिश की, लेकिन हर बार उन्हें अस्वीकार कर दिया गया। वो बहुत लंबी हैं। या बहुत पढ़ी-लिखी हैं। एक अन्य संभावित मैच ने सुझाव दिया कि शादी के बाद वो अपने अकाउंटिंग कौशल का उपयोग घर से उसके व्यवसाय में मदद करने के लिए कर सकती हैं। उसे लगता था कि लड़कियों के लिए अपने घरेलू कर्तव्यों की उपेक्षा किए बिना अपनी शिक्षा का उपयोग करना ज़रूरी है। इस भावी दयालु पैट्रियार्क को कृपा जताते महसूस करके अकाउंटेंट ने दोनों परिवारों के सामने उससे कहा कि उनका इरादा शादी के बाद भी काम करना जारी रखने का है। अकाउंटेंट सौदेबाज़ी नहीं करते।

अकाउंटेंट ने महसूस किया कि लैंगिक-भेद के सुख असुरक्षित पुरुषों को बहुत अधिक आकर्षित करते हैं, और यह कि दिल्ली में उनके संपर्क में आए अधिकांश पुरुष असुरक्षित थे। 'बंदे ऐसे ही हैं,' उन्होंने मुझसे कहा। 'वो नौकरियों या परीक्षाओं में हमारे प्रदर्शन को नियंत्रित नहीं कर सकते, इसलिए वो हमें अपने बारे में बुरा महसूस कराते हैं।' यह मानते हुए कि प्रगतिशील पुरुष एक ऐसे परिवेश के होते हैं जहां वो नहीं पहुंच सकतीं, उन्होंने असल जीवन में शादी और रोमांस के ख़्याल को छोड़ दिया था। एक अच्छी नौकरी एक बेहतर दांव था। अकाउंटेंट के लिए, नियमित जीवन से नौकरी के विज्ञापनों और अपनी पाठ्यक्रम सामग्री के गहन अध्ययन में गुम हो जाना एक क्षणिक लेकिन आवश्यक फ़ैंटैसी को खोजना था, एक ऐसी जगह जहां उन्हें निष्पक्षता और आज़ादी पाने की आशा थी।

सरकार हर चीज़ को नोट करती है

2010 में दिल्ली सचिवालय की एक मीटिंग के नोट्स

मैं एक बैठक में भाग ले रही हूं जहां कुछ चर्चाओं पर और चर्चा करने की ज़रूरत है। अकाउंटेंट से नोट्स लेने के लिए कहा गया है। अगले 180 मिनट चुस्ती और लगन से दर्ज किए जाने चाहिए। मिशन मोड में, कनिष्ठ कर्मचारियों द्वारा एक्सेल शीट्स को क्लीन करना और मिनट तैयार करना परंपरागत है। उन्हें परंपरा का पालन करना और ख़ुद को लागू करना चाहिए। जब हम ग़ैर-आईएएस अधिकारियों के लिए नियत महिला शौचालय का उपयोग करने की प्रतीक्षा कर रहे थे तो वो मज़ाक़ करती हैं, 'मुझे आश्चर्य है कि मसूरी या स्टेट सर्विस अकादमियों में क्या वो आपको इसके लिए ट्रेनिंग देते हैं।' अपने जैसे 'निचले स्तर के अधिकारियों' को दी जाने वाली ट्रेनिंग की ख़राब क्वालिटी के बारे में उन्हें कई गंभीर शिकायतें हैं। वो आपको लगातार लिखने से होने वाले दर्द के लिए तैयार नहीं करते हैं। वो कभी भी स्टेट कैडर को ढेरों चाय पीने और नीतिगत प्रलाप के दौरान, जिसे समझने की उन्हें परवाह भी नहीं होती, जगे रहने की ट्रेनिंग नहीं देते हैं। वो आपको कभी भी सरकारी फ़ाइलों का व्याकरण नहीं सिखाते—कहां एक्टिव और कहां पैसिव वॉयस का इस्तेमाल करना है, क्या छोड़ना या प्रस्तुत करना है। किसी भी उच्चस्तरीय अधिकारी से उम्मीद नहीं की जाती कि वो नीति-वालों के गहन विचारों और सांख्यिकी के खेल को समझते हुए आदिकालीन सरकारी स्टेशनरी पर सर खपाएगा। उससे भी कम लोगों से सुनने की उम्मीद होती है। यह सचिवालय के नए और पुराने विंग्स को जोड़ने वाले गलियारों में भली-भांति स्वीकृत तथ्य है: एक अधिकारी जो एक सम्मानित बाबू बनना चाहता है, उसे नोट्स के उत्पादन और मिनट में हेरफेर से बचना होगा। बैठकों से फ़ाइलें बनाना सीखना महत्वाकांक्षी निम्न-श्रेणी के नौकरशाहों की नियति है।

अथक रिकॉर्ड रखना एक युवा नौकरशाह के काम का हिस्सा होना चाहिए। 'अगर मिनट नहीं हैं तो कोई मीटिंग नहीं हुई। यदि आप ठीक से नोट्स नहीं लेती हैं तो कोई मिनट नहीं होंगे,' डाइरेक्टर साहब ने अकाउंटेंट के स्तनों को घूरते हुए ज़ोर दिया था। सचिवालय में बीते ग्यारह महीनों ने उन्हें तीन बातें सिखाई थीं। और उन्होंने मुझे भी अच्छी तरह सिखा दी हैं।

1. सरकार सब कुछ नोट करती है। ख़ासकर स्तन।
2. परेशानी से बचने के लिए सबसे अच्छा है फ़ाइल करो और भूल जाओ।
3. सबसे अहम बैठकों में नोट्स के ढेर होते हैं, जिनमें कुछ नहीं होता।

विकास उद्योग की देवियां और सज्जन अपनी अभ्यस्त मुस्कान और साड़ियों के साथ इस अवसर को अनुग्रहीत करते हैं। यहां तक कि पश्चिम के दुष्ट गोरे भी अपने लोधी रोड कार्यालय से निकल आए हैं। एजेंडा के आइटमों से माहौल भारी है। चर्चाओं पर चर्चा की ज़रूरत है। नीतियों को पैरवी की ज़रूरत है। स्तनों पर ध्यान देने की ज़रूरत है।

जब दर्शक बैठ जाते हैं, तो राजू जी—सदाबहार चपरासी, कहीं न जाने वाला अधिकारी, वो जो फ़ाइलें ग़ायब करता है और कटलेट से गंधाता है—मुस्कुराते हैं और अकाउंटेंट से कहते हैं, 'ये सभी लेडीज़, ये फ़िरंगी, ये लोग फ़िल्म स्टारों जैसे दिखते हैं, आपकी शाहरुख़ की फ़िल्मों वाले लोगों की तरह।' इनका मतलब आप जैसे लोगों से है, वो मुझसे कहती हैं। मेरी अपनी क़िस्म: हमेशा प्रभाव तलाशती दिल्ली के टैक्नो-ऑप्टिमिस्टिक पॉलिसी केयर-बीयर्स की नई नस्ल; डाटा और पकड़ बनाने के लिए फड़फड़ाते अति उत्सुक चेहरे, हम अपनी निरर्थकता को हार्वर्ड की पोस्टग्रेजुएट डिग्री के पीछे छिपाते हैं। दिल्ली की नौकरशाही और भारतीय मध्यम वर्ग की एक कुशाग्र सदस्य के रूप में अकाउंटेंट नई दिल्ली की पुराने फ़ैशन की बुद्धि और सुविधा-संपन्न आत्मविश्वासी गंध को पहचानती हैं।

'राजू सही कह रहे हैं,' वो तीखी मितव्ययिता के साथ कहती हैं। 'आप एनजीओ वाली महिलाएं हमेशा महकती होती हैं, पेशाब की बदबू के बीच ताज़ा चमेली की तरह।' वो शिकायत करने लगती है: उसकी कोटा डोरिया साड़ी मुचड़ी हुई महसूस होती है; उससे आईटीओ तक की कई बसों की सवारी की बदबू आती है।

और तभी बाबू आ जाते हैं। ख़राब फ़ाउंटेन लगे क्रिस्प सफ़ारी सूट ख़रामा-ख़रामा अंदर आते हैं। राजपत्रित अधिकारियों की राजपत्रित गंध।

संयुक्त सचिव और उनके डाइरेक्टर मेज़ के सिरे पर अपनी सीट लेते हैं। कुछ फ़ाइलें घूमती हैं, और सहायक कर्मचारियों की एक फ़ौज इकट्ठी हो जाती है। अकाउंटेंट जानती हैं कि यह मीटिंग छोटी सी होगी। जेएस साहब से यह उम्मीद नहीं की जा सकती कि वो हर मीटिंग के हर एजेंडा आइटम में मौजूद रहेंगे। वो व्यस्त बाबू हैं। व्यस्त और सक्रिय। वो अभी एक मैराथन मीटिंग में गए थे, जहां मंत्री जी, विधायकों और उनके रियल-एस्टेट मित्रों के बीच एक जोशीले चीखने-चिल्लाने के मैच में वो मूक दर्शक थे।

मीटिंग की कमान डिप्टी डाइरेक्टर दिनकर जी ने संभाली। ऑफ़िस में हर कोई दिनकर जी की तारीफ़ करता है। उनका सर गंजा है और ब्राह्मणवादी ठाठ-बाट वाला बड़ा सा पेट है। विभाग के अन्य राज्य सेवा अधिकारियों के विपरीत, वो

कभी पसीने से नहीं भीगते। उनका शरीर भृंगराज तेल से मज़बूत है; उनके आहार में पान, चिकन टिक्का या सस्ती रम का कोई चिह्न नहीं होता। वो हर शाम अपने ऑफ़िस में पूजा करते हैं क्योंकि वो नियमित रूप से ओवरटाइम काम करते हैं। वो पूरी तरह से नियंत्रण में लगते हैं। यह ब्राह्मण ख़ून है, अकाउंटेंट कहती हैं, हमेशा गरिमापूर्ण। ब्राह्मण अधिकारियों में असीम गुण होते हैं, वो सोचती हैं; कोई भी भला पंडित पैसे, शराब या शरीर के लालच में नहीं आएगा। लेकिन इन घटिया बिहारी डाइरेक्टरों पर कभी भरोसा नहीं किया जा सकता। सचिवालय के स्टील फ्रेम को अकाउंटेंट के मनु-नियम तीन समुदायों में बांटते हैं—बिहारी आईएएस ऑफ़िसर जो कॉन्फ्रेंस टेबल पर अध्यक्षता करते हैं, दिल्ली राज्य कैडर के ऑफ़िसर ('अक्सर ब्राह्मण और बनिये') जो अपने काम देखते हैं और अनुबंध कर्मचारी ('आमतौर पर वाल्मीकि') जो बाद में सफ़ाई करते हैं।

वो बैठक की बाहरी परिधि में एक कमज़ोर सी कुर्सी पर बैठी हैं। यह दूरी सुनिश्चित करती है कि उनके जैसे निचले स्तर के अधिकारी सीनियर अधिकारियों और विकास के नामी गिरामी लोगों की नाजुक संवेदनाओं को न छेड़ें। इसके अलावा, चर्चा को समझने की कोशिश करते हुए ख़ूबसूरती से गर्दन आगे उचकाने की योग्यता एक अधिकारी के छल को दर्शाती है। बातचीत ख़ाली प्रचलित शब्दों से भरी है। कोई सरकार से आग्रह करता है कि दक्षता पर विचार करे, तो दूसरा समावेशन का सुझाव देता है। सूचना प्रौद्योगिकी विभाग के प्रतिनिधि सरकार से 'एक सरल दृष्टिकोण' पेश करने का अनुरोध करते हैं। उनका नाम 'बकुल, आईएएस' है। वो ब्यूरोक्रेट रॉक स्टार हैं। कुछ पुरुषों और उनके बेपरवाह आत्मविश्वास का यह चक्कर क्या है? बकुल सर को देखकरआप बता सकते हैं कि यह एक शांत और गंभीर व्यक्ति है, जो अपने अतीत और आसन्न गौरव के विचार से संतुलित है। अकाउंटेंट इंडियन इंस्टीट्यूट ऑफ़ टैक्नोलॉजी को दोष देती हैं। द इंडियन इंस्टीट्यूट ऑफ़ इंफ़िनिट कॉन्फ़िडेंस।

बकुल सर सरल उपाय सुझाते हैं। उन्होंने लगभग *हर चीज* के बारे में सोचा हुआ है: आप कुछ भी कहें, वो बकुल के लिए नया नहीं होगा। उनकी टिप्पणियां राजपत्रित उत्साह को बटोरती हैं। इसके तुरंत बाद, ग़ैर-सरकारी प्रतिभागी भी अपने सुकून भरे शब्दजाल से सहयोग करते हैं। हाथ लहराते हैं और मैनिक्योर्ड उंगलियां सहजता से काग़ज़ों पर इशारे करती हैं। अकाउंटेंट मुझसे कहती हैं कि बकुल सुंदर हैं। बकुल के हाथों पर जमी उनकी निगाहें अनदेखी रह गई हैं। बकुल की उंगलियां ऊबी और उदासीन लगती हैं। वो कॉन्फ्रेंस टेबल पर एक कप पर लिपटी हुई हैं। टेबल पर उसकी उम्र की सरकारी मुहर लगी है। यह सत्रह

साल पुरानी अवशेष है, जो खोखली बातों के संग्रह और अहंकारी कदाचारों की मेज़बानी कर चुकी है। यह भी ऊबी हुई दिखती है।

मेरा ख़्याल है टेबल अकाउंटेंट से बात करती है। यह बीत गए युग को खोने का मातम करती है—जब बाबू ईमानदार हुआ करते थे, या होने का दिखावा करते थे; जब फ़ाइलें और उंगलियां यादों से खिलवाड़ नहीं करती थीं। लंबे घुमावदार गलियारों और दमनकारी कॉन्फ्रेंस कक्षों में, मीटिंगों और एजेंडा के विषयों पर मंडराता सरकारी विलाप ठहरा रहता है। एक अच्छा अधिकारी सब कुछ फ़ाइल करता है, वो सोचती हैं। एक बेहतरीन अकाउंट अधिकारी भूलना सीखता है। अकाउंटेंट अपने सूखे नाख़ूनों, नोटपैड और उसमें लबालब भरी सामग्री को देखती हैं। वो धीमे-धीमे शाहरुख़ की शानदार फ़िल्म *दिल से* का एक लोकप्रिय गीत *'जिया जले'* गुनगुनाती हैं। यह शाहरुख़ का उनका पसंदीदा गाना है। अपने नोट्स और फ़ाइलों पर मुस्कराते हुए उन्हें इस बात पर गर्व है कि वो रोहतास नगर से कितनी दूर आ गई हैं। ये टूटे दिल का इलाज करते हैं, उनका कहना है। जब हम कमेटी रूम से बाहर निकलते हैं, तो वो आईटी विभाग के प्रतिनिधि की ओर इशारा करती हैं और कहती हैं कि वो उन्हें एक 'मध्यमवर्ग विरोधी' एक्स की याद दिलाता है। लंच पर, मैं उनसे इसे समझाने के लिए कहती हूं। यह एक चालाकी भरी चाल है। उन्हें समझाना पसंद है।

बड़े बड़े देशों की छोटी छोटी बातें

एक बार की बात है, एक योजना आयोग था, जहां सरकारी परीक्षा परिणामों की प्रतीक्षा करते युवा सलाहकार विभिन्न टीमों में शामिल होते थे। अफ़वाह थी कि योजना आयोग ध्यान भटकाने के लिए एक बेहतरीन जगह है। ब्यूरोक्रेट विनम्र और बेहद पढ़े-लिखे थे। अनेक विशेषज्ञ परियोजनाओं या मीटिंगों में शामिल होते थे। चर्चाओं का दायरा व्यापक था—कौशल प्रशिक्षण, जल प्रौद्योगिकी, सब्सिडी सुधार और भू-क्षरण।

अकाउंटेंट सोचती थीं कि योजना आयोग जैसे स्थान ग्लैमरस, अति-शिक्षित और अंडर-एंप्लॉयड लोगों के लिए एक शरणस्थली का काम करता है। अभिजात वर्ग के लिए यह एक जन-कार्य कार्यक्रम था—आलसी भारतीय बुद्धिजीवियों के लिए सौ दिनों के रोज़गार की गारंटी। लेकिन अकाउंटेंट जानती थीं कि वो भाग्यशाली हैं कि उनके रिज़्यूमे पर इसका ठप्पा है। यह 2008 की बात थी और वो संयुक्त राष्ट्र एजेंसी के एक अल्पकालिक प्रोजेक्ट में अकाउंट और प्रशासन में

मदद करने के लिए कॉन्ट्रेक्ट पर एक लिपिकीय भूमिका में थीं। वो एक एनजीओ में काम कर रही थीं और उनके नियोक्ता ने यूएन में कार्यरत अपने एक मित्र को उनके सीवी की सिफ़ारिश की थी। उनके पूर्व बॉस ने उन्हें इस पद को आज़माने के लिए प्रोत्साहित किया था, यह समझाते हुए कि इस तरह के अनुभव से अकाउंटेंट को सरकारी नौकरी ढूंढ़ने में मदद मिलेगी। काम का बोझ भी हल्का रहेगा। अपने माता-पिता की अनिच्छा से निपटने के लिए, चतुराई से, उन्होंने अपने सबसे बड़े कज़िन भाई से सहायता मांगी जो परिवार का चहेता था। बातों के दौरान, यह देखते हुए कि इसके लिए अक्सर योजना आयोग जाना था, उन्होंने अपने माता-पिता से कहा कि नया ऑफ़र लगभग सरकारी नौकरी जैसा ही है। उनके कज़िन ने ज़ोर दिया कि यह एक बहुत ही प्रतिष्ठित प्लेसमेंट है, और केवल एक साल के लिए है।

यह काम हासिल करना अप्रत्याशित सफलता थी। इसके साथ एक सैकंडहैंड लैपटॉप मिला था जिसने घर पर उसके माता-पिता और दोस्तों को बहुत प्रभावित किया। काम पर अपने पहले दिन, योजना-आकाशगंगा के सितारों के लिए नियत एक क्लांत चपरासी ने कहा, 'ग़रीबों को गड्ढे खोदने चाहिए; अमीरों को उनकी चिंता करते हुए रिपोर्ट लिखनी चाहिए। ये सब चिंताएं करने के लिए कड़क चाय, साफ़ शौचालय और स्वादिष्ट स्नैक्स चाहिए। इसी तरह पीढ़ियों से सफ़ाईकर्मियों और चपरासियों को काम मिल रहा है। पिछले तीस साल से ऐसा ही हो रहा है। हमारी दुकान ऐसे ही चलती है।'

अपने चौथे दिन, उन्होंने उस आदमी को देखा जो अंततः उनका दिल तोड़ देगा। वो सारे दृश्य को देखते, मगर आंख मिलाने से बचते हुए चुपचाप, संतुष्ट और सतर्क खड़ा था। पांचवें दिन, उन्होंने उसे फिर से देखा, उसका सुंदर चेहरा कंप्यूटर में घुसा हुआ था।

वो प्रकाश था। वो अध्ययन-अवकाश प्राप्त लेक्चरर, शादी से ब्रेक लिया हुआ पति, एक अनुपस्थित मगर स्नेही पिता, और एक अच्छा पेपर लिखने का इंतजार कर रहा शिक्षाविद था। वो कॉन्फ़्रेंसों में दांत निपोरता था, अक्सर मंत्रालय की निर्जन बैठकों में जाता था। वो हर कार्यक्रम को एक्सेल शीट में रिकॉर्ड करने पर दृढ़ था। एक व्यवसाय के रूप में शिक्षण के अपने नाटकीय पल थे। अकादमिक तिकड़मों से त्रस्त वो अपनी पुस्तक-सूची में फंसा हुआ था। हालांकि, विश्वविद्यालय के अधिकांश समय में प्रकाश का गणितीय कौशल यह सुनिश्चित करता था कि वो चिंतामुक्त रहे—अपने जीवन की परिधि में ख़ुशी से विचरता, शैक्षिक क्षेत्र में प्रकाशित होने या नष्ट होने में संतुष्ट। अपने शिक्षण कर्तव्यों से बचने के लिए

आज़ाद, बिना किसी रोकटोक के परिसर और उसके गलियारों में घूमने में सक्षम। अपने गुरु का अनुसरण करके और सरकार में एक छोटी सी पॉलिसी कंसल्टेंसी लेकर उसने अपनी आज़ादी पर कुठाराघात कर लिया था। अब उसे परिधि में नहीं रहना था, उसे अपनी मौजूदगी दर्ज करानी थी। वो एक योजनाकार बनने के लिए मजबूर था; वो ज्ञान देने के लिए मजबूर था।

उनका गुनगुना सा रोमांस शुरू हुआ और बेहद सादगी के साथ ख़त्म हो गया। प्रकाश ने कैंटीन में एक 'प्लेन नेस्कैफ़े' मंगवाई। उसने अकाउंटेंट का नाम, और उसका उच्चारण पूछा। पहली डेट पर वो उन्हें लोधी रोड स्थित इंडिया हैबिटेट सैंटर ले गया। ख़ूबसूरत और संधारणीय लाल ईंटों की इमारत शहर का एक बहुउद्देश्यीय और बहुसांस्कृतिक केंद्र था, जो भोजन, कला और बौद्धिकता के एक अहम स्थल के रूप में उभरकर आ रहा था। हैबिटेट देखने और देखे जाने की जगह थी।

जब अकाउंटेंट ने ऑल अमेरिकन डाइनर रेस्तरां में प्रवेश किया, तब तक वो कभी इससे अधिक ग्लैमरस जगह नहीं गई थीं। वेटर ने उन्हें कोने में एक अच्छा बूथ दे दिया। जब वो प्रकाश का इंतज़ार कर रही थीं, तो एक ख़ूबसूरत गोरा व्यक्ति उनके सामने की मेज़ पर बैठा था। वो उनसे शहर के बारे में छुटपुट बातें करने लगा और उसने पूछा कि क्या रविवार को कुतुब मीनार देखी जा सकती है। वो निश्चित तो नहीं थीं, मगर उन्होंने हां में सिर हिला दिया। 'हॉट गोरे' ने अपने बिल का भुगतान किया और अपने चेहरे पर एक बड़ी मुस्कान से हमारी अकाउंटेंट को नवाज़ता चला गया। किसी विदेशी से उनकी यह पहली मुलाक़ात थी। प्रकाश आया, पंद्रह मिनट लेट। अकाउंटेंट ने गुलाबी रंग की साड़ी पहनी थी और एक सैलून में अपने बाल ब्लोड्राइ करवाए थे। ख़ुश महसूस करते हुए उन्होंने आने के लिए एक एयरकंडीशंड टैक्सी के लिए अतिरिक्त पैसा दिया, ताकि पसीने से बच सकें। उस वीकएंड, जिस साल वो सत्ताईस वर्ष की हुईं, उन्होंने अपना पहला कॉकटेल पिया।

योजना आयोग में अकाउंटेंट का असाइनमेंट समाप्त होने के बाद भी, काम के बाद हैबिटेट जाना रुटीन बन गया था। कभी-कभी ड्रिंक्स के बाद वो पास ही हो रही परफ़ॉर्मेंस देखने चले जाते। एक महीने बाद, उन्होंने प्रकाश के घर पर साथ में *दिल से* देखी। जब शाहरुख़ के पात्र की मौत पर आंसू बहाने में प्रकाश ने उनका साथ नहीं दिया तो अकाउंटेंट के मन में संदेह का हल्का सा दंश चुभा। तब तक सब कुछ सीधा-सरल सा लग रहा था। प्रकाश दिल्ली के एक छोटे से फ़्लैट में

रहता था। उन्हें बात करना आसान लगा; जब उन्होंने सेक्स किया, तो अकाउंटेंट को ऑर्गेज़्म पर पहुंचना आसान लगा। वो जानती थीं कि उसकी पत्नी है, हालांकि वो 'बेसिकली अलग' हो चुके थे। जब अकाउंटेंट ने सुझाव दिया कि वो औपचारिक रूप से अपनी पत्नी को छोड़ दे, तो वो उसकी 'मध्यवर्गीय नैतिकता' पर हंसा, उसने उनसे बड़ा होने और 'शाहरुख़ की मूर्खतापूर्ण फ़िल्मों' की दुनिया से आगे बढ़ने को कहा। आंसुओं से भरा अलगाव हुआ। उन्होंने उससे संपर्क करने की कोशिश की। ख़ामोशी। और आंसू बहे। एक महीने के भीतर, अकाउंटेंट को पता चला कि उन्होंने दिल्ली सचिवालय में नौकरी की परीक्षा पास कर ली है। जल्द ही, प्रकाश के लिए तरसने का समय नहीं रहा। वो अकाउंट्स में सहायता करने लगीं। दिल टूटने का सरकारी प्रबंधन नैदानिक और असरदार था।

2010 में बकुल आईएएस के साथ हमारी मीटिंग के फ़ौरन बाद अकाउंटेंट ने मुझे यह कहानी सुनाई थी। उन्होंने कहा कि उन्हें प्रकाश से उबरने में ज़्यादा समय नहीं लगा लेकिन 'मेरी क्लास पर उसका कमेंट अपमानजनक था। एक आदमी से यह पूछने का मध्यवर्ग से क्या लेना-देना है कि वो रिश्ते के बारे में गंभीर है या नहीं?' मैंने उनसे समझाने के लिए कहा कि उनके लिए मध्यवर्गीय होने का क्या मतलब है। वो हंसी और उन्होंने 1990 से 2000 के दशक तक के शाहरुख़ के दस इंटरव्यूज़ का हवाला दिया।

उन्होंने शाहरुख़ द्वारा अपने परिवार की आर्थिक सुरक्षा सुनिश्चित करने के लिए घर ख़रीदने की स्व-घोषित आवश्यकता का हवाला दिया। कैसे उन्होंने ऐसी भूमिकाएं स्वीकार कीं जिन्हें दूसरे अभिनेताओं ने ठुकरा दिया था। उन्होंने कहा कि शाहरुख़ ने वो काम किए जो अमीर घरों में पैदा हुए लोग नहीं करेंगे क्योंकि उन्होंने अपने परिवार की ज़रूरतें पूरा करने को अपने अहं से ऊपर रखा। 'मध्यवर्गीय होने का यही मतलब है।' उन्होंने इस चर्चा के साथ बात ख़त्म की कि कैसे शाहरुख़ का परिवार सिनेमा टिकटों, महंगे इलाजों या जूतों का ख़र्च उठाने में असमर्थ था। मध्यवर्गीय होना एक मानसिक स्थिति, नैतिक विकल्पों की एक श्रृंखला है।

'मैं मूर्ख थी कि एक शादीशुदा आदमी के चक्कर में पड़ गई,' उन्होंने कहा। 'मेरे स्कूल या कॉलोनी की किसी और लड़की के साथ ऐसा कभी नहीं होता। वो सभी आर्ट्स की स्टुडेंट थीं और अब शादीशुदा हैं।' वो हंसीं, कटलेट उनके गले में लगभग फंस ही गया था। उन्होंने अपनी प्लेन नेस्कैफ़े का घूंट भरा और कहा: 'जब महिलाएं अकाउंटेंट बन जाती हैं और घर से बाहर काम करती हैं, तो हर तरह की ग़लतियां होती हैं।' उन्होंने आंख मारी और *डीडीएलजे* में शाहरुख़ का वो मशहूर डायलॉग उछाला, '*बड़े बड़े देशों में ऐसी छोटी छोटी बातें होती रहती हैं।*'

ओम शांति ओम

2006 से 2009 के बीच, अकाउंटेंट ने तीन सरकारी प्रवेश परीक्षाओं की तैयारी में तीन कठिन साल बिताए थे। मामले को बदतर बनाया 'विवाह परीक्षाओं' ने जिन्हें बर्दाश्त करने के लिए उन्हें मजबूर किया गया था। उन दिनों शाहरुख़ का हर इंटरव्यू या फ़िल्म रिलीज़ वक़्ती इलाज बन गया था, अपने आसपास के समाज के रोज़ाना के सरदर्द से वो एक मनोवैज्ञानिक विराम था। एक ऐसी जगह जहां वो अपने कज़िन्स, आंटियों, माता-पिता और दोस्तों के ताने भुला सकती थीं कि कैसे सरकारी परीक्षा की उनकी खोज और पढ़ाई महज़ एक 'पार्टटाइम' कोशिश थी, जबकि उन्हें फ़ुल-टाइम ध्यान विवाह पर केंद्रित करना था। एक ऐसी जगह जहां कोई उन्हें ढूंढ़ न सके। एक ऐसी जगह जहां वो इस सच को नज़रअंदाज़ कर सकती थीं कि उनके कज़िन भाइयों को शादी या काम के मामले में इस क़िस्म की जांच-पड़ताल का कभी सामना नहीं करना पड़ा था। एक ऐसी जगह जहां कोई रिकॉर्ड नहीं रखा जाता था, न कोई बदला लिया जाना था। एक ऐसी जगह जहां उनसे कभी हिसाब नहीं मांगा जाता था। कठिन दिनों में, और वो बेशुमार थे, वो अपनी स्क्रैपबुक में आंसू बहाती थीं। आंसुओं और जांचों का अंतहीन पाश उनके बीस के दशक के अंतिम दौर का एक महत्वपूर्ण हिस्सा बन गए थे। 'इतनी अच्छी नौकरी मिलने के बाद भी लोगों ने मुझे कभी इसका पूरा मज़ा नहीं लेने दिया। सबको केवल यही दिलचस्पी थी कि मैं कब शादी कर रही हूं।'

2009 की शुरुआत में दिल्ली सचिवालय में आने के बाद, उन्होंने ख़ुद को शादी के बाज़ार में एक अजीब जगह पर पाया। उनकी नौकरी में एक निम्न-श्रेणी के सरकारी अधिकारी के सारे स्टेटस, स्थायित्व और संभावनाएं थीं। उन्होंने सरकार के अंदर ही सहायक लेखा अधिकारी के पद के लिए, जो कि परीक्षा के माध्यम से विशेष रूप से आंतरिक उम्मीदवारों के लिए ही था, कोशिश करने और ऊपर बढ़ने की योजना बनाई। उनकी वर्तमान अधीनस्थ सेवा की नौकरी हालांकि एक सामान्य भारतीय के लिए प्रतिष्ठित थी, मगर प्रतिष्ठित आईएएस या दिल्ली, अंडमान और निकोबार द्वीप समूह सिविल (डीएएनआईसी) सेवाओं के समान उच्च रैंकिंग या उतने अच्छे वेतन वाली नहीं थी। उस समय प्राइवेट सैक्टर में आए उछाल की बदौलत, अरेंज्ड शादी के प्रस्तावों के माध्यम से आने वाले उनके सभी संभावित दूल्हे उनके मुक़ाबले कहीं ज़्यादा पैसा कमा रहे थे।

नतीजतन, रिश्ते कराने वालों और इच्छुक परिवारों के साथ बातचीत में, उनकी नौकरी के स्थायित्व और तुलनात्मक प्रतिष्ठा के बावजूद उनसे अपनी नौकरी

छोड़ने की अपेक्षा की जाती थी। 'घर के बाहर काम करने की हमारी योजनाओं के बारे में पूछताछ करने के बाद,' अकाउंटेंट मुझे भावी ससुरालवालों द्वारा पूछे गए सवालों के बारे में बताती हैं, 'वो हमेशा हमसे पूछते हैं कि हम खाना कितना अच्छा बनाते हैं। मेरी एक दोस्त से पूछा गया कि क्या वो कॉन्टिनेंटल व्यंजन बना सकती है क्योंकि लड़के को विदेशी खाने बहुत पसंद थे। वो परेशान थी कि उसके लिए और कोई रिश्ता नहीं आएगा और उसने शादी करने का फ़ैसला कर लिया। उसकी शादी के बारह साल रसोइये और सफ़ाईकर्मी के रूप में गुज़रे हैं। वो अपने बच्चों से प्यार करती है, लेकिन वो कहती है कि अगर उसके पास जाने की कोई जगह होती, और अगर वो अपने बच्चों का भरण-पोषण कर पाती तो वो उसे छोड़ देती।' अकाउंटेंट ने शादी के बारे में जो कुछ भी कहा, वो एक चेतावनीपूर्ण कहानी के रूप में था। 'कॉलेज की मेरी एक और दोस्त है,' उन्होंने एक बार मुझसे कहा था। 'तुम जैसी लड़की, इंग्लिश बोलने वाली और अच्छे स्कूल में पढ़ी। उसने आईआईएम-बैंगलोर के एक बंदे से शादी की और लंदन चली गई। वो कहती है कि डिनर में उसे क्या चाहिए, यह बताने के अलावा उसका पति उससे बमुश्किल ही बात करता है। क्या आप ऐसी दुनिया की कल्पना कर सकती हैं जिसमें हम ऐसे पुरुषों से शादी करने से मना कर दें जो अपने लिए खाना नहीं बना सकते? हम लड़के के परिवार से पूछें कि क्या *वो* खाना बना सकता है! अगर पुरुषों की भी उतनी ही जांच-पड़ताल हो जितनी महिलाओं की होती है। तो बहुत कम लोगों की शादी होगी, या शायद लड़के अपनी देखभाल करना सीख लेंगे! दक्षिण के आईटी प्रोग्रामरों के साथ ऐसा हो रहा है, मेरी दोस्त कहती है कि वो लड़के खाना बनाने और सफ़ाई करने के मामले में कहीं बेहतर हैं क्योंकि वो दूसरे देशों में अकेले रहे हैं। लेकिन वो कहानियां दुर्लभ हैं। और वैसे भी एक बनिया लड़की को कौन दक्षिण के लड़के से शादी करने देगा? हमें दक्षिण में कौन जाने देगा?'

अकाउंटेंट लगातार मापे और मूल्यांकन किए जाने से थक गई थीं। शाहरुख़ अकेलेपन की दवा नहीं थे; वो एक ऐसे स्थान का प्रतिनिधित्व करते थे जहां वो बिना किसी सवाल के स्वीकृत महसूस करती थीं, जहां वो ख़ुद पर और अपनी इच्छाओं पर ध्यान दे सकती थीं। अकाउंट्स एंटीडोट थे। संख्याओं, ऑर्डर्स और फ़ाइलों के लिए उनका प्यार। अपनी नौकरी में उनका गौरव। वो कहती हैं, 'अगर मुझे प्यार मिल जाता, तो शायद मैं अकाउंट्स और अच्छी नौकरी पाने की इतनी परवाह नहीं करती। शिवभोगम भी अविवाहित थीं। हो सकता है कि अगर मैं शादीशुदा होती और सुख से रह रही होती, तो मैं हार मान लेती और बाक़ी सबकी तरह अपने घर पर ही ध्यान देती। लड़कियां प्यार ढूंढ़ती हैं और काम छोड़ देती हैं। पति और

परिवार को ख़ुश रखना एक फुल-टाइम काम है। मैं अपनी शादीशुदा दोस्तों से बात करती हूं, और एक आदमी को मैनेज करना फ़ाइलों को मैनेज करने से ज़्यादा मुश्किल है।'

शाहरुख़ एक नक़्शा बन गए थे जिसके मुताबिक़ अकाउंटेंट चलीं और उन्होंने दुनिया को समझा। वो एक पर्सनल लाइफ़ कोच और सैल्फ़-हैल्प गुरु भी बन गए थे, जिसे जब भी उन्हें अपनी स्वतंत्रता पाने के लिए प्रोत्साहन की आवश्यकता होती, वो बुला लेती थीं। विशेष रूप से, उन्होंने *ओम शांति ओम* को बार-बार देखा था, जो 2007 की उनकी मज़ेदार और दिल को छू लेने वाली रिलीज़ थी। फ़िल्म में शाहरुख़ को मशहूर डायलॉग बोलते दिखाया गया है कि कैसे हमारा जीवन हिंदी सिनेमा की कहानियों के समान है। उनका कहना है कि क़ायनात यह मुमकिन करने की साज़िश करती है कि हम सबको अपनी-अपनी हैप्पी एंडिंग मिले। अगर हमारे मौजूदा हालात नाख़ुशगवार हैं, तो उनका किरदार कहता है, *पिक्चर अभी बाकी है मेरे दोस्त।* इन पंक्तियों ने, दूसरी अनेक पंक्तियों की तरह जिन्हें उनके मनपसंद अभिनेता ने बोला था, आशा और दिलासा दिया। इन पंक्तियों ने तब अकाउंटेंट को सहारा देने और जान फूंकने का काम किया, जब अंतहीन परीक्षाओं की तैयारी के उन कठोर वर्षों के दौरान उन्होंने महसूस किया कि अपने कज़िन भाइयों से बेहतर महसूस करने का एकमात्र रास्ता उच्च अंक लाना है, कि परीक्षा परिणाम ही उनके लिए वो जीवन जी पाने का एकमात्र तरीक़ा है जो वो अपने लिए चाहती थीं, कि उनके जैसे परिवार अपनी इकलौती संतान का बहुत कम वेतन पाने वाले इंटर्न के रूप में किसी अकाउंटिंग फ़र्म से जुड़ना अफ़ोर्ड नहीं कर सकते, और तब जब वो आलीशान ऑफ़िसों और गंदले सरकारी भवनों के बीच नौकरी खोजने के लिए भागदौड़ कर रही थीं। जब उनके पास कहीं और जाने की जगह नहीं थी तो उनकी फ़िल्मों, साक्षात्कारों और कल्पनाओं ने उन्हें आश्रय दिया। जब उनके माता-पिता निराश होते, जिन दिनों में आत्म-संदेह उन पर हावी होता, जब उनकी क़रीबी दोस्त मैनीक्योर और आदमियों के रुटीन में गुम हो गईं, जब उन्हें लगता कि उन्हें नौकरी या प्यार नहीं मिल सकता या वो ख़ुद को नौकरी या प्यार पाने के लिए एकदम नाकारा समझतीं, जब उनके दिल का दर्द शांत नहीं होता या जब उनका दिमाग़ जीवन के बहुत से सबक़ सीखने की गहन और विशिष्ट पीड़ा से त्रस्त होता था।

2015 में, जब अकाउंटेंट ने चौंतीस वर्ष की आयु पार की, तो उन्होंने मुझे बताया कि उनके माता-पिता ने रिश्ता तलाशना छोड़ दिया। 'वो थक गए हैं और

मान गए हैं कि कोई भी मेरी जैसी बूढ़ी औरत को नहीं तलाश रहा है जो नौकरी करना जारी रखना चाहती है। उन्होंने तो सोचा था कि सरकारी नौकरी से मेरी वैवाहिक संभावनाओं में सुधार होगा। लेकिन हुआ ऐन उलटा।'

पश्चिम की युवा अभिनेत्रियों और पॉप स्टार्स द्वारा ख़ुद अपनी पार्टनर बनने की वकालत करने, और ख़ुद अपनी जीवनसाथी बनना फ़ैशन बनने से बहुत पहले, अकाउंटेंट जैसी महिलाओं ने शादी के मार्केट से बाहर निकलने का फ़ैसला किया और ख़ुद को अंगीकार करने का निर्णय लिया। 'एक दिन,' उन्होंने बताया, 'एक परिवार मुझे देखने आया था और उन्होंने मेरे रंग के बारे में कुछ भद्दी टिप्पणी की। उन्होंने कहा कि यह सारी मेहनत और ऑफ़िस आना-जाना मुझे काला और थका हुआ दिखा रहा है। वो चले गए, और मुझे बहुत बुरा लगा। अमूमन मैं अपने कमरे में अकेले रोती थी। इस दिन कंट्रोल नहीं हो पाया और मैं अपनी मां के कंधे से लगकर रोने लगी। मेरे ख़्याल से वही दिन था जब उन्होंने मेरे लिए रिश्ते तलाशना बंद करने का फ़ैसला किया था। वो देखते थे कि कैसे ये लड़के वाले हमेशा मेरी कड़ी मेहनत और उन सब चीज़ों का अपमान करते थे जो मैंने अपनी ज़िंदगी में हासिल की थीं। मेरे माता-पिता मुझसे बहुत प्यार करते थे, वो मुझे दुखी नहीं देख सकते थे। उस दिन कुछ बदल गया। मेरे पिता और मां के साथ स्थितियां बेहतर हुईं। हमने तय किया कि अकेले रहना ठीक है।'

अकाउंटेंट कभी भी विवाह के, प्रेम के विरुद्ध नहीं थीं, वो किसी को पाकर खुश होतीं। प्यार और अनुरूपता की क़ीमत के रूप में अपनी नौकरी को छोड़ने से इंकार करके, उन्होंने शाहरुख़ को असल चीज़ के विकल्प के तौर पर देखा था। ऐसा करने में, उन्होंने एक सामाजिक आख्यान की अवज्ञा की थी, जो यह मानता है कि अपने कैरियर के प्रति एक महिला की प्रतिबद्धता फ़ास्ट-फ़ैशन के कपड़ों की तरह है, जिसे मौसम बदलने पर आसानी से छोड़ा जा सकता है।

भारत अपने आदमियों के आधुनिकीकरण में जुटा है। महिलाएं एक अलग अनुभव पर दख़ल है। 2012 के भारत मानव विकास सर्वेक्षण के अनुसार, अस्सी प्रतिशत भारतीय महिलाओं को घर से बाहर स्वास्थ्य केंद्र जाने के लिए परिवार के किसी सदस्य की इजाज़त चाहिए होती है। पांच में से तीन महिलाओं को लोकल किराना स्टोर पर जाने के लिए इजाज़त लेनी होती है। 2015 में, केवल सैंतालीस प्रतिशत शहरी महिलाएं ही सार्वजनिक स्थानों पर अकेले जा सकती थीं। स्नेहशील परिवारों में भी महिलाओं को हमेशा इस बात का हिसाब देना होता है कि वो क्या करती हैं, कहां जाती हैं, क्या खाती हैं और किससे मिलती हैं। पुरुषों का जीवन अपेक्षाकृत हिसाब-किताब से परे और आज़ाद रहता है। जब युवाओं से पूछा जाता

है कि वो नौकरी के लिए घर से दूर क्यों जाते हैं, तो अनेक कहते हैं कि वो एडवेंचर के लिए बाहर निकले हैं। अपने तरीक़े से अकाउंटेंट भी एडवेंचरर और विद्रोही थीं— साहसपूर्वक वहां गईं जहां रोहतास नगर की कोई लड़की पहले कभी नहीं गई थी।

श्रमबल में प्रेमहीना

अपने इस सीमित से विद्रोह पर अकाउंटेंट को गर्व था। मगर उनकी ख़ुशी हमेशा दमित रही। ऐसा लगता था कि समाज ने अपनी उपलब्धियों का खुलकर आनंद लेने की उनकी क्षमता को छीन लिया था। उनके दोस्तों और विस्तारित परिवार ने उनकी नौकरी और आजीविका अर्जन करने की उनकी हैसियत के बारे में लापरवाही से बधाई दी थी, जो कि उनसे अपेक्षित था, लेकिन किसी ने भी इस बात में कोई वास्तविक दिलचस्पी नहीं दिखाई कि वो दुनिया में कैसे रहती हैं। वो उनके कज़िन भाइयों से उनके वेतन, ऑफ़िस की राजनीति और कैरियर के विकास के बारे में पूछते थे, वो सभी प्रश्न वो उनसे पूछने में नाकाम रहते थे। उनकी प्रतिष्ठित सरकारी नौकरी की पेशकश सुरूर भरे रोमांच से भरा एक गिलास थी, जिसे निराशा के साथ परोसा गया था। वो हैरान थीं कि जब उन्हें अपनी आकर्षक सरकारी नौकरी मिली तो उनके पड़ोसियों के बीच कोई 'धमाका' नहीं हुआ था। 'लड़कों को वेतन वाली कैसी भी नौकरी मिलने पर हमेशा पार्टी होती है। मैं और मेरे माता-पिता उपहार लेकर जाते थे, अजनबी मिठाई खाते थे। मेरे लिए कुछ भी नहीं था। मेरे माता-पिता को बहुत गर्व था। मैं यह जानती थी। मेरे पिता ने अपने सभी भाइयों और कज़िन्स को फ़ोन करके ख़बर दी। कुछ दोस्तों ने मुझे लंच या कॉफ़ी पर सेलिब्रेट करने के लिए बुलाया। लेकिन कोई पार्टी नहीं हुई। अगर मैंने कहा होता तो ज़रूर आयोजन करते, लेकिन मुझे उम्मीद थी कि वो ख़ुद से देंगे। अगर मेरी शादी हो रही होती तो ख़ुशी का एक बड़ा विस्फोट हो जाता। मुझे लगता है कि एक अच्छी नौकरी को उसी नज़र से नहीं देखा जाता है, लेकिन मुझे सच में लगता है कि ऐसा होना चाहिए।'

उनकी सहेलियां अपने बच्चों के चलने और बोलने को, अपने पतियों को मिली पदोन्नति को सेलिब्रेट करती थीं। वो ऐसे हरेक समारोह में गर्वित और मददगार दोस्त के रूप में गई थीं। सरकार में उनके द्वारा पूरे किए गए छोटे प्रोजेक्ट्स का कभी किसी ने जश्न नहीं मनाया। मुझे पता था कि वो बेतहाशा चाहती हैं कि कोई उनकी उपलब्धि को सराहे, पहचाने कि वो कितनी दूर आ गई हैं, उनके चुनावों में ख़ूबियां देखे, स्वीकार करे कि दुनिया में भागीदारी करने का उनका तरीक़ा मामूली या अर्थहीन नहीं था। लेकिन जब भी वो अपने दोस्तों और परिवार के साथ

अपने काम के बारे में बात करने की कोशिश करतीं, तो उन्हें ख़ाली नज़रों से तका जाता। 'ग़लती मेरी है। मैं ऐसा काम करती हूं जो कॉलोनी की मेरी क़रीबी दोस्त या मेरा परिवार नहीं समझ सकता। पुरुषों को पैसों की बात करने की आदत होती है और महिलाएं बच्चों, भगवानों और टीवी की चर्चा करती हैं। मेरे पिता और कज़िन्स मुझसे पॉलिटिक्स पर चर्चा नहीं करेंगे, भले ही मैं उनसे ज़्यादा जानती हूं! कॉलेज की मेरी दोस्त नौकरी नहीं करतीं, और मुझे चिंता होती है कि अगर मैं सचिवालय के बारे में बात करना शुरू कर दूंगी तो वो सोचेंगी कि मैं शो ऑफ़ कर रही हूं। कम से कम हम अभी भी शाहरुख़ के बारे में तो बात कर सकते हैं।'

एक बार, उन्होंने ग़ाज़ियाबाद में अपने ममेरे भाई की एक मोटरसाइकिल ख़रीदने में मदद की। उनकी मामी ने मदद के लिए ख़ुद फोन किया था। अकाउंटेंट अपने परिवार में सबसे ज़्यादा कमाती थीं और उन्होंने गिफ़्ट के तौर पर बाइक ख़रीद दी। जिस दिन उसे घर लाया गया और पंडित से पूजा करवाई गई, तो अकाउंटेंट की ननिहाल के सब लोग मौजूद थे। फिर पूजा के बाद एक पारिवारिक जश्न में, सबने उसके ममेरे भाई की तारीफ़ की कि वो इतना अच्छा कमा रहा है कि इतनी महंगी बाइक ख़रीद सका। परिवार में किसी ने भी बात साफ़ नहीं की। ममेरे भाई ने एक शब्द भी नहीं कहा। उसे मिला तो मामी का एक प्राइवेट सैकेंड-हैंड धन्यवाद जो मां के ज़रिए आया था। जब अकाउंटेंट ने पूछा कि हर कोई उनके योगदान को स्वीकार करने के लिए इतना अनिच्छुक क्यों लग रहा था, तो उनकी मां ने कहा, 'ठीक नहीं लगेगा, समझा करो।' अकाउंटेंट ने मेरी ओर देखा, इतने सालों बाद भी वो हतप्रभ थीं। 'ऐसा लगता था जैसे वो मेरे वेतन पर शर्मिंदा थे। अगर परिवार में कोई आदमी उस बाइक को उपहार के रूप में ख़रीदता, तो वो उस सच्चाई को कभी नहीं छिपाते।'

अर्थशास्त्री कहेंगे कि दुनिया अकाउंटेंट से भावनात्मक शुल्क वसूल रही है। दिल्ली में रहने वाली एक अविवाहित, सफल, तीसेक बरस की कामकाजी महिला के रूप में वो एक ऐसी दुनिया में सफ़र कर रही थीं जो अर्थशास्त्री सेंथिल मुलैइनाथन के शब्दों में 'छिपा हुआ कर' वसूलती है। *न्यूयॉर्क टाइम्स* में लिखते हुए वो कहते हैं: 'कामकाजी दुनिया अनेक महिलाओं के लिए अन्यायपूर्ण है, इसके बावजूद जब वो सफल हो जाती हैं, तब भी उन्हें चुनौतियों की एक और श्रृंखला का सामना करना पड़ता है। उनकी कड़ी मेहनत से प्राप्त सफलताओं पर जिस तरह से कर लगाया जाता है वैसे पुरुषों पर नहीं लगता। मैं जिन करों के बारे में बात कर रहा हूं, उनका भुगतान डॉलर और सेंट में नहीं किया जाता, न उन्हें सरकार लगाती है। वो कर झुंझलाहट और परेशानी का रूप ले लेते हैं और लोगों, अक्सर

प्रियजनों द्वारा लगाए जाते हैं। मैं इन्हें अधिरोपण कर कहता हूं क्योंकि वो सफलता की खुशियों को कम करते हुए एक इंसान की कमाई में से कुछ ले लेते हैं।'

हाल के दिनों में टैक्नोक्रेट्स के लिए 'भारतीय-कार्यबल-में-महिला समस्या' पर बात करना एक ट्रेंड बन गया है। अंतरराष्ट्रीय एजेंसियों और परोपकारी फ़ाउंडेशंस ने भारत में महिलाओं के रोज़गार में वृद्धि को वैश्विक विकास लक्ष्यों के मूल के रूप में पहचाना है। पढ़ाकुओं का एक बड़ा समुदाय लिंग आधारित रोज़गार के अंतरालों में सुधार के लिए 'हस्तक्षेपों' की जांच-पड़ताल करके लाभ और प्रतिष्ठा अर्जित करता है।

जुलाई 2018 में, मैं अकाउंटेंट से आख़री बार मिली थी। अपने चालीसवें वर्ष से कुछ साल दूर, 2017 में दी एक परीक्षा के बाद उन्हें हाल ही में सहायक लेखा अधिकारी के रूप में चुना गया था। यह उनके लिए एक रोमांचकारी समय था, उन्होंने सरकार में ऊपर बढ़ने की अपनी योजनाओं को साकार किया था। उन्होंने राष्ट्रीय सरकारी अधिकारियों द्वारा दी जा रही अपनी ट्रेनिंग के बारे में बताया, जो बहुत सम्मान की बात थी। मैंने उनसे भारत में महिला रोज़गार संकट के बारे में पूछा। उन्होंने सारा दोष भारतीय परिवारों और असुरक्षित सार्वजनिक स्थानों पर मढ़ा। 'मुझे ख़ुशी है कि मेरे लिए ज़िंदगी ने इस तरह आकार लिया। मेरी दोस्तों के पति शादी के शुरू के कुछ सालों बाद उन्हें फ़िल्में दिखाने तक नहीं ले जाते। वो हर समय थकी हुई दिखती हैं।'

उन्होंने भौतिक संसाधनों और सांस्कृतिक परिवर्तनों के पक्ष में तर्क दिए। उन्होंने कहा, 'मुझे लगता है कि हमें महिलाओं के लिए बहुत सारे सुरक्षित हॉस्टलों और स्कॉलरशिप की ज़रूरत है और अगर कोई लड़की पढ़ाई और कैरियर बनाना चाहती है तो ऐसे तरीक़े खोजने होंगे कि परिवारों को कम पैसा ख़र्च करना पड़े। जहां तक मेरी बात है, तो मुझे स्टडी मैटीरियल, कोचिंग, और सफ़र करने की ज़रूरत थी: ये सब कुछ महंगा है, और अधिकांश परिवार लड़की के लिए एक साधारण सरकारी कॉलेज की डिग्री से अधिक ख़र्च नहीं करना चाहते हैं। परिवार लड़की को पार्टटाइम नौकरी भी नहीं करने देते कि वो अपना ख़र्च निकाल सके। मैं यह भी सोचती हूं कि हर समुदाय में सभी आरक्षित सीटें केवल लड़कियों के लिए होनी चाहिएं—उन्हें इसकी ज़्यादा ज़रूरत होती है और माता-पिता यदि यह देखेंगे कि लड़के की तुलना में लड़की को अच्छी नौकरी मिलने का बेहतर मौक़ा है तो वो अपना दृष्टिकोण बदल सकते हैं। भारत में, परिवार लड़कों की पढ़ाई और लड़कियों की शादी पर ख़र्च करने के लिए तैयार रहते हैं। इस मानसिकता को बदलना होगा। स्कॉलरशिप, हॉस्टल और आरक्षित नौकरियों के बावजूद, अगर

पुरुष, माता-पिता और ससुरालवाले महिलाओं के पढ़ने और नौकरी करने की इच्छा को लेकर ख़ुश नहीं होंगे, तो कभी कुछ नहीं सुधरेगा।'

जैसा कि अकाउंटेंट हमें बताती हैं, कोई आसान तकनीकी समाधान नहीं हैं। हमें घर में विस्तृत क्रांतियां लानी हैं। हमें ज़रूरत है कि हमारे परिवार और प्रियजन घर से बाहर उपलब्धि हासिल करने की महिलाओं की इच्छाओं पर शुल्क थोपना बंद करें। यह महसूस करने का कोई तोड़ नहीं है कि एक प्रोफ़ेशनल महिला के रूप में आपकी उपलब्धियों को उस तरह से नहीं सराहा जाएगा जैसे किसी रूपसी, पत्नी या मां के रूप में आपको सराहा जाता है। जब तक महिलाएं अपनी महत्वाकांक्षाओं को पूरा करने के बारे में सुरक्षित और आत्मविश्वासी महसूस नहीं करतीं—चाहे वो काम हो, परिवार हो या दोनों हों—जब तक परिवार और प्रियजन उनके घर के बाहर के काम को उतना ही नहीं सराहते और समर्थन करते, जितना कि घर के अंदर करते हैं, तब तक महिला रोज़गार में वृद्धि शायद कामकाजी महिलाओं के संघर्ष और तनाव को ही बढ़ाएगी।

हमारी बातचीत के अंत में, अकाउंटेंट ने कहा कि फ़िल्मों को भी मदद चाहिए। वो इस बात से चिंतित थीं कि लोकप्रिय फ़िल्मों में महिला पात्र लड़कियों को अपने कैरियर के बारे में न सोचने के लिए प्रशिक्षित करते हैं। 'यहां तक कि शाहरुख़ की फ़िल्मों में भी, हमें कभी पता नहीं लगता कि लड़की के पास नौकरी है या नहीं। और क्या आप ऐसी कोई फ़िल्म याद कर सकती हैं जो लड़कियों को बताती हो कि उन्हें उस आदमी पर गर्व करने की ज़रूरत नहीं है जिसके साथ वो हैं, बल्कि उन्हें आर्थिक रूप से आत्मनिर्भर होने पर गर्व करना चाहिए? फ़िल्में बदल गई हैं, उनमें शोख़ लड़कियां होती हैं जो सिगरेट पीने, शराब पीने, यहां तक कि शादी से पहले सेक्स करने के लिए आज़ाद हैं, लेकिन शायद ही कभी वो महिलाओं को अपने काम पर गर्व महसूस करते दिखाती हैं। ईमानदारी से कहूं तो मुझे लगता है कि आइटम सॉन्ग करने वाली अभिनेत्रियां लड़कियों को जो नुकसान पहुंचाती हैं, उसकी भरपाई के लिए उन्हें लड़कियों के स्कॉलरशिप फ़ंड में दान देना चाहिए। मैंने जितनी फ़िल्मों को देखा है, उनमें से केवल *लक बाइ चांस* (2009; इस फ़ेमिनिस्ट बॉलीवुड कहानी में शाहरुख़ का एक कैमियो रोल है) में हम देखते हैं कि हीरोइन कैसे अकेली खड़ी होती है। *केएएनके* में, उनकी कामयाब पत्नी कहती है कि उसे काम करना पड़ा क्योंकि हीरो की आय पर्याप्त नहीं थी। साथ ही, शाहरुख़ और आलिया भट्ट की फ़िल्म *डियर जिंदगी* (2016) मेंआप देखती हैं कि कैसे एक लड़की अपना कैरियर बनाने के लिए संघर्ष करती है और मानती है कि यह मायने रखता है।'

अकाउंटेंट ने अपने माता-पिता के साथ रहना जारी रखा। अकेले रहना कुछ ज़्यादा ही अधर्म हो जाता। लेकिन प्रमोशन के बाद उन्होंने एक घर ख़रीदने का फ़ैसला किया। इस विचार पर उन्हें गर्व भी हुआ और दुख भी। जब वो छोटी थीं, टीनएजर या बीसेक बरस की, तो वो कभी कल्पना भी नहीं कर सकती थीं कि वो ख़ुद से घर ख़रीदेंगी। उन्हें यक़ीनन किसी पुरुष की ज़रूरत होती। शायद तरुण या प्रकाश जैसा कोई। घर ख़रीदना एक जोखिम भरा सफ़र था। रियल-एस्टेट कंपनियां ढह रही थीं, बैंक एकल आय वाली एकल महिलाओं को होम लोन देने से कतरा रहे थे। सौभाग्य से, उनके पास सरकारी नौकरी और एक तगड़ा बैंक बैलेंस था। वो भविष्य के लिए बचत करने के लिए निवेश के विकल्प तलाश रही थीं। एक अकेली महिला के रूप में उनकी सफलता के इस शिखर पर भी संस्कृति ने उन्हें यह याद दिलाना जारी रखा कि उन्होंने जो किया है वो विशुद्ध प्रशंसा की तुलना में संदेह के योग्य है। 'मैं जहां भी जाती हूं, वो मानकर चलते हैं कि मेरा एक पति होगा, और काग़ज़ी कार्रवाई उसी तरह से की जाती है। हर बार मुझे बताना होता है कि मैं अविवाहित हूं। मेरी वैवाहिक स्थिति हर समय क्यों सामने आनी चाहिए?'

शाहरुख़ उनकी ज़िंदगी के पुरुष बने हुए हैं और उन तक अकाउंटेंट की आसान पहुंच उनकी आज़ादी का प्रतीक है। 'उम्र के साथ उनके इंटरव्यू और लेक्चर बेहतर हो गए हैं। वो अभी भी बहुत अच्छे लगते हैं। मुझे ख़ुशी है कि मैं बिना किसी की अनुमति लिए उन्हें देख सकती हूं। शाहरुख़ तक पहुंचने मैं मैंने बहुत मेहनत करी है।'

दिल्ली में लगे अनेक लॉकडाउन के दौरान, अकाउंटेंट ने सरकार के बिलों का भुगतान करने में लगन से मदद की। हां, कोरोना का ख़तरा उन पर भी आया था। वो ठीक हो गईं और तुरंत काम पर लौट आईं। जब भी मैं उनके बारे में सोचती हूं, तो कल्पना करती हूं कि उनकी डेस्क व्यवस्थित सरकारी फ़ाइलों से भरी हुई है। उनके सुरुचिपूर्ण नोट्स अकाउंटेंट्स, योजनाकारों और प्रतिभागियों के मामलों का ब्योरा दर्ज करते हैं—सीधे-सरल ढंग से। नोट अधूरे थे। उनमें चिंतित एकल महिलाओं, अनदेखा कर दिए गए उपहारों, गंवाए हुए ट्यूशन नोट्स, फ़ैनगर्ल-अकाउंटेंट्स, मातम करती टेबलों, पवित्रतावादी पंडितों, टूटे दिल वाले अधिकारियों, ऋण भुगतानों या सत्ता के नशे में चूर पुरुषों का कोई उल्लेख नहीं था। कोई विवाद नही। कुछ भी जटिल या मनगढ़ंत नहीं। सीधे-सरल लोक के लिए सीधी-सरल फ़ाइलें। उनकी गुप्त मुलाक़ातों और परेशानियों की टिप्पणियां हाशिये में दुबकी पड़ी थीं।

7
एक लड़की जिसका नाम है गोल्ड

उड़ी उड़ी जाए/ उड़ी उड़ी जाए/ दिल की पतंग देखो उड़ी उड़ी जाए
—रईस (2017)

2017, चाणक्यपुरी, दिल्ली

'आपको लगता है अपने प्रोसीजर से एक दिन पहले मैं पॉपकॉर्न खा सकती हूं?' मॉल में हमारे सुरक्षा जांच से बाहर निकलते ही गोल्ड ने पूछा। वो अपनी आगामी सर्जरी को, और ठीक होने के बाद वो कैसी दिखेंगी इसे लेकर उत्साहित थीं। हम अपने शो के लिए जल्दी पहुंच गए थे तो हमने कॉफ़ी पीने का फ़ैसला किया। उन्होंने बोलना जारी रखा: 'आपने कभी ग़ौर किया है कि हीरोइनों की हर जगह की स्किन कितनी साफ़ होती है? यह सिर्फ़ मेकअप या एयरब्रशिंग की बात नहीं है। जब मैं काम कर रही थी तो यह टीवी एक्ट्रेस मेरे सैक्टर में फ़्लाइट पर थी और उसने स्लिप ड्रेस पहनी हुई थी। एकदम एक्स्पोज़्ड। लेकिन वो जो चाहे दिखा सकती है, उसके ब्रेस्ट ही नहीं थे! फ़्लैट लड़कियों पर कपड़े कभी भद्दे नहीं लगते। उनके पास छिपाने को कुछ नहीं होता (हंसती है)। लेकिन वाक़ई, उस पर कोई दाग़-धब्बे नहीं थे, एकदम परफ़ेक्ट त्वचा, कहीं कुछ ग़लत नहीं। वो परफ़ेक्ट थी—पीठ, चेहरा, नाभि, बांहें, टांगें, सब कुछ।'

ख़ूबसूरती के लिए मशहूर महिलाओं के शारीरिक परफ़ेक्शन की तारीफ़ों का पुलिंदा बांधते हुए गोल्ड बढ़ती गईं। हमने अपनी कॉफ़ी ऑर्डर की। अपने शहर में बदलाव के साक्ष्यों को देखकर भटकते हुए मैं बहुत मुश्किल से ही वो सब सुन पा रही थी जो वो कह रही थीं। भारत में परिवर्तन की अव्यवस्था के बारे

में किसी विदेशी संवाददाता की तरह घिसी-पिटी बातें बोलने से बचना मुश्किल है, दिल्ली जैसे शहरों में सांस्कृतिक बदलाव की सुर्ख़ियों से विश्लेषणात्मक रूप से अनिश्चितता में रहना नामुमकिन है। सब कुछ बदल गया था। हम वहां एक पीवीआर सिनेमा हॉल में पास के एक स्कूल के बच्चों को स्टारबक्स में मोका कॉफ़ी ख़रीदते देख रहे थे। अभिजात शहरी उपभोग का एक आम दृश्य जो दुनिया में कहीं का भी हो सकता था, और वास्तव में था भी। कोई बड़ी बात नहीं। लेकिन हम वहां थे—बच्चों को उस पैसे को ख़र्च करते देख रहे थे जो स्कूल के दिनों में उनके माता-पिता के पास कभी नहीं था, स्टारबक्स में जिसका पांच साल पहले तक वजूद भी नहीं था, एक मॉल में जो कभी आधुनिकता का एक रोमांचकारी प्रतीक रहे भारत के शुरुआती सिनेमा हॉलों में से एक के ध्वस्त मलबे पर बनाया गया था।

एक स्कूली छात्र ने, जो अभी भी अपनी यूनिफ़ॉर्म में था, बरिस्ता में एक सीमित अंग्रेज़ी जानने वाली युवती पर चिल्लाना शुरू कर दिया, जो एक सहमी गिलहरी जैसी दिख रही थी। छात्र बेसब्र हो रहे थे और यह मानने के लिए तैयार नहीं थे कि उनसे पहले जिन चार परिवारों ने कॉफ़ी का ऑर्डर दिया था, उनके लिए कॉफ़ी बनाने तक उन लोगों को अपने ऑर्डर के लिए इंतज़ार करना होगा। बरिस्ता ने नए-नए अमीरों की बदतमीज़ी के इस हमले को शांति से सुलझाने की कोशिश की। भारतीय उपभोक्तावाद के इन चमचमाते नए मंदिरों में जाति और वर्ग के पुराने तनाव अभी भी क़ायम हैं। किशोरों की हक़दारी शाश्वत बनी हुई है। मुझे लगता है कि *सब कुछ* नहीं बदल सकता।

लेकिन क्या बदल गया है और क्या वैसा ही बना रहा है, इस सवाल में गोल्ड को दिलचस्पी नहीं थी। शाहरुख़, ख़ूबसूरती और साफ़ त्वचा में थी। यह 2017 था, और *जब हैरी मैट सेजल* हाल ही में बिना किसी ख़ास उत्साह के रिलीज़ हुई थी। इस फ़िल्म में, जिसका 1989 की हॉलीवुड रोमांटिक कॉमेडी *व्हैन हैरी मैट सैली* से अपने शीर्षक के अलावा और कोई संबंध नहीं था, अनुष्का शर्मा और शाहरुख़ थे। मैं रोमांचित थी कि एक्शन फ़िल्मों की एक श्रृंखला के बाद शाहरुख़ ने इस शैली में वापसी की थी। अफ़सोस की बात है कि ज़्यादातर भारतीय दर्शक इससे असहमत थे। आलोचकों ने ट्विटर पर फ़िल्म की ख़ूब चीरफाड़ की थी, और इसने बहुत कम पैसा कमाया था। लेकिन गोल्ड और मेरे जैसी पुराने ज़माने की महिला फ़ैन ख़ुश थीं। यहां हमारा हीरो था, जो एक बार फिर से इतनी शिद्दत से एक लड़की की आंखों में देख रहा था, जो उसे खोजते हुए ख़ुद को खोजता है। यहां शाहरुख़ थे, एक बार फिर एक बुद्धिमान लड़की से बात करते हुए, एक ऐसा आदमी जिसके लिए कनेक्शन और प्यार के लिए बातचीत तात्विक थी। जब हम अपना ऑर्डर

कलेक्ट कर रहे थे तो गोल्ड ने कहा, 'इसमें फ़ुल लिप किस भी है, मेरी दोस्त ने मुझे बताया था, शायद किसी फ़िल्म में उनका दूसरा किस, यह बहुत रेअर है।'

नामधारी हैरी के रूप में अपनी भूमिका में शाहरुख़ अपनी शुरुआती फ़िल्मों की तुलना में ज़्यादा तराशे हुए थे। उनका चरित्र आम ज़हरबुझा पुरुष था, जो प्रवासी जीवन के कष्टों से सख़्त हो गया था। लेकिन फिर भी अपने समकालीन लोगों की स्टेरॉयड से लदी अहंकार भरी मर्दानगी को कमजोर और नष्ट करने के लिए काम करते हुए वो संवेदनशील बना रहा। फ़िल्म में शाहरुख़ एक ऐसे शख़्स की भूमिका निभा रहे हैं, जो पंजाब के अपने गांव से भागकर यूरोप में आकर टूर गाइड बन गया है। उसे एक गुजराती लड़की से प्यार हो जाता है, जो अमीर और साहसी है। ज़िंदगी में अपनी जगह, यूरोप में अपने स्टेटस की डांवाडोल प्रकृति के बारे में अनिश्चित वो मर्दाना आत्म-संदेहों से भरा है। वो ख़ुद को इस लड़की के लिए अयोग्य महसूस करता है क्योंकि उसने पैसा या इज़्ज़त कमाए बिना अय्याशी की ज़िंदगी जी है। शाहरुख़ ने शानदार तरीक़े से हैरी की कमजोरियों का चित्रण किया है। एक अविस्मरणीय दृश्य उनके पात्र को एक कोने में बुरी तरह से रोते, खुद से बात करते हुए क़ैद करता है जब वो अपने टूटे हुए होमसिक दिल को शांत करने की कोशिश कर रहा है।

फ़्लीबैग की निर्माता बेमिसाल फ़ीबे वालर-ब्रिज ने *द गार्जियन* अखबार को बताया था कि उनसे एक जेम्स बॉन्ड फ़िल्म लिखने में मदद मांगी गई थी और उन्होंने फ़िल्म में जैंडर चित्रण को गंभीरता से लिया था। बेशक, बॉन्ड लड़कियों के प्रति अपने रवैये में जगज़ाहिर तौर पर रंगीनमिज़ाज और सिद्धांतहीन हैं। लेकिन, वालर-ब्रिज ने कहा, 'महत्वपूर्ण बात यह है कि फ़िल्म लड़कियों के साथ उचित बर्ताव करती है। *उसे* ऐसा करने की ज़रूरत नहीं है। उसे इस पात्र के प्रति सच्चा रहना होगा।' किसी अज्ञात कारण से, *जब हैरी मैट सेजल* के लेखक जोशीली हीरोइन से उसके चरित्र के विपरीत व्यवहार करवाते हैं। वो उसे ज़रूरतमंद, पुरुष स्वीकृति की आदी बना देते हैं। उसे 'स्वीट सिस्टर टाइप' होने की चिंता लगी रहती है और वो हमेशा शाहरुख़ के पात्र से पूछती रहती है कि क्या उसे लगता है कि उसमें सेक्स अपील है।

अय्याशी और कभी-कभार सेक्सिज़्म में लिप्त रहने वाला शाहरुख़ का किरदार आक्रामक है। यह देखते हुए कि हैरी में बहुत सारी कमियां हैं, वो सेजल के साथ बुरा बर्ताव कर सकता है, लेकिन लेखक तो सेजल के साथ और भी ज़्यादा बुरा बर्ताव करते हैं। एक बेहतरीन अदाकारा शर्मा को ख़राब तरीक़े से लिखे गए पात्र के साथ बेकार भूमिका पेश की गई है, जिसके मक़सद और

क्रियाकलाप उसके व्यक्तित्व से क़तई मेल नहीं खाते। इन सभी मुश्किलों के बावजूद, अपने शर्मिंदगी के पलों में भी, हीरो की आंखों में कोमलता के क़तरे हैं। कितना बेहतरीन सुकून।

विभिन्न कारणों से गोल्ड भी शांत और ख़ुश थीं। सालों अशांत अकेलेपन से जूझने के बाद, उनकी शादी शांतिपूर्ण और अद्‌भुत थी। उन एकाकी वर्षों के ज़ख़्म भर रहे थे और अब वो अपनी पीठ के मुंहासों के धब्बों को भी हटाने के लिए भारत आई थीं। 'जल्द ही, मेरी त्वचा बिल्कुल साफ़ हो जाएगी। मैंने आख़िरकार उस फ्रैक्सेल प्रोसीजर के लिए पर्याप्त पैसा बचा लिया, जिसके बारे में मैंने आपको बताया था। यहां करवाना सस्ता है और यह स्पा हॉलीडे बन जाता है। मुंहासे के धब्बे बहुत जल्दी निकल जाते हैं।'

जब हमने हॉल में प्रवेश किया, तो गोल्ड अनुष्का शर्मा के एक ग्लोबल डिओडरेंट ब्रांड के हालिया विज्ञापनों की शिकायत करने लगीं, जिनमें दावा किया गया था कि उससे भारतीय महिलाओं की बग़लों को सफ़ेद करने में मदद मिलेगी। 2012 से ये विज्ञापन हर जगह थे, शर्मा गर्व से अपना गोरा, बेदाग़ चेहरा दिखाते हुए, मुस्कुराकर अपनी गोरी, बेदाग़ बग़लें दर्शाती थीं। 'अगली बार,' गोल्ड ने कहा, 'हमारी कोहनियां होंगी जिन्हें चिकना और गोरा होना चाहिए।' उनकी निराशा व्यंग्यात्मक या मज़ाक़िया नहीं थी, यह एक ऐसी परीक्षा में सरप्राइज़ सवाल आने से उपजी एक छात्रा की निराशा थी जिसमें उसे अव्वल रहना था।

क्योंकि सुंदरता और शारीरिक परफ़ेक्शन गोल्ड के लिए अल्टीमेट इम्तेहान था। ख़ूबसूरती ने उनके बीस के और तीस के दशक की शुरुआत में सबसे कठिन तरीक़ों से गोल्ड को आज़माया था, उन्हें अपनी नई पेचीदा पहेलियों से चिढ़ाया था, और ऐसे सवाल खड़े किए थे जिन्हें हल करना असंभव लगता था। एक गर्म देश में पसीने से तर-बतर मेहनत के काम करते हुए आप परफ़ेक्ट बग़लें कैसे बनाए रखेंगी? फ़ूड ट्रे और बर्तन धोते करते हुए परफ़ेक्ट बाल? बीच आसमान में कचरा इकट्ठा करते और शौचालयों को खोलते हुए परफ़ेक्ट रंगत? उजड्ड कस्टमरों से निबटते हुए परफ़ेक्ट मुस्कान? सारा दिन मेकअप में रहने के बावजूद बेदाग़ त्वचा? बिना बदबू के पसीना? जब आप नींद और वक़्त की पुरानी कमी से पीड़ित हों तो स्वास्थ्य और फ़िटनेस? सहायकों और पिछलग्गुओं की फ़ौज के बिना किसी फ़िल्म स्टार की तरह दिखना?

गोल्ड जैसी मेहनती औरत के लिए सुंदरता किसी भी आसान संकल्प को ललकारती थी। वो सुंदरता को अपने परिष्कृत होने का एक स्पष्ट संकेत मानती थी। एक संकेत कि लड़की अपने लिए समय निकालती है, कि वो ख़ुद को सराहती

है। उनके दृष्टिकोण से देखें तो सुंदरता कोई आनुवंशिक कृपा नहीं बल्कि आत्म-स्वीकृति का एक रूप थी जिसे वो एक उपलब्धि मानती थीं। वो अक्सर फूहड़ दिखने या ठीक से खाना न खाने के लिए मुझे झिड़कती रहती थीं। 'उस' के साथ मेरे दुखद ब्रेक-अप के बाद गोल्ड की सलाह थी कि मुझे अपने लिए एक ट्रेनर खोजने और सात किलो वज़न कम करने की ज़रूरत है। 'अगर आप अपना ख़्याल नहीं रखेंगी, तो यह उम्मीद नहीं कर सकतीं कि कोई बंदा आपका ध्यान रखना चाहेगा,' उसने अकाट्य, चिढ़ाऊ तर्क देते हुए कहा।

सुंदरता-निर्माण ने सही मायनों में गोल्ड को बहुत ख़ुशी दी थी। राजस्थान राज्य, जहां भारत के कुछ सबसे ख़राब लैंगिक समानता संकेतकों की रिपोर्ट मिलती है, में पली-बढ़ी होने वाली एक लड़की के रूप में अपने बाहरी वातावरण पर उनका नियंत्रण इतना सीमित था कि वो अप्रासंगिक था। बाहर की दुनिया को दुरुस्त करने में असमर्थ होकर उन्होंने ख़ुद को सुधारा। उन्होंने अपने शरीर को अपने नियंत्रण का केंद्र बनाया। जब मैं पहली बार उनसे मिली, तो मेरे लिए यह समझ पाना मुश्किल हो रहा था कि वो अपनी व्यस्त नौकरी को कैसे निभाती हैं। उनका रूप—ब्लो ड्राइ किए गए बाल, डिज़ाइनर कपड़े, परफ़ेक्ट नाख़ून—ऊर्जा, धन और समय की प्रचुरता का आभास दे रहा था जिसे आप तुरंत एक ऐसी युवती के साथ नहीं जोड़ सकते जो अपनी ज़िंदगी ख़ुद बनाने के लिए एक अरेंज्ड मैरिज से भाग गई थी।

उड़ने वाली पहली

जनवरी 2018 में, भारत दुनिया का तीसरा सबसे बड़ा नागरिक विमानन बाज़ार बन गया था। 1960 के दशक से ही यह सैक्टर उड़ानकर्मियों के रूप में लड़कियों के लिए अहम नियोक्ता रहा है। 1990 के दशक के शुरुआती सालों तक एयर हॉस्टेस, जैसा कि एक वक़्त में उन्हें कहा जाता था, उड़ान के रहस्य का प्रतीक थीं, एक ऐसा काम जिसकी बहुत कम भारतीयों को ज़रूरत होती थी या वो अफ़ोर्ड कर सकते थे। उड़ान भरना बेमिसाल ढंग से ग्लैमरस माना जाता था और उड़ानकर्मियों को ख़ूबसूरत काम करने वाले ख़ूबसूरत लोगों की इस दुनिया को प्रतिबिंबित करना होता था। एयरलाइंस बेरोज़गार मॉडल्स, ब्यूटी क्वींस और अभिनेत्री बनने की इच्छुक लड़कियों को रखती थीं जिन्हें अपना बड़ा ब्रेक पाने तक कुछ पैसा कमाना होता था—वो सभी रूपसी युवतियां जिन्हें एडवेंचर और आर्थिक स्वतंत्रता के लिए दुनिया भर में घूमने के बदले में मेहनत करने से एतराज़ नहीं था।

हालांकि भारतीय विमानन के वजूद में आने के बाद से ही महिलाएं उड़ानकर्मियों के रूप में काम कर रही हैं, मगर अधिकांश मीडिया की रुचि और राष्ट्रीय गौरव उन महिलाओं पर केंद्रित रहा है जो एक पुरुष-प्रधान पेशे में घुसपैठ करके पायलट बन जाती हैं। वास्तव में, 2018 में 1,092 महिला पायलटों के साथ, भारत के सभी वाणिज्यिक पायलटों में बारह प्रतिशत महिलाएं हैं, जो दुनिया में सबसे अधिक अनुपात है और अमेरिका और ऑस्ट्रेलिया जैसे पश्चिमी देशों से दोगुना है, जहां आमतौर पर वैतनिक नौकरियों में महिलाओं की संख्या कहीं अधिक है। वैश्विक स्तर पर पांच फ़ीसदी से भी कम पायलट महिलाएं हैं।

परंपरागत रूप से पुरुषों के माने जाने वाले कामों को करने वाली महिलाएं हमेशा आकर्षित करती हैं। उपलब्धि के विशिष्ट, तकनीकी और इसलिए मर्दाना क्षेत्रों में सफल होने वाली महिलाओं के साथ एक प्रभामंडल जुड़ जाता है। महिला उड़ानकर्मियों की उपलब्धियों का जश्न मनाने के बारे में कोई तब तक नहीं सोचता जब तक कि वो आतंकवादियों से नहीं लड़ें और राष्ट्रीय सम्मान में योगदान न दें, भले ही वो आसमान में उड़ने वाली भारतीय महिलाओं की पहली पीढ़ी, संभवतः अपने घरों के बाहर काम करने वाली महिलाओं की भी पहली पीढ़ी हों। इसकी वजह यह है कि देखभाल से जुड़े सेवा कार्यों को जिनमें लोगों की मांगों को पूरा करना होता है, तकनीकी रूप से उतना चुनौतीपूर्ण नहीं माना जाता जितना कि विमान को उड़ाना होता है। जो पुरुष इस 'स्त्रियोचित' भूमिका को निभाते हैं, वो भी अज्ञात रहते हैं, हालांकि आमतौर पर उन्हें अधिक ज़िम्मेदारी वाले पद दिए जाते हैं या जब यात्री अनियंत्रित हो जाते हैं तो उन्हें 'सुरक्षा' के लिए आवश्यक माना जाता है। लेकिन मैं जिस भी पायलट, वैज्ञानिक या शिक्षाविद को जानती हूं, वो गोल्ड का काम नहीं संभाल सकते। कोई भी इतनी गरिमा और ख़ूबसूरती से पब्लिक डीलिंग की गंदगी भरी दुनिया में नहीं उतर सकता। वैज्ञानिक अपनी प्रयोगशालाओं में दुबके रहते हैं, और पायलट अपने कॉकपिट में। गोल्ड को रोज़ाना सैकड़ों लोगों की अपेक्षाओं, झुंझलाहटों और बर्तावों को संभालना होता था।

सशक्त यूनियन समझौतों के तहत पायलटों का वेतन वरिष्ठता और उड़ान के घंटों पर आधारित होता है; यह भारत में उन दुर्लभ व्यवसायों में से एक है जहां लिंग के आधार पर वेतन में कोई अंतर नहीं है। वेतन, कैरियर की लंबी अवधि और प्रमोशन के मामले में पुरुषों को वरीयता देने वाले वो अंतर केबिन क्रू के लिए आरक्षित थे। 2006 में जाकर कहीं एक महिला एयर इंडिया में पहली उड़ान प्रभारी बनी थी, रिटायर होने से बस तीन साल पहले। वो भी तब जब एयर इंडिया

ने महिलाओं को इन-फ़्लाइट सुपरवाइज़र बनने की अनुमति देने के लिए अपने नियमों में बदलाव किया था। इस सुधार को पुरुष केबिन क्रू ने अदालत में चुनौती दी और अंत में 2011 में सुप्रीम कोर्ट ने इसे बरक़रार रखा।

1980 के मध्य दशक से पहले, विमानन क्षेत्र में नौकरी करने वाली महिलाएं मुख्य रूप से ईसाई और पारसी परिवारों से होती थीं। इन समुदायों में ऐतिहासिक रूप से महिलाओं के लिए बेहतर शिक्षा और रोज़गार परिणाम रहे हैं। उनमें महिलाओं की आवाजाही पर भी कम प्रतिबंध हैं। 1969 में एयर इंडिया में शामिल हुई एक रिटायर्ड फ़्लाइट अटेंडेंट ने पत्रकार आरेफ़ा जौहरी को दिए एक इंटरव्यू में कहा था, '1960 के दशक से 1970 के दशक की शुरुआत तक एयर-होस्टेस के इंटरव्यू के लिए आने वाली कई हिंदू लड़कियों को या तो अपने माता-पिता से लड़ना पड़ता था या उनसे झूठ बोलना पड़ता था।'

भारतीय विमानन क्षेत्र में महिलाओं की लंबी भागीदारी को देखते हुए, उद्योग के पास यह दर्शाने के लिए बहुत कुछ है कि एक पितृसत्तात्मक समाज में कार्यबल में महिलाओं की भूमिका को किस तरह—महिला कर्मचारी से हमेशा कर्तव्यपरायण और ख़ूबसूरत होने की अपेक्षा के साथ, उन्हें एक अहम प्रोफ़ेशनल के उलट महज़ प्रदर्शन की वस्तु के रूप में—देखा जाता है। यह उस लड़ाई का एक उल्लेखनीय इतिहास है जो महिलाओं ने अपनी बुनियादी व्यक्तिगत स्वतंत्रताओं, जैसे कि एक ख़ास, बेतुके ढंग से युवा उम्र के बाद भी काम करने, या कुछ किलो अतिरिक्त वज़न बढ़ाने या किसी आक्षेप या संदेह के बिना शादी करने के अधिकार के लिए लड़ी है। 1970 के दशक की समाचार रिपोर्टों से पता चलता है कि महिला कर्मी-दल के सदस्यों की किस तरह से स्क्रूटनी और मूल्यांकन किया जाता था जो उनके पुरुष सहकर्मियों के साथ नहीं होता था। 1981 में, एयर इंडिया में केबिन क्रू के रूप में कार्यरत महिलाओं का एक समूह अपना मामला सर्वोच्च न्यायालय में लेकर गया, जिसने एयर होस्टेस के शादी करने, पहली गर्भावस्था या पैंतीस वर्ष की आयु, जो भी पहले हो, पर रिटायर होने की अनिवार्यता जैसी पुरातन प्रथाओं को समाप्त कर दिया। सितंबर 2003 में, हालांकि,उसी अदालत ने एयर इंडिया में महिला रिटायरमेंट की आयु को घटाकर पचास करने की अनुमति दी, जबकि पुरुष अट्ठावन पर रिटायर हो सकते थे। विचित्र रूप से, एयर इंडिया केबिन क्रू एसोसिएशन ने महसूस किया कि यह एक सकारात्मक निर्णय था जिसने महिला कर्मचारियों की 'घर पर तनावमुक्त जीवन' जीने की इच्छा को ध्यान में रखा था।

1990 के दशक के अंतिम दौर में उभरता हुआ भारतीय मध्यम वर्ग बड़ी संख्या में हवाई यात्राएं करने लगा था। वार्षिक यात्री हवाई यातायात 1993 के

सात मिलियन से अधिक घरेलू यात्रियों से दस गुना बढ़कर 2015 में अस्सी मिलियन घरेलू यात्रियों तक पहुंच गया। उड़ानों की सामाजिक संरचना पूरी तरह से बदल गई। एयर इंडिया के एक पूर्व कर्मचारी ने समाचार पत्र *मिंट* को हवाई यात्राओं की ज़्यादा विशिष्ट, ग्लैमरस प्रकृति से 'लो-कॉस्ट' एयरलाइनों और बिना सुविधाओं वाली उड़ानों के लोकतांत्रिक युग में परिवर्तन के बारे में बताते हुए कहा था, 'यह अब की तरह आम नहीं था।'

90 के दशक में यद्यपि यात्रियों, पायलटों और सर्विस स्टाफ़ की पृष्ठभूमियां बदलीं, मगर नैतिक व्यवहार और श्रम की गरिमा के लिए महिलाओं का संघर्ष जारी रहा। 2009 में एयर इंडिया ने वज़न अधिक होने के कारण दस महिला फ़्लाइट अटेंडेंट्स को निकाल दिया और छह साल बाद फिर से वज़न के लिए ही 130 महिलाओं को ग्राउंड पर लगा दिया गया। पुरुषों के विपरीत जिनका कोई मेडिकल टेस्ट नहीं होता है, एयर इंडिया के लिए महिला क्रू सदस्यों को आंतरिक गायनेकोलोजिकल टेस्ट करवाना होता है। स्पाइसजेट जैसी निजी एयरलाइनों में केबिन क्रू की नौकरियों की योग्यताओं में महिलाओं के लिए अविवाहित होना आवश्यक है। और केबिन अटेंडेंट के साथ यात्रियों के दुर्व्यवहार की तो बेहिसाब कहानियां हैं। महिला केबिन क्रू द्वारा सीनियर-मैनेजमेंट स्तर पर यौन उत्पीड़न की अनेक शिकायतें मिलने पर 2018 में महिला एवं बाल विकास मंत्री ने एयर इंडिया को पुरुष कर्मचारियों को 'संवेदनशील' बनाने के लिए कहा।

जैसे-जैसे आम भारतीयों के लिए उड़ानें सस्ती एवं अधिक सुलभ हुईं और उद्योग में वृद्धि हुई, तो गोल्ड जैसी लड़कियों के लिए बहुत सारी नौकरियां सामने आईं। वो घर से बाहर काम करने वाली अपने परिवार की पहली लड़की थीं; दिल्ली में रहने वाली पहली थीं। निश्चित रूप से, अपने परिवार में उड़ान भरने वाली वो पहली महिला थीं।

गोल्ड ने सफ़ाई देते हुए कहा, 'ऐसा नहीं है कि मेरी मां काम नहीं करती थीं। उन्हें घर में बहुत सारे काम करने होते थे। वो मेरे पिता की देखभाल करतीं, हमारे पैसों को मैनेज करने में मदद करतीं और लगातार हमारी कॉलोनी की पानी सप्लाई का ध्यान रखतीं। ये सभी काम उन्हें थका डालते थे—वो जो भी काम करती थीं, उसके लिए उन्हें कभी कोई पैसा नहीं मिला, और वो मुश्किल से ही थोड़ा-बहुत सोती थीं। मुझे याद है वो देर रात गए हमारे आंगन में बैठी सितारों को निहारती रहती थीं। वो कहती थीं कि उनके अपने लिए बस यही समय होता है। मुझे यक़ीन है कि वो किसी बेहतर जगह पर होने का सपना देख रही होती थीं। मुझे भी सोने में

मुश्किल होती थी। लेकिन ऐसा कम से कम पैसे या पानी की वजह से तो नहीं था। और अब जब मेरी शादी हो चुकी है, तो पति के लिए भी मेरी नींद नहीं उड़ती। मुझे अपनी मां के लिए दुख होता है क्योंकि मुझे लगता है कि मेरा जीवन उनसे कितना अलग है, लेकिन शायद मैं उन वजहों से दुखी रही हूं जो उन्हें कभी झेलनी नहीं पड़ीं। उन्हें कभी सेक्सी नहीं होना पड़ा! उन्हें ख़ुद अपने लिए पति नहीं तलाशना पड़ा था!'

दर्द-ए-डिस्को (2008-2010)

गोल्ड मेंदीरत्ता ने पूरे क्लब में सबसे कमनीय शरीर पर सबसे तंग पोशाक पहनी थी। पहली बार जब मैंने उनकी आवाज़ सुनी, तो वो एक शेरनी बनी रॉल्फ़-लॉरेन-शर्ट पहने एक व्यापारी-सुपुत्र पर दहाड़ रही थीं, 'तू साला इतना बेरहम कैसे हो सकता है, चूतिया! फिर कभी मुझसे बात मत करना!' यह 2008 था। चौबीस वर्षीय गोल्ड डांस फ़्लोर पर इस युवक के उनके साथ अश्लील हरकतें करने की कोशिशों पर ग़ुस्से में थीं। बेपरवाह और ख़ुश होता वो आदमी चला गया, वो और उसके दोस्त शर्मिंदगी या सुलह किए बिना हंस रहे थे। गोल्ड का पारा चढ़ गया। 'अपनी रूसी वेश्याओं के पास जा! शर्त लगा ले तू उनमें से किसी के लिए भी सख़्त भी नहीं हो पाएगा!' अंतिम वार। नाज़ुक स्थान पर घातक हमला।

यह दिल्ली की एक शांत रात में एक हिंसक हलचल थी। मैं एक दूसरे दल का हिस्सा थी और भौचक्की रह गई थी। उन दिनों, गोल्ड और उनकी दोस्तों को भारत के अमीर, युवा और फ़ालतू लोगों के साथ पार्टी करना पसंद था। एक टिपिकल नाइट-आउट के लिए एक पैटर्न और रुटीन था—मेकअप का सामान उनकी फ़्लैटमेट्स लाती थीं, पर्ल एकेडमी ऑफ़ फ़ैशन में स्टुडेंट एक दोस्त नक़ली प्रादा ड्रेसेज़ हासिल करवाती, टकीला शॉट उनके या उनकी दोस्तों के बॉयफ्रेंड देते थे। लड़कियां एक साथ एक कैब में बैठतीं और इनमें से किसी आदमी से किसी आलीशान रेस्तरां में डिनर के लिए मिलती थीं। आदमी—हवाई अड्डों, होटलों, क्लबों और मार्केटिंग पार्टियों में—गोल्ड और उनकी दोस्तों के पीछे पड़े रहते थे। अपने फ़ैंसी डिनर पर, वो मुश्किल से ही अपने नायाब खानों को छूती थीं। गोल्ड की सहेलियों के कोरस ने बताया, 'हम सीधी-सपाट गोरी लड़कियों से मुक़ाबला कर रहे हैं, ज़रा सी भी चर्बी नहीं चलेगी।' उसके बाद क्लबिंग होती थी। यह बहुतायत का समय था, और सिंगल लोगों का गोल्ड का ग्रुप सेक्सुअल संचय के मूड में था।

जमा करो, जमा करो, जमा करो और फिर चुनो।

गोल्ड मेंदीरत्ता कभी रात्रि-जीव नहीं रही थीं। लेकिन दो साल, 2008 से 2010 के बीच, वो सो नहीं पाईं। अपनी थकान और स्थायी अनिद्रा से वो बोर होने लगी थीं। लेकिन उनकी स्थिति इतनी थकाने वाली नहीं थी कि वो चैन की नींद सो सकें। गोल्ड असल में अनिद्रा का शिकार नहीं थीं—वो अंततः सो जाती थीं। लेकिन नींद आना कुश्ती लड़ने जैसा था, बेचैनी से छटपटाना, करवटें बदलना। हर रात यही होता था। वो काम से घर आतीं, जल्दी से कपड़े बदलतीं और टीवी देखते हुए अपना कैलोरी-नियंत्रित डिनर करतीं। उनकी फ़्लैटमेट अक्सर काम के सिलसिले में यात्रा कर रही होती थी, और गोल्ड फ़्लाइट्स के बाद ख़ुद को लंबी-लंबी अवधियों तक अकेले पातीं। अपना इकलौता बर्तन साफ़ करने के बाद, वो दोस्तों के साथ पार्टी के प्लान बनातीं। यदि वो दिल्ली के बाहर किसी होटल में होते, तो हमेशा वाले क्लब ही काफ़ी रहते। अगर वो दिल्ली में वापस आ गए होते, तो उनके फ़ेवरीट होते शैलोम, या हॉस्पिटैलिटी एंप्लाइज़ लव टू पार्टी (एचईएलपी)। मस्त नाइट-आउट के बाद, वो लेट नाइट में कबाब या परांठे खाते, और अपनी ट्रिम फ़िगर को बनाए रखने के लिए इन्हें बमुश्किल छूकर गोल्ड घर आतीं और जो हुआ था उसके बारे में सोचतीं।

पुरुषों में उनकी प्राथमिकता सेक्सुअल अनुभव में विशेषाधिकार देने और 'अगर ऐसा हो तो...' के नियम में दृढ़ विश्वास पर आधारित थीं। अगर कोई आदमी कई ख़ूबसूरत महिलाओं के साथ सो चुका है, तो इसका मतलब था कि वो जानता था कि वो बिस्तर में क्या कर रहा है। अगर यह सेक्स में अनुभवी पुरुष आपके साथ सोने की इच्छा जताता है, तो इसका मतलब है कि आपने उसकी पिछली महिलाओं पर विजय पा ली है। नतीजतन, गोल्ड अक्सर सेक्सुअल विजय और कई सेक्स पार्टनरों से जुड़ाव महसूस करते हुए पुरुषों में दिलचस्पी लेती थी। इस तरह के व्यवहार के गायनेकोलोजिकल ख़तरे स्पष्ट थे। इसके अलावा, यह भी अपरिहार्य था कि पुरुष अंततः किसी और नई महिला के साथ सोना चाहेगा। अगर वो अपनी इच्छा पर चला, जो वो हमेशा करता था, तो इसका मतलब था कि इस नई महिला में गोल्ड की तुलना में अधिक सेक्सुअल पावर होगी। 'इसका मतलब है कि वो मुझसे बेहतर है, पीरियड। यह मूर्खतापूर्ण लगता है, लेकिन हर कोई ऐसे ही काम करता है,' उसने एक बार मुझे फ़्रेमवर्क समझाते हुए कहा था।

विमानन और आतिथ्य उद्योग में युवक-युवतियों के लिए आपस में मिलना और शादी करना आम बात थी; दोनों क्षेत्रों में उछाल आने के बाद वो एक नए

सैटेलाइट सर्विस समुदाय का हिस्सा हो गए थे। भारत की नई सर्विस नौकरियों—होटलों और हवाई उड़ानों—को ऐसे कर्मचारियों की आवश्यकता थी जो घरों से दूर रहने और विषम समयों पर काम करने के इच्छुक थे। उन दिनों, गोल्ड को नींद न आना शुरू हुआ और यह उनकी कठोर शिफ़्टों और पार्टियों की प्रक्रियाओं से क़ायम रहा। उन्होंने अपने नींद न आने के दोनों वर्षों के अधिकांश हिस्से को एक के बाद एक दुखद रोमांटिक रिश्तों में पड़ने और उनसे उबरने में बिताया।

वो क्लब से घर वापस आती थीं, घंटे भर ख़ुद को आईने में देखती रहतीं, सोचतीं कि उस शाम उनके चेहरा और पहनावे ने कैसा काम किया होगा, अपने शरीर की सुंदरता और यौवन को जांचतीं और उसका आनंद लेतीं। अगर किसी ख़ूबसूरत युवक ने उनमें दिलचस्पी ज़ाहिर की होती, तो इंटरनेट पर उसकी जांच-पड़ताल करके अपने उन्मादी उत्साह को शांत किया जाता। ख़ूबसूरती का सुरूर घंटे भर चढ़ा रहता, उसके बाद अगले एक घंटे तक उस रात क्लब में मिली दूसरी लड़कियों के साथ जुनूनी, ईर्ष्या से भरी अपनी तुलना से जन्मा अवसाद रहता। 'मैं ख़ुद को और दूसरी लड़कियों की फ़ोटो को घूरती रहती हूं,' गोल्ड ने मुझे बताया, 'और मैं सोचने लगती हूं—क्या मैं सुंदर हूं? मैं वास्तव में कैसी दिखती हूं?'

अगर उस समय वो बॉयफ़्रेंड के साथ होतीं तो चिंता और भी गहरा जाती। 'ये लड़के, ये सब छोटे शहरों से आते हैं और अचानक प्लेयर बन जाते हैं। पंजाब या यूपी में वो केवल अपने क़स्बों या स्कूलों की लड़कियों से ही मिलते थे। वो दिल्ली पहुंचते हैं, और उन्हें केरल, हिमाचल, राजस्थान, बंगाल, मिज़ोरम हर जगह की लड़कियां मिलती हैं। वो विदेशियों से भी मिल सकते हैं! और वो जितनी चाहें उतनी लड़कियों के साथ बाहर जा सकते हैं, यह कूल है। और वो हमेशा किसी बेहतर की तलाश में रहते हैं। इससे मुझे फ़िक्र होती है कि वो मुझे छोड़ देगा, और शायद यही सब चिंताएं मुझे जगाए रखती हैं। अगर मैं सिंगल हूं, तो मुझे यह चिंता होती है कि मुझे कोई कब मिलेगा। अगर मैं जैसलमेर में रहती और काम के लिए नहीं निकलती, तो इस तरह की चीज़ों के बारे में मुझे इतनी ज़्यादा चिंता नहीं करनी पड़ती,' उन्होंने कहा।

चिंता का यह पैटर्न ख़ुद को दोहराता था—उस क़िस्म के पुरुषों के कारण जिनके साथ गोल्ड ने सेक्स और संबंध बनाए थे। मैंने देखा कि कैसे उनकी रुचि पुरुषों के एक बहुत छोटे से उपसमूह में थी। 'बहुत कम लोग ख़ूबसूरत होते हैं, यार,' गोल्ड कहतीं। एक शाम, एक महंगे रेस्तरां में दृश्य को स्कैन करते हुए उन्होंने कहा, 'समस्या हम लड़कियों के साथ भी है। हम सिर्फ़ ऐसे लड़कों को चाहती हैं

जो हमें नहीं चाहते। उन्हें जिन्हें हम अपने से ऊपर, अपने से बेहतर समझती हैं। आप इसे मानेंगी नहीं, लेकिन यह आपकी समस्या भी है। आपको कोई अपने से ऊंचे स्तर का चाहिए। यह आपकी ग़लती नहीं है, मुझे पता है कि आपके लिए बहुत आदमियों को दिलचस्प या आकर्षक पाना शायद कठिन होगा। मेरे साथ भी यही है। मेरी दोस्तों को अच्छे लड़के मिल जाते हैं जो होटल या दूसरी एयरलाइनों में काम करते हैं। यहां की तरह ही, दूसरे बहुत से लड़के जो दूसरी कंपनियों में मेरी तरह ग्राउंड-स्टाफ़ मैनेजमेंट में काम करते हैं। और वो अच्छे, विनम्र हैं और अच्छा कर रहे हैं। लेकिन मुझे वो दिलचस्प नहीं लगते। मैं हमेशा बुरे क़िस्म के आदमियों की तलाश में रहती हूं, और शायद मैं रुक नहीं सकती, हालांकि मुझे पता होता है कि वो मुझे ख़ुश नहीं कर पाएंगे। हम लड़कियां ही बर्बाद हैं, यार।'

सबसे ज़्यादा वांछित आदमी अपना मूल्य और अहमियत जानते थे, वो महिलाओं को संग्रहणीय वस्तुओं की तरह लेते थे। और गोल्ड इन वांछित पुरुषों द्वारा एकत्र किया जाना चाहती थीं। मैं भारत में अर्थशास्त्रियों को देश में मुक्त बाज़ारों की कमी की शिकायत करते सुनती हूं। वो चिंतित होते हैं कि बिजली, पानी और भोजन के आम उपभोक्ताओं को शायद ही कभी सही बाज़ार मूल्यों का सामना करना पड़ता है क्योंकि सरकार इन वस्तुओं की क़ीमत निर्धारण और वितरण के तरीक़ों में हस्तक्षेप करती है। मैं केवल यही चाहती हूं कि वो गोल्ड और उसके दोस्तों जैसे युवक-युवतियों द्वारा बनाए प्रेम के घातक मुक्त बाज़ारों का अध्ययन करें। दिल टूटना, संविभ्रम और अनचाहे गर्भ उन्हें घेरे रहते हैं। गर्भपात के ज़िक्र भर पर आदमी मेलजोल छोड़ देंगे। सारी यौन स्वच्छता और गर्भनिरोधक उपायों की ज़िम्मेदारी महिलाओं की थी। जो सेक्स किया जा रहा था उसमें कोई बराबरी नहीं थी।

सार्वजनिक रूप से, आपको इसे हर समय कूल खेलना था। निजी तौर पर गोल्ड जैसी महिलाएं कंफ़्यूज़ थीं। वो उस विरोधाभास में ख़ुश थीं जिसका सामना उनके परिवार की किसी महिला ने कभी नहीं किया था। एक ओर, वो अपनी मर्ज़ी से डेट और सेक्स करने की अपनी नई आज़ादी को पसंद करती थीं। उसी सांस में, उन्होंने अपनी आज़ादी के नुकसानों का दुखड़ा रोया, दुख कि उन्होंने अरेंज्ड विवाह और सामुदायिक संबंधों के माध्यम से मिलने वाले प्यार की पारंपरिक सुरक्षाओं को त्याग दिया था। मनोविश्लेषक कार्ल युंग ने एक बार विरोधाभास को मनुष्य के परम आध्यात्मिक अधिकार के रूप में वर्णित किया था। उनके अनुसार, 'जीवन की परिपूर्णता को समझने' के लिए विरोधाभास की भावना अनिवार्य थी। गोल्ड को इसे समझने में मुश्किल हो रही थी।

जैसलमेर-जयपुर-दिल्ली

(1984-2006)

1984 में जन्मी गोल्ड ने सोचा था कि वो हमेशा जैसलमेर में रहेंगी। नौ से तेरह साल की उम्र के बीच उन्हें अपने घर के आंगन में शाहरुख़ के लेटेस्ट प्रेम गीतों को ज़ोर-ज़ोर से गाते, जी भर के नाचते देखना आम बात थी। चौदह साल की उम्र में उनके पीरियड शुरू होने के तुरंत बाद उनकी मां ने उनसे अकेले में डांस करने और गाना बंद करने को कहा। पंद्रह साल की उम्र में वो बंद कमरों में डांस करती और रसोई में मदद करते हुए शाहरुख़ के गाने गुनगुनाती थीं। 2003 में उन्नीस साल की उम्र में वो जैसलमेर से भाग गईं।

सुश्री मेंदीरत्ता एक भगोड़ा थीं; उन्होंने अपने व्यवसायी परिवार की सुरक्षा को त्यागकर अपनी ज़िंदगी बनाने की कोशिश करने का फ़ैसला किया। अपनी जीवटता का श्रेय वो प्रतिस्पर्धात्मक खेलों को देती हैं। इससे वो ज़बरदस्त भावनात्मक स्टेमिना और शारीरिक शक्ति हासिल करने में सक्षम हुई थीं। खेलों की वजह से वो अपने घर की रोज़मर्रा की ज़िंदगी की दमघोंटू शालीनता और विनम्रता से आज़ाद हो पाती थीं। 'मैदान में मैं बहुत कमीनी थी,' गोल्ड ने गर्व से कहा। वो अक्सर इस बात की शेख़ी मारती थीं कि कैसे उन्होंने एक बार एक स्कूल हॉकी मैच के दौरान दिल्ली की एक सिख लड़की को इतनी बेरहमी से टैकल किया कि उनकी प्रतिद्वंद्वी के आंसू छलक पड़े: 'मैंने एक सरदारनी को रुलाया, आप कल्पना कर सकती हैं! मैं इतनी टफ़ थी।' राजस्थान के बाहर दूसरे स्कूलों की टीमों के ख़िलाफ़ खेलने और सांस्कृतिक कार्यक्रमों में भाग लेने से वो अपने पूर्वनियत दमनकारी खत्री ख़ानदान से परे दोस्त, प्रशंसक और संपर्क बनाने में सक्षम रहीं।

आज़ादी और उपलब्धियों के लिए उनकी बढ़ती रुचि के साथ गोल्ड और उनके पिता के बीच बहसें इतनी तेज़ हो गई थीं कि वो पड़ोसियों में मशहूर हो गई थीं, अंततः उनकी कॉलोनी में उनके क़िस्से फैल गए थे। उनके झगड़े एक ही लीक पर होते थे—उनके पिता किसी न किसी तरह से उनकी स्वतंत्रता में बाधा डालते थे, वो चीख़-चिल्लाकर उनका अपमान करतीं, फिर रात को सोने के लिए अपनी एक दोस्त के घर भाग जाती थीं। अगले दिन, उनकी बड़ी बहन उन्हें लेने स्कूल आ जातीं। गोल्ड स्कूल एक दिन भी नहीं छोड़ती थीं, उन्हें अपनी इंग्लिश की क्लास और पाठ्येतर गतिविधियां बहुत पसंद थीं। वो अपनी बहन की सुलह करवाने की कोशिशों पर चिल्लातीं। फिर आख़िरकार, वो अपनी बहन के पीछे-पीछे घर को

चल देतीं। घर पहुंचने तक घरेलू झगड़े की सारी यादें काफ़ूर हो चुकती थीं। उनकी मां गोल्ड को गले लगा लेतीं। और खीर तो हमेशा बनी होती थी।

गोल्ड जैसलमेर को अजीब कहती थीं। हनुमान चौक के पास शहर का पुराना हिस्सा चहल-पहल भरा था, लेकिन रिहायशी इलाक़े भयंकर और नीरव थे। ऐसा नहीं था कि गोल्ड को कंपनी या रोमांच की कमी थी—दोस्त, विदेशी पर्यटक, और टीवी पर शाहरुख़ थे। जब वो अपनी टीनएज के अंतिम दौर में क़दम रख रही थीं, तो शहर में नई कॉफ़ी शॉप खुलने लगी थीं। वो केवल विदेशी पर्यटकों के लिए ही नहीं बल्कि लोकल फ़ैशनेबल नौजवानों के लिए भी थीं। लड़के-लड़कियां ग्रुप में मिलते थे, जिससे परिवार के बड़े-बुजुर्ग असहज होने लगे थे। 'एक दिन,' गोल्ड ने कहा, 'मेरे पिता मेरे कज़िन्स और मुझे जयपुर के एक कैफ़े में ले गए। हम एक शादी में वहां गए थे। उन्हें जगह से तो एतराज़ नहीं था लेकिन यह नहीं समझ पा रहे थे कि हम कर क्या रहे हैं। मेरे पिता ने कभी कैपुचीनो या मोका का नाम भी नहीं सुना था। एक शानदार दिखने वाली दुकान में लोगों का एक मेज़ पर बैठना, सौ रुपए ख़र्च करना और अजनबियों के बीच प्यालों से पीना—यह विचार उनके लिए कुछ ऐसा था जो पर्यटक करते हैं, हमारे जैसे परिवार नहीं। उन्होंने तो कभी मिल्कशेक भी नहीं पिया था! अगर मैं कहीं सोया मिल्क लाते ऑर्डर करती हूं, तो मुझे उनका ध्यान आ जाता है।'

वो अपने माता-पिता से समान रूप से नफ़रत और प्यार करती थीं। वो अपने छोटे शहर के जीवन से नफ़रत करती थीं लेकिन उसकी दिनचर्या और देसी परिचितता में सहज भी महसूस करती थीं। एक बार जैसलमेर की बात करते हुए उन्होंने कहा, 'भारतीय परिवारों के पास ज़्यादा पैसा आने से वहां ज़्यादा भारतीय परिवार आने लगे हैं। मेरे पिता कहते हैं कि पहले ज़्यादातर बंगाली पर्यटक ही उस क्षेत्र में आते थे, उस फेलुदा फ़िल्म की बदौलत। लेकिन 1995 के बाद किसी समय से हमारे यहां देश के विभिन्न हिस्सों से बहुत सारे भारतीय और विदेशी आने लगे थे। स्कूली छात्रों के रूप में बड़े होते हुए वो हमारा मौज-मस्ती का आइडिया था। स्कूल के बाद हम पुराने शहर जाते और पर्यटन स्थलों में समय बिताते। मेरा पसंदीदा काम रमेश टॉकीज़ में शाहरुख़ की फ़िल्में देखना था।'

उन्होंने आगे कहा, 'सिनेमा हॉल पुराने शहर में क़िले के पास, और हमारे घरों से बहुत दूर था। लड़कियों को साथ चलने के लिए मुझे बहुत मनाना पड़ता था। लड़के कहीं भी जाने को लेकर कहीं अधिक आश्वस्त थे। लड़कियों के लिए परिवार के बिना सिनेमा हॉल सही जगह नहीं थी। मेरे ग्रुप की लड़कियां डरती थीं कि कुछ

गड़बड़ हो जाएगी, या उनके रिश्तेदार हमें देख लेंगे। सर्दियों के दौरान शहर का वो पर्यटक हिस्सा हमेशा भीड़ भरा रहता था, और अगर शाहरुख़ की फ़िल्म चल रही होती थी तो हम उसे देखने, दोस्तों से मिलने और घर से दूर समय बिताने जा सकते थे। तब मैंने इस बारे में इतनी गंभीरता से कभी नहीं सोचा था, लेकिन जब आपने मुझसे ये सवाल पूछने शुरू किए हैं, तो मुझे अहसास होता है कि जैसलमेर में हमारे वो तौर-तरीक़े बहुत नए थे। पहले केवल राजपूत लड़के ही बोर्डिंग स्कूल से घर वापस आने पर बाहर निकलते थे और मौज-मस्ती करते थे। शहर के नौजवान वास्तव में उतना बाहर नहीं जाते थे। लेकिन हालात बदल गए थे, और मैं ठीक-ठीक नहीं जानती कि वास्तव में वो कब बदले। युवा लोग स्कूल के बाद फ़िल्में देखने या खाने बाहर जाने लगे थे। मेरी बहन भी मुझसे सहमत हैं। हमारे सामने-सामने पुरानी इमारतें, पुराने तौर-तरीक़े बदल रहे थे। अजीब बात है कि जब यह आपकी आंखों के ठीक सामने होता है तो आप इसे नोटिस नहीं करते हैं!'

गोल्ड के पिता का सफल लॉजिस्टिक्स बिजनेस था। उन्होंने बिरादरी में ही अपनी बेटी की शादी करने का प्लान बनाया। गोल्ड को यक़ीन था कि उनके पिता को उनके स्वभाव को नियंत्रित करने में मदद करने के लिए एक दामाद चाहिए था। उनके तौर-तरीक़ों, उनकी रुचियों, पूछकर काम करने के प्रति उनकी घोर उपेक्षा को निरंतर प्रबंधन की ज़रूरत थी। उनके भाई-बहन इतने लड़ाका नहीं थे। 'मेरी बड़ी बहनों और भाइयों ने कभी जैसलमेर नहीं छोड़ा। उन्होंने मेरे परिवार की सुझाई जगहों पर शादी कर लीं और अब वो ठीक वैसा ही जीवन जीते हैं जैसा मेरे माता-पिता जीते हैं। उन्हें कभी भी कुछ अलग करने में दिलचस्पी नहीं रही। वो एक ही जगह से किराने का सामान ख़रीदते हैं, उन्हीं-उन्हीं लोगों से मिलते हैं, कोई बदलाव नहीं। लेकिन मुझे पता था कि मुझे कुछ और चाहिए,' उन्होंने कहा।

पहली बार जब गोल्ड अपने माता-पिता के घर से एक रात से ज़्यादा के लिए भागी थीं तो वो एक स्टेट डांस कंपीटिशन में भाग लेने के लिए जयपुर गई थीं। वो एक सप्ताह बाहर रही थीं—प्रतियोगिता के तीनों चरणों में पहुंचने और एक नए शहर में परिवार के बिना रहने का लुत्फ़ उठाने के लिए पर्याप्त समय—फिर उन्होंने घर वापस आने के लिए ट्रेन ले ली। स्कूल के अपने अंतिम साल में, बोर्ड परीक्षा की प्रतिस्पर्धात्मक घबराहट से पहले डांस कंपीटिशन गोल्ड के लिए मस्ती करने की अंतिम कोशिश थी। उनके पिता उन्हें भाग लेने की अनुमति नहीं दे रहे थे। वो गरजते, 'कोई शरीफ़ खत्री लड़की अजनबियों के सामने नहीं नाच सकती। यह बेहूदा है।' उन्होंने गोल्ड से बात करना बंद कर दिया, अलावा यह कहने के: 'कुछ शर्म करो, हमारे बारे में सोचो।' दूसरे शब्दों में, पड़ोसी क्या कहेंगे।

अपने पिता के डरों को शांत करने की उम्मीद में गोल्ड ने उनको अपने स्कूल में डांस की रिहर्सल देखने के लिए आमंत्रित किया। उन्हें उम्मीद थी कि वो तारीफ़ करेंगे। उनकी सबसे अच्छी दोस्त, लोक निर्माण विभाग के ठेकेदार की बेटी, ने स्कूल की बारह डांसर्स के साथ डांस को कोरियोग्राफ़ किया था। वो शाहरुख़ की प्रशंसकों का गुट थीं और उन्होंने उनके तीन लोकप्रिय गानों—'*ये काली काली आंखें*,' '*कोई मिल गया*' और '*छैय्यां छैय्यां*' पर डांस करने का फ़ैसला किया था। 'हमें रिहर्सल करते देखने के बाद आप उनका चेहरा देखतीं। वो एकदम सुर्ख़ था। मैंने उन्हें पहले कभी इस तरह नहीं देखा था। वो नाराज़ नहीं थे, वो दुखी थे। वो बहुत निराश दिख रहे थे, मुझे बहुत बुरा लगा। मुझे पता था कि मैंने उनकी भावनाओं को ठेस पहुंचाई है।'

जब उन्होंने ये शब्द कहे, और हमारे बीच हुई बहुत सी दूसरी बातचीतों के माध्यम से, मुझे आभास हुआ कि वो अक्सर उस रिहर्सल हॉल में वापस पहुंच जाती हैं, वो जगह जो उनके पिता की शर्म और निराशा से रंगी थी। वो हॉल, जहां उन्होंने जाना था कि उनका सारा फ़ैनडम, उनकी आज़ादी, अपनी रुचियों और इच्छाओं को पूरा करने की उनकी सभी उम्मीदों का उनके पिता की इस मांग के साथ समझौता नहीं हो पाएगा कि वो एक गरिमापूर्ण लड़की बनें, कि वो उनकी निगाहों के अनुरूप चलें और मर्यादा बनाए रखें, जो अपने पसंदीदा गानों पर उनके डांस करने को रोकता था।

स्कूल की पढ़ाई पूरी करके गोल्ड ने एक स्थानीय कॉलेज में दाख़िला लिया। बोर्ड परीक्षा में उनका परिणाम बहुत अच्छा आया था, लेकिन उनके माता-पिता राज़ी नहीं थे कि वो जयपुर या दिल्ली जाकर पढ़ाई करें। यह अपने माता-पिता के साथ गोल्ड के पहले से ही ख़राब संबंधों पर एक निर्मम आघात था। 'मुझे समझ नहीं आया कि मेरी मां ने मेरा साथ क्यों नहीं दिया। उन्होंने मेरे जैसलमेर से जाने के लिए मना कर दिया। मेरी बहनों ने कभी भी परीक्षा में मेरे जैसा अच्छा प्रदर्शन नहीं किया था। बोर्ड परीक्षा में अंग्रेज़ी में मेरे बानवे प्रतिशत अंक थे, जो उन दिनों सबसे अच्छे अंक होते थे। मैं आसानी से जैसलमेर के बाहर बीए पास डिग्री कोर्स में दाख़िला ले सकती थी। मेरे बड़े भाई ने राजस्थान से बाहर इंजीनियरिंग की पढ़ाई की थी। उन्होंने कभी साफ़-साफ़ तो नहीं कहा, लेकिन मैं जानती थी कि मेरे परिवार का मानना था कि एक लड़की का एकमात्र काम अच्छे से शादी करना है।'

कॉलेज गोल्ड के लिए उबाऊ था। पाठ्यक्रम सामग्री उबाऊ थी, शिक्षक उबाऊ थे, उनके सहपाठी उबाऊ थे। उनके पहले वर्ष में, उनके माता-पिता जैसे मैचमेकिंग मशीन बन गए थे। गोल्ड सत्रह साल की थीं और उन्हें उम्मीद थी कि

जब तक वो वयस्क होंगी तब तक उनकी सगाई हो जाएगी। वो हर तीसरे-चौथे महीने उन्हें एक नए लड़के से मिलवाते। 'कॉलेज के अपने पहले साल में मैं तीन लड़कों और उनके परिवारों से मिली। कुछ थोड़े से आधुनिक थे और कहते कि हम एक से ज़्यादा बार मिलें। किसी न किसी वजह से ये प्रपोज़ल कारगर नहीं हुए। इसका मेरी पसंद-नापसंद से कोई लेना-देना नहीं था। हम उनके लिए या वो हमारे लिए सही प्रोफ़ाइल के परिवार नहीं थे। मुझे बुरा लगता था; कुछ लड़के अच्छे थे। मेरी मां और बहन ने समझाया कि यह रिश्ता सिर्फ़ मेरे और लड़के के बीच नहीं था—यह दो परिवारों के बीच एक कारोबारी सौदा था। इसने मुझे सिखाया कि मेरे पिता मेरी शिक्षा को एक शौक़ मानते थे और शादी करना मेरा मुख्य काम था।'

गोल्ड का सबसे ज़्यादा दिल टूटा जब उनका तीसरा अरेंज्ड सूटर सामने आकर अपनी वैवाहिक दिलचस्पी को कह पाने में विफल रहा। वो जयपुर का खत्री लड़का था और उसका दिल्ली में बसने का प्लान था। वो एक ख़ूबसूरत और सुशिष्ट युवक था, गोल्ड उसकी अंग्रेज़ी और उसके मृदुभाषी तौर-तरीक़ों से प्रभावित थीं। 'उसने कप-प्लेट वापस रसोई में ले जाने में मेरी मां की मदद की। हमसे मिलने आए किसी भी लड़के ने कभी ऐसा नहीं किया था। वो आमतौर पर ऐसा बर्ताव करते थे जैसे हमारी चाय पीकर और हमारा खाना खाकर हम पर बहुत बड़ा उपकार कर रहे हों।' युवक ने सुझाव दिया कि उसके कज़िन्स के साथ वो लोग कॉफ़ी के लिए मिलें। जैसा कि रिवाज़ था, कज़िन्स एक दुकान में ग़ायब हो गए, जबकि गोल्ड और उसके सूटर ने एक फ़ाइवस्टार रेस्तरां में लंच किया। 'मैं बहुत प्रभावित थी कि वो मुझे इतनी अच्छी जगह पर ले गया था और जिस तरह से उसने खाना ऑर्डर किया था, उसमें वो बहुत विश्वास से भरा था। इटैलियन खाना था, और मैंने पहले कभी ग़ैर-भारतीय भोजन नहीं किया था। लेकिन उसने मुझसे पूछा कि मैं क्या लूंगी और बिना मज़ाक़ उड़ाए उसने मुझे मेन्यु समझाया,' उन्होंने कहा। लंच बहुत अच्छा था। उन्होंने अपनी योजनाओं और परिवारों के बारे में बात की। युवक ने कहा कि जितनी भी लड़कियों से उसे मिलवाया गया है उनमें वो गोल्ड को प्रेफ़र करता है। गोल्ड को लगा जैसे उनका शरीर झूम रहा है, 'मूर्खों की तरह मैं बह गई थी। मुझे तब, बिल्कुल फ़िल्म की तरह, यह सोचना याद है*कुछ कुछ होता है।*'

युवक ग़ायब हो गया। उसके रिश्तेदारों ने संदेश भेजा कि मेंदीरत्ता परिवार उनके लायक़ मैच नहीं है। 'मुझे लगता है कि बात दहेज की रही होगी। वो कहते रहे थे कि लड़का सोना है। मानो मैं बेकार थी,' उन्होंने ज़ोर दिया। कुछ महीनों तक गोल्ड आंसू बहाती और ख़ुद पर तरस खाती रहीं। ख़ुशक़िस्मती से, शाहरुख़ की फ़िल्म *कभी ख़ुशी कभी ग़म* आ गई और उनके दर्द को कम करने में मदद

मिली। उनके भाइयों ने फ़र्स्ट-डे-फ़र्स्ट-शो के टिकट ख़रीदे और उन्हें दो बार फ़िल्म दिखाने ले गए। 'इसने मुझे याद दिलाया कि जैसलमेर के बाहर भी एक दुनिया है, कि वहां लंदन है और वहां सभ्य आदमी हैं। मुझे करीना पसंद आई थीं। शाहरुख़ ने मेरे चेहरे पर मुस्कान ला दी। वो उस फ़िल्म में बहुत हॉट लगा था।' गोल्ड ने अंततः कॉलेज के दूसरे वर्ष में अपनी शादी की संभावनाओं को तहस-नहस करने के लिए शाहरुख़ के साथ एक साज़िश रची। 2002 में, उस साल जब गोल्ड अठारह साल की हुईं, उनके माता-पिता ने सुना कि उनके पड़ोसी मिस्टर अरोड़ा लोगों से कह रहे हैं कि उन्होंने गोल्ड मेंदीरत्ता को राकेश टॉकीज़ में देखा था। वो एक विदेशी के साथ *देवदास* देख रही थी!

'मुझे यकीन है कि मिस्टर अरोड़ा ने जितना उनसे बन पड़ा, उतना मिर्च-मसाला लगाया था,' गोल्ड ने मुझे बताया। 'मैं बस एक पर्यटक को एक भारतीय फ़िल्म दिखाने ले गई थी, और मैं नए दोस्त बनाने की कोशिश कर रही थी।' जब मिस्टर अरोड़ा के आरोपों को लेकर गोल्ड से पूछताछ हुई, तो वो हंस दीं। 'मैंने अपने माता-पिता से कहा कि मैंने एक नया दोस्त बनाया है। वो एक जर्मन है, कॉलेज के फ़र्स्ट ईयर में है, और एक धरोहर संरक्षण संगठन के साथ गर्मियों में वालंटियर कर रहा है। वो ऐसा बर्ताव करने लगे जैसे मैंने किसी की हत्या कर दी हो।' गोल्ड की मां ने पूछा कि वो अपनी बहनों के साथ टीवी पर फ़िल्में क्यों नहीं देख सकतीं। उनके पिता हैरान थे कि उन्हें शहर के उस पुराने हिस्से में जाने की ज़रूरत ही क्या है। वो इस विदेशी से कैसे मिलीं? गोल्ड ने बताया कि वो कॉलेज में मिले थे और सिर्फ़ दोस्त थे। 'हां, बेशक मुझे उसमें दिलचस्पी थी, लेकिन मैं अपने माता-पिता को यह नहीं बताती। मेरे माता-पिता ने मुझे उससे दूर रहने के लिए कहा, लेकिन मैंने कहा कि मैं ऐसा नहीं करूंगी।' बेशक, उनके माता-पिता की जीत हुई।

गोल्ड के भाइयों को काम सौंपा गया कि हर जगह उनके साथ रहें। उनकी आवाजाही पर रोक लगा दी गई। खेल बंद हो गए, साथ ही और सारी पाठ्येतर गतिविधियां भी। गोल्ड टकराव से डरती नहीं थीं। उन्हें अपने रिश्तेदारों पर चिल्ला-चिल्लाकर कड़वे सच बोलने में मज़ा आता था। घर में बंद एक्टिविस्ट। 'मुझे लगता है कि उस समय मेरा अपने परिवार से निराश होना शुरू हो गया था। मुझे अहसास हुआ कि मैं उन्हें अपनी बातों या आंसुओं से नहीं मना सकती, कि मैं उनसे उम्मीद नहीं कर सकती कि मुझे मेरी आज़ादी देंगे।' उन दिनों, वो टेलीविज़न स्क्रीन को तकती रहती थीं कि शायद कहीं शाहरुख़ दिख जाएं। वो उन किताबों को पढ़ती थीं जो उनकी बहनें लाइब्रेरी से लाती थीं। अपने घर में पहरे में, और सुरक्षित वो अपने जुर्म को समझने की कोशिश करती थीं। 'मैं समझ नहीं पा रही थी, वो बस

एक फ़िल्म ही तो थी। फिर मेरी बहन ने मुझे बताया कि मिस्टर अरोड़ा ने पापा से कहा था कि उन्हें सावधान रहना चाहिए क्योंकि मैं बहुत ज्यादा फ़्री हूं।' उनके सही-सही शब्द थे 'गोल्ड बहुत फ़्री होती चली जा रही है।'

बरसों बाद, 2016 में, जब मैंने गोल्ड से उन दिनों पर विचार करने के लिए कहा, तो उन्होंने कहा कि उन्हें लगा था कि उन्हें एक गोरे व्यक्ति के साथ बाहर होने के लिए नहीं बल्कि एक गोरे व्यक्ति के साथ बाहर होने पर शर्मिंदा न होने के लिए रोका और दंडित किया गया है। 'मैं बहुत सहज दिखी थी,' उन्होंने मुझे बताया। 'सिनेमा हॉल में लड़कियों का कंफ़र्टेबल होना, मर्दों के साथ लड़कियों का कंफ़र्टेबल होना हद को पार करना था। अगर मैं निरीह दिखती, अगर मैंने अपना चेहरा ढक लिया होता, या नीचे ज़मीन को देखती रहती, तो वो मेरे लिए बुरा महसूस करते और थोड़ा दयालु होते। मुझे इसका पूरा यक़ीन है।'

2000 के दशक की शुरुआत में भी, हालांकि लड़कियां स्कूल जाने या अपने दोस्तों के साथ बाज़ारों में घूमने के लिए आज़ाद थीं, मगर किसी आदमी के साथ जैसलमेर शहर के एक सिनेमा हॉल में जाना ख़तरनाक और भयावह समझा जाता था। पुरुषों की कंपनी में लड़कियों की सुरक्षा का भरोसा नहीं किया जा सकता था। सिनेमा हॉल एक ऐसी जगह थी जहां पुरुष अपनी वासना और मौज-मस्ती की ज़रूरतें पूरी करते थे, वो ऐसी जगह नहीं थीं जहां कोई औरत अपने पति या परिवार के बिना जाए। गोल्ड में पछतावे का भाव होना चाहिए था—मस्ती करना और पब्लिक में बहुत सहज होना बेहूदा माना जाता था।

सार्वजनिक स्थान पर सहजता का दावा करना, अजनबियों की संगति में अपने शरीर के साथ सहज हो पाना भारतीय महिलाओं के लिए एक चिरस्थायी बाधा बना हुआ है। 2018 में *सेव द चिल्ड्रेन* द्वारा बड़े पैमाने पर किए गए एक सर्वेक्षण के अनुसार, पांच में से तीन किशोरियां भीड़-भाड़ वाली जगहों में असुरक्षित महसूस करती हैं। चार में से एक को घर से बाहर निकलने पर अपने अपहरण, शारीरिक हमले या बलात्कार होने तक का भी डर था। तीन में से दो किशोरियां फब्तियों, पीछा किए जाने या सार्वजनिक रूप से अनुचित तरीक़े से छुए जाने को लेकर चिंतित थीं। शहरी क्षेत्रों में, 41 प्रतिशत किशोर लड़कियां स्थानीय बाज़ारों में असुरक्षित महसूस करती थीं, जबकि लगभग आधी सार्वजनिक परिवहन का उपयोग करने से डरती थीं। केवल एक तिहाई शहरी महिलाएं अकेले स्थानीय बाज़ारों में जाने की 'हिम्मत' करती थीं। अधिकांश परिवारों और पुरुषों का मानना था कि सार्वजनिक स्थानों का आनंद लेने के लड़कियों के अधिकार की

बलि देकर उनको सुरक्षित रखा जा सकता है। अध्ययन का निष्कर्ष था, 'सर्वेक्षण की गई किशोरियों के आधे से अधिक युवकों और माता-पिता को लगता था कि लड़कियों के सुरक्षित रहने का सबसे अच्छा तरीक़ा यह है कि वो कुछ ख़ास सार्वजनिक स्थानों से पूरी तरह से बचें, या कि उन्हें अंधेरे के बाद बाहर जाने से बचना चाहिए।' अध्ययन के अनुसार, एक चौथाई शहरी युवतियां सिनेमा हॉल में असुरक्षित महसूस करती हैं।

गोल्ड के पिता को लगता था कि उनकी सबसे छोटी बेटी के शाहरुख़, फ़िल्मों और विदेशियों की कंपनी के प्रति झुकाव ने उसकी शादी की संभावनाओं को बुरी तरह नुकसान पहुंचाया था। जुलाई 2002 के *देवदास* प्रकरण के बाद, कॉलेज में गोल्ड के दूसरे वर्ष के दौरान केवल एक लड़का उन्हें देखने आया। 'वो परेशान थे कि लड़के का न अपना बिज़नेस था न इंजीनियरिंग की डिग्री थी,' गोल्ड व्यंग्य से मुस्कुराईं। शादी के बाज़ार में लड़के की अपनी अपील में कमी के बावजूद उसके परिवार ने यह दावा करते हुए इस रिश्ते के ख़िलाफ़ फ़ैसला किया कि उन्हें एक 'सीधी-सादी लड़की' चाहिए जो खाना पकाने और घरेलू कामों में सहज हो। 'मेरे पिता,' गोल्ड ने मुझे बताया, 'चिंतित थे कि बहुत कम परिवार हमसे रिश्तों के लिए संपर्क कर रहे हैं क्योंकि मिस्टर अरोड़ा की कहानियां सब लोगों तक पहुंच गई थीं।'

आख़िरकार 2003 में कॉलेज के तीसरे साल में बीकानेर में गोल्ड के लिए रिश्ता मिल गया। 'मेरे पिता ने कभी मेरी राय नहीं मांगी। ऐसा नहीं था कि वो मुझसे प्यार नहीं करते थे, वो मुझसे बहुत प्यार करते थे। इसीलिए वो चाहते थे कि मैं शादी कर लूं। क्योंकि मेरे माता-पिता के हिसाब से लड़की का एकमात्र अभिभावक उसका पति होता है। अगर मेरी अच्छी शादी हो जाए, तो मैं सुरक्षित रहूंगी। फिर अपने पिता की अपनी आर्थिक समस्याओं से मुझे कोई परेशानी नहीं होगी।'

गोल्ड इसके लिए राज़ी हो गईं। 'मैं अपने भावी दूल्हे की ओर कभी आकर्षित नहीं हुई थी। जब मैंने उसे पहली बार देखा, तो अपने आप से कहा, "सचमुच? वो तुमसे इस आदमी से शादी करने की उम्मीद कर रहे हैं?" लेकिन मैं अपने पिता का घर छोड़ना चाहती थी। मैं चाहती थी कि मेरी मां और बहनें ख़ुश रहें और मैं जानती थी कि हम औरतों से इसी तरह जीने की उम्मीद की जाती है। मेरे पिता के बिज़नेस के लिए वो मुश्किल दिन थे, और मैंने ख़ुद से कहा कि सुलह कर लो और जहां रहो वहां ख़ुशी ढूंढ़ो। तो क्या हुआ कि मैं उसे छूना भी नहीं चाहती थी? यह केवल कुछेक बार ही होगा, मैंने तब यह सोचा था। वो अच्छा आदमी लगता था। चलो यह भी करके देखते हैं।'

परीक्षण का वो समय विनाशकारी, असहनीय खोजों का दौर था। शादी से पहले लंच डेट्स और त्योहारों की एक श्रृंखला के दौरान गोल्ड ने पाया कि उनका भावी पति शाहरुख़ या उनकी फ़िल्मों के लिए उनके उत्साह में शरीक नहीं था। वो इंग्लिश फ़िल्में देखता था और केवल अपने पुरुष मित्रों के साथ उठता-बैठता था। अपनी तौर पर, गोल्ड अपने भावी ससुरालवालों की देखभाल या उनकी भयानक कंपनी के लिए ख़ुद को तैयार नहीं कर पा रही थीं। उन्होंने यह भी पाया कि उनके होने वाले दूल्हे का ग़ुस्सा तेज़ था और उसे होटलों में वेटरों से गाली-गलौज करने की आदत थी। उसे उम्मीद थी कि उसकी पत्नी लज्जाशील, घरेलू होगी, हमेशा पैसे इस्तेमाल करने या सहेलियों से मिलने के लिए उसकी अनुमति मांगेगी। वो इकलौता बेटा था और उसे अपनी जी-हुज़ूरी और लल्लो-चप्पो करवाने की आदत थी। उसकी पत्नी को एक हंसमुख हाउसकीपर होना था।

जैसे-जैसे शादी की तारीख़ नज़दीक आई, गोल्ड घबराने लगीं। 'मैं कभी नहीं भूलूंगी—घर में टीवी पर *डीडीएलजे* का गाना बज रहा था और मैं फूट-फूटकर रोने लगी। मेरी मां और बहन तुरंत समझ गईं। उन्होंने मुझे दिलासा दिया, मुझसे कहा कि उस तरह का प्यार फ़िल्मों और अमीर लोगों के लिए होता है। वो जानती थीं कि मैं इसलिए रो रही हूं कि मेरी ज़िंदगी में न प्यार होगा न यात्रा होगी। मैं शाहरुख़ के गानों और फ़िल्मों से दूर रहने लगी, अलावा इसके कि मैं इतनी दुखी थी कि हमेशा उसके बारे में ही सोचती रहती थी!'

उन्होंने सोचा कि उनका अपना मोबाइल फ़ोन हो तो वो ख़ुश रह सकेंगी, उससे उन्हें दुनिया और अपनी सहेलियों की जानकारी मिलती रहेगी। 2003 में दीवाली पर उनके पिता द्वारा उन्हें फ़ोन न देने का फ़ैसला करने के बाद, हालांकि उनके सारे छोटे भाइयों के पास फ़ोन था, उन्होंने अपने भावी पति से कहने का तय किया। वो अनिच्छुक था: फ़ोन तो ख़तरनाक होगा, यह दुनिया के बहुत ज़्यादा संपर्क में रहेगी। 'फ़ोन क्यूं चाहिए?'

जब गोल्ड ने उसे बताया कि वो अपनी सहेलियों से फ़ोन पर बातचीत करेंगी और अपने मनबहलाव की चीज़ें देख सकेंगी, तो उनका भावी पति चौकन्ना हो गया। उन्होंने इसके बदले उनके लिए गहने ख़रीद दिए। उन्हें एक फ़ोन के साथ नक़द उपहार देकर उनके सबसे बड़े भाई लाइफ़लाइन साबित हुए। ये उनके लिए अपने भागने की योजना बनाने, एक बेहतर ज़िंदगी की अपनी उम्मीदों को पूरा करने के लिए भागने का पर्याप्त कच्चा माल थे। स्कूल की एक पुरानी दोस्त जयपुर के एक पॉश होटल में हॉस्पिटैलिटी ट्रेनी थी। उसने गोल्ड को रहने की जगह देने की पेशकश की।

गोल्ड ने अपने साथ थोड़े से सोने के ज़ेवर लिए जो उन्हें अपनी मां से विरासत में मिले थे, और रोते हुए वो चुपचाप अपने बचपन के आंगन को छोड़कर बाहर निकल गईं। रेलवे स्टेशन पहुंचने के बाद उन्होंने अपने सबसे बड़े भाई को फ़ोन किया। 'वो हैरान या गुस्से में नहीं लगे, मेरे ख़्याल से वो जानते थे कि ऐसा होगा। वो जानते थे कि जैसलमेर और बीकानेर की ज़िंदगी मुझे दुखी रखेगी। उन्होंने कहा कि घर वापस आने का कोई मतलब नहीं है क्योंकि अगर मैं शादी नहीं करती हूं तो पापा मुझे माफ़ नहीं करेंगे। उन्होंने कहा कि वो उस रात ख़ुद मेरे पिता को बता देंगे और उन्होंने मुझसे जयपुर में रहने और एक बैंक खाता खोलने के लिए कहा। उन्होंने अपने एक दोस्त की मार्फ़त मुझे कुछ पैसे भेजे और सुझाव दिया कि मैं कुछ उपयोगी पढ़ाई करूं। मुझे लगता है कि उन्हें उम्मीद थी कि मेरे पिता और मैं सुलह कर लेंगे, और मैं जल्द ही वापस आ सकूंगी। लेकिन ऐसा कभी नहीं हुआ।' उनके भाई ने पारिवारिक दोस्तों के यहां पेइंगगेस्ट आवास खोजने में गोल्ड की मदद की। यह पति खोजने से भी कठिन था।

और इस तरह, जब उन्होंने उस व्यक्ति से दूर जाने का फ़ैसला किया जिसे उनके परिवार ने उनके लिए चुना था, तब अपनी दोस्त और एक भाई की मदद से गोल्ड अपने परिवार से दूर चली गईं। वो लंबी और पतली थीं, और उनके लाभ के लिए ख़ूबसूरती की एंग्लोसेंट्रिक धारणाओं को भारतीय लोकप्रिय संस्कृति में लाया और आत्मसात किया जा रहा था। जैसलमेर में, गोल्ड की तारीफ़ तो होती थी, लेकिन वो कभी भी सबसे सुंदर लड़की नहीं रही थीं। जयपुर में ऐसा नहीं था। 'जयपुर में अपनी दोस्त के ज़रिए मैं ईवेंट आयोजकों से मिली। उन्होंने मुझसे कहा कि मुझे मॉडलिंग करनी चाहिए। मैं करिश्मा कपूर की तरह थी और जैसलमेर में सबको माधुरी दीक्षित पसंद थी। क्या यह समझ आ रहा है? दिल्ली और जयपुर में हर कोई करिश्मा जैसी लड़कियों को चाहता था,' उन्होंने शाहरुख़ की *दिल तो पागल है (डीटीपीएच)* की दोनों हीरोइनों की बॉडी टाइप का ज़िक्र करते हुए कहा। 2011 में *इंडिया टुडे* का एक पूरा अंक बॉडी टाइप के नए पश्चिमी आदर्श को समर्पित था, जिसमें सुगठित, एथलेटिक काया, जिसे अब सराहा जा रहा था, की तुलना में हमारे प्राकृतिक घुमावों को बहुत ज़्यादा नर्म, कम आकर्षक माना गया था। 'काजोल से लेकर दीपिका तक, ज़रा शाहरुख़ या उनकी हीरोइनों को देखें। जिसे सुंदर माना जाता है, वो अब ज़्यादा फ़िट लड़के-लड़कियों में बदल गया है,' गोल्ड ने एक बार मेरे फैले पेट का मज़ाक़ उड़ाते हुए कहा था।

साल भर गोल्ड एक काम से दूसरे काम को लपकते हुए, साबुन की मॉडलिंग और स्थानीय ऑटोमोबाइल एक्सपो में मदद करती रहीं। जयपुर में उनके दोस्तों ने

उन्हें फ़्लाइट अटेंडेंट के लिए एक ट्रेनिंग कार्यक्रम में दाख़िला लेने का सुझाव दिया। धाराप्रवाह अंग्रेज़ी, शारीरिक फ़िटनेस, सुंदरता और पुरुषों के साथ दृढ़ व्यवहार का मेल उन्हें एक आदर्श उम्मीदवार बनाता था। भारतीय एयरलाइन कंपनियों में केबिन क्रू के लिए पोस्ट-ग्रेजुएशन डिग्रियों को पूरा करने की आवश्यकता नहीं थी और वहां ऐसी लड़कियों को प्राथमिकता दी जाती थी जो 'अच्छी तरह से तैयार' और 'आत्मविश्वास से भरी' हों। उनके मॉडलिंग करने के विचार से शर्मिंदा उनके भाई ने उनकी ट्रेनिंग की फ़ीस दे दी। 2006 में, एक साल की तैयारी और प्रतिस्पर्धात्मक आवेदनों के बाद, 22 साल की उम्र में गोल्ड दिल्ली चली गईं। शहर उनका एयरलाइन हब बन गया। वो इन-फ़्लाइट अटेंडेंट के रूप में अपनी नौकरी से अच्छा पैसा कमाने लगी थीं और उन्होंने अपने भाई से अपने परिवार को बताने के लिए कहा। 'मैं उम्मीद कर रही थी कि पापा को गर्व होगा। लेकिन उन्होंने कभी कुछ नहीं कहा।'

जो चमकता है

2008 में, उस क्लब में जहां हम पहली बार मिले थे, मैंने कभी किसी महिला को इतना उग्र नहीं देखा था। कांपते हुए, गोल्ड फट पड़ी थीं। जब वो लड़का अपने गैंग और एक ब्लौंड एस्कॉर्ट के साथ चला गया तब भी वो उस पर दहाड़ती रहीं। उनके दोस्तों ने गोल्ड को क्लब के बाहर उस ग्रुप के पीछे जाने से रोक दिया। यह ड्रग्स या अल्कोहल की बात नहीं थी। उन्होंने बमुश्किल शराब को छुआ था: 'मुझे अपनी कमर बहुत पसंद है,' वो कहतीं। एक पार्टी में पॉट लेने की कोशिश करने के बाद, वो समझ गई थीं कि यह उन्हें अपने काम में धीमा, जिम में धीमा कर देगा—चुस्त गति की कमी ऐसी विलासिता थी जिसे उनका पेशा कभी भी अफ़ोर्ड नहीं करने देगा।

यह बस अनियंत्रित व्यवहार था। गोल्ड अपरिष्कृत और उग्र गुस्से से भरी हुई थीं—हर उस आदमी को गरियाने और बेइज़्ज़त करने पर आमादा जो उनकी ओर आने की जुर्रत करता। नज़रअंदाज़ किए जाने, दरकिनार किए जाने का यह हताश ग़ुस्सा ज़रा सी छेड़छाड़ पर भड़क उठा था। आंसुओं से भरी वो सिगरेट पीने के लिए बाहर निकलीं और मैं उनके पीछे हो ली। 'वहां क्या हुआ? आप ठीक हैं?' मैंने पूछा। 'सब ठीक है, मैं क़रीब आने की कोशिश करने वाले लड़कों को संभाल सकती हूं। मैं अपना ख़्याल रखने में अच्छी हूं। लेकिन मैं इन लड़कों को और हमारे साथ इनके बर्ताव को समझ नहीं पाती। मैं उस बंदे को जानती हूं, वो मेरे साथ बाहर

जाता था। वो मुझे डेट पर कैफ़े, रेस्तरां और क्लब ले गया है। पिछले छह महीने से हम लगभग हर रात मैसेज भेज रहे हैं और बात कर रहे हैं। मुझे लग रहा था कि हमारे बीच कुछ है। उसने यह कहते हुए संदेश भेजा था कि वो आज रात क्लब में होगा और यहां एक गोरी लड़की को अपने से चिपकाए लेकर आता है और फिर मुझ पर चढ़े आने की कोशिश करता है। मैं इन पुरुषों से और यह सब जैसे होता है, उससे बहुत उकता गई हूं। क्या इनमें कोई तमीज़ नहीं होनी चाहिए, इतना भी लिहाज़ नहीं होना चाहिए कि हम कैसा महसूस करेंगे? यह आहत करता है और मेरा चीख़ने का दिल चाहता है।' मैंने सुझाव दिया कि घर जाकर वो शाहरुख़ की फ़िल्म देखें। यह सबका इलाज है, मैंने कहा। गोल्ड खिलखिला उठीं। उन्होंने कहा, वो फ़ैन हैं, और ऑनलाइन क्लिप देखती थीं, 'हर रात, यार। मैं हर रात ऑनलाइन उसके गाने देखती हूं। लेकिन उसकी फ़िल्में सरासर झूठ हैं, दुनिया में ऐसा कोई आदमी नहीं है। वो ख़ुद भी ऐसा नहीं है। लेकिन वो मुझे शांत कर देता है।' और जब हमने शाहरुख़ के बारे में बात करना शुरू किया, तो हम उनके गुस्से के बारे में बात करने लगे।

गोल्ड को गुस्सा क्यों आता है? गुस्सा हमेशा उनकी नाक पर रहता है। उनका गुस्सा अपने नियोक्ताओं पर नहीं था, वो भाग्यशाली थीं कि एक ऐसी एयरलाइन के लिए काम कर रही थीं जिसे अच्छे वेतन और लाभों के साथ सुदृढ़ मानव संसाधन प्रबंधन नीतियों के लिए पुरस्कृत किया गया था। वो आराम के अनिवार्य घंटों के साथ काम की शिफ़्ट का सम्मान करते थे। उनका वेतन नियमित रूप से बढ़ता था, और नौकरी ने उन्हें अपने भविष्य के सबसे अच्छे दोस्तों से मिलवाने में मदद की थी। इसके बजाय, उन्होंने अपने गुस्से को 'इकोनोमी क्लास की परेशानियां' बताया। वो इस बात से नाराज़ थीं कि उन्हें दीवाली की छुट्टियों के दौरान अज्ञात आदमियों को कुकीज़ परोसने पड़े। वो दुनिया की घोर नाइंसाफ़ी पर नाराज़ थीं, कि कैसे फ़्लाइट की टिकट ख़रीदने वाले पुरुष सोचते थे कि उनके स्तनों को बेशर्मी से घूरना उड़ान के अनुभव का हिस्सा है, वो उन पुरुष यात्रियों पर नाराज़ थीं, जो उड़ान में भी अपने फोन पर लापरवाही से पोर्न देखते थे। वो इस बात से नाराज़ थीं कि इस सबके साथ भी मुस्कुराते रहना उनके काम की अनिवार्यता थी। गोल्ड ने पुरुष अहंकार और हक़दारी के इस मेल को जीवन के हर पहलू में देखा था, जिसमें प्यार की उनकी खोज भी शामिल थी। क्योंकि वो दिल्ली का रोमांटिक दृश्य था जिसने उन्हें भड़काया था—इसे कैसे रचा गया और इसने किसे अपमानित किया।

जिस युवक ने उस रात उन्हें इतना ग़ुस्सा दिलाया था, वो ख़ानदानी ज़मीन-जायदाद के पैसे से गुलछर्रे उड़ा रहा था। दिल्ली की किराए की आमदनी वाली नई क्लास के मुताबिक़ वो महंगी रॉल्फ़ लॉरेन शर्ट पहनता था। उसने बस ऐसे ही उस रात क्लब जाने के अपने प्लान के बारे में बता दिया था, उसे वास्तव में गोल्ड से मिलने की उम्मीद नहीं थी। गोल्ड ने उसे सरप्राइज़ देने का फ़ैसला किया। इसके बजाय हमारे रॉल्फ़-लॉरेनधारी शहज़ादे ने उन्हें सरप्राइज़ दे दिया; उसे अपनी एक्स विदेशी गर्लफ्रेंड के साथ देखकर वो भौचक्की रह गई थीं। गोल्ड ने इस बारे में उससे बात करने की कोशिश की। गोल्ड को देखकर शर्मिंदा युवक ने टेढ़ा रास्ता पकड़ा, उसने गोल्ड और अपनी गोरी पार्टनर दोनों के साथ एक साथ शारीरिक होने की कोशिश की। 'उसने मुझसे कहा कि हम साथ कभी नहीं थे। लेकिन हम ऐसे बात करते थे जैसे कि हम थे। अगर उसने मुझसे कहा होता कि वह दूसरी लड़कियों से भी मिलता है, तो मैं हट जाती। लेकिन देखिए, ये आदमी, ये लोग यह जानते हैं। इसीलिए वो छिपाते और झूठ बोलते हैं। उनमें सच बोलने की हिम्मत नहीं है। वो प्लेयर बनना चाहते हैं, लेकिन उसके नतीजे भी नहीं भुगतना चाहते। उन्हें यह सब चाहिए। मैं कमज़ोर नहीं हूं। मैं उसके बिना रह सकती हूं। मैं इसे लेकर दुखी हो सकती हूं, लेकिन इससे मुझे इतना ग़ुस्सा नहीं आता। और अगर मुझे पता हो कि वो दूसरी लड़कियों से मिल रहा है, तो मैं खुद अपना फ़ैसला ले सकती हूं कि मैं अब भी उसके साथ समय बिताना चाहती हूं या नहीं। लेकिन वो ऐसा नहीं होने देगा क्योंकि वो डरता है कि वो उस सम्मान को खो देगा जो मैं करती हूं। वो जानता है कि अगर वो उन सब लड़कियों को जिनसे वो मिलता है एक-दूसरे के बारे में बता दे, तो हममें से बहुत सी उसे छोड़ देंगी और वो अपने अहं पर ऐसे आघात का जोखिम नहीं लेना चाहता।'

उनकी हमेशा की एक शिकायत दिल्ली के आदमियों में संबंधों के मामले में जज़्बाती हाइजीन की कमी थी। 'ये साफ़-सुथरे तरीक़े से नहीं खेलते। खेलने में कोई ग़लत बात नहीं है, लेकिन झूठ बोलना या छिपाना बहुत ग़लत है, यार।' गोल्ड सेक्स के मामले में कोई नैतिकतावादी नहीं थीं। खेलना ठीक है, वो तर्क कर रही थीं, लेकिन ये लोग ईमानदारी से नहीं खेलते, वो अनेक जगह संभावनाएं तलाशने के बारे में खुलकर सामने नहीं आते। हमने उस रात एक दूसरे के नंबर लिए। कुछ हफ़्ते बाद, शाम को उनके घर जाने से पहले हम दिल्ली हवाई अड्डे पर कॉफ़ी पर मिले। मुझे एक फ़्लाइट लेनी थी। अपनी शिफ़्ट के बाद वो थकी हुई दिख रही थीं, उनके प्यारे चेहरे पर मेकअप की लकीरें दिख रही थीं। वो बैठ गईं और मेरी सेक्स लाइफ़ के बारे में पूछने लगीं और मेरे जवाबों से प्रभावित नहीं हुईं। उस समय,

मैं एक ऐसे आदमी पर आसक्त थी जिसे सेक्स के अलावा मुझमें दिलचस्पी नहीं थी। 'कम से कम आपका बंदा आपसे झूठ तो नहीं बोलता। वो ईमानदार और स्ट्रेट है। अब आप तय करें कि आपको क्या चाहिए। अगर सेक्स अच्छा है, तो दूर जाना मुश्किल होगा। क्योंकि सेक्स बहुत ज़रूरी है, यार। यह इकलौता अच्छा ध्यान है जो आदमी औरतों को दे सकते हैं। लेकिन भारत में ज़्यादातर लड़के नहीं जानते कि करना क्या है, और जितनी लड़कियों को मैं जानती हूं उनमें से ज़्यादातर इसका मज़ा लेना नहीं जानतीं। हमें इसके बारे में कोई नहीं बताता, हम केवल पोर्न से सीख सकते हैं, और वो यह नहीं दिखाते कि हम औरतों को क्या पसंद है। वो ज़्यादातर लड़कों के लिए बनाए जाते हैं, और मुझे लगता है कि वो उन्हें बस बिस्तर पर हमारे शरीर पर हमला करना ही सिखाते हैं! काश वो शाहरुख़ से कुछ सबक़ ले पाते—आपने देखा है कि कैसे अक्सर वो अपनी फ़िल्मों में लड़कियों के गले पर किस करता है? कोई और एक्टर यह नहीं करता। शाहरुख़ इन आदमियों को सिखा सकते थे। इसके बजाय भगवान जाने वो कहां से सीखते हैं।'

उसने अपना प्रवचन जारी रखा, मुझे बताया कि कैसे क्लब वाला बंदा बिस्तर में अच्छा था, नर्मी और मज़बूती का अच्छा तालमेल, मगर फिर भी बेडरूम के बाहर घटिया इंसान था। 'भारत में हम लड़कियों के साथ यह समस्या है। आप एक बार किसी के साथ सोती हैं तो अचानक आपको उससे प्यार हो जाता है। मुझे ख़ूब पता है, मैंने किताबें और लेख पढ़े हैं जिन्होंने मुझे सिखाया है कि यह सब हार्मोन की बात है, भावनाओं की नहीं। मैं इसे कंट्रोल कर सकती हूं।'

क्लब के हंगामे के बाद अगली सुबह, गोल्ड ने अपने रॉल्फ़-लॉरेन शहज़ादे को फ़ोन किया था। वो सुनने के मूड में नहीं था, बात करने के बजाय वो एकालाप करना चाहता था। फ़ोन रखने से पहले उसने गोल्ड से तमीज़ सीखने और ख़ुद को शर्मिंदा करना बंद करने के लिए कहा। गोल्ड ने उसे फिर से फ़ोन किया। उन्होंने उसे याद दिलाया कि उसने कहा था कि वो उनसे प्यार करता है, कि उन्हें लगा था कि वो 'सीरियस' थे। अगर वो दूसरी औरतों से मिल रहा था, तो उसे ये बात गोल्ड को बतानी भर थी। माफ़ी मांगने के बजाय उसका एक्स घटियापन पर उतर आया। 'उसने कहा,' गोल्ड ने हंसते हुए मुझे बताया, 'कि उसकी मेरे प्रति कोई ज़िम्मेदारी नहीं है क्योंकि मैं उसकी बीवी नहीं थी। उसने कहा कि अगर उसने शादी का ज़िक्र किया होता तो सीरियस बात होती। लेकिन "आई लव यू" कहने का मतलब था कि वो आधा सीरियस था। यार, मुझे लगता है कि हमें यह समझने के लिए कोई नक़्शा चाहिए होगा कि कोई आदमी आपको लेकर कितना सीरियस है। तो देखिए, अब अगर कोई बंदा आपको अपनी बीवी बनने के लिए

कहे, तभी उस पर आपका कोई हक़ है। हम सिंगल औरतों के साथ कचरे जैसा बर्ताव किया जा सकता है।' उनकी आंखें भर आईं। मेरे पास देने के लिए कोई ज्ञान नहीं, बस फ़्लेवर्ड लाते थी।

बेशक, अपनी भावनाओं के लिए हम ही ज़िम्मेदार थे। यह युवक गोल्ड की भावनाओं की माइक्रो-मैनेजिंग के लिए ज़िम्मेदार नहीं था। मगर उसकी इंसानियत कहां थी? सहानुभूति कहां थी? गोल्ड उस पर तारीफ़ें और ध्यान लुटाती, और वो पूरे बल से जवाब देता। गोल्ड ने मुझे लंबे-लंबे संदेश दिखाए जिनमें उसने अपने प्यार और सम्मान का इज़हार किया था। अपनी गतिविधियों, गुड नाइट मैसेज, शानदार सेक्स की बातें, लंबे डिनर और गोल्ड के साथ समय बिताने की अपनी निरंतर दिलचस्पी के बारे में साझा किए उसके रोज़नामचे को पढ़कर यह सोचने के लिए आपको माफ़ किया जाएगा कि गोल्ड के साथ एक कमिटेड रिश्ता स्थापित करने में वो युवक गंभीरता से रुचि ले रहा था। शायद वो उससे प्यार नहीं करता था, क्योंकि कौन जाने इसका क्या मतलब है। निश्चित रूप से, उसने अपनी दिलचस्पी का इतना संकेत दिया था कि उसके समानांतर संबंधों पर गोल्ड भौचक्की रह ही जातीं।

एक सांस्कृतिक रूप से स्वीकृत सामाजिक-विकृति उन युवाओं के बीच मेनस्ट्रीम बन गई थी जिनके साथ गोल्ड ने रोमांटिक संबंध जोड़ने का प्रयास किया था। इनमें से कई पुरुष बड़े करीने से विभाजित और अपने आप में पूर्ण भावनात्मक ख़ानों में रहते थे। जहां किसी पुरुष के लिए यह पूरी तरह से स्वीकार्य था कि एक ही समय में तीन महिलाओं के लिए प्रेम और रोमांटिक प्रतिबद्धता के व्याकरण को लागू करे, मगर शादी का प्रस्ताव न रखे, और अंत में यह कहने के लिए कि वो कभी 'गंभीर' था ही नहीं, इस प्रस्ताव के अभाव का उपयोग करे। ये लोग धोखाधड़ी कर रहे थे, अपने ठौर-ठिकानों के बारे में और इस बारे में झूठ बोलते थे कि वो क्या कर रहे हैं। वो किसके साथ समय बिता रहे हैं, इस बात को वो लगातार छिपाते या अंधकार में रखते थे। शादी किसी भी अपराधबोध या भावनात्मक जवाबदेही के ख़िलाफ़ एक सामाजिक ढाल बनती थी।

विभिन्न बलों ने इस सामाजिक विकृति को आगे बढ़ाया। 2006 में जब गोल्ड दिल्ली आईं, तब तक ग्लोबलाइज़्ड भारतीयों की युवा पीढ़ी पश्चिम की सेक्स और संभोग की भाषा का उपयोग करने और (ग़लत) समझने की आदी हो चुकी थी। *फ़्रेंड्स* जैसे अमेरिकी सिटकॉम्स ने शुरुआती 'नॉटीज़' (2000-2009) में युवा लोगों को अपने होने और काम करने के नए तरीक़े पेश किए थे। गोल्ड ने ख़ुद अमेरिकी सोप ओपेरा और टीवी सिटकॉम देख-देखकर अपनी अंग्रेज़ी सुधारी थी। अब, अपने बीस के दशक के शुरू के साल जयपुर और दिल्ली में बिताते हुए, वो

एली मैकबील, सेक्स एंड द सिटी और *क्योंकि सास भी कभी बहू थी* देखती थीं। 'डेटिंग' जैसे अस्पष्ट, रूप-परिवर्तक शब्द अभिजात वर्ग की भाषा (हालांकि मुझे नहीं लगता कि भारतीय अभिजात वर्ग कभी डेट करता होगा) से अंग्रेज़ी के नए वक्ताओं की शब्दावली में आ गए थे।

'मैं निश्चित रूप से अपने परिवार में डेट करने वाली पहली हूं, जैसा कि अमेरिकी कहते हैं,' गोल्ड ने मुझे बताया। 'मेरे साथ काम करने वाली ज़्यादातर लड़कियों के साथ भी ऐसा ही है। यह बदलते दौर की वजह से है, साथ ही इसलिए भी है कि डेट पर जाने के लिए सही जगहें हैं। पहले, दिल्ली में कुछेक ही कैफ़े थे, और सब वहीं जाते थे। और फ़ाइव स्टार होटलों में जाने के लिए आपको बहुत अमीर होना पड़ता। लेकिन यह अब बदल गया है। नौजवानों के मिलने के लिए बहुत सारी जगहें हैं। और अगर आप अपने घर से दूर चले जाएं, तो कोई आपको लड़के के साथ देख भी नहीं पाएगा।'

भारत की अर्थव्यवस्था के उदारीकरण के एक दशक बाद, गोल्ड जैसी लड़कियों ने अपनी इच्छाओं का भी उदारीकरण किया; यह उनका डिस्को का समय था। ग्रॉसरी ख़रीदने और प्यार पाने के नए तरीक़ों का चयन करते हुए उन्होंने घर से और भारतीय पारिवारिक जीवन के नियमों से दूर नौकरी की। शाहरुख़ की फ़िल्मों ने इन परिवर्तनों को प्रतिबिंबित किया, उनकी फ़िल्मों में हीरो-हीरोइन ख़ुद अपने पार्टनर चुनते और पश्चिमी मूल्यों और शहरी जीवनशैली से सीखते और उसे अपनाते थे। उनकी फ़िल्में लोगों से प्यार करने को कहती थीं। वास्तव में, बेमिसाल *डीडीएलजे* नई पीढ़ी के स्पष्ट आह्वान के साथ इंग्लिश की इस पंक्ति के साथ समाप्त होती है: 'कम, फ़ॉल इन लव।' विदेशी पत्रिकाओं, फ़िल्मों और टीवी कार्यक्रमों की तरह जिनमें गोल्ड डूबी हुई थीं, शाहरुख़ की फ़िल्मों ने रोमांटिक प्रेम को व्यक्तियों द्वारा लिए गए पूरी तरह से *व्यक्तिगत* चुनाव के रूप में गढ़ा था। पश्चिम की व्यक्तिवादिता को भारतीय मूल्यों के अनुकूल बनाते हुए, शाहरुख़ की फ़िल्मों में परिवार प्रेमी जोड़े की ख़ुशी के लिए महत्वपूर्ण बने रहे। लेकिन उनकी भागीदारी और आशीर्वाद तभी मांगा जाता था जब दोनों व्यक्तियों में प्यार हो जाता था और वो शादी करने का फ़ैसला ले लेते थे। प्रेम का अध्ययन करने वाले ईवा इलौज़ जैसे समाजशास्त्री कहेंगे कि गोल्ड और बड़े शहरों में आकर बसे प्रोफ़ेशनल्स के उनके समुदाय ने आपसी संपर्क या सेक्सुअल संबंधों के 'स्व-विनियमित बाज़ार' में प्यार पाया। सख़्ती से लागू की जाने वाली अरेंज्ड शादियां, जिनमें व्यक्तियों की तुलना में परिवारों के पास अधिक शक्ति होती है, अब लुभावनी नहीं रही थीं। अरेंज्ड विवाह प्रणाली स्वयं भी विकसित हुई, और उसने अपना पार्टनर चुनने में व्यक्ति की राय

लेने की आवश्यकता को समायोजित किया। पारस्परिक अनुकूलता और यहां तक कि विवाह पूर्व सेक्स की भाषा यदि व्यापक नहीं है तो तेज़ी से स्वीकार्य हो रही थी।

जमा करो, जमा करो, जमा करो और फिर चुनो।

2000 के दशक में, कई विकासों ने एक मेटिंग बाज़ार बनाने में गोल्ड और उनके दोस्तों की मदद की, जो फ़्री एजेंटों से भरा था। विमानन और आतिथ्य जैसे सेवा-क्षेत्र में काम करने वाले, अपने पारंपरिक समुदायों से अलग हुए प्रवासी सिंगल लोगों की तादाद में अचानक इज़ाफ़ा हुआ। ये प्रोफ़ेशनल अक्सर अकेले या दोस्तों के साथ रहते थे। इसी के साथ हमने वित्तीय क्षमता और कैफ़े, क्लब और रेस्तराओं में आने-जाने की सामाजिक स्वीकार्यता में भी बढ़ोतरी देखी। कंडोम आसानी से सुलभ होने लगे थे।

महिलाओं के लिए बाज़ार पुरुषों की तरह सहज-सरल नहीं था। आकलन और लंबे समय से चली आ रही सांस्कृतिक वर्जनाओं के चलते गर्भनिरोधक ख़रीदने के लिए हिम्मत की ज़रूरत थी। गोल्ड और उनकी दोस्तों को यह चिंता जताते सुनना आम बात थी कि वो 'बाज़ारू' हो रही थीं, कि वो 'इज़्ज़तदार' नहीं रही थीं। जिन लड़कियों के एक से अधिक एक्स-बॉयफ्रेंड थे, उन्हें 'बेलगाम' कहा जाता था। विवाह अंतिम सामाजिक स्वीकृति बना रहा, और केवल विवाह का प्रस्ताव ही महिलाओं को पुरुषों से भावनात्मक प्रतिदान और नैतिक ज़िम्मेदारी की उच्च भावना प्रदान करवाता था।

जब गोल्ड ने अपने परिवार को छोड़ा था, तो वो अपना एक परिवार बनाना चाहती थीं। 'मैं सोचती थी कि मुझे अपना परिवार छोड़ना पड़ा क्योंकि मैं उनके द्वारा चुने गए किसी आदमी के साथ शादी करना और बच्चे पैदा नहीं करना चाहती थी, लेकिन अब मुझे नया परिवार बनाने के लिए कोई नहीं मिल रहा,' उन्होंने कहा। 'मैंने कभी नहीं सोचा था कि यह इतना कठिन होगा। मुझे लगता है कि मैं बस अपने आप से गुस्सा हूं।' यह ऐसा गुस्सा था जिससे अंततः गोल्ड ने तालमेल बिठा लिया था। उन्होंने अपने ग़ुस्से से दोस्ती की, उसे अपने साथ डिनर और क्लबों में ले जातीं। अपने पिता पर उनके ग़ुस्से ने उन्हें जैसलमेर से निकलने पर मजबूर किया था। लेकिन प्रेम ने—प्रेम के व्यवसाय की सरासर असमानता ने—उन्हें ज़्यादा ग़ुस्सा दिलाया था। रोमांस से गोल्ड भाग नहीं सकती थीं। वो जानती थीं कि प्रेम का बाज़ार—यह सारा विषमलैंगिक संभोग खेल—एक बहुत ही असमान स्थान था, जिसमें एक युवा, स्ट्रेट, ख़ूबसूरत और सुसंस्कृत भारतीय पुरुष पूरी निश्चितता से काम करता था कि भले ही उसका शरीर या प्रॉस्पेक्ट्स कितने भी बदल जाएं, उसके लिए एक जवान, ख़ूबसूरत, सुसंस्कृत औरत उसके

बच्चों को जन्म देने के लिए हमेशा तैयार होगी। गोल्ड को ऐसा लगता था जैसे पुरुष, और केवल पुरुष, अपनी इच्छा से या तो व्यापक और अंधाधुंध रूप से या एकांगी संबंधों की श्रृंखला के द्वारा डेट करने के लिए आज़ाद थे। इस तथ्य से पुख़्ता आत्मविश्वास के साथ पुरुष रोमांटिक मुलाक़ातों पर आते, हमेशा गोल्ड की तुलना अपनी पिछली और आगामी संभावनाओं से करते। 'कभी-कभी, जब मैं किसी नए लड़के के साथ बाहर जाती हूं या उससे बात करती हूं,' उन्होंने मुझसे कहा, 'तो मुझे ऐसा लगता है जैसे मैं सिर्फ़ उसके साथ ही नहीं, बल्कि उन सब लड़कियों के साथ भी हूं जिनसे वो बात कर रहा हो सकता है। मुझे लगता है कि अगर मुझे उसे पाना है तो मुझे उन सबसे बेहतर होना होगा, आप समझ रही हैं? मुझे हमेशा पता होता है कि उसके पास कई विकल्प हैं।'

मैंने गोल्ड को याद दिलाया कि यह देखते हुए कि पुरुष उन्हें कैसे देखते होंगे, उनके पास भी विकल्प थे। वो मुस्कुराईं और तारीफ़ के लिए मुझे धन्यवाद दिया। 'मुझे पता है, बहुत से लोग मुझमें रुचि लेते हैं। लेकिन बात यह है कि मैं अब ज़्यादा लड़कों को डेट नहीं करना चाहती। जब किसी लड़की का कोई एक्स-बॉयफ्रेंड होता है तो पुरुषों को पसंद नहीं आता क्योंकि उन्हें लगता है कि वो उसके एक्स-बॉयफ्रेंड के साथ मुक़ाबला कर रहे हैं। वो हमेशा सोचते हैं कि एक से ज़्यादा एक्स वाली लड़कियां लड़कों के लिए पागल होती हैं, और फिर अच्छे पुरुष दिलचस्पी नहीं लेते। मैं खुलकर बहुत सारे विकल्पों को नहीं आज़माना चाहती, जितने कम हों उतना बेहतर होगा। आप जितने ज़्यादा पुरुषों के साथ चीज़ों को कारगर बनाने की कोशिश करेंगी, उतनी ही ज़्यादा असफल दिखेंगी। ऐसी लड़कियों पर सबको शक होता है और हमारी दुनिया अभी भी छोटी है। हर कोई हरेक को जानता है, और लोगों के पिछले रिश्तों की ख़बरें बहुत जल्दी फैलती हैं। और आपके बारे में जितनी ज़्यादा गॉसिप होगी, किसी अच्छे व्यक्ति को खोजने की आपकी संभावना उतनी ही कम होगी। तो, मुझे सावधान रहना होगा। यह दूसरे देशों की तरह नहीं है जहां आप जितने चाहें उतने लोगों को आज़मा लें। हमारे यहां नियम हैं, और वो केवल लड़कियों के लिए हैं।'

विदेशी चरण

(2010-2012)

2010 के शुरू में, छब्बीस वर्षीय गोल्ड ने अपने कैरियर और अपनी लव लाइफ दोनों में अंतरराष्ट्रीय क्षेत्र को आज़माने का फ़ैसला किया। उन्होंने विदेशी फ़्लाइट्स

पर काम करने और विदेशी पुरुषों के साथ सेक्स की तलाश की। एक पार्टी में, दिल्ली में उन्हें यूरोपीय प्रवासियों का एक ग्रुप मिला। मैं उनके साथ इनमें से कुछ लोगों से मिली थी; वो एक छोटे से टाइट ग्रुप में यात्रा करते थे और हमेशा लिनेन के कपड़े पहनते थे। 2010 के मध्य तक, गोल्ड एक ग्लोबल एयरलाइन के अंतरराष्ट्रीय रूट पर काम पाने में कामयाब रहीं। इस काम में ज़्यादा पैसा था; यह अंततः 'बेहतर ग्राहकों और बेहतर कार्यभार' वाले बिज़नेस-क्लास असाइनमेंट की ओर ले जा सकता है, उन्होंने कहा। *डीडीएलजे* में अंडरग्राउंड ट्रेनों और स्टेशनों में शूट किए गए शाहरुख़ के शानदार गाने को याद करते हुए गोल्ड को पहली नज़र में लंदन से प्यार हो गया था। दिल्ली वापस आने पर उन्हें एक ख़ूबसूरत फ़्रांसीसी से प्यार हो गया। उन्होंने बताया, 'उनके हमेशा अमीर भारतीय दोस्त होते हैं, जिन्हें वो यूनिवर्सिटी के संपर्कों के ज़रिए जानते हैं। लेकिन वो अच्छा और लंबा है, और उन भारतीय बेवक़ूफ़ों से बेहतर है जिनसे मैं अब तक मिली हूं।'

गोल्ड फ़्रांसीसी और उसके दोस्तों के साथ लंबी डिनर पार्टियों और ब्रंचों पर जाने लगीं। उन्होंने व्यंग्यात्मक प्रशंसा के साथ इन आयोजनों का वर्णन किया। 'कोई मुस्कुराता नहीं है, और हर कोई बहुत कठोर दिखता है। मेरे स्कूल के हिंदी टीचर की तरह। आप चाहें कई बार लोगों से मिल चुके हों, मगर वो कभी आकर हैलो नहीं कहेंगे। जैसे हैलो कहने में पैसे लगते हों।' आर्ट पार्टियां उनकी सबसे पसंदीदा सैर थीं, जहां वो अंततः कुछ प्रसिद्ध मॉडलों और न्यूज़ एंकरों को देख पाई थीं। पत्रकारों, लेखकों और कलाकारों की आत्म-गंभीर और आत्म-निश्चित भीड़ से मंत्रमुग्ध गोल्ड को इस पर ध्यान देना पसंद था कि लोगों ने कैसे कपड़े पहने हैं और वो कैसे व्यवहार करते हैं। वो 'बेहतरीन ड्रिंक' पीते हुए और तनिक भी आत्म-संदेह दिखाए बिना अलग-अलग व्याख्यान देते, चर्चाएं करने के बजाय भाषण पेश करते। कई उतने ही ग्लैमरस ढंग से पॉट पीते जैसे वो प्रवचन देते थे। बेढब और अनुपयुक्त सा महसूस करते हुए वो पूरी लगन से गूगल पर उन विचारों, चित्रों और लोगों को तलाशतीं जिनसे वो मिलती थीं। उन्होंने फ़ूको, वॉल्टर बेंजमिन और जॉन बर्जर को देखा।

विकीपीडिया से पाई उत्तर-आधुनिकतावाद पर अधकचरी जानकारी से परे, गोल्ड ने अपने फ़्रांसीसी के साथ बिताए महीनों में कहीं अधिक व्यावहारिक सबक़ सीखे। उन्होंने जाना कि वो 'असली भारतीय सुंदरता' थीं। उन्होंने पाया कि फ़्रांसीसी भारी मेकअप को नापसंद करते हैं, वो महिलाओं से केवल 'प्राकृतिक सौंदर्य' का निर्माण करने की अपेक्षा करते हैं, जिसके लिए महंगे कॉस्मेटिक और डर्मेटोलॉजिकल उत्पाद चाहिए होते हैं। उन्होंने पाया कि फ़्रांसीसी लोग सुडौल

औरतों को पसंद करते हैं, लेकिन शादी केवल पतली औरतों से करते हैं। 'आपको सहज तौर पर सुंदर दिखना है। ये सभी फ़्रांसीसी महिलाएं ऐसा दिखने के लिए बहुत कुछ करती हैं जैसे उन्होंने कुछ नहीं किया है।' गोल्ड ने पाया कि जैसलमेर से दिल्ली का उनका सफ़र डिनर पार्टियों में उनका मुख्य योगदान था। वरना लोग उनसे बमुश्किल बात करते थे। 'उन्हें लगता है जैसे मैं कोई प्रयोग हूं, जैसे वो टैस्ट कर रहा है कि एक छोटे शहर की भारतीय लड़की के साथ रिश्ता कैसा होगा। महिलाओं के मुझसे बात करने के तरीक़े से मैं यह बता सकती हूं।'

आयोजनों में एक सुंदर तमाशबीन भर रह जाने पर गोल्ड ने सब देखा और रिपोर्ट किया। उन्होंने देखा कि कैसे विदेशों में शिक्षित भारतीय छोटे शहरों की उन लड़कियों को विनम्रता से नज़रअंदाज़ करते थे, जिन्होंने इन पार्टियों को संभव बनाने के लिए पर्दे के पीछे के सभी काम किए थे, कैसे वो बेतहाशा चाहते थे कि गोरे लोग सोचें कि वो हिप हैं, कैसे स्व-घोषित 'इंटैलेक्चुअल बंदे' केवल अट्ठाईस या उससे कम कमर वाली लड़कियों से बात करते थे, कैसे पतिविहीना भारी शरीरों वाली महिलाएं आमतौर पर आपस में ही बात करती थीं। उन्होंने पाया कि उनकी इंग्लिश कमरे में मौजूद किसी भी यूरोपीय प्रवासी से बेहतर थी, हालांकि गोरे कभी समझ नहीं पाते थे कि वो क्या कह रही हैं। उन्होंने अंदाज़ा लगाया कि यूरोपीय लोगों को 'विभिन्न प्रकार के पनीर' पसंद होते हैं। उनकी सबसे बड़ी लड़ाई शारकूटैरी (ठंडा पका हुआ मीट) से थी। उस साल वो हर समय भूखी रहती थीं। कढ़ी-चावल के स्वाद के लिए बेताब, मगर उन्हें मिलता था तो बस चीज़ की प्लेट और कोल्ड कट्स, जिनसे वो घबराती थीं। एक रात, उन्होंने अपने फ़्रांसीसी के सामने फ़्रॉमेज चीज़ को लेकर अपना डर क़बूल कर लिया। वो हंसा और उसने गोल्ड को वो सब कुछ सिखाया जो जानना चाहिए था। गोल्ड ने ख़ुद को उसके इससे ज़्यादा क़रीब कभी महसूस नहीं किया था, मगर फिर भी वो उस भोजन से बहुत दूर थीं जिसे खाना पसंद करती थीं। 'उसे भारतीय खाना पसंद नहीं है क्योंकि यह उसके लिए पर्याप्त हल्का नहीं है, हमारा खाना बहुत मसालेदार होता है। हम कुछेक भारतीय खानों पर एक साथ बाहर जाते हैं, लेकिन उसके दोस्तों के घरों में मुख्य भोजन बेस्वाद और खाने में मुश्किल लगता है। मैंने एक बार उसके घर में करी पकाई थी, और अगली सुबह को ज़्यादातर समय वो गंध की शिकायत करता रहा।'

गोल्ड सभ्यतागत आत्मविश्वास के प्रदर्शन पर चकित थीं। एक बार वो डिनर से लौटीं और यह कहने के लिए मुझे फ़ोन किया, 'मुझे आपको बताना था। एक गोरी लड़की अभी-अभी जैसलमेर से लौटी थी और उसे मुझसे मिलवाया गया। उसने कहा कि उसे शहर और क़िला बहुत पसंद आया। और फिर उसने कहा कि मुझे

इस बात पर बहुत गर्व होगा कि मैं किस शहर से आई हूं। और आप जानती हैं मैंने महसूस किया कि हमारे और विदेशियों के बीच यही अंतर है। मुझे जैसलमेर क़िले या शहर पर बिल्कुल भी गर्व नहीं है। मेरे जान-पहचान में किसी बंदे को नहीं पता कि उस क़िले को किसने बनवाया था। शहर मेरे लिए कभी भी एक आज़ाद या निष्पक्ष स्थान नहीं था, इसीलिए मैं चली आई थी। लेकिन उसे पेरिस पर इतना गर्व था, उसने ऐसे जताया जैसे लूवर उसने ख़ुद बनाया हो! मैं अपने अतीत से उतना प्यार नहीं करती जितना वो अपने अतीत से करते हैं।'

उन्होंने अपने फ़्रांसीसी और उसके कुछ दोस्तों को *डीडीएलजे* और *चक दे! इंडिया* दिखाईं। गोल्ड ने उन्हें बताया कि कैसे शाहरुख़ को 2007 में 'ऑफ़िसियर दांस ल'ऑरद्रे देस आर्त्स एत देस लैतरेस' के रूप में फ़्रांसीसी सरकार की आधिकारिक मान्यता मिली थी और उन्हें 'महान प्रतिभा और बेजोड़ लोकप्रियता' वाला अभिनेता कहा गया था। पिछले विजेताओं में लेखिका महाश्वेता देवी सरीखे लोग शामिल थे। गोल्ड ने अपने शंकालु दर्शकों को जर्मनी में शाहरुख़ की फ़ैन फ़ॉलोइंग के बारे में बताया और यह भी कि वो दुनिया के शायद सबसे बड़े स्टार थे। बाद में, निराश होकर उन्होंने कहा कि उनका फ़्रांसीसी प्रेमी और उसके दोस्त 'कहते रहे कि हमारी फ़िल्में इतनी ओवर द टॉप होती हैं कि मज़ाक़िया हो जाती हैं। कि यह असली जीवन नहीं था। और उन्हें केवल डांस सीक्वेंस पसंद थे। जैसे फ़िल्मों में कोई कहानी या इमोशन नहीं थे। लेकिन पता है, मुझे नहीं लगता कि फ़िल्मों में प्यार और कहानियों को दिखाने का केवल एक ही तरीक़ा होता है, हमारे पास अपना तरीक़ा है और उनके पास उनका है। इससे मुझे चिढ़ हुई क्योंकि मैं शाहरुख़ से प्यार करती हूं और क्योंकि मुझे लगा जैसे वो हमारे जीवन के तरीक़े पर, हमारे ख़ुद को व्यक्त करने के तरीक़े पर हमला कर रहे हैं। मुझे लगा कि वो शाहरुख़ और हिंदी फ़िल्मों को बकवास मानते हैं क्योंकि विदेशी लोग इस तरह प्यार का इज़हार नहीं करते हैं।' एक सार्वलौकिक विषय के रूप में गोल्ड गोरेपन से मिलीं।

जैसे-जैसे उनका रिश्ता डेढ़ साल से आगे बढ़ा, वो ज़्यादा से ज़्यादा अपने अंदर ही रहने लगीं। आकर्षक लगने की हर कोशिश के साथ वो ख़ुद की बलि देती रहीं। अपनी बचत को फूंकते हुए वो अलग तरह से कपड़े पहनने लगीं। 'उसकी गर्लफ़्रेंड होना महंगा था। खाने के पैसे हमेशा वो देता था, लेकिन मुझे देखना पड़ता था कि उसकी कंपनी में क्या पहनूं। लेकिन इससे कोई फ़र्क़ नहीं पड़ता था कि मैंने क्या पहना है, मैं उन औरतों की तरह एलीगेंट कभी नहीं हो सकती थी। वो मेरी तरह सुंदर नहीं थीं, लेकिन वो बहुत सहजता से ग्लैमरस दिखती थीं। मुझे

लगता था कि मेरे पहनावे और उन्हें पहनने के मेरे ढंग में ही हमेशा कुछ गलत होता है।' गोल्ड के लिए, एलीगेंस एक ऐसी चीज़ बन गई थी, जिसे गोरों ने ब्राउन लोगों को अपने बारे में बुरा महसूस कराने के लिए ईजाद किया था। आख़िरकार, दिलचस्प होने में उनकी सारी दिलचस्पी ख़त्म हो गई। वो बहुत कम बोलने वाली स्टेपल स्मॉल-टाउन-ब्यूटी की अपनी भूमिका पर ही टिकी रहीं।

सेक्सी भक्त

2011 की क्रिसमस के बाद उनका फ्रांसीसी घर जाकर वापस आया, बस यह बताने के लिए कि वो अपनी एक्स पत्नी के पास वापस चला गया है; कि उनका कोई भविष्य नहीं है क्योंकि गोल्ड को फ्रेंच नहीं आती। 'अब एक आदमी को पाने के लिए मुझे इंग्लिश के अलावा भी कोई विदेशी भाषा सीखनी होगी? मेरे पिता मुझे अपनी इंग्लिश पर ध्यान देने को कहते थे ताकि मुझे कोई ज़्यादा अच्छा रिश्ता मिल सके। उन्हें मुझे फ्रेंच भी पढ़वानी चाहिए थी। मुझे समझ नहीं आया कि मैं रोऊं या हंसूं,' उन्होंने कहा। 'मुझे बहुत गुस्सा आया,' गोल्ड ने कहना जारी रखा। 'आप सोच सकती हैं कि हममें से कोई किसी के साथ बस इसलिए ब्रेक-अप करेगी कि वो हिंदी नहीं बोलता?' मैं नहीं कर पाई। 'विदेशियों के आगे हम सब भिखमंगे हो जाते हैं,' अपने विषय पर जोश में आते हुए उन्होंने कहा। 'हम गोरी चमड़ी पाना और उनकी ज़बान बोलना चाहते हैं। अपनी ख़ुद की क़द्र किए बिना हम वो सब पाना चाहते हैं जो उनके पास है।' इसी समय के आसपास गोल्ड नरेंद्र मोदी और बीजेपी के लिए अपनी प्रशंसा ज़ाहिर करने लगी थीं। 'कम से कम,' वो कहतीं, 'वो हमारी संस्कृति की इज़्ज़त करते हैं और गोरी चमड़ी के आगे पूंछ नहीं हिला रहे हैं।'

हालांकि, 2014 में मोदी को वोट देने का प्लान 2012 में उनके दिल टूटने का इलाज नहीं था। जागते हुए वो शाहरुख़ की पुरानी फ़िल्में देखकर अपने ब्रेक-अप से ध्यान भटकाने की कोशिश करती थीं। इस बात से आश्वस्त होकर कि किसी भी आदमी ने जिसमें उन्होंने कभी दिलचस्पी ली थी, कभी भी ख़ुद को उनकी तरह निरंतर अधूरेपन की स्थिति में नहीं पाया होगा, गोल्ड हैरान होतीं कि इन फ़िल्मों की हीरोइनों की तरह उन्हें कभी प्यार क्यों नहीं किया गया, उन्हें हमेशा हसरत ही क्यों रह गई। उन्हें ऐसा लग रहा था कि भावनाओं का, इंतज़ार करने का, कूल प्ले करने का सारा बोझ उन्हीं पर है। मैंने उनसे पूछा कि क्या यह उनके माता-पिता की पीढ़ी की औरतों से किसी तरह अलग है। उन्होंने ज़ोर देकर कहा कि पिछली पीढ़ियों के आदमी-औरतों के पास कोई विकल्प नहीं था। 'कुछ रंगीन मिज़ाज अंकल कुछ

दबी-छिपी तफ़रीह कर लेते होंगे, लेकिन घर में अगर कोई मुझे मेरे एक्स की तरह छोड़ता, या कोई लड़का आपको धोखा दे रहा होता, तो इससे उसकी टांगों और इज़्ज़त को चोट पहुंचती।' मैं अक्सर इन विषयों पर गोल्ड को और कोंचती थी, और वो रोमांटिक कमिटमेंट की मांग और आपूर्ति को नेविगेट करने वाली लड़कियों के सुख-दुख की बात करती रहतीं।

गोल्ड: यह सच है कि आजकल लड़कियां लगातार ज़्यादा दुखी होती जा रही हैं। यह आज़ाद होने की परेशानी है। लड़कों के सामने ये परेशानियां नहीं आतीं।

मैं: आपका क्या मतलब है?

गोल्ड: लड़कियां उम्मीद करती हैं कि पुरुष जो वादे करेंगे, उन्हें निभाएंगे। लेकिन वो ज़माना गया। शाहरुख़ जैसे आदमी आजकल बहुत कम हैं, इसीलिए हम सभी उनकी तारीफ़ करते हैं।

मैं: आप खोलकर बता सकती हैं?

गोल्ड: मेरा मतलब, मुझे यक़ीन है कि उनके अफ़ेयर रहे होंगे। लोग कहते रहते हैं कि फ़िल्म-लाइन में आदमियों के लिए धोखा न देना नामुमकिन है। लेकिन आप देखिए अपनी पत्नी और अपनी शादी के साथ उनका कैसा व्यवहार है—इतना सम्मान और कमिटमेंट। प्राइवेट में जो कुछ भी होता हो, अपने इंटरव्यू में और हर चीज़ में वो उन्हें अपने जीवन का केंद्र बनाते हैं। वो कभी उन्हें अपमानित नहीं करते और न ही उन्हें छोटा महसूस कराते हैं।

मैं: और आपको लगता है कि हमारे जीवन में मौजूद आदमी ऐसा करते हैं?

गोल्ड: हां, यार, हर समय। प्लेबॉय बनना इन लोगों के लिए बहुत बड़ा तीर मारना है, जब ये लड़कियों को दुखी करते हैं तो बहुत स्पेशल फ़ील करते हैं। और शादीशुदा आदमियों को तो जैसे बदतमीज़ी करने का ज़्यादा लाइसेंस मिला होता है।

मैं: तो, हम इसके लिए क्या कर सकते हैं?

गोल्ड: हमें इस बात की परवाह छोड़ देनी चाहिए कि आदमी हमारे बारे में क्या सोचते हैं। हमें कूल बनना होगा। मज़े की बात तो यह है कि, तब, वो अचानक ही दिलचस्पी लेने लगते हैं। जितना कम भाव दो, उतना बेटर है।

मैं: आपको क्या लगता है आजकल ये आदमी एक लड़की में क्या ढूंढ़ते हैं?

गोल्ड: एक पत्नी के रूप में, कौन जाने। मुझे लगता है कि वो सब के सब वैसी ही लड़की से शादी करते हैं जैसी लड़की उनके माता-पिता उनके लिए चुनते।

लेकिन एक गर्लफ़्रेंड के तौर पर मौज-मस्ती के लिए सभी मर्दों को बस सेक्सी लड़की चाहिए। बात उसके चेहरे या उसके दिमाग़ की नहीं है, ये इन दिनों वाक़ई मायने नहीं रखता। बात बस उसके शरीर की है—मुझे लगता है कि वो सोचते होंगे कि ऐसी लड़की क्लब में उनके दोस्तों को कितना जलाएगी। इसलिए, वो वही चाहते हैं जो सारे लड़के चाहते हैं। पतली कमर, अच्छा रंग, अच्छे एब्स, अच्छा आकार। लंबे बाल वग़ैरह। लेकिन देखिए, यह सेक्सीनेस तो असल में एक एटीट्यूड है। दीपिका पादुकोण की तरह। जब वो रणबीर के साथ थीं तो बहुत प्यारी थीं और वो हमेशा ख़ूबसूरत रहेंगी। लेकिन जब रणबीर ने उन्हें छोड़ दिया और दीपिका ने आदमियों का ध्यान पाने की परवाह छोड़ दी, तो वो सेक्सी हो गईं। शाहरुख़ भी ऐसे ही हैं। *डीडीएलजे* और अपनी रोमांटिक फ़िल्मों में, वो बहुत प्यारे लगते हैं लेकिन सेक्सी कभी नहीं लगते। *डॉन* और *रईस* में, जब उन्होंने यह परवाह छोड़ दी कि लोग उनके बारे में क्या सोचते हैं, तो वो सेक्सी हो गए। नहीं?

मैं: यानी लोगों की परवाह न करना आपको सेक्सी बनाता है?

गोल्ड: हां, मेरा मतलब है कि परवाह करना बंद कर देना तो असंभव है। लेकिन आपको ऐसा दिखना होगा जैसे आप परवाह नहीं करतीं। लड़कियों को ज़रूरतमंद न बनना, बहुत चेप न होना सीखना होगा। यह कठिन है—लड़के बहुत कम हैं और सुंदर लड़कियां बहुत हैं।

मैं: मतलब, भले ही आप उदासीन न हों, आपको उदासीन दिखना चाहिए। यह सेक्सी होना तो बहुत मेहनत का काम लगता है। (हंसती हूं)

गोल्ड (भी हंसती हैं): बिल्कुल, और लड़कियों को इस पर कड़ी मेहनत करनी होगी। यही वजह है कि कई अंत में अपने माता-पिता से मदद मांगती हैं।

मैं: माता-पिता कैसे मदद कर सकते हैं?

गोल्ड: माता-पिता और समुदाय पुलिस की तरह होते हैं। अगर कोई लड़का कुछ ग़लत करता है और लड़की के परिवार को पता चलता है, तो वो हस्तक्षेप करते हैं। अगर कोई लड़का, जिसका रिश्ता लड़की के परिवार ने सुझाया हो, लड़की को धोखा दे, या बिना किसी कमिटमेंट के उसके साथ मस्ती करे, या बुरा बर्ताव करे, तो लड़की के माता-पिता लड़के के परिवार से शिकायत करेंगे और इससे उसकी इज़्ज़त को ठेस पहुंचेगी। वो लड़के से सही बर्ताव करवाने की कोशिश करेंगे। कुछ सज़ा भी मिलेगी। यह सब जानते हुए हर कोई एक दूसरे की भावनाओं के प्रति सतर्क रहता है। यहां, अपने माता-पिता से दूर, जहां मेरे बॉयफ़्रेंड का परिवार शायद मेरे परिवार से तब तक कभी नहीं मिलेगा जब तक

कि मामला बहुत गंभीर न हो जाए, तब तक वो जैसा चाहे वैसा कर सकता है और जो लोग लड़के को जवाबदेह ठहरा सकते हैं, वो केवल वो लड़की जिसके साथ वो है, और उसके दोस्त होते हैं। और यह लड़कों के लिए कुछ भी मायने नहीं रखता। हमारी राय उसे या उसकी इज़्ज़त को ठेस नहीं पहुंचाती। अगर मैं घर पर रह रही होती और अरेंज्ड मैरिज करती, तो मेरे माता-पिता मेरी रक्षा करते, लेकिन बदले में मुझे अपनी आज़ादी छोड़नी पड़ती।

मैं: लेकिन हम इन आदमियों से इस पर बात क्यों नहीं कर सकते? यह साफ़ करें कि हमें क्या चाहिए और हमारी क्या ज़रूरत है।

गोल्ड: क्या तुम पागल हो? यदि आप बहुत गंभीर लगोगे, तो वो कभी आपके साथ नहीं रहना चाहेगा। कैजुअल तो रहना पड़ता है।

हालांकि मेटिंग बाज़ार असमान था, मगर सेक्स ने गोल्ड को एक ऐसा हथियार दिया जिससे वो पुरुषों का मुक़ाबला कर सकती थीं। वो कहतीं, 'जब तक आप अपने कपड़े नहीं उतारेंगी, तब तक बंदे आपके साथ बहुत अच्छे रहेंगे।' लेकिन सेक्स के लिए सेक्सीनेस की ज़रूरत होती है। 1996 में जैसलमेर में जब गोल्ड को पता चला कि किसी ने लड़कों के टॉयलेट में दीवार पर 'गोल्ड इज़ सेक्सी' लिख दिया है तो पहली बार उनका अपनी सेक्सीनेस से परिचय हुआ था। वो बस बारह साल की थीं और घर पर घंटों रोती थीं जहां स्कूल का कोई बंदा नहीं देख सकता था कि वो कैसा महसूस कर रही हैं। उन्होंने इस मैसेज को अपनी इज़्ज़त पर दाग़ के रूप में देखा। जिस तरह से उन्होंने इस घटना का और इसका ब्योरा दिया कि उसके बाद उन्हें कैसा लगा था, वो ऐसा था जैसे सेक्सी कहा जाना किसी तरह से सेक्स में उनकी रुचि का संकेत देता हो। 'बेशक, लोग सोचते कि कितना गंदा लड़का ऐसी बातें लिखेगा, लेकिन वो यह भी सोचते कि उसने *मेरे लिए* ही ये बातें क्यों लिखीं। मेरा नाम आया था, उसका कभी नहीं आया।'

हालांकि 1996 से 1999 के बीच तारीफ़ के तौर पर 'सेक्सी' कहना आम हो गया था, ख़ासकर जब शाहरुख़ ने फ़िल्म में इसे सहज भाव से बोला था। जब विश्व सौंदर्य प्रतियोगिताओं में भारतीय महिलाएं हावी हुईं, तो' सेक्सी' कहलाने की ख़्वाहिश आध्यात्मिक और नैतिक रूप से सवालिया नहीं रही थी। सैटेलाइट टेलीविज़न और अंतरराष्ट्रीय कार्यक्रमों ने 'सेक्सी' को लगभग स्वास्थ्यकारी दिखाने, 'युवा' या 'स्वस्थ' का पर्याय बनाने में मदद की। जैसा गोल्ड ने कहा, 'अचानक सेक्सी होना अच्छी बात हो गई थी। जो लड़कियां बनना चाहती थीं। यहां तक कि लड़के भी।' लेकिन सेक्सीनेस की राह भी अंततः सेक्स की ओर ले जाती थी।

गोल्ड ने पहली बार बाईस साल की उम्र में अपने सही तौर पर पहले बॉयफ्रेंड के साथ सेक्स किया था, जो एयर होस्टेस अकादमी में उसकी क्लासमेट का एक बेहद बलिष्ठ दोस्त था। वो अपने रिश्ते को एक नीरस लेनदन बताती हैं। वो गोल्ड को लेकर अपने दोस्तों के सामने शो-ऑफ़ करता था, और बदले में गोल्ड के बेतहाशा ख़र्चें उठाता और जयपुर के आदमियों की घूरती निगाहों से बचाता था। गोल्ड कहती हैं, 'बहुत सारे आदमी दीवाने थे, मेरे पीछे लगे रहते थे।' अपने प्राइवेट फ़ैन क्लब से मर्दाना सुरक्षा की आवश्यकता शायद ही कोई संभ्रम था। 2018 में भी, अपहरण और अग़वा किए जाने के दर्ज हुए मामलों में अस्सी प्रतिशत पीड़ित महिलाएं थीं। 2001 से 2017 के बीच, भारतीय राष्ट्रीय अपराध रिकॉर्ड ब्यूरो द्वारा प्रकाशित आंकड़े दर्शाते हैं कि आतंकवाद की तुलना में महिलाओं की हत्या के लिए 'प्रेम' कहीं अधिक स्थायी वजह था। ऑनर किलिंग के अलावा, हमारे लिए युवा अविवाहित महिलाओं की सिर्फ़ इसलिए हत्या होने की ख़बरें पढ़ना आम बात रही है कि उन्होंने अपने में रुचि रखने वाले पुरुषों के रोमांटिक प्रयासों को ठुकरा दिया था। महामारी भी महिलाओं के ख़िलाफ़ ऐसे अपराधों को रोकने में असमर्थ रही; बढ़ते कोविड मामलों की अव्यवस्था के बीच जून 2021 में एक इक्कीस वर्षीय लड़की को उसके एक पुरुष सहपाठी ने चाकू घोंपकर मार डाला, क्योंकि लड़की ने उसे ठुकरा दिया था। 'लड़कियां शाहरुख़ जैसा भला आदमी चाहती हैं, लेकिन समाज आप पर एक बॉडी-बिल्डर टाइप की ज़रूरत को थोपता है, कोई ऐसा बंदा जो बदमाशों और रोमियो को डराए,' गोल्ड ने अपना निष्कर्ष निकाला था।

गोल्ड को नौकरी का ऑफ़र मिलने से छह महीने पहले उसके बॉडी-बिल्डर बॉयफ्रेंड ने उसे एक ऐसी लड़की के लिए छोड़ दिया, जिसे उसके माता-पिता ने उसके लिए चुना था। हालांकि गोल्ड हैरान थीं कि क्या इस अचानक ब्रेक-अप की वजह उसे बिस्तर पर ख़ुश करने में गोल्ड की असमर्थता थी। सेक्सी होना, उन्होंने सोचा, सेक्स में अच्छा होने से कहीं ज़्यादा आसान है। वो जानती थीं कि वो अपने शरीर की ख़ामियों के प्रति इतनी ज़्यादा सचेत थीं कि नग्नता में सहज नहीं रह पाती थीं। उनके डरों ने अपने दोषों की प्रचंड खोज में तेज़ी ला दी थी। उनकी पीठ पर मुंहासों के धब्बे, उनकी मोटी जांघें, उनके बाल, उनका बड़ा सा गोल चेहरा, उनकी बेहद कोणीय नाक, उनका वज़न, उनकी त्वचा का रंग—सीधे-सीधे उनका सब कुछ बदलने की ज़रूरत थी अगर उन्हें कभी भी किसी सेक्स संबंध को संतुष्ट करना और क़ायम रखना था जिसके बिना किसी आदमी के प्यार को हासिल करने का कोई मौक़ा नहीं था। शारीरिक पूर्णता हासिल करने का विचार

उन पर हावी हो गया था। और पोषण और अच्छी सेहत की क्रेज़ के पीछे छिपना बेकार था। 'लोग बहाने के तौर पर सेहत की ये सारी बकवास करते हैं,' वो रूखेपन से कहतीं, 'क्योंकि कोई भी सतही नहीं लगना चाहता। लेकिन हर कोई बिस्तर में अच्छा दिखने के लिए जिम जाता है। मैं जितना मुमकिन हो उतना अच्छा दिखने का इरादा रखती हूं, लड़के बस इसी पर ध्यान देते है।'

फ़िटनेस और कॉस्मेटिक्स ने सेक्सुअल विश्वास प्रदान किया। मेकअप ने गोल्ड को बदल दिया। यह केवल शारीरिक परिवर्तन नहीं था, उन्होंने अपनी आत्मा पर कंसीलर लगाया इस उम्मीद में कि वो अपने सारे आत्म-संदेहों को सेक्सीनेस और कॉस्मेटिक संतुलन से छिपा देंगी। सेक्सीनेस के लिए एक कठोर दिनचर्या आवश्यक थी। सुबह चार बजे उठकर एक घंटे दौड़ना—चाहे वो कहीं भी हों। बादाम। रात भर भीगे धनिए का पानी। सुबह के पेय और लोशन, भारी मात्रा में विटामिनों का सेवन। लंच में भलीभांति रिसर्च किए, सीमित, सुनियोजित और तैयार सलाद। ग्यारह बजे छाछ, दोपहर में एलोवेरा पानी, तीन बजे नारियल पानी, चार बजे तुलसी का पानी, डिनर में हरे जूस। पिलेट्स के साथ जिम में बॉक्सिंग की ट्रेनिंग। शाम को योग। रात के लोशन और पेय। शनिवारों को हल्दी-गुलाब का फुल बॉडी उबटन। रविवारों को फ्रूट मास्क। वीकली सैलून जाना। सेक्स पोज़ीशन के लिए कॉस्मोपॉलिटन। समकालीन एटीट्यूड और भाषा सीखने के लिए अमेरिकी टीवी और फ़िल्में। आत्मा के लिए वैक्स स्ट्रिप्स।

शहर की चकाचौंध

2012 में एक बार फिर गोल्ड की नींद उड़ गई थी। फ्रांसीसी से ब्रेक-अप उनके दिमाग़ में चलता रहता। फिर उनकी लंबी अंतरराष्ट्रीय उड़ानों का जेट लैग भी था। घर आने पर उनकी शाम का रुटीन उनके अकेलेपन का प्रतीक होता। वो अपने अपार्टमेंट की दीवारों से लगकर पड़ जातीं और टीवी को तकती रहतीं। आमतौर पर वो शाम के वर्कआउट से लौटती थीं। उनका ट्रेनर उनकी स्ट्रैंग्थ की तारीफ़ करता। कार्डियो रुटीन करने के बाद वो जिम की विशाल बे खिड़कियों के पास खड़ी हो जातीं। गुड़गांव शहर म्यूज़ियम की वस्तु जैसा लगता—हैडलाइट्स और हॉर्न बजाती कारों की एक अंतहीन धारा।

1980 के दशक के अंत तक एक गांव रहा गुड़गांव 1992 में शहर बन गया था। उस दशक के अंत तक इसका आर्किटेक्चर और क़िस्मत बदल गई क्योंकि भारत एक ग्लोबल आउटसोर्सिंग केंद्र बन गया था। कॉल सैंटरों में अपने हज़ारों

कर्मचारियों को बिठाने के लिए सस्ते कार्यालय स्थान की तलाश में बहुराष्ट्रीय कंपनियां प्रचुर भूमि और सुविधाजनक अधिग्रहण नीतियों वाले गुड़गांव में आ पहुंचीं। दिल्ली और हवाई अड्डे से इसकी नज़दीकी विशेष रूप से आकर्षक थी। रातोंरात रियल-एस्टेट अरबपति और टाइकून उभर आए। मशरूमों की तरह गगनचुंबी ऑफ़िस भवनों के साथ-साथ गगननचुंबी अपार्टमेंट इमारतें उग आईं। परी कथा का जमावड़ा।

गोल्ड के लिए गुड़गांव में ज़िंदगी दिल टूटने का, एक एकाकी भयानक सपने का जमावड़ा बन गई थी। उन्हें यक़ीन था कि वो किसी शानदार दिव्य पुरस्कार को मिस कर रही हैं, कि पेरिस या दिल्ली के फ़ार्महाउसों में ख़ुशहाल ज़िंदगी जीने का एक तरीक़ा होगा जिसकी उन्हें बेतहाशा ज़रूरत थी। एयरपोर्ट पर, मॉल में, जिम में, अपने अपार्टमेंट से वो सबको जांचती-परखती थीं। उन्हें लगता था कि कोई भी इंसान उतना अकेला नहीं था जितना वो थीं: उनका एक्स अपनी एक्स बीवी के साथ था, उनकी मां उनके पिता के साथ थीं, सबके पास कोई न कोई था। अपने काम के घंटों के दौरान वो एक साथ उड़ान भरने वाले परिवारों को देखतीं। वो अपने उबाऊ काम में लगे रहते। चिल्लाते हुए बच्चों को शांत करने की कोशिश कर रही मांएं, अपनी पत्नियों के लिए खाने का ऑर्डर दे रहे पति, पारिवारिक गपशप और फ़िल्मों की समीक्षा करते कज़िन्स। वो हर समय भीड़ के बीच अकेला महसूस करती थीं, जैसे सांस्कृतिक समालोचक ओलीविया लैंग ने अकेलेपन को परिभाषित किया है। गोल्ड अपने सिंगलडम में घुटन महसूस कर रही थीं। दिल्ली और उसके आसपास रहने वाले बीस मिलियन जोशीले लोगों की निरंतर कंपनी ने उनके अकेलेपन को और अधिक तीखा बना दिया था। राहत पाने के लिए वो अपनी आंखें बंद कर लेतीं और जैसलमेर में अपने सुरक्षित स्थान, अपने बचपन के आंगन की कल्पना करतीं, जहां वो खुले आसमान के नीचे नाचती, गाती और खेलती थीं।

एक रात उन्होंने फ़ोन किया और शिकायत की। 'परेशानी यह फ़्लैट है। यह बहुत अंधेरे भरा और बंद-बंद लगता है।' गोल्ड ने अपने तंग अपार्टमेंट के लिए अपने फ़्रांसीसी एक्स को दोषी ठहराया। उन्होंने अपने पुराने फ़्लैट की लीज़ को रीन्यु नहीं करवाया क्योंकि फ़्रांसीसी ने सुझाव दिया था कि वो उसके साथ गुड़गांव कंपनी के पैंटहाउस में रहें। उनके ब्रेक-अप के बाद गोल्ड को यह छोटा सा, ख़ाली अपार्टमेंट खोजने के लिए मजबूर होना पड़ा। 'ये गोरे विदेशी बहुत टफ़ होते हैं,' गोल्ड हमारी कॉल पर शिकायत करतीं। 'वो नल की तरह अपनी भावनाओं को बंद कर सकते हैं। जब हम साथ थे तो वो बहुत केयरिंग और विचारशील था। लेकिन कुछ ही हफ़्तों में सब कुछ बदल गया। वो फ़्रांस से वापस आया और

मुश्किल से ही मुझसे बात करना चाहता था। जब वो दिल्ली से गया तो मुझे उसकी फ़ेयरवेल पार्टी में भी नहीं बुलाया गया। मैं उसे संदेह का लाभ देने की कोशिश करती हूं, कि उसने मुझे अलग कर दिया ताकि चीज़ें और ज़्यादा तकलीफ़देह और जटिल न हो जाएं। लेकिन आप यह महसूस किए बिना नहीं रह सकते कि आपको इस्तेमाल करके एक ओर फेंक दिया गया था।'

उस समय मैं बोस्टन में ख़ुद अपने अकेले लिम्बो में, लाल-ईंट की इमारतों, क़लफ़ लगे वास्प्स और पतझड़ के सूखे पत्तों वाले एक अकादमिक द्वीप पर थी। साल भर तक फ़ोन और संदेशों के एक लंबे दौर में गोल्ड और मैं अकेले होने पर मनन करते थे। हम अपनी किसी भी परेशानी का हल निकाले बिना बात करते। वास्तव में, मुझे यक़ीन था कि हम एक-दूसरे की उदासी को मज़बूती दे रहे हैं। वो बहुत ज़्यादा चाहती थीं कि अलग-थलग और बेपरवाह रहें। गोल्ड सार्वजनिक दुस्साहस की जीव थीं—कोई परवाह न करने वाली टाइप की। वो पुरुषों में, प्यार में बहुत ज़्यादा निवेश करने के लिए लोगों पर हंसती थीं। अब वो अपनी उदासी पर शर्मिंदा थीं। उन्हें लगता था कि वो लगातार ख़ुद को निराश कर रही हैं, उन्हें चिंता थी कि किसी आदमी के साथ रहने और शादी पर आधारित परिवार बनाने की उनकी ज़रूरत आज़ादी के लिए अपने परिवार से उनकी लड़ाई के उलट है। वो फ़ोन पर रोतीं: 'मैंने बहुत मेहनत की है और बहुत अच्छा किया है। कोई मेरे साथ क्यों नहीं रहना चाहता? ऐसा लगता है कि जैसलमेर में इतने सालों तक मैंने बेकार ही संघर्ष किया।'

फ़िल्में और किताबें हमें बताती हैं कि अकेलापन जाति, लिंग, भाषा या स्थान के आधार पर भेदभाव नहीं करता है। उस साल गुड़गांव और बोस्टन में, हमारे तमाम अंतरों के बावजूद, हम दोनों प्रेम में अपनी नाकामी को समान रूप से महसूस कर रहे थे। हम नाकाम थे क्योंकि जिन पुरुषों को हमने चुना था, अब उन्होंने हमें नहीं चुना था। हमारे अंदर उस मानवीय स्नेह के योग्य बनने के लिए आवश्यक गुणों की कमी थी जिसकी हम लालसा रखते थे। इस बात से आश्वस्त होते हुए कि हम वो हासिल करने में नाकाम रहे हैं जो दूसरों ने हासिल किया है, हम ख़ुद को उनके मुक़ाबले में देखते। हमारे अंदर हमेशा कमी होती थी: हम पर्याप्त पॉश, पर्याप्त ताक़तवर, पर्याप्त सुंदर, पर्याप्त विनम्र, पर्याप्त पतले-दुबले नहीं थे। हम अकेलेपन को गुणों के पुराने अभाव के रूप में अनुभव करते थे।

एक कम आबादी वाले, अकादमिक मशीनी लोगों की ऊंची महत्वाकांक्षाओं से घिरे यूनिवर्सिटी नगर के मेरे जीवन की तुलना में गोल्ड के पास एक कहीं अधिक व्यस्त सामाजिक स्थान था। उनके पास दोस्तों, पार्टी के निमंत्रणों और प्रशंसकों

का जमघट था। लेकिन उनके सबसे क़रीबी दोस्त उनके लगातार शिकायत करते रहने से उकता गए थे, वो समझ नहीं पा रहे थे कि कैसे मदद करें। उन्होंने गोल्ड को बाहर ले जाने की कोशिश की, उनके साथ घर में रहने की कोशिश की, उन्होंने सलाह देने की कोशिश की। वो उनकी सफलता पर ख़ुश हुए, उनसे कहा कि वो भाग्यशाली है कि उनके पास अपना फ़्लैट है।

फिर भी, आसानी से हासिल सपोर्ट और कंपनी भी उनके अलगाव के अहसास को दूर करने के लिए नाकाफ़ी थी। उनकी अधिकांश सहेलियों की जोड़ी बन गई, उनकी शादी हो गई या शादी होने वाली थी। और वो इस बात से भौचक्की थीं कि कैसे उनकी दोस्तों की रोमांटिक सफलताओं ने अपने लिए उनके प्यार की सराहना करने की क्षमता को प्रभावित कर दिया था। उनका शरीर अपनी ओर आने वाले किसी भी भावनात्मक पोषण को जज़्ब नहीं कर रहा था, वो तारीफ़ों और दोस्तों से वैसे ही बच रही थीं जैसे वो कार्ब्स से बचती थीं।

अकेलेपन को अक्सर अनियंत्रित आत्म-दया समझ लिया जाता है। अकेलेपन का दावा करने में कोई गर्व की बात नहीं है, इसके लिए बहुत सारे शब्द भी नहीं हैं। हिंदी और उर्दू भाषा की परंपराएं अकेलेपन को महिमा मंडित करती हैं, लेकिन उनकी कविता और कला पुनर्मिलन की धारणा से ग्रस्त हैं। शाहरुख़ अपनी रोमांटिक फ़िल्मों में अकेले होते हैं क्योंकि वो ख़ुद को हमेशा अपनी प्रेमिका की हसरत करते पाते हैं। फ़िल्में मिलन, मृत्यु या रोमांटिक अलगाव में समाप्त होती हैं—हीरो अपनी प्रेमिका की तलाश करना छोड़ देता है। यह परिकल्पना सदियों से हिंदुस्तानी, सूफ़ी और संस्कृत के भक्ति ग्रंथों के धार्मिक और पौराणिक लेखन में रची-बसी है। हम बिल्कुल अकेले हैं क्योंकि हमारे पास भगवान या कोई उच्च उद्देश्य नहीं है। प्रेमी बस आध्यात्मिक जागृति और आत्म-खोज की इस कोशिश को उत्कृष्ट बनाता है।

उत्तर भारत में अकेलेपन की अभिव्यक्ति पर संस्कृतनिष्ठ हिंदी हावी नहीं है। हममें से कुछ लोग संस्कृत मूल के शब्दों का उपयोग करते हैं जैसे 'अकेला,' या 'सूनापन।' सूनापन 'शून्य' से जुड़ा है यानी भीतर का ख़ालीपन। लेकिन फ़ारसी शब्द 'तन्हाई' फ़िल्मी शब्दावली पर हावी है, जिसमें एकाकीपन का वादा और अकेलेपन का दर्द है। गोल्ड कभी नहीं कहतीं कि वो 'तन्हा' हैं। वो हंसतीं और कहतीं, 'यह बहुत नाटकीय है।' उनके लिए 'सूनापन' बेहतर था लेकिन इंग्लिश का 'लोनली' सबसे अच्छा था। मैंने उनसे पूछा क्या वो याद कर सकती हैं कि उन्होंने इस इंग्लिश शब्द को पहली बार कब सुना था। उन्हें एकदम पता था—वो मिडिल स्कूल की बात है, जब उन्होंने एक समर प्रोजेक्ट के लिए ब्रोंटे को पढ़ना चुना था।

मैं जानती थी कि उन एकाकी रातों में जब सोशल मीडिया पर हम चोरी-छिपे अपने-अपने प्रेमियों को स्टॉक करते थे, तो हम उन पागल लोगों जैसे लगते थे जिन्हें शाहरुख़ ने अपनी पागलपन भरी फ़िल्मों में चित्रित किया था। यह सोचना अवास्तविक सा लगता है कि जिस इंसान ने 1995 के बाद से भारतीय मध्यवर्ग की रोमांटिक प्रेम और सेक्सुअल सफलता की धारणाओं की हिमायत की और उन्हें मूर्त रूप दिया, वो कभी रोमांटिक संतुष्टि के स्याह पहलू को चित्रित करने के लिए समान रूप से प्रतिबद्ध था।

हालांकि शाहरुख़ हमेशा दक्षिण एशिया के रोमांटिक सुपरहीरो रहेंगे, मगर 90 के दशक की शुरुआत में एक एकाकी सुपरविलेन के रूप में उनके काम को भुलाया नहीं जा सकता। इस तरह के काम ने उन अपराधियों को सिनेमाई स्वीकृति प्रदान की जो शहरों और छोटे क़स्बों में भारतीय महिलाओं का पीछा करते हैं और उन्हें नुकसान पहुंचाते हैं। वास्तव में, जिन महिलाओं से मैं मिली थी, उनमें से किसी ने भी इन शुरुआती फिल्मों को ज़्यादा पसंद करने का दावा नहीं किया जिनमें उन्होंने 'एंटी-हीरो' की भूमिका निभाई थी। लेकिन इसी साल में, जो हमारे अकेलेपन के अंधे कुंए का द्योतक था, गोल्ड ने मुझे शाहरुख़ की डार्क फ़िल्मों को फिर से खोजने के लिए मजबूर किया।

शाहरुख़ *डर* और *अंजाम* में थे, जिनमें प्यार की लालसा, सेक्सुअल अस्वीकृति और अकेलापन उन्हें जानलेवा ग़ुस्से की ओर ले जाते हैं। शाहरुख़ *बाज़ीगर* में थे, जिसमें अपने परिवार की प्रतिष्ठा और अपनी मां के सम्मान का बदला लेने और उसे फिर से क़ायम करने की हसरत उन्हें एक और जानलेवा ग़ुस्से की ओर ले जाती है। ग़ुस्सा, हसरत और अकेलापन पैकेज थे—और ये छवियां इस बात की गहन खोज थीं कि अकेलापन हमें कितना ग़ुस्सा दिला सकता है। इन फ़िल्मों ने, हमारे यह जानने से पहले कि वो कौन होते हैं, दक्षिण एशियाई इन्सेल्स—वो पुरुष जिनके लिए महिलाएं केवल ऐसी वस्तु होती हैं जो वासना को और अंततः ग़ुस्से को भड़काती हैं—को दर्शाया था। उनकी दुनिया में, महिलाओं में आत्म-संरक्षण की प्रवृत्ति के अलावा अपनी स्वयं की कोई भावना या व्यक्तिपरकता नहीं होती; उनका एकमात्र उद्देश्य पुरुषों को उत्तेजित करना, पुरुष-इच्छा को आवाज़ और मान्यता देना प्रतीत होता है। लड़की का किसी दूसरे पुरुष को पसंद करने का मतलब यह नहीं है कि ठुकराए हुए प्रेमी को उसके चुनाव को स्वीकार कर लेना चाहिए। इसके बजाय उसे हिंसा से अपनी इच्छा उस पर थोपनी चाहिए।

इन फ़िल्मों में शाहरुख़ के पात्र में हमेशा दोस्ती, सम्मान, मान्यता, प्यार या अपना उचित हिस्सा पाने की एक अतृप्त भूख दिखाई गई है। एक ऐसा आदमी जो

हमेशा अभाव की स्थिति में होता है जबकि उसके आसपास हर कोई प्रचुरता का आनंद लेता है। हरेक फ़िल्म में एक या दो दृश्य भौंडी और स्पष्ट रूप से बॉलीवुड परंपराओं के ज़रिए उनके आध्यात्मिक अभाव को दर्शाते हैं। अपनी प्रेमिका के सामने हकलाना और अटकना, एक कुलीन उद्योगपति को अपनी मां का अपमान और मारपीट करते देखना। शाहरुख़ के कैरियर के इस दौर में उनके किरदार हमें अकेलेपन का दर्द दिखाने के लिए ख़ुद को चोट पहुंचाते हैं और बार-बार ख़ुद को ज़ख़्मी करते हैं। इस काल की उनकी दो फ़िल्मों में ऐसे दृश्य हैं जिनमें उनके पात्र चाक़ू से अपने शरीर पर अपनी प्रेमिका का नाम उकेरते हैं, और उनके स्वयं दिए ज़ख़्मों से ख़ून बह रहा होता है।

तीसरी बार *डर* देखने के बाद, वो फ़िल्म जिसमें शाहरुख़ का पात्र राहुल उस लड़की का अपहरण करता है जिसे वो जुनून की हद तक प्यार करता है, गोल्ड ने घोषणा की कि वो राहुल से ख़ुद को जोड़कर देख सकती हैं और उससे सहानुभूति रख सकती हैं। मैं दंग रह गई। गोल्ड ख़ुद ख़ौफ़नाक फ़ोन कॉलों और ऐसे आदमियों को झेल चुकी थीं जो हवाई अड्डे और सड़कों पर उनका पीछा करते थे। उनकी दोस्तों ने उत्तर भारत की सड़कों पर अपनी सुरक्षा के लिए अपनी कारों में रखी हॉकी स्टिक दिखाई थीं। वो एक स्टॉकर से ख़ुद को कैसे जोड़ सकती हैं? लेकिन उन्हें लगता था कि वो राहुल के गुस्से से कनेक्ट कर सकती हैं। 'मुझे याद है जिस रात फ़्रांसीसी ने मेरे साथ संबंध तोड़ा था, तो वो इसके बारे में बात करना चाहता था क्योंकि वो चाहता था कि मैं उसे अचानक मुझे ऐसे छोड़ देने को लेकर बेहतर महसूस कराऊं। वो जानता था कि मैं कितनी दुखी हूं, लेकिन वो शालीन और विनम्र तरीक़े से जाने के लिए उत्सुक था ताकि वो अपने बारे में अच्छा महसूस कर सके। ताकि उसे इसका सामना न करना पड़े कि वो कितना स्वार्थी है।' गोल्ड ने एक-दूसरे से कही अपनी अंतिम बातों और उस पल के बारे में बताया जब वो उनके गालों पर 'यूरोपीय फ़...-ऑफ़ किस' देने के लिए झुका था। 'मुझे पता है कि यह पागलपन लगता है,' उन्होंने मुझसे कहा 'लेकिन मैं उसके चेहरे की खाल को चीर देना चाहती थी। इसलिए, जब मैं शाहरुख़ को इन स्टॉकर फ़िल्मों में देखती हूं, तो मैं समझ सकती हूं, यार। मेरा मतलब मैं किसी का अपहरण नहीं करूंगी और उसके पार्टनर को शारीरिक रूप से नुकसान नहीं पहुंचाऊंगी। लेकिन ये बदसूरत भावनाएं हम सभी का हिस्सा हैं, इनके लिए कूल होने का नाटक करने का कोई मतलब नहीं है।'

जब ये फ़िल्में बहुत ज़्यादा स्याह हो गईं, तो रौशनी के लिए गोल्ड ने शाहरुख़ के अन्य अवतारों की ओर रुख़ किया। उन्होंने अपनी दोस्तों के साथ *जब तक*

है जान (2012) देखी। वो लाजवाब लग रहे थे। उन तीन घंटों में गोल्ड ने बेहतर महसूस किया। शाहरुख़ की सेक्सीनेस का ख़्याल पूरे हफ़्ते छाया रहा। गोल्ड ने हस्तमैथुन किया, अपनी गर्दन और कंधों पर घंटों उनके लगे रहने के बारे में अनियंत्रित सपने देखे। यश चोपड़ा द्वारा अंतिम निर्देशित उस फ़िल्म ने गोल्ड को अपनी सेक्स ड्राइव को वापस पाने में मदद की।

इन फ़िल्मों की ओवरडोज़ लेने के बाद उन्होंने यूट्यूब पर *द इनर एंड आउटर वर्ल्ड ऑफ़ शाहरुख़ ख़ान* (2005) नामक एक दो-भाग की डॉक्युमेंट्री का पहला भाग खोजा; इसी शीर्षक पर आधारित पहले भाग (*द इनर वर्ल्ड ऑफ़ शाहरुख़ ख़ान*) में शाहरुख़ की 'आंतरिक दुनिया' को समयबद्ध करने के लिए फ़िल्म निर्माता नसरीन मुन्नी कबीर और फ़ोटोग्राफ़र पीटर चैपल तीन सप्ताह उनके साथ-साथ रहे। फ़िल्म अपने सुपरस्टार नायक की उदासी और अकेलेपन का चित्रण करने में उल्लेखनीय है। शाहरुख़ ने अपनी बहन के डिप्रेशन, अपने स्वयं के डिप्रेशन और दर्द एवं बीमारी से अपने संघर्ष के बारे में खुलकर बात की। उनके अकेले के, अपने कष्टदायी पीठ के दर्द का उपचार करवाने के लंबे-लंबे शॉट हैं। मैंने कबीर का इंटरव्यू किया और उनसे पूछा कि क्या शाहरुख़ का अकेलापन फ़िल्म में ग़ैर-इरादतन आ गया था। गोल्ड द्वारा उदासी के उपचार के रूप में फ़िल्म का उपयोग करने पर कबीर अचंभित नहीं थीं। फ़िल्म में कई भावुक क्षणों के लिए उन्हें धन्यवाद देते हुए कई दर्शकों ने उनसे संपर्क किया था। *द इनर वर्ल्ड ऑफ़ शाहरुख़ ख़ान* चैनल फ़ोर टीवी यूके का प्रोडक्शन थी, जिसे 2004 में चार लोगों की एक टीम ने फ़िल्माया था। डाक्युमेंट्री की कोई स्क्रिप्ट नहीं थी और अपने दिन के कामों के बीच में ख़ान कबीर के सवालों के जवाब देते रहते हैं। ड्राइव करके डॉक्टर के पास और फ़िल्म स्टूडियो जाते हुए उनके बातें करने, सिगरेट पीने के उन्मुक्त दृश्य हैं। डॉक्युमेंट्री इस मायने में आश्चर्यजनक है कि वो कितनी क़रीब और अंतरंग महसूस होती है। ऐसे भी पल थे जब मैं अपनी नज़र हटा लेना चाहती थी, क्योंकि वो बहुत अधिक व्यक्तिगत से महसूस हुए थे।

मैं हूं ना की शूटिंग और अपने पीठ दर्द से जूझने के दौरान यह फ़िल्म शाहरुख़ के साथ रहती है। फ़िल्म निर्माण की प्रक्रिया पर बताते हुए कबीर ने कहा, 'डॉक्युमेंट्री इत्तफ़ाक़िया होती हैं। यदि आप उन्हें डिज़ाइन करते हैं, तो फिर वो डॉक्युमेंट्री नहीं होती। सब कुछ इसलिए होता है कि लोग एक दूसरे पर प्रतिक्रिया करते हैं। जितना अधिक आप फ़िल्माते हैं, उतना ही आप विश्वास की भावना विकसित करते हैं। 2004 में, उन्हें हम पर भरोसा हुआ। उन्होंने शायद खुलकर हमारे सवालों का जवाब दिया, आप उन सवालों को देखते-सुनते नहीं हैं क्योंकि

हमने उन्हें एडिट कर दिया था। उस समय वो बहुत ज़्यादा तकलीफ़ में थे, और जब आप तकलीफ़ में होते हैं, तो थोड़ा सा अपने आप में सिमट जाते हैं। उन्होंने हमें अपने आध्यात्मिक पक्ष को देखने दिया, और इससे मेरा मतलब उनके धार्मिक पक्ष से नहीं है, मेरा मतलब उनकी आत्मा से है। यह फ़िल्म में अंशों में आया है। आप जो अकेलापन देखते हैं, वो इसलिए भी है क्योंकि जब सेलिब्रिटीज़ की बात आती है तो लोग बहुत असंवेदनशील हो जाते हैं। मुझे याद है कि हमने वो दृश्य फ़िल्माया था जब वो अपने माता-पिता की क़ब्र पर गए थे और उनके लोगों ने उन्हें दुआ करने के लिए भी अकेला नहीं छोड़ा था। वास्तव में, उन्होंने जो कहा उसने मेरे दिल को छू लिया था। जब वो वहां गए तो हमारी टीम ने दूरी बनाए रखी। वो हमारी ओर मुड़े और कहा कि हम लालची लोग नहीं हैं और कि जब वो दुआ मांगते हैं तब भी अधिकांश लोग उनके चेहरे को फ़िल्मा रहे होते हैं। शायद उन्होंने देखा था कि हम उनकी निजता का सम्मान कर रहे हैं। और मुझे आश्चर्य हुआ कि उन्होंने हमें अपने परिवार, विशेषकर अपनी बहन और दीवाली समारोह को फ़िल्माने दिया।'

कबीर और मैंने घंटों बात की। 'एक स्टार के तौर पर असामान्य बात यह थी कि उन्होंने हमारे फ़िल्माने पर बिल्कुल भी रोक नहीं लगाई। हम उन्हें चौबीस घंटे फ़िल्मा सकते थे, तब भी जब उन्होंने शेव नहीं की होती थी। वो इस बात की चिंता नहीं करते थे कि हमने उनके बेहतरीन लुक को नहीं फ़िल्माया। वो अहंकारी नहीं थे। वो अहंकारी आदमी नहीं है; वो अपनी फ़ैन फ़ॉलोइंग और इस बात से वाक़िफ़ हैं कि उन्हें कितना प्यार किया जाता है। लेकिन वो अहंकारी नहीं है। इसीलिए आप एक ऐसी डॉक्युमेंट्री बना पाते हैं जो दिल को छूती हो। जो लोग अहंकारी और अपने बालों और लुक के बारे में ही फ़िक्र करते रहते हैं, वो स्वाभाविक नहीं लगते, और दर्शक इसे पकड़ लेते हैं।'

अहंकार संवेदनशीलता का ख़ून कर देता है; यह सभी प्रामाणिक भावनाओं का ख़ात्मा कर देता है। चिरकालिक अकेलेपन के उस दौर में शाहरुख़ का असामान्य खुलापन और एक ब्रिटिश फ़िल्म टीम द्वारा फ़िल्माई संवेदनशीलता गोल्ड के बचाव में सामने आए। जल्द ही, उन्होंने उनके सभी इंटरव्यू देखना शुरू कर दिया। स्टार उन कुछ भारतीय एक्टर्स में से थे जिन्होंने डिप्रेशन और एकाकी जीवन के साथ अपने संघर्ष पर खुलकर चर्चा की है। एकाकीपन के माध्यम से अपने हीरो के अतीत में सुकून पाने की इच्छा के वशीभूत होकर गोल्ड ने इन सभी फ़िल्मों और बातों को बहुत चाव से पढ़ा। शाहरुख़ के शब्द और चित्र उनकी शरणस्थली बने। जब वो बेहतर महसूस करने लगीं, तो उन्होंने ज़्यादा रौशनी वाले नए अपार्टमेंट की तलाश करने का फ़ैसला किया।

गुड़गांव के अपने अपार्टमेंट को लेकर गोल्ड की हताशाओं को मैं बिजॉय जैन के पास ले गई, जो मुंबई में रहने वाले एक आर्किटेक्ट-कलाकार-प्रोफ़ेसर हैं, जिन्हें *न्यूयॉर्क टाइम्स* ने 'एक नई वास्तुकला भाषा गढ़ने' का श्रेय दिया है। उनके लेक्चर अक्सर 'स्नेह' और 'पारंपरिक ज्ञान' की धारणाओं पर आधारित दार्शनिक उत्तेजकों पर निर्भर करते हुए असाधारण होते हैं, जिससे वास्तुशिल्प स्थलों को इतिहासों, ऊर्जाओं और सामग्रियों को ओवरलैप करते स्थानों के रूप में समझने में सहायता मिलती है। फ़ैन-प्रशंसा की कहानियों से आनंदित होते हुए जैन ने मुझे बताया कि जैसलमेर के अपने आंगन के लिए गोल्ड के नॉस्टेल्जिया का सौंदर्यशास्त्र, आंतरिक-बाहरी बाइनरी या एक्सपोज़र की भावनाओं से उतना संबंध नहीं है जितना 'नियंत्रण और पोषण' की जगह की ज़रूरत से है। उन्होंने कहा, 'यही तो घर होता है। आंगन का मतलब एक खुली या बंद जगह नहीं है, यह तो हम बस एक कल्पनाशील संभावना की तलाश कर रहे होते हैं जो पहले मौजूद नहीं थी। तो, आप मुझे जो बता रही हैं उसके आधार पर शाहरुख़ आंगन, एक भावात्मक स्थान, एक बेहद तंग माहौल में कल्पित छोटा सा छेद बन गए थे।' जैन के अनुसार, शाहरुख़ ने गोल्ड की पीड़ा को दूर करने के विचार के तौर पर उनके बचपन के आंगन की जगह लेने का काम किया। उनके बिंब ने गोल्ड के अंधेरे को शरण दी।

गुड़गांव के अपने अंधेरे अपार्टमेंट में बीते उन स्याह दिनों में एक छोटे बजट की फ़िल्म आशा जगाने वाले अमृत की आख़री बूंद बनी। हालांकि अधिकांश फ़ैन-महिलाएं राज या राहुल के रूप में शाहरुख़ की रोमांटिक भूमिकाओं को, या इंटरव्यूज़ और 'गंभीर फ़िल्मों' में उनके प्रदर्शन को पसंद करती थीं, मगर गोल्ड के लिए तो केवल *कभी हां कभी ना* का सुनील था। शाहरुख़ ने ख़ुद सुनील को 90 के दशक का अनोखा किरदार कहा था। एक इंटरव्यू में उन्होंने कहा, 'मुझे सच में लगता है कि 90 का दशक अद्‌भुत था क्योंकि उसने हमें सिखाया कि ख़ास होना ख़ास नहीं, बल्कि साधारण होना ख़ास होता है। सिनेमा समाज को दर्शाता है, इसलिए फ़िल्में भी ऐसी ही थीं जिनमें नायक का ग़लत होना ठीक था। तो, मैंने एक नाकाम शख़्स की भूमिका निभाई जो परंपरागत रूप से असफल था लेकिन लोग जिसके साथ आइडेंटिफ़ाई कर सकते थे।'

हिंदी फ़िल्मों में हीरो मुश्किल से ही कभी लड़की को खोते हैं। और अगर खोते हैं, तो वो नशे में रहने लगते हैं या, इससे भी बदतर, जुनूनी और हिंसक हो जाते हैं। सुनील के रूप में शाहरुख़ की परफ़ॉर्मेंस ने हमें आत्म-स्वीकृति और गरिमा के साथ प्यार को खोना सिखाया। 1994 में, *कभी हां कभी ना* बहुत कम बजट में बनी थी और अप्रत्याशित रूप से बॉक्स-ऑफ़िस पर हिट हो गई थी। फ़िल्म गोवा के

एक युवक सुनील की यात्रा को दर्शाती है। वो अपने पिता की स्वीकृति और अपने बचपन की दोस्त एना के प्यार के लिए तरसता है। दोनों खोज निराशा की ओर ले जाती हैं। उसके पिता केवल तभी स्वीकृति देंगे जब सुनील एक स्थायी नौकरी के लिए संगीत के प्रति अपने प्रेम को छोड़ देगा। इस बीच, एना सुनील के अमीर, बलिष्ठ और आकर्षक दोस्त क्रिस के लिए अपने प्यार का इज़हार करती है। यह मानते हुए कि उसमें एना या अपने पिता को प्रभावित करने लायक़ गुण नहीं हैं, फ़िल्म झूठ बोलकर और धोखा देकर स्वीकार्यता पाने का रास्ता बनाने के लिए सुनील के हास्यपूर्ण संघर्ष को पेश करती है।

एना और क्रिस के परिवार के ख़ानदानी झगड़े के कारण सुनील एना का भावी वर बन जाता है। लेकिन वो देखता है कि एना क्रिस से बहुत प्यार करती है और वो उनके रास्ते से हटने का फ़ैसला करता है और जोड़े को अपनी परेशानियां सुलझाने और शादी करने में मदद करता है। सुनील द्वारा अपने प्यार को खोने के शाहरुख़ के चित्रण के लिए हमदर्दी में बह जाना नामुमकिन नहीं है। आपको सुनील के लिए दुख होता है, लेकिन यह कभी नहीं लगता कि वो एक दुखद पात्र है। एना के प्यार को हासिल न कर पाना शर्म की कोई वजह नहीं है। यह मोड़ शाहरुख़ की बाद की फ़िल्मों से अलग है जिनमें उन्हें *हमेशा* लड़की मिल जाती है, जिनमें वो लड़की को पाने के सेक्स स्टि सबक़ ('छह दिन लड़की इन') देते हैं, और जिनमें उनके पात्र उन लड़कों को 'लूज़र' के रूप में वर्गीकृत करते हैं जिन्हें लड़कियों से सकारात्मक प्रतिक्रिया नहीं मिलती।

कभी हां कभी ना के अंतिम दृश्यों में, एना की शादी के बाद सुनील अपने सेक्स ोफ़ोन के साथ फ़ुटपाथ पर अकेला बैठा है; एक लड़की एक पता पूछने के लिए उसके पास आती है। दर्शक समझ जाते हैं कि सुनील को एक साथी मिल गया है। जब फिल्म ख़त्म हो रही होती है, तो एक टूटता तारा दिखाई देता है। दो हफ़्ते में पांच बार फ़िल्म देखने के बाद गोल्ड ने कहा, 'पता नहीं वो उसे क्यों ले आए। फ़िल्म को सुनील के अकेले के साथ ही ख़त्म करना ठीक होता। यह बहुत नक़ली लगा। चाहे कुछ भी हो वो ठीक रहता। सिंगल रहने में कोई बात नहीं है।'

एक मेगासिटी में एकाकीपन की अपनी खोज में, लेखिका ओलीविया लैंग कहती हैं, 'शहरों में एक अभिजातीकरण हो रहा है, और उसी तरह की समरूपता, श्वेतीकरण और घातक प्रभाव के साथ एक अभिजातीकरण भावनाओं के साथ भी हो रहा है।' 2013 तक, भारत में प्रेम और जीवन का वैश्वीकरण और अभिजातीकरण हो गया था। गुड़गांव के गांव मॉल और गेटेड कॉम्प्लेक्स में पुनर्विकसित हो गए थे। राजस्थान के शहरों में युवा कैपुचीनो पीने लगे थे।

शाहरुख़ एक एकाकी-जुनूनी स्टॉकर से एक वैस्टर्नाइज़्ड, गालों में डिंपल वाले सुपरस्टार बन गए थे। और गोल्ड जैसी लड़कियों से अपने शरीरों और दिलों का वैश्वीकरण और अभिजातीकरण करने की अपेक्षा की जा रही थी। उनसे अपेक्षा की जाती थी कि वो अपनी 'प्रामाणिक भारतीय सुंदरता' और 'घुमावों' को बरक़रार रखते हुए पतले-दुबले शरीरों वाली गोरी लड़कियों की तरह दिखें। उनसे अपेक्षा की जाती थी कि उच्च संस्कृति की यूरो-केंद्रित अवधारणाओं के लिए वो अपने पसंदीदा बॉलीवुड रोमांसों और गट्टे की सब्ज़ी को त्यागकर फ़्रेंचभाषी औरतों के साथ रोमांटिक मुक़ाबले में बनी रहें। उनसे अपेक्षा की जाती थी कि वो अकेले ही एक नए मेटिंग बाज़ार से निबटें, एक ऐसी क़ीमत जो अरेंज्ड विवाह और अनुचित सामुदायिक बंधनों से अपनी आज़ादी की क़ीमत के रूप में उन्होंने ख़ुशी-ख़ुशी वहन की थी। उनसे अपेक्षा की जाती थी कि वो शादी से पहले पोर्न स्टार्स की तरह सेक्स करें, लेकिन पूरी तरह प्यार करने से पहले शादी के प्रस्ताव (अच्छी संस्कारी लड़कियों की तरह) का इंतज़ार करें। उनसे सेक्सी होने, लेकिन बहुत ज़्यादा नहीं, की अपेक्षा की जाती थी। दिलचस्पी लेती दिखें लेकिन उतनी भी दिलचस्पी न लें। डेट करें, लेकिन बहुत लोगों को डेट न करें।

अपनी मां और बहनों के विपरीत, जिन्होंने गुड़गांव में आज़ादी की अपेक्षा जैसलमेर की पारंपरिकता को चुना था, गोल्ड के पास पुरुषों की दुनिया में नेविगेट करने में मदद करने के लिए कोई मध्यस्थ नहीं था। वो अपने कैरियर को कैसे मैनेज करें, इसके फ़ैसले लेने के लिए वो अपने सहयोगियों और अपनी समझबूझ पर निर्भर थीं, मगर निजी जीवन में उनके मार्गदर्शन के लिए बहुत सीमित संसाधन थे। उनकी क़रीबी दोस्तों को उस तरह के रिश्तों का अनुभव नहीं था, जिनमें गोल्ड ने ख़ुद को पाया था, किसी ने भी विदेशियों या प्लेबॉय को डेट नहीं किया था। उन्होंने जल्दी शादी कर ली थी। रोमांटिक साथी कैसे खोजें, इस पर गोल्ड अब किसी पहले से लिखी खत्री नियम पुस्तिका पर भरोसा नहीं कर सकती थीं। पहले से मौजूद सांस्कृतिक संसाधनों पर भरोसा करने में नाकाम गोल्ड ने अमेरिकी टॉक शोज़ और सैल्फ़-हैल्प किताबों का सहारा लिया। उन्होंने *द बैचलर* की क़िस्तों से लेकर हेलन फ़िशर की टॉक्स और कर्दाशियां बहनों की सलाह तक सब कुछ देखा। उन्हें इन मार्गदर्शनों की सख़्त ज़रूरत थी क्योंकि उनसे लगातार प्रेम की नई रिवायतों के अर्थ समझने और उनसे निबटने की उम्मीद की जाती थी। सेक्स का क्या मतलब था? लंबे-लंबे डिनर और बातचीतों का निहितार्थ क्या था? वो बंदा किसके बारे में पता कर रहा था और क्या गोल्ड को चिंता करनी चाहिए? पुरुषों को डराकर भगा देने के डर से गोल्ड से सीधे-सीधे कठिन सवाल पूछने की उम्मीद नहीं की जाती थी।

सही क़िस्म का प्यार पाने के लिए गोल्ड लगातार मशक़्क़त करती रहीं क्योंकि अपने परिवार की किसी भी महिला की अपेक्षा उन्हें शादी से कुछ ज़्यादा पाने की उम्मीद थी। वो जानती थीं कि उनके माता-पिता एक-दूसरे से प्यार करते हैं, लेकिन यह एक ऐसा मेल था जो प्यार से ज्यादा कर्तव्य पर टिका था। 'मुझे नहीं लगता कि मेरे माता-पिता में कभी प्यार था। मेरा मतलब, मुझे पता है कि यह फीका पड़ जाता है, लेकिन मुझे नहीं लगता कि उनके लिए कभी ऐसा हुआ था। वो मुश्किल से ही आपस में बात करते हैं। मेरी बहन के साथ भी ऐसा ही है। उन लोगों ने जीवन में स्थायित्व पाने के लिए शादी की थी क्योंकि वो बाहर काम नहीं करती थीं, और उन्होंने न केवल लड़के से बल्कि उसके पूरे परिवार से शादी की। मेरी बहन ने जिस आदमी से शादी की, तो वो इसलिए की क्योंकि उसे अपनी सास पसंद थीं। यह उसके लिए ज़रूरी था क्योंकि उसे हमेशा उनके साथ रहना था। लेकिन मैं उस आदमी से शादी करना चाहती थी जिससे मैं प्यार करूं।' पति एक प्रेमी, दोस्त और सलाहकार हो। एक ऐसा पात्र हो जो उनके व्यक्तित्व को ढाले।

जब भारत में हम समकालीन जीवन के तड़क-भड़क भरे डिस्को और चमकते-दमकते कपड़ों को अपनाते हैं, तो हम सब ख़ामोशी से यह मानने का फ़ैसला करते हैं कि एकाकीपन कमज़ोरी है। अक्षमता की भावनाएं महज़ छोटी-छोटी व्यक्तिगत कमियां हैं जिनका सामना वो लोग करते हैं जिनमें परिपक्वता या आत्म-विश्वास की कमी होती है। एक ख़ूबसूरत फ़िल्म *कभी हां कभी ना* में हमारे हीरो की तन्हाई का इलाज अपने दिल की हसरत को हासिल करने में निहित नहीं था। न ही उसने कूल होने के झूठे अहसास को गढ़ा और न ही अपनी चोट से इंकार किया। इलाज के लिए ज़रूरी था कि हमारा हीरो ख़ुद को जानने के लिए अपने तन्हा दिल में गहरा उतरे, एक फ़ुटपाथ पर चुपचाप बैठे और ख़ुद को थामे, दुनिया की रोमांटिक असमानता को अंगीकार करे, आगे बढ़ने की हिम्मत पाने के लिए एक तारे से कामना करे।

एक सेक्सहीन साल के बाद, जब गोल्ड इकत्तीस वर्ष की आयु के क़रीब पहुंचीं, तो वो कैप्टन अमेरिका से मिलीं—एक अमेरिकी पायलट जो उनसे एक दशक बड़ा था। उनकी बड़ी बहन और भाई जिन्होंने जैसलमेर से भागने में प्रभावी ढंग से उनकी मदद की थी शादी में शामिल हुए। इस बार गोल्ड ने उनके टिकट का किराया दिया। कैप्टन अमेरिका पहली नज़र में ही फ़िदा हो गया था। गोल्ड अनमनी थीं, वो प्यार में बहुत ठोकर खा चुकी थीं। वो एक स्टॉपओवर पर लंदन में डिनर डेट के लिए राज़ी हो गईं। एक महीने बाद, कैप्टन ने छुट्टी पर चलने का सुझाव दिया। उसने गोल्ड की गर्दन और पीठ को चूमा। और गोल्ड के लिए इतना काफ़ी था।

कैप्टन अमेरिका में उच्च-संस्कृति का कोई उत्साह नहीं था, वो भारतप्रेमी था और करी की गंध उसे पसंद थी। उसे गोल्ड को सिखाने-पढ़ाने या सुधारने की कोई हुड़क नहीं हुई। 'सब हैरान होते हैं कि मैं उसके साथ हूं,' गोल्ड कहती हैं, 'लेकिन यही प्यार है।' शादी के बाद गोल्ड ने अपने पिता से संपर्क करना छोड़ दिया। उन्होंने शादी में शामिल होने से मना कर दिया था। 2017 में वो अपने मुंहासों के निशान साफ़ करवाने, *जब हैरी मैट सेजल* देखने और अपने प्रियजनों से मिलने के लिए कुछ समय को दिल्ली आई थीं। इस दौरान, उन्होंने गुपचुप तौर पर अपनी मां को फ़ोन किया, मगर बातचीत को छोटा रखने के लिए उन्हें बस इधर-उधर के बहाने ही सुनने को मिले। लेकिन अब गोल्ड को परवाह नहीं थी। उन्होंने एक स्नेही पति, वफ़ादार दोस्तों और भाई-बहन की सहयोगपूर्ण जोड़ी से अपना परिवार बना लिया था। अपने परिवार के विषय पर वो अक्सर शाहरुख़ की 1993 की हिट *बाजीगर* की एक मशहूर लाइन बोलती थीं। वो कहतीं, 'हार के जीतने वाले को बाज़ीगर कहते हैं।' उन्होंने घर से भागकर एक जुआ खेला था और नींदें गंवाकर और पसीना बहाकर उन्होंने अपनी 'हार' को आज़ादी में बदल दिया था। उनके सब्र और एक अमेरिकी पति के प्यार ने उन्हें दिल्ली के एकल-सेवा व्यवसाय के जीवन से मुक्त कर दिया था। वो कैप्टन अमेरिका के साथ डेनवर में अपने ख़ूबसूरत घर में रहती हैं। उन्होंने एक बार मुझे फ़ोन पर बताया था, 'मुझे किसी का आदेश मानने या शिफ़्ट के लिए बेवक़्त उठने की ज़रूरत नहीं है। भारत से दूर यहां शांति है। हो सकता है किसी दिन मैं फिर से दिल्ली आऊं।' मैं उनके कभी लौटने की उम्मीद नहीं करती।

8
उदारीकरण में गुम

अपने बीस के दशक के आख़री सालों में... सारे (पुराने) सिस्टम कम भरोसेमंद महसूस होने लगे थे... जब तक मैं चालीस का हुआ, तो मैं उड़ रहा था... और मेरे साथ इंसानियत उड़ रही थी। दरअसल हम दोनों ही बहुत कुछ बेलगाम उड़ रहे थे।

—शाहरुख़ ख़ान, 2017

हम मॉडर्न इंडिया की बातें करते हैं, हम नए इंडिया की बातें करते हैं। लेकिन हम बस बातें ही करते रहेंगे...

—शाहरुख़ ख़ान, 2015

एक बार जब आप फ़ैन-महिलाओं को फ़ॉलो करने लगते हैं, तो पैटर्न आकार लेने लगते हैं। 1990 के दशक के अंत तक, देश के कुलीन और नव-मध्यम वर्ग ने सचिन तेंदुलकर, मिस इंडिया पेजेंट और शाहरुख़ ख़ान पर एक लगातार बढ़ता क्रश विकसित कर लिया था। शिक्षित शहरी फ़ैन मीडिया से शब्द उधार लेतीं और मुझे बतातीं कि शाहरुख़ भारत के पहले 'उत्तर-उदारीकरण सुपरस्टार' थे। लेकिन अगर मीडिया तक आपकी सीमित पहुंच थी, मनमोहन सिंह के 1991 के बजट भाषण की जानकारी नहीं थी, आप अख़बार नहीं पढ़ सकती थीं और 'जीडीपी' एवं 'सुधार' जैसे शब्दों को नहीं समझती थीं, तो शाहरुख़ उदारीकरण थे। शाहरुख़ ने भारत की दूरसंचार क्रांति और इसकी चुस्त-दुरुस्त अर्थव्यवस्था की घोषणा की थी।

एक अशिक्षित मज़दूर वर्ग की महिला के रूप मेंआपके पास इस घटना को बताने के लिए शब्द या शब्दजाल न रहा हो, लेकिन आप जानती थीं कि 90 के दशक के मध्य में कुछ तो नाटकीय हुआ था; आप हर कहीं सबूत देखती थीं। तो, आप छवियों से अपनी ख़ुद की टाइमलाइन बुनती हैं। आपने मुझे बताया कि आपकी दुनिया, शाब्दिक रूप से, सिकुड़ने लगी थी—झारखंड के जंगल, गुजरात के कपड़े के कारख़ाने, बंगाल की कृषि-उपज, दिल्ली की स्कर्टों की लंबाई, एक व्यक्ति की मासिक आय अर्जित करने की निश्चितता। आपकी दुनिया का विस्तार भी हुआ था: सरकार ने ज़्यादा अनाज दिया; एक्टिविस्ट, पंचायत की बैठकें, नए विज्ञापन होर्डिंग और पोलियो शिविर पूरे साल पर छा गए; सड़कें गांव-गांव को देश के बाक़ी हिस्सों से जोड़ने लगीं। पटवारी जींस पहनने लगे। नेकदिल औरतें हर महीने यह कहते हुए आने लगीं कि वो स्वास्थ्यकर्मी हैं। नए सरकारी स्कूल में आपके बच्चों को भोजन मिलने लगा। लोकल दुकान पर ऐसी क्रीमों और पाउडरों का भंडार आ गया, जो लगता था कि केवल अभिनेत्रियों और राजकुमारियों के लिए होते हैं। हर जगह फ़ोन बूथ हो गए। आपकी कॉल कनेक्ट होना लगभग तय था। और, जब भारत ने नई सहस्राब्दी में करवट ली, तो शाहरुख़ का चेहरा हर जगह चस्पां था।

पुरुषों ने अपने खेतों से निकलना और शहरों में नौकरी ढूंढ़ना शुरू कर दिया, और आधुनिक दुनिया से उपहार के तौर पर कलाकृतियां और बीमारियां लाए। अचानक, जिसको भी आप जानती थीं, वो किसी निर्माण स्थल पर काम कर रहा था। धरती से सीमेंट और रबर की गंध आती थी। राजपरिवार होटल व्यवसायी बन गए। आप अपनी चिरपरिचित दिनचर्या से अजनबी हो गईं—हर चीज़ की एक क़ीमत थी, खेती अब जीवन का आदर्श तरीक़ा नहीं रही थी, दुनिया के हर हिस्से से समाचार पहले से कहीं ज़्यादा तेज़ी से पहुंच रहे थे।

नोटबंदी ने शाहरुख़ की नवंबर 2016 की रिलीज़ को देखने के आपके अवसरों पर पानी फेर दिया। स्थानीय सिनेमाघर के बजाय आपको अपने परिवार के साथ स्थानीय एटीएम पर घंटों क़तार में लगना पड़ा। उसके बाद परिवार की कमाई सिकुड़ गई, आपके पति के कंधों की तरह। शाहरुख़ की फ़िल्में अब साल की सबसे बड़ी हिट नहीं रही थीं।

अब, उदारीकरण के बाद सरकार द्वारा नक़दी, संचार और निर्माण के युग को शुरू करने के लगभग तीन दशक बाद, एक वायरस आता है। आपका हीरो पहले ही महामारी के पीछे हटने के बाद लौटने का वादा करके फ़िल्मों से ब्रेक ले चुका है। आप जानती हैं कि उसका आकर्षण इस आपदा से बच निकलेगा।

मगर आप अपने स्वयं के अस्तित्व और दिल्ली में अपने कज़िन्स की नियति के बारे में कम आश्वस्त हैं। लेकिन जीवन और आजीविका की यह अनिश्चितता कोई नई बात नहीं है, आप पीढ़ियों से घर से काम कर रही हैं। नौकरियां चली जाएंगी; और क़र्ज़ लिया जाएगा; बेटियां थोड़ा कम खाएंगी; बीमारों की अशोभनीय मौत होगी; जीवन के नए रास्ते तलाशे जाएंगे। हर पीढ़ी ने आपदा और लचीलेपन का नृत्य देखा है, लेकिन आप शिकायत करती हैं कि इनमें से कोई भी बदलाव इसमें कोई क्रांतिकारी परिवर्तन नहीं लाया है कि पानी कौन लाता है, कौन खाना पकाता है और सफ़ाई करता है, और कौन आपका अपमान करने का हक़दार बनता है। और आपसे पहले किसी पीढ़ी में महिलाओं के पास शाहरुख़ ख़ान नहीं थे। शायद किसी को उनकी ज़रूरत भी नहीं थी। इतनी लाचार कोई नहीं थी जितनी आप हैं।

***

संस्कृति और वेतन में अंतर से महिलाओं को हतोत्साहित करने के अलावा, यह समझाने के लिए मोटे तौर पर चार सिद्धांत हैं कि भारत में इतनी भारी तादाद में वो कार्यबल से बाहर क्यों हो जाती हैं। *आमदनी प्रभाव*—जैसे-जैसे आमदनी बढ़ती है, तो कभी पैसे की कमी से जूझने वाले परिवार भी यह मानने लगते हैं कि वो महिलाओं की कमाई के बिना काम चला सकते हैं। एक अधिक आशावादी सिद्धांत है *शिक्षा-प्रभाव*—अधिक लड़कियों के स्कूल जाने के परिणामस्वरूप श्रमिक वर्ग में महिलाएं कम हो गई हैं। तीसरा है *कम मूल्यांकन-प्रभाव*—महिलाएं काम कर रही हैं लेकिन उन तरीक़ों से जो स्टैंडर्ड सर्वेक्षणों की पकड़ में नहीं आते। दूसरे शोध को प्रतिध्वनित करते हुए, दिल्ली में आईएलओ के लिए रत्ना सुदर्शन के साथ लिखा मेरा अपना पेपर सुझाता है कि डाटा संग्रह के लिए छात्र वॉलंटियरों—उन्हें यह कठोर प्रशिक्षण देकर कि महिलाओं की आर्थिक भूमिकाओं की जांच कैसे करें—की मदद से सर्वेक्षणों द्वारा प्राप्त की गई महिला रोज़गार दर में उल्लेखनीय वृद्धि हो सकती है।

अंत में, यह सिद्धांत है कि महिलाएं मुख्य रूप से कार्यबल से इसलिए बाहर हो रही हैं कि *अर्थव्यवस्था में संरचनात्मक रूपांतरण* हुआ है। इसका क्या अर्थ है? सीधे शब्दों में, पिछले दो दशकों में रोज़गार सृजन उन क्षेत्रों में हुआ है जिनमें महिलाएं काम करने की कम इच्छुक हैं या कम सक्षम हैं, जबकि उन उद्योगों में नौकरियों के अवसर कम हो गए हैं जो आमतौर पर महिलाओं को रोज़गार देते हैं। शिक्षाविदों ने पाया है कि भारत में विकास से होने वाले रोज़गार लाभ बड़े पैमाने पर

पुरुषों को हासिल हुए हैं, जबकि देश के दस सबसे तेज़ी से बढ़ते क्षेत्रों में महिलाओं के लिए उन्नीस प्रतिशत से कम नौकरियों का सृजन हुआ है।

ग्रामीण भारत महिला रोज़गार में तेज़ गिरावट लाया है। 1999 से 2017 के बीच, प्राथमिक शिक्षा तक पहुंच बढ़ने के कारण विवाहित ग्रामीण महिलाएं कृषि छोड़कर फुल-टाइम अवैतनिक देखभालकर्ता बन गईं। अर्थशास्त्री कहते हैं कि थोड़ी-बहुत स्कूली शिक्षा पाने से अपने बच्चों के पोषण, शिक्षा और मानव पूंजी के उत्पादक के रूप में महिलाओं की अहमियत परिवार के लिए उससे ज़्यादा लाभदायक हो जाती है जितनी घर के बाहर ग्रामीण वेतनभोगी श्रमिकों के रूप में होती है। नई सहस्राब्दी के शुरुआती सालों से ही, ग्रामीण रोज़गार सृजन ज़्यादातर निर्माण और सेवा-क्षेत्र में रहा है जो पुरुषों को ज़्यादा काम देते हैं। महिलाओं को काफ़ी हद तक कृषि-आधारित कामों से हटा दिया गया है, और पुरुषों के विपरीत उन्हें दूसरे क़िस्म के कामों में भी कोई लाभ हासिल नहीं हुआ। तो, घटते भारतीय महिला कार्यबल के पास किस प्रकार के काम हैं?

ग्रामीण महिलाओं के कृषि में रोज़गार कम हो जाने के बावजूद, दस में से पांच ग्रामीण कामकाजी पुरुषों की तुलना में दस में से सात ग्रामीण कामकाजी महिलाएं कृषि में लगी हुई हैं। सरकारी रोज़गार आंकड़ों के अनुसार, शहरी कामकाजी महिलाओं का एक चौथाई भाग मैन्युफ़ैक्चरिंग क्षेत्र में कार्यरत है, इसमें अधिकांश काम कम वेतन और बिना किसी सामाजिक सुरक्षा के साथ छोटे पैमाने पर घरों से चालित अनौपचारिक परिधान उद्यमों में हो रहा है। शहरी भारत में दस में से छह कामकाजी महिलाएं सेवा उद्योग में कार्यरत हैं। सेवा-क्षेत्र में महिलाएं कई तरह के काम करती हैं। सभी शहरी कामकाजी महिलाओं में से एक तिहाई संस्थानों में, निजी क्षेत्र की नौकरियों या सरकारी प्रशासन में काम करती हैं। इनमें शिक्षक (तेरह प्रतिशत), कॉरपोरेट प्रबंधक (आठ प्रतिशत) और नर्स (2.5 प्रतिशत) शामिल हैं। फिर घरेलू सेविकाएं और व्यक्तिगत देखभालकर्ता (ग्यारह प्रतिशत), हाउसकीपिंग और रेस्तरां सेवा कर्मचारी (पांच प्रतिशत) और दुकानों पर विक्रेता (पांच प्रतिशत) हैं।

एक रिसर्च असिस्टेंट के रूप में अपने प्रोफ़ेशनल जीवन के शुरू में, 2006 से 2010 के बीच, मैंने घंटों उन महिलाओं से बात की थी जिन्होंने अपने काम और घरेलू जीवन को जोड़ लिया था: उदाहरण के लिए, घरेलू कामगार और घर में स्थित वस्त्र या अगरबत्ती निर्माण में लगी कामगार। ये इंटरव्यू स्कॉलर्स और पक्ष-समर्थन के लिए कामकाजी महिलाओं की प्रोफ़ाइल बनाने में मदद करने के लिए थे। बातचीत को सहज बनाने या सर्वेक्षण के सवालों की एकरसता को तोड़ने के लिए

मैं हमेशा उन महिलाओं से, जिनसे मैं मिलती थी, उनके पसंदीदा फ़िल्मी सितारों और लोकप्रिय संस्कृति के बारे में पूछती थी। औपचारिक रिसर्च से इस ब्रेक ने मुझे कृषि समुदायों और भारत के अनिश्चित रोज़गार व आय वर्ग की शाहरुख़-प्रशंसकों से मिलवाया। ये ब्रेक आवश्यक हो जाते थे, क्योंकि अपनी कामकाजी परिस्थितियों के बारे में मेरे ज़्यादातर प्रश्नों को महिलाएं नीरस और निराशाजनक पाती थीं। अक्सर मुझे बताया जाता था कि ग़रीब औरतें तब काम करती हैं, जब पुरुष शादी के अनुबंध में आजीविका प्रदान करने के अपने सिरे को पूरा करने में सक्षम नहीं हो पाते। अपनी वित्तीय आज़ादी का आनंद लेने वाली औरतें कहती थीं कि नौकरियों और मज़दूरी तक उनकी पहुंच 'मर्यादा' पर निर्भर करती है।

अपने सबसे आम चलन में, मर्यादा सामाजिक परंपराओं और सीमाओं, रीति-रिवाजों और मानदंडों को दर्शाती है, जिनका अपने परिवार और तत्काल समुदाय से प्यार और सम्मान पाने के लिए एक महिला को पालन करना चाहिए। सुशील और कर्तव्यपरायण होना आपको पवित्र, प्रेम करने योग्य और एक अच्छे आदमी के लायक़ बनाता है। मर्यादा लचीला शब्द है, देश भर में इसके विभिन्न आकार और रूप हैं। दिल्ली में इसका मतलब है कि अंधेरा होने से पहले औरतें घर आ जाएं। झारखंड के प्रवासियों के लिए इसका मतलब है कि औरतें लिपस्टिक ख़रीदने से बचें और नियमित रूप से चर्च जाएं। मर्यादा गुजरात में घूंघट या पश्चिमी उत्तर प्रदेश में पर्दा बन जाती है। मर्यादा का अर्थ है अपने बच्चों से प्यार करना, अपने घर की देखरेख में सबसे गहरे अर्थ और जीवंतता खोजना। सबसे अहम रूप से मर्यादा का अर्थ है आत्म-अनुशासन: हंसना या बचकानी हरकतें न करना, घर की इज़्ज़त या गंदे बर्तनों के लिए पूरी तरह से ख़ुद को ज़िम्मेदार ठहराना, स्वार्थी न होना, जींस न पहनना, कभी भी अपने परिवार से हटकर ख़ुद निर्णय न लेना, कभी अपनी इच्छा व्यक्त न करना, कभी अपने लिए चीजें न ख़रीदना, कभी भी सबके सामने अपने पसंदीदा हीरो की बातें न करना या अकेले फ़िल्में न देखना। औरत की आत्मा और उसके स्व के लिए संभावनाओं को तय करते हुए मर्यादा सीमाएं खींचती है कि एक औरत के लिए उचित या 'नियमानुकूल व्यवहार' क्या है, उसे क्या करना और कैसा होना चाहिए।

भारत के अभिजात और मध्यम वर्ग के लिए, जिनके बारे में इस किताब के पिछले हिस्सों में चर्चा की गई है, आधुनिक होना सुशिक्षित और सुघड़ लड़कियों को पालने के समकक्ष हो गया है, जो कॉलेज में लिबरल आर्ट्स पढ़ती हैं और शादी होने तक काम करती हैं। नौजवान रियल एस्टेट, वित्त या इंजीनियरिंग में उत्कृष्टता हासिल करने के बोझ तले दबे होते हैं और अपने परिवार के एकमात्र

अन्नदाता और रक्षक बन जाते हैं। पिछले दस वर्षों में, मैनेजमेंट, इंजीनियरिंग, गणित, विज्ञान या अर्थशास्त्र का अध्ययन करने वाली लड़कियों की हिस्सेदारी कम हुई है। लड़कियां अक्सर ऐसे विषयों का अध्ययन करती हैं जो श्रम बाज़ार में हमें हल्की स्थिति प्रदान करते हैं, अर्थव्यवस्था में हमारी प्रतिस्पर्धात्मकता को कुंद करते हैं, हमें काम छोड़ने के लिए तैयार करते हैं क्योंकि हमारा वैतनिक श्रम घर में हमारे अवैतनिक मैनेजर के मूल्य से कभी मेल नहीं खाएगा।

श्रम बाज़ार में हमारा समय लंबी खिंची किशोरावस्था जैसा महसूस होता है, वैवाहिक स्वर्ग में प्रवेश करने से पहले हमारे शुद्धीकरण का काल। हम चाहें जो भी काम करें, वयस्क जीवन केवल तभी शुरू होगा जब हम अपनी विशिष्ट एकांगी विवाहित इकाई बना लेंगे, या ऐसा हमें बताया जाता है। अति-संभ्रांत महिलाएं *सेक्स एंड द सिटी* के फ़ैशन और बातों को अपना लेती हैं और पश्चिमी महिला की आर्थिक आज़ादी (कैरी अपना किराया ख़ुद चुकाती है) को एक और महंगी दुष्प्राप्य एक्सेसरी मान लेती हैं। लेकिन हमें शादी का इंतज़ार करने के लिए, 'आदर्श' आदमी के लिए अपने कैरियर और व्यक्तिगत मार्गों को आमूलचूल बदलने के लिए तैयार रहने के लिए प्रोग्राम किया जाता है।

हममें से कोई भी ब्रेनवॉश की गई बेवक़ूफ़ नहीं है। संभ्रांत और मध्यम वर्ग की लड़कियां अक्सर शादी या बच्चे होने के बावजूद काम करना जारी रखने के लिए कार्यबल में शामिल होती हैं। लेकिन व्यावहारिकता हमारे उसूलों को कुचल देती है। हम पितृसत्ता के साथ सौदेबाज़ी करते हैं। काम और पारिवारिक जीवन का बोझ अकेले उठाना बहुत भारी हो जाता है। ऑफ़िस के माहौल में यदा-कदा होने वाला लैंगिक भेद—उसके ब्रो-कोड, ताक़त के गलियारे और एल्फ़ा पुरुष—हमारे प्रोफ़ेशनल उत्साह को कुतरने लगते हैं। यह तथ्य कि हमारे कार्यस्थलों पर समान कार्य के लिए पुरुषों को हमसे कहीं अधिक पैसा दिया जाता है, और हमें किसी वजह से कम गंभीर, मेहनत करने के लिए कम इच्छुक मानते हुए व्यवहार करना केवल हमारे लिए काम छोड़ने को आसान बनाता है। हम स्वेच्छा से या अनिच्छा से पीछे हटकर पार्टटाइम काम में, ज़्यादा से ज़्यादा लचीले इंतज़ामों में चले जाते हैं, या, बहुत मुमकिन है, कार्यस्थल को पूरी तरह से छोड़ देते हैं। कुछ चुनिंदा लड़कियों को ही ऐसे पुरुष मिलते हैं जो घर से बाहर एक औरत के काम को, जो वो हैं उसके सुदृढ़ हिस्से के रूप में देखते हैं; ऐसे पुरुष जो घर के कामों में मदद करने को अनियमित अहसान के रूप में नहीं, बल्कि जो वो ख़ुद हैं उसके एक सुदृढ़ हिस्से के तौर पर देखते हैं।

कम आय और कहीं अधिक अस्थिर जीवन वाले समुदायों की महिलाओं के लिए बाज़ार की अनिश्चितताएं आवश्यकता की आड़ में आज़ादी ला सकती है। खाद्य-पदार्थों की क़ीमतें नियंत्रण से बाहर हो गई हैं, खेती में मुनाफ़ा नहीं रहा है, आदमियों की फ़ैक्टरी की नौकरी अब इतनी स्थिर नहीं है कि रोज़मर्रा के ख़र्चों को चलाया जा सके, एक स्थानीय ठेकेदार महिलाओं को घरेलू काम करने के लिए शहर जाने में मदद करने लगता है, सरकार लड़कियों की शिक्षा को प्राथमिकता देती है और महिलाओं को काम देने और प्रशिक्षित करने के लिए विभिन्न आजीविका योजनाओं की घोषणा करती है। घर से बाहर क़दम रखने, सीखने और काम करने की ज़रूरत नए दोस्त बनाने, अपने ठौर-ठिकाने के बारे में झूठ बोलने और कभी वापस न आने की आज़ादी प्रदान करती है। लेकिन ये आज़ादियां मुफ़्त नहीं हैं। आप पर परंपरा की, मर्यादा से बंधे होने की बंदिश लगाई जाती है। परिवार बेमन से महिलाओं को सामाजिक रूप से स्वीकार्य सीमाओं से परे दुनिया में ज़्यादा उतरने की अनुमति देते हैं, लेकिन नियंत्रण बनाए रखने की कोशिश करने के साधन के रूप में रिवाजों और परंपरा का मुलम्मा चढ़ाते हैं।

सभी वर्गों और सामाजिक स्थितियों में, कामकाजी महिलाएं बाज़ार, आधुनिकता और मर्यादा की इस नंगी तलवार पर अकेले चलती हैं। कई सामान्य महिलाओं को पुरुषों, परिवार और विवाह पर पूरी तरह से निर्भर अपने स्वत्व की भावना को गढ़ते हुए शुरू से ही इन समझौतों को आत्मसात करना सिखाया जाता है। यह कहना मूर्खता होगी कि यह एक भयानक या बलात किया गया काम है, या कि सभी महिलाओं को विवाहित जीवन और परिवार में अर्थ खोजना छोड़ देना चाहिए। यह सुझाव देना कि महिलाओं के रूप में हमारे पास कोई विकल्प नहीं है, या शक्तिशाली संस्थानों के रूप में 'समाज'और 'बाज़ारों' को दोष देना भी आसान है जो हमारे साथ भेदभाव करते हैं। हममें से अनेक के लिए शादी, बच्चों और एक अच्छे आदमी के बिना जीवन आध्यात्मिक रूप से अधूरा और सामाजिक-आर्थिक रूप से जोखिम भरा समझा जाता है।

यदि आपको पथभ्रष्ट होना और काम को शादी की राह में एक पड़ाव के उलट एक व्यवसाय की तरह लेना है, तो आपको लगातार दूसरे सबूत पेश करते रहने होंगे कि आप एक 'अच्छी' महिला हैं। यह वो क़ीमत है जो आपको सांस्कृतिक स्वीकार्यता की सीमाओं को आज़माने के लिए चुकानी होती हैं। आपको कार्यक्षेत्र में ख़ुद को साबित करना होगा। पैनी नज़र रखने वाली पब्लिक को संतुष्ट करने के लिए ही नहीं बल्कि कुछ *अधिक* चाहने के अपने अपराध बोध को दूर करने

के लिए भी आप इन सबूतों की तलाश में रहती हैं। घर पर आपको सबका ध्यान रखना, खाना बनाना और ख़ुशी-ख़ुशी साफ़-सफ़ाई करनी होगी—और हमेशा ख़ुद पर नज़र रखनी होगी। आप मदद के लिए अपने पार्टनर की ओर देख सकती हैं लेकिन कोई फ़ायदा नहीं। अपने नेक इरादों के बावजूद वो भी परंपरा को लागू करने के लिए मजबूर और कॉन्फ़िगर किया गया है। एक वेतनभोगी कर्मचारी के रूप में आपकी स्थिति उसे बाज़ार में अपनी कमज़ोर शक्ति की निरंतर याद दिलाती है। अपने बाज़ार मूल्य के साथ-साथ उसका आत्म-मूल्य भी घटता जाता है। वो आपसे दूर होने लगता है; फिर हिंसा, रोज़ाना की झुंझलाहट या बेवफ़ाई भी हो सकती है। अक्सर आप ख़ुद को रोते पाती हैं। इन पलों में आपको अहसास होता है कि आपने उससे कुछ ज़्यादा ही उम्मीद की थी। आप अकेली हैं। और शाहरुख़ हैं। आपकी अपनी शर्तों पर वैवाहिक जीवन की पेशकश करते हुए। जब असली पुरुष पीछे हटते हैं, तो सुपरस्टार्स और महत्व पाते हैं। कल्पना में एक आदर्श व्यक्ति मिलता है। आप अपनी रोज़मर्रा की ज़िंदगी के परिदृश्य को खंगालती हैं, लेकिन वो कहीं नहीं मिलता।

मैंने जितनी महिलाओं से बात की, उनमें से अधिकांश अच्छा वेतन पाने और ऑफ़िस में काम करने वाली महिलाओं ने डेडलाइन, बर्तनों और गरिमा की रोज़ाना की मांगों के साथ गहरी पैठी असहजता व्यक्त की। ख़ाली समय पाने की कमी और अपनी लगातार बनी रहने वाली थकान को अक्सर एक कामकाजी महिला होने के एक स्पष्ट अंग के तौर पर लिया जाता है। लगातार अपने व्यक्तित्व, घर और काम का ध्यान रखने के लिए दौड़-भाग करते रहना स्वाभाविक क्रम बन जाता है। पुरुषों की अपनी परेशानियां होती हैं; लेकिन घरेलू और भावनात्मक श्रम से उपजी थकावट शायद ही उनमें से एक होती है।

लेकिन क्या होगा, अगर किसी दिन, दिल्ली की झुग्गियों या पश्चिमी यूपी के गांवों में कोई महिला—कट्टर फ़ेमिनिस्ट प्रतीकों, साहित्य, और सिद्धांतों के बारे में कोई जानकारी न रखने वाली महिला—जाग गई और उसने पितृसत्तात्मक साज़िश की निर्विवाद बू को सूंघ लिया? क्या होगा अगर चीज़ों का स्वाभाविक क्रम गढ़ा हुआ दिखने लगे? क्या होगा अगर उसे महसूस हो कि वो उन गंदे बर्तनों में फंस गई है? क्या होगा अगर वो एक अच्छी पत्नी या एक कर्तव्यपरायण बेटी होने की तुलना में एक व्यक्ति होने के अधिक सार्थक तरीक़े खोज ले? क्या होगा अगर सामुदायिक आयोजन, महानगरीय गपशप, सिनेमा हॉल, मॉल, फ़ैक्टरी के फ़्लोर, ऑफ़िस और स्थानीय बाज़ारों की दुनिया उसके लिए उससे कहीं अधिक रोमांच और अर्थ रखने लगे, जितना उसे लगता था? क्या होगा अगर अजनबियों के लिए चीज़ें बनाना आपके

बच्चों के लिए दाल बनाने से ज़्यादा सार्थक हो जाए? क्या होगा अगर वो अपने घर की अवैतनिक मैनेजर होने के बजाय गार्मेंट ऑर्डर्स की वेतनभोगी मैनेजर बनना पसंद करे? और क्या होगा अगर कुछ होने और करने के विभिन्न तरीक़ों की इन कोशिशों को उसका परिवार और उसके प्रियजन सक्रिय रूप से विफल कर दें? ऐसी दुनिया में जहां राज्य रक्षा या भरण-पोषण प्रदान नहीं कर सकता, क्या वो परिवार को छोड़ने का फ़ैसला करेगी? क्या होगा अगर 'अपने परिवार से प्यार करने' का अर्थ और मान्यता इसके परिणामस्वरूप होने वाली थकान और भेदभाव के नतीजे में बेमानी लगने लगे?

संगठित प्रतिरोध के अभाव में, भेदभाव के अहसास को बताने के लिए वो किस भाषा का प्रयोग करेगी? उसे सलाह और सुकून कहां मिलेगा? क्या वो शाहरुख़ का रुख़ कर सकती है? क्या वो अपने दिन सपने देखने, घर के कामों में ढील देने और सरसों के खेतों और स्विस आल्प्स के बारे में सोचने में बिता सकती है?

3

वर्क फ़्रॉम होम

9
सर्वेक्षणकर्ता

भय जिसका सर्वेक्षण नहीं किया जा सकता
-एमिली डिकिन्सन तन्हाई पर

इस सबकी शुरुआत एक सर्वेक्षण से हुई थी। 2006 में, मुझे बस डेवलपमेंट स्टडीज़ जनजाति की एक समर्पित सदस्य कहा जा सकता था। अपनी मास्टर्स डिग्री पूरी करने के बाद, मैं उत्साही थी, जिज्ञासु थी और मसीहा होने की अपनी आत्मतुष्ट भावना को छिपाने के लिए बेपरवाही से डाटा का इस्तेमाल करने में प्रतिभाशाली थी। मुझे हर समय मोहभंग होने का ख़तरा और डर लगा रहता था। विकास के बहुत से छात्रों की तरह मुझे भी अकादमिक रूप से सर्वेक्षण के पंथ में दृढ़ विश्वास रखने के लिए तैयार किया गया था। मैं बेताब रहती थी कि 'फ़ील्ड' को खोजूं, और ऐसा 'जबरदस्त शोध' करके दिखाऊं जो 'नीति निर्माताओं' को विभिन्न सरकारी कामों की प्रभावशीलता का पुनर्मूल्यांकन करने पर मजबूर कर दे। मेरे ऊपर 'पितृसत्ता' और 'एजेंसी' जैसे शब्दों का जुनून सवार था। जेंडर और विकास का अध्ययन करने के बाद, इंस्टीट्यूट ऑफ़ सोशल स्टडीज़ ट्रस्ट में मुझे अपने अंदर के जुनूनी के लिए एक मंच मिल गया, एक मामूली सा थिंक-टैंक, जो मामूली मुद्दों पर मामूली से बजट के साथ काम करता है। ऐसा ही एक उद्यम था यूनिफ़ेम और सेवा यूनियन के साथ एक रिसर्च प्रोजेक्ट, होमनेट।

सेवा, या सेल्फ़-एंप्लॉयड विमेन्स एसोसिएशन, अहमदाबाद की टैक्सटाइल लेबर एसोसिएशन की महिला विंग की गतिविधियों से उभरा था। इस संगठन की स्थापना इला भट्ट ने एक रजिस्टर्ड ट्रेड यूनियन के रूप में अप्रैल 1972 में की थी। बीस

लाख से ज़्यादा भागीदार सदस्यों के साथ सेवा दुनिया में ग़रीब और अनौपचारिक महिला कर्मचारियों का सबसे बड़ा संगठन है। अनौपचारिक कर्मचारी वो होते हैं जिन्हें सवेतन छुट्टी, चिकित्सा सहायता और कर्मचारी-वित्तपोषित रिटायरमेंट पेंशन के पारंपरिक कार्यालय-आधारित लाभ नहीं मिलते हैं, और जो आमतौर पर बिना किसी लिखित अनुबंध के तदर्थ काम करते हैं। भारत में नौकरियों का एक बड़ा हिस्सा अनौपचारिक है। 2018 में, कृषि के अलावा नियमित वेतन या मज़दूरी करने वाली महिलाओं में भी, 66.5 प्रतिशत के पास नौकरी का कोई लिखित अनुबंध नहीं था, जबकि चौवन प्रतिशत को सामाजिक सुरक्षा का अधिकार प्राप्त नहीं था।

2006 में, आईएसएसटी में मेरे पहले रिसर्च प्रोजेक्ट का मक़सद अनौपचारिक अर्थव्यवस्था में 'गृह-आधारित श्रमिकों' पर डाटा जमा करना था। जैसा कि नाम से ज़ाहिर है, गृह-आधारित काम उन सभी लोगों के लिए बोले जाने वाले शब्द थे जो अपने घरों में पैसा कमाने वाले काम कर रहे थे। हमारे निष्कर्षों का उपयोग सेवा और उसके सहयोगी संगठन होमनेट द्वारा ऐसे श्रमिकों के जोखिमों और काम करने की परिस्थितियों को और अधिक नज़रों में लाने के लिए किया जाने वाला था। ख़ुद आईएसएसटी को भी कुछ दृश्यता पाने की उम्मीद थी।

जब हम वैश्वीकरण की प्रक्रिया के परिणामस्वरूप ख़राब ढंग से संरक्षित नौकरियों के बारे में सोचते हैं, तो हमें अंतरराष्ट्रीय फ़ैशन लेबल्स की मांगों को पूरा करने वाले फ़ैक्टरी-आधारित स्वैटशॉप्स का ध्यान आता है। निश्चित रूप से पूर्वी एशिया और बांग्लादेश जैसे देशों का यही अनुभव रहा है, जहां निर्यात-उन्मुख निर्माण कार्यबल में महिलाएं हावी हैं, और इन क्षेत्रों में उनकी तादाद कुल श्रमिकों की लगभग सत्तर प्रतिशत है। इन देशों के आंकड़ों के विपरीत, भारत के स्पेशल इकोनोमिक ज़ोन्स (एसईज़ेड) में काम करने वाली महिलाओं का अनुपात 1981 के 46.5 प्रतिशत से घटकर 2003 में सैंतीस प्रतिशत रह गया, जो 2008 तक और गिरकर तैंतीस प्रतिशत रह गया। दिसंबर 2019 में, सरकारी आंकड़ों से पता चला कि भारत में लगभग दो मिलियन लोगों को एसईज़ेड द्वारा नौकरियां दी गईं। पुरुषों और महिलाओं का वितरण उपलब्ध नहीं है। अगर हम यह भी मान लें कि ये सभी श्रमिक महिलाएं हैं, तो एसईज़ेड के कारख़ानों में मिलने वाला रोज़गार गृह-आधारित काम में लगी 17.2 मिलियन महिलाओं की संख्या के सामने बौना हो जाएगा। भारत में महिलाओं का एक बड़ा भाग कारख़ानों के बजाय अपने घरों से अर्थव्यवस्था में भाग लेता है—चाहे वो घरेलू कृषि (4.7 मिलियन महिलाएं) हो या फिर वस्तुओं और सेवाओं का गृह-आधारित उत्पादन हो।

घर से काम करना निर्माण क्षेत्र में महिलाओं के काम की एक प्रमुख विशेषता बनी हुई है। वैश्विक एनजीओ विमेन इन इनफ़ॉर्मल एंप्लॉयमेंट: ग्लोबलाइज़िंग एंड ऑर्गेनाइज़िंग (वीगो) के सांख्यिकीविद जी. रवींद्रन की एक रिपोर्ट के अनुसार, 2017 में निर्माण क्षेत्र में काम करने वाले पंद्रह प्रतिशत पुरुषों की तुलना में चौंसठ प्रतिशत भारतीय महिलाओं ने घर से काम किया। गृह-आधारित काम काफ़ी हद तक महिलाओं का पेशा होने के बावजूद, महिलाएं प्रति घंटा 24 रुपए कमाती हैं, जबकि पुरुष इसका दोगुना कमाते हैं।

भारत की अधिकांश कामकाजी महिलाओं के लिए घर का मुख्य कार्यस्थल होना हममें से किसी के लिए भी आश्चर्य का कारण नहीं होना चाहिए। 'वर्क फ्रॉम होम' के एक सार्वजनिक स्वास्थ्य उपाय बनने से बहुत पहले, परिवार महिलाओं द्वारा पैसों के लिए सिर्फ़ घर से किए गए काम को सहन कर सकते थे क्योंकि उन्हें डर होता था कि बाहर की दुनिया उनकी महिलाओं के लिए असुरक्षित है। इस तरह का काम उन परिवारों के लिए एक सांस्कृतिक आड़ बन जाता था, जिनका ख़्याल था कि महिलाओं के घर से बाहर काम करने से उन्हें शर्म और बेइज़्ज़ती का सामना करना पड़ेगा, और जिनके लिए सार्वजनिक क्षेत्र में महिलाओं की मौजूदगी का मतलब था मर्दों की सेक्सुअल अटेंशन, छेड़छाड़ या विवाह-पूर्व कलंक को दावत देना। अपने घरों के भीतर मज़दूरी करके ये महिलाएं सवेतन काम के अलावा अवैतनिक देखभाल भी कर सकती थीं, जबकि इस तरह से उद्यमों को कम लागत पर, फ़ेमिनिस्ट्स के अनुसार, महिलाओं की 'फुर्तीली उंगलियों' का शोषण करने का मौक़ा मिल जाता था।

गृह-आधारित श्रमिकों के सबसे बड़े हिस्से को तीन क्षेत्र रोज़गार देते हैं: परिधान, कपड़ा और तंबाकू उत्पाद। 1990 के दशक के अंत और 2000 के दशक की शुरुआत में, उद्योगों ने महिलाओं को उप-अनुबंधित मूल्य श्रृंखलाओं के हिस्से के रूप में जोड़ा। परिधान निर्माता कपड़ों के टुकड़े या कढ़ाई का काम थोक ठेकेदारों को देते थे। ये ठेकेदार उप-ठेकेदारों की एक टुकड़ी पर निर्भर रहते थे जो महिलाओं को घर पर कपड़ों के अलग-अलग टुकड़ों को जोड़ने, रंगने, कढ़ाई करने और सीने के लिए भुगतान करते थे। ऐसे काम वैश्विक व्यापार और आधुनिक दूरसंचार के साथ भारत के गठजोड़ के नतीजे थे। टैक्नोलॉजी और परिवहन के कारण कामों को कई स्थानों पर घरों और कारख़ानों के बीच बांटा जा सकता था। ठेकेदार फ़ोन के ज़रिए कम लागत में कामगारों के साथ संपर्क रख सकते थे। भारत की अर्थव्यवस्था के खुलने से महिलाओं को ऐसे कई अस्थिर रोज़गार मिले। लेकिन अर्थव्यवस्था पर होने वाली चर्चाओं में ये कामगार बमुश्किल ही नज़र आते थे।

गृह-आधारित काम ने आर्थिक गतिविधियों को समझने के लिए अर्थशास्त्रियों और सरकारों द्वारा उपयोग किए जाने वाले पारंपरिक फ्रेमवर्क को चुनौती दी। इसने उस 'आर्थिक आदमी' की वर्तमान आर्थिक और राजनीतिक भाषा को चुनौती दी, जो काम, आय और व्यक्तिगत लाभ के लिए बाज़ार के साथ स्वार्थी ढंग से सौदेबाज़ी करता है। *होमो इकोनॉमिकस*, तर्कसंगत आर्थिक आदमी, घर और दुनिया के बीच एक स्पष्ट अलगाव रखता है। घर को महिलाओं के क्षेत्र के रूप में माना जाता था, जो वेतन और मुनाफ़े के दबाव से बहुत दूर देखभाल, आराम और मनोरंजन को समर्पित था। कार्यकर्ताओं और श्रमिकों को गृह-आधारित काम को श्रम के एक प्रामाणिक और वैध रूप में मान्य कराना था, जिसके लिए सरकारी विनियमन और सामाजिक सुरक्षा की आवश्यकता थी। असंगठित सामाजिक सुरक्षा विधेयक—एक विधान जिस पर 2005 में भारतीय संसद में बहस हुई और 2008 में एक अधिनियम के रूप में पारित हो गया—के व्यापक संदर्भ में अनौपचारिक अर्थव्यवस्था से संबंधित सक्रियता ने ज़बरदस्त रफ़्तार हासिल कर ली थी। सेवा और इसके पार्टनर भारत के छिपे हुए घरेलू महिला कार्यबल के योगदान और चिंताओं को स्पष्ट करने के लिए आतुर थे। आईएसएसटी का मक़सद घरेलू धंधों में लगी महिलाओं की मज़दूरी और काम करने की परिस्थितियों पर परिप्रेक्ष्य प्रदान करना था। टीम ने अध्ययन के लिए तीन क्षेत्रों की पहचान की—अगरबत्ती, परिधान और तंबाकू उत्पाद। योजना यह थी कि सर्वेक्षण के निष्कर्षों का इस्तेमाल करके ऐसे कामगारों के लिए सामाजिक सुरक्षा उपायों की वकालत की जाए।

शोध सारांश लिखने के शुरुआती एक महीने के बाद, मेरी मैंटर और नियोक्ता ने सुझाव दिया कि मैं अहमदाबाद में श्रमिकों और यूनियन के लोगों का इंटरव्यू करने के लिए सेवा के यूनियन ऑफ़िस जाऊं। मैं लाल दरवाजा ऑफ़िस पहुंच गई, उत्साहित लेकिन इस बात से अनजान कि क्या उम्मीद रखनी चाहिए।

***

2006 में, मैं सेवा के अहमदाबाद परिसर में केओलीबेन और ज़ाहिराबेन से मिली। मैंने साप्ताहिक मीटिंग में बाधा डाल दी थी। कार्रवाई की शुरुआत हमेशा उपस्थित लोगों द्वारा भारत के सभी धर्मों का प्रतिनिधित्व करने वाली प्रार्थनाएं गाने से होती थी। कृतज्ञता भरे इन गीतों के बाद, मेरा परिचय सेवा के सामुदायिक आयोजकों के एक छोटे से समूह से कराया गया, जिन्होंने शहर में अगरबत्ती श्रमिकों पर डाटा जमा करने में मदद की थी। ज़ाहिरा इसी ग्रुप की सदस्या थी। इन महिलाओं

को अहमदाबाद की कुछ सबसे ग़रीब झोपड़पट्टियों में जाना जाता था। उन्होंने ज़बरदस्त आत्म-विश्वास हासिल कर लिया था। बापूनगर और अल्लाह नगर के इलाक़ों में, जहां उन्होंने महिला कार्यकर्ताओं को संगठित करने में मदद की थी, ऐसा लगता था कि पूरे समूह को सबके रहस्य पता हैं, यहां तक कि वो सबके मासिक बिल भी सुना सकती थीं। ज़ाहिरा पठान एक नाजुक सी महिला थीं, जिनके परफ़ेक्ट नाख़ून और मेंहदी के रंग के बाल थे। पांच फ़ुट दो इंच की ज़ाहिराबेन ग्रुप में सबसे छोटी थीं, लेकिन उनके आत्मविश्वास ने उनका क़द उनमें से ज़्यादातर से बड़ा कर दिया था। ज़ाहिरा पठान इतनी तेज़ थीं कि उनके द्वारा एक मौलाना को पीटने की कहानियां भी मशहूर थीं। किसी को भी सही जानकारी नहीं थी कि इस मामले की सच्चाई क्या थी या कि वास्तव में क्या हुआ था। और किसी की उनसे पूछने की हिम्मत भी नहीं थी। अगर आपने किसी को पैसा उधार दिया हो और आपको उसे वसूल करना था, तो आप ज़ाहिरा की समझाने की शक्ति पर भरोसा कर सकते थे।

'अगरबत्ती कॉलोनी' अहमदाबाद में बड़ी बापूनगर बस्ती के भीतर एक अपग्रेडेड झोपड़पट्टी के भाग के लिए महिलाओं द्वारा इस्तेमाल किया जाने वाला एक बोलचाल का नाम था। 'अपग्रेड' का मतलब था कि वहां एक, भले ही खुला और मलेरिया ग्रस्त लेकिन, चालू सीवेज सिस्टम था। ये इलाक़ा अगरबत्तियों के नाम पर था, जिसके उत्पादन में कई निवासी लगे हुए थे, और इस इलाक़े को अगरबत्ती उद्योग, आस्था और केओलीबेन और ज़ाहिराबेन जैसी महिलाओं ने बनाए रखा था। मैंने देखा कि 2002 के दंगों से त्रस्त बापूनगर में हिंदू और मुसलमान अक्सर साथ उठते-बैठते थे। लेकिन वो अलग भी थे, और दोनों ने बस्ती के भीतर अपने अलग-अलग इलाक़े बनाए हुए थे। रेहड़ी-पटरीवालों के रूप में काम करते और अपने छोटे-छोटे अनौपचारिक उद्यम चलाते हुए दोनों समुदाय बड़े पैमाने पर स्व-रोज़गार में लगे थे। कुछ लोग पॉवरलूम इकाइयों या छोटी-छोटी रिपेयर की दुकानों में दिहाड़ी मज़दूरों के रूप में काम करते थे। यह क्षेत्र दस अगरबत्ती कारख़ानों से घिरा हुआ था, जिसके लिए लगातार कच्चे माल और मज़दूरों की ज़रूरत होती थी।

जैसे-जैसे मध्यवर्गीय भारतीयों की जेबें गहरी होती गईं, परिवारों के पास धार्मिक अनुष्ठानों और उनसे संबंधित अन्य साज़ो-सामान पर ख़र्च करने के लिए भी पैसा आने लगा। मज़बूत घरेलू उपभोक्ता मांग के साथ-साथ 'पूर्वी' आध्यात्मिकता के लिए बढ़ती वैश्विक रुचि बापूनगर के अगरबत्ती श्रमिकों और भारत के अगरबत्ती निर्माताओं के लिए एक वरदान साबित हुई थी। निर्यात 1990 के 48 मिलियन

अमेरिकी डॉलर से बढ़कर 2018 में 130 मिलियन अमेरिकी डॉलर हो गया। 2020 में, सरकार ने बताया कि भारत में हर दिन 1,490 टन अगरबत्ती की ख़रीद होती है। इस उद्योग में लगभग बीस लाख लोग कार्यरत हैं और अगरबत्ती के निर्माण में महिलाएं हावी हैं।

ज़ाहिरा एक घरेलू परिधान कामगार और अगरबत्ती निर्माता थीं। वो बापूनगर की अगरबत्ती कॉलोनी से पंद्रह मिनट की पैदल दूरी पर एक मुस्लिम बहुल नुक्कड़ में रहती थीं। वो हर हफ़्ते स्थानीय दर्ज़ी से ऑर्डर लेती थीं। घर पर कपड़ों की सिलाई और रंगाई उनके काम का बड़ा हिस्सा थे। उन्होंने एक अच्छी सिलाई मशीन ख़रीदने के लिए शादी के कुछ गहने बेच दिए थे। यह मशीन उनकी लाइफ़लाइन थी, जिससे वो ज़्यादा जल्दी काम कर सकती थीं और ज़्यादा ऑर्डर पूरे कर सकती थीं। अपनी कमाई को बढ़ाने के लिए उन्होंने अगरबत्ती बनाने के छोटे-छोटे ऑर्डर भी लेने शुरू कर दिए। इस काम में उनकी मुलाक़ात इलाक़े की दूसरी गृह-आधारित अगरबत्ती श्रमिकों से हुई। वो अपनी मज़दूरी लेने और दूसरी औरतों से नए ऑर्डर्स पर बात करने के लिए हर कुछ दिन बाद अगरबत्ती कॉलोनी जाती थीं। ज़ाहिरा अपने स्थानीय ठेकेदार से हाथ से चीरी हुई बांस की पतली डंडियों का एक बैच लेती थीं। डंडियों को धोने के बाद, वो कोयले के पाउडर और गोंद से एक लेप तैयार करती थी। अंततः, कोयले और गोंद के मिश्रण को हाथ से अगरबत्ती पर लेप दिया जाता और धूप में सूखने के लिए छोड़ दिया जाता। रोलिंग के लिए उन्हें फ़र्श पर बैठना और लकड़ी के एक छोटे से तख़्ते पर झुकना पड़ता था। पूरी की गई डंडियां उसका उपठेकेदार ले लेता था। वो तैयार माल को स्थानीय अगरबत्ती कारख़ानों तक पहुंचा देता था। कारख़ाने की मशीनें डंडियों को ख़ुशबू के लिए रासायनिक मिश्रण में डुबोती थीं। अंतिम उत्पाद की पैकेजिंग और पॉलिशिंग की ज़िम्मेदारी कारख़ाने के श्रमिकों की थी। 2004 में, उन्हें घर पर एक हज़ार अगरबत्तियां रोल करने के लिए 8 रुपए का भुगतान किया जाता था। वो एक महीने में अगरबत्ती से ज़्यादा से ज़्यादा 500 रुपए और परिधान के काम से लगभग 2,000 रुपए, या न्यूनतम मज़दूरी के एक चौथाई से भी कम कमाती थीं। सूरत में उनके भाई से मिलने वाली माहाना सपोर्ट और सरकार के खाद्य कार्यक्रम से मिले सस्ते दामों वाले अनाज के अलावा इस पैसे से ही उनकी गुज़र-बसर होती थी।

बापूनगर तब बनाया गया था जब अहमदाबाद भारत का एक फलता-फूलता कपड़ा केंद्र था। 60 के दशक के शुरू के सालों में, यह इलाक़ा कम आय वाले मिल मज़दूरों के लिए रिहायशी इलाक़े के रूप में काम आने लगा। इनमें

से अनेक मिलें 80 के दशक के उत्तरार्ध में बंद हो गईं, और नतीजतन फ़ैक्ट्रियों में काम करने वाले मज़दूर विस्थापित हो गए और अनौपचारिक मज़दूरी, गृह-आधारित कारोबार और अहमदाबाद के बाहर प्रवासी काम करने को मजबूर हो गए। अब मर्दों के पास नियमित भुगतान वाली और स्थायी नौकरियां नहीं रहीं। सड़कों पर रेहड़ी लगाने से होने वाली आमदनी प्रशासन के कठोर नियमों के कारण मुश्किल हो गई, जो इस बात पर रोक लगाते थे कि कामगार अपना माल कहां और कैसे बेच सकते हैं। और जहां उत्तरी भारत की तुलना में गुजरात जैसे राज्यों में हिंदू और मुस्लिम समुदायों की महिलाएं ऐतिहासिक रूप से सार्वजनिक स्थान पर अधिक मौजूद रही हैं, वहीं महिला रोज़गार हमेशा से कम ही था। अब महंगाई के हमले और कारख़ाने बंद हो जाने से महिलाओं के लिए काम करना और स्वतंत्र आमदनी कमाना ज़रूरी हो गया था। ज़ाहिरा की तरह, इलाक़े की अधिकांश महिलाओं ने स्थानीय तौर पर परिधान, तंबाकू उत्पादों, बक्सों, अगरबत्तियों और पतंगों के निर्माण में मदद करना शुरू कर दिया। घरों से काम करना सभी धर्मों की महिलाओं का साझा पेशा बन गया। मुस्लिम महिलाएं घर-आधारित कपड़ों के काम में ज़्यादा सक्रिय थीं, जबकि हिंदू महिलाएं अगरबत्ती के घर-आधारित निर्माण में प्रमुख थीं। काम की लचीली प्रकृति की वजह से महिलाओं के लिए यह फ़ैसला करना आसान था कि पैसे के लिए अपनी माहाना या हफ़्तेवार ज़रूरतों के मुताबिक़ वो कितना काम करें। मैंने डांडिया के दिनों में कुछ कमउम्र लड़कियों को भी कोई ड्रेस ख़रीदने के लिए अगरबत्तियां रोल करते देखा था। स्थानीय अगरबत्ती कारख़ानों द्वारा उपयोग की जाने वाली सुगंध और कच्चे माल के साथ-साथ डंडियों के गृह-आधारित उत्पादन की छाप पूरी बस्ती में महसूस होती थी, और नालियों से गंदगी, कोयले और भक्ति की गंध आती थी।

ज़ाहिरा का दावा था कि उनकी हंसी भी उनके दिल की तरह बड़ी है। वो 1998 से सेवा की सदस्य थीं। 2000 में, वो अपने पड़ोस की कुछ महिलाओं के साथ जुड़ीं और सामुदायिक आयोजक बन गईं। उनकी उम्र बीस से कुछ ज़्यादा थी और उन्होंने भारत के सबसे सफल महिला श्रम अभियानों में से एक में एक महत्वपूर्ण भूमिका निभाई, और नियोक्ताओं से ज़्यादा मज़दूरी और कल्याणकारी लाभों की मांग के लिए शहर भर में चल रहे संघर्ष के भाग के रूप में अगरबत्तियां बनाने वाली ग़रीब औरतों को संगठित करने में सेवा की मदद की। सेवा 90 के दशक से घरों से काम करने वाले श्रमिकों को संगठित कर रहा था। इस तरह की लामबंदी यह सुनिश्चित करने में सफल रही थी कि अगरबत्ती श्रमिकों को न्यूनतम मज़दूरी की राज्य सरकार की आधिकारिक अनुसूची में शामिल कर लिया जाए। हालांकि इन

नीतियों को वास्तविक व्यवहार में लाने के लिए निरंतर सक्रियता की ज़रूरत थी। यूनियन को भी विकसित होने और महिलाओं के सामने पेश आने वाले व्यावसायिक स्वास्थ्य ख़तरों को देखना होगा। परिधान श्रमिकों और दूसरी तरह के गृह-आधारित कारोबारों की ज़रूरतों को भी प्रतिबिंबित करने की आवश्यकता थी।

2002 और 2005 के बीच, ज़ाहिरा सेवा सदस्यों के एक ऐसे समूह का भाग थीं, जिसने लगभग सौ महिलाओं को सेवा की यूनियन में शामिल होने और अधिक पगार और सामाजिक सुरक्षा के लिए आंदोलन करने पर राज़ी किया था। वो दिन-रात परिवारों के साथ बैठतीं, महिलाओं और उनके रिश्तेदारों को यह समझाने की कोशिश करतीं कि महिलाओं के समूह का आयोजन और शामिल होना क्यों महत्वपूर्ण है। अपने शुरुआती वर्षों में, वो अपने घर के पास रहने वाली मुस्लिम परिधान श्रमिकों से बात करने पर फ़ोकस करती थीं। लेकिन जैसे-जैसे अगरबत्ती कार्यकर्ताओं को एकजुट करने के प्रयासों में तेज़ी आती गई, उन्हें इस मक़सद के लिए एक गहरा जुनून महसूस होने लगा। स्थानीय सेवा आयोजकों के साथ अनौपचारिक बैठकों के दौरान वो अगरबत्ती का काम करने वाली मुस्लिम महिलाओं के छोटे से हिस्से को बड़ी यूनियन में शामिल करने की अहमियत पर ज़ोर देती थीं। वो अपने ख़ुद के अनुभव से जानती थीं कि ये महिलाएं आमतौर पर बेहद कमज़ोर गृहस्थियों कीआजीविका-अर्जक थीं, और इन्हें एकजुट होने की और कई कामों की सख़्त ज़रूरत थी। स्थानीय अगरबत्ती उद्योग शक्तिशाली थे। ज़्यादा मज़दूरी और लाभों के लिए उनसे लड़ना बहुत कठिन काम था। महिलाओं के मज़दूरी संघर्षों पर वर्षों की अथक बातचीत के ज़रिए ज़ाहिरा अहमदाबाद में अपनी झोपड़पट्टी में एक महत्वपूर्ण आयोजक के रूप में उभरकर सामने आई थीं।

उनके श्रम के संघर्ष में कोई तड़क-भड़क वाले नेता नहीं थे। इस भगिनी-समाज में सुपरस्टारों के लिए जगह कम ही थी। ज़ाहिरा जैसी कई सामुदायिक आयोजकों की कोशिशों के ज़रिए सेवा अहमदाबाद शहर में लगभग 10,000 अगरबत्ती कार्यकर्ताओं को संगठित करने में कामयाब हो सका। 2006 में, मेरी रिसर्च के शुरू होने से कुछ महीने पहले, श्रमिक सरकारी श्रम विभाग के अधिकारियों और नियोक्ताओं के साथ वार्षिक बातचीत में लगे हुए थे। इन चर्चाओं के नतीजे में अगरबत्तियों के लिए भुगतान की जाने वाली प्रति अगरबत्ती की दर में 1,000 डंडियों के हर बंडल पर रुपए 1.50 की वृद्धि हुई और ये तय पाया कि इन मज़दूरी दरों में हर दो साल पर संशोधन होगा। इस बातचीत के दौरान, श्रमिकों ने सरकार और उद्योग प्रतिनिधियों के सामने आवास सहायता, कल्याण निधि और सामाजिक सुरक्षा के लिए अपनी मांगों को भी रखा।

पगार और काम की परिस्थितियों के लिए सक्रियता के अलावा सेवा ने महिलाओं को कम ब्याज वाले ऋण, स्वास्थ्य बीमा और सूक्ष्म-बचत उत्पादों जैसी सस्ती वित्तीय सेवाओं से जोड़कर भी सदस्यों की मदद की। ये कम लागत वाले उत्पाद थे, जिन्हें निम्न और अनियमित आय वाले परिवारों के अनुकूल बनाया गया था। उस समय मैं जिन लोगों से भी मिली, उनके लिए आवास सुरक्षा और कार्यकाल सबसे बड़ी चिंता के विषय थे। झोपड़पट्टियों और अपग्रेडेड कॉलोनियों में परिवार अपने घरों की सुरक्षा को लेकर चिंतित थे। 2000 के दशक की शुरुआत में, गुजरात सरकार राज्य भर में मेगा सिटी बनाने के मूड में थी। अहमदाबाद में अपनाए गए शहरीकरण के पैटर्न में संरचनात्मक विकास के लिए भूमि को मुक्त करना आवश्यक हो गया था। दंगों और शहरी विध्वंस ने शहर में समुदायों को तोड़ डाला था, जिसके नतीजे में शहरी छोटी-छोटी बस्तियां और बेघरी फैल गई थी। बापूनगर में यूनियन के कई सदस्यों के घर 1969 और 1985 के सांप्रदायिक दंगों के बाद क्रमशः 70 और 80 के दशक में नगरपालिका प्रशासन और इस्लामिक रिलीफ़ कमेटी द्वारा दिए गए भूखंडों पर बने थे, और ये घर लगातार विध्वंस या तोड़फोड़ के ख़तरे में थे।

सेवा और इसके महिला हाउसिंग ट्रस्ट ने महिलाओं को आसपास संपत्ति ख़रीदने और बनाने के लिए विशेष आवास ऋण प्राप्त करने में मदद की। लेकिन ज़ाहिरा के समूह द्वारा जुटाए गए सौ या उससे अधिक सदस्यों में से सिर्फ़ दो ने ही ऋण लिया। दोनों विधवा थीं। सेवा से जुड़े बैंकों द्वारा महिलाओं के लिए कम ब्याज दरों की पेशकश के बावजूद आमतौर पर पुरुष ही अपने परिवारों की ओर से ऋण के लिए आवेदन करते थे। जब मैंने इस हिचकिचाहट के बारे में पूछा, तो ज़्यादातर औरतों ने बैंक के लोगों के ख़राब रवैये और ब्याज दरों के बारे में शिकायत की। कुछ ने स्वीकार किया कि स्वतंत्र रूप से ऋण लेने से परिवार में रिश्ते प्रभावित होंगे।

ज़ाहिरा का मानना था कि महिलाओं के लिए स्वतंत्र ऋण मूर्खतापूर्ण विचार है। इसके बजाय, विवाहित महिलाएं एक-दूसरे को अपने पति के कारोबारों में मदद करने के लिए ऋण लेने या पति के नाम पर ऋण के लिए आवेदन करने की सलाह दे रही थीं। मैं उलझन में पड़ गई—एक श्रमिक अधिकार कार्यकर्ता परिवार के वित्त के मामलों में इतनी रूढ़िवादी कैसे हो सकती है?

एक दिन, मैंने उनसे पूछने की हिम्मत जुटा ही ली और वो मुस्कुरा दीं। 'यह सारा सशक्तीकरण अंग्रेज़ी की रिपोर्टों में अच्छा लगता है। मैंने ये शब्द ऑफ़िस में हमारी बैठकों से सीखे हैं। मगर असली ज़िंदगी में, चीज़ें ज़्यादा पेचीदा होती हैं।

आपको परिवारों में शांति चाहिए होती है। मैं अक्सर *कुछ कुछ होता है* के उस घर और मकान वाले डायलॉग का हवाला देती हूं। आपने कहा था कि आप शाहरुख़ की फ़ैन हैं, आपने *कुछ कुछ होता है* नहीं देखी क्या? आप मेरा मतलब समझ रही हैं ना?' मैंने वो फ़िल्म देखी तो थी, लेकिन वो जिस संदर्भ में बात कर रही थीं वो मुझे समझ नहीं आया। उस शाम, मैंने एक वीसीडी स्टोर देखा और अपने लैपटॉप पर फ़िल्म देखने के लिए उसकी एक कॉपी ख़रीद ली।

कुछ कुछ होता है

शाहरुख़ का प्रेम त्रिकोण, ख़ास तौर से, कामकाजी वर्ग की महिलाओं के फ़ायदे के लिए बनाई गई वित्तीय सेवाओं का लाभ उठाने में उनकी हिचकिचाहट की सफ़ाई कैसे दे सकता है? फ़िल्म में, मुख्य हीरोइन अंजलि (काजोल द्वारा अभिनीत) राहुल (शाहरुख़ द्वारा अभिनीत) से प्यार करती है, जो कॉलेज में उसका सबसे अच्छा दोस्त है। जवाब में राहुल उसे प्यार नहीं करता और किसी दूसरी लड़की को दिल दे बैठता है। दिल का दर्द सहन करने में असमर्थ अंजलि ड्रॉप करने का फ़ैसला कर लेती है। उसके मां-बाप उसके लिए अमन (सलमान ख़ान द्वारा अभिनीत) के रूप में एक अच्छा रिश्ता ढूंढ़ते हैं। वो स्वीकार कर लेती है। सगाई समारोह के बाद अंजलि अपनी आगामी शादी को लेकर बहुत उत्साहित नहीं दिखती है। यह देखते हुए कि अंजलि खिंची-खिंची सी है, उसकी मां पूछती हैं कि क्या वो अपने मंगेतर से ख़ुश है। अंजलि मुस्कुराती है और कहती है, 'ऑफ़कोर्स मैं ख़ुश हूं। मेरी सगाई हो गई है। अमन बहुत अच्छा लड़का है। मुझसे बहुत प्यार करता है।' उसकी मां पूछती है कि क्या अंजलि अमन से प्यार करती है। अंजलि कुछ नहीं बोलती। उसकी मां अपना सवाल दोहराती है।

बैकग्राउंड म्युज़िक तेज़ हो जाता है, अंजलि एक कुर्सी पर बैठ जाती है। अपने सलमे-सितारों से सजे सगाई के जोड़े और राहुल के लिए अपने इकतरफ़ा प्यार का भार उठाए, वो आह भरती है, 'प्यार तो मैंने कर लिया है, मां। प्यार तो मैंने कर लिया है। शायद मुझसे फिर से न हो।' वो अपनी सगाई की अंगूठी की ओर इशारा करती है और कहती है, 'इसे... इसे एक समझौता ही समझ लो।' उसकी मां ने जवाब दिया, 'मेरी बेटी समझौता करेगी और प्यार नहीं करेगी, ये तो मैंने कभी सोचा ही नहीं था। मैं भी मां हूं; क्या मैं नहीं चाहती कि तुम ख़ुश रहो, तुम्हारा घर बस जाए। लेकिन वो घर जो समझौते के बलबूते पर बना हो, प्यार के नहीं, वो घर नहीं होता है, बेटी, वो मकान होता है। बाक़ी तुम्हारी मर्ज़ी।'

केकेएचएच का डायलॉग एक 'मकान' को इमारत और 'घर' को परिवार के रूप में परिभाषित करता है। सिर्फ़ प्यार ही एक मकान को घर बना सकता है।

बापूनगर में जिन औरतों से मेरी मुलाक़ात हुई थी, वो और ज़्यादा काम कर पाने की कोशिशों में अपने परिवारों के पुरुषों और बुज़ुर्गों के ख़िलाफ़ रोज़ाना के झगड़ों में फंसी हुई थीं। उन्होंने हाल ही में प्रभावशाली उद्योग मालिकों के साथ संघर्ष में जीत हासिल की थी। उन्हें कोई नज़रअंदाज़ नहीं कर सकता था। बापूनगर के संघर्ष में शामिल एक तेईस वर्षीय अगरबत्ती श्रमिक ने बदलाव की वजह बताई। उसने कहा, 'सारा खेल समय और चलने-फिरने का है। पहले बहनें वही करती थीं जो उनके पति और ससुरालवाले चाहते थे। एक बार सेवा से जुड़ने के बाद हमारी बहनें समस्याओं पर चर्चा करने के लिए, एक-दूसरे के साथ समय बिताने और दूसरी बहनों को आंदोलन में लाने में मदद करने के लिए अपने समुदायों के भीतर घूमने लगीं। मेरे जैसे कुछ लोग शहर और बाक़ी देश में भी गए। ऐसा पहले संभव नहीं था। इससे कुछ लोगों को दिक़्क़त होती है और ये बात घरों में लड़ाई की वजह बनती है।'

जब मैंने पद्मश्री विजेता एक्टिविस्ट रेनाना झाबवाला का इंटरव्यू लिया, जो सेवा में कई अग्रणी पदों पर आसीन रह चुकी थीं, तो उन्होंने कहा कि ये सार्वजनिक रूप से नज़र आना यूनियनों और श्रमिक संगठनों की स्थायी विरासत थी। 'बेशक, श्रमिक आंदोलन और संघर्ष पगार और काम के अवसरों में सुधार लाने में मदद करते हैं। लेकिन मैंने जो सबसे बड़ा प्रभाव देखा है, वो यह है कि जब महिलाएं मज़दूरों के मुद्दों के लिए ख़ुद को सफलतापूर्वक संगठित करना शुरू कर देती हैं, तो वो समुदाय के सदस्यों के रूप में अधिक महत्वपूर्ण दिखाई देने लगती हैं और ज़्यादा सम्मान से देखी जाने लगती हैं। उनकी आवाज़ और ज़रूरतें न केवल बाहर, कारख़ानों में, बल्कि उनके घरों के भीतर भी सुनी जाने लगती हैं। कोई उन्हें दूसरों पर निर्भर नहीं देखता।'

इस बारे में लिखने और थ्योरी बनाने में कि परिवारों में हितों पर सौदेबाज़ी कैसे होती है, अर्थशास्त्री गेम थ्योरी पर भरोसा करते हैं। 'अंतर-घरेलू सौदेबाज़ी' के इन ढांचों से अंदाज़ा होता है कि जिन लोगों के बारे में यह माना जाता है कि वो घरों के अंदर ज़्यादा योगदान करते हैं, उनके पास अक्सर यह तय करने की शक्ति ज़्यादा होती है कि परिवार में पैसे, खाने और दूसरी भौतिक चीज़ों पर फ़ैसले कैसे लिए जाएं। इसके अलावा, परिवार के बाहर नौकरियों और दूसरी तरह की पूंजियों तक अधिक पहुंच रखने वालों के बारे में कहा जाता है कि उनके पास

घरों में 'सौदेबाज़ी करने की शक्ति' ज़्यादा होती है क्योंकि वो जब चाहें परिवार से बाहर निकल सकते हैं। उत्तर भारत में घरों में महिलाओं के साथ दुर्व्यवहार और अल्पपोषण की व्याख्या करने के लिए फ़ेमिनिस्ट ऐसे ही ढांचों पर भरोसा करते हैं। सामाजिक मानदंड यह सुनिश्चित करते हैं कि महिलाओं के पास छोड़ जाने का कोई विकल्प नहीं है, क्योंकि उनका संपत्ति पर नियंत्रण सीमित है और नौकरियों व सार्वजनिक स्थानों तक उनकी पहुंच में असुरक्षा है। इसके अलावा, घर में महिलाओं की देखभाल के योगदान को अक्सर कमज़ोर माना जाता है और इसलिए इसे कम आंका जाता है। अमर्त्य सेन इसे 'कथित योगदान' प्रतिक्रिया कहते हैं। घर के प्रति प्यार और देखभाल की रोज़ाना की मेहनत की तुलना में धन और नक़दी की उपलब्धता को ज़्यादा क़ीमती योगदान माना जाता है।

लेकिन श्रम बाज़ार की बदलती प्रकृति पुरुषों को कमज़ोर कर रही थी और बापूनगर जैसी जगहों पर महिलाओं के नक़द योगदान को ज़्यादा शक्तिशाली बना रही थी। 1996 में, अगरबत्ती श्रमिकों का सर्वेक्षण करने पर सेवा ने पाया कि आधी महिलाओं के पति बेरोज़गार थे। 2006 के आंकड़ों से भी इसी तरह के पैटर्न का पता चला—पुरुष अनिश्चित समय और वेतन वाले अनिश्चित काम कर रहे थे। पुरुष अपनी आय की तरह ही असुरक्षित महसूस करते थे। महिलाएं परिवार में नक़दी और देखभाल लाने की महत्वपूर्ण भूमिका निभाने की ओर तेज़ी से बढ़ रही थीं।

इन इलाक़ों की श्रमिक महिलाएं अपने बढ़ते आर्थिक दबदबे की वजह से अपने ससुरालवालों और पतियों को अलग-थलग करने से डरती थीं। और ये डर सामरिक नहीं थे। हां, ये महिलाएं जानती थीं कि उनके भौतिक कल्याण के लिए मर्दों की ज़रूरत है। लेकिन, कई महिलाओं ने न सिर्फ़ अपनी बढ़ी हुई आर्थिक ज़िम्मेदारी पर बल्कि परिवार के सदस्यों के साथ अपने संबंधों पर भी संतोष व्यक्त किया। वो उन्हें खोना या दुखी करना नहीं चाहती थीं। उनमें से ज़्यादातर घरों के भीतर एक ख़ुशहाल सहयोग चाहती थीं। ज़ाहिरा ने बताया कि मर्दों की बढ़ती चिंता का इलाज करने के लिए, सेवा की सक्रियता और आंदोलन को हमेशा घूंघट के अंदर रखा गया था, जो परंपराओं और परिवार के गुणों का प्रतीक था। अहमदाबाद में, जहां यूनियन के सदस्यों को रैलियों और विरोध प्रदर्शनों में भाग लेने के लिए परिवार से अनुमति लेनी पड़ती थी, पुरुष अक्सर महिलाओं के एकजुट होकर खड़े होने के विचार का विरोध करते थे। लेकिन, ज़्यादा आर्थिक सुरक्षा की सख़्त ज़रूरतों ने पुरुषों, क़रीबी रिश्तेदारों और कुल समुदाय को कामकाजी महिलाओं की राजनीतिक गतिविधियों को स्वीकार करने पर मजबूर कर दिया था। जहां एक समय में पुरुष अपने परिवार की महिलाओं को अपनी मज़दूरी या कम से कम अपनी मज़दूरी का एक बड़ा

हिस्सा घरेलू ख़र्चों के लिए देते थे, वहीं अब महिलाएं अपनी आमदनी दे रही थीं। 'यह बहुत बड़ा बदलाव था कि हम अपने पतियों और ससुरालवालों को पैसा दे रहे थे। मैं ऐसा करने वाली अपने परिवार की पहली औरत थी,' रुबारीबेन ने कहा।

महिला रोज़गार और यूनियन की सदस्यता अपने आप ही काफ़ी क्रांतिकारी थी; घर या बैंक खाते का एकमात्र स्वामित्व रखना कुछ ज़्यादा ही हो जाता। 'उन्हें लगता है कि यही बहुत बुरा है कि औरतें काम कर रही हैं और ज़्यादा मज़दूरी और लाभों की मांग कर रही हैं। कि हमारे इलाक़े में औरतें इतनी अहम नेता बन गई हैं। बहुत से मर्दों और बूढ़े लोगों के लिए इसे हज़म करना बहुत मुश्किल है,' ज़ाहिरा ने कहा। उन्होंने एक बार फिर *केकेएचएच* की मदद लेकर मुझे याद दिलाया: 'अगर, मसलन, कोई औरत सिर्फ़ अपने नाम पर बैंक लोन मांगती है, तो उसे मकान तो मिल जाएगा, घर नहीं मिलेगा।'

पारिवारिक वित्त पर ज़ाहिरा के रूढ़िवादी विचारों ने मुझे आश्चर्य में डाल दिया। मैं उनके फ़ैनडम पर भी उतनी ही हैरान थी। वो मुझे हमेशा वास्तविकता की कठोर सच्चाइयों का सामना करने वाली, प्रेक्टीकल और वो सारी चीज़ें जानने वाली औरत लगीं जिन पर सौदेबाज़ी होनी चाहिए और जिन्हें हासिल करना चाहिए। एक ऐसी औरत जो पूरी दृढ़ता से वास्तविकता के लिए प्रतिबद्ध है। न कि फ़ैंटैसी और कल्पनाओं में जीने वाली महिला। तो मुझे तब आश्चर्य हुआ जब मैंने अपना सामान्य बातचीत शुरू करने वाला सवाल पूछा- 'तुम्हारा फ़ेवरीट एक्टर कौन है?'—और वो मुस्कुराईं और बोलीं शाहरुख़। जब मैंने पूछा कि ऐसा क्यों, तो उन्होंने कंधे उचकाए और जवाब दिया, 'मेरी मर्ज़ी।' यही वो ज़ाहिरा थीं जिन्हें मैं जानती थीं। मेरी मर्ज़ी। शाहरुख़ स्थानीय महिलाओं के बीच फ़ेवरीट थे। इन महिलाओं को उन्हें पसंद करने के कारणों की फ़हरिस्त बताकर भी ख़ुशी होती थी—उनकी मुस्कान, उनकी दयालुता, उनके गालों के गड्ढे, उनका चेहरा, उनकी तमीज़। लेकिन ज़ाहिरा कोई कारण बताने वालों में से नहीं थीं। उन्हें मेरे सवाल बेवक़ूफ़ी भरे लगे और उनके पास अपने या अपनी पसंद के बारे में सफ़ाई देने का समय नहीं था।

2006 में अपने पड़ाव के पहले सप्ताह के दौरान, मैं सेवा की कई ऐसी सदस्यों की बेटियों से मिली जो मेरी रिसर्च में भाग ले रही थीं। वो बुरी तरह शर्मीली थीं, और चुपचाप अपनी मांओं के हाथ पकड़े रहती थीं। जब मैंने उनसे उनकी भविष्य की योजनाओं के बारे में पूछा, तो उनमें से लगभग सभी ने कहा कि वो टीचर बनना चाहती हैं। अलावा ज़ाहिरा की बेटी के, जिसने कहा कि वो कोई ऐसा काम करना चाहती है जिससे वो यात्रा कर सके। उसका नाम मीनल था। वो दस साल की थी और अपनी मां की तरह शाहरुख़ की फ़ैन थी। अपनी मां के विपरीत, वो खुलकर

इस बारे में बात कर रही थी कि कैसे ज़ाहिरा सार्वजनिक समारोहों में भी शाहरुख़ के गाने गाती और नाचती थीं। मीनल के ज़रिए अपनी मां के भावुक फ़ैनगर्ल होने के विवरण की पुष्टि ज़ाहिरा की पड़ोसी रुबारीबेन ने की, जिन्होंने कहा कि उन्होंने शाहरुख़ के गाने सुनते हुए ज़ाहिरा को रोते देखा था। लेकिन इस बात पर मीनल अडिग थी। 'हमारे घर में कोई नहीं रोता,' वो बीच में बोल पड़ी। वो दस साल की एक परिपक्व बच्ची थी, जो बहुत तेज़ी से बड़ी हो रही थी। ज़ाहिरा और मीनल के साथ कई साल की बातचीत के बाद, मैं उनके परिवार और फ़ैनडम की कहानी को ठीक से समझ पाई।

मेरे दौरे की शुरुआत के दो सप्ताह बाद, एक बार जब मैं सेवा के ऑफ़िस में मीनल की मां का इंतज़ार कर रही थी, तभी मीनल मेरे पास आ गई। ज़िम्मेदारियों के बोझ वाली दस साल की वो बच्ची, स्कूल से पैदल वापस आते हुए रात के खाने की सब्ज़ियां ख़रीदने के लिए अपनी मां से पैसे लेने आई थी। हमने बात करना शुरू किया और वो मेरे रिसर्च प्रोजेक्ट के बारे में पूछने लगी, क्या मेरा कोई पति है और क्या मेरे माता-पिता मेरी नौकरी से सहज हैं। उसने कहा कि वो एक पत्रकार बनना और टीवी पर आना पसंद करेगी लेकिन बापूनगर की मुस्लिम लड़कियों के लिए ऐसी नौकरी एक असंभव सपना था। 'मेरी दोस्तों के पिता और परिवार हैं जो बड़े होने के बाद उन्हें बाहर नहीं जाने देते हैं। तो जब हम अपने घरों से बाहर तक नहीं जा सकते हैं तो टीवी पर कैसे काम कर सकते हैं?' उसने कहा, 'मेरी मां सख़्त हैं और मुझे डांटती हैं क्योंकि वो जानती हैं कि लोग सोचेंगे कि मैं उन्हें परेशान कर रही हूं क्योंकि मेरे पिता नहीं हैं। वो इस बात को लेकर परेशान रहती हैं कि लोग क्या कहेंगे। लेकिन भले ही वो सख़्त हैं और जानना चाहती हैं कि मैं हर समय क्या कर रही हूं, मगर फिर भी मेरी ज़िंदगी आसान है क्योंकि मेरी मां सेवा में काम करती हैं और घर में कोई आदमी नहीं है।'

शराब ने मीनल को अपने पिता के प्यार और उसकी देखरेख से महरूम कर दिया था। एक दशक पहले, मीनल की पैदाइश से ठीक पहले उसके पिता ने ज़ाहिरा को शाहरुख़ के लिए खो दिया था, लगभग उस वक़्त के आसपास जब शराब और बेरोज़गारी ने उसका दिमाग़ ख़राब कर दिया था। गुजरात में 1961 से शराबबंदी के बावजूद कॉलोनी में किसी को भी शराब हासिल करने में बहुत दिक़्क़त नहीं होती थी। ज़्यादातर आदमी शराब पीते थे; ज़ाहिरा के पति जैसे कुछ आदमी बहुत ज़्यादा पीते थे।

सोलह साल की उम्र में शादी हो जाने के बाद ज़ाहिरा ने एक साल के अंदर ही मीनल को जन्म दिया। उनके पति का पारिवारिक घर उसके माता-पिता के घर से

सात दाएं मोड़ दूर अल्लाह नगर में दो कमरों का एक बिना खिड़कियों वाला घर था। एक साल और बीता, और ज़ाहिरा अपने परिवार के साथ रहने के लिए लौट आईं। तब तक उनके माता-पिता का देहांत हो चुका था। उनके बड़े भाई ने, जोकि अब घर का मुखिया है, अपने पति को छोड़ने के उनके फ़ैसले का साथ दिया। ज़ाहिरा के पिता एक छोटी सी प्लास्टिक की चीज़ें बेचने की दुकान चलाते थे, जिसे गुजरात के 1985 के दंगों के दौरान तोड़ दिया गया था। एक स्थिर आमदनी कमाने के लिए उनके भाई ने एक छोटी सी पॉवरलूम कपड़ा इकाई में काम सीखा और नौकरी कर ली। ज़ाहिरा की छोटी बहन की शादी हो चुकी थी और वो अपने पति के साथ इंदौर में रहती थी। वो एक अच्छी शादी थी। ज़ाहिरा का बहनोई मध्य प्रदेश में एक धनी और बड़े लोगों से संबंध वाले परिवार के लिए ड्राइवर के रूप में वेतन पर नौकरी करता था। उसके बॉस ने उनके रहने का इंतज़ाम अपनी प्रॉपर्टी पर ही कर दिया था और ज़ाहिरा की बहन उसी परिवार के लिए एक घरेलू सेविका के रूप में काम करती थी, जिससे कुछ बचत करने और अपने बच्चों की स्कूल फ़ीस भरने लायक़ पर्याप्त कमाई हो जाती थी।

1997 से 2000 के बीच ज़ाहिरा कई बार अपने पति के पास लौटीं, लेकिन आख़िरकार उन्होंने अपनी शादी को कामयाब बनाने की कोशिश छोड़ दी। उनके भाई के सूरत जाने का फ़ैसला, और एक सुरक्षित घर की संभावना उन्हें बापूनगर ले आई। जब हम मिले, तब वो गुलाबी दीवारों वाले एक कच्चे-पक्के घर की पहली मंज़िल पर रहती थीं। उन्हें यह घर अपने भाई के क़रीबी दोस्त सलीम के ज़रिए मिला था। 1985 के दंगों में सलीम के परिवार का छोटा सा कारोबार भी तबाह हो गया था। लेकिन उसके पिता बापूनगर में ज़मीन का एक छोटा सा टुकड़ा हासिल करने में कामयाब रहे, जो एक लोकल बाहुबली नेता के ज़रिए मिला था जो एक दूर के रिश्तेदार का जानकार था।

यह ज़मीन पाकर सलीम के परिवार ने ख़ुद को धन्य महसूस किया। वो एक साल राहत शिविर में बिताने के बाद, 1989 में बापूनगर आ गए। 1990 में, उन्होंने अपने राजनीति से जुड़े रिश्तेदार से पास के शेड में एक छोटी सी कार-रिपेयर सर्विस बनाने के एक और काम के लिए कहा। लेकिन ज़मीन और निर्माण बमुश्किल ही मुफ़्त थे। भारत में बनने वाले दस घरों में से सात ख़ुद निवासियों द्वारा बनाए जाते हैं। साक्ष्य से पता चलता है कि भारत के अधिकांश शहरी ग़रीब अपने घर स्थानीय मिस्त्री और अनौपचारिक ठेकेदारों की मदद से बनाना पसंद करते हैं। सलीम के परिवार ने भी ऐसा ही किया, और घर को बनाने और उसके रखरखाव के ख़र्च के लिए काफ़ी बड़ा क़र्ज़ ले लिया। 2006 में, जब मैं पहली बार बापूनगर

गई थी, तब तक भी उन पर ठेकेदारों का पैसा बक़ाया था। सौभाग्य से, सब लोग दोस्तों के ज़रिए काम करते थे। सामाजिक संबंध लेनदारों और देनदारों के बीच पारस्परिक सहायता और लाभकारी अनुबंधों के बीच की रेखाओं को धुंधला कर देते थे।

सलीम को 2000 में सूरत में एक नौकरी मिल गई; अहमदाबाद में उनकी रिपेयर की दुकान की बागडोर उनके चाचा ने संभाल ली। ज़ाहिरा के भाई का भी सूरत में सलीम के साथ जुड़ जाने का इरादा था। सलीम का छोटा भाई चौदह साल का था और आख़िरकार उसे ही दुकान संभालनी थी। परिवार को सलीम के बुज़ुर्ग मां-बाप की देखभाल के लिए किसी की ज़रूरत थी, कम से कम तब तक जब तक कि उसका चौदह वर्षीय भाई बड़ा नहीं हो जाता और उसकी शादी नहीं हो जाती। सूरत में पैसा इतना मिल रहा था कि उसे ठुकराया नहीं जा सकता था। आख़िरकार सलीम और ज़ाहिरा में एक समझौता हो गया। वो उनके घर में बिना किराया दिए रहेंगी, और बदले में परिवार के लिए खाना बनाएंगी और बिजली का बिल भरेंगी। ज़ाहिरा ने सूरत में अपने भाई के पास जाने के बारे में भी सोचा लेकिन उसके अपने हालात बहुत अनिश्चित थे। उन्होंने सेवा के एक संपर्क के ज़रिए अपनी बेटी को एक अच्छे सरकारी स्कूल में दाख़िला भी दिला दिया था। इक्कीस साल की उम्र में ज़ाहिरा बापूनगर में सलीम के परिवार के घर में चली गईं; उनकी बेटी मीनल चार साल की थी। ज़ाहिरा का इरादा मीनल के शादी लायक़ होने तक बापूनगर में रहने का था। अपने पति या ससुरालवालों से मदद या सुरक्षा मांगने का विचार कभी ज़ाहिरा के दिमाग़ में नहीं आया। उन्हें अपने दम पर मैनेज करना होगा।

हमने कभी धर्म या दंगों के बारे में खुलकर बात नहीं की। इन विषयों का संदर्भ उनकी बातों में परोक्ष रूप से आ जाता था, हाशिए पर काम करने वाले श्रमिकों की मदद करने और उन्हें एकजुट करने में सेवा की भूमिका पर हमारी चर्चा के दौरान, वो बेपरवाही से इन विषयों को जोड़ देती थीं। यह स्पष्ट था कि 2002 की घटनाएं उनके संकल्प को तोड़ने में असमर्थ रही थीं। उस दर्दनाक समय के दौरान, कर्फ़्यू और हिंसा के बीच, जब वो आसपास के इलाक़ों में मुस्लिम महिलाओं पर होने वाले हमलों और क्रूरता की कहानियां सुनती थीं, जब वो स्थानीय मस्जिद के पास एक राहत शिविर में शोक-संतप्त परिवारों की भीड़ देखती थीं, तब भी वो अपने साथी घर से काम करने वाले कार्यकर्ताओं और अपने नए परिवार पर भरोसा करती थीं।

अगरबत्ती कॉलोनी में महिलाएं अपने पतियों को छोड़ती नहीं थीं। आप अपनी शादी को सहन करना सीख लेती हैं, उसे घर के अंदर सड़ने देने के बजाय अहमदाबाद की नीरस हवा में सांस लेने और मसालेदार बनने देते हैं। आप अपनी

शादी को, समय-समय पर हाथापाई को मैनेज करना सीख लेती हैं। महिलाएं अक्सर अगरबत्तियां एक साथ रोल और पेस्ट करती थीं। यह एक सामुदायिक गतिविधि थी। काम के दौरान महिलाओं को शादीशुदा ज़िंदगी की परेशानियों से निपटने के लिए तरह-तरह के 'नुस्ख़ों' पर बात करते सुनना आम बात थी। काम के दौरान ज़ाहिरा अपने निजी ट्रांज़िस्टर पर शाहरुख़ के गाने बजाती थीं। कैसेट और उनका ट्रांज़िस्टर बेशक़ीमत संपत्ति थी, जिसे उन्होंने अपने भाई से मिली ईदी और अपनी बचत से ख़रीदा था। 'जब मैं 2000 में मीनल के साथ बापूनगर रहने गई,' ज़ाहिरा ने मुझसे कहा, 'तो मैंने पैसे बचाकर एक इस्तेमाल किया हुआ कैसेट प्लेयर ख़रीदा था। पास की पान की दुकान पर बहुत सस्ते में गाने मिल जाते थे और दुकानदार ने मुझे लोकप्रिय फ़िल्मी गानों का टेप बनाकर दे दिया, जिसमें ज़्यादातर गाने शाहरुख़ के थे। मैंने उसकी पत्नी को शहर के एक अच्छे डॉक्टर के पास ले जाने में मदद की थी। छह साल बाद मैं आज भी उस प्लेयर को बजाती हूं, हालांकि मीनल का कहना है कि ये जल्द ही काम करना बंद कर देगा। आजकल यहां ज़्यादातर नौजवान लोग टीवी और सीडी प्लेयर पर गाने सुनते हैं। लेकिन हमारे पास वो नहीं हैं। हमारे पास यह कैसेट प्लेयर और यह पुराना कैसेट है।'

ज़ाहिरा की पहचान की किसी भी औरत के पास कोई ज़्यादा विकल्प नहीं होता था कि वो किससे शादी करे। कुछ को कम से कम इतनी इजाज़त ज़रूर मिल जाती थी कि वो रिश्ता क़ुबूल करने से पहले अपने संभावित दूल्हे को एक से ज़्यादा बार देख सकें। सारी शादियां एक ही जाति और ख़ानदान के नेटवर्क के अंदर होती थीं, और लड़कियों की शादियां एक मुहल्ले से दूसरे मुहल्ले में हो जाती थीं। 'मेरे पिता ने कारख़ाने में अपने दोस्त से मेरा वादा कर लिया था। हमारे यहां ऐसे ही चलता था,' एक महिला ने मुझे बताया। 'मुझे पता है कि आप नहीं समझेंगी, लेकिन ये हमारे दादा-दादी की शादी के तरीक़े से बहुत अलग है। उस वक़्त, आपके पास अपने गांव में कितनी ज़मीन है, उससे फ़र्क़ पड़ता था कि सबसे अच्छा पति किसका है। लेकिन जब हमारे परिवारों को अपनी सारी जमीन बेचनी पड़ी और हमेशा के लिए अहमदाबाद आना पड़ा, तो वो हालात बदल गए। आजकल, सब कुछ इस पर निर्भर करता है कि किसके पास सबसे अच्छी नौकरी और पक्का घर है। लेकिन काश कि यह भी पता चल सकता कि कौन पीता है और कौन नहीं पीता।'

बापूनगर की कामकाजी महिलाओं में मर्दों और शादी के बारे में कई तरह के सिद्धांत थे। एक अच्छा पति ख़ुदा की मेहरबानी और सरासर ख़ुशक़िस्मती था। सबसे अच्छे आदमी का किरदार भी आख़िरकार बासी पड़ जाता है और सड़

जाता है। मर्दों के लिए ज़िंदगी मुश्किल होती है और वो इसकी भड़ास औरतों और बच्चों पर निकालते हैं और मज़हबी, रहमदिल और विनम्र होने में रुचि खो देते हैं। औरतें बाहरी दुनिया की सख़्ती से बची रहती हैं, इसलिए उनमें उम्मीद और ख़ुदा का ख़ौफ़ रहता है।

'काश कोई मुझसे उस तरह बात कर सकता या मुझे छू सकता जैसे वो काजोल के साथ *कभी ख़ुशी कभी ग़म* में करता है, लेकिन ऐसा कभी नहीं होने वाला,' सलीम के भाई की जवान पत्नी, जो एक वस्त्रकामगार है, ने मुझसे कहा, 'मेरे पति का मिज़ाज और हाथ बहुत सख़्त हैं।' यह एकमात्र अवसर था जब किसी महिला ने संकेत दिया था कि वो अपने पुरुषों से सेक्सुअली क्या चाहती है। मैं और सवाल पूछना चाहती थी, लेकिन मैं लंपट या अनुपयुक्त नहीं दिखना चाहती थी। इस बात से पूरी तरह वाक़िफ़ कि अगर *मैं* किसी अजनबी से अपने पसंदीदा अभिनेता के बारे में बात करने में सहज महसूस करूंगी, वहीं मेरा सेक्स जीवन निजता का एक अवांछित उल्लंघन होगा। जब मैंने अपनी रिसर्च के तरीक़े के बारे में और महिलाओं के साथ शाहरुख़ के बारे में बात करने के बारे में अपनी पहली बॉस और मैंटर को बताया, जोकि एक अद्भुत और कुशाग्र फ़ेमिनिस्ट अर्थशास्त्री हैं, तो वह कसमसाकर रह गईं। उन्हें भद्दी लापरवाह जिज्ञासा से चिढ़ थी, जिसे वो ग़रीबों को समझने की कोशिश कर रहे उच्च वर्ग के काजल लगाए बच्चों की विशेषता मानती थीं। 'सिर्फ़ ऐसे सवाल पूछना जिनके जवाब देने में तुम ख़ुद सहज महसूस करो,' उन्होंने मुझसे कहा। हमारी रिसर्च में कुछ पारस्परिकता होनी चाहिए।

फिर भी, जब ज़ाहिरा के पोर्टेबल कैसेट प्लेयर पर शाहरुख़ की फ़िल्म *दिल से* का *'छैयां छैयां'* बज रहा था, तो मैं इतना सहज महसूस कर रही थी कि इन महिलाओं से उनके घर की ज़िंदगियों, और उनके पड़ोस में महिलाओं के ख़िलाफ़ हिंसा के बारे में पूछ सकूं। यह मानने को कोई तैयार नहीं होता कि ख़ुद उसके साथ भी कभी ज़्यादती हुई है, लेकिन यह सबने स्वीकार किया कि वो ऐसी औरतों को जानती हैं जिनके साथ ज़्यादती होती है। घरेलू हिंसा अमूर्त थी, लेकिन हर जगह मौजूद थी। एक ऐसी चीज़ जो हमेशा किसी और के घर में होती थी, आपके अपने घर में नहीं। मापूबेन ने तो यहां तक सुझाव दिया कि एक हिंसक पति को बहुत ज़्यादा पीने के लिए उकसाना एक अच्छा आइडिया है, कि वो तो अपने पति को अपनी मज़दूरी से अच्छा-ख़ासा पैसा दे देती हैं ताकि वो घर आते ही बेहोश हो जाए। ज़ाहिरा के मिक्सटेप पर अगला गाना *परदेस* का 'ये दिल दीवाना' था। सोनू निगम ने वो गाना बुरी तरह टूटे दिल के सुर में गाया है, जिसे नेवादा के रेगिस्तान

में ड्राइविंग करते हुए शाहरुख़ अपने प्रिय को खोने की संभावना पर रोते हुए गाते हैं। ताहिराबेन ने कहा कि बापूनगर की कुछ महिलाएं भाग्यशाली थीं कि अगर उनके पति उनके साथ मारपीट करें तो वो उसका मुक़ाबला करने में अपने काम की जगह की बहनों या सेवा पर भरोसा कर सकती थीं। कुछ दूसरी औरतों ने कहा कि औरत ख़ुद को बच्चों और घर के कामों में व्यस्त रखकर या बस शराबी पति से आंखें मिलाने से बचकर और चुपचाप अपनी मज़दूरी का कुछ हिस्सा उसे देकर हिंसा से बच सकती है।

इस बिंदु पर, ज़ाहिरा ने अपनी कज़िन के बारे में एक कहानी सुनाई, हालांकि मुझे विश्वास था कि वो अपने बारे में बात कर रही थीं। यह कज़िन अल्लाह नगर में रहती थी, जैसे एक समय में ज़ाहिरा अपने पति और ससुरालवालों के साथ रहती थीं। लगता था कि ज़ाहिरा की कज़िन ज़रा अड़ियल सी थी—वो हिंसा को सहन करने को तैयार नहीं थी। वो समझ गई थी कि उसके पति के मज़दूरी के बिना गुज़रे दिन की निराशा उसके शरीर पर अपनी छाप छोड़ने का कोई तरीक़ा खोज लेगी। 'मुझे अब बड़ा दुख होता है कि मुझे वो दिन याद आ रहे हैं,' ज़ाहिरा ने कहा। 'उसका पति बुरा इंसान नहीं था। शुरुआती वर्षों में जब उसके पास नौकरी थी तब वो ख़ुश थे। लेकिन जब कमाई मुश्किल हो गई, तो कॉलोनी के सभी घरों को परेशानी का सामना करना पड़ा। मेरी कज़िन तो इन मुश्किलों के बारे में अपनी बहनों और पड़ोसियों से बात कर लेती थी, लेकिन उसका पति बात नहीं करता था, वो तो बस अपनी झुंझलाहट अपनी बीवी पर निकाल लेता था। काश आदमी और औरतें एक दूसरे से बात कर पाते। लेकिन यहां के आदमी अपनी बीवियों से पैसे के बारे में बात करना पसंद नहीं करते हैं। शायद इससे उन्हें ऐसा लगता है कि वो हमारे लिए कमाई नहीं कर रहे हैं या वो नहीं कर रहे हैं जो मर्द को करना चाहिए। इसलिए, इसके बजाय, वो शराब पीते हैं और अपने बीवी-बच्चों को मारते हैं।'

कुछ समय तक लगातार पिटाइयां बर्दाश्त करने के बाद, एक दिन ज़ाहिरा की कज़िन ने ख़ुद को और अपनी बेटी को घर के अंदर बंद कर लिया। उसने ज़ाहिरा समेत आसपास की महिलाओं के एक गुट को यह पक्का करने के लिए अपने साथ मिला लिया था कि उसका पति, जो पहले ही पिए हुए और ग़ुस्से में था, को घर में घुसने नहीं दिया जाए। इसके नतीजे में चीख़ने-चिल्लाने का एक लंबा सिलसिला शुरू हो गया, लेकिन यह इस इलाक़े के लिए कोई नई चीज़ नहीं थी। लोड-शेडिंग के दौरान पारिवारिक झगड़े अक्सर शाम के मनोरंजन का काम करते थे। उसका पति रोज़ाना सुबह अपनी शराब कमाने के लिए निकल जाता था। हर रात, वो अपने घर और पत्नी को जीतने के लिए लौट आता था। लेकिन

ज़ाहिरा की कज़िन झुकी नहीं। उसके दिल और घर पर ताला पड़ चुका था। उसकी सहकर्मियों का स्थानीय गुट उसकी हिफ़ाज़त करता था। उसके पति को आगे बढ़ने में एक साल लगा, और अब वो अपनी पत्नी और बेटी से महीने में एक बार मिलता था। ज़ाहिरा ने कहा कि उसे यक़ीन है कि उसका एक और परिवार है। 'वर्ना वो ख़ुद को कैसे खिलाएगा,' उसने भाषणगत सवाल पूछा। 'मर्द खाना नहीं पका सकते, और उसे देखकर ऐसा नहीं लगता था कि वो सड़क पर रह रहा है। मर्द अपनी देखभाल के लिए हमेशा औरतों को ढूंढ़ लेते हैं। यह तो मेरे और मेरी कज़िन जैसी औरतें होती हैं जिन्हें तब ख़ुद अपनी देखभाल करनी पड़ती है जब मर्द हमारी देखभाल नहीं करते हैं।'

मैंने कभी किसी को इतना काम करते नहीं देखा जितना ज़ाहिरा करती थीं। वो उस नाजुक सी आज़ादी को छोड़ने वाली नहीं थीं जो उन्होंने अपने और मीनल के लिए हासिल की थी। उनका शाहरुख़ कैसेट उन्हें संभाले रखता था। वो गाने अक्सर उनके विरोध और संकल्प के साउंडट्रैक होते थे, सिलाई मशीन पर अपने लंबे घंटों को डुबोने के लिए शाम को वो वॉल्यूम बढ़ा देती थीं। अपनी उस कज़िन की तरह जिसका उन्होंने आह्वान किया था, अपने नशेड़ी और आर्थिक रूप से पीड़ित पति से अलग होना और परिवार के ख़र्च को चलाना ज़ाहिरा का जीवन बन गया था। वो बहुत ज़्यादा कामों को करने के लिए मजबूर हो गई थीं। बात सिर्फ़ खर्च चलाने की साप्ताहिक चिंता की नहीं थी। उन्हें यह पक्का करने के लिए अपने भाई को ख़ुश रखना पड़ता था कि वो हर महीने उन्हें पर्याप्त पैसा भेजता रहे। उन्हें उस राशन की दुकान वाले की बदतमीज़ियां सुनते हुए मुस्कुराते रहना पड़ता था जहां से वो अपना सस्ते दामों वाला अनाज लेती थीं। इस बात को बहुत समय नहीं हुआ जब अहमदाबाद की झुग्गियों में पुरुष भरोसेमंद कमाई करते थे; वो टैक्सटाइल फ़ैक्ट्रियों में निर्माण की नौकरियों से स्थिर कमाई करते थे। लेकिन 2000 के दशक के मध्य तक, निर्माण वाली नौकरियां गुजरात के दूसरे ज़िलों में जाने लगीं, और ज़्यादा मशीनीकृत हो गईं। स्थानीय आदमी जो न तो बाहर जा सकते थे और न ही नई मशीनों को चलाना जानते थे, अब अपना परिवार चलाने के लिए पर्याप्त कमाई करने में सक्षम नहीं रहे। ज़्यादा ख़ाली समय और तनाव के चलते, कई लोगों ने शराब या आकस्मिक मज़दूरी का रुख़ किया। स्थानीय तौर पर निर्माण में गिरावट के कारण ज़ाहिरा जैसी औरतें अपने परिवारों और समुदायों में अधिक प्रमुख भूमिका निभाने को मजबूर थीं। उनसे उम्मीद की जाती थी कि वो ख़र्च चलाएं, खाना पकाएं और बेरोज़गारी, दंगों और विध्वंस के हमलों से लड़ें।

सबसे बड़ी हिट्स

मेरी पहली यात्रा के दौरान चार सप्ताह बाद, हमारी शेयर्ड टैक्सी में रेडियो पर शाहरुख़ का एक मशहूर गाना चल रहा था। हम पूरे दिन के सर्वेक्षण और क्षेत्र के दौरे के बाद लौट रहे थे, गाना शाहरुख़ के बेहतरीन रोमांस और भारतीय सिनेमाई इतिहास की सबसे सफल फ़िल्मों और साउंडट्रैक में से एक *डीडीएलजे* का *'तुझे देखा तो ये जाना सनम'* था। जतिन-ललित की जोड़ी द्वारा लिखित यह गाना देश के कुछ सबसे अधिक पसंद किए जाने वाले लोकप्रिय गानों के साथ हिंदी फ़िल्म क्लासिक्स की श्रेणी तक पहुंच चुका है। कई प्रशंसकों के लिए यह शाहरुख़ के भारत का राष्ट्रीय क्रश बनने की आवाज़ है। पूरे गाने के दौरान, हीरो एक लड़की के लिए अपने बेतहाशा प्यार को क़ुबूल करता है। सिर्फ़ लड़की को *देखकर* ही उसे प्यार की दीवानगी समझ आ गई थी। वो अपनी महबूब और उन दोनों के प्यार की तारीफ़ करता है। उसे समझ नहीं आता है कि वो अपने साथ क्या करे। अब वो यहां से कहां जाएं? शायद एक दूसरे की बांहों में मरना ही सबसे अच्छा है। उसकी सांसें और उसकी ज़िंदगी उसी के लिए हैं। उसकी प्रेमिका भी गाने में जवाब देती है। वो गाती है कि वो उसके आंसू रोती है। उसकी वजह से उसकी उदासी दूर हो गई है, उसके दुख मुस्कुराने लगे हैं।

ज़ाहिरा साथ-साथ गा रही थीं। मैंने उन्हें इतना ख़ुश कभी नहीं देखा था: उनका शरीर झूम रहा था, वो अल्हड़, आज़ाद दिखाई दे रही थीं। मैंने फ़ैसला किया कि आज मैं उनसे कोई सवाल नहीं पूछूंगी। उन्हें अपने गाने का आनंद लेने दूंगी। 'मुझे पता है यह अजीब लगता है कि मुझ जैसी मुश्किल ज़िंदगी वाली औरत भी इस तरह के प्रेम गीत का आनंद ले सकती है,' वो ख़ुद ही बोलीं। 'लेकिन मैं पांच मिनट के इस छोटे से गाने के लिए अल्लाह की बहुत शुक्रगुज़ार हूं। वो एक-दूसरे से कैसी-कैसी प्यारी बातें कहते हैं... मुझे नहीं लगता कि हममें से किसी को भी ऐसा प्यार कभी मिल सकता है।'

तो, शाहरुख़ में ऐसा क्या है? मैंने उनसे *वो* सवाल पूछ ही लिया। वही क्यों? 'मुझे लगता है आप बहुत ज्यादा सोचती हैं। कोई ऐसी ख़ास वजह नहीं है, बस हम उन्हें पसंद करते हैं। उनकी वजह से मैं मुस्कुरा पाती हूं। ऐसा इसलिए नहीं है कि वो गाने गाते हैं और वो फ़िल्मों में अमीर होते हैं। हम जानते हैं कि यह बस एक फ़िल्म है। हम इतने बेवक़ूफ़ नहीं हैं। लेकिन वो जिस तरह से औरतों से बात करते हैं और उनके साथ बर्ताव करते हैं, औरतें उन्हें उसकी वजह से पसंद करती हैं। उन्हें देखकर मुझे ख़ुशी होती है। उनमें प्यार और इज़्ज़त होती है। आजकल लड़कों

में ऐसा बहुत देखने को नहीं मिलता। ज़रा देखिए कि वो अपनी हीरोइन को किस तरह *देखते* हैं। और मुझे सारे गाने पसंद हैं।'

मैंने शाहरुख़ की उनकी पसंदीदा फ़िल्म के बारे में पूछा, लेकिन उनकी कोई एक मनपसंद फ़िल्म नहीं थी। उन्होंने पहली बार शाहरुख़ को अपनी शादी के एक साल बाद, मीनल के जन्म के समय जाना था। ज़ाहिरा सत्रह साल की थीं। 1996 का क्रिकेट विश्व कप चल रहा था और उनकी पुरानी कॉलोनी अल्लाह नगर में छोटे-छोटे लड़कों को हर दीवार पर एक सॉफ़्ट ड्रिंक का विज्ञापन करते शाहरुख़ के पोस्टर चिपकाने के लिए पैसे दिए जा रहे थे। 'वो अच्छे दिखते थे,' उन्होंने मुझसे कहा। उनका चेहरा पान के दाग़ जैसा लाल हो रहा था। इसके कुछ ही समय बाद इलाक़े की कुछ औरतों ने टीवी ले लिए, और शाहरुख़ और क्रिकेट हर जगह छा गए।

'मैंने उन्हें केवल टीवी पर और गानों में देखा है। वास्तव में मेरी कोई पसंदीदा फ़िल्म नहीं है। हममें से ज़्यादातर को गानों से काम चलाना पड़ता है या फिर टीवी पर उनकी *कोई भी* फ़िल्म के आने का इंतज़ार करना होता है। मुझे याद नहीं कि पिछली बार हममें से कोई सिनेमा हॉल कब गई थी। मैं कभी नहीं गई हूं। हमारी सिर्फ़ एक बहन (एक साथी अगरबत्ती कामगार) के पास टीवी है लेकिन वो उसे लंबे समय तक चालू नहीं रख सकती, क्योंकि बिजली बहुत महंगी पड़ेगी। अगर उसका पति उसे विज्ञापन ब्रेक्स के साथ तीन घंटे की फ़िल्म देखते हुए देखता है, तो वो नाराज़ हो जाता है। हमारे लिए गाने आसान हैं।'

चूंकि ज़ाहिरा को शाहरुख़ की कई फ़िल्मों के बारे में नहीं पता था, इसलिए हमने अहमदाबाद में अपने आख़री कुछ दिन उनके फ़िल्मी गानों के बारे में बातें करते हुए बिताए। यह बातचीत दस साल तक चली। हमारी मुलाक़ात के बाद के शुरुआती सालों में, मैं उन्हें हर साल ईद पर मैसेज भेजकर उनके अच्छे होने की कामना करती थी और शाहरुख़ की नई हिट फ़िल्मों के बारे में पूछती थी। 2011 से 2013 के बीच हमारा संपर्क टूट गया। यहां उनके पसंदीदा गानों की एक फ़हरिस्त है।

***

2004: फ़िल्म *वीर-ज़ारा* का *'मैं यहां हूं,'* गीत: जावेद अख़्तर

जानम देख लो मिट गईं दूरियां। मैं यहां हूं। कैसी सरहदें, कैसी मजबूरियां। मैं यहां हूं। तुम छुपा ना सकोगी मैं वो राज़ हूं; तुम भुला ना सकोगी वो अंदाज़ हूं।

2006: फ़िल्म *कभी अलविदा ना कहना* का *'मितवा,'* गीत: जावेद अख़्तर

लव विल फ़ाइंड ए वे। जानिये, हीरिये, लव विल फ़ाइंड ए वे। मेरे मन ये बता दे तू: किस ओर चला है तू? क्या पाया नहीं तूने? क्या ढूंढ रहा है तू? जो है अनकही, जो है अनसुनी, वो बात क्या है बता? मितवा, कहें धड़कनें तुझसे क्या? ये ख़ुद से तो ना तू छुपा।

2008: फ़िल्म *रब ने बना दी जोड़ी* का *'हौले हौले,'* गीत: जयदीप साहनी

हौले हौले से हवा लगती है। हौले हौले से दवा लगती है। हौले हौले से दुआ लगती है। हौले हौले घूंघट उठता है। हौले हौले से नशा चढ़ता है। तू सब्र तो कर, मेरे यार। ज़रा सांस तो ले, दिलदार। चल फिकर नू गोली मार, यार। हैं दिन जींदड़ी ते चार। हौले हौले हो जाएगा प्यार। हौले हौले।

***

फ़िल्म संगीत भारत में लोकप्रिय संस्कृति का एक अभिन्न अंग है। पिछले कुछ समय से, गाने फ़िल्मों का प्रचार करने में मदद करने लगे हैं। भारतीयों का एक बड़ा हिस्सा फ़िल्में देखने से ज़्यादा हिंदी फ़िल्म संगीत को एक्सेस करता है। बॉलीवुड के रोमांटिक गानों में व्यक्त किए जाने वाले प्यार और ख़्वाहिश पर बहुत कुछ लिखा गया है। ये विधा मार्मिक और हास्यास्पद का सफ़र तय करती है—काफ़ी हद तक उन लोगों की तरह जो प्यार के विभिन्न चरणों में होते हैं। लेकिन ज़ाहिरा के रोमांटिक गानों की सूची के संदेश बड़े स्पष्ट थे। इन गीतों का अनुवाद करते हुए मुझे ख़्याल आता है: वो गाने जो ज़ाहिरा अपनी अगरबत्तियां बनाते और अपने कपड़ों के ऑर्डर सीते समय गुनगुनाती हैं, वो गाने जो वो तब गुनगुनाती हैं जब वो अपनी शादी के दर्द को भूलना चाहती हैं, वो गाने जो वो तब गुनगुनाती हैं जब वो ज़िंदगी में अपने मुक़ाम को लेकर अनिश्चित महसूस करती हैं—उनकी शब्दावली क्या है?

ये धुनें प्यार हैं। वो हमें प्यार में मूर्ख बनने के लिए प्रोत्साहित करती हैं। न कोई तर्कसंगत रिश्ते, न ज़मीन की मिल्कियत के आधार पर प्रपोज़ल, न फ़ैक्ट्रियों के फ़र्श पर शादी तय करना। प्यार आज़ाद है, और ये गीत एक सुखद रोमांटिक मस्ती को प्रोत्साहित करते हैं। न कोई सीमाएं, न कोई आत्मत्याग, न कोई घूंघट, न कोई ज़ंजीर, न कोई शर्म। आशिक़ हर जगह मौजूद है। वो हर जगह है, आपकी नज़र और दिमाग़ में, आपकी तलाशों और सब्र में। इसमें कोई हैरत की बात नहीं कि ज़ाहिरा जैसी औरतें इन गानों में हीरो द्वारा पेश की गई निस्वार्थता की इस

रोमांटिक दावत का पूरा लुत्फ़ उठाती हैं। संगीत और छवियां एक छुटकारा हैं एक रोक-टोक भरी ज़िंदगी की हक़ीक़त से, एक ऐसी ज़िंदगी से जहां अपने पति के हाथों पीटे जाने के बाद डॉक्टर के पास जाने के लिए भी आपको *उसी की* इजाज़त लेनी पड़े। और रोज़मर्रा की अंतरंगता की हिंसा को भुलाने के लिए हर किसी को एक जगह की ज़रूरत होती है, ख़ासकर घर में काम करने वाली उन ग़रीब औरतों को जिन्हें महंगाई से, घर में रह पाने की असुरक्षित अवधियों और शराबी पतियों से जूझना है। ओछी साज़िशों और पूरे नहीं किए गए वादों की दुनिया को भुलाने के लिए। फ़िल्म के पर्दे पर अपनी प्रेमिका के लिए शाहरुख़ की बेइंतहा उदारता पर झूमने और फ़िदा होने के लिए।

जनवरी 2007 में, भारत के प्रधानमंत्री मनमोहन सिंह ने एक राष्ट्रीय कॉन्फ्रेंस का उद्घाटन किया, जिसका उद्देश्य भारत में गृह-आधारित श्रमिकों के लिए सामाजिक सुरक्षा उपायों की वकालत करना था। इस कार्यक्रम का आयोजन सेवा और दक्षिण एशिया में घरेलू श्रमिकों के अधिकारों का समर्थन करने वाले संगठनों के एक नेटवर्क द्वारा किया गया था। अपने भाषण में सिंह ने महिलाओं के काम की बढ़ती सांख्यिकीय अदृश्यता को स्वीकार किया। इन कामगारों के काम करने की परिस्थितियों और पगार पर हमारी रिसर्च रिपोर्ट पेश की गई, और पैरवी के लिए एक फ़िल्म भी बनाई गई। कॉन्फ्रेंस में इंटरव्यू करने और डाटा जुटाने में जुड़े कई कामगार भी मौजूद थे। उन्हें गर्व था—ये उनकी सारी पैरवियों और कड़ी मेहनत की जीत थी। दर्शकों में कामगारों में से एक ज़ाहिरा थीं। उद्घाटन भाषण के बाद महिलाओं का एक समूह चिकनकारी कुर्ते पहने और चेहरों पर खिली हुई मुस्कराहटें लिए मेरे पास आया। उनमें से एक ने कहा, 'वो मनमोहन सिंह जी को तो ले आए, आपने उनसे शाहरुख़ के लिए भी क्यों नहीं कहा।' ज़ाहिरा बेन ने जोड़ा, 'मैं आपको जितना जानती हूं, आपने कहा तो होगा।'

ये प्यार करने का वक़्त है

चांद ने कुछ कहा/रात ने कुछ सुना/तू भी सुन बेख़बर/प्यार कर

—दिल तो पागल है (1997)

जब 2014 में मैं अगरबत्ती कॉलोनी और उसके आसपास के इलाक़ों में फिर से गई, तो इलाक़े में कहीं ज़्यादा पक्की और कंक्रीट की इमारतें दिखाई दे रही थीं। मध्यवर्गीय आवासीय परिसरों की प्लानिंग चल रही थी, हर तरफ़ बेदख़ली और

निर्माण की चर्चाएं हो रही थीं। ज़ाहिरा पैंतीस की हो चुकी थीं और उन पर मीनल की शादी का भूत सवार था। 'ये लड़कियां पागल हो गई हैं,' उन्होंने मुझसे कहा। 'ये असली ज़िंदगी में प्यार और हीरो तलाश रही हैं। अब मैं उसे कैसे समझाऊं? असल ज़िंदगी में ऐसा कोई आदमी नहीं होता। उसकी सहेलियां भी ऐसी ही हैं। वो सभी अहमदाबाद के बाहर नौकरी करना चाहती हैं क्योंकि वो अपने दम पर लड़कों से मिलना चाहती हैं। 1990 का दशक जो अच्छी चीज़ें लाया था, वो बस टेलीविज़न, कैसेट और शाहरुख़ ख़ान थीं। लेकिन *उन्होंने* ही इस सब बेवक़ूफ़ी को उकसाया है। और अब, वो सिर्फ़ अपनी पत्नी और अपनी बेटी की मदद कर सकते हैं। हमारे लिए क्या कर सकते हैं वो? वो यक़ीनन मीनल के लिए तो लड़का नहीं ढूंढ़ेंगे।' हम बुरी तरह हंस पड़े।

अब अठारह साल की हो चुकी उनकी बेटी भी इस बातचीत के दौरान मेरे पास ही खड़ी थी। उसने अपनी आंखें घुमाईं और *दिल तो पागल है* का ज़ाहिरा का मनपसंद शाहरुख़ का गाना गाने लगी:

'प्यार कर... ओहोहो अम्मी... प्यार कर।'

पिछले खंड की फ़हरिस्त के सारे गानों से बढ़कर, ज़ाहिरा की ज़िंदगी का सबसे पसंदीदा गाना हिट प्रेम त्रिकोण *दिल तो पागल है* का *'प्यार कर'* था। शाहरुख़ के साथ ख़ूबसूरत करिश्मा कपूर और माधुरी दीक्षित द्वारा अभिनीत फ़िल्म एक शानदार शहरी प्रेम कहानी है जिसमें मेन हीरोइन (माधुरी) को यक़ीन है कि सच्चा प्यार तब मिल सकता है जब वैलेंटाइन डे और पूर्णिमा की रात एक साथ हों। किसी ख़ास परंपरा से ज़्यादा हॉलमार्क के कार्डों से प्रेरित पश्चिमी हॉलीडे के साथ हिंदू कैलेंडर का यह अजीब मेल, उदारीकरण के बाद, टिपिकल भारतीय हो गया था। असल जीवन में, सिर्फ़ अरेंज्ड रिश्तों में भाग लेने वाले दर्शकों को प्रेम की मनमानी प्रकृति और क्यूपिड के तीर का जश्न मनाने में किसी तरह की संज्ञानात्मक असंगति महसूस नहीं हुई। *डीटीपीएच* शाहरुख़ की पहली फ़िल्म थी, वास्तव में किसी भी तरह की पहली फिल्म थी, जो ज़ाहिरा ने पूरी देखी थी।

फ़िल्म के साउंडट्रैक को ज़बरदस्त सफलता मिली थी। हालांकि यह फिल्म दो दशक से ज़्यादा पुरानी हो चुकी है, लेकिन इसके गानों को यूट्यूब पर तीन सौ मिलियन से ज़्यादा बार देखा जा चुका है। ज़ाहिरा ने गाना, सीन दर सीन, लाइन दर लाइन याद कर लिया था। वो याद करती हैं कि जब शाहरुख़ सुझा रहे हैं कि सब प्यार करें तो कैसे उनके चेहरे पर नियोन-नीली चांदनी चमकती है। *डीटीपीएच* में उनका किरदार, ज़ाहिर है राहुल नाम का, एक प्यार का मारा

थिएटर डाइरेक्टर और संगीतकार है। मुंबई में एक वैलेंटाइन डे पार्टी में गाया गया यह गाना उसके रोमांटिक प्यार की सार्वजनिक आवाज़ है। काले, ब्राउन और सफ़ेद रंग के कपड़े पहने वो एक आधुनिक भीड़ के साथ डांस करता है। वहां एक भी साड़ी या शलवार-क़मीज़ नज़र नहीं आ रही है। ख़ूबसूरत जिस्म कॉकटेल ड्रेसों में लिपटे हुए हैं और शाहरुख़, और करिश्मा कपूर द्वारा अभिनीत उनकी सेक्सी बैस्ट फ्रेंड को छोड़कर सभी की जोड़ियां हैं। स्क्रीन दिल के आकार के गुब्बारों से भरा हुआ है। हर कोई एक हमसफ़र की तलाश में है, हर कोई अपनी तलाश में ख़ुश है। लेकिन राहुल एक रूहानी कशिश महसूस कर रहा है। कोई उसे पुकारता है। शाहरुख़ कैमरे पर आंख मारते हैं और अपनी हमेशा जैसी शरारती-सेक्सी मुस्कुराहट देते हैं। परम फ़िल्मी आदर्श वो गाते हैं: *प्यार कर।*

ज़ाहिरा ने मुझे उस समय के बारे में बताया जब उनके परिधान और अगरबत्ती ग्रुप की कामगारों ने टेलीविज़न पर एक साथ *डीटीपीएच* देखी थी। 'नफ़ीसाबेन को पता था कि फ़िल्म आने वाली है और उसने उसे देखने के आयोजन में मदद की।' सबने पैसे डालकर एक जनरेटर किराए पर ले लिया, ताकि बिजली कटने पर फ़िल्म में अड़चन न पड़े। कुछ महीने बाद कुछ औरतों ने नफ़ीसा के घर पर *डीडीएलजे* और *कुछ कुछ होता है* साथ में देखी। वो हंसते हुए बताने लगीं, 'मेरे सास-ससुर नहीं हैं। लेकिन दूसरी महिलाओं के यहां उनके ससुरालवालों और आदमियों को लग रहा था कि हम पागल हो गए हैं! लोग आमतौर पर सिर्फ़ शादियों या उत्सवों के लिए जनरेटर किराए पर लेते हैं। हमारी एक बहन को हमारे साथ नहीं आने दिया जा रहा था, उसकी सास ने मना कर दिया था। लेकिन उसने यह कहकर बहाना बनाया कि हमें सेठ से एक अतिरिक्त ऑर्डर मिला है और उसे देर तक काम करना है। उसका पति जानता था कि वो झूठ बोल रही है लेकिन वो अच्छा इंसान है। वो अपनी पत्नी को थोड़ी मस्ती करने से क्यों रोकता?'

ज़ाहिरा को मस्ती करना, शाहरुख़ और ये गाने पसंद ज़रूर थे, लेकिन वो इनमें दिखाई जाने वाली दुनिया को हक़ीक़त नहीं मानती थीं। वो जानती थीं कि यह एक दिखावटी दुनिया है, जो उनकी पहुंच से उतनी ही दूर है जितनी कि उनमें दिखाई जाने वाली तड़क-भड़क वाली ज़िंदगी। भारत में फ़िल्में कैसे फ़ैंटैसी बेचती हैं, इस पर टिप्पणी करते हुए विद्वान अक्सर देश की आय की ग़रीबी और पर्दे पर दिखाई जाने वाली बेतहाशा खपत और बेशुमार धन के बीच संबंध जोड़ते हैं। इनका उद्देश्य एक बढ़ते मध्यम वर्ग की नवउदारवादी आकांक्षाओं को सामने लाने और सामुदायिक परंपराओं को बनाए रखने और व्यक्तिवाद को प्रोत्साहित करने

की उसकी इच्छा को दिखाना है। साथ ही, इन छवियों का मक़सद आम लोगों को मंत्रमुग्ध करना और उनका ध्यान उनकी रोज़मर्रा की सख़्त मेहनत से भटकाना है। लेकिन शाहरुख़ की जितनी भी महिला फ़ैन्स से मैं मिली, उन्हें सुनकर मुझे लगा कि उन्हें इन फ़िल्मों की ज़रूरत अन्य फ़ैंटैसी कामों के लिए है। वैलेंटाइन डे पर प्रेम गीतों की फ़ैंटैसी, चांदनी रातों में *उस* को खोजने की फ़ैंटैसी, अच्छे भविष्य वाले सुंदर पुरुषों और महिलाओं की एक-दूसरे के मन और शरीर को *चुनने* और *सम्मान करने* की फ़ैंटैसी, रोमांटिक रूप से दरिद्र लोगों के लिए भी फ़ैंटैसी की एक ज़रूरी ख़ुराक थी। बापूनगर में ज़ाहिरा की पीढ़ी की महिलाओं के लिए ये फ़िल्में किसी दूसरे ग्रह पर रहने वाले एलियंस के अस्तित्व को साबित करती थीं, जहां पुरुष सड़क पर छेड़छाड़ करने के बजाय मुहब्बत भरे इशारों के प्रेम गीत गाते हैं। प्रेम, सेक्स और विवाह के अपने स्वयं के जिए हुए अनुभवों में निरंतर सौदेबाज़ी, असंगति और हिंसा से मुक्ति।

'ये सारी फ़िल्में और गाने सपने हैं,' ज़ाहिरा कहती थीं। उनके लिए फिल्में बस बदलाव महसूस करने की एक क्रिया हैं। दुनिया में पुरुष निराश हैं, इसलिए वो ऐसी फ़िल्में देखते हैं जिनमें आदमी एक-दूसरे को पीटते हैं। औरतें प्यार करना चाहती हैं और सुखी पारिवारिक जीवन जीना चाहती हैं, इसलिए वो रोमांटिक गाने और प्रेम कहानियां देखती हैं।

मीनल ज़ाहिरा की इकलौती संतान थी। एक के बाद एक आने वाली मुसीबतों का सामना करते हुए उनके बीच एक मज़बूत रिश्ता बन गया था। मीनल ने सात साल की छोटी सी उम्र से ही घर के काम और अगरबत्ती के कारोबार में अपनी चौबीस साल की मां की मदद करना शुरू कर दिया था। मीनल ज़ाहिरा की सेवा की यूनियन के उनके कामों में भी मदद करती थी, और वो कई बैठकों में बैठती थी और जहां तक हो सकता था वो उनके साथ रहती थी। उसकी मां उसकी आदर्श थीं। वो शाहरुख़ के सभी गाने गाती थी, ज़ाहिरा और उनकी साथी कामगार-फ़ैनगर्ल्स के साथ टीवी पर उनकी फ़िल्में देखती थी। मीनल का फ़ैनडम उसकी विरासत थी। दोनों महिलाएं शारीरिक रूप से एक जैसी थीं और मीनल अपनी मां के कपड़े पहनती थी। वो स्थानीय दर्ज़ी की दुकान पर ख़ुद उनकी फ़िटिंग ठीक कर लेती थी और बदले में उसके छोटे-मोटे काम कर देती थी। वो अपने कपड़ों की सिलाई के लिए कभी अपनी मां की सिलाई मशीन का इस्तेमाल नहीं करती थी, वो कहती थी कि वो ज़ाहिरा के कपड़ों के ऑर्डर में ख़लल नहीं डालना चाहती। मुझे शक है कि यह घर से बाहर जाने और नए लोगों से मिलने-जुलने का एक जायज़ बहाना भी था। उसकी मां हमेशा अपने सीने को दुपट्टे से ढकती थीं, लेकिन

मैंने मीनल को कभी ख़ुद को इस तरह ढकते नहीं देखा। इलाक़े की कई लड़कियों के कपड़ों से महिलाओं के सीने और इज़्ज़त को ढांपने वाला दुपट्टा ग़ायब हो चुका था।

2014 तक मीनल और उसकी मां तीन बार *डीटीपीएच* देख चुकी थीं। हर बार टीवी पर। जैसे-जैसे मीनल बड़ी हो रही थी, उसे फ़िल्म ज़्यादा पसंद आने लगी थी। फ़िल्म के आख़री सीन में शाहरुख़ को माधुरी दीक्षित को थामे हुए दिखाया गया है। दोनों ने सफ़ेद कपड़े पहने हुए हैं और फ़ोकस में हैं, और तभी अंग्रेज़ी में लिखे ये शब्द सामने आते हैं: *'समवन समव्हेयर इज़ मेड फ़ॉर यू।'* ज़ाहिरा ने ये शब्द नहीं पढ़े थे। उन्हें अंग्रेज़ी पढ़ना नहीं आता था, लेकिन मीनल को आता था। ज़ाहिरा ऑन-स्क्रीन रोमांस को एक ख़ूबसूरत झूठ मानती थीं। लेकिन मीनल के लिए प्यार कोई नामुमकिन ख़्वाहिश नहीं थी, बल्कि यह एक फुल-टाइम काम था। वो शाहरुख़ की सारी फ़िल्में देखती थी और उसके अंदर एक बदलाव आ जाता था। मीनल एक ख़ास तरह की रोमांटिक पूर्णवादिता की समर्थक थी, वो मानती थी कि प्यार का हर चीज़ पर क़ब्ज़ा है। जब हम उसकी मां द्वारा उसकी शादी करवाने की बेतहाशा कोशिशों के बारे में बात करते, तो वो विरोध करती, 'हर किसी को अपनी पसंद से शादी करनी चाहिए।'

ज़ाहिरा को मीनल के लव मैरिज करने पर कोई आपत्ति नहीं थी, बशर्ते कि उनकी बेटी किसी ऐसे मुस्लिम लड़के से प्यार करे जो उसका भरण-पोषण कर सकता हो। 'मैं इन नौजवान लड़कियों को देखती हूं, इन्हें ये बाइकों और फ़ोन वाले छिछोरे लड़के पसंद आते हैं। शांत, समझदार लोगों से इनका काम नहीं चलता। लेकिन ये स्टाइल मारने वाले लड़के किसी काम के नहीं होते। उन्हें कोई काम-धाम तो होता नहीं है, बस अपना सारा दिन सपने देखने और कुछ न करने में बिताते हैं। और अगर कोई हिंदू लड़का ख़ुद अच्छा हो, तो उसके घरवाले मीनल के साथ कभी अच्छा बर्ताव नहीं करेंगे।'

'लेकिन क्या मीनल भी तुम्हारी तरह काम करके ख़ुद को नहीं संभाल सकती?' मैंने ख़ुद को कहते सुना।

ज़ाहिरा ने अपनी शादी से आज़ादी पाने के लिए कड़ा संघर्ष किया था। उन्हें आख़िरकार सेवा के एक डोनर प्रोजेक्ट में एक अच्छी तनख़्वाह वाली अल्प अनुबंध की नौकरी मिल गई थी। उनकी माली हालत में तेज़ी से सुधार हुआ था। उन्होंने एक नया ट्रांज़िस्टर, एक नया बेड और दो मोबाइल फ़ोन ख़रीद लिए थे। मीनल अठारह साल की थी और गारमेंट्स के पार्टटाइम काम और पास की कुछ एनजीओ परियोजनाओं में मदद करके स्वतंत्र रूप से कमा रही थी। ज़ाहिरा मीनल

के अपने पैरों पर ठीक से खड़ी होने से पहले उसकी शादी करने के लिए इतनी उतावली क्यों थीं? क्या मीनल का स्वतंत्र होना ज़्यादा अहम नहीं होगा? 'क्योंकि औरतें अकेले नहीं संभाल सकतीं,' ज़ाहिरा ने तीखे स्वर में कहा। 'क्या आप अकेली रहना चाहती हैं? मीनल को यहां ज़िंदा रहने के लिए एक आदमी के सहारे की ज़रूरत है, अपने दम पर रहना बहुत मुश्किल है। एक औरत परिवार के प्यार के बिना भूखी ही रहेगी। मैं भी अपने भाई के साथ रहने के लिए सूरत जाऊंगी। हो सकता है हमें वहां मीनल के लिए कोई अच्छा रिश्ता मिल जाए। मेरा भाई कहता है कि उसके परिसर में कई अच्छे मुस्लिम परिवार हैं।'

मीनल को गुस्सा आ गया। 'दीदी, आप मेरी मां को समझाएंगी? लगता है कि इन्होंने और मेरे मामूं ने मुझे एक अच्छे स्कूल में सिर्फ़ इसलिए पढ़ाया है कि मुझे ज़्यादा पढ़ा-लिखा पति मिल सके। मैं इनसे कहती रहती हूं कि गुजरात और पतियों की तलाश के अलावा भी ज़िंदगी में बहुत कुछ है। और कि मैं अपने दम पर किसी को ढूंढ़ सकती हूं। बस ये मुझे अकेला छोड़ दें। मैंने उन लड़कों से मिलना बंद करने का फ़ैसला कर लिया है जिनसे ये मुझे मिलवाना चाहती हैं। पहले अमिताभ बच्चन जैसे हीरो कुली हुआ करते थे और फ़ैक्ट्रियों में काम करते थे लेकिन आजकल अच्छे लड़के शाहरुख़ की तरह बड़े शहरों में जाना पसंद करते हैं। अगर मैं किसी दूसरे शहर में पढ़ूं और नौकरी करूं, तो मुझे कोई अच्छा आदमी मिल जाएगा। हमारे जैसे पिछड़े इलाक़ों में मज़ेदार आदमी मिलना मुश्किल है। सब भले आदमी जा चुके हैं।'

वो सही कह रही थी। पढ़े-लिखे और कुशल युवक काम और बेहतर संभावनाओं की तलाश में मौक़ा मिलते ही अगरबत्ती कॉलोनी छोड़कर जा चुके थे। मीनल सुंदर थी, पढ़ी-लिखी थी और अंग्रेज़ी बोलती थी। उसके मुहल्ले का कोई भी अविवाहित लड़का उसके लायक़ नहीं था। उदारीकरण के बाद के रियलिटी शोज़ और शहर की नौकरियों की संस्कृति के आहार पर पले-बढ़े लड़केअपनी ही की आकांक्षाओं में उलझे हुए थे। वो फ़ैक्ट्रियों या खेतों में काम करने को तैयार नहीं थे। मीनल के स्कूल के पुरुष दोस्त—ज़ाहिरा के परिवार में वो पहली थी जिसके कोई 'दोस्त' थे—प्रारंभिक पूंजी के लाभों के बिना बिज़नेस की योजनाएं बनाते हुए सरकारी परीक्षाएं देते और अक्सर फ़ेल हो जाते थे। कॉलोनी की संकरी गलियों में कुछ ही दूरी तक चलने से अंदाज़ा हो जाता था कि नौजवान लड़कों के गुट अपना ज़्यादा से ज़्यादा वक़्त अपने फ़ोन पर फ़िल्में देखने और गेम्स खेलने में बिता रहे हैं। वो अपने माता-पिता, डिलीवरी और ऑफ़िसों के छोटे-मोटे कामों पर निर्भर थे। मीनल को अपनी वित्तीय आज़ादी पर गर्व था।उसने मुझे बताया कि कैसे उसने

हाल ही में अपनी दोस्तों के साथ एक 'अच्छे हॉल' में *चेन्नई एक्सप्रेस* देखी थी। उसने टिकटों का पैसा ख़ुद दिया था, जो उसने अहमदाबाद में एक विदेशी विद्वान के रिसर्च प्रोजेक्ट में मदद करके कमाया था।

2016 तक, कपड़ों या अगरबत्ती का घरों से होने वाला निर्माण स्थायी रोज़गार का साधन नहीं रह गया था। स्थानीय अगरबत्ती उद्योगों ने मशीनें इस्तेमाल करना शुरू कर दिया था और माल नई जगहों से लेने लगे थे, जिससे महिलाओं को मिलने वाला काम कम हो गया था। नोटबंदी ने ठेकेदारों को मज़दूरी के भुगतान में देरी करने का एक नया बहाना दे दिया था। मामूली से लेनदेन भी संघर्ष से भरे होने लगे थे। क़र्ज़ बढ़ने लगा, काम धीमा होने लगा। 'अगरबत्ती कॉलोनी' का नाम बस नाम का ही रह गया था। स्थानीय बाज़ारों और दर्ज़ियों से कपड़ों की मांग में भी गिरावट आ गई थी। परिधान और कपड़े का बहुत सा काम बैंगलोर, कोयंबतूर और सूरत के कारख़ानों को चला गया था। मीनल अपने परिवार के वैवाहिक दबाव से बचने में कामयाब हो गई थी, और उसने अपने मामूं से अपनी पढ़ाई की योजना में साथ देने की विनती की थी। फ़ैक्टरी तकनीशियन के पद पर उसके मामूं की तरक़्क़ी के कारण उसे अच्छा पैसा मिलने लगा था। इस तरक़्क़ी की वजह से उसे स्वास्थ्य बीमा और रिटायरमेंट के लाभ भी मिलने थे। 2017 के अंत की ओर, ज़ाहिरा और मीनल बापूनगर छोड़कर सूरत में उसके और उसके परिवार के साथ रहने चले गए। बापूनगर वाले घर में भीड़ बढ़ती जा रही थी। अब तक सलीम के छोटे भाई के बच्चे हो चुके थे। सरकार द्वारा स्थानीय खेल के मैदान को एक किफ़ायती आवास योजना के हिस्से के रूप में विकसित करने की योजना की घोषणा के बाद हिंसा की एक घटना हुई थी। ज़ाहिरा के भाई को भविष्य में दंगों को लेकर चिंता होने लगी। मई 2017 तक, इस इलाक़े से भारत में ज़ीका के तीन में से दो मामलों की सूचना भी मिली, जिससे वो और भी डर गया। उसने उनसे कहा कि वो आकर उसके साथ रहें।

मीनल ने 2015 में अच्छे अंकों के साथ अपनी बोर्ड परीक्षा पास की थी। वो जानती थी कि उसकी मां कॉलेज जाने की उसकी योजना का साथ नहीं दे पाएंगी, इसलिए उसने सूरत जाने तक एक स्थानीय एनजीओ के लिए तदर्थ नौकरियों में काम करके कंप्यूटर का बुनियादी ज्ञान हासिल कर लिया। मीनल के मामूं ने अपनी फ़ैक्टरी के मैनेजर की मदद से उसे उसका कंप्यूटर ज्ञान और बढ़ाने के लिए एक सरकारी अल्पकालिक प्रशिक्षण पाठ्यक्रम में दाख़िला दिलाने में मदद की। मीनल अपनी आमदनी बढ़ाने के लिए किसी ऑफ़िस में सेक्रेटरी स्टाफ़ के रूप में काम करना चाहती थी। लेकिन उस जैसे अनुभवहीन युवा उम्मीदवारों के लिए नौकरी

ढूंढ़ पाना बड़ा कठिन था। एक साल की तलाश के बाद उसे मुंबई स्थित एक बड़ी मार्केट रिसर्च फ़र्म में सर्वेयर का काम मिल गया। अहमदाबाद की एक 'एनजीओ आंटी' ने उसे नौकरी दिलाने में मदद की; वेतन इस आधार पर लचीला था कि वो कितने सर्वेक्षण सटीक ढंग से पूरे करती है। फ़र्म बाहरी काम के लिए उसे यात्रा का ख़र्च और आवास देगी। मीनल बहुत फुर्तीली थी और बहुत साफ़ हिंदी बोलती थी, वो अपनी आजीविका के लिए सवाल पूछने को उत्साहित थी।

ज़ाहिरा मीनल के सूरत छोड़ने के विचार को लेकर असहज थीं। 'मैं उम्मीद कर रही थी कि उसे पास में कोई अच्छी नौकरी मिल जाएगी,' ज़ाहिरा ने मुझसे फ़ोन पर कहा। 'लेकिन आजकल तो नौकरी ढूंढ़ना पति ढूंढ़ने से भी ज़्यादा मुश्किल है।' उन्होंने यह पूछने के लिए फ़ोन किया था कि क्या मुझे उस सर्वे कंपनी के बारे में कोई जानकारी है जो मीनल को यह नौकरी दे रही थी। मुझे पता था कि वो एक अच्छी साख वाली फ़र्म है और मैंने उन्हें कुछ संपर्कों के बारे में बताया और तसल्ली दी। अंत में, उसके मामूं ने एक समझौता करा लिया—वो इस बात पर सहमत हो गए कि मीनल सूरत में रहना जारी रखेगी और किसी असाइनमेंट पर इस आधार पर बाहर जाएगी कि कंपनी द्वारा मीनल को दिए गए हर नए सर्वेक्षण के बारे में ज़ाहिरा कितना सहज महसूस करती हैं। हर ऑफ़र पर मां, मामूं और बेटी के बीच घंटों बातचीत होती थी।

2019 तक, अपने काम पर मीनल की मांग बहुत बढ़ गई थी, और वो अक्सर आधा साल असाइनमेंट पर सूरत से बाहर रहने लगी। अपनी मां की ही तरह वो आकर्षक और मेहनती थी, और सर्वेक्षण के उत्तरदाताओं से प्रतिक्रियाएं लेने में सक्षम थी। वो अक्सर मुंबई जाती थी, क्योंकि उसकी फ़र्म को मुंबई के स्थानीय कर्मचारियों को काम पर रखने की तुलना में प्रवासियों को प्रति सर्वेक्षण के हिसाब से भुगतान करना सस्ता लगता था। मीनल को उम्मीद थी कि वो सूरत छोड़कर फ़र्म में 'स्थायी' कर्मचारी बन सकेगी और वो मुंबई में स्थायी जीवन का सपना देख रही थी। मुंबई में अपनी पहली रात को उसने शाहरुख़ के घर की तीर्थयात्रा की।

10
मंजू की बोरियत

ये बंदर भी नहीं, बंदे तो बिल्कुल नहीं।
—रामपुर, उत्तर प्रदेश में गृह-आधारित कामगार-फ़ैनगर्ल

2006 में, मैं मंजू से उसी आईएसएसटी रिसर्च प्रोजेक्ट के माध्यम से मिली जिसने मुझे अहमदाबाद की अगरबत्ती श्रमिकों से मिलवाया था। वो उन चौंतीस मुस्लिम लड़कियों में से एक थी जिनका मैंने घनी आबादी वाले और ग़रीबी से त्रस्त उत्तर प्रदेश राज्य में इंटरव्यू किया था। रामपुर ज़िले के दो पड़ोसी गांवों में किए गए एक छोटे पैमाने के गुणात्मक शोध प्रयास का हिस्सा बने ये इंटरव्यू छोटे थे। इस ज़िले को 'अल्पसंख्यक बहुल' क्षेत्र के रूप में वर्गीकृत किया गया है, क्योंकि यहां मुस्लिम परिवार कुल आबादी का आधा भाग हैं। रामपुर ने भारतीय शास्त्रीय संगीत और संस्कृति में महत्वपूर्ण योगदान दिया है; रामपुर शहर में रज़ा लाइब्रेरी में बहुत महत्वपूर्ण फ़ारसी ग्रंथ हैं, जिनमें से एक सोने से लिखा गया 300 साल पुराना *वाल्मीकि रामायण* का फ़ारसी अनुवाद भी है।

जिन महिलाओं से मैं मिली, उनकी उम्र चौदह से पैंतीस साल के बीच थी। उनमें से कोई भी न तो कभी इस मशहूर लाइब्रेरी में गई थी न ही उनमें से किसी ने प्राथमिक शिक्षा पूरी की थी। वो घर पर एपलीक पैचवर्क और कढ़ाई का काम करती थीं, अक्सर आंगन में या एक-दूसरे के घरों में एक साथ। रामपुर में हमने जिन महिलाओं का इंटरव्यू लिया, वो बड़ी उप-अनुबंधित मूल्य श्रृंखलाओं के भाग के रूप में घरों से होने वाले वस्त्र निर्माण में लगी हुई थीं। 'पत्ती का काम' और 'ज़री-ज़रदोज़ी' बारीक कढ़ाई के वो रूप हैं जिनकी ज़बरदस्त भारतीय और

अंतरराष्ट्रीय मांग है। उस समय ये लोग छुटपुट रूप से अंग्रेज़ी शब्दों का इस्तेमाल करती थीं। वो हर तैयार परिधान के लिए उन्हें मिलने वाली मज़दूरी के लिए 'रेट' शब्द का इस्तेमाल करती थीं। वो काम में कमियों या देरी की वजह से मज़दूरी में कटौती के लिए 'क्वालिटी,' 'टाइम' और 'लेट' शब्दों का इस्तेमाल भी करती थीं जो उन्होंने अपने नियोक्ताओं से सीखे थे।

हम जिस दिन रामपुर पहुंचे उस दिन क्षेत्र के राजनीतिक प्रतिनिधि एक सड़क का उद्घाटन करने वाले थे। 1990 के दशक के अंत तक ग्रामीण उत्तर प्रदेश में सड़कें एक असामान्य चीज़ थीं। 2001 तक, दुनिया भर में लगभग एक अरब लोग पक्की सड़क से दो किलोमीटर से अधिक दूर रहते थे, और सड़कों से वंचित लोगों में से एक तिहाई भारत में रहते थे। 2001 में भारत के 600,000 गांवों में से लगभग आधों में पक्की सड़कें नहीं थीं। एक साल बाद भारत सरकार ने महत्वाकांक्षी प्रधानमंत्री ग्राम सड़क योजना (पी.एम.जी.एस.वाई) के तहत बड़े पैमाने पर निर्माण अभियान शुरू किया। 2001 से 2015 के बीच, सरकार ने वैश्विक इतिहास में सबसे व्यापक बुनियादी संरचनात्मक अभियानों में से एक के दौरान 200,000 गांवों में सड़कों के निर्माण के लिए लगभग 40 बिलियन अमेरिकी डॉलर ख़र्च किए।

इन सड़कों ने पूरे भारत में गांवों को राष्ट्रीय और राज्य राजमार्गों से जोड़ दिया, जिससे बाज़ार-केंद्रों और शहरों के लिए परिवहन संपर्क स्थापित हुआ। इसके प्रभाव को अक्षरों और अंकों में बयान नहीं किया जा सकता। इन ग्रामीण सड़कों ने एक क्रांति ला दी है। 'इन सड़कों से पहले,' मंजू के चाचा ने मुझसे कहा, 'आप इतनी आसानी से हम तक नहीं पहुंच पातीं जितनी आसान से अभी पहुंची हैं। अगर क़िस्मत साथ दे और जिस दिन आपको ज़रूरत हो उस दिन आप बस पकड़ने में कामयाब हो जाएं, तब लखनऊ पहुंचने में पूरा दिन लग जाता था। अब एक पक्की सड़क ने गांव को बरेली के बस स्टॉप से जोड़ दिया है। और अगर आपके पास मोटर साइकिल है तो आप पांच घंटे में लखनऊ पहुंच सकते हैं। मैंने कभी सोचा भी नहीं था कि ऐसा भी दिन आएगा।' हम उनकी बेटी की शादी की तैयारियों पर बात कर रहे थे और कि कैसे नई सड़कों ने मेहमानों और सामान को उनके गांव तक पहुंचाना आसान बना दिया था। अर्थशास्त्री इस बात पर प्रकाश डालते हैं कि कैसे देश भर में ग्रामीण संपर्क ने आदमियों के लिए खेती के बाहर नौकरी ढूंढ़ना आसान बना दिया। 1977 से 2017 के बीच, कृषि में लगे ग्रामीण पुरुषों की हिस्सेदारी अठासी प्रतिशत से गिरकर पचपन प्रतिशत रह गई है।

हमारी रिसर्च टीम छोटी सी थी—सिर्फ़ मैं और लखनऊ की एक लड़की, जो एक सहयोगी एनजीओ से संबद्ध थी। रामपुर के धूल भरे शहर के केंद्र में पहुंचने

के एक दिन बाद, सुबह सात बजे हम अपनी फ़ील्ड साइट के लिए निकल गए। मंजू के परिवार ने दिन भर हमारी मेज़बानी की; उनके पास एक अतिरिक्त खाट थी। मंजू हमारी दूसरी साक्षात्कारदाता थी।

प्रश्नकर्ता: आपका नाम?

उत्तरदाता: मंजू

प्रश्नकर्ता: उम्र?

उत्तरदाता:...

योजनाएं और स्कूल

मंजू का जन्म घर में हुआ था, बिना जन्म प्रमाण पत्र के। उत्तर भारत के सर्वेक्षक इसके आदी हैं। वो आमतौर पर उत्तरदाता को याद करने को कहते हैं कि इंदिरा गांधी की हत्या के समय वो कितने साल के थे। मंजू की मां को यक़ीन था कि उनकी बेटी का जन्म उसके बहुत बाद में हुआ था। मंजू के पिता ने कहा, 'यह इंदिरा जी के बेटे की मौत के बाद पैदा हुई थी।' राजीव गांधी की मई 1991 में एक आत्मघाती हमलावर द्वारा हत्या की गई थी। पंद्रह साल बाद नेहरू-गांधी त्रासदियों का कैलेंडर हमारी कोई मदद नहीं कर पा रहा था।

'यह तब पैदा हुई थी जब बाज़ारों में पेप्सी बिकना शुरू हुई थी। मैंने इसकी पैदाइश के बाद अपने मायके से घर वापस आते हुए पेप्सी पी थी। पहली बार। हम ख़ुशी मना रहे थे,' मंजू की मां ने कहा। पेप्सी भारतीय बाज़ार में जून 1990 में आई थी।

पेप्सी के क़िस्से से प्रेरित होकर, हमने इस उम्मीद में तीन रणनीतियां आज़माने की कोशिश की कि योजनाएं और स्कूल हमारी मदद करेंगे। देश की सारी समस्याओं पर पैसा और योजनाएं फेंकने के सरकार के मूड और क्षमता को ध्यान में रखते हुए स्थानीय प्रशासन स्वास्थ्य, शिक्षा, सड़कों और सामाजिक सुरक्षा के लिए बहुत से कार्यक्रम लागू करता है। हमने मंजू की उम्र का अंदाज़ा लगाने के लिए इन योजनाओं का उपयोग करने का फ़ैसला किया।

मंजू की मां ने बताया कि उनका सबसे छोटा बेटा उनके गांव में पहले पोलियो टीकाकरण कैंप के तुरंत बाद पैदा हुआ था। उन्हें यह इसलिए याद आया कि मंजू और उसके छोटे भाई दोनों को इन कैंपों में टीके लगाए गए थे। 'मंजू तब तीन या चार साल की रही होगी। उन्होंने हमें कैंप के दिन की तारीख़ के साथ

कुछ काग़ज़ात भी दिए थे, लेकिन वो तो कहीं खो गए।' यह न जानने के बावजूद कि काग़ज़ात का क्या हुआ, उन्हें टीकाकरण पर गर्व था। 'मंजू हमारे परिवार की पहली लड़की थी जिसे टीका लगा था,' उन्होंने विजयी भाव से कहा।

भारत ने अपने महत्वाकांक्षी राष्ट्रव्यापी पल्स पोलियो कार्यक्रम की शुरुआत 1995 में की थी, जब यह बीमारी हर साल देश में 50,000 से अधिक बच्चों को अपंग कर रही थी। स्वदेशी द्विसंयोजक पोलियो वैक्सीन जैसे तकनीकी नवाचारों, बड़े घरेलू वित्तीय संसाधनों और किए गए टीकाकरण की क़रीबी निगरानी के नतीजे में, भारत को 2012 में विश्व स्वास्थ्य संगठन (डब्ल्यू.एच.ओ) द्वारा 'पोलियो मुक्त' घोषित कर दिया गया। पोलियो अभियान सरल और प्रभावी था। टीकाकरण शिविर हर साल दो तयशुदा राष्ट्रीय पल्स पोलियो दिवसों पर आयोजित किए जाते थे। इनके अलावा उच्च जोखिम वाले राज्यों में राज्यस्तरीय पोलियो दिवस के अतिरिक्त दौर भी आयोजित किए जाते थे। इन दिनों पर, कैंपों में शून्य से पांच वर्ष तक के बच्चों को पोलियो की निशुल्क दवा पिलाई जाती थी। सरकारी स्वास्थ्य मशीनरी ने अभियान के लिए समर्पित 20 लाख पोलियो स्वयंसेवकों और 150,000 पर्यवेक्षकों को शामिल करते हुए विभिन्न भागीदारों के साथ काम किया। हिंदी फ़िल्म स्टार सरकारी 'इंफ़ोटेनमेंट' अभियानों में इसकी पैरवी करते थे।

पोलियो अभियान के लिए सबसे बड़ी चुनौतियों में से एक थी पश्चिमी उत्तर प्रदेश के मुस्लिम समुदाय में इसकी स्वीकृति। अभियान पर *हिंदुस्तान टाइम्स* में प्रकाशित एक समाचार रिपोर्ट के अनुसार, जिसमें मंत्रियों और प्रशासकों के इंटरव्यू भी शामिल थे: 'इन अफ़वाहों के कारण कि पोलियो के टीके से बांझपन और नपुंसकता आती है, रामपुर, बरेली, अलीगढ़, मुरादाबाद, संभल और मेरठ के परिवारों—ख़ासतौर से ग़रीब मुस्लिम परिवार—अपने बच्चों का टीकाकरण कराने से वंचित रह गए हैं।' सामुदायिक लामबंदी के ज़रिए आवश्यक आश्वासन देना पड़ा। प्रमुख मुस्लिम मौलवी, और भिन्न विचारधाराओं के बावजूद ऑल इंडिया मुस्लिम पर्सनल लॉ बोर्ड और सुन्नी उलेमा काउंसिल जैसे धार्मिक संगठन एक पोलियो-विरोधी समिति बनाने के लिए एक साथ आए। फिर इस समिति ने नमाज़ों और अन्य सभाओं के समय मस्जिदों में संदेश प्रसारित करके सभी मुस्लिम परिवारों से अपने बच्चों को टीका लगवाने के लिए कहा। सऊदी अरब सरकार ने भारत के हज यात्रियों को पोलियो टीकाकरण प्रमाण पत्र देने के आदेश जारी किए। मंजू जैसे परिवारों के लिए ये सारे संदेश काम आए—उसके छोटे भाई और उनके विस्तारित परिवार में सभी को टीका लगवाया गया।

पेप्सी और पल्स पोलियो अभियान से शुरू हुए इन पारिवारिक क़िस्सों और यादों की बदौलत, हम मंजू की उम्र का अंदाज़ा लगाने में कामयाब हो गए। हमारी अनाड़ीपन भरी जासूसी से बोर होकर मंजू ख़ुद ही बोल पड़ी: 'मैं अभी पंद्रह साल की होऊंगी, और इस साल के आख़िर में सोलह साल की हो जाऊंगी। मैंने स्कूल जाना उस साल बंद किया था जिस साल मैंने बरेली में अपनी पहली फ़िल्म देखी थी। स्कूल में मेरी टीचर ने मुझे बताया था कि मैं तब नौ साल की थी। वो एक हाज़िरी का रजिस्टर रखती थीं। टीचर पढ़ी-लिखी हैं और हमसे ज़्यादा जानती हैं। वो साल दुनिया के 2000 होने से एक साल पहले वाला साल था, मुझे यह बिल्कुल साफ़-साफ़ याद है।'

मुझे जल्द ही अपने रिसर्च की जांच से पता चल गया कि उसकी पहली फ़िल्म में शाहरुख़ थे। उस पल में, मंजू ने बड़ी कुशलता से सदी के मोड़, स्कूल छुड़वाए जाने के साल और फ़िल्मों से अपने पहले परिचय को जोड़कर अपनी उम्र सामने रख दी थी। मैंने अपना नोटपैड खोला, अपने सभी बहादुराना प्रयासों को झाड़ा और लिखा: जन्म शायद 1991 या 1992 में, 1999 में आठ या नौ साल की हुई, कहती है कि 2006 में पंद्रह साल की है।

मंजू ने कक्षा तीन में एक अतिरिक्त साल रहने के बाद स्कूल छोड़ दिया था, और वो अपनी अंतिम परीक्षा देने में नाकाम रही क्योंकि उसे कभी पढ़ने का समय ही नहीं मिला। उसे अपने पाठों को समझने में कठिनाई होती थी। शिक्षाविदों का मानना है कि बच्चों को प्रारंभिक पाठों को बेहतर ढंग से समझने के लिए पूर्व-प्राथमिक स्कूली शिक्षा की ज़रूरत होती है; शिक्षाविद कहेंगे कि मंजू बहुत छोटी थी और प्राथमिक विद्यालय के पाठ्यक्रम के लिए तैयार नहीं थी। उसका साल फिर से दोहराने के बजाय, उसके मां-बाप ने फ़ैसला किया कि उसे और स्कूली शिक्षा की ज़रूरत नहीं है। जो भी हो, मंजू अपने परिवार की पहली लड़की थी जो किसी भी तरह के स्कूल गई थी, वो अकेली थी जो बुनियादी मानसिक अंकगणित कर सकती थी और चीज़ों की तादाद को तेज़ी से गिनने में सक्षम थी। कितनी भी छोटी अवधि को सही, वो ज़िला प्राथमिक शिक्षा कार्यक्रम की लाभार्थी रही थी, जो भारत में 2005 की उस 'सर्व शिक्षा अभियान' पहल का अग्रदूत था, जिसने छह से चौदह वर्ष की उम्र के सभी बच्चों के लिए प्रारंभिक शिक्षा अनिवार्य और मुफ़्त कर दी थी। आगे चलकर, आख़िरकार, 2010 में, भारतीय संसद ने प्राथमिक शिक्षा को न्यायोचित अधिकार बना दिया। सरकारी स्कूली शिक्षा के बुनियादी ढांचे के अचानक विकास और उस तक पहुंच ने ग्रामीण रामपुर का चेहरा बदल दिया। अब लड़कियां अपने घर के पास प्राथमिक विद्यालयों में जा सकती थीं। प्रथम जैसे

नागरिक-समाज संगठनों के नेतृत्व में इस सरकारी कार्यक्रम का आकलन इस बात पर प्रकाश डालता है कि कैसे इसने आम लोगों के लिए स्कूलों की आपूर्ति में नाटकीय रूप से बढ़ोतरी की, लेकिन यह स्कूल के अंदर अच्छी शिक्षण गुणवत्ता सुनिश्चित करने में असमर्थ रहा। 2020 तक, भारत में लगभग सभी बच्चे स्कूल जाने लगे थे, लेकिन बहुत कम बच्चों ने पढ़ने की और गणित की उन बुनियादी दक्षताओं का प्रदर्शन किया जिनकी उनसे उम्मीद की जाती थी। सीखने के स्तर अभी भी बेहद कमज़ोर हैं। शिक्षा के निम्न स्तर के बावजूद मंजू और उसकी सहेलियां अपने परिवार की बड़ी उम्र की महिलाओं की तुलना में कहीं अधिक आत्मविश्वासी, और अक्षर व अंक पहचान सकती थीं।

2006 में, पहले तो मैं यह समझने की कोशिश कर रही थी कि पांच साल की सरकारी स्कूली शिक्षा ने उन लड़कियों के लिए क्या किया है जिनसे मैं मिल रही थी। बेशक, मंजू में गणित की एक बहुत ही बुनियादी समझ आई थी और उस पर भी अब तक ज़ंग लग चुका था। वो एक अंक वाली संख्याओं को पहचान सकती थी। लेकिन औपचारिक स्कूली शिक्षा ने मंजू और उसकी दोस्तों को प्राथमिक शिक्षा से ज़्यादा उनकी अपनी सीमाओं के बारे में सिखाया था। कमरों में बैठकर एक सुस्त शिक्षक की भिनभिनाहट को सुनते हुए, एक बेहतर प्रशिक्षक के साथ एक अलग कक्षा में बैठे लड़कों को देखते हुए, इन बच्चियों के भीतर कुछ ऐसा होने लगा था जो बहुत अहम था। यह जानकर कि अगर अलग शौचालय चालू हालत में न हो तो लड़कियां स्कूल नहीं जा सकतीं, घर के उन कामों के कारण अपने पाठों को पूरा न कर पाने पर जिनकी उनसे उम्मीद की जाती थी लेकिन लड़कों से नहीं, उस आज़ादी के इतने क़रीब होकर जिसका लड़के सार्वजनिक रूप से आनंद लेते थे लेकिन जिससे लड़कियों को वंचित रखा जाता था, मंजू और उसके दोस्तों में एक बेचैनी पैदा हो गई थी जो उनकी मांओं और बड़ी बहनों में मौजूद सब्र से भिन्न थी।

उनमें दुनिया को और अधिक देखने की इच्छा और अपने आसपास के लड़कों के प्रति गहरी ईर्ष्या पैदा हो गई थी। डाटा से पता चलता है कि मंजू का मामला भारत में एक बड़े बदलाव की ओर इशारा करता है। जबकि पुरुष साक्षरता दर महिलाओं के पैंसठ प्रतिशत की तुलना में तिरासी प्रतिशत पर ज़्यादा बनी हुई है, अंतर-पीढ़ीगत सामाजिक गतिशीलता के विश्लेषण से पता चलता है कि ज़्यादातर भारतीय लड़कियां अपनी मांओं के मुक़ाबले कहीं ज़्यादा शिक्षित हैं। लेकिन फिर भी लड़कियों की तुलना में लड़के अपनी शिक्षा से ज़्यादा कुछ हासिल कर सकते हैं। नई सड़कों और नई अर्थव्यवस्था की बदौलत, लड़के अपने गांव से बाहर की दुनिया में जाने और अपनी ज़िंदगियां संवारने के लिए स्वतंत्र थे। मंजू जैसी

लड़कियां भी यही आज़ादी चाहती थीं। ये लड़कियां अपनी बदनसीबी की गवाह बनी घर पर शांत और ख़ामोश रहने को तैयार नहीं थीं। लड़कों की तरह उन्हें भी टीके लगाए गए थे, वो भी कुछ साक्षर हैं, वो भी कुछ गिनती जानती हैं और दुनिया की खोज करने को तैयार हैं।

व्हिस्की, वायरिंग और औरतें

आईएसएसटी प्रोजेक्ट से संबंधित काम के लिए मेरा 2006 और 2007 के बीच कई बार रामपुर जाना हुआ। हम इंटरव्यू करने एक और छोटे से गांव गए। 2006 में हमारी पहली मुलाक़ात के बाद के सालों में, मैं अक्सर मंजू को रामपुर और उसके अपने गांव को 'कबाड़ख़ाना' कहते सुनती थी। 'मैं कभी नहीं समझ पाऊंगी कि आप दिल्ली की लड़कियों को यहां कौन सी चीज़ काम की लगती है,' वो कहती। मैं जब भी काम से या अपने निजी काम से वहां जाती, तो मंजू के लिए अपनी हैरत या घिन को छुपाना मुश्किल होता था। मेरे लिए रामपुर आकर्षक था। पास के मुरादाबाद की चीनी मिलों से आती शीरे की तीखी गंध, हाईवे पर पेट्रोल पंप पर कैफ़े कॉफ़ी डे के ख़ाली स्टैंड, स्थानीय बाज़ारों में बिक रहे सलमान ख़ान के पोस्टर, मंजू के गद्दे के नीचे रखे शाहरुख़ के कटआउट। ये सब मुझे 'असली भारत' के, एक अनजान ग्रह पर संबंध स्थापित करने की मेरी हास्यास्पद खोज के एक क़दम क़रीब ले आता था।

रामपुर पश्चिमी उत्तर प्रदेश की चीनी उत्पादक कृषि बेल्ट का हिस्सा और राज्य के दूसरे हिस्सों के मुक़ाबले ज़्यादा समृद्ध था। एक प्रमुख भारतीय शराब निर्माता ने अपनी सबसे बड़ी फ़ैक्टरी रामपुर में लगाई हुई थी। जब 1999 में भारत ने घरेलू शराब की बिक्री पर अपने टैक्स के ढांचे को आसान बनाया, तो यह कारोबार फलने-फूलने लगा था। रामपुर की डिस्टिलरी का, जो आसपास के किसानों से लिए हुए अनाज और गन्ने के शीरे से उच्च क़िस्म की शराब बनाती थी, आधुनिकीकरण किया गया और यह देश की दूसरी सबसे बड़ी शराब निर्माता बन गई। रामपुर के आर्थिक स्वास्थ्य पर डिस्टिलरी की तरक़्क़ी का भारी प्रभाव पड़ा। इससे आसपास उगाए जाने वाले गन्ने का एक स्थिर ख़रीदार सुनिश्चित हो गया और इससे कुछ स्थानीय आदमियों को रोज़गार मिला। डिस्टिलरी की वजह से इलाक़े में बिजली की सप्लाई बेहतर हो गई। 'उन्होंने लाइटों और वायरों में सुधार किया,' मंजू की मां ने डिस्टिलरी का ज़िक्र करते हुए मुझसे कहा। 'सड़कें भी बेहतर हो गईं। सड़कों पर अच्छी रोशनी होने से सुरक्षा का अहसास होने लगा। इसके अलावा,

हम रात में बच्चों और मर्दों के सोने के बाद सिलाई भी कर लेते हैं। बिजली के बिना हम कभी बारीक सिलाई का काम नहीं कर पाते थे। जब हमारे ठेकेदार असलम ने देखा कि हमारे यहां रात को लंबे वक़्त तक लाइट आती है, तो उन्होंने हमें ज़्यादा बारीक काम के ऑर्डर भी देना शुरू कर दिया। यहां कुछ बेहतर घरों में नए टीवी भी हैं। डिस्टिलरी के नए हिस्से की स्थापना के बाद सड़कों में भी सुधार हुआ।'

रामपुर में असली काम

रामपुर में हमारा काम आसान था—मंजू और उसकी मां जैसे घरेलू कामगारों की केस स्टडी तैयार करना। मंजू जैसी किशोरियां उस लचीले कार्यबल की महत्वपूर्ण सदस्य थीं जिनमें रामपुर के ठेकेदारों ने उन्हें लगाया हुआ था। विशेष रूप से, सेवा और उसके सक्रिय पार्टनर घरों से होने वाले परिधान व्यापार में लगी औरतों द्वारा बताई गई उम्र, पगार, काम करने की परिस्थितियों और काम के घंटों को जानने के लिए उत्सुक थे। यह श्रम विभाग के कई नौकरशाहों के अड़ियल रुख़ के जवाब में था जो घरों से हो रहे काम को रोज़गार की एक वैध श्रेणी के रूप में स्वीकार करने से इंकार करते थे। 2000 के दशक के मध्य में, उससे लगभग बीस साल पहले जब दुनिया के अधिकांश हिस्से को एक महामारी के कारण घर से काम करने के लिए मजबूर होना था, सरकारी अधिकारी—जिनमें ज़्यादातर पुरुष थे—मानते थे कि घर पर कपड़ों की कढ़ाई करना 'असली काम' नहीं है क्योंकि यह मुश्किल और संकट के समय में घरेलू आय को बढ़ाने के लिए थोड़े समय के लिए और तदर्थ आधार पर घर पर किया जाने वाला काम है।

कपड़ा उद्योगों के लिए सरकार द्वारा तयशुदा न्यूनतम मज़दूरी केवल उन लोगों पर लागू होती थी जो औपचारिक प्रतिष्ठानों में लगातार आठ घंटे की शिफ़्ट में काम करते हैं। महिलाओं के लिए अपने घरों में प्रति पीस मज़दूरी दरों के कोई न्यूनतम मानक निर्धारित नहीं किए गए थे। इन महिलाओं द्वारा श्रम उल्लंघन के बारे में की जाने वाली कोई भी शिकायत स्वतः ही अमान्य मानी जाएगी क्योंकि वो 'फ़ुल-टाइम' काम नहीं कर रही थीं। ये अवधारणा कि श्रमिक सिर्फ़ वो हैं जो फ़ैक्ट्रियों या अन्य औपचारिक ऑफ़िसों में सामान्य आठ घंटे का काम करते हैं, पुरुषों के जीवन के अनुकूल थी। सरकार महिलाओं के कामकाजी जीवन को स्वीकार करने या समझने से इंकार करती थी। श्रम नियम इस बात पर विचार करने को तैयार नहीं थे कि कैसे देखभाल और गतिशीलता से जुड़े मानदंड महिलाओं के भुगतान किए गए श्रम की मध्यस्थता करते हैं। 'हम बाहर काम करना चाहते हैं,'

एक घरेलू कामगार ने मुझसे कहा। 'लेकिन हम नहीं कर सकते, क्योंकि औरतों को इसकी इजाज़त नहीं है और यह सुरक्षित नहीं है। बाहर के काम में बहुत ज़्यादा पैसा है, लेकिन घर पर, हमें जब भी वक़्त मिलता है, हम काम करते हैं। कोई तय समय नहीं है क्योंकि मुझे नहीं पता कि दिन कैसा जाएगा और बच्चों को घर पर क्या-क्या चाहिए होगा। हम घर के काम और दूसरी ज़िम्मेदारियों के बीच जितने हो सकते हैं उतने टांके लगा लेते हैं। अगर पैसे की ज़रूरत हो, तो हम रात में देर तक काम कर लेते हैं।' भारत में कपड़ा और परिधान क्षेत्र में काम करने वाली 70 प्रतिशत महिलाएं घर से काम करती हैं। गृह-आधारित कपड़ा क्षेत्र भारत में महिलाओं के लिए सबसे महत्वपूर्ण नियोक्ताओं में से एक था और अभी भी है। लेकिन इन महिलाओं को श्रम क़ानूनों, न्यूनतम मज़दूरी विनिर्देशों या सामाजिक सुरक्षा द्वारा संरक्षण नहीं मिलता है।

इस बात ने मामले को और भी पेचीदा बना दिया था कि महिलाओं ने अपने ही भुगतान वाले काम को अदृश्य बना दिया था, क्योंकि वो ख़ुद को 'कामगार' मानने को तैयार नहीं थीं। 'मेरे पास घर पर तो हर समय काम होता है, लेकिन असल में कोई नौकरी नहीं है,' जिन महिलाओं से हमने बात की, उनमें से एक ने कहा। मंजू की मां ने उसे डांटा, 'क्या मतलब है तुम्हारा कि हमारे पास नौकरी नहीं है? यह कोई बहुत अच्छा काम नहीं है, मगर हम पैसे के लिए काम कर रहे हैं। असलम ने हमें पीस रेट पर काम दिया है। हम उनके लिए काम करते हैं, अपने ससुरालवालों के लिए काम करते हैं, अपने बच्चों और शौहरों के लिए काम करते हैं। लेकिन पैसा हमें सिर्फ़ असलम भाई ही देते हैं।' मंजू की मां महिलाओं को भुगतान पाने वाले श्रमिकों के रूप में अपनी नई भूमिका को स्वीकार करने और सार्वजनिक रूप से घोषित करने के लिए प्रोत्साहित कर रही थीं। वो गांव की पहली औरत थीं जो परिधान बिज़नेस में वेतन पर काम करती थीं और ठेकेदारों से मिलने के लिए घर से बाहर जाती थीं, और यक़ीनन अपने परिवार और गांव में पैसा कमाने वाली पहली महिला थीं। राष्ट्रीय स्तर पर, मुस्लिम महिलाओं में रोज़गार की संख्या सबसे कम रही है। 1993 से 2005 में लगभग उस समय तक जब मैं मंजू से मिली थी, ग्रामीण मुस्लिम महिलाओं की हिस्सेदारी, जिन्हें सांख्यिकीय रूप से 'कामकाजी' के रूप में पहचाना जाता था, सोलह प्रतिशत से मामूली सी बढ़कर अठारह प्रतिशत हो गई थी। हमारी मुलाक़ात के बाद, 2005 और 2018 के बीच, काम करने वाली ग्रामीण मुस्लिम महिलाओं की हिस्सेदारी घटकर दस प्रतिशत के ऐतिहासिक निचले स्तर पर आ गई। और इनमें से ज़्यादातर महिलाएं खेती और शिल्प में हाथ बंटाने का काम करती हैं।

पीढ़ियों से ग्रामीण रामपुर की बस्तियों में महिलाओं के श्रम छिपे हुए थे। महिलाएं अवैतनिक पारिवारिक सहायक के रूप में घरों से जुड़े प्लॉटों पर खेती और पशु-पालन के काम में लगी हुई थीं। पश्चिमी उत्तर प्रदेश में खेती इसी तरह की जाती थी। खेती के भीतर काम बड़ी सफ़ाई से लिंग के आधार पर बंटे थे। जैसा कि मंजू ने समझाया, 'कोई भी चीज़ जिसमें जानवर को देखना हो या नीचे ज़मीन पर देखना हो, वो आमतौर पर हम औरतें करती हैं। कोई भी काम जिसमें ऊपर देखना हो या अजनबियों को देखना हो या गांव से बाहर जाना हो, वो आदमी करते हैं।' निराई और अनाज की सफ़ाई और भंडारण पूरी तरह से महिलाओं के काम थे। पर्दे की सख़्ती का मतलब था कि महिलाएं सिर्फ़ अपने खेतों में या अपने रिश्तेदारों और निकटतम पड़ोसियों के खेतों में ही काम करेंगी। मर्द हल चलाकर भूमि को खेती के लिए तैयार करते थे; वही सिंचाई और ज़रूरी कीटनाशकों और उर्वरकों का छिड़काव भी करते थे।

अपने आंगन और गांवों के बाहर की दुनिया के साथ महिलाओं के संपर्क पर कड़ा नियंत्रण रहता था। उदाहरण के लिए, सामान ख़रीदने या बेचने के लिए स्थानीय बाज़ारों में जाना सिर्फ़ मर्दों का काम था। यह देश भर में लाखों महिलाओं के लिए सच है। कुछ मामलों में, अगर महिलाओं के अपने परिवार में भरोसे लायक़ आदमी नहीं हैं, तो महिलाएं पुरुषों को सार्वजनिक बाज़ार से निपटने के लिए पैसा देती हैं। कामकाजी महिलाओं की कुल संख्या में गिरावट के बावजूद उनका एक निरंतर बढ़ता हुआ हिस्सा कृषि में लगा हुआ है। ऐसा पुरुषों के खेती से बाहर निकलने और निर्माण, परिवहन और खुदरा क्षेत्र में प्रवासी नौकरियां करने के कारण हो रहा है। 2013 में ऑक्सफ़ैम की एक रिपोर्ट से पता चलता है कि भारत में खेती का 80 प्रतिशत काम महिलाओं द्वारा किया जाता है। लेकिन फिर भी भारत में एक किसान की लोकप्रिय छवि मज़बूत, स्थायी रूप से मर्दाना शख़्स की बनी हुई है।

बेशक रामपुर में शानदार नई डिस्टिलरी थीं, बिजली के नेटवर्क और नई सड़कें थीं, लेकिन ग्रामीण जीवन का मात्रिक वही रहा: महिलाएं हर समय काम करने से बुरी तरह थक जाती थीं। उनके पास अपने लिए समय नहीं होता था, और ज़ाहिर है कि हमारे सर्वेक्षण के लिए भी समय नहीं था। मंजू और उसकी मां हमेशा व्यस्त रहती थीं, और हमें जल्दबाज़ी में जवाब देती थीं। हम उनके समय के हक़दार नहीं थे, और सब्ज़ियां काटने और पानी लाने के बीच मंजू का बीस मिनट का ब्रेक भी वास्तविक भारत में अपनी ज़िंदगी के बारे में बताने के लिए मुझे देने के लिए कहते हुए मुझे अपराधबोध होने लगा था। किसी भी तरह का शैक्षणिक

प्रशिक्षण आपको इन नैतिक दुविधाओं के लिए तैयार नहीं करता है। हमने फ़ैसला किया कि महिलाओं से साक्षात्कार सुबह में उस समय करेंगे जब उनके पति काम पर चले जाते हैं। उस समय, उनके पास दोपहर का खाना बनाने से पहले कुछ ख़ाली क्षण होते थे। केस स्टडीज़ में हमें पांच दौरे और दो महीने लगे।

मर्दों से बात करना आसान था। वो भी व्यस्त रहते थे लेकिन उन्होंने सिगरेट-बीड़ी पीने और हर शाम ख़बरों पर चर्चा करने के लिए ख़ाली समय निकालने का नियम बना रखा था। 1985 में, देवकी जैन और निर्मला बनर्जी ने भारतीय फ़ेमिनिज़्म और कृषि के अध्ययन में सबसे महत्वपूर्ण कामों में से एक किया—*टिरैनी ऑफ़ द हाउसहोल्ड* शीर्षक की आलेखों की एक किताब जिसका उन्होंने संकलन और संपादन किया था। इस किताब ने भारतीय फ़ेमिनिस्ट्स की कई पीढ़ियों को सिखाया कि कैसे 'काम'—महिलाओं द्वारा किया गया उत्पादन और किसी भी परिवार के भीतर काम का वितरण दोनों—को मापने और समझने की मौजूदा पद्धतियां बुरी तरह भ्रामक और नाकाफ़ी हैं। जैन द्वारा मालिनी चंद सेठ के साथ लिखे गए एक पेपर ने छह गांवों में महिलाओं के समय के दारिद्रय की मात्रा यह मापकर निर्धारित की कि वो अपना समय कैसे बिताती हैं। उनके 1977 के अध्ययन में पाया गया कि महिलाएं, आराम के लिए बमुश्किल कोई वक़्त मिले बिना, खेतों और घर के कामों के बीच देर तक काम करती हैं। उनके निष्कर्षों से इस बात पर भी रौशनी पड़ी कि महिलाएं औपचारिक आंकड़ों की तुलना में आर्थिक उत्पादन में कहीं अधिक शामिल थीं। जैन ने आगे कहा, 'अगर महिलाओं के अवैतनिक काम की उचित क़ीमत लगाई जाए, तो बहुत संभव है कि अधिकांश समाजों में महिलाएं मुख्य कमाने वाली—या कम से कम समान कमाने वाली—के रूप में सामने आएंगी क्योंकि वो मर्दों के मुक़ाबले ज़्यादा समय काम करती हैं।'

एक दशक की फ़ेमिनिस्ट सक्रियता के बाद, समय के उपयोग का अध्ययन करने की इस पद्धति को 1998 में एक बड़े समय-उपयोग पायलट सर्वेक्षण के माध्यम से भारत सरकार द्वारा अपना लिया गया। नतीजे पिछले विश्लेषणों जैसे ही सामने आए, जिनमें पाया गया कि मर्दों को सोने, फ़ुर्सत और मनोरंजन के लिए हफ़्ते में आठ घंटे ज़्यादा मिलते हैं। ये नतीजे पूरे भारत में हर समय और जगह पर समान रहे हैं।

2019 में, सरकार ने आख़िरकार भारत के पहले राष्ट्रीय समय-उपयोग सर्वेक्षण के परिणाम प्रकाशित किए, हालांकि अंतरराष्ट्रीय मानक प्रोटोकॉल का पालन न करने के लिए इस कोशिश को कड़ी आलोचना का सामना करना पड़ा (परिवार के भीतर प्रत्येक व्यक्ति से स्वतंत्र रूप से जानकारी लेने की अनुशंसित

प्रथा के उलट भारतीय सर्वेक्षण में आमतौर पर परिवार के सारे सदस्यों पर जानकारी लेने के लिए एक ही प्रतिवादी पर निर्भर किया गया)। कार्यप्रणाली संबंधी अपनी सारी कमियों के बावजूद, 2019 के आंकड़ों ने ग्रामीण महिलाओं के समय-दारिद्रय को उजागर करना जारी रखा। अगर हम 'कामकाजी' की अपनी परिभाषा में अवैतनिक देखभाल के काम के साथ रोज़गार से संबंधित गतिविधियों को भी शामिल करें, तो आंकड़ों से पता चलता था कि पंद्रह और उनसठ साल के बीच के ग्रामीण पुरुष दिन में दस घंटे काम करते थे। ग्रामीण महिलाएं ज़्यादा समय काम करती थीं—तेरह घंटे—रोज़गार-संबंधित कामों पर साढ़े पांच घंटे और अवैतनिक गृहकार्य पर लगभग आठ घंटे।

मेरी मां जैसी साधन-संपन्न शहरी महिलाओं पर भी, अपने पेशेवर कामों को संभालते हुए, घर के काम की पूरी तरह ज़िम्मेदारियां होती थीं। लेकिन उनके पास मदद के लिए घरेलू सेवक होते थे और, 1990 के दशक के अंत तक वॉशिंग मशीन भी आ गई थी। '70 के दशक में सर्वेक्षण की गई महिलाओं की तरह, दो दशक बाद भी मंजू और उसकी मां पर अभी तक भी मर्दों या मशीनों की किसी ख़ास मदद के बिना ही घरेलू कामों, खेती और सिलाई के काम का तिहरा बोझ था। देखभाल की ज़िम्मेदारी आख़िरकार औरतों की ही थी। और हम रामपुर में जिन महिलाओं का सर्वेक्षण कर रहे थे, उनके लिए कोई आराम नहीं था।

देखभाल और कृषि के नारीकरण ने थकावट के नारीकरण को क़ायम रखा था। मैं मंजू के गांव में हर जगह नौजवान लड़कों को टेंपो और बाइकों पर इधर से उधर दौड़ते, या क्रिकेट खेलते और बातें करते, या झुंडों में खड़े होकर स्थानीय राजनीति पर बातें और गपशप करते देखती थी। महिलाओं को आपस में ही बात करने का समय बड़ी मुश्किल से मिलता था, मुझसे बात करना तो दूर की बात थी। 2006 में, मेरे बेख़बर से उत्साह में कमी नहीं आई थी। मैं इन महिलाओं की मज़दूरियों और ज़िंदगियों को बचाऊंगी, मैं उनकी सांख्यिकीय अदृश्यता को दूर करूंगी और सरकार की परोपकारी निगाहों को उनकी ओर घुमाऊंगी—एक समय में एक सर्वेक्षण प्रश्नावली और एक केस स्टडी के साथ, मेहनत के साथ। मेरा युवा विश्वास मेरे आंकड़ों में क़ायम था।

रिसर्च से अवकाश

हमारे आख़री इंटरव्यू पूरे होने के बाद मंजू हमारे शोध प्रयासों की हंसी उड़ाने लगी। उसका ख़्याल था कि उस जैसी लड़कियों को पगार और काम के बारे में

सर्वेक्षण नहीं बल्कि दयालु और सभ्य पति और पिता चाहिए। 'क्या आपका सर्वेक्षण इन आदमियों को शाहरुख़ बना सकता है?' मैंने उसे समझाया कि राज्य को श्रमिकों के—ख़ासतौर से बिना औपचारिक नौकरियों और अनुबंधों वालों श्रमिकों के—अधिकारों और कल्याण का ख़्याल रखने के लिए आंकड़ों की ज़रूरत पड़ती है। 'सरकार हमें और हमारे कामों को आपके सर्वेक्षण और हमारी तकलीफ़ों के माध्यम से देखेगी,' उसने कहा, 'और उसके बाद क्या? क्या आप लोकल सरकारी अधिकारियों से मिली हैं? डाकघर और पुलिस स्टेशन मूर्खों और ठगों से भरे पड़े हैं। वो हमें देखते भी हैं तो मुझे डर लगता है।' वो उलझन में थी। सरकार की भागीदारी से सुधार कैसे आएगा? 'इसके बजाय शाहरुख़ की नई फ़िल्म पर बात करते हैं,' उसने कहा। हालांकि मंजू के लिए उसे एक और साल तक देखने की संभावना नहीं थी। फ़ैनडम हमारे साथ बीते समय का बेहतर इस्तेमाल था।

2006 के अंत की ओर, जब हमारी टीम हमारे मूल साक्षात्कारों पर आगे की कार्रवाई करने के लिए वापस आई, तो मैंने मंजू से शाहरुख़ के बारे में पूछा कि वो कैसे मिले और वो उन्हें क्यों पसंद करती है। अपनी कहानी बताने के लिए उत्साहित वो चमकती आंखों के साथ खिखियाने लगी। उसका शरीर हमारे मशहूर सुपरहीरो के प्रति स्नेह से दमक रहा था। शाहरुख़ के बारे में पूछकर मैंने मंजू को उकसा दिया था। वो अचानक फ़ास्ट फ़ॉरवर्ड मोड में आ गई थी, और खेतों के बीच तेज़ी से *उसकी* ओर बढ़ रही थी। गहरी-गहरी सांसें लेती, मदहोश और आधी मुस्कानों से भरी, वो पैंतालीस मिनट तक बिना रुके बोलती रही। यह हमारी तीसरी मुलाक़ात और सही मायनों में पहली बातचीत थी। उसने एक उद्यमी मां पाने के लिए अपने सौभाग्य को स्वीकार करते हुए शुरुआत की। 'मैं ख़ुशनसीब थी, यहां की लड़कियों को शहर जाने का मौक़ा नहीं मिलता है। लेकिन मेरी मां को काम के लिए असलम भाई से मिलना पड़ता था और कपड़े ले जाने में उनकी मदद करने के लिए कोई नहीं था।' उसने बरेली के दर्ज़ी चौक के अपने पहले सफ़र के बारे में बताया। 1999 में, ईद से कुछ महीने पहले, आठ या नौ साल की मंजू और उसकी बीसेक साल की मां ने अपने गांव से बस ली। घंटे भर का सफ़र बहुत छोटा लगा। मंजू ने अपने घर से यह अब तक का सबसे दूर का सफ़र किया था। बरेली में एक शेयर्ड ऑटो से असलम के घर जाते हुए उसने अपनी मां का हाथ पकड़ लिया था। वो एक महत्वपूर्ण स्थानीय ठेकेदार था, जो महिलाओं को एपलीक कढ़ाई के हर पैच के 50 रुपए देता था।

मंजू की मां अच्छी सौदेबाज़ थीं। उनके पास रामपुर में परिधान के काम को बढ़ाने के लिए बिज़नेस प्लान था। उन्होंने माल की क्वालिटी की गारंटी और देखरेख

करने के साथ ज़्यादा लेबर देने के बदले में असलम से अतिरिक्त भुगतान की मांग रखी। उन्होंने कई लोकल औरतों को काम सिखाया था जो असलम के निर्देशों के आधार पर ज़रूरत के मुताबिक़ काम कर सकती थीं। असलम ख़ुशी-ख़ुशी मान गया—लखनऊ और बरेली में एपलीक के काम की भारी मांग थी और रामपुर से ज़्यादा आपूर्ति होने पर उसे अपने ऊपरी ख़र्चे कम रखने में मदद मिलेगी। अड्डे और ज़री-ज़रदोज़ी के काम के लिए कशीदाकारी करने वाले अच्छे कारीगर मिलना मुश्किल और बहुत महंगा होता जा रहा था। असलम को रामपुर में मंजू की मां के ज़रिए दूसरी तरह की कढ़ाई करने वालों को प्रशिक्षित करने और उनसे काम लेने पर ज़्यादा पैसा निवेश करने में मुनाफ़ा दिखाई दिया। घर पर काम करने वाले श्रमिक सस्ते थे, जिन्हें तैयार काम के पीस की तादाद के मुताबिक़ पैसा दिया जाता था। और अगर फ़ाइनल प्रोडक्ट उम्मीद के मुताबिक़ नहीं होता था, तो असलम उनकी मज़दूरी देने से इंकार कर देते।

जब असलम और मंजू की मां अपने बिज़नेस की बातचीत में लगे हुए थे, उस दौरान मंजू को पेप्सी ऑफ़र की गई और असलम की बेटी नजमा से मिलवाया गया। मंजू ने मुझे घर के बारे में बताया; यह घर उस सबसे ज़्यादा शानदार था जो कुछ उसने आज तक देखा था। असलम की दुकान भी उनका घर था। पहली मंज़िल उनकी निजी रिहाइश के लिए थी जबकि ग्राउंड फ़्लोर दुकान और ज़री के काम के लिए था। उस दो कमरों के घर में चारों तरफ कपड़े और ऑर्डर के काग़ज़ात बिखरे पड़े थे। तभी मंजू को टेलीविजन सेट दिखाई दिया। उसने मुझे बताया कि स्क्रीन पर जो तस्वीरें थीं वो उन तस्वीरों से ज़्यादा चमकदार थीं जो उसने अपने गांव के तीनों टीवी पर देखी थीं। वो अकेले टीवी देखती नजमा को तकती रही। यह उसके लिए एक सपने जैसा था। उसके गांव में किसी लड़की के पास ख़ुद अपना टीवी होना नामुमकिन था। नजमा ने मंजू को अपने साथ टीवी देखने को बुला लिया। वो दोनों मिलकर चैनल-सर्फ़िंग करने लगीं और आख़िरकर उन्हें केबल वाले के स्थानीय नेटवर्क पर *डीडीएलजे* चलती दिखाई दे गई।

डीडीएलजे पहली भारतीय फ़िल्म थी जिसे डॉल्बी साउंड मिक्स के साथ शूट किया गया था। 35 मिमी के रंग ज्वलंत थे, और स्टूडियो ने उपकरणों, टैक्नीशियनों और प्रोडक्शन क्वालिटी पर भारी पैसा लगाया था। दिग्गज फ़िल्म निर्माता यश चोपड़ा के बेटे निर्देशक आदित्य चोपड़ा ने एक इंटरव्यू में कहा था कि वो 'भारतीय फ़िल्म दर्शकों को एक ख़ूबसूरत प्रेम कहानी और एक ख़ूबसूरत फ़िल्म देना चाहते थे। हम यूरोप को बेहतरीन ढंग से शूट करना चाहते थे ताकि आम भारतीय उन देशों और जगहों को अनुभव कर सकें और देख सकें जहां वो शायद कभी नहीं जा

सकेंगे।' अवास्तविक और अप्राप्य विदेशी नज़ारे फ़िल्म में दिखाए गए अवास्तविक और अप्राप्य प्रेम प्रसंग से मेल खाते हैं।

डीडीएलजे में, सिमरन भारतीय मूल की एक ब्रिटिश लड़की है जो लंदन में रहती है। उसकी सगाई पंजाब में अपने पिता द्वारा चुने गए एक लड़के से हो चुकी है। इस बात से आश्वस्त कि उसके पिता ने उसके लिए कोई सही रिश्ता ही चुना होगा, सिमरन ने इस रिश्ते को स्वीकार कर लिया है। ऐसा करते हुए उसने सच्चे प्यार की अपनी उम्मीदों को छोड़ दिया है। सिमरन अपने पिता से अनुरोध करती है कि वो शादीशुदा ज़िंदगी शुरू करने से पहले उसे अपनी दोस्तों के साथ यूरोप की यात्रा करने दें। वो अपनी यूरेल यात्रा के दौरान राज (ज़ाहिर है, शाहरुख़ ख़ान द्वारा अभिनीत) से मिलती है, और उनमें प्यार हो जाता है। किंग्स क्रॉस ट्रेन स्टेशन, ट्रैफ़ालगर स्क्वायर, लंदन ट्यूब और स्विट्ज़रलैंड में अनेक दृश्य सिमरन और राज की प्रेम कहानी को आगे बढ़ाते हैं।

भारत से विदेशी पर्यटन, ख़ासकर उन देशों में जिनकी पृष्ठभूमि में चोपड़ा पिता और पुत्र ने अपनी फ़िल्में बनाई थीं, दस गुणा बढ़ गया है। स्विस पर्यटन प्रशासन के अनुसार, 1992 में 28,834 की तुलना में 2017 में 326,454 भारतीय स्विट्ज़रलैंड गए। अमीर युवा जोड़े इस प्रवाह में सबसे आगे रहे, और भारतीय 'हनीमून पर्यटन' यूरोप में एक बड़ा बिज़नेस बन गया। इंस्टाग्राम पर एक सर्च से ऐसे हज़ारों पर्यटकों का पता चलता है जो उन जगहों पर जाते हैं जहां *डीडीएलजे* की शूटिंग हुई थी, और फ़िल्म के प्रसिद्ध दृश्यों को ख़ुद दोहराते हैं। '90 के दशक में भारतीयों के लिए स्विट्ज़रलैंड में हनीमून से ज़्यादा रोमांटिक कुछ नहीं था, और ये संबंध समय के साथ मज़बूत ही होता चला गया, जबकि *डीडीएलजे* की इमेजरी ने दर्शकों की कई पीढ़ियों के लिए रोमांस को समझने और परिभाषित करने में मदद की। चोपड़ा परिवार का प्रोडक्शन हाउस (यश राज फ़िल्म्स) पर्यटन की भावना को जगाने में इतना प्रभावशाली रहा था कि स्विस सरकार ने यश चोपड़ा को आजीवन सेवा सम्मान से सम्मानित किया। इन आइकनिक इमेजरी को हिंदी सिनेमा (कभी-कभी '90 के दशक के लिए श्रद्धांजलि या फिर हास्य पैरोडी के रूप में) में इतनी बार दोहराया गया है कि यश राज की हर रोमांटिक फ़िल्म अपनी ही नक़ल महसूस होने लगती है।

बरेली में मंजू के लिए असलम के घर-दुकान में *डीडीएलजे* और नजमा के साथ असलम के शानदार टीवी के सामने बीते उन घंटों के बाद असल जीवन एकदम बेमज़ा हो गया था। वो रामपुर वापस जाकर अपना नियमित जीवन कैसे जिए? वो शाहरुख़ की शक्ल पर ध्यान देने के लिए तो बहुत छोटी थी, लेकिन उसे

उनकी एनर्जी बहुत पसंद आई थी। उसका दिल चाहता था कि वो उनका नाम चिल्लाए, फिल्म के गानों पर बेधड़क नाचती रहे और हर लाइन को दोहराती रहे, जो कुछ उसने देखा था उसे अपनी दोस्तों को बताए, और हर सीन के बारे में गपशप करे। मंजू का दिल चाहता था कि वो नजमा के साथ फिर से पूरी फ़िल्म देखे। यह एक आकस्मिक खोज की शाम थी। उसने स्विट्ज़रलैंड की खोज की, उसने लंदन की खोज की, उसने शाहरुख़ और नजमा की खोज की। इधर जब मंजू ने ख़ुद को सपनों में और यश राज ब्रह्मांड में खो दिया था, तो उधर उसकी स्पष्ट आंखों वाली मां ने असलम को अपने गांवों के समूह के लिए उसे प्रमुख उपठेकेदार बनाने और इलाक़े से कपड़ों की सप्लाई बढ़ाने के लिए राज़ी कर लिया था। कुछ साल बाद, यह मंजू *और* उसकी मां के लिए एक बेहद रोमांचक शाम साबित होने वाली थी।

असलम की बेटी नजमा एक समर्पित छात्रा और शाहरुख़ की हर चीज की फ़ैन थी। उसके पास उसके बड़े भाई द्वारा गिफ़्ट किए गए ऑडियो कैसेट, सीडी, फ़ोटो और मैगज़ीनों के कटआउट थे। तेरह साल की नजमा मंजू से कुछ साल बड़ी थी और बरेली के एक प्राइवेट स्कूल में पढ़ती थी। वो एक दयालु लड़की थी, उसे अपनी ख़ुशक़िस्मती का अहसास था, और उसने अपने शाहरुख़ वाले सामान से कुछ आइटम मंजू को उधार दे दिए, क्योंकि उसका परिवार कभी भी नए कैसेट, मैगज़ीन या पोस्टर ख़रीद सकता था। नजमा ने मंजू को बताया कि *डीडीएलजे* चार साल पहले रिलीज़ हुई थी, कि वो इसे टीवी पर सिर्फ़ इसीलिए देख पाए थे कि वो इतनी पुरानी थी। मंजू ने कहा, 'लेकिन मैंने उसे समझाया कि हम रामपुर में बरेली से कुछ पीछे हैं।'

यह महसूस करते हुए कि मंजू फ़िदा हो गई है, नजमा ने उसे शाहरुख़ की दूसरी फ़िल्मों के बारे में भी बताया; कॉलेज की पृष्ठभूमि वाली एक फ़िल्म उसकी ख़ास फ़ेवरीट थी। और एक मंसूबा बना लिया गया। नजमा ने वादा किया कि जब भी मंजू आएगी, तो नजमा शाहरुख़ की फ़िल्मों के वीडियो ढूंढ़ेगी। स्थानीय ऑडियो-वीडियो की दुकान ने दर्ज़ी चौक में वीसीडी का स्टॉक रखना शुरू कर दिया था, जो शहरीकृत भारत में नई मीडिया प्रौद्योगिकियों के आगमन का संकेत था। दुकान असलम के घर से कुछ ही क़दम की दूरी पर थी और किराए पर सीडी प्लेयर भी देती थी। नजमा ने अपने बड़े भाई को हर महीने मंजू और उसकी मां के ऑर्डर देने आने पर इन पायरेटेड प्रिंट्स को किराए पर लेने के लिए मना लिया। असलम अपनी बेटी से लाड़ करते थे लेकिन इस शर्त पर कि वो मेहनत से पढ़ेगी और स्कूल में अच्छा परफ़ॉर्म करेगी। मंजू की मां भी इस शर्त पर मान

गईं कि नजमा हर मुलाक़ात पर मंजू के लिखने-पढ़ने में आधा घंटा मदद करेगी। नजमा को शिक्षक बनने का आइडिया अच्छा लगा और उसने ख़ुद को मंजू की शिक्षा में झोंक दिया। नजमा के अच्छे ग्रेड्स और बरेली के बाज़ारों में सीडी रेंटल की दुकानों की वजह से मंजू की ज़िंदगी के नए सबक़ शुरू हो गए—सब कुछ शाहरुख़ ख़ान की फ़िल्मों के ज़रिए।

जब नजमा और मंजू अपनी फ़िल्में देखतीं, तो कभी-कभी उनकी मांएं भी उनके साथ हो जातीं। किसी-किसी दिन, वो असलम की ख़रीदारों से भी मिलतीं, जो अक्सर खाड़ी, लखनऊ और दिल्ली के बीच रहने वाली उच्चवर्गीय मुस्लिम औरतें थीं। वो फ़ैशन डिज़ाइनरों को कपड़ों और परिधानों की आपूर्ति करती थीं और अपना निजी खुदरा नेटवर्क चलाती थीं। 'तराश के बनाया है,' मंजू की मां कहती थीं कि इन औरतों ने ख़ुद को कितनी अच्छी तरह से तराशा था—संगमरमर जैसी त्वचा, खनखनाती हंसी और बेहद शानदार पसंद। इन ख़रीदारों में से एक मिसेज़ नक़वी की शादी एक मशहूर बिज़नेस परिवार में हुई थी। उन्हें मंजू की मां पसंद आ गई थीं, और वो उन्हें असलम के ज़रिए ईद के तोहफ़े भेजती थीं। मिसेज़ नक़वी इस क्षेत्र में महिला स्वयं सहायता समूहों और गृह-आधारित कपड़ा श्रमिकों की एक प्रगतिशील संरक्षक थीं। वो भारत के सबसे पॉश गर्ल्स स्कूलों में से एक की छात्रा रही थीं, और इसलिए उनके पास एक उच्चवर्गीय और तड़क-भड़क वाला नेटवर्क था। मंजू ने मुझे बताया कि मिसेज़ नक़वी किसी पार्टी में शाहरुख़ से भी मिली थीं: 'उन्होंने बताया कि वो उन सभी लोगों के प्रति उदार थे जो उनके साथ फ़ोटो खिंचवाना चाहते थे, लेकिन वो बहुत पंजाबी हैं, पठान नहीं, हालांकि मुझे इस बात का मतलब समझ नहीं आया।'

मंजू के घर और गांव में हर कोई समझता था कि बरेली की ये आधे दिन की माहाना यात्राएं उसकी मां की एक अच्छी औरत बनने की कोशिशों का हिस्सा थीं, जो अपने परिवार के लिए ज़्यादा पैसा कमाने की कोशिश कर रही थी। उनका ख़्याल था कि इन यात्राओं का ख़ास मक़सद पूरे हो चुके कपड़ों को सौंपना, भुगतानों का लेनदेन करना, नए ऑर्डर्स को समझना और तैयार कपड़ों में कमियों को ढूंढ़ना था। जो हो रहा था यह उसका एकदम सटीक लेखा-जोखा था। पिछले महीने के ऑर्डर्स का हिसाब निपटाने के बाद, असलम और उनकी बीवी मंजू की मां की नई आवश्यकताओं को समझने में मदद करते थे। लेकिन मंजू की मां ने कभी यह नहीं बताया कि इन दौरों का मक़सद मौज-मस्ती और शिक्षा भी था—गांव की दिनचर्या से दूर होना, नए दोस्त और संबंध बनाना। वो हंसते, फ़िल्में देखते, गपशप करते। असलम और नजमा को उनके आने की जानकारी एक हफ़्ता पहले दे दी

जाती थी, जो मंजू की मां के लिए पेमेंट और मंजू के लिए एक फ़िल्म का इंतज़ाम करने के लिए काफ़ी समय होता था। यह व्यवस्था 1999 से 2003 तक चली, जिस दौरान मंजू नौ से बढ़कर तेरह साल की हो गई। ये चार साल मंजू के लिए सबसे बड़ी शिक्षा—शाहरुख़ शिक्षा अभियान—साबित हुए। नजमा मंजू को पढ़ने, लिखने और सरल हिसाब-किताब करने की क्षमता में सुधार करने में मदद करती थी। उसे फ़िल्म-फ़ेस्टिवल क्यूरेटर की भूमिका निभाने में भी मज़ा आता था। उसकी दोस्त भी शामिल हो जाती थीं। और उन्होंने साथ में *कुछ कुछ होता है, परदेस, कभी हां कभी ना, दिल तो पागल है, दिल से, यस बॉस, बाज़ीगर*-वग़ैरा फ़िल्में देखीं।

उस दौरान, मंजू ने उन फ़िल्मों के ज़रिए ख़ुद को समझा लिया कि प्यार, यशराज क़िस्म का ख़तरनाक प्यार, असली था। उसने मुझे बताया कि वो जानती थी कि ग्रामीण यूपी की मुस्लिम महिलाओं के लिए प्यार हासिल करना मुश्किल था क्योंकि वो यात्रा करने या कॉलेज जाने की संभावना से वंचित थीं। शाहरुख़ की रोमांटिक फ़िल्मों ने दिखाया कि घर छोड़ने से रोमांच, और सबसे बढ़कर रोमांस, मिल सकता है। मंजू ने अंग्रेज़ी और हिंदी के अनजान शब्दों की खोज की, उसने लंदन और न्यूयॉर्क की खोज की। उसे पता चला कि वो मेंहदी रंग का कुर्ता ख़रीदना चाहती है, ठीक वैसा ही जैसा काजोल ने एक फ़िल्म में पहना था।

मंजू को नजमा के किशोर दोस्तों से फ़िल्मों पर बातें करते हुए पता चला कि 'गर्लफ्रेंड' शब्द का इस्तेमाल उन ग्लैमरस लड़कियों के लिए किया जाता है जो पार्टियों में अमीर लड़कों के साथ जाती हैं। और कि अगर ये लड़कियां सिर्फ़ पश्चिमी कपड़े पहनती हों, तो ये अमीर लड़के शायद ही कभी अपनी गर्लफ्रेंड से शादी करते हैं। मंजू को यह भी पता चला कि लंदन और अमेरिका में भी उसके ग़ुर्राने वाले, अनुशासनप्रिय चाचाओं जैसे आदमी होते हैं। उसे पता चला कि भारत के लोग दूर-दराज़ के इलाक़ों में दुकानें चला सकते हैं। मंजू शाहरुख़ के साथ डांस करती और उसने पक्का किया कि वो 'मेरे ख़्वाबों में जो आए' गाने को रट ले। उसने *कुछ कुछ होता है* में कॉलेज के कूल बच्चों को देखा और उसे वो ज़िंदगी पसंद आई जोकि वो जानती थी कि उसे कभी हासिल नहीं हो सकती।

यहां एक दयालु, अच्छी तरह बोलने वाला, गालों में गड्ढों वाला आदमी था जो विदेश में रहता था, औरतों पर ध्यान देता था और अच्छा पैसा कमाता था। मंजू ने ऐसी मर्दाना शायरी पहले कभी नहीं देखी थी। वहां, बरेली के एक छोटे से कमरे में, जब मंजू की मां एक स्वतंत्र आजीविका कमाने में लगी हुई थीं, तो उसने अपनी पेप्सी के सिप लेते हुए शाहरुख़ से प्यार करने का फ़ैसला कर लिया। उसका पहला फ़ेवरीट एक्टर, उसका पहला फ़ेवरीट कुछ भी। उसका पहला अहम फ़ेवरीट।

एक ऐसा आदमी जिसने उसे उसकी अपनी खोज की इच्छा के बारे में सिखाया। उतना ही महत्वपूर्ण यह कि उसने उसे सिखाया कि दुनिया में अलग-अलग तरह के आदमी हैं, कि पारंपरिक ग्रामीण जीवन की ज़ड़ता से परे भी एक बड़ी दुनिया है। मैंने उससे पूछा कि उसका इन सारी फ़िल्मों के बारे में क्या ख़्याल है, और उसने जो पहली कड़ी बनाई, वो उसके आसपास के पुरुषों के साथ थी। 'मैं जब भी उनकी फ़िल्में देखती, तो मैं सोचती थी कि हमारे आसपास के लड़के उनसे इतने अलग क्यों हैं? शायद इसीलिए वो हीरो हैं। काश वो उनसे कुछ तौर-तरीक़े सीख लेते, लेकिन वो तो बस बाइकें दौड़ाते फिरते हैं और सलमान की तरह मांसपेशियां बनाते रहते हैं।'

मंजू और नजमा 2003 में *दिल से* के एक पुराने प्रिंट को देखते हुए हंसते-हंसते दोहरी हुई जा रही थीं। मंजू की मां ने कहा, 'ये उनका नाम सुनते ही हंसने लगती थीं।' नजमा ऊंची आवाज़ में मंजू को शाहरुख़ के इंटरव्यू पढ़कर सुनाती थी। एक दोपहर इत्तफ़ाक़ से उन्हें टीवी पर भी एक इंटरव्यू मिल गया; 'नजमा को वो मुझे समझाना पड़ रहा था क्योंकि वो अंग्रेज़ी में था,' मंजू ने मुझसे कहा, 'लेकिन भले ही वो मुझे समझ में नहीं आ रहा था, लेकिन मैं उन्हें बार-बार देख सकती थी।' लेकिन यह अच्छा दौर अब ख़त्म होने को था।

सब कुछ पहले करने की अपनी आदत के मुताबिक़, मंजू की मां अपने गांव की पहली ऐसी औरत भी बन गईं जिनके पास अपना फ़ोन था। 2002 में, असलम ने उन्हें डिलीवरी और सप्लाई के समन्वय में मदद करने के लिए एक मोबाइल फ़ोन दिया। फ़ोन मंजू के गांव में कानाफूसियों और गपशप का कारण बन गया। लोग उसकी मां से नाराज़ हो गए। 'लोगों को लगा कि उनके साथ कुछ गड़बड़ है, कि वो मेरे पिता के लिए अच्छी नहीं हैं क्योंकि वो गांव की दूसरी औरतों से ज़्यादा गांव के बाहर रहती थीं,' मंजू ने सालों बाद मुझे बताया। 2000 के दशक की शुरुआत में छोटे नोकिया फ़ोन ग्रामीण परिवारों में तेज़ी से आम होते जा रहे थे, लेकिन यह फ़ोन शायद ही कभी किसी औरत के पास होता था। मंजू ने बताया कि उसकी मां को फ़ोन मिलने के क़रीब एक साल बाद उसने देखा कि उसके पिता को बरेली में असलम के घर की यात्राओं पर गुस्सा आने लगा है। 'एक दिन,' मंजू ने याद किया, 'हम आंगन में कढ़ाई में उनकी मदद कर रहे थे और अंताक्षरी खेल रहे थे। मुझे याद है कि हमने अभी कपड़े सुखाने के लिए डाले ही थे। गाने गाना मज़ेदार था, हमारे पास ही एक रेडियो था। मैं जानती थी कि मर्द और बूढ़े लोग इसे अच्छा बर्ताव नहीं मानते थे, लेकिन इससे हमारा काम मज़ेदार बन जाता था। पता नहीं क्या हुआ, शायद गांव के मर्दों ने उन्हें कुछ कहा हो, लेकिन मेरे पिता बाहर

आए और दूसरी औरतों के सामने मेरी मां पर चिल्लाने लगे। उन्होंने कहा कि हम अल्लाह की नाफ़रमानी कर रहे हैं, और ये गाने गाना औरतों के लिए अच्छा नहीं है। मैंने उन्हें ऐसे मूड में कभी नहीं देखा था। वो मेरी मां के काम से ख़ुश रहते थे।'

एक महीने तक कड़वाहट भरी कलह के बाद, नाराज़गी एक ज़ोरदार, गुस्से भरी लड़ाई में बदल गई। मंजू के पिता का मानना था कि उनकी नौकरी से अच्छा ख़ासा पैसा आ जाता है। उनका सबसे बड़ा बेटा बरेली की एक फ़ैक्टरी में इलेक्ट्रीशियन के रूप में अच्छी तनख़्वाह पा रहा था। अब जबकि परिवार का ख़र्च ठीक से चल रहा था, तो मंजू की मां मज़दूरी का काम क्यों करना चाहती थी? मंजू की मां ने तर्क दिया कि काम अच्छा है, उससे रोज़मर्रा के छोटे-छोटे ख़र्च चल जाते हैं, भविष्य के लिए बचत की जा सकती है। उन्होंने कहा कि उन्हें अच्छा लगता है कि अगर उन्हें अपने या बच्चों के लिए कोई छोटी-मोटी चीज़ चाहिए हो तो उन्हें अपने पति या बेटे से उसके लिए पैसे नहीं मांगने पड़ते। लेकिन, मंजू ने मुझे बताया, उसके पिता ने कहा कि वो 'फ़िल्मों जैसी बेकार चीज़ों' पर पैसा बर्बाद कर रही हैं। लड़ाई के नतीजे में मंजू की मां का फ़ोन चला गया। 'उन्होंने मेरी मां का फ़ोन तोड़ डाला; वो इतने गुस्से में थे।' उसने अपनी मां को इससे ज़्यादा दुखी या उदास कभी नहीं देखा था। 'घर से बाहर काम की इतनी परवाह कभी नहीं करनी चाहिए; मर्द जब चाहे ये सब आपसे छीन सकता है,' मंजू ने कहा।

उस लड़ाई के एक हफ़्ते बाद जिसमें फ़ोन का अंत हो गया था, जब कपड़ों के ऑर्डर तैयार हुए, तो मंजू की मां ने ख़ुद को संभाला और एक स्थानीय दुकान से असलम को फ़ोन किया। उन्होंने अपनी नियमित माहाना मीटिंग न कर पाने के लिए माफ़ी मांगी और अनुरोध किया कि असलम ख़ुद उनके गांव आकर अपनी डिलीवरी ले ले। असलम ने कोई सवाल नहीं पूछा, उसने बस उनके अनुरोध को स्वीकार कर लिया। मंजू के पिता ने भी विरोध नहीं किया; न ही उसकी मां ने उनसे इजाज़त मांगी। इस घटना के नतीजे में एक नई आपूर्ति श्रृंखला बन गई, जिसमें कपड़े लेने के लिए असलम या तो अपने बेटे को भेज देते या फिर ख़ुद आ जाते। मंजू की मां ने बरेली जाना पूरी तरह छोड़ दिया। यह नवंबर 2003 था और हालांकि असलम कभी-कभी नजमा को साथ ले आते थे, लेकिन लड़कियों की दोस्ती और शाहरुख़ के साथ मंजू का फलता-फूलता रोमांस अब बंद हो चुका था।

मंजू की ख़ुशक़िस्मती से 2003 तक उसका गांव और उसके आसपास के इलाक़े अब उतने ग्रामीण और देहाती, शहरी जीवनशैली से उतने कटे हुए नहीं रहे थे। अब ग्रामीण कृषि जीवन और शहरीयता का मिश्रण 'रर्बन' बन चुके इस क्षेत्र के

लगभग सभी घर पक्के हो गए थे और टीवी और फ़ोन आम हो गए थे। दर्ज़ी चौक पर टेलीविज़न से अपने निर्वासन के पहले साल में शाहरुख़ ने ईद पर रिलीज़ हुई फ़िल्मों पर अपना दबदबा बनाया।

कल हो ना हो—करण जौहर की एक शानदार, भावुक, ज़िंदगी से भरपूर रोमांटिक फ़िल्म—2003 में ईद की बड़ी रिलीज़ थी। ईद अकेला ऐसा समय था जब परिवार एक साथ सिनेमा हॉल जाते थे। 'बाक़ी वक़्तों पर,' मंजू ने कहा, 'वो बुरे आदमियों से भरी एक गंदी जगह होती है जहां औरतें अकेली नहीं जातीं।' लेकिन मंजू को फ़िल्में देखने जाने की इजाज़त नहीं होती थी। उसे अपने भाइयों और पिता के कड़े विरोध का सामना करना पड़ता था। 'सभी आदमी शाहरुख़ और उनकी फ़िल्मों को नापसंद करते हैं,' उसने मुझसे कहा। 'मुझे लगता है कि ऐसा इसलिए है कि औरतें उनकी फ़ैन हैं और मर्दों को यह अच्छा नहीं लगता। मुझे मिन्नतें करनी पड़ती थीं, यहां तक कि अपनी ईदी के पैसे भी अपने भाई को देने पड़ते थे ताकि वो मेरे साथ फ़िल्म देखने चले। यह बहुत ग़लत बात थी, उन्होंने उस साल रिलीज़ हुई सारी फ़िल्में देखी थीं—*जिस्म* जैसी ख़राब फ़िल्में भी; उन्होंने सलमान की *तेरे नाम* कई बार देखी थी। लेकिन मेरे लिए एक फ़िल्म को लेकर वो इतने सख़्त हो रहे थे।' तीन साल बाद, 2006 में मेरे रिसर्च ब्रेक के दौरान, मेरे साथ बातचीत करते हुए, फ़िल्म के लिए उस सौदेबाज़ी का दुख उसे अभी भी चुभ रहा था। आख़िरकार उसने *कल हो ना हो* देखी तो ज़रूर, लेकिन उसके देखने के आनंद में उस क्रूरता की मिलावट हो गई थी जो 2003 में ईद पर फ़िल्म की रिलीज़ के समय उसके भाइयों और पिता ने दिखाई थी।

मंजू एक नाराज़ लड़की थी, और इस बात से चिढ़ी हुई थी कि उसके परिवार के आदमी छोटी से छोटी ख़ुशियों पर भी इतना नियंत्रण रखते हैं। वो शाहरुख़ के लिए सौदेबाज़ी नहीं करना चाहती थी। लड़के बरेली या रामपुर शहर आने-जाने को आज़ाद थे। नौजवान लड़कों और आदमियों के लिए लोकल हॉल में या शहर में किसी दोस्त के घर पर फ़िल्में देखना आम बात थी। मंजू अपनी मां और अपनी साथी घरेलू एपलीक कर्मियों से इस नाइंसाफ़ी पर बात करती थी। कई महिलाओं ने सहमति व्यक्त की कि वो साथ में कोई फ़िल्म देखना चाहती हैं। मंजू की मां की सहेली रौशन ने हंसते हुए कहा कि 'बुर्क़े में फ़िल्में देखना बड़ा मुश्किल है: थिएटर में फ़िल्म को सुनना या उसका मज़ा लेना बड़ा मुश्किल होता है। वो हमें ईद पर सलमान या सनी देओल की बोरिंग फ़िल्में दिखाने ले जाते हैं। मैं तो अपने बुर्क़े में सो जाती हूं।'

2004 में, इस बात से आश्वस्त कि उसके भाई और पिता उसे *वीर-ज़ारा*—ईद के त्योहार का फ़ायदा उठाने के लिए यश राज और शाहरुख़ की एक और रिलीज़—नहीं देखने देंगे, और इससे भी ज़्यादा इस बात से आश्वस्त कि वो छोटे-छोटे सुखों के लिए भीख नहीं मांगना चाहती, मंजू ने अपनी मां के साथ मिलकर एक मंसूबा बनाया। दर्ज़ी चौक वाला वीडियो स्टोर उनके गांव में वीसीडी प्लेयर पहुंचाने के लिए 400 रुपए चार्ज करता। 'मेरी मां ने असलम से बात की और सारी प्लानिंग कर ली,' मंजू ने मुझे बताया। 'हमने ज़्यादा घंटों तक कपड़े बनाए और पैसों का इंतज़ाम किया। हमने कुछ पैसा असलम भाई के लिए अलग रख दिया ताकि वो सीडी और सीडी प्लेयर किराए पर ला सकें। *वीर-ज़ारा* के प्रिंट को स्टोर तक पहुंचने में कुछ समय लगता, इसलिए नजमा और मेरी मां ने सुझाव दिया कि हम *डीडीएलजे* किराए पर ले लें। गांव की कई औरतों ने यह फ़िल्म नहीं देखी थी। हम घर पर ही देखते, लेकिन यह बिल्कुल ही न देख पाने से तो बेहतर था।' उसके गांव की औरतें हर एपलीक काम के लिए 20 से 50 रुपए के बीच कमाती थीं। ज़्यादातर पैसा परिवार को सौंप दिया जाता था, लेकिन मंजू और उसकी मां ने एक मौज-मस्ती फ़ंड शुरू करने में मदद की।

उस शाम, नवंबर 2004 में ईद के एक हफ़्ते बाद, मंजू का गांव बॉलीवुड हॉटस्पॉट बन गया। यह एक क्रांति थी। घरों में ज़रदोज़ी का काम करने वाली लगभग सभी कामगारों को शाहरुख़ से प्यार हो गया। अब क्यूरेटर की भूमिका मंजू ने संभाल ली थी। पोर्टेबल इलेक्ट्रॉनिक उपकरणों, रर्बन घरों में टीवी की मौजूदगी और महिलाओं की अपनी कमाई के नतीजे में एक नया शाहरुख़ फ़ैन क्लब वजूद में आ चुका था। आम हालात में, रामपुर की महिलाओं के लिए यह एक मुश्किल समय था। यह सूखे का साल रहा था। पैसे की कमी थी और जो था उससे उतना नहीं ख़रीदा जा सकता था जितना दूसरे सालों में ख़रीदा जा सकता था। जैसे-जैसे क़ीमतें बढ़ती गईं, पतियों की क्वालिटी बिगड़ती गई: ऐसे आदमी जो अपनी भड़ास अपने परिवार पर निकालते थे, ऐसे आदमी जो अपने वित्तीय संकट के लिए अपनी पत्नियों और बच्चों को दोषी ठहराते थे। इसलिए, नवंबर 2004 की उस फ़िल्मी शाम के बाद, मंजू के गांव की औरतें हर कुछ महीनों बाद मिलकर शाहरुख़ को देखकर मुस्कुराने के लिए जुड़ने लगीं। यह ठीक वैसा रोमांस था जिसकी उन्हें ज़रूरत थी। और चूंकि यह स्क्रीनिंग किसी के घर की चारदीवारी के अंदर, घरेलू स्थानों में होती थी, तो मर्द बहुत खुलकर शिकायत भी नहीं कर सकते थे। 'यहां के बुज़ुर्ग भले ही पुराने विचार के हों, लेकिन कोई भी इंसान बुरा नहीं होता। वो हमें एक छोटी सी फ़िल्म साथ देखने का आनंद लेने से नहीं रोकेंगे,' मंजू

की मां ने कहा। मंजू के गांव की महिलाओं ने मनोरंजन के लिए एक नया संतुलन हासिल कर लिया था।

असमानता उबाऊ है

सात साल से भी कम समय में, यह सब ख़त्म हो गया। 2004 से 2011 के बीच, एक के बाद एक हर चीज़ बदलती गई। मंजू की मां की ज़्यादातर सहेलियों ने सिलाई का काम बंद कर दिया था। उनके बेटे शहरों में काम की तलाश में निकल गए थे और ज़्यादा पैसे घर भेज रहे थे। कई औरतों ने कहा कि उन्हें अब काम करने की ज़रूरत महसूस नहीं होती और वो अपना ख़ाली समय काम करने के बजाय टीवी पर सीरियल देखने में बिताना पसंद करती थीं। जो लड़कियां सिलाई का काम किया करती थीं, उनकी एक के बाद एक शादियां होती जा रही थीं। मंजू ने मुझे बताया कि शाहरुख़ फ़ैन क्लब की स्क्रीनिंग रुकती जा रही थीं। 'यह ठीक नहीं है कि लड़कियों को जाना पड़ता है और वापस आने का समय नहीं मिलता है, लेकिन लड़के शादी के बाद अपने मां-बाप के साथ रह सकते हैं,' उसने शिकायत की।

2011 में जब मैं फिर से रामपुर गई, तब तक 'बोरिंग' एक लोकप्रिय शब्द बन चुका था। मैं जिस भी औरत से मिलती, वो बोरियत की शिकायत करती। सबसे बूढ़ी औरत ने कहा, 'हम तो बस घर पर रहने के लिए हैं। फिर हमारी शादी हो जाती है और दूसरे घर में रहने लगती हैं। परदा बोरिंग है। ये सब बहुत बोरिंग है।' दूसरी औरतों ने सहमति में सिर हिलाया। कुछ कम उम्र की लड़कियों ने भी मुस्कुराकर सहमति प्रकट की: 'सब कुछ बोरिंग है।' मैंने महिलाओं से पूछा कि वो अपनी भावनाओं को व्यक्त करने के लिए अंग्रेज़ी शब्द का इस्तेमाल कैसे करने लगी हैं। जवाब फ़ौरन आ गया: 'मंजू मैडम!' मंजू के मंझले भाई आसिफ़ ने बरेली के एक अंग्रेज़ी मीडियम स्कूल में पढ़ाई की थी। वो मंजू के परिवार का पहला सदस्य था जिसने अंग्रेज़ी सीखी और सबसे पहले किसी प्राइवेट स्कूल में शिक्षा प्राप्त की। उसे स्कूल के टीचर्स और सिलेबस से तो दिक़्क़त होती थी, लेकिन उसे फ़िल्में और खेल पसंद थे। सलमान ख़ान को बिग ब्रदर के भारतीय रूपांतरण की मेज़बानी करते देखने वाली रात, आसिफ़ 'बोरिंग' शब्द सीखकर रोमांचित हो गया था।

स्कूल में एक खेल प्रतियोगिता के बाद आसिफ़ रात को बरेली में अपने दोस्त के यहां रुका हुआ था। उसके ऑल-बॉयज़ स्कूल में जाट और मुस्लिम लड़के सलमान को बहुत पसंद करते थे। वो उनकी तरह कपड़े पहनते थे, उनकी तरह

'जिम' करते थे, वो उनके जैसे बनना चाहते थे। सलमान ने किसी बहुत ही सुस्त कंटेस्टेंट के लिए 'बोरिंग' शब्द का इस्तेमाल किया था। आसिफ ने हिम्मत जुटाकर अपने दोस्त से पूछा कि 'बोरिंग' का क्या मतलब होता है। उसके दोस्त ने समझाया कि गणित की क्लास बोरिंग होती है। उसने स्पष्ट किया कि 'बोरिंग' का अर्थ 'ठंडा' होता है, और इसे वो 'बोरिंग वैल' नहीं समझना चाहिए जो उसके पिता के कुछ दोस्त शहरी घरों में बनाते हैं। आसिफ़ ने इस शब्द को ऐसे समझा कि 'बोरिंग वो है जिसमें कोई जान नहीं है, कोई बात नहीं है।' एक बोरिंग शख़्स या घटना वो है जिसमें कोई जान या आत्मा नहीं है, जिसमें हमारा ध्यान आकर्षित करने के लिए कुछ ख़ास नहीं है। जल्द ही, आसिफ़ ने अपने भाइयों के साथ इस शब्द का प्रयोग करना शुरू कर दिया, और उन्हें इसका अर्थ सिखाया। उसने अपने भाइयों को टीवी शो में सलमान के चुटकुलों और हरकतों के बारे में बताया कि वो कैसे कपड़े पहनते हैं और क्या कहते हैं। मंजू इससे अप्रभावित रही।

एक दोपहर जब मंजू बर्तन धो रही थी, तो उसके तीनों भाई जमा होकर उसे सलमान की ख़ूबियों पर लेक्चर देने लगे। उन्होंने कहा कि शाहरुख़—जिनकी फीकी पड़ चुकी और फटी-पुरानी तस्वीरें वो अब भी अपने बिस्तर के नीचे रखती थी—बोरिंग था। आसिफ़ ने मंजू को इस शब्द के बारे में समझाया। मंजू का ख़्याल था कि ये शाहरुख़ पर तो लागू नहीं होता, लेकिन रर्बन रामपुर में महिलाओं की ज़िंदगी को परिभाषित करता है। उसे इस शब्द को फैलाने में देर नहीं लगी, न ही इसे उसकी सहेलियों और सहकर्मियों के लिए एक मंत्र बनने में देर लगी, जो सभी हर रोज़ एक बहुत नियंत्रित सामाजिक जीवन बिताया करती थीं। कामकाजी महिलाओं का समूह हमेशा नए शब्द और तरीक़े सीखने के लिए उत्सुक रहता था।

अंग्रेज़ी भाषा में ख़ुद अपनी बोरियत के बारे में जानने के अलावा, मंजू के लिए साल 2011 उसके ग़ुस्से को भड़काने के लिए सबसे अलग रहा था। उसकी साथी फ़ैनगर्ल्स और घर में बंद सहेलियों के ग्रुप के लिए 2011 वो साल था जब शाहरुख़ ने *रा.वन* के ज़रिए रोबोटिक की ओर रुख़ किया, और *डॉन 2* (2011) में फिर से एक बहुत सेक्सी अपराधी किरदार को निभाया। कई बार गुहार लगाने के बाद भी लड़कियों को ये फ़िल्में देखने के लिए बरेली जाने की अनुमति नहीं मिली। हालांकि उनके भाइयों ने ये फ़िल्में देख ली थीं। 2011 की शाहरुख़ की इन फ़िल्मों के ज़रिए, मंजू के तीनों भाई क़रीना कपूर की कमर और प्रियंका चोपड़ा के होंठों पर फिर से ग़ौर कर सके। *रा.वन* के साउंडट्रैक के लिए विशाल ददलानी और शेखर रवजियानी के बनाए एक हिट गीत 'छम्मक छल्लो' पर अंतर्राष्ट्रीय पॉप स्टार एकॉन की टेक्नो-मोनोटोनिक बीट्स, रामपुर के सामाजिक जीवन की एक रस धुन की

नक़ल करती प्रतीत होती हैं। ये गाना ज़िले के क़स्बों और गांवों के सारे बस अड्डों और समारोहों में बार-बार बजने लगा था। सलमान के सबसे उत्साही प्रशंसकों को भी गाने में शाहरुख़ की मुद्राएं पसंद आई थीं।

2011 में, मंजू के भाइयों ने जॉयराइड पर जाना शुरू कर दिया। वो अपनी चमचमाती नई बाइकों पर चढ़ते और पुराने नेशनल हाईवे 530 के हाल ही में बिछाए गए कंक्रीट वाले हिस्से पर सवारी करते। लड़के अपनी बाइकों पर थे और लड़कियों की शादियां हो रही थीं। स्थानीय शादियां आदमियों को हाईवे पर घूमने का बेहतरीन बहाना पेश कर देती थीं। हमेशा कुछ न कुछ ख़रीदने या लाने-ले जाने की आवश्यकता होती थी। लड़के रामपुर और बरेली के बीच अपनी दबी हुई असुरक्षा को साथ लिए अपने गांव और आसपास के गांवों के दूसरों लड़कों के साथ हाईवे पर क़स्बों के बीच दौड़ लगाते फिरते थे।

बाइकें साल की अच्छी कमाई के बाद परिवार के पुरुषों के लिए ईद का तोहफ़ा थीं। किसी समय में मंजू के गांव के परिवार अपनी रोज़ी-रोटी के लिए पूरी तरह से उस दौर के जजमानों या जाट ज़मींदारों पर निर्भर थे। जाट गन्ना उगाते थे और मुस्लिम पुरुष बढ़ई, वेल्डर, मरम्मत करने वाले और कृषि मज़दूर थे। मंजू के परिवार के पास खेती के लिए एक छोटी सी ज़मीन थी, लेकिन उसके पिता, अपनी पिछली पीढ़ियों की तरह, भू-मालिकों को लोहे के उपकरणों और तारों की आपूर्ति करने का काम करते थे। इक्कीसवीं सदी की शुरुआत में, 2004 से 2010 के बीच निर्माण गतिविधियों में उछाल की बदौलत, मंजू के पिता और भाइयों ने तेज़ी से विकसित हो रहे बरेली में नई इमारतों और प्रोजेक्टों के निर्माण के लिए प्लाईवुड और लोहे की सप्लाई का काम शुरू कर दिया। वो लोहार और मज़दूर सप्लाई करके सरकारी सड़कों के निर्माण में मदद करने लगे। इन अवसरों से मिलने वाले बेतहाशा मुनाफ़े से उन्होंने अपने घर को बेहतर बनाया और आसिफ़ को एक प्राइवेट अंग्रेज़ी-मीडियम स्कूल भेजा। अब वो चूंकि आर्थिक रूप से पहले से कहीं अधिक सुरक्षित थे, इसलिए परिवार के लिए ये मंजू की शादी करने का बेहतरीन समय था।

2011 में बरेली के शहरीकरण और विकसित होती अर्थव्यवस्था ने ग्रामीण रामपुर के आदमियों की ज़्यादा पैसा कमाने में तो मदद की, लेकिन मंजू के भाइयों या उनके दोस्तों में से कोई भी सारी ज़िंदगी खेती या लोहे का काम नहीं करना चाहता था। खेती ने अपनी सारी चमक खो दी थी, जबकि लोहार होना बहुत पेशेवर सा नहीं लगता था, बल्कि यह एक सुस्त और अशोभनीय रिटायरमेंट में बिताई गई ज़िंदगी लगता था। अब लड़के मुंबई, दिल्ली या खाड़ी में काम करना चाहते थे।

लेकिन मंजू की तरह उनके लिए भी निराशा की बात यह थी कि यूं तो रामपुर दिल्ली से केवल दो सौ किलोमीटर दूर था, लेकिन किसी भी दिलचस्प या अहम चीज़ से प्रकाश वर्षों दूर था। जहां मंजू का असंतोष उसके घर की दीवारों या उसके गांव की सीमाओं के भीतर था, वहीं उसके भाई सड़कों पर उतर आए थे। भारत के इन अनिच्छुक भविष्य के किसानों और लोहारों के पास जॉयराइड करने के अलावा और कुछ नहीं था, जहां असंतोष उनकी बाइकों की रफ़्तार को और भी प्रेरित करता था। उन्हें शाम को रामपुर से बरेली को जोड़ने वाली सड़कों पर देखा जा सकता था, हाथ आसमान की ओर उठाए, आंखें किसी अज्ञात क्षितिज पर टिकी हुई। वो ब्रह्मांड से और उन्हें मिलने वाली किसी भी लड़की से बस एक ही सवाल पूछते: 'मेरी छम्मक छल्लो बनना है?' रामपुर के एक अनजान से हिस्से के इन जॉयराइडर्स के लिए, 'छम्मक छल्लो' का मतलब एक लॉटरी था। मंजू की ज़िंदगी के आदमी विजय के मूड में थे।

मंजू और उसकी सहेलियों ने असमानता का अनुभव अपनी मां और दादी से बहुत अलग ढंग से किया था। जहां उसकी मां इन प्रतिबंधों से समझौता कर चुकी थीं कि महिलाएं कहां जा सकती हैं और क्या कर सकती हैं, वहीं मंजू और उसकी दोस्तों ने यह समझौता नहीं किया था। वो असमानता का अनुभव बोरियत के रूप में करती थीं—ऐसा लगता था कि साल, महीने और दिन एक-दूसरे में घुल जाते थे, क्योंकि वो उन्हीं गलियों और उसी आंगन में कटते थे, और गतिशीलता इतनी कम थी कि एक नए पक्के हाईवे पर एक जॉयराइड भी कोई विकल्प नहीं था। मुझे जब भी महिलाओं को कपड़े सीने या घर पर काम करने के लिए एक साथ देखने का मौक़ा मिलता, तो उनकी सारी बातचीत उनकी बोरियत की ऊर्जा से प्रेरित होती थी। यहां तक कि किसी शादी से पहले बरेली के किसी नए शॉपिंग कॉम्प्लेक्स में झटपट जाकर आने के नतीजे में भी हफ़्तों कानाफूसियां और अतिशयोक्ति भरी कहानियां चलती रहती थीं। सबसे अधिक उत्साह उन कज़िन भाइयों की सुनी-सुनाई रिपोर्टों के लिए संभालकर रखा जाता था, जो बाइक पर नोएडा या यहां तक कि दिल्ली तक जाने में कामयाब हो जाते थे और वहां से ख़बरें लेकर आते थे कि शहर के युवा लोग कैसे कपड़े पहनते हैं।

लड़कों की ही तरह लड़कियां भी उस दुनिया को देखने के लिए तरसती थीं जिसकी झांकियां वो सिर्फ़ टीवी पर देखती थीं या उन लोगों की ज़बानी सुनती थीं जो रामपुर से बाहर चले गए थे। हर कोई किसी ऐसी जादुई जॉयराइड के इंतज़ार में था जो उन्हें क़ैद की दुनिया से दूर हाईवे, मॉल और बाज़ारों की दुनिया में ले जा सके। लड़कियों के लिए इस जॉयराइड का समकक्ष, उनका बाहर निकलने

का रास्ता, एक अच्छे आदमी के साथ एक अच्छी शादी था। 'अगर आपकी शादी अच्छी हो जाए,' मंजू ने एक बार कहा था, 'तो आप जो चाहें कर सकते हैं। असलम भाई अपनी बीवी के लिए एक अच्छे शौहर थे, वो अच्छा पैसा कमाते थे और अपनी बीवी को वो जितनी चाहें फ़िल्में देखने देते थे।' मंजू की बोरियत और शाहरुख़ की फ़िल्मों की लगातार सप्लाई के बीच बस एक अच्छे काम वाला और सहानुभूतिपूर्ण पति था।

मंजू की शादी

2011 में, मंजू का रिश्ता एक संपन्न परिवार में हो गया, जिनका बरेली में एक मुनाफ़ेबख़्श छोटा सा बिज़नेस था। वो बिजली के उपकरण और इलेक्ट्रीशियन्स की सप्लाई करते थे। मंजू अपने गांव से भाग निकलने को बेताब थी। वो फिर से उसकी उम्र के बारे में बहस करने लगे। उसकी मां का ख़्याल था कि उसकी उम्र बीस से कम है। ग़ुस्से से भरी मंजू ने कहा, 'मैं बीस की ही होऊंगी, आजकल यहां की ज़्यादातर लड़कियों की इसी उम्र में शादी होती है। और फिर, मैं इस परिवार में अकेली हूं जिसे थोड़ी-बहुत गणित आती है। मैं स्कूल गई, नजमा ने मुझे पढ़ाया, लेकिन मेरी कोई सुनता ही नहीं है।'

'बीस साल तो शादी के लिए बहुत ज़्यादा उम्र है,' उसकी मां बुदबुदाईं।

भारत में लड़कियों की शादी की बढ़ती उम्र के सामान्य चलन को ध्यान में रखते हुए, अठारह के बाद शादी करना अतीत से एक महत्वपूर्ण प्रस्थान था। अभी भी दुनिया में सबसे ज़्यादा बाल वधू भारत में हैं। हालांकि 2011 में हुए एक राष्ट्रीय सर्वेक्षण से पता चला कि भारत में सत्ताईस प्रतिशत लड़कियों की शादी उनके अठारहवें जन्मदिन से पहले कर दी गई थी, जो सिर्फ़ एक दशक पहले के पचास प्रतिशत से एक भारी गिरावट थी। रजिस्ट्रार जनरल और सेंसस कमिशनर द्वारा जारी इन आंकड़ों ने दिखाया कि सभी भारतीयों के लिए विवाह की औसत आयु 1901 में 13 से बढ़कर 1991 में अठारह हो गई थी, जो 2011 में इक्कीस साल के इतिहास के उच्चतम स्तर पर पहुंच गई थी। मर्दों की शादी की उम्र 1991 में बाईस से बढ़कर 2011 में पच्चीस हो गई। तथ्यों और आंकड़ों के लिए अपनी जिज्ञासा के कारण मंजू ये सारे आंकड़े जानती थी।

2006 से 2011 के बीच रामपुर के मेरे पांचों दौरों में, मंजू सिर्फ़ दो चीज़ें पूछती थी—शाहरुख़ की नई फ़िल्म के बारे में मेरा क्या ख़्याल है, और क्या मैं जनगणना वेबसाइट पर सामान्य से सवालों के जवाब देख सकती हूं। मुझे विश्वास हो गया था

कि उसे मेरे दौरे इसलिए पसंद आते हैं कि मैं अपने लैपटॉप और डौंगल के ज़रिए दुनिया तक आसान एक्सेस लेकर आती थी। उसके गांव में स्मार्टफ़ोन अभी भी दुर्लभ थे। कभी-कभी तो ऐसा लगता था कि मंजू शाहरुख़ और रजिस्ट्रार जनरल ऑफ़ इंडिया की फ़ैन है। इंटरनेट के लिए इतने सारे सवाल। आजकल शाहरुख़ क्या कर रहे हैं? भारतीय जनसंख्या का कितना भाग विवाहित है? उसमें से कितना भाग मुस्लिम है? कितने भाग के पास टीवी है? वो इनके जवाब लिख लेती थी और परिवार के कार्यक्रमों में और अपने दोस्तों के सामने अपने रहस्यमयी ज्ञान का प्रदर्शन करती थी। लेकिन 2011 तक, वो अपनी इन पार्टी चालों से थक चुकी थी। 'क्या फ़ायदा,' वो पूछती। 'किसी को भी इन चीज़ों में दिलचस्पी नहीं है। यह जगह ऐसे बोरिंग लोगों से भरी पड़ी है जो दुनिया के बारे में जानना ही नहीं चाहते।'

तो उस साल बीस साल की विवादित उम्र में मंजू की शादी हो गई। ये उसके शब्द थे—वो शादी कर नहीं रही थी; उसकी शादी हो रही थी। वो बस तैयार थी, एक ऐसी दर्शक के रूप में जिसके पास अगली पंक्ति की सीट थी। रामपुर में, औरतें शादी के बारे में अजीब तरीक़ों से बात करती थीं। सुखी विवाह वो होता था जिसमें एक पत्नी जल्द ही बेटों को जन्म दे दे और फिर इसके नतीजे में वो अपनी बाक़ी ज़िंदगी शांति से जीने की आशा कर सकती थी, बशर्ते कि वो ज़रूरी मात्रा में सफ़ाई करती रहे और उतनी प्रार्थना करती रहे जिसकी उससे अपेक्षा की जाती है। सेक्स बस एक और मुश्किल घरेलू काम था—पारिवारिक उत्सवों पर बर्तन धोने से आसान और जिसे अक्सर हल्की सी असुविधा के रूप में बताया जाता था, जैसे जोड़ों का हल्का सा दर्द जिसके साथ जीना सीखना चाहिए।

लेकिन मंजू सिर्फ़ बेचैन नहीं थी; वो नाराज़ थी।और उसकी नाराज़गी की वजह यह तथ्य नहीं था कि उसने अपने होने वाले पति को कभी देखा नहीं था। *यह* तो आम बात थी। नहीं, वजह था शाहरुख़—उसका फ़ेवरीट फ़िल्म स्टार, उसका एकमात्र शौक़। मंजू के पिता और भाई शाहरुख़ ख़ान की किसी भी यादगार को उसके नए घर में ले जाने देने को तैयार नहीं थे। उन्होंने उसके जाने से पहले उसकी चीज़ों की जांच करने का सोच रखा था, ताकि उसके अवैध माल की तस्करी की किसी भी संभावना को कम किया जा सके। उसने शादी की तैयारियों पर बात करने के लिए आईं अपनी भावी ननदों से अपने परिवार के अजीबोग़रीब रोकटोक की शिकायत की जो उसके घर में सभी को बड़ा नागवार गुज़रा। उसके पिता ने उससे बात करना बंद कर दिया। किसी की समझ में नहीं आया कि क्या कहा जाए—इसलिए उसकी बात को नज़रअंदाज कर दिया गया, और उसकी गुज़ारिश को अटपटी मुस्कुराहटों और समोसों के बीच दबा दिया गया। उसके ख़ज़ाने में

एक मैगज़ीन से कटी हुई दो तस्वीरें और *डीडीएलजे* के गानों का एक टेप शामिल था। मंजू के पिता द्वारा बरेली आने-जाने पर रोक लगा देने के बाद मंजू ने अपनी मां से एक टेप के लिए अनुरोध किया था क्योंकि उनके गांव में कोई सीडी प्लेयर नहीं था। उसकी एक पड़ोसन के पास एक पुराना टेप प्लेयर था जिसे वो सिलाई और काम करते समय सुनते थे। पांच साल पहले, घर में काफ़ी हंगामे के बाद असलम के ज़रिए वो कैसेट हासिल किया गया था। जब उसने मंजू के लिए कैसेट ख़रीदने का वादा किया, तो उसकी दादी नाराज़ हो गईं—उनका मानना था कि कमसिन लड़कियों को बेकार के प्रेम गीत नहीं सुनने चाहिए। उन्हें लगा कि यह टेप बहुत ज़्यादा है। यह मंजू के दिमाग़ में प्यार और शादी को लेकर नादानी भरे ख़्यालात भर देगा, उस क़िस्म की नादानी जो आजकल की लड़कियों को दुखी करती है। मंजू को याद था कि जिस दिन टेप आया उस दिन कैसे उसके नाराज़ पिता ने अपने कंधों को उचकाया था और परिवार की असंतुष्ट बुजुर्ग से कहा था, 'कुछ नहीं होगा, यह बस एक टेप है, वो बस ऐसे ही कोई हीरो है।'

जिस दिन मंजू ने अपना गांव छोड़ा, उसने चुपके से वो शरारती टेप अपनी छोटी बहन को सौंप दिया, जो ख़ुद भी एक कपड़ा श्रमिक थी। उसके जाने के बाद, मंजू के भाई आसिफ़ ने शाहरुख़ की उन तस्वीरों को मुझे मेल कर दिया जो उसने एक मैगज़ीन से काटी थीं। तस्वीरों में से एक के पीछे एक नोट लिखा था: 'दीदी, शादी के बाद भी, और मुझे दिल से उम्मीद है कि आप शादी करेंगी, शाहरुख़ को देखना कभी मत बंद करना।' जब मंजू अपने नए घर गई, तो उसके साथ शाहरुख़ की यादों का एक क़तरा भी नहीं था। सतही तौर पर, वो अपने फ़ैनडम से पाक हो चुकी थी, और उसे बार-बार फ़िल्मों और अभिनेताओं के बारे में बात करने से बचने के निर्देश दिए गए थे, क्योंकि इससे उसका दूल्हा और ससुरालवाले नाराज़ हो सकते हैं।

शादी मंजू की बोरियत का इलाज नहीं कर पाई। शादी के पंद्रह महीने बाद, 2013 में, मंजू विवाहित जीवन से भाग गई—मगर उसकी फ़ैंटैसीज़ उसका पीछा करती रहीं। जब मैं 2014 में फिर से रामपुर के सफ़र पर गई, तो सबका कहना था कि उन्हें मंजू के ठिकाने के बारे में कोई जानकारी नहीं है। वो एक साल पहले अपने पति को छोड़ गई थी। उसके परिवार को एक साफ़-सुथरा लिखा हुआ नोट मिला था: 'मैं आपकी मुश्किलों को अच्छी तरह समझती हूं। आजकल ज़िंदगी मुश्किल है। मुझे माफ़ कर देना। मुझे जाना होगा। यह शादी मुझे रास नहीं आई, यह एक ग़लती थी।' मंजू की मां ने कहा कि शादी के पहले छह महीने मुश्किल थे। वो बरेली में रहने की उम्मीद कर रही थी, जहां उसके ससुरालवालों की एक

दुकान थी। लेकिन, उनका पारिवारिक घर रामपुर ज़िले के सुदूर धौरा टांडा में था। छह महीने तक उसे गर्भधारण नहीं हुआ, जिससे उसके ससुरालवाले लगातार और शोर मचाकर चिंता करने लगे। मंजू के एक भाई ने मुझे बताया कि उसका पति अच्छा इंसान था। लेकिन शादी के छह महीने बाद उसे एक नौकरी मिल गई जिसकी वजह से उसे एक साल के लिए दिल्ली और दुबई जाना पड़ा। एक प्रभावशाली बिल्डर के साथ वायरिंग के काम का ठेका था और मुनाफ़े वाला काम था। वो एक व्यावहारिक आदमी था, उसे पता था कि इस काम से और भी अच्छे पैसे वाले काम मिलेंगे जिससे उन्हें बच्चों की परवरिश करने और बरेली में ही घर बनाने में मदद मिलेगी।

लेकिन उधर धौरा टांडा में, मंजू अपने पति के जाने के पहले ही कुछ हफ़्तों में बेचैन हो गई। वो अपने पति को प्यार करती थी, लेकिन उसके पास उसके परिवार से कहने के लिए कुछ नहीं था और लगता था कि बदले में उनके पास भी उससे कहने के लिए बहुत कम ही था। वो अपने बीस के दशक में थी और उसके ससुरालवाले उम्मीद करते थे कि वो उनके घर के भीतर एक ख़ामोश कामवाली बनी रहेगी। उन्हें उसका टीवी देखना पसंद नहीं था और वो उसे काम करने या घर से बाहर निकलने नहीं देते थे। मैं कल्पना कर रही थी कि उसे अपने परिवार और सहेलियों की कितनी याद आती होगी, वो अपने गांव में कभी-कभार होने वाली फ़िल्मी रातों को कितना याद करती होगी, यहां तक कि उस बारीक सिलाई के काम को भी याद करती होगी जो वो किया करती थी। वो रामपुर की मीडिया डॉन होने को, सार्थक होने को बुरी तरह मिस करती थी। उसके भाई आसिफ़ ने पूछा कि क्या पिछले एक साल में उसने मुझसे कोई बात की है।

दिसंबर 2011 में जब मैं क्रिसमस की छुट्टियों में दिल्ली में थी तो मैंने आसिफ़ को मंजू के लिए एक मैसेज दिया था। कुछ हफ़्ते बाद, उसने अपने पति के फ़ोन से यह पूछने के लिए मुझे कॉल किया कि क्या मुझे वो तस्वीरें मिल गईं जो उसने अपने भाई के ज़रिए मुझे भेजी थीं। वो बेजान सी सुनाई दे रही थी, जैसे शादी ने सारी संभावनाओं को ख़त्म कर दिया हो। उसने अपने पति के बारे में बात की, और कि उसके नए घर में कितनी भीड़ थी, कि ख़ाली समय था ही नहीं, न अब आंगन में गाने होते थे, कैसे हमेशा हर जगह कोई न कोई मौजूद होता था। 'यह हमारे से बहुत बड़ा परिवार है। मुझे उम्मीद है कि हम जल्द ही लखनऊ में इनके कज़िन से मिलने जा सकेंगे। यह अच्छा रहेगा।'

'तो तुम्हारे पति कैसे हैं?' मेरे मुंह से अचानक निकल पड़ा, और ऐसा निजी सवाल पूछने के लिए मेरी आवाज़ शर्मिंदगी से भर गई। वो कुछ देर चुप रही।

'आपके कैसे हैं?' वो जानती थी कि मैं अविवाहित हूं। दरअसल, मेरा एक बहुत अच्छे बंगाली आदमी के साथ रिश्ता अंत पर पहुंच रहा था।

'सब अच्छा है,' मंजू ने कुछ असामान्य सी सलाह देते हुए कहा। 'अपना समय लेना, जल्दी शादी मत करना, यह दरअसल उतनी भी अच्छी चीज़ नहीं है जितनी मैंने सोची थी।' उसने बताया कि उसके पति 'साफ़ और ढंग के' हैं लेकिन ख़ुद शादी निराशाजनक रूप से अपारदर्शी रही। 'जल्दी ही वो एक साल को चले जाएंगे। उन फ़िल्मों में प्यार और शादी तो दिखाते हैं,' मंजू ने मुझसे कहा, 'लेकिन वो आपको यह कभी नहीं सिखाते कि शादी में कैसे रहा जाए। नजमा कहती है कि ऐसी चीज़ें टीवी शो में दिखाने लगे हैं। चलो, मैं कमरे में वापस जाती हूं। वो सोचेंगे कि कहीं मैं कार्ड का सारा टॉक-टाइम न ख़र्च कर दूं।' और इसके साथ ही वो चली गई।

मंजू के लापता होने, और जो कुछ हुआ था, उसके बारे में चिंतित होकर मैं 2014 में मंजू के परिवार से मिलने के बाद असलम भाई से मिलने गई। और मुझे हैरत नहीं हुई कि वो मंजू के ठिकाने के बारे में जानते थे। उन्होंने मुझे बताया कि उन्होंने नोएडा में एक गारमेंट फ़ैक्टरी में काम दिलाने में उसकी मदद की थी। मुझे ऐसा लगा कि उसके भाई ने मुझसे झूठ बोला था। मंजू के परिवार को उसके ठिकाने के बारे में पता था, बस मंजू की शादी के साथ जो हुआ था वो उसे स्वीकार करने के लिए ख़ुद को तैयार नहीं कर पा रहे थे। दिल्ली होते हुए दुबई जाने से पहले उसके बेहद प्यार करने वाले पति ने उसे एक फ़ोन गिफ़्ट किया था। अपने पति के जाने के बाद मंजू आधा साल अपने मां-बाप के घर रहना चाहती थी, लेकिन उसके ससुरालवाले उसे इतने लंबे वक़्त के लिए जाने देने को तैयार नहीं थे। मंजू ने अपनी सास से लड़ने की आदत बना ली थी।

जब मंजू का पति बाहर था, तो ख़ुद को अपने पति के परिवार से घिरा महसूस करते हुए, मंजू ने नजमा को मिलने के लिए बुलाया था। वो मिलीं; नजमा ने हाल ही में एक लड़के से शादी की थी जो नोएडा में एक सफल एक्सपोर्ट कंपनी में काम करता था। उसने अपने पास ही मंजू के लिए नौकरी खोजने में मदद करने का वादा किया। नजमा ने अपने पिता को बताया और अपनी आपत्तियों के बावजूद, असलम ने मंजू को नौकरी दिलवा दी। वो एक परिधान कंपनी के लिए फ़ैक्टरी फ़्लोर पर काम करने वाली कई महिलाओं में से एक थी। फ़ैक्टरी आमतौर पर ऐसे श्रमिकों को तरजीह देती थी जो पास के हॉस्टलों में रहते हों। लेकिन असलम का ख़्याल था कि औरतों के लिए फ़ैक्टरी की व्यवस्था बहुत सुरक्षित नहीं है।

इसलिए मंजू नजमा के साथ उसके ससुराल में रहती। नजमा के पति को पूरे साल काम के सिलसिले में बाहर खाड़ी में रहना था। यह सुविधाजनक और सुरक्षित था। असलम ने फ़ोन करके मंजू की मां और भाइयों को इसकी जानकारी दी। 'उसकी मां जानती थीं,' असलम ने मुझसे कहा, 'कि मंजू तब तक चैन से नहीं बैठेगी जब तक वो दिल्ली में अपना समय न बिता ले। वो यह भी जानती थीं कि मंजू को अपना पति तो पसंद है, लेकिन ससुरालवाले नहीं। और कि वो नजमा के साथ हमेशा नहीं रह सकती थी। इसलिए उन्होंने मुझे अपनी बेटी की मदद करने से नहीं रोका।'

नोएडा में नौकरी का इंतज़ाम हो जाने के बाद, नजमा और असलम एक बार फिर मंजू से मिलने गए। मंजू ने नजमा से कहा कि वो उसके पति को विदाई की चिट्ठी लिखने में उसकी मदद करे जिसमें वो उसे अपने जाने के बारे में सफ़ाई दे सके। उन्होंने उसे कुछ पैसे दिए। मंजू धौरा टांडा में अपने पति के घर से बिना किसी से कुछ कहे चुपके से निकल गई और बरेली के लिए बस में सवार हो गई। वहां से वो नजमा और उसके नए पति के साथ नोएडा चली गईं। मैंने असलम से पूछा कि क्या वो मुझे नजमा का नंबर दे सकते हैं, और मैंने फ़ौरन मंजू से बात करने के लिए कॉल किया। वो मेरी आवाज़ सुनकर ख़ुश हुई। मंजू ने मुझे चाय पर बुलाया और अब वो पहले से कहीं बेहतर दिख रही थी। मैंने उसके शाहरुख़ के कटआउट उसे लौटा दिए। अब वो अपना सिर नहीं ढके हुए थी, और उसका दुपट्टा आसानी से ज़मीन पर गिर जाता था, और इस ओर उसका कुछ ख़ास ध्यान नहीं जाता था। मंजू ने मुझे बताया कि उसने नजमा के साथ नोएडा में जो महीने बिताए वो उसकी ज़िंदगी का सबसे सुखद समय था। वो काम करती थी और नजमा के घर की देखभाल करने में भी मदद करती थी क्योंकि उसकी सास उनके साथ रहती थीं। 'यह सबसे अच्छी *छुट्टी* रही है,' उसने कहा। 'हम महंगे सिनेमा हॉल में फ़िल्में देखते हैं, और मैंने टीवी पर शाहरुख़ की लगभग सभी फ़िल्में देख ली हैं।'

उसके 'छुट्टी' कहने से मैं चौंक गई। छुट्टियों को ख़त्म होना होता है। ये ज़िंदगी छुट्टी कैसे हो सकती थी? क्या उसका वापस जाने का इरादा था? मैंने उससे फ़ौरन ही नहीं पूछा, क्योंकि हम एक-दूसरे से मुद्दतों से नहीं मिले थे, लेकिन मैंने महसूस किया कि मंजू जानती थी कि नोएडा में उसका वक़्त ख़त्म होने वाला है। सारी संभावनाएं उसके ख़िलाफ़ थीं। इस तरह की गणित में वो हमेशा से अच्छी रही थी। जल्द ही, मंजू ने मुझे फ़ोन करके बताया कि वो बरेली या रामपुर वापस जाने का सोच रही है। नजमा एक महीने बाद नोएडा छोड़कर अपने पति के साथ रहने

दुबई जा रही थी और मंजू फ़ैक्टरी से इतना पैसा नहीं कमाती थी कि अकेली रह सकती। वो फ़ैक्टरी के अकेली महिलाओं के हॉस्टल में रहना नहीं चाहती थी। मैंने उसे मेरे माता-पिता के घर या मेरे साथ रहने का विकल्प दिया। उसने मना कर दिया। 'मुझे वहां जाना है जहां मैं सैटल हो सकूं और अपनी ज़िंदगी जी सकूं,' उसने मुझसे कहा। 'मुझे अपने परिवार की याद आती है। पता है, शाहरुख़ की ये फ़िल्में अपनी मां के बिना देखना मुझे दुखी करता था। मैंने आपको कभी बताया नहीं, मगर मुझे लगता है कि मेरी मां उनकी मुझसे भी बड़ी फ़ैन थीं। जिस रात के बारे में मैंने आपको बताया था, जब मेरे पिता ने उनका फ़ोन तोड़ दिया था और वो चाहते थे कि वो असलम भाई से मिलने के लिए बरेली जाना बंद कर दें, तब वो शाहरुख़ के लिए *उनकी* लत की शिकायत कर रहे थे, मेरी नहीं। उन्हें लगने लगा था कि वो घर में और खेतों में अपने काम में इसीलिए सुस्त पड़ गई थीं कि वो शाहरुख़ और उन गानों के सपने देखती रहती थीं और कि मैं भी उन जैसी ही बनती जा रही थी।'

नोएडा छोड़ने के बाद मंजू का पहला इरादा असलम भाई और उनकी बीवी के साथ दर्ज़ी चौक में रहने का था। उसका इरादा था कि वो उनके बिज़नेस में मदद करेगी और कढ़ाई के ज़रिए अपना पैसा कमाएगी। लेकिन कुछ महीने बाद, बिना कोई वजह बताए, वो धौरा टांडा में अपने पति के पास लौट गई। अब 2015 था और असलम से यह ख़बर सुनकर मैंने मंजू से मिलने की ठान ली। मैं असलम के साथ वहां नहीं जा सकती थी। मंजू के ससुरालवाले उनसे या मंजू को भगाने या उसके भागने में साथ देने वाले किसी भी शख़्स से मिलने के मूड में नहीं थे। नजमा इस कहानी की विलेन बन गई थी। 'अभी तो हालात ऐसे ही हैं, लेकिन वक़्त के साथ, हम सब वहीं वापस आ जाएंगे जहां थे। मैंने इस तरह की चीज़ें पहले भी देखी हैं,' असलम ने बहिष्कृत होते हुए भी अविश्वसनीय रूप से शांत भाव से कहा। मैंने मंजू के सबसे बड़े भाई को फ़ोन किया। कुछेक बार मना करने के बाद वो आख़िरकार मान गया। 'हो सकता है कि उसके ससुरालवाले देखें कि आप जैसी पढ़ी-लिखी इंसान उसके बारे में कहानी लिख रही हैं, तो वो उसकी ज़्यादा इज़्ज़त करने लगें।' मंजू ने अपनी वापसी पर बात करने के लिए कभी मुझसे संपर्क नहीं किया था। लेकिन मैं उससे मिलना चाहती थी। आख़िरकार जब हम टांडा में मिले, तो रस्मी सलाम-दुआ और पकोड़े खाए जाने के बाद, हम एक दूसरे के साथ अकेले बात करने के लिए बीस मिनट निकालने में कामयाब हो गए। मुझे पता था कि यह हमारी आख़री मुलाक़ात होगी। वो ज़िंदगी में आगे बढ़ रही थी; वो पतली लेकिन ख़ुश दिख रही थी।

हमने शाहरुख़ के बारे में बात की। मंजू इस बात से नाख़ुश थी कि वो पहले से ज़्यादा हिंसक फ़िल्में कर रहे थे—उसने नोएडा में नजमा के साथ *हैप्पी न्यू ईयर* (2014) देखी थी। 'पता नहीं वो एक्शन फ़िल्में क्यों कर रहे हैं। लेकिन जब वो मुस्कुराते हैं, तो ऐसा लगता है कि और किसी चीज़ का वजूद ही नहीं है। आजकल जब मैं खाना बनाती हूं और सफ़ाई करती हूं तो अक्सर उनकी फ़िल्मों के बारे में सोचती हूं। मुझे लगता है कि मैं अपनी मां जैसी बन गई हूं। दिन भर सपने देखना और सुस्त रहना।' और फिर मुझे पूछना ही था।

'तुम वापस क्यों आईं, मंजू? तुम असलम भाई और उनकी पत्नी के साथ रह सकती थीं, उनके बिज़नेस में काम कर सकती थीं।' उसने अपने पतले से कंधों को उचकाया। 'यह सही नहीं होता। यह दुनिया अपने दम पर रहने वाली लड़कियों के लिए अच्छी नहीं है। हमारे पास और विकल्प क्या है? कम से कम मेरे पति इतने भले हैं कि वो मुझे वापस लेने को राज़ी हो गए। मैं वो फ़ोन लेकर भागी थी जो उन्होंने मुझे गिफ़्ट किया था। उन्होंने मुझे कॉल किया। वो ग़ुस्से में थे और चाहते थे कि मैं वापस आ जाऊं। जब मैंने कहा कि मैं नहीं आऊंगी, तो उन्होंने कॉल काट दी। कुछ महीने बाद उन्होंने फिर से फ़ोन किया और कहा कि उनके मां-बाप कह रहे हैं कि वो दूसरी शादी कर लें। हमारे समुदाय में, वो बहुत आसानी से ऐसा कर सकते थे। लेकिन उन्होंने मुझसे कहा कि वो अब भी चाहते हैं कि हम साथ रहें। वो मेरा भला चाहते थे और उन्होंने कहा कि मैं उनसे किसी भी क़िस्म की मदद मांग सकती हूं। जब मैं उनके पास वापस आई, तो वो जानते थे कि मैं इसलिए गई थी कि मैं शादी से पहले की अपनी ज़िंदगी को और उन कामों को करना मिस करती थी जो मुझे पसंद थीं। वो मुझे ख़ुश करने के लिए शाहरुख़ की सीडीज़ भी लाए। वो अच्छे आदमी हैं, वो मुझे मारते नहीं हैं, अच्छा कमाते हैं, वो मेरा ख़्याल रखते हैं। यह ज़्यादातर पतियों से कहीं बेहतर है। बाहर की दुनिया बहुत ख़तरनाक है। मुझ जैसी लड़की अपने दम पर नहीं जी सकती।' उसकी आंखों में आंसू आने लगे।

मैं जानती थी कि ज़रूर कुछ भयानक हुआ होगा। हो सकता है दर्ज़ी चौक में किसी ने उसे नुकसान पहुंचाया हो। लेकिन यह मंजू का राज़ था, और मुझे इसे जानने का अधिकार नहीं था। मेरे जाने से पहले, जहां मंजू ने मेरी गिरती वैवाहिक संभावनाओं से भटकाव के रूप में किताब के आइडिया का समर्थन किया, वहीं उसके ससुरालवालों ने मुझे मंजू के बारे में लिखने की 'अनुमति' तो दी लेकिन साथ में यह भी कहा कि मैं उन्हें अकेला छोड़ दूं। यह उसकी ससुराल के घर का मेरा पहला और आख़री दौरा था। उनकी अनुमति आज भी मेरे मुंह को खट्टा कर देती है, और याद दिलाती है कि मंजू का अपनी ही कहानी पर कोई अधिकार नहीं है।

मतभेद की घोर तलाश?

2015 में, जिस साल मंजू अपने ससुराल लौटी, *डीडीएलजे* ने मुंबई के मराठा मंदिर सिनेमा हॉल में रिकॉर्ड 1,000 सप्ताह पूरे किए। महानगरीय मीडिया में कई समीक्षकों ने एक पिछड़ी संस्कृति की प्रोत्साहक के रूप में फ़िल्म की आलोचना की। एक प्रमुख तर्क यह था कि इसने मध्यम वर्ग के युवाओं को एक संस्था के रूप में परिवार के ख़िलाफ़ सक्रिय विद्रोह से बचने के लिए प्रोत्साहित किया और पितृसत्ता की जड़ें मज़बूत करने में मदद की। सिमरन और राज अपने परिवार को छोड़कर भाग क्यों नहीं गए?

1995 में एक पूर्व-किशोरी के रूप में, स्विट्ज़रलैंड के बेदाग़ आल्प्स और भारत के सरसों के खेतों के बीच शाहरुख़ की खुली बाहों के साथ *डीडीएलजे* मेरे अंदर की फ़ैनगर्ल को ख़ुश करने के लिए मुझे पसंद थी। मंजू और ज़ाहिरा जैसे घरेलू कपड़ा और अगरबत्ती श्रमिकों पर सर्वेक्षण डाटा जमा करते हुए, मैंने फ़िल्म की नए सिरे से खोज की। इस दौरान, कामगारों से लेकर बिज़नेस मालिकों तक कई कामकाजी महिलाओं ने *डीडीएलजे* को अपनी मनपसंद फ़िल्मों में से एक बताया। वास्तव में, ख़ुद फ़िल्म को देखना और अपनी मेहनत की कमाई से स्वतंत्र रूप से फ़िल्म से जुड़े साज़ो-सामान ख़रीदना उनकी स्वतंत्रता और व्यक्तित्व का ऐलान और उन चुभने वाली धारणाओं के विरोध का एक हल्का रूप बन गया था कि लड़कियों को कैसे व्यवहार करना चाहिए। लेकिन, मंजू जैसी महिलाएं चाहे कितनी भी दबी हुई और विवश हों, पूछे जाने पर वो अपने परिवार के बिना जीवन की कल्पना नहीं कर सकीं। सही मायनों में स्वतंत्र होना उस देश में बहुत बड़ी छलांग थी जिसने महिलाओं को अपना जीवन बनाने के लिए बहुत कम मौक़ा या गुंजाइश दी हो।

आलोचक अक्सर कहते हैं कि *डीडीएलजे* युवा प्रेम के लिए पितृसत्तात्मक अनुमति पर ज़ोर देते हुए, असहमति को हतोत्साहित करती है। यह तर्क असहमति को सिर्फ़ उसके सबसे जुझारू, झगड़ालू रूप में वैध ठहराने तक सीमित करते हुए यह मांग करता है कि असहमति हमेशा स्पष्ट और टीवी कैमरों और ट्विटर के सामने 'खुल्लम-खुल्ला' हो। इसलिए, घर से भाग जाने, परिवार को पूरी तरह ठुकरा देने से कम विरोध का कोई भी काम पर्याप्त नहीं होगा। इस तरह के सब कुछ-या-कुछ नहीं वाले कामों की मांग करते हुए उन क़ीमतों का हिसाब नहीं लगाया जाता जो किसी भी आर्थिक तबक़े की महिला को अपने घर से भागने और परिवार को सक्रिय रूप से छोड़ने पर चुकानी पड़ती हैं। हम अपना प्रतिरोध

किस तरह व्यक्त करते हैं यह जोखिम और फ़ायदे की हमारी अपनी निजी गणना पर निर्भर करता है।

डीडीएलजे के कई आलोचक ख़ासतौर से एक बातचीत का ज़िक्र करते हैं जिसमें राज ने सिमरन की एक साथ भाग जाने की गुज़ारिश को मानने से इंकार कर दिया था। वो इसके बजाय उसके परिवार की स्वीकृति हासिल करने की कोशिश करेगा। क्या यह दमनकारी पितृसत्ता को छूट देना है? तब मुझे ऐसा ही लगा था, जब तक कि व्यष्टि अर्थशास्त्र और अलग-अलग पृष्ठभूमि की महिलाओं की प्रतिक्रियाओं ने मुझे फ़िल्म को अलग तरह से देखना नहीं सिखा दिया। मुझे हैरत हुई कि मंजू ने उसी सीन को साहस का प्रदर्शन कहा। उसका कहना था कि मर्दों के लिए भागना आसान विकल्प है, ख़ासकर जब उनके परिवार रिश्ते का समर्थन करते हों, जैसा कि *डीडीएलजे* में हुआ था।

'मुझ जैसी महिलाओं ने देखा है कि जब आप चले जाते हैं तो क्या होता है,' उसने हमारी आख़री बातचीतों में से एक के दौरान मुझे बताया, जब वो नोएडा में फ़ैक्टरी में काम कर रही थी। 'यह मुश्किल होता है। आप दूसरों पर उस तरह से भरोसा नहीं कर सकते जिस तरह अपने परिवार पर कर सकते हैं। जब तक कि आपके पास बहुत अच्छा आदमी न हो। मैं अपने साथ काम करने वाली मंजू नाम की एक लड़की को जानती हूं। वो यहां के एक लड़के के साथ रहने के लिए हरियाणा के अपने गांव से भाग आई थी। उनके परिवार जाति और पैसे की वजह से रिश्ते के ख़िलाफ़ थे। लेकिन अब वो दुखी है। वो अब उससे प्यार नहीं करता और वो लड़ते रहते हैं। मुझे लगता है कि वो किसी दूसरी लड़की के साथ भी है। मेरी सहेली उसके साथ रहती है क्योंकि वो अपने माता-पिता के पास कभी वापस नहीं जा सकती, वो इसकी अनुमति नहीं देंगे। यह ग़लत है, लेकिन अगर लड़के ने पहले उसके परिवार से बात करने की, उन्हें शादी को लेकर ख़ुश होने के लिए मनाने की कोशिश की होती, तो कम से कम वो अब जब वो अपने पति से नाख़ुश महसूस कर रही है तो अपने परिवार से मिलने जा सकती थी। अब वो अकेली है। हम काम के दौरान अक्सर उसकी शादी के बारे में बातें करते हैं। वो मुझसे कह रही थी कि आजकल लड़कों पर भरोसा नहीं किया जा सकता। जब पैसे की मुश्किलों या दूसरी लड़कियों की वजह से झगड़े और हिंसा होती है, तो हम लड़कियों के पास न तो पैसा होता है, न ज़मीन, न अपने लोग। लड़कों का क्या है? उन्हें नौकरी मिल सकती है, उनकी देखभाल के लिए दूसरी औरतें मिल सकती हैं और हर कोई आसानी से उन्हें अकेले रहने देता है।'

जब मुझे आख़िरकार रामपुर की मेरी फ़ेवरीट सर्वेक्षण उत्तरदाता की कहानी लिखने की इजाज़त मिली, तो उसने अपने छद्म नाम के रूप में 'मंजू' को चुना—अपनी दोस्त और भारत की महिलाओं के अपनी आज़ादी के साथ जटिल संबंधों के लिए उसकी श्रद्धांजलि। मंजू और 'मंजू' दोनों ही एक बात को स्पष्ट रूप से प्रदर्शित करती हैं—घर से भाग जाने से, जैसा कि अर्थशास्त्री कह सकते हैं, विवाह में एक महिला के लिए पुरुषों की तुलना में 'फ़ॉलबैक' स्थिति कमज़ोर हो जाती है। पुलिस डरावनी है, दोस्त दूर होते हैं और उनकी अपनी समस्याएं होती हैं। अकेले रहना छोटे शहरों और बड़े शहरों दोनों में ही उनकी सुरक्षा के लिए जोखिमपूर्ण होता है। उनकी आर्थिक परिस्थितियां जो भी हों, पति और ससुरालवालों से दूर जाना शर्मिंदगी का कारण बनता है, और महिलाएं अछूत बन जाती हैं। भागने के अर्थशास्त्र से परे, भावनाएं भी हैं। झगड़ा करके मां-बाप से अलग होना बहुत तकलीफ़ देह होता है।

मंजू के लिए यह राज की ताक़त और परिपक्वता का सुबूत था कि उसने (लड़का होते हुए भी) भागने के आसान रास्ते से परहेज़ किया और यह पक्का करने के लिए कि सिमरन अपने रिश्तेदारों से अलग न हो, इतनी चिंता दिखाई कि वो टिका रहा, उसने समझौता किया और स्वीकृति के लिए लड़ा। इस रौशनी में, राज क्रांतिकारी था। जहां पहले मैंने केवल समर्पण देखा था, वहां मुझे सौदेबाज़ी और समझौते दिखाई देने लगे थे। मुझे अहसास होने लगा कि जब महिलाएं सुरक्षा और खान-पान के लिए परिवार पर निर्भर हो जाएं, तो विद्रोह बहुत भिन्न दिख सकता है। ऐसे हालात में एक महिला से अपने परिवार से—वो एकमात्र संस्था, जो मदद करने वाली सरकार या एक ऐसे समावेशी बाज़ार की अनुपस्थिति में जो उसके श्रम को महत्व देती हो, उसे भौतिक सुरक्षा प्रदान करती है—संबंध तोड़कर विरोध करने की अपेक्षा करना शायद बहुत ज़्यादा मांग करना है।

डीडीएलजे में मंजू के मनपसंद दृश्यों में से एक में सिमरन की मां ने कहा था कि मर्द कभी भी औरतों के लिए अपने आराम को नहीं छोड़ते हैं, जबकि औरतों से बिना शिकायत किए अपनी इच्छाओं को छोड़ देने की उम्मीद की जाती है। मंजू ने इस बात पर भी रौशनी डाली कैसे फ़िल्म में कोई भी औरत पेशेवर काम करने वाली नहीं थी। वो भारत की अधिकांश औरतों की तरह भरण-पोषण के लिए अपने परिवारों और मर्दों पर निर्भर थीं। इस संदर्भ में, उचित रूप से पारिवारिक रिश्ता बनाने के बजाय किसी ऐसे शख़्स से शादी करने की कोशिश करना जो आपको प्यार और सपोर्ट करता हो, जोकि ऊपरी तौर पर सुंदर और आकर्षक लगता है, मुश्किल था और अभी भी है। फ़िल्म ने (यश राज फ़िल्म्स की चमक-दमक के

बावजूद) इस वास्तविकता को समझा है और शायद यही कारण है कि इस फ़िल्म में रोमांस और मां-बेटी के संबंध का चित्रण मंजू और उसकी मां सहित इतनी सारी महिलाओं को छू जाता है।

कई हिंदी फ़िल्में इस अनिवार्य भारतीय संघर्ष का नाटकीकरण कर देती हैं, जिसमें लड़कियां किसी ऐसे शख़्स से शादी करने की इच्छा व्यक्त करती हैं जिसे परिवार अनुचित मानता है। *डीडीएलजे* इसलिए भिन्न थी कि इसने इस तरह की क्रांतिकारी इच्छाओं को समझने से जुड़ी वास्तविक और जटिल समस्याओं के प्रति एक सौम्य और ज़्यादा समझदारी भरा दृष्टिकोण अपनाया। किसी दूसरी बॉलीवुड फ़िल्म में, प्रेमी जोड़ा शायद भाग गया होता और उन्होंने दोस्तों और परिवार के बिना एक साथ एक छोटा सा घर बसा लिया होता। या उन्होंने आत्महत्या कर ली होती या फिर एक क्रूर ऑनर किलिंग में उनकी हत्या कर दी गई होती।

डीडीएलजे में, राज और सिमरन का मिलन तब होता है जब घर के बुज़ुर्ग पुरुष को उनके रिश्ते की अहमियत देखने को मना लिया जाता है। कामकाजी महिलाओं और महिला समूहों पर शोध से हमें पता चलता है कि दक्षिण एशिया में पारिवारिक 'अनुमति' एक बेहद अहम भूमिका निभाती है। फ़िल्म दिखाती है कि आज़ादी बातचीत के ज़रिए धीरे-धीरे हासिल की जाती है, कि प्रियजनों के बीच संवाद सामाजिक परिवर्तन की दिशा में एक रास्ता हो सकता है। यह दुखद है कि हमें इन आज़ादियों के लिए अच्छी-ख़ासी सौदेबाज़ी करनी पड़ती है, लेकिन यह सभी वर्गों में हमारी सामाजिक वास्तविकताओं को भी प्रतिबिंबित करता है। कई महिला समूह और यूनियन महिलाओं को संगठित करने में समुदायों के पुरुषों से मदद करने के लिए कहते हैं। इससे ज़्यादा प्रभावी लामबंदी का मौक़ा मिलता है। महिलाएं अक्सर अपने पति की अनुमति के बाद ही काम करती हैं, भले ही अनुमति लेने की यह ज़रूरत एक निरंतर ग़ुस्से और वैवाहिक झगड़ों की जड़ बनी रहती है। अपने ही परिवारों और व्यक्तिगत संबंधों में, हम अपने चुनावों के लिए समर्थन जुटाते हैं। कोशिश होती है बहलाने, बहस करने, लड़ने, मनाने की। ऐसा इसलिए है कि हममें से अनेक लोग आज़ादी के अलावा अपने परिवार से प्यार और भावनात्मक समर्थन भी चाहते हैं। हम रोज़मर्रा की, आम ज़िंदगी में इसी तरह विरोध करते हैं और असहमति व्यक्त करते हैं। समझौते करने का मतलब कायरता ही नहीं होता। *डीडीएलजे* प्रगतिशील नहीं थी। बल्कि इस फ़िल्म ने एक व्यावहारिक रुख़ अपनाया और दिखाया कि परिवारों के अंदर मतभेद कैसा दिख सकता है। फ़िल्म ने प्यार हासिल करने और छेड़छाड़ का घालमेल कर दिया, जो कि अधिकांश भारतीय रोमांटिक फ़िल्मों के ख़िलाफ़ एक सामान्य आरोप है।

लेकिन जैसा कि मंजू, उसकी मां और रामपुर में कपड़ा श्रमिकों का ग्रुप हमेशा कहता था—राज बर्तन धोता था।

अपने पति के पास लौटने के बाद, मंजू ने 2017 के शुरू में एक बेटे को जन्म दिया। नजमा ने मुझे ख़बर दी और मैंने बधाई देने के लिए मंजू के पति को फ़ोन किया। हैरानी की बात है कि उसने फ़ोन मंजू को दे दिया। वो ख़ुश लग रही थी; उसने मुझे बताया कि उसके पति ने फ़ैसला किया है कि वो अपने बेटे की स्कूली पढ़ाई के लिए बरेली चले जाएंगे। फ़िलहाल वो उसके पति के पारिवारिक घर से जुड़े एक छोटे से हिस्से में रह रही थी, जिससे उन्हें थोड़ा स्पेस मिल गया था। उसने अपने पति को रोज़ाना सुबह रसोई में मदद करना सिखा दिया था। वो अपने लिए चाय बनाता था और अपना टिफ़िन ख़ुद पैक करता था। मदद का यह नियमित रूप मंजू को उतना ही ख़ुश कर देता था जितना कभी शाहरुख़ की फ़िल्मों का रोमांस करता था। उसने कहा, 'नोटबंदी के बाद, यह समय औरतों के लिए मुश्किल है। हमें घर चलाना पड़ता है। आपको ऐसे व्यक्ति की ज़रूरत होती है जो ऐसे वक़्त में आपको समझ सके और आपकी मदद कर सके। बात सिर्फ़ पैसे (कमाने) की नहीं है बल्कि सही सोच और तौर-तरीक़ों की भी है। यहां आसपास के कई मर्द अपनी परेशानियों का इल्ज़ाम बीवी-बच्चों पर मढ़ने लगते हैं। वो पीते हैं, और चीख़ते-चिल्लाते हैं। वो (शाहरुख़) कभी ऐसा नहीं करते। यह बहुत ख़ास बात थी—यह बात अब शादीशुदा होने के बाद मुझे समझ आ रही है। जिस तरह वो फ़िल्मों में औरतों का ध्यान रखते हैं,' उसने मुझसे कहा, 'सारे मर्दों को उसी तरह औरतों का ध्यान रखना चाहिए।' अब मंजू ने अपनी बात पूरी की, 'मैं जब चाहती हूं टीवी देखती हूं। मैंने अपने पति को इसके लिए भी मना लिया है कि वो मुझे असलम के साथ काम करना जारी रखने दें। मेरे ससुरालवालों को यह पसंद नहीं है, लेकिन मेरे पति मेरा साथ देते हैं। वो मुझे बरेली के महंगे सिनेमा हॉलों में शाहरुख़ की नई फ़िल्में दिखाने भी ले जाते हैं। इसी तरह मैंने सारी नई फ़िल्में देखी हैं। मैं बहुत ख़ुशक़िस्मत हूं। हम औरतों और परिवारों वाले हॉल में जाते हैं, यह पहले रामपुर में टीवी पर फ़िल्में देखने और मेरे पिता से डरते रहने से बहुत बेहतर है,' उसने कहा। तब से वो आराम से रह रहे हैं।

***

मैं जानती हूं कि ये कहानियां उन लोगों को निराश करेंगी जो भीतरी इलाक़ों में सांस्कृतिक बदलावों की तेज़ गति पर एक बढ़िया रिपोर्ट की उम्मीद कर रहे थे। उन मुहल्लों और गांवों में जहां ज़ाहिरा, मीनल या मंजू रहते हैं, प्यार करते हैं और

सीखते हैं, राजनीतिक या सामाजिक रूप से विलक्षण कुछ नहीं होता है। यानी, प्रत्यक्ष के सीमित दायरे के भीतर तो कुछ भी नहीं। वहां पितृसत्ता और पर्दे व भेदभावपूर्ण श्रम बाज़ारों की पैठ जैसी दमनकारी प्रथाएं लगातार बनी हुई हैं, जिन्हें हर कोई सांसारिक और ईश्वर द्वारा प्रदत्त जीवनशैली के रूप में स्वीकार करता है। मेरे पास हाशिए पर डाल दिए जाने या राज्य के अन्याय से प्रेरित शोक की कोई स्पष्ट कहानियां नहीं हैं। साथ ही, पूरे उत्तर भारत में—रामपुर से अहमदाबाद तक—सर्वेक्षण की गई ये महिलाएं शायद बेहतर वेतन के लिए विरोध करने की इच्छुक तो हों, लेकिन 'पितृतंत्र' के ख़िलाफ़ किसी भी संगठित प्रतिरोध में हिस्सा लेने के लिए अनिच्छुक ही रहती हैं। कई तो यह भी नहीं जानतीं कि इन शब्दों का मतलब क्या है। वो बस वैवाहिक आनंद के लिए तरसती हैं और अपनी ज़िंदगी में मर्दों के साथ अधिक सार्थक संबंधों की कल्पना करती हैं। उनके बाहर जाने, दिन में सपने देखने, घर के कामों में ढील डालने, फ़िल्मों के बारे में बात करने और अपनी मज़दूरी ख़र्च करने से उनके परिवारों को चिढ़ होती है। उत्तरी बैल्ट की ज़्यादातर महिलाओं की तरह, पिछले एक दशक में जिन महिलाओं से मैं मिली, वो शायद ही कभी वोट देती हैं या राजनीतिक रैलियों में भाग लेती हैं, और अक्सर अपने समय और आने-जाने पर रोकटोक की शिकायत करती हैं—किसी मोर्चे या महिला मंच की सदस्य बनने की तो बात ही भूल जाएं। वो क्रांति के लिए बहुत थकी होती हैं।

एक बार, मैंने लखनऊ की एक झोपड़पट्टी में हिंदू महिलाओं—पैकिंग बॉक्स बनाने वाली महिलाओं—के एक समूह को गुलाबी साड़ी पहनकर महिला अधिकारों के लिए लड़ने वाली महिला एक्टिविस्ट्स के गुलाबी गैंग द्वारा आयोजित संगठित प्रतिरोध के बारे में बताया। समूह की एक वृद्ध महिला, जो इस बात से प्रभावित नहीं हुई थीं, ने कहा कि केवल नेताओं और राजकुमारियों के पास इतनी सुरक्षा हो सकती है कि वो उन्हें किसी रैली में लंपट आदमियों से बचा सके, भले ही मार्च महिलाओं के मुद्दे के लिए हो। ऐसे परिवेश में रहने वाली सामान्य महिलाओं के लिए जिसे कोई अकादमिक 'पारंपरिक पितृसत्ता के संदर्भ' के रूप में वर्णित कर सकता है—जहां शराब से उपजे झगड़ों और शारीरिक अलगावों को एक महिला की ज़िंदगी का अनिवार्य और निश्चित हिस्सा माना जाता है—एकमात्र गुलाबी साड़ियां, जिनका कोई महत्व है, वो हैं जो उनकी मनपसंद फ़िल्मी हीरोइनें पहनती हैं।

कुछ पर्यवेक्षकों को ऐसा लग सकता है कि अध्ययन किए गए परिदृश्य में महिलाओं के ख़िलाफ़ भेदभाव की प्रकृति बिना किसी विद्रोह के बेरोकटोक जारी है। जिन मानदंडों को चुनौती दी जा रही है, वो भी इतने सूक्ष्म महसूस होते हैं कि

उनके लिए कुछ ख़ास समाजशास्त्रीय टिप्पणी या फ़ेमिनिस्ट उत्साह की ज़रूरत ही नहीं है। 1981 में, फ़्रांसीसी दार्शनिक मिशेल फूकॉल्ट ने इस पर विचार किया था कि 'प्रभुत्व की तकनीकें' किस तरह 'स्व की तकनीकों' के साथ तालमेल बिठाती हैं। इन तकनीकों से मतलब उन तरीक़ों से था जिनके माध्यम से आम लोग 'अपने शरीर, आत्मा, और विचारों में काट छांट' करके अपने अंदर बदलाव लाते हैं। मुझे हाशिये पर आधुनिकता की कोई रोमांचक कहानी सुनाने की उम्मीद नहीं है। इसके बजाय, मैं केवल एक झलकी पेश कर सकती हूं कि कैसे रोज़गारों और लोकप्रिय मीडिया ने इन 'साधारण' महिलाओं की ख़ुद को बदलने में मदद की है।

ये कहानियां पीड़ित महिलाओं के उलझे हुए संज्ञानात्मक नक़्शे सामने लाती हैं; इस मामले में वो ग्रामीण और शहरी कामकाजी महिलाएं, जो उत्तर भारत में अल्पसंख्यक हैं, और जो अक्सर अपने ही साथ होने वाले भेदभाव के जुर्म में शामिल होती हैं, मगर ख़ुद को मौज-मस्ती में लिप्त करके प्रतिरोध करती हैं, और साथ ही नारीत्व के नए रूपों में सक्रिय रूप से भाग लेती हैं। मुझे आशा है कि उनकी कहानियों के माध्यम से आप जान सकेंगे कि ऐसी आम जगहों पर कुछ ख़ास हो रहा है जिन्हें अभी तक जांचा-परखा नहीं गया है, और कि कुछ विद्वान फिर से उन जगहों पर लैंगिक राजनीति की जांच करने का फ़ैसला करते हैं जहां कोई विरोध नहीं है।

इतने सालों में, मुझे समझ आ गया कि जिस अभिनेता की, संभवतः मेरे अपने जुनून की वजह से, बात होती रही है, वो बस एक इत्तेफ़ाक़ था। मंजू जैसी कामगार-फ़ैनगर्ल्स ने उनकी फ़िल्मों और परिकल्पना के कुछ चुनिंदा हिस्सों का उपयोग एक मुश्किल इलाक़े—शादी, पैसे और अंतरंगता के क्षेत्रों में पुरुषों से पारस्परिकता की अपनी अधूरी उम्मीदों के बारे में बात करने, और अपनी ज़िंदगियों के पूर्व-निर्धारित मार्ग को चुनौती देने के—में प्रवेश बिंदु के रूप में करना शुरू कर दिया था।

अपने बनाए हुए नोट्स और प्रतिलिपियों को पढ़ते हुए हैरत होती है कि कैसे 'बस ऐसे ही कोई हीरो' जैसा कि मंजू के पिता ने शाहरुख़ को ख़ारिज करते हुए बोला था, महिलाओं के लिए एक अलग हक़ीक़त की अपनी इच्छा व्यक्त करने का एक सुरक्षित तरीक़ा बन गया था। एक ऐसी हक़ीक़त जहां कोई समर्थन, स्वीकृति और प्रेम व्यक्त करने में सक्षम पुरुषों से मिलने की हसरत और उम्मीद कर सकती है—हसरतें जिन्हें आज के दौर में एक नादान लड़की का स्वर्ग कहकर तिरस्कृत और ख़ारिज कर दिया जाता है, और जिन्हें खुले और ठोस रूप में व्यक्त करना नाजायज़ माना जाता है। मेरी यात्राओं के शुरुआती दिनों में, शाहरुख़ बस

एक सामान्य सुपरस्टार थे। इतने सालों में, उनकी शख़्सियत से लगाव ने बहुत से परिवारों में अटपटेपन की एक स्पष्ट भावना पैदा करना शुरू कर दिया था। कामकाजी वर्ग की फ़ैन-महिलाओं के बीच, नियोक्ताओं, बेटों, प्रेमियों, पतियों और बुज़ुर्गों के लिए सार्वजनिक रूप से महिलाओं को फ़ैनडम में पड़ने, हीरो से संबंधित चीज़ें ख़रीदने, गाने गाने और शाहरुख़ की फ़िल्मों की बातें करने से रोकना आम बात हो गई। समाज ज़ोर देकर कहने लगा कि महिलाएं ख़ुद को क़ाबू में करें, कि वो टेलीविज़न पर अपने हीरो की तलाश बंद कर दें।

11
दो टेलीविज़न की कहानी

कई देशों के विपरीत, भारत में टीवी उद्योग अभी भी विशाल है और लगातार बढ़ रहा है। टीवी (मीडिया और मनोरंजन) उद्योग के लिए राजस्व का सबसे बड़ा उत्पादक बना हुआ है।

—उदय शंकर, अध्यक्ष, फ़िक्की, 2020

ग्राहकों के बढ़ते आधार के कारण टेलीविज़न का राजस्व सात प्रतिशत सालाना की दर से बढ़कर 2023 तक 847 अरब रुपए तक पहुंचने की अपेक्षा है क्योंकि परिवारों को ओटीटी की तुलना में टेलीविज़न कनेक्शन और टीवी की क़ीमत में प्रतिस्पर्धा मिलती रहेगी।

—फ़िक्की-ईवाई फ़्रेम्स मीडिया एंड एंटरटेनमेंट सैक्टर रिपोर्ट, 2021

तीन दशक पहले एक ऐसा समय था जब भारत में उन परिवारों को धनी माना जाता था जो टेलीविज़न ख़रीद सकते थे। 1992 में, सिर्फ़ 1.2 मिलियन घर टेलीविज़न के मालिक थे। 2004 में यह तादाद बढ़कर तिरासी मिलियन हो गई थी। 2017 तक, 183 मिलियन घरों में टीवी था, यानी कुल भारतीय घरों के चौंसठ प्रतिशत में। इंटरनेट के सारे उल्लास और ऑनलाइन स्ट्रीमिंग प्लेटफ़ॉर्म को लेकर उत्साह के बावजूद इन तक पहुंच छोटे-छोटे शहरी इलाक़ों तक ही सीमित है। हाल के, 2019 के, अनुमानों से पता चलता है कि हर हफ़्ते देश के दस प्रतिशत से भी कम लोग कुछ घंटों की स्ट्रीमिंग सामग्री देखते हैं, वो भी आमतौर पर अपने फ़ोन पर। इनमें से लगभग सत्तर प्रतिशत दर्शक पुरुष हैं। पुरुष दर्शकों की इतनी भारी संख्या पुरुषों और महिलाओं के बीच विशाल डिजिटल खाई का संकेत

देती है—2018 में, भारत में पुरुषों के लगभग अस्सी फ़ीसदी की तुलना में केवल तैंतालीस प्रतिशत महिलाओं के पास मोबाइल फ़ोन था, जो दुनिया में इस तरह का सबसे बड़ा अंतर था। दूसरी ओर, टेलीविज़न सामग्री दोनों के लिए व्यापक रूप से सुलभ है। देश में दस में से सात महिलाओं ने बताया कि वो सप्ताह में कम से कम एक बार टीवी देखती हैं।

भारत में तीन सौ मिलियन स्मार्टफ़ोन उपयोगकर्ता हैं, और टेलीविज़न के आठ सौ मिलियन दर्शक हैं। शहरी क्षेत्रों में टीवी वाले परिवारों की हिस्सेदारी 88 फ़ीसदी से अधिक है, लेकिन सभी ग्रामीण घरों में से लगभग आधे के पास अपना टीवी है। ये शहरों और गांवों के बीच घूम रहे दो पलायन करते टीवी की कहानी है, और उन दो प्रवासी महिलाओं की जिन्होंने उन पर शाहरुख़ से मुलाक़ात की।

***

जुलाई 2007 में, मैं बोरियो क़स्बे में थी, जो झारखंड की राजधानी रांची से लगभग चार सौ किलोमीटर दूर है। बोरियो पश्चिम बंगाल में बांग्लादेश सीमा से सटे फ़रक्का बैराज के क़रीब साहिबगंज ज़िले का एक विकास खंड है। ये इलाक़ा झारखंड में संथाल परगना डिवीज़न का हिस्सा है, जहां से बड़ी तादाद में नौजवान औरतें घर की सफ़ाई करने वालियों, रसोइयों, घर के काम करने वालियों और आयाओं के रूप में नौकरी करने के लिए दिल्ली जाती हैं। बोरियो शहर में एक शोर-शराबे भरा बस स्टैंड, भीड़ भरे फ़ूड स्टॉल और खेती के उपकरण बेचने वाली कई दुकानें थीं। आने वाले मॉनसून की गर्मी और उमस से जूझती और साहिबगंज शहर से एक लंबी ड्राइव के बाद बुरी तरह भूखी जिस दिन मैं वहां पहुंची, तो मुझे ऐसा लगा जैसे मैं कैटरीना कैफ़ की आकाशगंगा में उतर आई हूं। उनका फ़ोटोजेनिक चेहरा पूरे शहर में चिपका हुआ था। हाट में कैफ़ के पोस्टर बिक रहे थे; वो सड़कों पर चलते लगभग हर थ्री-व्हीलर और वहां दिखाई देने वाली हर दुकान की ज़ीनत बनी हुई थीं। 'आपको नहीं लगता कि उनकी नाक एकदम संथाल नाक है? बड़ी और सपाट,' मेरी अनुवादक अन्ना ने अपनी फैली हुई हथेली से अपनी नाक को दबाते हुए कहा। 2020 तक, अन्ना मानने लगी थीं कि उम्र ने मिस कैफ़ की नाक को बदल दिया है और वो संथाल नाक के लिए कुछ ज़्यादा ही तीखी हो गई है।

रूढ़िवादिता और अनिवार्यता के लिए रुझान रखने वाले लोग संथाल नाक को लंबे समय से विशिष्ट मानते रहे हैं। जब वैज्ञानिकों और इतिहासकारों ने भारत में जनजातियों को उनके विशिष्ट मानवशास्त्रीय आकारों और चेहरे की बनावट के

आधार पर वर्गीकृत करने के लिए समस्याग्रस्त तकनीकी-तर्कवादी भावना महसूस की, तो उनका ध्यान संथाल नाक पर गया। मोटे तौर पर तीन आदिवासी समूहों की पहचान की गई। सबसे पहले, द्रविड़ या नेग्रिटो जनजातियां, जैसे अंडमान में रहने वाले जारवा या कादर। मानवविज्ञानियों ने इन जनजातीय समूहों को 'अफ़्रीका के विशाल सिर वाले लोगों' के रूप में वर्णित किया, जिन्हें भारत के सबसे पुराने निवासी माना जाता है। दूसरे समूह में प्रोटो-ऑस्ट्रेलॉयड या 'चौड़ी और सपाट नाक' वाली जनजातियों की ऑस्ट्रेलियाई नस्ल शामिल थी। इस समूह में संथाल, गोंड, कुर्का और मुंडा जनजातियां शामिल थीं जो अक्सर भारत के मध्य और पूर्वी क्षेत्रों में पाई जाती थीं। तीसरा जनजातीय समूह भारत के उत्तरपूर्वी भागों में रहने वाले मंगोलॉयड थे।

क़बायली आबादियों, जिन्हें आदिवासियों के नाम से भी जाना जाता है, को अक्सर आज़ाद भारत में सबसे कमज़ोर और पीड़ित समूह माना जाता है। संयुक्त राष्ट्र के बहुआयामी ग़रीबी संकेतांकों द्वारा जारी आंकड़ों से पता चलता है कि पचास प्रतिशत आदिवासी परिवार ग़रीब हैं, जबकि उनकी तुलना में तैंतीस प्रतिशत मुस्लिम परिवार ग़रीब हैं। वो अनुपातहीन रूप से ग़रीब हैं, और उनकी ग़रीबी दर बाक़ी देश से दोगुनी है। ये समुदाय सरकार और निजी कंपनियों दोनों के हाथों अपनी ज़मीन और जंगल खोते जा रहे हैं। दलितों या धार्मिक अल्पसंख्यकों के विपरीत, वंचित आदिवासी समुदायों को अभी तक सरकार के विधायी अंगों के सामने अपनी समस्याओं को पेश करने के लिए आवश्यक स्थिर राजनीतिक उपस्थिति हासिल नहीं हुई है।

लेकिन संथाल भारत की बड़ी, राजनीतिक रूप से अधिक प्रमुख जनजातियों में से एक हैं। ऑस्ट्रोएशियाटिक संथाली भाषा भारत सरकार द्वारा अधिसूचित एकमात्र आदिवासी भाषा है। ओल चिकी नामक इसकी अनूठी लिपि का आविष्कार 1925 में पंडित रघुनाथ मुर्मू ने किया था। कला, सक्रियता, साहित्य और फ़िल्मों ने संथाल जीवन पर ध्यान दिया है। भारत की पहली आधुनिकतावादी मूर्ति मानी जाने वाली 'द संथाल फैमिली' 1938 में रामकिंकर बैज द्वारा बनाई गई थी। सीमेंट और मखराला बजरी से रचित यह मूर्ति संथाल जनजाति की एक मां, पिता और बच्चे को, जिनके साथ एक लावारिस कुत्ता भी है, एक नए भविष्य की ओर पलायन करते हुए दर्शाती है। संथाल महिलाओं की सुंदरता को कई फ़िल्मों में उकेरा गया है, जिनमें शायद सबसे मशहूर सुनील गंगोपाध्याय के एक उपन्यास पर आधारित सत्यजीत रे की *अरण्येर दिन रात्रि* (1970) है। साहित्य और रिपोर्ताज में संथाल समुदाय को प्रवासी और हाशिए पर डाल दिया गया दिखाया

गया है। सदियों से संथाल बड़ी हद तक कृषि प्रधान रहे हैं। मानवविज्ञानी और एक्टिविस्ट नित्या राव ने दो दशक तक इस क्षेत्र में संथालों के बीच लैंगिक और भूमि अधिकारों का अध्ययन किया है। उनका मानना है कि अभी भी इस समुदाय का 'हिंदू और मुस्लिम अधिवासियों, व्यापारियों और साहूकारों द्वारा शोषण जारी है, जिनका राज्य की संस्थाओं और बाज़ारों पर नियंत्रण है।' संथालों के बीच शोषण और अलगाव की पीड़ा को अभिव्यक्ति 2000 में बिहार से झारखंड का नया राज्य तराशे जाने के उनके सफल अभियान के रूप में मिली। 'झार-खंड' शब्द का अर्थ वनों की भूमि है। एक अड़ियल भारतीय राज्य से छीनकर पाई गई इन तरक़्क़ियों और रिआयतों के बावजूद संथालों में साक्षरता और पोषण के स्तर ख़राब बने हुए हैं। राज्य की नई सीमाएं अभी भी नए व्यवहार में नहीं ढली हैं, क्योंकि इस समुदाय ने राज्य द्वारा संपत्ति पर दिए गए पिछले संरक्षण को बनाए रखने पर भरोसा क़ायम रखा है। 1949 में आदिवासी भूमि के हस्तांतरण और बिक्री की रक्षा के लिए संथाल परगना काश्तकारी अधिनियम यह सुनिश्चित करते हुए पारित किया गया था कि संथाल परगना क्षेत्र में प्रत्येक संथाल परिवार भूमि के छोटे-छोटे भूखंडों का मालिक हो। इस इलाक़े में भूमि एक परिवार के मुक़ाम और अस्तित्व के लिए सबसे महत्वपूर्ण चीज़ है।

महिलाएं पुरुषों के साथ खेती में समान रूप से भाग लेती हैं और आदिवासी गीत एक पुरुष और उसकी पत्नी के बीच अपनी ज़मीन को जोतने के लिए आवश्यक सहयोग पर बात करते हैं। लेकिन इसके बावजूद विरासत में भूमि सिर्फ़ मर्दों को मिलती है। अगर कोई औरत इकलौती संतान है या उसका कोई भाई नहीं है, तो उसे 'घर जमाई' प्रणाली के तहत शादी करनी होगी, जिसमें उसके पति को अपनी पारिवारिक भूमि पर दावा छोड़कर अपनी पत्नी के घर रहने के लिए जाना होगा, ताकि वो अपने पिता की संपत्ति की वारिस बन सके। अगर ऐसी शादी नहीं हो सकती है, तो महिला को वो ज़मीन अपने दूसरे पुरुष रिश्तेदारों के हाथों गंवानी पड़ती है। 2016 में भी, झारखंड के दस गांवों में भूमि के मालिकाना हुक़ूक़ पर *ईपीडब्ल्यू* में प्रकाशित एक सर्वेक्षण में पाया गया कि महिलाएं पूरी तरह या संयुक्त रूप से केवल चार प्रतिशत आवासीय प्लॉटों और तीन प्रतिशत कृषि प्लॉटों की मालिक थीं, जबकि इसके विपरीत पुरुषों के पास उनसठ फ़ीसदी का स्वामित्व था।

कृषि अभी भी वर्षा पर निर्भर रहती है और उत्पादकता कम है। किसान प्रमुख फ़सलों के रूप में चावल, मक्का और सरसों की खेती करते हैं, जो कि निर्वाह के लिए उपयोग किए जाते हैं। संथाल परगना ज़िला गज़ेटियर का डाटा पिछली सदी में किसानों द्वारा हर साल उगाई जाने वाली फ़सलों की तादाद में गिरावट दर्शाता

है। परिवार बस इतनी ही खेती कर पाते हैं कि साल के चार से छह महीने अपना भरण-पोषण कर सकें। निर्वाह खेती अब निर्वाह भी सुनिश्चित नहीं कर पाती है। बाक़ी के साल के लिए, आदिवासी पुरुष और महिलाएं दो वक़्त की रोटी जुटाने के लिए कम वेतन वाली अनौपचारिक नौकरियां करते हैं। अधिकांश संथाल महिलाएं हर साल कुछ समय के लिए पड़ोसी पश्चिम बंगाल और ओडिशा के चावल के खेतों में काम करने चली जाती हैं, और साथ ही वन्य उपज जमा करती और स्थानीय बाज़ारों में बेचती हैं। पुरुष ज़्यादा लंबे समय का प्रवास करते हैं, और आंध्र प्रदेश में निर्माण स्थलों या उत्तर प्रदेश और पंजाब में गन्ने की खेती करने चले जाते हैं। वेतनभोगी रोज़गार के प्रमुख स्रोत सेना, चर्च से जुड़े काम और सरकारी स्कूल हैं।

मुझे याद है कि साहिबगंज शहर में अपनी पहली शाम को मैं एक व्यस्त सड़क के सामने एक मोटेल के पतले से बरामदे में खुले में बैठी थी। हमारे रिसर्च पार्टनर्स ने राय दी थी कि मैं बोरियो जाने से पहले एक रात साहिबगंज में बिताऊं। मोटेल को अकेली महिलाओं के लिए सुरक्षित माना गया था। मैं बरामदे में नोट्स पढ़ रही थी कि होटल में काम करने वाले एक लड़के सोनू ने मुझे सुझाव दिया कि मैं कमरे के अंदर बैठ जाऊं। 'क्यों?' मैंने पूछा। 'लोग ग़लत समझेंगे, और आप पर बहुत अधिक ध्यान देंगे। प्लीज़ नाराज़ मत होना, मैडम, इससे मेरी शिफ़्ट आसान हो जाएगी,' उसने लाल होते हुए कहा। हमारी आपसी शरम ने आगे की बातचीत को रोक दिया और मैं सार्वजनिक जगह से हट गई। वैसे भी, लंबे सफ़र ने मेरी विरोध करने की क्षमता को कमज़ोर कर दिया था। बिना ज़्यादा बात किए मैंने ख़ुद को अपने कमरे में बंद कर लिया जहां पंद्रह कॉक्रोच मेरे साथी थे। न लड़ने पर अपराधबोध से ग्रस्त और सो न पाने की वजह से मैं सारी रात कॉक्रोच ही गिनती रही थी। ये कीड़े उतने ही शर्मिंदा लग रहे थे जितना कि मैं महसूस कर रही थी।

हमारी अनुवादक अन्ना अगली सुबह हमारी टैक्सी के साथ आ गईं, और हम बोरियो के लिए रवाना हो गए। मैं प्रवासी घरेलू कामगारों पर एक मानवजातीय अनुसंधान प्रोजेक्ट पर काम करते हुए, दुनिया के सबसे ग़रीब क्षेत्रों में से एक में थी। आदिवासी बहुल ज़िलों से लड़कियों का जाना निरंतर एक विवादास्पद मुद्दा बना हुआ है। कई सामाजिक आंदोलनों का कहना है कि इन लड़कियों के एक बड़े भाग की 'तस्करी' की जाती है, ज़्यादातर सेक्स कार्य के लिए, हालांकि कृषि संबंधित परेशानियों और कठिनाई का मतलब यह भी है कि उनमें से कई आर्थिक प्रवासी हैं, जो स्वेच्छा से काम की तलाश में क्षेत्र छोड़कर जाती हैं। प्रोफ़ेसर नित्या राव हमारी शोध टीम का नेतृत्व कर रही थीं। उन्होंने मुझे एक गांव की एक छोटी

सी जनगणना करने और शोध के एक पिछले दौर में उनके द्वारा शुरू किए गए कुछ गहन साक्षात्कारों पर आगे की कार्रवाई करने का काम सौंपा था।

हम बोरियो शहर के अंदरूनी और सुदूर बसे किरकिटोना गांव गए, जो अगले महीने के लिए हमारा शोध स्थल था। मैंने जनगणना चरण के दौरान गांव में आजीविका के पैटर्न के साथ ही कैटरीना के पोस्टरों की भी पड़ताल करने का फ़ैसला किया। लता टुडू को यक़ीन था कि किरकिटोना गांव में कैटरीना कैफ़ का पहला पोस्टर तब आया था जब राष्ट्रीय ग्रामीण रोज़गार गारंटी योजना ने अपनी पहली सार्वजनिक निर्माण परियोजना शुरू की थी। 'लड़कों ने एक नई सरकारी योजना के लिए एक सिंचाई कुआं बनाना शुरू किया और उन्होंने पैसे का कुछ भाग पोस्टर पर ख़र्च किया।' लता हैरान थी। 'मुझे नहीं पता वो उसे क्यों पसंद करते हैं। इतनी तो सुंदर भी नहीं है वो, लेकिन वो उनकी फ़ेवरीट है,' उसने एकदम साफ़ हिंदी में कहा। जनगणना के दौरान भाषा कोई बड़ी समस्या नहीं थी; बुज़ुर्ग लोग संथाली बोलते थे, और नौजवान रवानी से हिंदी बोलते थे और कुछ ईसाई आदिवासी आदिवासी बोलियां बोलते थे।

लता को याद था कि कैसे उसके कज़िन भाई अपनी मां से सरकारी कुआं बनाने की मज़दूरी से कमाए 1,000 रुपए का एक छोटा हिस्सा कैटरीना का पोस्टर ख़रीदने के लिए ख़र्च करने की अनुमति मांगते थे। काम और पैसा एक राहत की चीज़ थी। मज़दूरी से वो घर के लिए तेल और चीनी ख़रीद सकते थे, बेहतर खा सकते थे। 20 रुपए का एक छोटा सा हिस्सा बेशकीमती पोस्टर ख़रीदने के लिए इस्तेमाल किया गया। उसने हंसते हुए आगे कहा, 'अगर उनके पास यह नहीं होता, तो वो यहां पास की पटरियों पर चलती ट्रेनों से कोयला चुराने की कोशिश करते। उस तरह का काम ग़लत और बहुत ख़तरनाक है।'

कैटरीना कैफ़ को मुख्यधारा हिंदी सिनेमा में *मैंने प्यार क्यों किया* के साथ 2005 में बड़ा ब्रेक मिला था। लेकिन वो उससे पहले से ही एक जाना-पहचाना चेहरा थीं, जो पूरे देश में म्यूज़िक वीडियो और होर्डिंग्स पर अपनी मौजूदगी के कारण मशहूर थीं। दैनिक अख़बार फ़िल्मी गपशप और सेलिब्रिटी समाचारों के लिए लगभग चार पेज देते थे, और कैफ़ की सुंदरता और सलमान ख़ान के साथ 'लिंक-अप'— इस तरह की गपशप वाले परिशिष्टों में रोमांस के लिए इस्तेमाल किया जाने वाला शब्द—पर अक्सर स्टोरीज़ छापते थे। किरकिटोना गांव में सैटेलाइट टेलीविज़न नहीं होने के बावजूद तीस साल से कम उम्र का हर शख़्स जानता था कि कैटरीना कैफ़ कौन हैं और कैसी दिखती हैं। उन्होंने शायद उनके

वीडियो या फ़िल्में न देखी हों, लेकिन स्थानीय अख़बारों, बसों और हर विज्ञापन में उनकी तस्वीरों ने उन्हें सर्वव्यापी बना दिया था।

2007 में, किरकिटोना में अधिकांश आदिवासी परिवार ज़िंदा रहने के लिए पंजाब, उत्तर प्रदेश और पश्चिम बंगाल में खेती के काम पर निर्भर थे। लोगों का मानना था कि सुरक्षित और लाभदायक प्रवास भू-मालिकों का विशेषाधिकार है। अच्छी पैदावार वाली ज़मीन वाले परिवार अपने छोटे प्लॉट बेचकर, दूसरे राज्यों में पैसा कमाने के अवसर खोज सकते थे। वो नई जगहों पर बसने और नौकरी खोजने के लिए मज़बूत सामुदायिक नेटवर्क पर भरोसा करते थे। दूसरी ओर, जिन परिवारों के पास ज़मीन नहीं होती थी, वो पैसा कमाने के लिए किसी भी तरह के विकल्प के बिना ही जाने को मजबूर थे।

किरकिटोना हरा-भरा और ख़ूबसूरत इलाक़ा था। भारतीय शहरी जीवन के कोई संकेत नहीं थे। तालाबों और ताज़े पानी का संरक्षण स्थानीय परिवारों की ज़िम्मेदारी थी। गांव चार प्रमुख बस्तियों में बंटा हुआ था। एक रेलवे ट्रैक हिंदू बस्ती को आदिवासी और मुस्लिम बस्तियों से अलग करता था। आप घंटों इन बस्तियों में चल सकते हैं और कोई दूसरा शख़्स नहीं टकराएगा, पक्की सड़क का तो सोचें ही मत। जब हमारा पहला हफ़्ता ख़त्म हुआ, तो अन्ना ने मुझे बताया कि रिसर्च करने वाली मैं अकेली नहीं थी; मैं भी स्थानीय लोगों के अध्ययन का विषय थी। लोग मुस्कुराते थे और अन्ना से मेरे बारे में उतने ही सवाल पूछते थे जितने मैं उनके बारे में करती थी। मैं बंगाल की कैसे हो सकती हूं? मेरा चेहरा इतने अजीब आकार का क्यों है? मेरी शादी क्यों नहीं हुई?

जंगलों से घिरे आदिवासी झारखंड में भी दिल्ली ने अपने पंजे फैला दिए थे। न केवल मैं एक दोस्त के दोस्त के स्वामित्व वाली एक फैक्टरी में काम करने वाले एक युवक से मिली, मैंने एक प्रवासी घरेलू सेविका से भी बात की, जो मेरे दोस्त के भावी पार्टनर के यहां काम करती थी। एक शाम, बातचीतों और इत्तफ़ाकों से भरे दिन के बाद मैं यह जानकर चकित सी टहल रही थी कि दुनिया कितनी छोटी है। मेरे एकाकीपन को उन बुज़ुर्गों में से एक ने तोड़ा जिनसे मैंने उस दिन मुस्लिम बस्ती में बात की थी। वो मुझे यह बताने के लिए पीछे-पीछे आ रहे थे कि 'लड़कियों को दुपट्टा ओढ़े रहना चाहिए।' और अगर इस बात से मुझे बुरा लगा हो तो उसके लिए उन्होंने माफ़ी मांगी, इससे पहले कि मैं कुछ सोच पाती कि क्या कहूं, वो तेज़ी से चले गए। मैंने अपनी बाकी यात्रा के दौरान बेमन से दुपट्टा ओढ़े रखा।

सर्वेक्षण शुरू होने के एक हफ़्ते बाद ही अन्ना को तेज़ बुख़ार हो गया और उन्हें इलाज के लिए जाना पड़ा। लता, जो धारा प्रवाह हिंदी और संथाली बोलती थी, थोड़े

पैसों के बदले मेरी मदद करने के लिए आगे आ गई। मैं एक दूसरी बस्ती के घर में पेइंगगेस्ट थी, जिसमें एक स्थानीय दुकान में फ़ोन बूथ था। गांव में मोबाइल फ़ोन काम नहीं करते थे। लता और मैंने अपनी ज़्यादातर शामें साथ बिताईं। मैं अपनी हमेशा वाली चुप्पी तोड़ने की तकनीक आज़माती, लोगों से फ़िल्मों और मशहूर हस्तियों के बारे में पूछती, मगर उन बुज़ुर्ग आदमी-औरतों से मुझे ख़ाली टकटकी मिलती, जिनमें से अनेक ने अपने जीवन में कभी फ़िल्म नहीं देखी थी। 2007 में, अपने बीस और तीस के दशक में चल रही युवा पीढ़ी फ़िल्मी सितारों को जानती तो थी, लेकिन उन्होंने बहुत फ़िल्में नहीं देखी थीं। एक युवक ने मुझसे कहा, 'जब कोई यहां से निकलता है तभी फ़िल्में देख पाता है।' सबसे क़रीबी सिनेमा हॉल लगभग सत्तर किलोमीटर दूर साहिबगंज शहर में था और वहां बड़े पैमाने पर मौजूद बिहारी और बंगाली दर्शकों के लिए भोजपुरी और टॉलीवुड हिट दिखाई जाती थीं। चौबीस साल की लता को शाहरुख़ और उनकी फ़िल्मों के बारे में पता था। उसने मुझे बताया कि उसने उनके बारे में अपनी उन दोस्तों से सुना है जो दिल्ली में प्रवासी कामगार थीं। 'ज़्यादातर को तो इतना ख़ाली समय नहीं मिलता, वो हमेशा काम करती रहती हैं। उनमें से केवल एक-दो ही फ़िल्मों के बारे में जानती हैं,' उसने कहा।

किरकिटोना में जनगणना पूरी हो जाने के बाद, मेरी रिसर्च के लिए कुछ घरेलू सेविकाओं से फ़ॉलो-अप इंटरव्यू करने की ज़रूरत थी जो दिल्ली चली गई थीं। यह कठिन साबित हुआ। हालांकि लड़कियों के परिवारों ने उनका अता-पता दिया था और हमें उनसे संपर्क करने के लिए प्रोत्साहित किया था, मगर इन सेविकाओं को इतना व्यस्त रखा जाता था कि इंटरव्यू के लिए समय तय करना असंभव साबित हुआ। हमारी रिसर्च से पता लगा कि अधिकांश प्रवासी घरेलू सेविकाएं अपने मालिकों के घरों में रहती थीं और हमेशा काम पर मौजूद होती थीं। प्रो. राव और मैं इस बात से भी सहमत थे कि कई लड़कियां हमसे और हमारे सवालों से परेशान किया जाना नहीं चाहती थीं।

हमारी रिसर्च 2007 के अंत में पूरी हुई। प्रवास के अनुभव की मध्यस्थता में भूमि और पारिवारिक संबंधों की भूमिका महत्वपूर्ण बनकर उभरी। 2008 में, कई महीनों बाद, आईएसएसटी में मेरे नियोक्ताओं ने दिल्ली में घरों के अंदर और बाहर रहने वाले घरेलू सेवकों पर एक रिसर्च प्रोजेक्ट शुरू किया। इस नए असाइनमेंट ने मुझे झारखंड के प्रवासी सेवकों से फिर से बात करने का मौका दिया। हालांकि, बात करने के लिए घरों में रहने वाले सेवकों को ढूंढना एक संघर्ष बना रहा, जब तक कि मैं गुड़गांव के एक प्रवासी से नहीं मिली, जिसने सुझाव दिया कि मैं उसके

घर की कुक से बात करूं। और इस तरह, मैं लगभग चालीस वर्षीय विक्टोरिया मुर्मू से मिलने और उनसे साक्षात्कार करने में सक्षम हो पाई। उन्होंने मुझे कुछ अन्य घरेलू सेवकों से संपर्क करवाने का वादा किया। तीन महीने बाद विक्टोरिया ने मुझे फ़ोन किया और मुझे अपने पांच दोस्तों के नंबर दिए। लिली सोरेन उनमें से एक थीं। वो कॉरपोरेट बाहुबलियों और ख़ानदानी रईसों वाले अमृता शेरगिल मार्ग के नज़दीक स्थित पॉश कॉलोनी जोरबाग़ में एक अमीर घर में घरेलू सेविका के रूप में कार्यरत थीं।

मैंने लंच के समय फ़ोन किया। लिली ने फ़ोन उठाया। 'विक्टोरिया दीदी ने मुझे बताया था कि उन्होंने कुछ छात्रों से बात की है और आप मुझे फ़ोन करेंगी। मैं अभी बात नहीं कर सकती। रविवार को चर्च में मिलना आसान होगा,' उन्होंने कहा। मैंने रविवार की सुबह चर्च के बाहर इंतजार किया, उन्हें बता दिया था कि मैंने हरे रंग का कुर्ता पहना होगा। लिली पतली और लंबी थीं; उनके नाख़ून तराशे हुए थे, और उन्होंने अपने बालों को कसकर जूड़ी बना रखी थी। उन्होंने सुझाव दिया कि मैं उनके दोस्तों के साथ चाय और बिस्कुट लेने अंदर चलूं।

झारखंड के सिमडेगा ज़िले की लिली पच्चीस साल से ज़्यादा की नहीं लग रही थीं। उन्होंने मुझे पादरी से मिलवाया, जिन्होंने मुझे बताया कि प्रार्थना-सभा की ज़्यादातर महिलाएं झारखंड और ओडिशा की प्रवासी कामगार थीं। लिली की दोस्त भी आयाओं और अन्य प्रकार के वैतनिक घरेलू कामों में कार्यरत थीं। कि उनके मालिक उन्हें रविवार की सुबह सवेतन छुट्टी देते हैं, जो उन्हें शहर की सबसे भाग्यशाली घरेलू नौकर बनाता है। मैंने दिल्ली में घरों में रहने वाली घरेलू नौकरों की कामकाजी परिस्थितियों के बारे में काफी पढ़ा था, इसलिए मैं समझ सकती थी कि सवैतनिक अवकाश एक असाधारण बात थी। लिली के अनुसार ये उदार मालिक 'आमतौर पर विदेशी, और पैसे वाले होते हैं और उनके यहां एक से ज़्यादा घरेलू नौकर होते हैं। इसलिए, जब हममें से किसी एक को छुट्टी चाहिए होती है, तो हम एक दूसरे के काम में मदद कर देते हैं। हमारी मैडम लोग भी हमारा ध्यान रखती हैं, वो हमारे साथ वैसा व्यवहार नहीं करतीं जैसा भारतीय लोग अपने नौकरों के साथ करते हैं। एनआरआई परिवारों तक में काम करना उतना अच्छा नहीं होता जितना अच्छा विदेशियों के यहां होता है।'

विक्टोरिया ने जिन औरतों से मुझे मिलवाया था, उनमें से केवल लिली ने ख़ुद को शाहरुख़ की फ़ैन बताया। वही सबसे ज़्यादा बातूनी भी थीं। हमारी शुरुआती बातचीत से ही यह साफ़ हो गया था कि लिली को अपने अतीत के बारे में बात

करना पसंद है। ख़ुद में मेरी दिलचस्पी से ख़ुश होकर उन्होंने मज़ाक़ में कहा कि लगभग किसी को दिल्ली में उनके जीवन की परवाह नहीं थी, उनकी देखी फ़िल्मों की तो बात ही छोड़िए। हम छोटी-छोटी बातचीतों के लिए चर्च के बाद मिलने लगे। हाई स्कूल ख़त्म करने के तुरंत बाद 2002 में लिली दिल्ली चली आईं। उनके पिता की मृत्यु ने उनके कॉलेज जाने और एक स्कूली शिक्षक बनने की उम्मीदों पर पानी फेर दिया था। उस समय उनकी आंटी ने, जो एक अमीर दिल्ली परिवार में घरेलू नौकर थीं, लिली को अपने पास शहर आने का सुझाव दिया। लिली एक धार्मिक रोमन कैथोलिक आदिवासी परिवार की थीं; वो तीन संतानों में बीच की और इकलौती लड़की थीं। उनकी मां ने कक्षा 5 तक पढ़ाई की थी, जबकि उनके पिता एक रिटायर्ड सरकारी स्कूल शिक्षक थे। उनका सबसे बड़ा भाई, जो परिवार में सबसे अधिक पढ़ा-लिखा था, अंडमान में चर्च में काम करता था। लेकिन लिली का छोटा भाई, जिसने बमुश्किल ही स्कूली शिक्षा पूरी की थी, गन्ने के खेतों में काम करने के लिए पंजाब चला गया और उसे उम्मीद थी कि भारतीय सीमा सड़क संगठन के लिए लेह और लद्दाख में सड़क बनाने के लिए जा सकेगा। हालांकि, अनियमित श्रम में पैसा भी बहुत अनियमित था। सिमडेगा ज़िले में उनके गांव से कई आदमी चले गए थे, और उनके शिक्षित कैथोलिक कज़िन खेती नहीं करना चाहते थे। उन्हें अपने छोटे-छोटे खेतों की जुताई और फ़सल काटने में मदद करने के लिए कुछ स्थानीय खेतिहरों को रखना होता था।

क्रिसमस की छुट्टियों के दौरान कैथोलिक प्रवासी घर वापस जाएंगी। अपनी आंटी के कहने पर लिली ने कुछ प्रवासी महिलाओं से बात की, और उन्हें भी लगा कि वो दिल्ली में किसी 'विदेशी परिवार' के यहां काम करने की कोशिश कर सकती हैं। लिली दिल्ली जाने की संभावना से रोमांचित थीं। उनकी मां उन्हें भेजने से घबरा रही थीं, उन्हें फ़िक्र थी कि पता नहीं उन्हें शहर में सही काम मिल पाएगा या नहीं। 'लेकिन सबने मुझसे कहा कि चर्च के स्कूल की वजह से मेरी अंग्रेज़ी अच्छी होने से मुझे मदद मिलेगी,' उन्होंने कहा। भाषा और भूमि ने दिल्ली में उनकी संभावनाओं को बेहतर बनाया। लिली के परिवार के पास कुछ कृषि-योग्य ज़मीन थी और इसका मतलब था कि उन्हें पहली नौकरी मिलते ही नहीं लेनी पड़ेगी; उनके पास सही अवसर, सही मालिक का इंतज़ार करने की विलासिता थी। उनके भाई अपना कमा रहे थे, और उनकी आंटी अच्छी थीं। नौकरी की तलाश के दौरान ख़र्चे के लिए उन्होंने लिली को कुछ पैसे उधार दे दिए। उनके लिए हालात उतने हताशा जनक नहीं थे जितने दलालों और प्लेसमेंट एजेंसियों पर निर्भर रहने वाली दूसरी लड़कियों के लिए होते हैं, वह हमेशा इस पर ज़ोर देती थीं।

वो एक कज़िन भाई के साथ झारखंड एक्सप्रेस से दिल्ली पहुंचीं। उनके परिवार ने बिहारी और बंगाली प्लेसमेंट एजेंट्स के साथ दिल्ली पहुंचकर लड़कियों के लापता हो जाने की ख़बरें सुनी थीं। पहले-पहल तो लिली शहर से घबरा गई थीं। यह बहुत बड़ा, बहुत अजनबी सा लगा था। वो अपनी आंटी के पास रहीं और उनके काम में मदद करने लगीं। दिल्ली आने के लगभग तीन महीने बाद लिली की अपने संभावित मालिकों से मुलाक़ात हुई। वो एक किलोमीटर दूर रहने वाला एक अमेरिकी परिवार था, और वो उनकी आंटी के मालिकों के दोस्त थे। उनकी आंटी ने यह आभास देते हुए कि लिली ने पहले एक राजनयिक के लिए काम किया है, उनके काम के अनुभव के बारे में झूठ बोला था। लिली अपनी आंटी के झूठ से डर रही थीं। लिली ने मुझ से कहा, 'उन्होंने कहा कि मैं एक घर को मैनेज कर सकती हूं और हालांकि मुझे लगता था कि मैं कर सकती हूं, लेकिन मुझे असल में कोई अनुभव नहीं था। लेकिन आंटी की मैडम ने भी मेरी सिफ़ारिश की।'

पहला हफ़्ता कठिन, अकेलेपन से भरा और लंबा रहा था। उनके दिन की परेड घड़ी की सूइयों के मुताबिक़ होती थी। उनके दिन की शुरुआत सुबह छह बजे अपनी मैडम के जिम जाने से पहले सुबह के कामों से होती, और केवल डिनर के बाद ही वो ख़त्म होता। बीच में, सुबह नौ बजे तक वो घर की सफ़ाई और उसे ठीक-ठाक करने में लगी रहतीं, लंच तक खाना पकाने में मदद करतीं, और कुछ घंटों के ब्रेक के बाद डिनर के लिए ग्रॉसरी की ख़रीदारी करतीं। आत्मीयता और अपनेपन के लिए वो अपनी प्रार्थनाओं और अपनी आंटी से जुड़ी रहतीं। अपनी मैडम की आवाज़ पर लपकना अपने भाई और मां की आवाज़ पर दौड़ने से अलग नहीं था, वो अपने मालिकों के घर पर मशीनों से घर के काम करने से कतराती थीं। उनकी आंटी ने मशीनों का इस्तेमाल समझाया तो था, लेकिन पानी गर्म करने के लिए इलेक्ट्रिक केतली का उपयोग करने से लिली हिचकती थीं। उन्हें बिजली पर इतना भरोसा नहीं था जितना गैस और आग पर था। उनकी अमेरिकी मैडम ने उनके अविश्वास को दूर करने में मदद की और उन्हें उपकरणों का उपयोग करने के लिए प्रोत्साहित किया। आख़िरकार, उन्होंने माना, 'इससे समय बचता है, काम फ़टाफ़ट हो जाते हैं। मुझे यह सोचना याद है कि काश हमारे घर पर भी बिजली और इस तरह की केतली होती।'

उनकी मैडम एक ट्रैवलिंग स्पाउस थीं, और मुझे लग रहा था कि वो भी दिल्ली में लिली की तरह ही भौचक्की थीं। लिली के मालिक दिल्ली में एडजस्ट हो रहे थे और उन्हें किसी की मदद करने का विचार अच्छा लगा था। बदले में, लिली कर्मठ और मेहनती, सीखने और हाथ बंटाने के लिए उत्सुक थीं। हालांकि उनकी

मैडम उनसे दोस्ती करने की इच्छुक थीं, मगर लिली समझ नहीं पा रही थीं कि उन्हें कितनी सच्चाई बतानी या दोस्ती पेश करनी चाहिए। उनके दिन व्यस्त रहते थे, लेकिन उन्हें शहर में घरों में रहने वाले घरेलू नौकरों के औसत वेतन से काफ़ी अधिक पैसा दिया जाता था।

अन्य लाभ भी थे। लिली ने मुझे बताया, 'मेरे लिए यह मेरा पहला अपना कमरा था। घर पर मैं अपनी मां के साथ कमरा शेयर करती थी, और हमारे पास इस तरह के कमरे भी नहीं थे। इतने समय किसी से बात किए बिना रहना अजीब लगता था।' उन शुरुआती दिनों में तो लिली रविवार की छुट्टी पर भी घर से नहीं जाती थीं। उन्हें समझ नहीं आता था कि चर्च तक कैसे जाएंगी और उन्हें अपने मालिक के घर के बाहर मंडराने वाले गार्डों और ड्राइवरों के लोकल गैंग के ध्यान देने से चिढ़ होती थी। 'हमारे गांव में आदमी काम के लिए चले गए हैं। शहरों में वो सब सिक्योरिटी गार्ड के क्वार्टर के बाहर होते हैं। ड्राइवर और चपरासी, वो हर समय हमें देखते रहते हैं। वो ठीक नहीं हैं। जिस तरह से वो हमें देखते हैं, वो मुझे पसंद नहीं है। बाज़ार में कुछ आदमी भद्दे कमेंट भी करते हैं।'

2002 के शुरुआती दिनों में लिली के पास अपना फ़ोन नहीं था। उन्होंने पूरी ईमानदारी से छह महीने के अंदर फ़ोन ख़रीदने लायक़ पैसा बचाने की योजना बनाई। एक दिन उनकी आंटी उनसे मिलने आईं और उन्होंने लिली को दिल्ली की बसें और लोधी गार्डन बस स्टॉप दिखाया। उन्होंने बसों के रूट समझाए, जिससे लिली को शहर के परिवहन नक़्शे में ख़ुद को जगह देने में मदद मिली।

जल्द ही, अपने पहले वर्ष में, रविवार-रविवार, लिली ने दिल्ली को और गहराई से जानना शुरू किया। 'हमारी कॉलोनी बहुत ख़ूबसूरत है, इतने सारे पेड़ और बड़े-बड़े घर। मुझे बाहर जाने में मज़ा आने लगा और मैं यह भूल गई कि कितने लोग मुझे देख रहे हैं,' लिली ने कहा। सबसे पहले, वो 623 नंबर की बस से चर्च जाती थीं और रास्ते में कहीं नहीं रुकती थीं। एक महीने के भीतर वो चर्च की कुछ औरतों के साथ बाज़ार जाने लगीं। यदि वो थोड़ा ख़र्चीले मूड में होतीं, तो वो आमतौर पर बिहारी मज़दूरों से भरी एक छोटी सी दुकान से चाय लेतीं। लिली और विक्टोरिया जैसे प्रवासी कामगारों के लिए इतवार का चर्च बहुत ज़रूरी था। 'जब विक्टोरिया दीदी ने दिल्ली में काम करना शुरू किया था, तब मोबाइल फ़ोन और अबकी तरह ख़बरें नहीं होती थीं। वो चर्च की सभा के ज़रिए घर पर समाचार भेजते थे। पादरी या सिस्टर्स टेलीफ़ोन से उनके गांव के पास वाले चर्च को समाचार भेजती थीं। सभा में अपनी मौजूदगी दर्ज कराना हमारे लिए बहुत ज़रूरी था। अगर कोई लड़की कुछ समय तक नहीं आती थी तो उसके परिवार को चिंता होने लगती थी।

अब भी (2009), हमारे पास फ़ोन हो सकता है, लेकिन शायद हमारे माता-पिता के पास न हो। और गांव में अक्सर कनेक्शन ख़राब रहता है। आना ज़रूरी है। सिर्फ़ प्रार्थना के लिए नहीं बल्कि इसलिए भी कि हर कोई देख सके कि आप यहां हैं।'

2010 तक, मैंने आईएसएसटी की अपनी नौकरी छोड़ दी थी और पढ़ाई के लिए अमेरिका जाने की योजना बना रही थी। एक बार, लिली ने मुझे एक ऑफ़िस में बुलाया क्योंकि उन्हें लगा कि मुझे मीटिंग दिलचस्प लगेगी। उनकी मैडम और कुछ अमीर भारतीय और विदेशी मैडम एक एनजीओ के साथ जुड़कर घरेलू कामगारों के लिए शैक्षिक कार्यक्रम आयोजित करती थीं। एनजीओ साल में एक या दो बार जानकारी सत्रों के लिए वॉलंटियर्स के साथ भागीदारी करता था। लिली की चर्च-सभा के अलावा भी कई महिलाएं शामिल होती थीं, क्योंकि उनके नियोक्ता इसे प्रोत्साहित करती थीं। पिछले सत्र में फ़ोकस इस पर था कि सुरक्षित रूप से पैसों के लेनदेन में महिलाओं की मदद करने के लिए बैंक खाता कैसे खोला जाए। सत्र के बाद, लिली ने अपनी मालकिन और अपनी आंटी से अपना खाता खुलवाने में मदद करने के लिए कहा। 'मैं अपने परिवार में पहली औरत हूं जिसका खाता है, वो भी दिल्ली में।' खाते के लिए काग़ज़ी कार्रवाई होने में छह महीने लगे, लेकिन लिली अड़ी रहीं। वो बैंक पासबुक उनके लिए गर्व की चीज़ थी।

जब मैं सत्र में पहुंची, तो पचास महिलाओं का एक समूह पहले से ही एक उदास से कमरे में इकट्ठा हो चुका था और मस्ती से बातें कर रहा था। उस दिन का सबक़ गर्भ निरोधक तकनीकों और यौन स्वच्छता पर केंद्रित होने वाला था। एक वैश्विक स्वास्थ्य फ़ाउंडेशन की एक युवा एनआरआई इंटर्न एक सामाजिक कार्यकर्ता के साथ प्रशिक्षण देने वाली था। इंटर्न साफ़ हिंदी बोल रही थी और स्पष्ट रूप से लेक्चर तैयार करने में उसने कड़ी मेहनत की थी। सुरक्षित यौन संबंधों के लिए कंडोम के उपयोग को दिखाने के लिए इंटर्न ने लिंग के विकल्प के रूप में केले का इस्तेमाल किया था। योजना महिलाओं को यह दिखाने की थी कि किसी पुरुष पर कंडोम कैसे लगाया जाता है, क्योंकि पुरुषों पर कंडोम को ठीक से पहनने का तरीक़ा जानने का भरोसा नहीं किया जा सकता था। मैं उम्मीद कर रही थी कि युवतियां हंसेंगी या शर्म और झिझक दर्शाएंगी, लेकिन वो बेपरवाह बनी रहीं। लिली बेख़बर सी बनी अपनी मैडम द्वारा सिखाए जा रहे नए व्यंजनों के बारे में बातें किए जा रही थीं। इंटर्न-इंस्ट्रक्टर ने एक हाथ में कंडोम दूसरे में केला लिए महिलाओं से पूछा कि क्या उन्हें पता है कि 'इसका क्या करना है?'

लिली की दोस्त, अठाईस साल की आया प्रभा ने हाथ उठाया। प्रभा खड़ी हुई, केले की ओर देखा और अंग्रेज़ी में बोली, 'मुंह में रखना है।' कमरा हंसी से गूंज

उठा। बाद में प्रभा ने दावा किया कि उसने इंटर्न के हाथ में कंडोम देखा ही नहीं था, कि उसने सोचा कि इंटर्न यह पूछ रही थी कि क्या सभा की औरतों को पता है कि केले का क्या करना है। अब इंटर्न तो बुरी तरह शर्मिंदा हो गई, लाल चेहरा लिए उसने मंच उम्र में बड़ी सामाजिक कार्यकर्ता के लिए छोड़ दिया, जिन्होंने सबक़ जारी रखा।

उस कमरे की कई महिलाएं सोलह साल की उम्र से ही यौन रूप से सक्रिय थीं। भारत में आदिवासी महिलाओं में विवाह की औसत आयु सत्रह वर्ष थी। जनजातीय समाजों में यौन आचार-विचार भारत के अधिकांश जातिगत-समाजों से भिन्न थे। पुरुष और महिलाएं अधिक स्वतंत्र रूप से मिलते-जुलते थे। हालांकि चर्च और कॉन्वेंट शिक्षा ने युवा आदिवासियों के बीच विवाह और यौन संबंधों को नियंत्रित करने का प्रयास किया था, मगर पुराने रीति-रिवाज क़ायम रहे। मुझे अंततः पता चला कि लिली के पादरी इस बात से नाराज़ थे कि औरतें गर्भनिरोधक पर कक्षाएं ले रही थीं और उन्होंने उन्हें इसके बजाय 'अच्छी ईसाई' बनने की सलाह दी।

जब मैंने लिली से केले के प्रकरण के बारे में पूछा, तो वो हंस पड़ीं। 'हम उस लेडी का मज़ाक़ उड़ा रहे थे। जैसे कि हम कंडोम और आदमियों के बारे में नहीं जानते। उसे ऐसा क्यों लगता है कि हम बच्चे हैं? चर्च के साथ भी यही परेशानी है। सिस्टर्स और पादरी ऐसे बर्ताव करते हैं जैसे हम अपने गांवों से निकल कर दिल्ली आए ही नहीं हैं, जैसे हम एक-दूसरे से बात नहीं करते हैं या टीवी नहीं देखते हैं।'

क्राइस्ट बनाम शाहरुख़

एक साल तक चर्च की बैठकों में भाग लेने के साथ-साथ मैंने दिल्ली और अहमदाबाद की सैकड़ों झुग्गियों में घरेलू कामगारों का एक सर्वेक्षण पूरा कर लिया। सर्वेक्षण डाटा ने घरेलू कामगारों के लिए श्रम मानकों पर आईएलओ और यूनिसेफ़ के विचार-विमर्श के लिए इनपुट के रूप में काम किया। इन जानकारियों का उद्देश्य आईएलओ द्वारा तैयार किए जा रहे घरेलू कामगार सम्मेलन के बारे में जानकारी देना और उसकी वकालत करना था, जिसे अंततः 2011 में पारित किया गया। दस साल बाद भी भारत ने अभी तक सम्मेलन की पुष्टि नहीं की है।

2008 से 2009 के बीच इस काम के ज़रिए, मैंने देश भर के उन एक्टिविस्ट्स से बातचीत की जो घरेलू कामगारों के अधिकारों के लिए लड़ रहे थे। लिली और उनकी दोस्तों के विपरीत, इनमें से अधिकांश कामगारों के पास समय नहीं था

और उनके श्रम में गरिमा बहुत कम थी। वो अनिश्चित वेतन के साथ अनिश्चित घंटे काम करती थीं। कई ने मालिकों द्वारा मौखिक और शारीरिक हिंसा, और मोटे तौर पर उनके साथ तनावपूर्ण, निष्क्रिय-आक्रामक संबंधों से पीड़ित होने की सूचना दी। बुनियादी शिष्टाचार और सम्मानपूर्ण व्यवहार की बात आने पर घरेलू कामगार अपने मालिकों की सनकों और पसंदों पर निर्भर होने से उकता गई थीं। बहुत कम को काम के दौरान सुरक्षित शौचालय सुविधाएं उपलब्ध थीं, क्योंकि मकान-मालिक उन्हें घर के शौचालयों का उपयोग करने की अनुमति नहीं देते थे। लिली जानती थीं कि वो 'ख़ुशक़िस्मत' हैं: कोई बिचौलिया उनके वेतन में सेंध नहीं लगा रहा था और उनकी एक स्थिर आय थी। भारत की देखभाल अर्थ व्यवस्था में काम करने वाली अधिकांश महिलाओं के विपरीत, लिली को कुछ निश्चितताओं का विशेषाधिकार प्राप्त था। वो जानती थीं कि उनके नियोक्ता हर महीने समय पर पैसा देंगे और उनके पास बाथरूम था।

उन्हें टेलीविज़न तक पहुंच भी हासिल थी। एक गैस्ट रूम में एक अतिरिक्त टेलीविज़न था जिस पर वो रोज़ एक घंटे कार्यक्रम देख सकती थीं। लिली ने कहा, 'शायद मेरी मैडम मुझे और अधिक समय तक देखने देतीं, लेकिन यह अच्छा नहीं लगता।' लिली को फ़िल्मी गाने देखना पसंद था, ख़ासकर शाहरुख़ के गाने। अपना काम करने के दौरान वो उन्हें गुनगुनाती थीं और यहां तक कि अपनी मैडम को भी उन्होंने हिंदी फ़िल्मों और शाहरुख़ के बारे में बताया था। कभी-कभी अगर वो धीमी होती या ध्यान न दे रही होती थीं, तो उनकी मैडम मज़ाक़ में कहती थीं कि वो शाहरुख़ के सपने देख रही हैं। मैंने उनसे पूछा कि वो शाहरुख़ को ही विशेष रूप से क्यों पसंद करती हैं। 'यह बस हो गया,' उन्होंने कहा। 'मैंने उसे देखा और मुझे वो सबसे अच्छा लगा। जब हम टीवी रूम में सब्ज़ियां काटते हैं तो मैं कई हीरो लोगों को और कई गाने देखती हूं, लेकिन वह सबसे अच्छा है। वह अच्छा आदमी लगता है, समझ रही हैं ना। वो मुझे हंसाता है। दूसरे एक्शन हीरो की तरह हिंसक नहीं है। काम की वजह से हमें पूरी फ़िल्में तो देखने को नहीं मिलती हैं लेकिन टीवी पर हर समय उसके लव सॉन्ग आते हैं, तो मुझे वो बहुत देखने को मिलता है।'

मैं अगस्त 2010 में अमेरिका चली गई। अगले साल गर्मियों की छुट्टी के लिए दिल्ली लौटने के पर मैंने लिली से पूछा कि क्या हम मिल सकते हैं। उसने हमेशा की तरह सुझाव दिया कि हम चर्च के बाहर मिलेंगे। उस सुबह जब मैं लिली का इंतजार कर रही थी तो विक्टोरिया ने मुझे देखा। मेरी शादी की योजनाओं के बारे में सामान्य से प्रश्न पूछने के बाद विक्टोरिया ने अचानक कहा, 'आप को विश्वास नहीं

होगा कि लिली ने क्या किया है। वो दिल्ली की लड़की बन गई है।' जब लिली आईं, तो हम कॉलोनी में घूमे और मैंने उन्हें विक्टोरिया की टिप्पणी के बारे में बताया। इसका संबंध शाहरुख़ से था। चर्च-सभा में उनकी सभी दोस्तों को लगता था कि उनकी फ़िल्मी दिलचस्पी हद को पार कर गई है।

अक्टूबर 2010 में, टेलीविज़न के अपने दैनिक घंटे के दौरान लिली को पता लगा कि शाहरुख़ के जन्मदिन के सम्मान में उनकी कई फ़िल्में दिखाई जाएंगी। चैनल ने पूरे नवंबर में हर रविवार की दोपहर में शाहरुख़ की एक फ़िल्म प्रसारित करने का विज्ञापन किया था। वो सोच रही थीं कि क्या उनकी मैडम उन्हें ये फ़िल्में पूरी देखने की अनुमति देंगी। एक हफ़्ते बाद, यह देखकर कि उनकी मालकिन अच्छे मूड में हैं, लिली ने अपनी मैडम से पूछा कि क्या वो हर रविवार को ये फ़िल्में देख सकती हैं। हालांकि उनकी मैडम को एक बॉलीवुड हीरो में लिली की दिलचस्पी समझ नहीं आ रही थी, लेकिन उन्होंने कहा कि उन्हें कोई परेशानी नहीं है। बशर्ते लिली अपना काम निबटा ले, तो मैडम को कोई आपत्ति नहीं थी। कुक ने, जो परिवार के साथ नहीं रहती थी, कहा कि वो रविवार को लिली की मदद करने के लिए कुछ पहले आ जाएगी, और उन्होंने एक साथ फ़िल्में देखने की योजना बनाई।

लिली रोमांचित थीं। उनके पास इजाज़त और साथी दोनों थे। मगर उनकी ख़ुशी के सामने एक नैतिक दुविधा आ गई—शाहरुख़ फ़िल्म समारोह रविवार के चर्च से टकरा रहा था। यदि वो हर हफ़्ते पूरी निष्ठा से प्रार्थना करने नहीं पहुंचीं, तो उनका परिवार और स्थानीय पादरी उन्हें फटकारेंगे। पूरे महीने की ग़ैर-मौजूदगी तो असाधारण अवज्ञा का संकेत होगी। रविवार के चर्च को छोड़ने से वो अपने प्रार्थना समूह में बहुत घमंडी लगेंगी। इससे ऐसा लगेगा कि वो चर्च और उनकी कंपनी दोनों को वैकल्पिक मानती थीं; कि वो प्रार्थना की शक्ति में विश्वास नहीं करती थीं। लेकिन यह इतना अच्छा मौक़ा था कि छोड़ा नहीं जा सकता था। उन्हें पास के थिएटर में जाने की सुविधा कभी नहीं मिलने वाली थी। टिकट बहुत महंगे थे और वो फ़िल्मों पर अपना पैसा ख़र्च करने के लिए बहुत दोषी महसूस करेंगी, भले ही वो किसी सस्ते हॉल में जाएं। कोई भी लिव-इन घरेलू सेविका अपने मालिकों के बिना फ़िल्म देखने नहीं जाती थी। यह एक आसान सा चुनाव था: शाहरुख़ या जीज़स?

नवंबर 2010 में उस पहले सप्ताह में, उन्होंने मुझे बताया, उन्होंने बुख़ार का बहाना किया और चर्च की प्रार्थना में ना जा पाने के लिए माफ़ी मांगते हुए उन्होंने अपनी आंटी को संदेश भेज दिया। दोपहर में, उन्होंने *कभी हां कभी ना* देखी। वो अपने हीरो के साथ हंसीं और रोईं, और यह उनकी पसंदीदा फ़िल्म बन गई। 'मुझे

वो बहुत ही ज़्यादा पसंद आई। उसे वो नहीं मिलता जो वो चाहता है और जिसके लिए इतनी कोशिश करता है। वो झूठ बोलता है और धोखा देता है, लेकिन अंत में वो उसे छोड़ देता है जिसे वो चाहता है। और वो उदास और ख़ुश दोनों लग रहा था। यह जीवन की परेशानियों जैसा है। यह बहुत हक़ीक़त जैसा था, और वो सभी गानों में बहुत अच्छा था।' लिली, अपने बीसवें दशक के शुरू में, अंततः शुरू से अंत तक अपनी पहली हिंदी फ़िल्म देखने में सफल रहीं।

कभी हां कभी ना के प्रसारण के दौरान लिली की मैडम बीच-बीच में यह देखने के लिए आ जाती थीं कि उसमें आख़िर हो क्या रहा है। लिली ने कहा, 'लेकिन जब वो आसपास नहीं होती थीं तो बेहतर लगता था। हम फ़्री हो पाते हैं। सर और मैडम के आसपास होने पर सावधान रहना होता है।' शाहरुख़ के साथ वो पहला रविवार, वो घंटे, आज़ादी का स्वाद थे। अपने मनोरंजन की भरपाई के लिए उन्होंने दो घंटे पहले उठकर अतिरिक्त सफ़ाई की थी।

लिली की ज़िंदगी चर्च, उनकी नौकरी और उनके समुदाय द्वारा उनसे की जाने वाली अपेक्षाओं की उनकी अपनी समझ द्वारा सख़्ती से नियंत्रित थी। *कभी हां कभी ना* देखते हुए उन्हें समय बर्बाद करने का पूरा अहसास था। लेकिन जैसे-जैसे महीना आगे बढ़ा, वो सहज होने लगीं। उन चार घंटे के मैटिनी शोज़ ने उन्हें घड़ी, धर्म, दिनचर्या और अनुशासन को छोड़ने का मौका दिया। लिली ने मुझसे कहा, 'समय कहां गया, मुझे पता ही नहीं चला। इतनी अच्छी पिक्चर थी।'

नवंबर के उन फ़िल्मी रविवारों में अगले पर लिली ने अपनी आंटी से कहा कि उनकी मैडम एक लंच दे रही हैं जिसके लिए उन्हें लिली की मदद चाहिए। उस दोपहर उन्होंने *कुछ कुछ होता है* देखी, लेकिन वो उन्हें बहुत पसंद नहीं आई क्योंकि' उस में बहुत ज़्यादा स्टाइल था।' तीसरे हफ़्ते, उन्होंने बहाना किया कि उनके मालिकों ने शनिवार रात को एक बड़ी डिनर पार्टी दी थी और वो अभी भी उसके कामों से उबर रही हैं। उस रविवार उन्होंने *डीडीएलजे* देखी थी। फ़िल्म ने उन्हें मोह लिया। 'मुझे याद है कि मैं उस फ़िल्म को देख रही थी और सोच रही थी कि यह परियों की कहानी जैसी है,' लिली हमेशा की तरह मुखर थीं। आख़री हफ़्ते में उन्होंने अपनी आंटी से कोई बहाना करने की ज़हमत नहीं की। उन्होंने *रब ने बना दी जोड़ी* देखी। फ़िल्म कई कारणों से यादगार है, ख़ास कर शाहरुख़ के पात्र और अभिनेता विनय पाठक द्वारा अभिनीत उनके सबसे अच्छे दोस्त के बीच प्यार और 'माचो' होने पर हुई मज़ेदार बातचीत के लिए। फ़िल्म पर लिली की प्रतिक्रिया थी: 'काश असली आदमी भी अपनी पत्नी और उसके बनाए टिफ़िन

की वैसे ही सराहना कर सकते जैसे वो उस फ़िल्म में करता है, तो लड़कियों का जीवन संवर जाए।' *रब ने बना दी जोड़ी* में एक लोकप्रिय गाना है जिसमें शाहरुख़ का किरदार, एक साधारण सरकारी क्लर्क सुरिंदर साहनी, अपनी पत्नी को खाना बनाते और उसके लिए खाना निकालते देखता है। वो सातवें आसमान पर है कि एक औरत ऑफ़िस ले जाने के लिए उसका टिफ़िन पैक कर रही है। सुरिंदर के लिए वो लंचबॉक्स प्यार है। लिली को लगता है, अपनी पत्नी के घर के कामों को लेकर इतना उत्साहित होने वाला आदमी असल जीवन में उनके देखे किसी भी आदमी से अलग था।

पीछे मुड़कर देखते हुए लिली कहती हैं कि वो कभी नहीं भूलेंगी कि उनकी मैडम और सहकर्मी ने उनका कितना मज़ाक़ उड़ाया था। 'उन्होंने कहा कि मैं मूर्खों की तरह टीवी को देखकर मुस्कुरा रही थी। कि मैं पूरे महीने अपने शाहरुख़ के सपनों में खोई रही थी। यह सच था, हालांकि, मुझे उसे देखना बहुत अच्छा लगा था। इन फ़िल्मों के बाद ही मैं वास्तव में शाहरुख़ को पसंद करने लगी थी।' जब लिली चर्च वापस गईं, तो उन्हें अपने पादरी और अपनी आंटी दोनों से ईश्वर के प्रति अपने कर्तव्यों से चूकने के लिए कड़ी डांट खानी पड़ी। उन्हें कुछ ज़्यादा ही शहर की हवा लगती जा रही थी, उन्हें और अधिक विश्वास और अनुशासन की ज़रूरत थी। लिली ने माफ़ी मांगने के लिए प्रार्थना की, वो आश्वस्त थीं कि जीज़स मि. खान को स्वीकार कर लेंगे।

लिली के शाहरुख़ से भरे नवंबर पर ख़ूब हंसने के बाद, हमारी बात मेरी शादी पर आ गई। मैंने अपने कंधे उचका दिए। लिली ने मुझे बताया कि वो न किसी लड़के से मिलीं और न ही उन्होंने इसकी उम्मीद की थी। 'वो गांव में मेरा रिश्ता ढूंढ़ लेंगे।' हालांकि, 2014 में उनकी मां की मृत्यु हो गई थी। लिली का बड़ा भाई मिशनरी जीवन में गुम हो गया था और अब घर पर ज़्यादा पैसे नहीं भेजता था, जबकि उसके छोटे भाई ने लेह में एक कॉन्ट्रेक्ट ले लिया था। किसी को उनकी ज़मीन और खेत को देखना होगा, वर्ना दूर के रिश्तेदारों के उसे हड़पने का जोखिम था। जब मैंने 2014 में क्रिसमस पर लिली से संपर्क करने की कोशिश की, तो वो सिमडेगा में अपने गांव वापस आ गई थीं और मुझे बहुत मुश्किल से ही उनकी आवाज़ आ रही थी। 'हमें कॉल करने और सुनने के लिए एक ख़ास जगह पर चढ़ना होता है। बुज़ुर्ग समझते हैं कि यह कोई चमत्कारिक जगह है जिसे गांव के देवताओं ने आशीर्वाद दिया है। मैंने समझाने की कोशिश की कि वो बस एयरटेल का टॉवर है लेकिन यहां मेरी कौन सुनता है,' वो हंस पड़ीं।

लिली छह महीने बाद दिल्ली लौटीं। उनके मालिक उन्हें वापस पाकर ख़ुश थे, लेकिन उन्होंने बताया कि वो एक साल के भीतर अमेरिका वापस जा रहे हैं। वो शहर में दस साल से ज़्यादा से रह रहे थे और अब सर के काम के सिलसिले में उन्हें घर वापस जाना था। जब वो चले गए, तो लिली ने खेती और संपत्ति के मुद्दों को सुलझाने और अपनी बचत को मज़बूत करने की उम्मीद से फ़ैसला किया कि वो भी कुछ साल के लिए घर चली जाएंगी। उनकी मैडम ने उन्हें गैस्ट रूम वाला टीवी गिफ़्ट किया: अब वो जब चाहें शाहरुख़ को देख सकती थीं। एक कज़िन की मदद से लिली ने टीवी को एक बॉक्स में पैक किया और झारखंड एक्सप्रेस से अपने साथ वापस रांची ले गईं। उनके परिवार और चर्च-समूह में सबको लगा कि वो पागल हैं, उन्होंने सुझाव दिया कि वो टीवी बेचकर इसके बदले कुछ पैसा कमा लें। लेकिन लिली को उस मशीन से लगाव था। 'उस टीवी को घर ले जाना मेरे लिए ज़रूरी था। वो एक तोहफ़ा था, और मैं उसे अपने साथ घर लाना चाहती थी,' उन्होंने कहा।

टेलीविज़न को पैक किया गया और उसने उनके साथ इलाहाबाद (नवंबर 2018 से प्रयागराज) से ख़ूबसूरत गंगा मार्ग से रांची तक यात्रा की। एक बार जब वो अपने राज्य की राजधानी पहुंचीं, तो लिली ने घर के लिए एक बस पकड़ी, और कंडक्टर से तब तक बहस करती रहीं, जब तक कि उसने टीवी को टूटने से बचाने के लिए उसे ड्राइवर के बूथ में रखने की अनुमति नहीं दी। अपने गांव पहुंचने तक रास्ते भर उनकी निगाहें अपने बेशक़ीमती पैकेज पर टिकी रहीं जबकि बस में मौजूद नन्हे से वीडियो प्लेयर से सलमान की किसी बकवास फ़िल्म की आवाज़ आ रही थी। दुर्भाग्य से, लोगों और उनके द्वारा शहरों से लाए गए उपकरणों की तुलना में उनके गांव में बिजली कहीं ज़्यादा बेमन से आती थी। अगर उनकी क़िस्मत अच्छी होती, तो दिन में कुछ घंटे टीवी चल जाता था, और लिली को बिजली के बिल की भी चिंता थी। 2016 में, उन्होंने अपने मोबाइल फ़ोन पर 4G एक्टिवेट किया, लेकिन नेटवर्क काम नहीं करता था।

उस क्रिसमस पर मैंने उन्हें फिर फ़ोन किया। लिली एक लोकल मिशनरी स्कूल में छुटपुट काम कर रही थीं और उन्होंने कहा कि बिजली की सप्लाई में सुधार का मतलब है कि टीवी रोज़ाना कुछ और घंटे चलता है। लेकिन, उन्होंने कहा, 'मैंने सुना है कि आजकल आप लोग दिल्ली में अपने फ़ोन पर सबकुछ देख सकते हैं। यहां यह कितना अच्छा होता, क्योंकि शाम को खाना पकाने के बाद मेरे पास बहुत समय होता है।' वो शहरी जीवन को मिस कर रही थीं। उनका ध्यान अपनी शादी की ओर मुड़ गया। उन्हें आशा थी, उन्होंने कहा, कि वो अपने भावी पति के साथ दिल्ली जा पाएंगी और उन्हें साथ में काम मिल सकता है। या शायद उनकी

आंटी उनके लिए दिल्ली में पहले से मौजूद लड़का ढूंढ़ सकती हैं। 'हालांकि,' उन्होंने कहा, 'हमें यह सोचना होगा कि यहां की ज़मीन का क्या किया जाए।'

उन्होंने मुझे लोकल गॉसिप सुनाई। साहिबगंज के एक निर्वाचित प्रतिनिधि के बेटे मुन्ना मरांडी का एक स्कैंडल हुआ था। उस पर चर्च और लोकल महिला समूहों ने एक लड़की का यौन शोषण करने और एक नाबालिग़ से शादी करने का आरोप लगाया था। 'उसकी गर्लफ्रेंड बंगाली थी,' लिली ने मुझे बताया। 'उसने महिला आयोग में शिकायत की। उनका कहना है कि उसकी पत्नी बस बारह साल की है। कुछ नहीं होगा लेकिन अच्छा हुआ कि उसकी गर्लफ्रेंड पुलिस के पास गई।' लिली को मरांडी के मामले पर हैरानी नहीं हुई थी। 'ये आदमी ऐसे ही हैं। पैसे और ताक़त से वो, बिना किसी तमीज़ के, जो मन करता है कर सकते हैं। हमेशा औरतों का शोषण करते हैं, हमेशा वही करते हैं जो उनके परिवार चाहते हैं। अपने पिता की इच्छा के मुताबिक़ किसी से शादी करने के लिए उसने इस बंगाली लड़की को छोड़ दिया होगा।'

जून 2017 में, शाहरुख़ की *रईस* को पहली बार टेलीविज़न पर दिखाया गया था। मैंने फ़ोन किया और पूछा कि क्या वो इसे देखने में कामयाब रहीं। उनकी आवाज़ को साफ़ सुन पाने के लिए बहुत कोशिश की गई। उन्होंने कहा, 'हां, लेकिन टीवी सभी रंग ठीक से नहीं दिखा पाता। हम यहां के उन कुछ घरों में से हैं जहां सैटेलाइट और टीवी है।' मैंने पूछा कि फ़िल्म के बारे में उनका क्या ख़्याल है। उन्होंने कहा कि उन्हें हिंसा पसंद नहीं आई लेकिन फ़िल्म में शाहरुख़ का चश्मे वाला रूप पसंद आया। उन्होंने शिकायत की कि टीवी का डिस्प्ले ख़राब क्वालिटी का था और दिल्ली के प्रसारण से मेल नहीं खा सकता था। कनेक्शन टूट रहा था।

मैंने उनसे पूछा कि क्या उन्हें अकेलापन लगता है। वो सोचने के लिए रुकीं नहीं: 'मैं अकेली नहीं हूं, हालांकि बोर हो जाती हूं। मैंने सोचा था कि यहां चर्च के सामाजिक कामों में मदद करूंगी। लेकिन चर्च और एनजीओ के काम में इन दिनों पैसे कम हैं और मुश्किलें बहुत हैं, इसलिए मैं उतनी व्यस्त नहीं हूं जितना मैंने सोचा था। दिल्ली से वापस आने वाली ज़्यादातर लड़कियां और आंटियां अविवाहित रहती हैं क्योंकि उन्होंने काफ़ी पैसा बचा लिया होता है और वो एक अच्छा मैच मिलने का इंतज़ार कर सकती हैं, जो अक्सर नहीं मिलता। गांव में बहुत से लोग सोचते हैं कि दिल्ली से लौटी औरतें अच्छी पत्नी नहीं बनतीं। हमारी उम्र भी हो जाती है। वैसे, यहां मेरी कज़िन हैं और दूसरी औरतें भी हैं जो दिल्ली से लौटी हैं। हम इस बारे में बात करते हैं कि कैसे हमारी मां और दादी यहां पक्षियों, कुत्तों और जंगलों से साथ और प्यार पाती थीं। उन्हें हर समय लोगों की

आवश्यकता नहीं थी, और वो परमेश्वर में विश्वास करती थीं। मेरी मां सोचती थीं कि यीशू हमारे सभी अच्छे कामों को आशीर्वाद देंगे। मैं ऐसा नहीं मानती। शायद इसलिए कि हम स्कूल गए और दिल्ली में अपना रास्ता बनाया, यही हमारी समस्या है। हमें उस तरह से जंगलों से प्यार नहीं है जैसे हमारी मांओं को था।'

पार्ट-टाइमर

संध्या ने पहली बार कैटरीना कैफ़ का नाम तब सुना था जब उनके पड़ोसियों ने अपनी बेटी का नाम इस अभिनेत्री के नाम पर रखा था। 'एक बंगाली बच्ची के लिए यह कितना अजीब नाम है,' उन्होंने कहा। लेकिन नेहरू कैंप में अजीब-अजीब नाम असामान्य नहीं थे। संध्या ने मुझे बताया कि तीन छोटे बच्चों के नाम हिटलर मंडल थे।

यह 2009 की बात है, उसके दो साल बाद जब मैं झारखंड के साहिबगंज गई थी। मैं दिल्ली की सैकड़ों मलिन बस्तियों की दो हज़ार लिव-आउट घरेलू कामगारों के सर्वेक्षण को देख रही थी। लिव-आउट कामगार, जैसा कि इस शब्द से ही पता चलता है, अपने रोज़गार-प्रदाताओं के साथ नहीं रहते हैं। वो अपने द्वारा किए गए कामों की संख्या और प्रकार के आधार पर मेहनताना पाते हैं। पश्चिमी और पूर्वी दिल्ली क्षेत्रों में रहने वाली कामगार आमतौर पर सुबह या शाम को एक शिफ़्ट में काम करती थीं, जबकि दक्षिणी दिल्ली के नेहरू कैंप में महिलाओं ने 'फ़ुल-टाइम' कामगार होने की बात कही। वो अपनी सुबह की शिफ़्ट छह बजे शुरू करती थीं और दोपहर तक काम करती थीं, फिर अपने बच्चों के लिए दोपहर का खाना बनाने घर आती थीं, बर्तन धोती थीं और पांच बजे से शाम की शिफ़्ट शुरू करने से पहले एक छोटी सी झपकी लेती थीं। वो आठ बजे खाना पकाने और सफ़ाई करने के एक और दौर के लिए घर लौट आती थीं। मैं छात्रों और सर्वेक्षकों की एक रिसर्च टीम को मैनेज कर रही थी, और एकत्र किए जा रहे डाटा को समझने के लिए कुछ सर्वेक्षण साइटों पर जाना ज़रूरी होता था।

नेहरू कैंप नवजीवन और भूमिहीन कैंपों के क़रीब था। ये सभी इलाक़े एक बड़े शहर की 'झोपड़पट्टी,' या जिसे भारतीय शहरी लोग 'बस्ती' कहते थे, की गहमागहमी और गंदगी के उदाहरण थे। बमुश्किल मौजूद सार्वजनिक बुनियादी सुविधाओं की बनिस्बत सामुदायिक संबंध, स्वाभाविक रूप से, कहीं अधिक मज़बूत थे। नाले खुले थे, गलियां संकरी, भीड़भाड़ और गंदे पानी से भरी हुई थीं। यह समझ पाना मुश्किल था कि एक घर कहां ख़त्म होता है और दूसरा शुरू होता

है। कई परिवारों ने गली के कुत्तों को पालतू जानवर के रूप में अपनाया हुआ था, लेकिन ये 'पालतू जानवर' छोटे बच्चों पर हमला कर देते थे। इलाक़े से पिछले साल नियमित रूप से 'कुत्तों के काटने' और 'कुत्तों के बुख़ार' की रिपोर्ट दर्ज की गई थीं।

प्रशासन कहीं देखने को नहीं मिलता था। लेकिन समाज में तरक़्क़ी करने के लिए शिक्षा की शक्ति में परिवारों को पूरा विश्वास था, और वो कंजूसी से काम लेते और बचत करते थे ताकि अपने बच्चों को सरकारी स्कूलों के बजाय इंग्लिश मीडियम के प्राइवेट स्कूलों में भेज सकें। रोज़ाना प्राइवेट टैंकर आते थे, और घरेलू कामगारों को काम पर पहुंचने में अक्सर देर हो जाती थी क्योंकि उन्हें अपने घरों के लिए पानी भरने को लंबी क़तारों में इंतज़ार करना होता था। सेवाएं प्रदान करने की सरकारी घोषणाओं के बावजूद, नगर निगम के अधिकारी कैंप की ओर बमुश्किल ही ध्यान देते थे। बिजली अपंजीकृत कनेक्शन्स के माध्यम से उधार लेकर साझा कर ली जाती थी। परिवार अपनी मासिक कमाइयों का तीन-चौथाई हिस्सा बिजली, खाने, पानी और स्कूली शिक्षा पर ख़र्च करते थे। परिवार चलाने के लिए पुरुषों और महिलाओं दोनों को ही काम करना पड़ता था। मज़बूत सामाजिक संबंधों वाले भाग्यशाली परिवार सरकारी राशन हासिल करने में सक्षम हो जाते थे, लेकिन ज़्यादातर आम लोगों के पास स्कीम की पात्रता दिखाने के लिए विभिन्न प्रमाण पाने के ज़रूरी साधन या नौकरशाही में संपर्क नहीं थे। सभी सरकारी कार्यक्रमों में परिवारों को यह साबित करना ज़रूरी होता था कि वो दिल्ली में निवासियों के रूप में लगातार तीन साल बिता चुके हैं। इन दावों को साबित करने के लिए ज़रूरी काग़ज़ पेश करने के लिए सुपरपॉवर चाहिए होती थीं। 2009 में, आधार कार्ड तब तक अस्तित्व में नहीं आया था और खाद्यान्न के लिए दिल्ली की सार्वजनिक वितरण प्रणाली को अभी तक अर्ध-सार्वभौमिक नहीं बनाया गया था। परिवार अपने स्थानीय निर्वाचित प्रतिनिधियों की चिट्ठियों, आय प्रमाण पत्रों और स्थानीय ज़िला मजिस्ट्रेट के कार्यालय से जाति प्रमाण पत्र पाने के जटिल चक्रव्यूह पर निर्भर रहते थे। काग़ज़ हासिल करने की प्रक्रिया और राजनीति इतनी कठिन और समय लेने वाली थी कि ज़्यादातर परिवार इसकी परवाह ही नहीं करते थे।

सर्वेक्षण में कुछ दिलचस्प शुरुआती नतीजे सामने आए थे। हमने पाया कि श्रमिकों की मज़दूरी का उन इलाक़ों की संपत्ति की क़ीमतों से गहरा संबंध है जिनमें वो काम करती थीं। ज़्यादातर बंगाली श्रमिक नम शूद्र जाति समूहों की होती थीं, जो बंगाल का दूसरा सबसे बड़ा अनुसूचित जाति समुदाय है। वो आसपास के कई रिहायशी इलाक़ों में काम करती थीं, जिनमें से एक चित्तरंजन पार्क था, जहां मैं अपने माता-पिता का घर छोड़ने से पहले तक रहती थी। संध्या जैसी महिलाओं

के एक समान श्रम इतिहास सामने आए। वो शुरुआत में छोटे और मध्यमवर्गीय घरों में काम करती थीं और फिर 'बेहतर ब्लॉक या कॉलोनियों' में काम ढूंढ़ती थीं। ये महिलाएं सौदेबाज़ी में बहुत माहिर थीं और मेहनताना तय करने में एक-दूसरे की मदद करती थीं।

साथ ही, घरेलू कामगारों के बीच ज़बरदस्त प्रतिस्पर्धा भी रहती थी। तुग़लक़ाबाद के पास अन्य इलाक़ों की नई प्रवासी कम मज़दूरी पर काम करने को तैयार रहती थीं। कई औरतें जिनसे मैं मिली, मज़ाक़ में कहती थीं कि अगर जवान औरतों ने पारिश्रमिक की दर को नीचे लाने की कोशिश की तो वो उन्हें सबक़ सिखा देंगी। लेकिन मज़ाक़ में भी एक गुस्सा छिपा होता था। हिंसा की अनेक कहानियां थीं, जिनमें औरतें उन नई कामगारों को धमकियां देती थीं और उनके साथ हाथापाई तक कर लेती थीं जो कॉलोनी की निर्धारित मज़दूरी दरों को कम करने की कोशिश करती थीं। इन कामगारों की औपचारिक रूप से यूनियन नहीं थी, लेकिन उनके बीच मज़बूत एकता थी। नेहरू कैंप का केयर कार्टेल। 'अच्छे घरों' में नई नौकरियों के बारे में जानकारी—मतलब ऐसी नौकरी जिसमें पैसा अच्छा हो और सुरक्षित हो, जहां मालिक अपने नौकरों के साथ इज़्ज़त और हमदर्दी के साथ बर्ताव करते हों—एक छोटे से नेटवर्क में फैल जाती थी। यह नेटवर्क एक-दूसरे के निजी घरेलू कामों को संभालने में भी मदद करता था। औरतें खाना पकाने, ख़रीदारी, सफ़ाई और बच्चों की देखभाल में एक-दूसरे की मदद करती थीं।

नेहरू कैंप की महिलाओं में काम और देखभाल को मैनेज करने को लेकर गहरी बेचैनी बनी रहती थी। अधिकांश घरेलू कामगार इस बात को लेकर अपराध बोध का शिकार रहती थीं कि वो अपने परिवारों के साथ पर्याप्त समय नहीं बिता पाती हैं। संध्या और उसकी सहेलियों को चिंता रहती थी कि इतने घंटे काम करने के कारण वो अपने बच्चों को ठीक से अनुशासित नहीं कर पाती हैं। कामगारों की यह शिकायत आम थी कि उनके बच्चे पर्याप्त पढ़ाई नहीं करते हैं, ठीक से खाते नहीं हैं और ग़लत संगत में पड़ जाते हैं। 'अगर मैं अपने बेटे को डांटने और रोकने-टोकने के लिए ठीक से समय नहीं दूंगी, तो वो कुछ ज़्यादा ही हीरो बन जाएगा। यहां इस तरह के कई लड़के हैं,' संध्या ने अपने इंटरव्यू में कहा। सर्वेक्षण में शामिल आधे से अधिक परिवारों ने अपनी सबसे बड़ी लड़कियों को स्कूल से निकाल लिया था ताकि वो अपने छोटे भाई-बहनों की देखभाल कर सकें।

हमारे इंटरव्यू के अंत में, जिसे पूरा होने में एक हफ़्ता लगा, मैंने संध्या से पूछा कि क्या उनका कोई फ़ेवरीट एक्टर है और क्या वो फ़िल्में देखती हैं। मैंने उनसे पहले लगभग तीस औरतों से यह सवाल पूछा था। ज़्यादातर ने कोई ख़ास

पसंद व्यक्त नहीं की थी। लेकिन संध्या ने पूरे जोश के साथ कहा: 'शाहरुख़ के गाने सबसे अच्छे होते हैं और उनकी मुस्कान बहुत अच्छी है।' जैसे ही हमने शाहरुख़ के बारे में बात करना शुरू किया, उनका शरीर एकदम से शांत दिखने लगा। वो हंसते हुए कहने लगीं कि जब वो घर में खाना बनाते या सब्ज़ी काटते समय टीवी देखती हैं, तो उनके पति उन पर गुस्सा करते हैं। 'वो कहते हैं कि जब शाहरुख़ के गाने आते हैं तो मैं ध्यान नहीं देती।' संध्या की पसंदीदा फ़िल्म *कभी ख़ुशी कभी ग़म* थी, और उन्हें इस फ़िल्म के गाने और कपड़े बहुत अच्छे लगे थे। उन्हें टूटे हुए परिवारों का जुड़ जाना अच्छा लगा था। उन्हें शाहरुख़ की उदास और कोमल आंखें अच्छी लगी थीं और यह भी कि उन्होंने मिठाई की दुकान चलाने वाले की ग़रीब बेटी से शादी की। 'अमीर लोग फ़िल्मों में ही ग़रीबों से शादी करते हैं। असल जीवन में, अमीर लोग हममें से ज़्यादातर को देखते तक नहीं हैं। जैसे आप, आप भी यहां सिर्फ़ अपने काम से आई हैं।'

संध्या का टीवी दो साल पहले आया था। उनकी 'दीदी,' जिनके यहां वो लंबे समय से काम कर रही थीं, ने बंगलौर जाने से पहले एक टूटा हुआ टीवी उन्हें उपहार में दिया था। 'इसे फेंकने से अच्छा था कि हमें दे दें।' डिस्प्ले टूटा हुआ था, टीवी पुराना और इस्तेमालशुदा था, लेकिन संध्या इससे ख़ुश हो गई थीं। उन्होंने मुझे बताया कि वो बस्ती की उन बहुत कम महिलाओं में से एक थीं जिनके पास टीवी था और कि जब दोपहर को पुरुष बाहर गए होते थे तो उनकी सहेलियां टीवी देखने आ जाती थीं। शाम का खाना बनाते समय परिवार कुछ टीवी शो देखता था। उनका पति इलाक़े के कुछ दूसरे मर्दों के साथ पार्टटाइम ऑफ़िस हैल्पर के रूप में काम करता था। यह एक अनिश्चित काम था, और संध्या को उसकी कमाई को लेकर यक़ीन नहीं था। 'वो नौकरी के बारे में मुझे सारी बातें नहीं बताते हैं, लेकिन मैं उन्हें अपनी कमाई में से एक हिस्सा देती हूं क्योंकि उन्हें हमारे बिल भरने होते हैं। लेकिन केबल का भुगतान मैं ख़ुद करती हूं, मेरे पति नहीं।'

2009 में, संध्या पड़ोस की कॉलोनी के छह घरों में खाना बनाकर हर महीने लगभग 15,000 रुपए की कमाई करती थीं। उनका पति अपने ऑफ़िस में काम करके 6,000 रुपए कमाता था। उनकी कुल कमाई उनके बेटे रबि की स्कूल फ़ीस का भुगतान करने और उनके माहाना ख़र्चों को पूरा करने के लिए काफ़ी होती थी। संध्या मुख्य कमाने वाली और मुख्य देखभालकर्ता थीं।

मैं उनसे आख़री बार 2010 में बॉस्टन जाने से पहले मिली थी। उन्हें पकड़ पाना मुश्किल था; उन्होंने चार और घरों में काम करना शुरू कर दिया था और वो रात में पांच घंटे से भी कम सो पा रही थीं। जब हम मिले, तो उन्होंने मुझसे कहा

कि उन्हें एक नए टीवी के लिए पैसा बचाना है और उन्हें ज़्यादा घरों में काम करने की ज़रूरत है। उनका पति पहले जितना पैसा घर नहीं ला रहा था। 'पुराने टीवी को क्या हुआ?' मैंने पूछा। 'वो ख़राब हो गया,' उन्होंने जवाब दिया, और अपने बेटे की शिक्षा की संभावनाओं पर चर्चा करने लगी।

जब मैं छुट्टी पर दिल्ली वापस आई, तो मैंने उन्हें फ़ोन किया और टीवी और उनके पति की नौकरी के बारे में पूछा। उन्हें हैरत हुई कि मुझे याद था। 'उनकी ऑफ़िस की नौकरी चली गई और वो यहां-वहां छोटा-मोटा काम कर रहे हैं। मैंने अभी तक टीवी नहीं ख़रीदा है क्योंकि टीवी महंगा है और मुझे कई और ख़र्चे पूरे करने हैं। लेकिन शायद एक साल बाद हमारे पास एक टीवी होना चाहिए।' उनका बेटा पास के एक निजी स्कूल में कक्षा 9 में पढ़ रहा था और उनकी बेटी का दाख़िला एक सरकारी स्कूल में हो गया था।

2012 के अंत तक, जब मैंने ग्रेजुएट स्कूल पूरा किया और भारत लौटी, संध्या मिलने के लिए बहुत व्यस्त हो गई थीं। एक दिन मुझे लोकल बाज़ार में उनकी एक दोस्त मिल गई। वो एक दुकान पर अपने बेटे के काम पूरा कर लेने का इंतज़ार कर रही थी। मैंने संध्या के बारे में पूछा। उसने दो टूक जवाब दिया: 'मुझे नहीं लगता वो बहुत ठीक है। उसका पति पीता है और वो लड़ते हैं। हम सब उनके झगड़े सुनते हैं और हमने उन्हें रोकने की भी कोशिश की। उसने हस्तक्षेप करने पर मेरे पति को लगभग घूंसा ही मार दिया था। वो पागल हो गया है।' मैंने फ़ोन करके संध्या को पुलिस और एक स्थानीय एनजीओ काउंसलर का नाम और नंबर दिया। 'पुलिस क्या करेगी? वो ख़ुद ही उसके जैसे हैं।' मैंने सुझाव दिया कि वो कुछ दिनों के लिए आकर मेरी मां के साथ रह सकती हैं। 'यह कोई मदद नहीं है, दूसरी मैडमों ने भी यही सुझाव दिया है। मुझे अपने बच्चों के बारे में सोचना है। मैं अपना घर नहीं छोड़ सकती। वो यही चाहता है। मैंने उस घर को बनाने में मदद की है।'

2013 में, संध्या ने राजनीतिक संबंध रखने वाले एक लोकल गुंडे से अपने पति से 'बात' करने का अनुरोध किया। कुछ महीने बाद उनके बीच एक और झगड़ा हुआ और संध्या ने पलटकर अपने पति को मारा। उसने फ़ैसला किया कि पश्चिम बंगाल के मेदिनीपुर में अपने गांव चला जाएगा। वो बच्चों के साथ दुर्गा पूजा के लिए जातीं। लेकिन वो जानती थीं कि वो पति के बिना भी नेहरू कैंप में ही रहेगी। उनका बेटा और बेटी इतने बड़े हो गए थे कि उन्हें बहुत देखरेख की ज़रूरत नहीं थी और वो मदद के लिए अपने पड़ोसियों पर भरोसा कर सकती थीं। उन्होंने दस अलग-अलग घरों में काम करना शुरू किया और खाना पकाने और घर के मिले-जुले कामों के ज़रिए महीने के 30,000 रुपए कमाने लगीं। लेकिन वो बाथरूम

साफ़ नहीं करती थीं। 'दूसरी लड़कियां वो काम कर सकती हैं। मुझे अब उस तरह का काम करने की ज़रूरत नहीं है।'

2014 में दुर्गा पूजा में एक नया टीवी आ गया। संध्या ने इस ख़रीदारी को अपने सबसे तनावपूर्ण कामों में से एक बताया। उन्होंने एक साइकिल-रिक्शा लिया और एक दुकान पर अकेले जाकर वहां उपलब्ध सबसे सस्ता रंगीन टेलीविज़न चुना। उन्होंने टीवी का भुगतान अपनी बचत और ऐसे दो घरों की मदद से मासिक क़िस्त के ज़रिए किया जहां वो लंबे समय से काम कर रही थीं। टीवी का बाक़ायदा जश्न मनाया गया। परिवार ने स्थानीय काली मंदिर जाकर प्रसाद चढ़ाया। 'वो अच्छा दिन था जब टीवी आया। और अब जबकि मेरी बेटी खाना पकाने में मदद करती है, तो मेरे पास टीवी देखने के लिए समय भी ज़्यादा है।'

चार साल बाद दुर्गा पूजा के उपलक्ष्य में घर पर नया पेंट कराया गया। अब संध्या और उनके बच्चों का परिवार के 'पुरुष' से बहुत कम ही संपर्क रह गया था। वो हर साल फ़सल कटाई के दिनों में मेदिनीपुर में एक महीना बिताते थे। इन यात्राओं के दौरान, संध्या अपने पति से कम से कम बात करती थीं, और नेहरू कैंप और अपने टीवी के पास वापस जाने से पहले बस किसी तरह दिन बिताने की कोशिश करती थीं। अब टीवी सारी शाम चलता रहता था। जब 2020 में मैंने उनसे बात की, तो महामारी की वजह से उनके कुछ काम छूट गए थे। उनकी कुछ सहेलियां अपना सामान बांधकर वापस बंगाल जा रहे थे। लेकिन वायरस को लेकर वो बहुत परेशान नहीं थीं। 'नौकरी करने वाली मैडमें हमारे बिना काम नहीं कर सकतीं, ज़रूरत पड़ी तो मैं काम के लिए कुछ और घर ढूंढ़ लूंगी,' उन्होंने आत्मविश्वास से कहा। इसके बजाय उन्हें दो शिकायतें थीं: उनका ख़्याल था कि टीवी पर प्रधानमंत्री मोदी बहुत ज़्यादा आते हैं और शाहरुख़ काफ़ी नहीं आते; उनकी दूसरी समस्या यह थी कि उनकी बेटी अब अपने बड़े भाई के चाइनीज़ स्मार्टफ़ोन पर 'फ़ालतू काज' में बहुत ज़्यादा समय बिताती है।

4

मन्नत

12
नादान हसरतों का पलड़ा

अगर फ़ेमिनिस्ट होने का मतलब समानता है, तो मैं फ़ेमिनिस्ट नहीं हूं। मेरा मानना है कि महिलाओं को हमसे ज़्यादा होना चाहिए। अगर आप हमारे बराबर होने की कोशिश कर रही हैं, तो आपका लक्ष्य बहुत छोटा है—आप अपने आप को छोटा कर रही हैं। जीवन देने से लेकर अपनी रोज़मर्रा की ज़िंदगी में इतना गंद झेलने और उसे अपनी ताक़त की तरह इस्तेमाल करने तक—लोकल ट्रेन में चढ़ने जैसा मामूली काम, छिछोरेपन का सामना करने, अपने जैंडर के कारण नौकरी न पाना—यह शर्मनाक है कि एक महिला को हर रोज़ कितना कुछ सहना पड़ता है। पुरुषों के रूप में, हम सबको यह अहसास होना चाहिए कि इस सबको झेलना और फिर भी मज़बूत रहना कैसा लगता है।

—शाहरुख़ ख़ान, 2017

सस्ते स्मार्टफ़ोन्स के ज़रिए सोशल मीडिया तक बढ़ती पहुंच के साथ, शहरी भारत में किशोरियों पर ऐसी बेशुमार छवियों की बौछार हो रही है कि महिलाएं दुनिया भर में ख़ुद को किस तरह पेश कर सकती हैं, जोकि समकालीन स्त्रीत्व की एक प्रकार की लुकबुक जैसा है। युवा लड़कियां ऑनलाइन किस तरह भाग लेती हैं, इसका दारोमदार उनकी डिजिटल साक्षरता और सामाजिक स्थिति पर होता है। 2015 के नेशनल फ़ैमिली हैल्थ सर्वे में प्रकाशित आंकड़ों के अनुसार, भारतीय परिवारों में सबसे अमीर वर्ग की चौहत्तर प्रतिशत महिलाओं की तुलना में सबसे ग़रीब वर्ग की बाईस प्रतिशत महिलाओं के पास ऐसा मोबाइल फ़ोन था

जिसका इस्तेमाल वो ख़ुद करती थीं। आश्चर्य की बात नहीं है कि रिसर्च से यह भी पता चलता है कि सोशल मीडिया सामग्री को पढ़ने और उसका उपभोग करने की क्षमता धन के साथ तेज़ी से बढ़ती है। नेपियन सी रोड पर रहने वाली लड़कियां न्यूयॉर्क के स्टाइलिस्टों की पोस्ट की नक़ल करती हैं और हर घंटे पर इंस्टा स्टोरीज़ पोस्ट करती हैं। नेहरू कैंप की झुग्गियों में संध्या और उनकी सहेलियों को भले ही टीवी देखना पसंद हो, लेकिन उनकी किशोर बेटियां यूट्यूब और सार्वजनिक इंस्टाग्राम अकाउंट को देखने के लिए अपने भाइयों के फ़ोन मांगती हैं। वो हर साल त्योहारों के मौसम में अपने निजी फ़ोन की मांग करती हैं, हालांकि उनमें से ज़्यादातर के हाथ निराशा ही लगती है। वो फ़ोन के लिए अपने दोस्तों और भाइयों के साथ झगड़ा और सौदेबाज़ियां करती हैं, हमेशा 'लाइक' करती हैं और 'शेयर' नहीं करतीं, ऑनलाइन ख़ामोशी बनाए रखती हैं, क्योंकि उन्हें हमेशा एक सीधी-सरल सी सोशल मीडिया पोस्ट पर प्रतिक्रिया का डर लगा रहता है। लेकिन इंटरनेट पर ख़ुद को व्यक्त करने के प्रति महिलाओं के उत्साह से बचा नहीं जा सकता।

अभिव्यक्ति के इन रूपों के बीच 'मज़बूत' विषम लैंगिक महिला का एक लोकप्रिय प्रोटोटाइप होता है। उसका फ्रेम आमतौर पर सुंदरता के पश्चिमी मानकों के अनुरूप होता है और उसकी मुद्रा, दुनिया के प्रति उसका रुख़ सेक्सी अलगाव वाला होता है। उसके दृढ़ राजनीतिक विचार होते हैं। वो धर्मनिरपेक्षता, लैंगिक तरलता और अंतर वर्गीयता की बात करती है। वो बहुत पढ़ती है। वो कविता लिखती है। वो मज़ेदार कार्यक्रमों में भाग लेती है। वो मुफ़्त में शानदार ड्रेस पहनती हैं क्योंकि एक इन्फ्लुएंसर के रूप में उसकी सोशल मीडिया पोस्ट अक्सर एंडोर्समेंट होती हैं। उसकी त्वचा बेदाग़ दिखाई देती है। वो लाजवाब ढंग से फ़ोटोजेनिक है, हरेक सोच-समझकर लिए गए 'कैंडिड' शॉट में उसके जीवन और शैली की एक कथित झलक दिखाई देती है। जहां एक ओर अरक्षितता की ज़ोरदार स्वीकारोक्तियां हैं, वहीं दूसरी तरफ़ आत्मनिर्भरता के विजयगीत हैं। वो आपको बताती है कि फ़ेमिनिस्ट कूल है और पुरुषों का ध्यान पाने की इच्छा कूल नहीं है। उसे देखने वाले ईर्ष्या और प्रशंसा से अपनी आंखें घुमाते हैं क्योंकि वो उस तरह की महिला दिखती है जो बिना ज़्यादा प्रयास के पुरुषों का ध्यान खींचती है। आत्म-प्रेम की वकालत करने वाली उसकी हज़ार शब्दों की पोस्ट हमेशा उसके परफ़ेक्ट बालों और परफ़ेक्ट पैरों की तस्वीरों के साथ होती है। वो ख़ुद को ऐसे व्यक्ति के रूप में पेश करती है जिसकी रोमांटिक प्रेम से अपेक्षाएं तर्कसंगत होती हैं। वो अपनी देखभाल की प्रचलित शब्दावली का समर्थन करती है। लेकिन,

शाहरुख़ के रोमांटिक व्यक्तित्व की तरह यह इंटरनेट व्यक्तित्व एक भ्रम है, एक छवि है—कृत्रिम, सुनियोजित और कल्पित।

इंटरनेट पर ग्लैमर भरा फ़ेमिनिज़्म, जो अक्सर योग का शीर्षासन करता है, उतना ही अवास्तविक है जितना कि शाहरुख़ की फ़िल्मों में प्यार है। शायद यह एक आवश्यक भ्रम है। जिस तरह शाहरुख़ ने नेहरू कैंप में संध्या को लंदन से परिचित करवाया था, उसी तरह महिला सोशल मीडिया स्टार्स ने संध्या की बेटी के सामने जीने और प्यार करने के नए नज़ारे पेश किए। यह संभावना से, उम्मीद से एक परिचय है। और शायद, जिस तरह शाहरुख़ अपनी फ़िल्मों में प्यार करते हैं, उसी तरह हमें ऐसे फ़ेमिनिज़्म की ज़रूरत है जिसे पूरी तरह से फ़ोटो-फ़्रेम वाले सोशल मीडिया सितारे ऑनलाइन दर्शाते हैं। ये छवियां, चाहे ये कितनी भी बनावटी क्यों न हों, एक महत्वपूर्ण काम कर सकती हैं—आराम प्रदान करना, सजगता और हमारी अपेक्षाओं को बढ़ाना। हां, बातें घटिया होती हैं। हममें से बहुत से लोग इन सोशल मीडिया पोस्टों की ईमानदारी पर शक करते हैं; जीवनशैली और सौंदर्य के असंभव मापदंड उनके फ़ेमिनिस्ट मुद्दे को कमज़ोर करते हैं। लेकिन ये प्रत्येक अवास्तविक ऑनलाइन महिला उन लोगों के लिए नए साइनपोस्ट प्रदान करती हैं जो उनसे दूर होते हैं। संध्या की बेटी में अमेरिका में मौजूद अभिनेत्री प्रियंका चोपड़ा के जीवन के बारे में वैसे ही जोश था जैसे उनकी मां में शाहरुख़ लिए था। 'एक भारतीय महिला के रूप में उन्होंने अपने दम पर बहुत कुछ हासिल किया है,' संध्या की बेटी ने मुझसे बंगाली में कहा (*'एकटी में, देश ठेके, अथो किचू कोरे फेल लो, एकला*)। वो ट्रोल्स की उन आहत करने वाली गुमनाम प्रतिक्रियाओं पर ध्यान देती और पढ़ती है जो इन्फ्लुएंसर और अभिनेत्रियों की अहानिकर पोस्टों पर वो देते हैं। ये उसे अपने पड़ोस में सुनाई देने वाली द्वेषपूर्ण कानाफूसियों और गपशप की याद दिलाती हैं। मिस चोपड़ा का ज़िक्र करते हुए वो कहती है, 'जब भी कोई लड़की काम या कॉलेज के अलावा कुछ करती है, तो यहां के लोग बुरी-बुरी बातें बोलते हैं। इसीलिए उसे एक विदेशी से शादी करनी पड़ी।'

औरतें लगातार इंटरनेट या सड़कों पर रूढ़िवादी आवाज़ों की ज़हरीली आलोचना का जोखिम उठाती हैं। भारतीय सोशल मीडिया पर भयानक दुर्व्यवहार और बलात्कार की धमकियां मिलना आम बात है। आप प्रमुख महिला पत्रकारों या मशहूर अभिनेत्रियों की ट्विटर पोस्टों पर टिप्पणियों को बस स्क्रॉल करके देखें, तो आपको अंदाज़ा हो जाएगा कि आवाज़ उठा सकने वाली एक आत्मविश्वासी महिला कितनी गहरी नफ़रत भड़का सकती है। इसलिए, मैं अपने मूर्खतापूर्ण अक्खड़पन के क्षणों में 'इन्फ्लुएंसर' की भड़कीली छवियों का भले ही मज़ाक़ उड़ाऊं, लेकिन

मुझे पता है कि हमें उनकी कितनी सख़्त ज़रूरत है। ये वो महिलाएं हैं जो माफ़ी या इजाज़त मांगे बिना सार्वजनिक स्थान पर ऑनलाइन क़ब्ज़ा कर लेती हैं। ये जितनी ज़्यादा हों उतना ही अच्छा।

भारत में यह जाने बिना एक महिला के रूप में बड़ा होना असंभव है कि अपने तौर पर जीने के लिए हमेशा इजाज़त मांगते रहना कैसा होता है। हममें से हर कोई आत्म-स्वीकृति, उपलब्धि और स्नेह पाने में अपने-अपने तरीक़े से, अक्सर जाति और वर्ग के आधार पर बढ़े हुए प्रतिरोध का सामना करती हैं। अगर इस देश में एक आम महिला के रूप में आपका अनुभव ख़ुशगवार, दर्दे-दिल और आत्म-घृणा के बिना रहा है, तो मेरा ख़्याल है कि आपको अंबानी सरीखी दौलत विरासत में मिली है। या फिर आपने बहुत सुरक्षित जीवन जिया है। मज़ाक़ की बात अलग, लेकिन मैं यह स्वीकार करूंगी कि जिन भाग्यशाली महिलाओं को बिना ज़्यादा झगड़े के प्यार और आत्म-संतुष्टि मिली है, उन्हें उन कहानियों से सीमित सा ही जुड़ाव महसूस होगा जिन्हें मैंने सुनाने की कोशिश की है। मैं यह भी स्वीकार करूंगी कि मेरी कहानियां उन महिलाओं के संघर्षों और फ़ैनडम को नहीं दर्शाती हैं जो स्ट्रेट नहीं हैं, या जो जैंडर बाइनरीज़ को नकारती हैं। जिन प्रशंसकों से मेरी मुलाक़ात हुई, वो विषमलैंगिकता के जाल में फंसी हुई थीं। फ़िलहाल, मुझे उम्मीद है कि आप अपने हिसाब से ज़िंदगी जीने के लिए संघर्ष कर रही महिलाओं की इन रोज़मर्रा की कहानियों को पचा पाएंगे। कि आप यह समझने की कोशिश करेंगे कि क्यों इतनी सारी महिलाएं प्यार और गरिमा भरे जीवन की अपनी हसरतों के लिए एक अभिनेता में भावनात्मक सुकून पाती हैं। क्योंकि मुझे यह बताते हुए कि वो कब, कैसे और क्यों शाहरुख़ की ओर रुख़ करती हैं, वो हमें बताती हैं कि दुनिया कब, कैसे और क्यों उनका दिल तोड़ देती है।

कहानियों, गानों और आंकड़ों के माध्यम से मैंने जिस भारत को जाना है, उसे केवल हताश और निराश महिलाओं के संघ के रूप में वर्णित किया जा सकता है। और हमारे संचयी असंतोष को पुरुष या वाहियात रोमांटिक कोशिशें नहीं भड़काती हैं। अनेक महिलाएं अपने अंतरंग जीवन में जिस उदासी को झेलती हैं, उससे एक बुनियादी विफलता का पता लगता है। भारतीय राज्य, हमारे बाज़ार और परिवार निरंतर महिलाओं के शरीर और आत्माओं की जांच और निगरानी का अभियान जारी रखते हैं। कई बार तो हमारा पैसा और आधुनिकता भी हमें सबसे बुनियादी मानवीय गरिमाएं दिलाने में नाकाम रहती है। और बरसों के अनुभव और सांस्कृतिक सुदृढ़ीकरण के माध्यम से, जिसे अर्थशास्त्री बार-बार दोहराए जाने वाले खेलों की श्रृंखला कहेंगे, हमने अपनी किसी भी संस्था से, हमारे समाज की महान

बुनियादों से बहुत कम उम्मीद करना सीख लिया है। अगर मैं घरों के भीतर लैंगिक संबंधों पर 1987 के अमर्त्य सेन के लेख से शब्द उधार लूं, तो महिलाएं 'असमानता की आदी' हो गई हैं। नतीजतन, सार्वजनिक और निजी जीवन में ख़ुद को हीन माने जाने को स्वीकार करके हमने ख़ुद को निराश किया है। मसलन, लड़के पैदा होने को तरजीह दिया जाना और उन्हें अर्ध-देवत्वप्रदान करना पुरुषों *और* महिलाओं के बीच आम बात है। हम अपने ही लिंग के साथ भेदभाव करने में सक्रिय भागीदार हैं—कैसे हम निचली जातियों की महिलाओं को उनके श्रम के लिए कम भुगतान करती हैं, कैसे हम अपना और दूसरी महिलाओं का बेहद ग़लत तरीक़े से सर्वेक्षण करती हैं, कैसे हम बच्चियों को बेहद कम खिलाती हैं और उनकी तुलना में पुरुष अहंकार का पोषण करती हैं, कैसे हम अपनी बेटियों का समाजीकरण करते हुए तैयार करती हैं कि वो पुरुष की नज़रों के लिए तैयार हो जाएं और अपने ही घरों में कमतर हो जाएं।

मुझे पता है कि इस बिंदु पर कई भारतीय पाठक रक्षात्मक मुद्रा अपनाएंगे। आपकी भौंहें चढ़ेंगी और आप सोचेंगे कि इस विश्लेषण ने आर्थिक विकास या भारत में फ़ेमिनिस्ट आंदोलन से हुए लाभों को स्वीकार नहीं किया है। आप कहेंगे कि वास्तविकता 'इतनी भी बुरी' नहीं है, कि आपकी किसी भी दोस्त में सेक्सिज़्म या आत्म-घृणा के कोई लक्षण दिखाई नहीं देते हैं। आप कहेंगे कि 'चीज़ें बदल रही हैं,' कि आपकी जानकार कई महिलाएं पितृसत्ता के ख़िलाफ़ खड़ी हो रही हैं। भारत में सीमित प्रभाव के बावजूद आप #मी टू का ज़िक्र करेंगे, बरखा दत्त का ज़िक्र करेंगे। आपमें से कुछ मुझे उन विभिन्न शिक्षित महिलाओं के बारे में बताएंगे जिनसे आप मिलते हैं, ऐसी कई सोशल मीडिया बहसों के बारे में बताएंगे जिनसे लगता है कि भारत अपनी महिलाओं के लिए कैसे बदल रहा है। आज भारत में महिलाओं की स्थिति के बारे में मेरी उदास तस्वीर उकेरने के तरीक़े में आप बारीकियों की मांग करेंगे। आप कहेंगे #मैन टू, या इससे भी बदतर, #नॉटऑलमैन।

लेकिन मैं इतनी क्रोधित हूं, मेरा दिल इतना टूटा हुआ है कि मैं कोई भी नैतिक रूप से अस्पष्ट और गोलमोल बात नहीं कह सकती। जब भारत में महिलाओं का ब्योरा देने की बात आती है तो मैं ख़ुद को चालाकी या बारीकियों के मूड में नहीं पाती हूं। और संतुलन या परिष्करण की मेरी स्पष्ट कमी का समर्थन डाटा करता है। मैं स्पष्ट कर दूं—*भारत में जन-कल्याण का कोई भी ऐसा सार्थक आयाम नहीं है जिस पर स्त्री-पुरुष समान हों। कोई नहीं।* हर वर्ग और जाति वर्ग में, महिलाएं पुरुषों से बहुत पीछे हैं। स्वतंत्रता के बाद प्रगति के बावजूद, भारत में लिंग संबंधी सभी आंकड़े इस बात की पुष्टि करते हैं कि हमारा देश पूरी तरह से असमान है

और कि पुरुषों और महिलाओं की उपलब्धियों और संसाधनों तक उनकी पहुंच के बीच की खाई लगातार बढ़ती जा रही है।

भारत की महिलाएं

वंचित समूह असमानता के आदी हो सकते हैं, दयनीयता की वस्तुगत परिस्थितियों के उत्थान के बारे में निराश हो सकते हैं, नियति से समझौता कर सकते हैं, और स्थापित व्यवस्था की वैधता को स्वीकार करने के लिए भी तैयार हो सकते हैं। यह देखते हुए कि इन धारणाओं और (कथित व्यवहार्यता के अनुरूप) इच्छाओं को काट-छांटकर आकार देना गंभीर निराशा और हताशा से बचाने में मदद कर सकता है, छोटी-छोटी रहमतों में ख़ुश रहने की प्रवृत्ति समझ में आती है।

—अमर्त्य सेन, 1987

1974 में, भारतीय महिलाओं पर अध्ययन करने वाली एक प्रतिष्ठित महिला वीणा मज़ूमदार, 'भारत में महिलाओं की स्थिति पर समिति' का हिस्सा थीं, जिसने देश में महिलाओं की स्थिति पर पहली आधिकारिक सरकारी रिपोर्ट प्रस्तुत की थी। इसका शीर्षक *टुवर्ड्स ईक्वैलिटी* था और इसके निष्कर्ष भयावह थे। गिरते लिंगानुपात, घटती रोज़गार दर और निरक्षरता में महिलाओं के बढ़ते अनुपात सहित हर जगह 'देश में भारी संख्या में महिलाओं की स्थिति में गिरावट' के साक्ष्य मौजूद थे।

स्वाभाविक रूप से, मज़ूमदार ने विनाशकारी निष्कर्ष निकाला: 'महिलाओं की स्थिति के बारे में हमारी सारी जांचें और प्रख्यात समाज-वैज्ञानिकों के निष्कर्ष हमारे समाज में असमानताओं की मौजूदा संरचना को बनाए रखने में पितृसत्ता और शक्ति-संरचना के बीच लगातार जारी गठबंधन की ओर इशारा करते हैं। शक्ति संबंध जो हमारी आबादी के एक छोटे से वर्ग द्वारा राजनीतिक शक्ति, आर्थिक शक्ति और ज्ञान शक्ति पर एकाधिकार-प्राप्त नियंत्रण को बनाए रखने में मदद करते हैं, वही महिलाओं को वैध वैज्ञानिक जांच के क्षेत्र से बाहर रखकर उनकी सामाजिक, आर्थिक और राजनीतिक भूमिकाओं के बारे में कुछ आदर्शों, मिथकों और ढकोसलों को बनाए रखने में भी मदद करते हैं। महिलाओं की वास्तविक भूमिकाओं, संघर्षों, विचारों और आकांक्षाओं की अदृश्यता का यह प्रचार स्वतंत्रता संग्राम के दौरान आकार लेने वाले समानता के सपने को पूरा करने में एक बड़ी बाधा रहा है।' दूसरे शब्दों में, भारतीय संस्थाएं महिलाओं को चुप

कराने की साज़िश रचती हैं, हमें अपनी आवाज़ या अपनी आकांक्षाओं को उठाने से रोकती हैं। भारतीय जीवन का हर पहलू एक ओल्ड बॉयज़ क्लब का उपनिवेश बन गया है।

इस सटीक रिपोर्ट को सैंतालीस साल बीत चुके हैं। अब हमारी स्थिति क्या है? बाल-लिंगानुपात, जो प्रत्येक हज़ार लड़कों के अनुपात में जन्म लेने वाली लड़कियों की संख्या को मापता है, नाटकीय रूप से 1971 के 964 से घटकर 2011 में 918 हो गया है। महिला साक्षरता स्तर में बढ़ोतरी हुई है, लेकिन अब ज़्यादा पुरुष साक्षर हैं और पुरुष महिलाओं की तुलना में कई साल ज़्यादा पढ़ाई करते हैं। पुरुषों और महिलाओं के बीच वेतन में लगातार मौजूद अंतर, और महिलाओं के रोज़गार में आती गिरावट दर्शाती है कि पुरुष अपनी शिक्षा से कहीं अधिक वित्तीय स्वतंत्रता हासिल करने में सक्षम हैं। भले ही युवा शहरी भारतीयों का फ़ैशन और भाषा कितनी भी आधुनिक लगती हो, भारतीय शॉपिंग मॉल्स में मौजूद लक्ज़री ब्रांडों की तादाद और सोशल मीडिया पर सक्रियता कितनी भी हो, मगर इसके बावजूद महिलाओं की रोज़गार दर लगातार पीछे हटते हुए 1970 के दशक के स्तर पर पहुंच गई है। भारत में लगभग सभी महिलाएं अभी भी अपने जीवन-यापन के लिए पुरुषों या परिवार के पैसे पर निर्भर हैं।

1974 की रिपोर्ट के बाद के वर्षों में अनगिनत मैगज़ीन कवरों के अलावा, लैंगिक अंतर के विषय पर ढेर सारी किताबें आने के बावजूद, हमारी संस्थाओं ने कार्यस्थल पर महिलाओं के अनुभवों को ख़ामोश या ख़ारिज करना जारी रखा हुआ है। ज़रा कल्पना कीजिए कि अगर मज़ूमदार यह सुनतीं कि 2019 में भारत के मुख्य न्यायाधीश पर एक महिला वकील द्वारा उत्पीड़न का आरोप लगाया जाएगा, लेकिन मामले को यह कहकर जल्दबाज़ी में ख़ारिज कर दिया जाएगा कि मामले में कोई 'सार' नहीं है, तो उन पर क्या गुज़रती।

जब हाल ही में ज़्यादातर समाज के अभिजात वर्ग का भाग रही कई युवा भारतीय महिलाओं ने आवाज़ उठाई और #मी टू आंदोलन के हिस्से के रूप में ऐसे व्यापक यौन उत्पीड़नों की अपनी कहानियां सुनाईं जिन पर कोई सज़ा भी नहीं हुई, तो एक प्रमुख भारतीय महिला फ़िल्म स्टार ने कहा कि यौन उत्पीड़न एक 'पुरुष-महिला मुद्दा' नहीं है। उनकी टिप्पणियां खिझाऊ तो थीं ही, हैरत में डालने वाली भी थीं। उत्पीड़न के ये सभी आरोप शक्तिशाली पुरुषों पर लगाए गए थे। मेरा उद्देश्य किसी एक अभिनेत्री को निशाना बनाना नहीं है, लेकिन यह उलझन भरी बात है। एक बुद्धिमान और मुखर लोकप्रिय आइकन को हमारे देश में हिंसक लैंगिक राजनीति की किसी भी स्वीकृति को चुप कराने की आवश्यकता क्यों महसूस हुई?

हममें से कई लोगों के लिए सार्वजनिक रूप से यह स्वीकार करना इतना मुश्किल क्यों है कि सफलता और आज़ादी की ख़्वाहिश रखने वाली महिलाओं के ख़िलाफ़ व्यक्तिगत उपलब्धि और पेशेवर मान्यता का बाज़ार पूरी तरह विषम है?

भारत के कोविड-प्रेरित लॉकडाउन के दौरान, महिलाओं के रोज़गार में पुरुषों की तुलना में ज़्यादा तेज़ गिरावट आई। क्वैरंटीन केंद्रों में यौन उत्पीड़न के मामले सामने आए। दिल्ली के एक प्रमुख स्कूल में एक अठारह वर्षीय छात्र को एक इंस्टाग्राम अकाउंट का एडमिन होने के लिए गिरफ़्तार किया गया था, जहां दूसरे लड़के अपनी क्लासमेट्स—जोकि मैं याद दिला दूं, किशोर लड़कियां थीं—की तस्वीरों पर अश्लील टिप्पणियों का आदान-प्रदान और उन्हें शेयर कर सकते थे। एक प्रतिभाशाली अभिनेता की दुखद आत्महत्या के बाद भारतीय मीडिया में, ख़ासकर चौबीस घंटे के समाचार चैनलों पर रात को शोर-शराबे से भरी बहसों में, हफ़्तों उसकी गर्लफ्रेंड के चरित्र के बख़िये उधेड़े गए। आख़िरकार उस अभिनेत्री को दो सप्ताह के लिए क़ैद कर दिया गया, बज़ाहिर पुरुषों *और* महिलाओं की डिजिटल लिंच करने वाली भीड़ की ख़ून की प्यास को संतुष्ट करने के लिए।

नहीं, स्थिति इतनी विकट है कि बारीकी की तो गुंजाइश ही नहीं है। भारतीय बुद्धिजीवी अक्सर बेपरवाही से भारत-इंडिया विभाजन की बात करते हैं जिससे लगता है कि भारत के लोग ग्रामीण-शहरी वर्णक्रम के अनुसार बहुत भिन्न देशों में रहते हैं। भारतीय महिलाओं के कल्याण, रोज़गार दर और आवाजाही की स्वतंत्रता के आंकड़े बताते हैं कि वो अपने पुरुष समकक्षों से सिर्फ़ देश ही नहीं बल्कि एक अलग ग्रह पर रहती हैं। हमारा राजनीतिक और व्यावसायिक नेतृत्व मुख्य रूप से पुरुष-प्रधान है—जो ज़मीन, हवा और पानी को बर्बाद करने में व्यस्त है, वही संसाधन जो निर्धारित करते हैं कि महिलाएं अपने घरों की देखभाल और खाना बनाने के लिए कितना परिश्रम करती हैं। भारतीय जीवन की दो महत्वपूर्ण संस्थाओं—राज्य और परिवारों ने देखरेख के ऐसे सभी बोझ महिलाओं के लिए छोड़ दिए हैं जो उपेक्षित और श्रमसाध्य हैं। फिर भी, घरों के भीतर महिलाओं के सभी वैतनिक और अवैतनिक कामों को श्रम क़ानूनों या बुनियादी संरचना के कार्यक्रमों द्वारा शायद ही कभी समर्थन या स्वीकृति मिलती है। इससे भी बदतर, घर के बाहर अपने लिए कुछ करने में महिलाओं की रुचि को भारी कठिनाइयों का सामना करना पड़ता है। साठ प्रतिशत भारतीय महिलाओं को अपने गांवों या इलाक़ों के बाहर—यहां तक कि बाज़ार या स्वास्थ्य क्लिनिक तक—अकेले जाने की अनुमति नहीं है। हममें से लगभग प्रत्येक ने किसी न किसी रूप में यौन हिंसा का सामना किया है। हममें से तिरेपन प्रतिशत ख़ून की कमी से पीड़ित हैं।

बढ़ती हुई शैक्षिक उपलब्धि के बावजूद नौकरियों, प्रौद्योगिकी, संपत्ति या संचार उपकरणों—इक्कीसवीं सदी में आत्मनिर्भरता का तेल—तक महिलाओं की बहुत कम पहुंच है।

मुखर आंकड़ों को समझने के लिए और अपने ग़ुस्से और पूर्वाग्रह को नियंत्रित करने के लिए, मैंने भारत में कई नारीवादियों, बुद्धिजीवियों, विद्वानों और एक्टिविस्ट्स के सामने एक सीधा सा सवाल रखा: क्या महिलाओं के लिए किसी सार्थक तरीक़े से हालात बदले हैं? मज़ूमदार और उनके सहयोगियों द्वारा 1970 के दशक में अपनी रिपोर्ट लिखे जाने के बाद से 'महिलाओं की स्थिति' में किस प्रकार से प्रगति हुई है?

पहली प्रतिक्रिया मुझे भारत के सबसे ज़्यादा मान्यता प्राप्त अर्थशास्त्रियों और कार्यकर्ताओं में से एक, ज्यांद्रेज़ से मिली। इस तथ्य पर प्रकाश डालते हुए कि भारत में अनगिनत वास्तविकताओं को एक बार में समझ पाना कितना कठिन है, उन्होंने लिखा: 'महिलाओं की स्थिति, जैसा कि आप इसे कहती हैं, एक आयामी चीज़ नहीं है और बहुत कुछ इस बात पर निर्भर करता है कि आप क्या देख रहे हैं—मसलन, महिलाओं की शिक्षा का स्तर (जोकि बढ़ रहा है, और निश्चित रूप से उनके सशक्तीकरण में योगदान दे रहा है) या कार्यबल में भागीदारी की दर (जो घट रही है)। भारत में सामाजिक परिवर्तन भी वर्ग और जाति से जुड़ा होता है। उदाहरण के लिए, यदि आप दिल्ली जैसे शहरों में विश्वविद्यालय की छात्राओं को देखें, तो उनके पास निश्चित रूप से पहले के मुक़ाबले ज़्यादा शक्ति और स्वतंत्रता है—जैसे कि अपनी पसंद के व्यक्ति से शादी करने या अपनी पसंद के कैरियर को आगे बढ़ाने की स्वतंत्रता। दूसरी ओर, अगर आप किसी कृषि परिवार की दलित महिला को देखें, तो बदलाव कम उल्लेखनीय होंगे, हालांकि कुछ बदलाव हो सकते हैं, मसलन कम प्रजनन दर और जनसंचार माध्यमों तक बेहतर पहुंच। कुल मिलाकर, मैं कहूंगा कि पिछले कुछ दशकों के दौरान भारत में लैंगिक संबंधों में कुछ सकारात्मक बदलाव आया है, लेकिन यह बहुत धीमा रहा है।'

एसईडब्ल्यूए (सेवा) की रेनाना झाबवाला ने अपनी सक्रियता के अनुभवों और उससे मिली सीखों, और उस काम के बारे में बताया जो उन्होंने 1977 से महिला श्रमिकों के अधिकारों के लिए किया है। 'हालांकि महिलाएं 1970 के दशक की तुलना में ज़्यादा शिक्षित और स्वस्थ हैं,' उन्होंने कहा, 'लेकिन पुरुषों और महिलाओं के बीच अंतर बने हुए हैं। हमारे लिए सबसे बड़ी चिंता की बात यह है कि आज़ादी और सार्वजनिक जीवन तक महिलाओं की पहुंच अभी भी सीमित है। उन्हें अपनी सारी मेहनत के लिए बमुश्किल ही मेहनताना मिलता है। बहुत कम के पास अच्छी

नौकरियां हैं और उससे भी कम सार्वजनिक जीवन में सफलता पाने में कामयाब होती हैं—फिर वो चाहे राजनीति में हो या बिज़नेस में। और हालांकि मुझे ऐसा तो नहीं लगता कि यह बढ़ता पुरुष-महिला विभाजन आर्थिक उदारीकरण ने पैदा किया है, लेकिन इतना ज़रूर है कि उदारीकरण ने लड़कों के लिए ज़्यादा अवसर खोले हैं। लड़कियों को अपने परिवारों के सख़्त नियंत्रण के कारण इन अवसरों को हासिल करने के लिए संघर्ष करना पड़ता है। परिवारों के भीतर महिलाओं के लिए स्वतंत्रता पर बातचीत में क्रांतिकारी परिवर्तन नहीं हुआ है। महिलाओं को आवाज़ उठानी चाहिए। यह सबसे महत्वपूर्ण है।'

भारत के आर्थिक उदारीकरण के पच्चीस साल पूरे होने के उपलक्ष्य में एक किताब लॉन्च करने के लिए हुई एक पैनल चर्चा के दौरान एक प्रमुख विद्वान और जाने-माने बुद्धिजीवी प्रताप भानु मेहता ने कहा कि भारतीय राज्य द्वारा महिलाओं और लैंगिक मुद्दों का प्रबंधन एक 'विनाशकारी नाकामी' रहा है। उन्होंने मज़ाक़ करते हुए इंगित किया कि आर्थिक सुधार के पक्ष और विपक्ष पर बहस करने वाला सर्व-पुरुष पैनल एक बड़ी समस्या का द्योतक था। हर अंतरराष्ट्रीय संस्थान उनकी चिंता को साझा करता है। 2018 में, उस समय अंतर्राष्ट्रीय मुद्रा कोष (आईएमएफ़) की प्रमुख क्रिस्टीन ले गार्ड ने चिंता ज़ाहिर की कि भारत लगातार बढ़ते लैंगिक अंतर को दूर करने में नाकाम रहा है। मैंने येल विश्वविद्यालय में लैंगिक असमानता का अध्ययन करने वाली विकास अर्थशास्त्री रोहिणी पांडे का इंटरव्यू लिया। 'नौकरियों तक महिलाओं की पहुंच के आंकड़े बदतर होते जा रहे हैं,' उन्होंने कहा। 'निरंतर रूप से चिंताजनक बात यह है कि यह मुद्दा बमुश्किल ही राजनीतिक प्राथमिकता बनता है। भारत राज्य चाहे तो बहुत कुछ कर सकता है। चाहे फ़ोन तक पहुंच हो या नौकरी तक, हमारी संस्कृति और संस्थाएं महिलाओं को अपने घरों से बाहर की दुनिया से जुड़ने की ज़्यादा आज़ादी देने में ज़बरदस्त प्रतिरोध दिखाती हैं।'

महिला आंदोलन की कई सफलताओं पर विचार करते हुए फ़ेमिनिस्ट प्रकाशक और लेखिका उर्वशी बुटालिया ने महिला जमातों की स्थापना, जाति-आधारित भेदभाव को दूर करने में आंदोलन की भूमिका और महिलाओं के नेतृत्व वाले सामुदायिक समूहों के महत्वपूर्ण कामों पर प्रकाश डाला। उन्होंने आगे कहा, 'लेकिन मुझे लगता है कि राजनीतिक इच्छाशक्ति की गहरी कमी या गहरा अभाव है, हमारे राजनीतिक वर्ग, हमारे नौकरशाहों, हमारे नीति निर्माताओं, हमारे जजों में इस बात की कोई वास्तविक समझ ही नहीं है कि महिलाओं की वास्तविक भागीदारी के द्वारा दुनिया को कैसे बदला जा सकता है, और बदलना चाहिए।

इसलिए, वो (कभी-कभी) सही बातें बोलते तो हैं लेकिन करते बहुत कम हैं या ग़लत करना जारी रखते हैं। यदि कोई प्रगति हुई है, तो इसलिए कि महिलाएं इसके लिए लड़ी हैं, उन्होंने इसे छीना है और फिर उन्होंने इसकी रक्षा की है।'

1974 की रिपोर्ट सहित भारतीय नारीवादियों के हस्तक्षेप की जड़ें कमलादेवी चट्टोपाध्याय जैसी अनगिनत स्वतंत्रता सेनानियों और कार्यकर्ताओं के प्रयासों में निहित हैं। 1903 में जन्मी और समाजशास्त्र की छात्रा चट्टोपाध्याय को इतिहासकारों ने अपनी पीढ़ी की सबसे अधिक यात्रा करने वाली भारतीय महिला और 'कलर्ड कॉस्मोपॉलिटनिज़्म' प्रतिनिधि के रूप में वर्णित किया है। 1926 में राजनीतिक पद के लिए मुक़ाबला करने वाली पहली भारतीय महिला कमलादेवी चट्टोपाध्याय नेहरूवादी वैचारिक परिदृश्य से भिन्न सोच रखती थीं, जिसके लिए अर्थव्यवस्था का इंजन कारख़ाने और खेत थे। जैसे-जैसे भारत का औद्योगीकरण हुआ, उन्होंने अपनी ज़िंदगी में महिलाओं के आर्थिक अवसरों में भारी गिरावट और महिलाओं के श्रम के निरंतर अवमूल्यन को देखा और संभवतः पहले से इसका अनुमान लगा लिया था। महिला 'श्रमिकों' की हिस्सेदारी 1911 के तैंतीस प्रतिशत से 1971 में घटकर महज़ बारह फ़ीसदी रह गई। स्वतंत्रता के बाद महिलाओं के पारिश्रमिक वाले कामों में कई कारणों से गिरावट आई: महिलाओं के श्रम को समझने में कठिनाइयां, जनसंख्या वृद्धि, अर्थव्यवस्था में मशीनीकरण की बढ़ोतरी, पारंपरिक हाथ की बुनाई से आधुनिक मिलों और कारख़ानों की ओर बदलाव जिसमें रोज़गार बड़े पैमाने पर पुरुषों को दिए जाते थे। चट्टोपाध्याय ने घर को आर्थिक उत्पादन-स्थल के रूप में स्वीकार करने और बच्चों की देखभाल, शिल्प और गृह-आधारित उद्योगों में सरकारी निवेश के माध्यम से महिलाओं के काम को बढ़ाने की आवश्यकता को महसूस किया। भारत में मौलिक अधिकार प्रस्ताव पर जवाहरलाल नेहरू के साथ हुई एक तीखी बहस के दौरान उन्होंने तर्क दिया कि महिला श्रमिकों को 'सुरक्षा' के बजाय 'ध्यान' दिए जाने की आवश्यकता है। उनका मानना था कि 'सुरक्षा' शब्द के प्रयोग से महिलाएं कमज़ोर लगती हैं। नेहरू ने आपत्ति नहीं की; उनकी प्रतिक्रिया वही है जो 2020 में कई भारतीय देंगे—'श्रीमती कमलादेवी की "सुरक्षा" शब्द पर आपत्ति से बेहतर हीन भावना का कोई उदाहरण नहीं हो सकता। मुझे समझ नहीं आता कि "सुरक्षा" में अपमानजनक क्या है।'

चट्टोपाध्याय ने सुरक्षा की धारणा का विरोध इसलिए किया था कि वो अर्थव्यवस्था में महिलाओं के योगदान और अनुभवों को दी गई हीन स्थिति को दूर करने के लिए लड़ रही थीं। बच्चों के लालन-पालन में सहयोग के लिए किए एक लंबे संघर्ष के बाद, 1961 में महिलाओं के लिए मातृत्व लाभ को अनिवार्य करने वाला एक क़ानून

पास किया गया था, जिसके ज़रिए महिलाओं को औपचारिक कार्यबल में बारह सप्ताह का मातृत्व अवकाश प्रदान किया गया था। 2017 में इस क़ानून में संशोधन करके मातृत्व अवकाश को बढ़ाकर छब्बीस सप्ताह कर दिया गया और पचास से अधिक कर्मचारियों वाले सभी उद्यमों के लिए क्रेच सुविधाएं प्रदान करना अनिवार्य किया गया। संशोधन ने यह भी सुनिश्चित किया कि गर्भावस्था से पहले और बाद के समय में महिलाओं की नौकरी सुरक्षित रहे। ये महत्वपूर्ण बदलाव हैं। लेकिन वो अभी भी बच्चे की देखभाल को पुरुषों और महिलाओं के बीच साझा किए जाने वाले काम के रूप में मान्यता नहीं देते हैं। निजी क्षेत्र में मातृत्व अवकाश की तरह पितृत्व अवकाश देने की आवश्यकता का कोई प्रावधान नहीं है। घरों से होने वाले व्यवसायों और अनौपचारिक कामों में—जहां सबसे ज़्यादा महिला श्रमिक काम करती हैं—महिलाएं ऐसे क़ानूनों के लाभों की पात्र नहीं हैं, जिन्होंने अभी भी श्रम नियमों को बस कारख़ानों और कार्यालयों के साथ जोड़े रखा है। यह चिंता भी बढ़ रही है कि 2017 के संशोधन के नतीजे में निजी क्षेत्र में महिलाओं की भर्ती और भी कम की जाएगी। और ऐसी एकल महिलाओं को जिन्हें एक ही आमदनी (जो समान काम करने वाले पुरुष की कमाई से निश्चित रूप से कम है) में बुज़ुर्ग माता-पिता की देखभाल करनी पड़ती है, कोई सहायता नहीं दी जाती। इसलिए लड़ाई जारी है।

नोबेल-विजेता अर्थशास्त्री अभिजीत बनर्जी ने मुझे बताया था कि इसका 'अधिमूल्यांकन करना कठिन है कि वस्तुकरण और उत्पीड़न के इस इतिहास ने महिलाओं के आत्मसम्मान को कितना नुकसान पहुंचाया है। बहुत सी महिलाओं को अपनी ख़ुद की संभावनाओं का कोई अंदाज़ा नहीं होता है, इसलिए भी कि उन्हें कभी मौक़ा नहीं मिला और इसलिए भी कि वो इतने सांस्कृतिक और शारीरिक ख़तरों का बोझ उठाती हैं। शिक्षा, मीडिया और सकारात्मक कार्रवाई शायद उन्हें यह महसूस कराने की कोशिश में महत्वपूर्ण होगी कि वो अर्थव्यवस्था और हमारे बहुत ज़्यादा टूटे हुए समाज द्वारा उन पर लादी गई चुनौतियों का सामना कर सकती हैं।'

जब मैंने फ़ैन-महिलाओं से इस बारे में पूछा कि वो 'महिलाओं की स्थिति' को कैसे देखती हैं, तो किसी ने भी अपनी बात रखने के लिए क़ानूनों या आंकड़ों का इस्तेमाल नहीं किया। उन्होंने अपने रिश्तों की क्वालिटी और अपने बच्चों को दिए जाने वाले भोजन की क्वालिटी के ज़रिए अपने जीवन की क्वालिटी के बारे में बताया। ऐसा महसूस हुआ कि बच्चों को दिए जाने वाले भोजन की क्वालिटी में मामूली सुधार हुआ है जबकि रिश्तों की क्वालिटी में तेज़ी से गिरावट आई है। 'हर जगह प्यार कम है और तनाव कहीं ज़्यादा है,' मंजु ने एक बार मुझसे कहा था।

यह सोचना कि सामाजिक असमानताएं विशेषाधिकार प्राप्त महिलाओं को भी दुखी नहीं कर रही हैं, यह मानना कि भेदभाव हमारे ख़ुद के साथ रोज़मर्रा के रिश्तों के बीच नहीं आता है, यह मानना कि अपने रोमांटिक रिश्तों को संभालने के हमारे तरीक़ों में नाक़द्री और शर्म की भावना नहीं आती है, ये दिखावा करना कि अपने पार्टनर्स, पिता, भाइयों और मांओं के साथ हमारे पारस्परिक संबंध संरचनात्मक असमानताओं से अछूते हैं और पूर्ण समानता से भरे हैं, सीधे-सीधे मूर्खता है, या उससे भी बदतर, एक कुटिल ख़ामोशी है।

2018 में *लैंसेट* में प्रकाशित एक अध्ययन के अनुसार युवा भारतीय महिलाओं में आत्महत्या की दर अब तक के उच्चतम स्तर पर पहुंच गई है। दुनिया में आत्महत्या से मरने वाली सभी महिलाओं में से सैंतीस प्रतिशत भारतीय हैं; भारतीय महिलाओं में आत्महत्या की दर वैश्विक औसत से दोगुनी है। महिला एजेंसी—वो डिग्री जिस तक महिलाओं को लगता है कि उनका अपने जीवन पर नियंत्रण है और वे अपनी हसरतों को पूरा कर सकती हैं—को मापने वाले मनोवैज्ञानिक परीक्षण सभी वर्ग और जाति समूहों में चिंताजनक रुझान दिखाते हैं। डब्ल्यूएचओ के अनुसार, दुनिया में डिप्रेशन का सबसे ज़्यादा शिकार भारतीय हैं और पुरुषों की तुलना में महिलाओं में डिप्रेशन से पीड़ित होने की संभावना पचास प्रतिशत अधिक है। हममें से अनेक उन पितृसत्तात्मक संरचनाओं का सामना करने में असमर्थ होती जा रही हैं जिन्हें हमने विरासत में पाया और संरक्षित किया है, चाहे वो झारखंड के घटते जंगलों में हो या गुड़गांव के गेटेड परिसरों में।

अंतरंग और वृद्धिशील

'कपड़े पहनने के तरीक़े में बदलाव लोगों के सोचने के तरीक़े में बदलाव से बहुत भिन्न है।'

—शाहरुख़ ख़ान, 2009

लगभग नौ साल पहले, केंद्रीय दिल्ली में 'निर्भया' विरोध प्रदर्शनों के दौरान मेरी मुलाक़ात विभा नाम की एक लड़की से हुई थी। यह एक बस में छह आदमियों द्वारा एक मध्यमवर्गीय तेईस साल की फ़िज़ियोथेरेपी छात्रा के जघन्य बलात्कार और हत्या पर सार्वजनिक आक्रोश और ग़ुस्से की अभिव्यक्ति थी। विभा उन्नीस वर्ष की थीं; वो दिल्ली से सटे समृद्ध उत्तरी राज्य हरियाणा के रोहतक की रहने वाली थीं। विरोध प्रदर्शनों में हमारी उपस्थिति के दो दिन बाद दिल्ली पुलिस ने विरोध

स्थलों की ओर जाने वाले सभी मेट्रो स्टेशनों और सड़कों को बंद कर दिया और मोमबत्तियां उठाए जो लोग फिर भी इकट्ठा हुए थे, उन पर आंसू गैस छोड़ी। इस तरह की गड़बड़ी की आशंका के कारण विभा की मां उनके साथ विरोध प्रदर्शन में गई थीं क्योंकि 'एक लड़की के लिए अकेले जाना सुरक्षित नहीं था।' ये उत्तर भारत के जाट कृषि समुदाय की महिलाएं थीं, जिसने कुछ सालों में काफ़ी दौलत, संपत्ति और राजनीतिक शक्ति अर्जित की है। हरियाणा के दस में से सात मुख्यमंत्री इसी समुदाय से रहे हैं। जाट ऐतिहासिक रूप से समुदाय-आधारित स्वशासित परिषदों पर भरोसा करते रहे हैं जिन्हें खाप पंचायत कहा जाता है। ये ग्राम सभाएं पिछले एक दशक में महिलाओं की शारीरिक गतिविधियों पर सख़्त नियंत्रण और ऑनर किलिंग को मंज़ूरी देने के लिए काफ़ी बदनाम हुई हैं।

विभा और उसकी मां दोनों एक युवती के क्रूर सामूहिक बलात्कार और हत्या से सदमे में आ गई थीं और रो रही थीं, जिसे प्रेस द्वारा 'निर्भया' नाम दिया गया था क्योंकि क़ानून के मुताबिक़ बलात्कार पीड़ितों का नाम सार्वजनिक नहीं किया जा सकता। सारे देश में भीड़ का उमड़ना भारतीय राजनीतिक इतिहास में भी एक महत्वपूर्ण क्षण था, जिसमें आम मतदाताओं की भीड़ महिलाओं के अधिकारों के लिए आवाज़ उठा रही थी, महिलाओं की सुरक्षा की मांग करते हुए सार्वजनिक स्थानों पर हिंसक विरोध प्रदर्शन हो रहे थे, और सत्तारूढ़ कांग्रेस के नेतृत्व वाली सरकार के चुनावी अवसर कमज़ोर हो रहे थे। विरोध स्थल क्रुद्ध, दुखी, उच्च और मध्यमवर्गीय महिलाओं से भरे हुए थे, जिनके लिए यह स्वीकार करना मुश्किल हो रहा था कि महिला शरीर बार-बार ऐसी वीभत्स हिंसा का शिकार बन सकता है।

इतने सारे लोगों की भीड़ में दम घुटने के कारण विभा की मां शिकायत कर रही थीं कि उन्हें चक्कर आ रहा है। मां और बेटी ने धरना स्थल के पास एक बाज़ार से उन्हें लेने के लिए एक टैक्सी की व्यवस्था की थी। पुलिस द्वारा सड़कें बंद कर दिए जाने के कारण टैक्सी ड्राइवर को काफ़ी दूरी पर पार्क करना पड़ा था। मोबाइल नेटवर्क ठीक नहीं था और विभा ड्राइवर से संपर्क नहीं कर पा रही थीं। वो लोग फंस गई थीं। मैं गुड़गांव में एक लेट ड्रिंक के लिए एक दोस्त से मिलने वाली थी और मैंने उन्हें घर तक लिफ़्ट देने की पेशकश की। जाटों की नई दौलत के मुताबिक़ उनका पारिवारिक घर ग्रेटर गुड़गांव में एक आलीशान गेटेड परिसर में था; वो लंबे समय पहले अपने धन के स्रोत को पीछे छोड़ आए थे—ग्रामीण रोहतक में लंबे-चौड़े खेत जहां अब लोग पट्टेदारी पर खेती करते थे। विभा ने फ़ौरन मेरा प्रस्ताव स्वीकार कर लिया।

गुड़गांव के रास्ते में कार के स्टीरियो पर शाहरुख़ का एक मशहूर पुराना गाना बज रहा था। विभा उसके साथ-साथ गाने लगीं। मैंने उनसे पूछा कि क्या वो शाहरुख़ की फ़ैन हैं। 'वो मेरे लिए बहुत बूढ़ा है,' विभा ने कहा। 'मुझे रायन गोज़लिंग पसंद है।' लेकिन उसने आगे कहा, 'मैं शाहरुख़ को बहुत पसंद करती हूं। जिस तरह से उसने अपने दम पर कामयाबी हासिल की है। हमारे परिवार की सभी बड़ी उम्र की महिलाएं उसकी फ़िल्में देखने के लिए एक साथ जमा होती हैं। मेरी एक मुझसे बड़ी कज़िन है जो उसे बहुत सराहती है। मुझे लगता है कि वो सब उसके जैसे बेटे चाहती हैं।'

हमारे सफ़र के दौरान विभा बिना रुके बात कर रही थीं। उन्होंने मुझे बताया कि वो अपनी सांख्यिकी की क्लास की टॉपर हैं, कि सोशल मीडिया पर उनके बहुत से फ़ॉलोअर्स हैं, कि उन्होंने अपने कॉलेज की लड़कियों के विरोध प्रदर्शन में जाने की व्यवस्था की थी। वो मुझे एक ऐसी लड़की लगीं जिसमें बहुत सी इच्छाएं और महत्वाकांक्षाएं हैं—जो दुनिया का स्वाद लेने को बेताब है। आख़िर में, उन्होंने एक जाना-पहचाना अनुरोध किया, जिसे मैं सार्वजनिक जगहों से लौट रही उत्तर भारतीय महिलाओं से सुनने की आदी हो चुकी थी—*'प्लीज़ हमारे परिवार को यह मत बताना कि आप विरोध प्रदर्शन में हमसे मिली थीं। हमने कहा था कि हम मॉल जा रहे हैं।'*

'पापा ने मुझे विरोध प्रदर्शन में शामिल होने की इजाज़त नहीं दी थी,' विभा ने कहा। 'लेकिन मेरे लिए वहां होना अहम था। कॉलेज की मेरी सारी दोस्त आ रही थीं, मैंने उनसे आने का अनुरोध किया था। महिलाओं के रूप में हमें एक साथ चलने की ज़रूरत है। मेरी मां शामिल होने के लिए मान गई थीं। यह दुख की बात है कि हमें झूठ बोलना पड़ा, लेकिन हम और क्या कर सकते थे?'

मैं गोपनीयता के उनके अनुरोध पर सहमत हो गई। लंबी, हताशापूर्ण ड्राइव के बाद उनके घर पहुंचने पर विभा ने सुझाव दिया कि मैं उनके परिवार के साथ चाय पियूं। उन्होंने मेरे ड्राइवर को भी चाय-नाश्ता दिया। गुड़गांव के सफ़र में उसके सारे कौशल और धैर्य की ज़रूरत पड़ी थी। दिल्ली की सड़कों पर ऐसा लगता है कि अंतहीन ट्रैफ़िक जामों के बीच कारें इंसानियत के जज़्बे को कुचलने के लिए चलती हैं। हमारी ड्राइव भी कोई अपवाद नहीं थी, जिसमें हर जगह बेवजह आड़ी-तिरछी ड्राइविंग करते, हिंसक रोड-रेज के दौरे में फट पड़ने को बेक़रार ड्राइवर हर जगह मौजूद थे। मेरे ड्राइवर सुरिंदर को एक ब्रेक की ज़रूरत थी, और इसके लिए चाय बहुत अच्छी चीज़ थी। मैं उनके चमचमाते लिविंग रूम में विभा के

पिता से मिली, जहां हर ओर संगमरमर और झूमर थे। दीवारों पर परिवार के बुज़ुर्गों की तस्वीरें लगी हुई थीं—धंसी हुई खोखली आंखों और फूली हुई छातियों वाले पुरुष, ढके हुए सिर और सुंदर आकृतियों वाली महिलाएं। कुछ पुरुषों ने भारतीय सेना में सेवा की थी। जाट समुदाय सैन्य सेवा, कृषि और रियल एस्टेट के कौशल के लिए जाना जाता है। मेरी शैक्षणिक पृष्ठभूमि के बारे में जानने के बाद विभा के पिता मुझे अपने बेटे से मिलवाने के इच्छुक थे। मैं इसकी आदी थी, जैसा कि ज़्यादातर ऐसे भारतीय होते हैं जिन्होंने बड़े स्कूलों से पढ़ाई की है—परिवार अक्सर चाहते हैं कि हम आवेदन निबंधों में उनके बच्चों की मदद करें। विभा का एक भाई था, वरुण, जो उससे एक साल छोटा था और हाल ही में दिल्ली विश्वविद्यालय के एक प्रतिष्ठित कॉलेज में उसका दाख़िला हुआ था। उसे एक प्रतिस्पर्धी बास्केटबॉल खिलाड़ी के रूप में खेल कोटे से ये दाख़िला मिला था, और वो जल्द ही राज्य स्तर पर खेलने की उम्मीद कर रहा था।

जब हम पहुंचे, तो वरुण अपने दोस्तों से मिलने के लिए बाहर जाने से पहले शाम की झपकी ले रहा था। विभा ने कहा, 'आमतौर पर हम भैया को डिस्टर्ब नहीं करते हैं।' फिर भी, घर की एक नौकर को युवा वरुण को बुलाने के लिए भेजा गया। 'नौकरानी से कहो कि वरुण से कहे, पापा को उससे बात करनी है,' विभा के पिता ने किसी ख़ास व्यक्ति को मुख़ातिब किए बिना अपने शब्द ड्रॉइंग रूम की हवा में छोड़ते हुए हुक्म जारी किया, इस विश्वास के साथ कि उनके हुक्म को पूरा किया जाएगा। उस कमरे में बैठे हुए, परिवार के असमान समीकरण स्पष्ट दिख रहे थे। यह साफ़ था कि वरुण की गतिविधियों पर बमुश्किल ही कोई लगाम दी जाती है, और घर की सारी रोकटोक बस विभा के दिमाग़ और शरीर तक ही सीमित थी। विभा ने हमारी कार यात्रा के दौरान एक बिज़नेस डिग्री हासिल करने में अपनी दिलचस्पी का ज़िक्र किया था, लेकिन उनकी मां ने अपनी बेटी की महत्वाकांक्षाओं को न तो स्वीकार किया था और न ही प्रोत्साहन दिया था, और वो पूरे समय ख़ामोश रही थीं। उस समय मुझे लगा था कि ऐसा इसलिए है कि उनकी तबीयत ठीक नहीं है। अब उनके लिविंग रूम में मुंह में बिस्कुट भरते हुए मुझे कुछ और ही लगने लगा था। किसी ने नहीं कहा कि मैं विभा को कैरियर संबंधी कोई सलाह दूं, भले ही वो अपने परिवार में कॉलेज जाने वाली पहली लड़की थी।

बीस मिनट गुज़रने के बाद एक आकर्षक लड़के ने कमरे में प्रवेश किया—मुझे उससे महंगे कलोन और शराब की गंध आती महसूस हुई; शायद उसने शाम में भी पीना शुरू कर दिया था या शायद उसे अभी भी पिछली रात की ड्रिंक्स का

हैंगओवर था। इस क्षेत्र के अधिकांश युवा-सुंदर-अमीर-शराबियों की तरह वरुण को भी व्हिस्की पसंद थी। उसके पिता ने उससे मेरा और मेरी योग्यताओं का परिचय कराया और अनुरोध किया कि मैं लड़के को उसके कैरियर और पढ़ाई के बारे में सलाह दूं। कमरे में हम महिलाओं के साथ बिस्कुट की प्लेट और व्हिस्की में डूबा वरुण बचा। विभा के पिता की गॉल्फ़ क्लब में एक बिज़नेस मीटिंग थी।

इससे पहले कि मैं वरुण से उसके भविष्य की योजनाओं के बारे में पूछना शुरू कर पाती, वो विभा की ओर मुड़ा और बोला, 'क्या तुम्हारी नई दोस्त का कोई बॉयफ्रेंड है?' विभा ने जवाब दिया, 'भैया, ऐसी बातें मत करो। प्लीज़।' वरुण मेरी ओर मुड़ा और आगे बोला। 'आप कहां से हैं?' उसने पूछा। 'आपको देखकर ऐसा तो नहीं लगता कि आप नॉर्थ से होंगी।' 'झारखंड और बंगाल,' मैंने जवाब दिया। ऐसा लगा जैसे मेरे वंश से वरुण बड़ा उत्साहित हो गया हो। 'आपके सरनेम से लगता है कि आपके पिता ब्राह्मण हैं, इसीलिए कोई हैरानी नहीं कि आप पढ़ाई में अच्छी होंगी। लेकिन आपको पता है, हमारे नौकर और किसान दुल्हनें और नौकरानियां आपके दोनों राज्यों से ख़रीदकर लाते हैं, वहां इतने ख़राब हालात हो चुके हैं। इसलिए वो अपनी लड़कियों को हमारे पास भेजते हैं।' वो हंसने लगा। उसकी हंसी की आवाज़ ने उसके बेतहाशा नशे में होने का राज़ खोल दिया—उसकी हंसी भुरभुरी, निर्लज्ज, ज़ोरदार थी, अपने परिवार के झूमरों और आसान पैसे के आत्मविश्वास में चूर। लेकिन नौजवान और शराबी वरुण की बात सही थी।

2012 में, जब मैं विभा और वरुण से मिली थी, तो हरियाणा में प्रति हज़ार पुरुषों पर सिर्फ़ 871 महिलाओं की जन्म दर दर्ज की गई थी; ज़ाहिर है, कन्या भ्रूणहत्या और शिशुहत्या प्रचलित थी। नतीजतन, ग्रामीण परिवारों को खेती और प्रजनन क्षमता दोनों में मदद के लिए झारखंड और बंगाल जैसे ग़रीब पूर्वी राज्यों से पैसा देकर दुल्हनें मंगवानी पड़ती थीं। हरियाणा के 92 गांवों के 10,000 परिवारों में किए एक सर्वेक्षण में, एक स्थानीय एक्टिविस्ट ग्रुप—दृष्टि स्त्री अध्ययन केंद्र—ने 9,000 ऐसी ख़रीदी गई दुल्हनों की पहचान की। शोधकर्ताओं ने लिखा, 'हर गांव में पचास से ज़्यादा ऐसी लड़कियां हैं जिन्हें ख़रीदा गया है; उनमें से कुछ तो तेरह वर्ष तक की हैं, और "विवाह के लिए बेची गई" लड़कियों का एक बहुत छोटा प्रतिशत ही विवाहित जीवन जीते पाया गया। अधिकांश लापता हैं या फिर उनका उन एजेंटों या आदमियों द्वारा अवैतनिक घरेलू नौकरों के रूप में शोषण किया जाता है जो उनसे शादी करते हैं/उन्हें ख़रीदते हैं। कुछ वर्षों तक विवाहित जीवन जीने के बाद लड़कियों को दूसरे आदमियों को बेच दिए जाने के भी उदाहरण हैं।'

'मुझे यक़ीन है आपके कई बॉयफ्रेंड होंगे,' वरुण ने मुझे मेरे समाजविज्ञानी दिवास्वप्न से बाहर निकालते हुए कहा। जैसे सबने पहले ही उसका 'मज़ाक़' सुना नहीं था, उसने अपनी बहन को सुनाने के लिए अपनी टिप्पणी दोहराई। 'मुझे यक़ीन है तुम्हारी दोस्त के कई बॉयफ्रेंड रहे होंगे,' उसने उनसे कहा, और उसके सुंदर चेहरे पर मुस्कान फैल गई। विभा ने कुछ कहने को मुंह खोला ही था कि वरुण अचानक ऊंची आवाज़ में बोला: 'चुप रहो! बड़े लोग बात कर रहे हैं।' वो सन्न रह गई, और अपने छोटे भाई से डरकर ख़ामोश हो गई। वरुण अपनी बहन पर इतनी ज़ोर से चिल्लाया था कि मैंने उससे पहले कभी किसी आदमी को इतनी ज़ोर से चिल्लाते नहीं सुना था। विभा के पिता कहीं दिखाई नहीं दे रहे थे, उनकी मां गंभीर सा चेहरा लिए दर्शक बनी बैठी थीं। दोनों महिलाएं कांप रही थीं। वरुण की नज़र फिर से मुझ पर आ टिकी। 'आप जानती हैं,' उसने तिरस्कार से बिगड़े चेहरे के साथ कहा, 'यहां हरियाणा में, मर्दों और औरतों के बारे में हमारी एक कहावत है। और उनके बॉयफ्रेंड्स और गर्लफ्रेंड्स के बारे में। ऐसी चाबी जो कई ताले खोल सकती है वो अच्छी चाबी है। लेकिन एक ताला जो कई चाबियों से खोला गया हो, वो ख़राब ताला है।'

ये सेक्सुअल उपमा तीखी और स्पष्ट थी। वरुण ढके-छिपे शब्दों में विश्वास नहीं करता था। 'वो इकलौती चीज़ जिसे ताले और चाबी की ज़रूरत है, वो तुम्हारा मुंह है,' ग़ुस्से से लगभग बेक़ाबू होते हुए मैंने कहा। मैंने कुछ बेमानी सा बहाना बुदबुदाया और तेज़ी से कमरे से बाहर निकल गई। विभा मेरे पीछे-पीछे आईं। जब मैं बड़ी सी शानदार लिफ़्ट में घुसने वाली थी, तो वो माफ़ी मांगने लगीं। उन्होंने रोते हुए कहा, 'उस विरोध प्रदर्शन में जाना मेरी बेवकूफ़ी थी।क्या फ़ायदा है? घर के ये लड़के कभी नहीं बदलेंगे। उसने आपसे इतनी बुरी तरह बात की, और मैं कुछ नहीं कर सकी। हम जैसी शिक्षित लड़कियों के लिए उनके मन में कोई इज़्ज़त नहीं है। असल में, हम जितना ज़्यादा बोलते और अच्छा करते हैं, उतना ही वो हमसे नफ़रत करता है। उसे मेरी भावनाओं की भी परवाह नहीं है। लेकिन वो मेहमानों के साथ ऐसा कभी नहीं करता है, वो अपने विचारों को छिपाने में अच्छा है। उसने महिला दिवस पर यहां जाट भवन में भाषण भी दिया था कि युवाओं को महिलाओं की समानता का समर्थन करना चाहिए। आज वो कुछ ज़्यादा ही खुला हुआ था। शायद इसका कारण शराब रही होगी और यह कि हमने उसे जगा दिया था। मुझे सचमुच बहुत अफ़सोस है।' मैं इतना ग़ुस्से में थी कि उन्हें तसल्ली देने के लिए भी कुछ ठीक से नहीं कह सकी। विभा और मैंने अपने फ़ोन नंबर एक दूसरे को दिए और संपर्क में रहने का वादा किया। मझे कभी उनकी कोई खोज-ख़बर

नहीं मिली। लेकिन मैं अक्सर विभा के बारे में सोचती हूं। क्या उनका हौसला और आवाज़ कभी उनके अपने घर को बदल सकी होगी?

कार की तरफ़ वापस जाते हुए मैं जानती थी कि विभा अपने भाई के बुरे बर्ताव के लिए पश्चाताप के ख़ामोश बोझ से ख़ुद को प्रताड़ित करेंगी, लेकिन मेरे जाने से उनके भाई के आत्मसंतुष्ट पुरुष हृदय में अपराधबोध या आत्मनिरीक्षण का कोई अहसास नहीं जागेगा। उसके पास सुंदरता और धन का वरदान था, अपनी प्रतिभाओं का इस्तेमाल करने की पूरी आज़ादी थी, और वो इतना आत्मसंतुष्ट था कि अपने चरित्र के बारे में सोच-विचार पर समय बर्बाद नहीं करता। उसके लिए सार्वजनिक रूप से लैंगिक समानता के समर्थन का दावा करना शिष्टाचार और आधुनिकता का प्रदर्शन करने का एक तरीक़ा था, यह दिखाने का कि नैतिक हुए बिना उसने नैतिक निष्ठा का पालन किया था। दुनिया युवा वरुण को उसके पूर्वाग्रहों की जांच के लिए प्रोत्साहित नहीं करती थी। उसके रोज़मर्रा के अंतरंग जीवन में महिलाओं को उसकी प्रामाणिक भावनाओं का ख़ामियाज़ा भुगतना पड़ेगा। क्या वरुण कभी निजी तौर पर उस समानता का पालन करेगा जिसका जाट भवन में उसने सार्वजनिक रूप से प्रचार किया था?

2014 में हरियाणा के 314 स्कूलों में छात्रों और अभिभावकों के बीच एक सर्वेक्षण किया गया था। अब्दुल लतीफ़ जमील पॉवर्टी एक्शन लैब (जे-पाल) के अर्थशास्त्रियों की एक टीम के नेतृत्व में यह सर्वेक्षण राज्य के सरकारी स्कूलों के प्रशासकों के साथ मिलकर छात्रों के बीच लैंगिक आचरणों पर व्यवहार-परिवर्तन पाठ्यक्रम के प्रभावों के परीक्षण के लिए एक आधार रेखा बनाने के प्रयास का हिस्सा था। इसके परिणामों ने दुनिया में महिलाओं की भूमिका के बारे में हमारी सभी धारणाओं में निहित दोहरेपन और ख़ुद से किए जाने वाले धोखे को उजागर किया। अच्छी ख़बर: लगभग नब्बे प्रतिशत लड़के और लड़कियों ने महसूस किया कि पुरुषों और महिलाओं को समान बर्ताव और अवसर मिलने चाहिएं। बुरी ख़बर: अस्सी प्रतिशत लड़कों ने यह भी महसूस किया कि शैक्षिक अवसरों तक पहुंच में पुरुषों को तरजीह दी जानी चाहिए। सर्वेक्षण में शामिल सत्तावन प्रतिशत लड़कियों का भी यही विचार था। जब सवाल यह आया कि सर्वेक्षण किए गए बच्चों के ख़्याल से महिलाओं को अपनी ऊर्जा और समय के साथ क्या करना चाहिए, तो समान व्यवहार के बारे में सारी मीठी-मीठी बातें ग़ायब हो गईं। सर्वेक्षण में शामिल 80 प्रतिशत लड़कों ने महसूस किया कि एक औरत की 'सबसे अहम भूमिका एक गृहिणी की है' और सड़सठ प्रतिशत लड़कियों ने इससे सहमति व्यक्त की।

1985 में, महिलाओं की स्थिति पर चिंताजनक रिपोर्ट जारी होने के एक दशक बाद, वीणा मज़ूमदार ने 'महिलाओं के प्रश्न' के विषय में फिर से लिखा। उन्होंने आश्चर्य जताया कि संविधान में निहित समानता का सिद्धांत साकार क्यों नहीं किया गया। क्यों 'स्कूल, क़ानूनी प्रणाली और मीडिया समानता की संस्कृति विकसित करने में विफल रहे? ट्रेड यूनियनों और राजनीतिक दलों ने महिलाओं के अधिकारों और मुद्दों की अनदेखी क्यों की?'

बड़े पैमाने पर लामबंदी और महत्वपूर्ण क़ानूनी सुधारों के बावजूद ये सवाल लगातार बने हुए हैं। हमारे क़ानून और सामाजिक मंथन घरों, स्कूलों या बस स्टॉपों तक पर भी आपसी व्यवहार के तरीक़े में क्रांतिकारी और स्थायी परिवर्तनों के रूप में सामने नहीं आ रहे हैं। क्या इंटरनेट ने हमें नाटकीय रूप से बदल दिया है? क्या रीट्वीटों की तादाद या लोकप्रिय हैशटैगों पर ध्यान देने से हमारे रोज़मर्रा के कामों और नज़रियों में चल रहे बदलावों का विश्वसनीय संकेत मिलता है? लैंगिक हिंसा की बार-बार होने वाले घटनाओं, महिला रोज़गार में भारी गिरावट और आर्थिक अवसरों व सार्वजनिक स्थानों तक पहुंच में भेदभाव के निरंतर जारी साक्ष्यों को देखते हुए इसका उत्तर अंधकारमय लगता है।

आज उत्तर भारत में लगभग किसी से भी—इस किताब में मिले कुछ टाइपों समेत: एरिस्टोप्रैट; हरियाणा के स्कूली बच्चे; अकाउंटेंट के माता-पिता; नौजवान, शराबी वरुण या एक बॉलीवुड स्टार भी—उसके विचारों और मूल्यों के बारे में पूछ लीजिए, और आपको महिलाओं के साथ समान बर्ताव करने के गुणों पर भाषण मिल जाएंगे। और उस देश में जहां वैवाहिक बलात्कार अभी तक अपराध नहीं है, आपको यह भी बताया जाएगा कि सबको अपने घरों में महिलाओं के साथ उचित व्यवहार करना चाहिए। हम अपनी घरेलू कामगारों को न्यूनतम मज़दूरी देते हैं, हम महिलाओं को बॉयज़ क्लब फ़ॉर्मूले से परे सुंदरता, पतलेपन और स्त्रियोचित लचीलेपन के लिए अहमियत देते हैं—बहुत-बहुत शुक्रिया। सामाजिक कदाचार और लैंगिक समस्याओं के लिए हमेशा कोई और ज़िम्मेदार होता है। हमेशा 'सरकार,', 'वो लड़के,' 'वो लड़कियां जो मुसीबत खड़ी करती हैं,' 'डेंटेड-पेंटेड,' 'नव-उदारवादी रूढ़िवादी,' 'लुटियंस के संभ्रांत,' 'वो मुसलमान,' 'चिंकी लड़कियां जो ख़ुद इसकी दावत देती हैं,' 'ग़रीब,' 'अशिक्षित,' 'गांधी परिवार,' 'भक्त,' ज़िम्मेदार हमेशा दूसरे होते हैं। इल्ज़ाम हमेशा किसी और को ही देना है।

हमसे अगर हमारे अंतरंग व्यवहार, हमारी दोस्तियों, हमारे निजी परिवार और रोमांटिक ज़िंदगियों पर सोच-विचार करने को कहा जाए, तो हम बग़लें झांकने

लगते हैं। हम दूसरों पर तो उंगली उठाते हैं, लेकिन अपने गिरेबान में झांकना हमें नागवार और ग़ैरज़रूरी लगता है। लेकिन फिर भी लैंगिक हिंसा या आर्थिक भेदभाव के सभी आंकड़ों से पता चलता है कि घरों और अंतरंग संबंधों में ही महिला स्वायत्तता को दबाया जाता है, भारतीय संविधान को कुचला जाता है, जहां न मानने वाली महिलाओं को दंड दिया जाता है, जहां खुलेआम और दबे-ढके ढंग से बदसुलूकी व्यापक है और उसकी ज़िम्मेदारी से पल्ला झाड़ना आम बात है।

फ़ेमिनिस्ट विचारक और सिद्धांतवादी निवेदिता मेनन भारत में परिवारों को भेदभाव की धुरी बताती हैं। 'यदि आप परिवार में मौलिक अधिकार लाते हैं,' वो कहती हैं,' और अगर परिवार के प्रत्येक व्यक्ति के साथ स्वतंत्र और समान नागरिक जैसा व्यवहार किया जाता है, तो वो परिवार ढह जाएगा। क्योंकि परिवार जिस रूप में मौजूद हैं, वो लिंग और उम्र के स्पष्ट रूप से स्थापित वर्गीकरण पर आधारित हैं, जिसमें लिंग उम्र को पीछे छोड़ देता है: यानी, एक वयस्क पुरुष आमतौर पर एक बड़ी उम्र की महिला से ज़्यादा शक्तिशाली होता है।' सामाजिक परिवर्तन पर बहुत सारा साहित्य लिखा गया है। मैं यहां आधी-अधूरी साहित्य समीक्षा पेश करने का अकादमिक अत्याचार नहीं करूंगी। बहुत सी विस्तृत किताबें सारे अकादमिक साहित्य का विश्लेषण करने का काम मुझसे बेहतर करती हैं। विद्वानों का मानना है कि हमारे आपसी सुलूक को बदलने के लिए बातों की नहीं, बल्कि मूल रूप से नैतिक *कार्रवाई* की ज़रूरत है। भारत में भेदभाव पर बातचीत में, नेता और विचारक सामाजिक परिवर्तन को एक प्रचार अभियान की तरह पेश करते हैं। समानता एक ऐसी ड्रेस बन जाती है जिसका इस उम्मीद से विज्ञापन किया जा सकता है कि इसे ज़्यादा से ज़्यादा लोग ख़रीद लेंगे। यही काम हम अपने ड्रॉइंग रूम में भी करते हैं, हम सब मार्केटिंग गुरु बन जाते हैं और इस बात पर ज़ोर देते हैं कि कैसे भेदभाव को ख़त्म करने के लिए 'मानसिकता' में बदलाव की आवश्यकता है, एक ऐसे 'ट्रिगर' की ज़रूरत है जो दुनिया के बारे में हमारे विश्वासों और विचारों को बदल सके। लेकिन, जैसा कि वरुण का महिला दिवस का भाषण और हरियाणा के युवा छात्रों के विचार हमें दिखाते हैं, हम सभी उदार विश्वासों को रखने का दावा तो कर सकते हैं लेकिन उनका पालन मुश्किल से ही करते हैं। बरसों के मीडिया प्रचार और स्कूली पाठ्यक्रमों की बदौलत, हरियाणा के स्कूलों में हुए सर्वेक्षण में शामिल सभी लोगों ने लैंगिक समानता का समर्थन करने का दावा किया। लेकिन पुरुषों और महिलाओं को समान अवसर दिए जाने के इस मानक दावे को ठोस *कार्रवाई* में बदलना एक संघर्ष बना हुआ है। इसके अलावा, आगे सवाल किए जाने पर हरियाणा में सर्वेक्षण किए गए छात्रों

ने मूल पितृसत्तात्मक मूल्यों को बरक़रार रखा। ऐसे में यह अप्रत्याशित नहीं है कि इस राज्य में देश में सबसे कम महिला रोज़गार दर दर्ज की गई है।

रोज़मर्रा की ज़िंदगी में सार्थक बदलाव तब आता है जब हम उन विचारों पर अमल करना शुरू करते हैं जिनका हम दावा करते हैं। यह नादानी भरा और स्पष्ट सा लगता है, लेकिन इतिहास बताता है कि कथनी और करनी के बीच की खाई को पाटना कठिन और लंबा काम है। इसे बदलना कि लोग अपने साथ किस तरह के सुलूक की अपेक्षा करते हैं और किस तरह दूसरों के साथ सुलूक करते हैं, टैक्स में कटौती की मांग करने या लोगों को मास्क पहनने या किसी ख़ास ढंग से कपड़े पहनने के लिए कहने जैसा नहीं है। केवल मूर्ख ही सोच सकते हैं कि हम तर्कसंगत ठहराकर, रद्द करके, ट्वीट करके या मार्च निकालकर सामाजिक क्रांति ला सकते हैं। क्रांतिकारी परिवर्तन के लिए हममें से प्रत्येक से ऑक्सीजन चाहिए। हमें ज़रूरत है उस पर अमल करने की जो हम रीट्वीट करते हैं, अपना विश्लेषण करने की, अपने रोज़मर्रा के संबंधों में असंभव रूप से कठिन बातचीतों में भाग लेने की। लोगों द्वारा किसी मैगज़ीन में या बंपर स्टिकर पर पढ़ी राजनीतिक रूप से सही कहावतों को दोहराने से आगे बढ़कर अपनी निजी ज़िंदगी के व्यवहार में वास्तविक बदलाव की ओर बढ़ने के लिए ज़रूरत है बार-बार और निरंतर अंतरंग पारस्परिक संवाद करते रहने की जिसमें भेदभावपूर्ण विचारों को प्रकट किया जाए और उन्हें चुनौती दी जाए।

परिवर्तन के लिए ज़रूरत है ऐसे आम लोगों की जो भेदभाव के व्यक्तिगत कृत्यों को अपमानजनक और शर्मनाक बनाने के लिए मित्रों और परिवार के सदस्यों की निंदा करें और उन्हें दंडित करें। बहादुर लोगों को परिवर्तन के लिए अलगाव और प्रतिरोध की क़ीमत को वहन करना होगा। कभी-कभी, बदलाव के लिए हमें चुप रहना पड़ता है, किसी और को अपनी बात कहने देनी होती है। परिवर्तन के लिए सद्भाव और उदारता की ज़रूरत होगी। मानसिकता ही काफ़ी नहीं है, इस बात में नैतिकता सन्निहित है कि हम लोगों, स्थानों और स्वयं के साथ अपनी रोज़मर्रा की मुलाक़ातों में अपने उदार विचारों को कैसे लागू करते हैं। इन अंतरंग क्रांतियों के बिना बेहतरीन क़ानून और मज़बूत से मज़बूत आंदोलन भी नाकाम हो जाएंगे। रोज़मर्रा की अंतरंगता का दायरा सामाजिक परिवर्तन का सच्चा ठिकाना है। यहीं हमारी सारी हसरतें, आत्म-घृणा और पूर्वाग्रह उजागर होते हैं। यह लोगों के भीतर और रिश्तों के भीतर गहरे निजी विद्रोहों की दुनिया है। न कोई मंच, न कोई परफ़ॉर्मेंस। असली लड़ाई यहीं है। और यह लड़ाई लंबी और बदसूरत होनी है।

निजी विद्रोह

'जब तक स्व "मैं" कह सकता है, विद्रोह न करना असंभव है।'

—डब्ल्यू.एच. ऑडेन

रद्द संस्कृति और प्रतिरोध के दिखाई देने वाले स्थलों से दूर, निजी स्थानों पर निजी विरोध हो रहे हैं। भारत के सबसे पुराने थिंक टैंकों में से एक की अध्यक्ष यामिनी अय्यर ने मुझे बताया, 'मुझे लगता है कि हम भारत में लड़कियों के बदलते जीवन के बारे में बहुत कम जानते हैं क्योंकि हमने, जो वो हैं, उस रूप में उनका अध्ययन करना छोड़ दिया है। हम उन नायिकाओं को जानते हैं, जो सभी बाधाओं के ख़िलाफ़ लड़ीं और लीडर बन गईं और हम पीड़ितों को जानते हैं। लेकिन असली बदलाव बीच में हो रहा है—आम महिलाएं जो भिन्न तरीक़े से कपड़े पहनती हैं, जो पहले से कहीं ज़्यादा घंटे स्कूल में बिता रही हैं, जो घर पर अपनी शादियों में, अपने समकक्षों के साथ अपने संबंधों में, अपने ससुरालवालों के साथ अपने संबंधों में, और कामकाजी दुनिया के साथ अपने संबंधों में नियमों को नया आकार दे रही हैं।'

साधारण बदलाव लाने वाली ये साधारण महिलाएं हमारे चारों ओर हर जगह हैं। शिक्षा और सूचना तक पहुंच से प्रोत्साहित महिलाओं की एक नई पीढ़ी 'मैं' के एक ज़्यादा मज़बूत अहसास के साथ, और ज़्यादा की उम्मीद करती है। वो फ़िल्में देखती हैं और एक एक्टर को पाने की हसरत करती हैं। उनके दोस्त हैं और वो कैजुअल सेक्स करती हैं। वो एक ऐसे व्यक्तित्व की कल्पना करने का साहस करती हैं जो कर्तव्यपरायण देखभालकर्ता के रूप में अपने निर्धारित कार्य को छोड़ सकता है। उनकी पेशेवर या व्यक्तिगत सफलता का ऑनलाइन या ऑफ़लाइन फ़ॉलोइंग से कोई लेना-देना नहीं है। प्रशंसा या लोगों के ध्यान से। वो उम्मीद करती हैं कि उन पर बिल्कुल भी ध्यान नहीं दिया जाएगा, या उनकी एकदम क़रीबी दुनिया में उनकी अपनी शर्तों पर ध्यान दिया जाएगा। बुनियादी तौर पर, वो सिर्फ़ प्यार किए जाना, अच्छा वेतन पाना और अपनी मर्ज़ी से जीने के लिए अकेले छोड़ दिए जाना चाहती हैं। वो किफ़ायती आवास और दोस्ताना निगरानी प्रणाली चाहती हैं, परिवार के किसी दयालु पैट्रियार्क की सुरक्षा नहीं। वो ऐसे पुरुषों और परिवारों की तलाश करती हैं जो उनकी इच्छाओं और महत्वाकांक्षाओं का समर्थन कर सकें, और उन्हें केवल परिवार की इज़्ज़त, सेक्स , बच्चों और देखभाल करने वाली ही न मानें।

पढ़ाई, शोध और दो दशक के सामान्य वयस्क जीवन के बाद, मेरा अपना पूर्वाग्रह यह मानना है कि स्वतंत्र आमदनी तक महिलाओं की पहुंच पितृसत्ता के

ख़िलाफ़ प्रतिरोध के सबसे शक्तिशाली साधनों में से एक है। बेशक, रोज़गार महज़ एक साधन है, कोई जादुई बुलेट नहीं है। जब तक हमारी संस्थाएं हमें यह अहसास दिलाती रहेंगी कि समाज में हमारा स्थान बस गृहिणी का है और वो जातिगत शुद्धता पर अड़ी रहेंगी, जब तक हमारे प्रियजन सुंदरता और कर्तव्य से परे अपने स्व की तलाश करने पर हमारे साथ सख़्ती करते रहेंगे, जब तक राज्य और समाज उन अवैतनिक श्रमों के साथ एकजुटता नहीं दिखाते जो महिलाएं करती हैं, तब तक सबसे ज़्यादा कैरियरवादी महिला भी अवसर दिए जाने पर अपनी नौकरी से बचना चाहेगी।

रोज़गार से बड़े पैमाने पर महिलाओं का पलायन एक ख़तरनाक और विनाशकारी भविष्य का संकेत देता है। ऐसा भविष्य जिसमें महिलाएं अपना सारा समय परिवार के सदस्यों की सेवा और अपनी साज-सज्जा में लगाएंगी। रिसर्च बताती है कि बारोज़गार महिलाएं ज़्यादा प्रगतिशील और कम आत्ममुग्ध लड़के पैदा करती हैं; लड़के इस विचार के साथ तालमेल बिठाते हुए बड़े होते हैं कि पुरुषों को घर पर मदद करनी चाहिए, कि उनकी कोई प्रियजन अपने परिवार से परे भी कुछ चाह सकती हैं, कि उनके परिवार की महिला सदस्य सिर्फ़ उनकी ज़रूरतों को पूरा करने के लिए सांस नहीं लेती हैं। 'शाहरुख़ की मम्मी जॉब करती थीं, इसीलिए वो महिलाओं के प्रति इतना कूल है,' अकाउंटेंट ने एक बार कहा था। साथ ही, नौकरी करने वाली महिलाएं घर की बच्चियों के लिए रोल मॉडल भी होती हैं, और अपनी बेटियों या बहनों को एक ख़ूबसूरत जिस्म और एक अच्छे पति से ज़्यादा कुछ चाहना सिखाती हैं। नौकरीपेशा महिलाएं अपनी शर्तों पर शादी करती हैं या अविवाहित रहती हैं, वो जाति की सीमाओं के बाहर भी मेलजोल रख सकती हैं। ऐसे समाजों में जो कमाने वाले के रूप में पुरुषों को पसंद करते हैं, रोज़गार महिलाओं को बदल देता है—उनका आत्म-सम्मान, ख़ुद से और दुनिया से उनकी मांगें बढ़ती हैं और उन्हें मिलने वाली और अपेक्षित इज़्ज़त की उम्मीद भी बढ़ जाती है। मैंने इसे उन अध्ययनों में देखा जो मैंने पढ़े थे, उन फ़्रेन्स में महसूस किया जिनसे मैं मिली थी, मैं इसे अपने और अपनी सबसे क़रीबी दोस्तों के भीतर पहचानती हूं। मैंने देखा कि कैसे ख़ुद अपना पैसा कमाने और उसे धीरे-धीरे और लगातार ख़र्च करने के छोटे-छोटे काम मर्यादा को, हमारे आपसी बर्ताव के तौर-तरीक़े को और इसको पुनर्परिभाषित करते हैं कि हम दूसरों से कैसे बर्ताव की *अपेक्षा* करते हैं।

इन गहन निजी विद्रोहों को देखते हुए, मेरे लिए इंटरनेट पर पितृसत्ता को 'तोड़ डालने' के मुखर नारों के साथ खड़े हो पाना मुश्किल होता है। क्योंकि मैंने

जो फ़ेमिनिज़्म देखा है, वो जानता है कि आपको सामाजिक ढांचों को हर रोज़ थोड़ा-थोड़ा छीलना होगा। कि पितृसत्ता एक ज़ोरदार प्रहार से नहीं ढहेगी बल्कि धीरे-धीरे सुलझेगी। शायद यह इस बात का संकेत है कि हम कितना असमान समाज बन गए हैं कि ट्विटर प्रदेश में रहने वाले मेरे वर्ग के भारतीय अभिजात वर्ग का फ़ेमिनिज़्म उन लोगों के साथ मेल नहीं खाता है जो घरों, शादियों और दोस्तियों के भीतर शांत बातचीतें करने का मुश्किल काम करते हैं। प्रत्यक्ष रूप से, सोशल मीडिया का उपभोग करते हुए मैं जो कुछ भी देखती हूं, वो इंटरनेट के स्टाइलिश और शोरग़ुल भरे फ़ेमिनिज़्म को रोज़मर्रा के उस नीरस दाल-सब्ज़ी फ़ेमिनिज़्म संस्करण से जोड़ना असंभव बना देता है जिसे मैंने अपनी कामकाजी ज़िंदगी के पिछले पंद्रह साल में देखा है। फ़ेमिनिज़्म जो नज़र नहीं आता लेकिन जो बदलाव ला सकता है।

इंस्टा-अनुकूल फ़ेमिनिज़्म के उलट, मैंने अपना अधिकांश वयस्क जीवन एक ऐसे फ़ेमिनिज़्म से रोमांचित होते बिताया है जो सार्वजनिक दिखावे से नफ़रत करता है। ऐसा फ़ेमिनिज़्म जो फ़ोटो खिंचवाने से बचता है क्योंकि यह निरंतर इस तरह की क्रांतिकारी चीज़ें करते हुए देखे जाने से डरता है जैसे परिवार के मना करने के बावजूद नौकरी करते रहना, अपने बच्चों के लिए अनौपचारिक डेकेयर सेवाओं का उपयोग करना, दिल्ली सचिवालय की ख़ातिर अरेंज्ड मैरिज न करना, बिना इजाज़त फ़िल्में देखना या अपनी शादी से 'ब्रेक' का आनंद लेना। यह ऐसा फ़ेमिनिज़्म है जो बड़बड़ाहट से शुरू होता है और दहाड़ में समाप्त होता है। यह योग के शीर्षासन नहीं कर सकता, हालांकि करना पसंद करेगा।

13
मन्नत पर दीवानगी

मैं सवालों में हूं, मैं जवाबों में हूं

—वीर-ज़ारा (2004)

जनवरी 2019 में, मैं मुंबई में समुद्र के सामने बांद्रा बैंडस्टैंड के सबसे पॉश कोने पर स्थित शाहरुख़ के महलनुमा घर पर पहुंचती हूं। घर को मन्नत कहा जाता है, जिसे अक्सर प्रार्थना के लिए उर्दू शब्द कहा जाता है। कुछ भाषाविदों से बात करने पर मुझे पता चला कि 'मन्नत' शब्द प्राकृत से लिया गया है, जो पांचवीं शताब्दी ईसा पूर्व से आठवीं शताब्दी ईसवी तक इस्तेमाल की जाने वाली उपमहाद्वीप की प्राचीन बोलियों का संग्रह है। इसका मूल प्राकृत के 'मन' शब्द में है। अरबी में भी एक शब्द 'मिन्नत' (तोहफ़ा, दयालुता का काम) है जो मन्नत का संबंधी है।

मन्नत का अर्थ है स्वीकृति, सहमति, वादा या प्रतिज्ञा, इच्छा या इरादे की अभिव्यक्ति। यह प्रॉपर्टी एक भारतीय सपना है: अपना ख़ुद का एक शानदार घर, मध्यमवर्गीय आकांक्षाओं, हिंदी सिनेमा और रियल एस्टेट पर मि. ख़ान की फ़तेह का जश्न मनाने वाला मील का पत्थर। मैं श्रद्धांजलि अर्पित करने लंच के कुछ देर बाद आई हूं। पहली नज़र में, सोलह साल पहले की मेरी मूल तीर्थ यात्रा के समय से सब कुछ पहचाना सा लगता है।

2004 में, मन्नत की मेरी पहली यात्रा असफलता से प्रेरित हुई थी। मैं एक ग्रेजुएट स्कूल के इंटरव्यू के लिए मुंबई आई थी जहां मुझे बुरी तरह नकार दिया गया था। मां ने मेरा दिल बहलाने की कोशिश की और सुझाव दिया कि मैं दोस्तों से मिलकर अपना ध्यान भटकाऊं। मुंबई में मेरी कोई दोस्त नहीं थी लेकिन मैं मन्नत

चली गई। मुझे यही सबसे ज़्यादा स्वाभाविक बात लगी। अनिश्चितता के उस पल में मुझे मानवीय संपर्क की ज़रूरत नहीं थी। मुझे दैवीय हस्तक्षेप चाहिए था। अचानक, मेरे ऊपर फ़ैनडम से प्रेरित धार्मिकता सवार हो गई। अगर मैं अपनी क्षमताओं पर विश्वास नहीं कर सकती थी, तो मुझे किसी चीज़ पर विश्वास करने की ज़रूरत थी। मुझे समाज पर भौचक्का होने की सख़्त ज़रूरत थी, मुझे एक तमाशे की ज़रूरत थी। दर्शन से निश्चित रूप से मदद मिलती। मन्नत के बाहर, साथी प्रशंसकों के एक ओपन-एयर संग्रहालय में मुझे तसल्ली मिली। हम सभी प्रदर्शित चीज़ें थे, हम आपस में मुस्कराहटों और निगाहों का आदान-प्रदान कर रहे थे लेकिन कुछ बोल नहीं रहे थे। तालमेल और मिलनसारी का माहौल था जैसे हम किसी संगीत कार्यक्रम में हों। लड़के और लड़कियां अपने हीरो की एक झलक पाने की उम्मीद में इंतज़ार करते हुए, रोमांचित से घूम रहे थे। शाहरुख़ के लिए यह साल कमाल का रहा था। उन्होंने बॉक्स ऑफ़िस पर तीन बड़ी हिट फ़िल्में दी थीं और उनकी लोकप्रियता आसमान पर थी।

2019 में जब मैं लौटी, तो श्रम बाज़ार में मेरी जगह कहीं ज़्यादा सुरक्षित थी और मैं पुराने क़र्ज़ उतार चुकी थी। लेकिन शाहरुख़ का कैरियर दोराहे पर था। लगभग पचपन की उम्र के क़रीब उन्हें आम रोमांटिक फ़िल्म के लिए बहुत बूढ़ा समझा जा रहा था और उनके हालिया सिनेमाई प्रयोग सफल नहीं रहे थे। कुछ हफ़्ते पहले रिलीज़ हुई उनकी आख़री फ़िल्म बुरी तरह फ़्लॉप रही थी। मज़े की बात यह कि उस फ़िल्म का नाम *ज़ीरो* था। शाहरुख़ ने एक ऐसे आत्म-मुग्ध बौने की भूमिका निभाई थी जो एक कामयाब लड़की के प्यार को हासिल करने की कोशिश करते हुए आत्म-मोह के अपने नाज़ुक मुखौटे से जूझता है। मैंने फ़िल्म दो बार देखी और मुझे उसके ज़्यादातर मिनट पसंद आए। ख़ाली हॉल से अंदाज़ा हुआ कि मैं अल्पमत में थी। लगातार नाकाम फ़िल्मों की वजह से बड़बड़ करने वाले मीडिया ने 'शाहरुख़ का सितारा धुंधला चुका है' जैसी भविष्यवाणियों की धारा खोल दी थी।

जहां ज़्यादातर फ़िल्म समीक्षकों को *ज़ीरो* में तारीफ़ का माद्दा बहुत कम मिला था, वहीं निर्माता-निर्देशक करण जौहर द्वारा मुख्यधारा हिंदी सिनेमा के सर्वश्रेष्ठ आलोचक कहे जाने वाले बरद्वाज रंगन ने कहा कि *ज़ीरो* इतने बरसों में उनका देखा हुआ 'सबसे निडर रोमांस' है। एक प्रमुख भारतीय दैनिक अख़बार में प्रकाशित अपनी समीक्षा में एक अन्य आलोचक राजा सेन ने *ज़ीरो* के पहले हाफ़ को 'निस्संदेह शानदार' बताया और कहा कि ख़ान 'जादू' थे और 'वो अभी भी इस बिज़नेस के सबसे अच्छे प्रेमी हैं।' जब मैंने सेन से बॉक्स-ऑफ़िस पर शाहरुख़ के पतन को लेकर हो रहे हंगामे के बारे में पूछा, तो उन्होंने कहा: 'यह तथाकथित

गिरावट इसलिए है कि वो [शाहरुख़] क्रांतिकारी चुनावों के लिए प्रतिबद्ध हैं। उन्होंने पर्दे पर शान से अपनी उम्र बढ़ने देने का फ़ैसला किया है। वो ऐसी फ़िल्में करते हैं जिनमें वो अपनी महिला सह-कलाकारों को आगे आने देते हैं। लगता है कि अब उन्हें कमर्शियल सिनेमा के तर्क में कोई दिलचस्पी नहीं रही है और वो अलग-अलग तरह के रोल और फ़ॉर्मेट आज़माने की कोशिश में जुटे हैं। मुझे विश्वास है कि अब से दस साल बाद जब वो पैंसठ वर्ष के होंगे तब भी हम उन्हें देखना चाहेंगे।' 2022 में शाहरुख़ की बहुप्रतीक्षित बड़े बजट की एक्शन रिलीज़ की ख़बर पर प्रतिक्रिया व्यक्त करते हुए सेन ने 2021 में मुझसे बात करते हुए आगे कहा: 'अपने क्रांतिकारी चरण के व्यावसायिक रूप से नाकाम होने के बाद ख़ान ने स्पष्ट रूप से सबसे बड़ी, स्पष्ट रूप से मुख्यधारा की फ़िल्मों में अभिनय करके अपने ऑरा को वापस लाने का फ़ैसला किया है। उनकी आगामी स्लेट किसी भी तरह क्रांतिकारी नहीं है। मुझे विश्वास है कि शाहरुख़ बाद में और ज़ोरों से चमकने के लिए सुरक्षित खेल रहे हैं।'

जब मैं शाहरुख़ पर उनकी डॉक्यूमेंट्री पर बात करने के लिए नसरीन मुन्नी कबीर से मिली थी, तो उन्होंने हिंदी फ़िल्मों की सेलिब्रिटी संस्कृति के बारे में बात की थी। 'शाहरुख़ का स्टारडम,' उन्होंने कहा था, 'पत्थर की लकीर बन चुका है। इसे कोई चीज़ नहीं बदल सकती। ये लोग जीते जी ही लेजेंड बन गए हैं, इसमें कोई शक नहीं है, और इस तथ्य में कोई बदलाव नहीं होगा। वो अच्छी फ़िल्में करें या बुरी फ़िल्में करें, इससे कोई फ़र्क़ नहीं पड़ेगा। वो स्टारडम के शीर्ष मुक़ाम पर पहुंच चुके हैं। वो बीटल्स की तरह हैं जिनके कुछ गाने लाजवाब थे, कुछ घटिया थे। लेकिन बीटल्स बीटल्स हैं। और शाहरुख़ हमेशा शाहरुख़ ही रहेंगे।'

जनवरी 2019, में मन्नत के बाहर खड़े होकर मुझे समझ आ गया था कि उनका क्या मतलब था। लगातार कमर्शियल नाकामियों के बावजूद मि. ख़ान के घर के बाहर का दृश्य वैसा ही था जैसा 2004 में था। गेट के बाहर लगभग पचास लोग फ़ोटो ले रहे थे। मन्नत के बाहर बिताए एक घंटे के दौरान मैंने तीस कारें गिनीं जो बिल्डिंग को तकने के लिए कुछ देर को रुकी थीं। यह स्पष्ट था कि मैं एक मध्यमवर्गीय स्मारक देखने आई थी। शाहरुख़ का लेजेंड उनके बॉक्स-ऑफ़िस प्रदर्शनों से अछूता दिखाई देता था। वास्तव में, मैं पहले से ज़्यादा गहरी श्रद्धा महसूस कर रही थी। 2004 की तरह ही यहां युवा और मध्यम आयु वर्ग के प्रशंसकों की भीड़ थी। मैंने देखा कि कुछ लड़के गेट पर तैनात सुरक्षा गार्डों के साथ सेल्फ़ी लेने की नाकाम कोशिश कर रहे हैं। घर उन दीवारों के पीछे थोड़ा और पीछे हट गया था जिनकी दीवारों के ऊपर तार लगे हुए थे, और अब 2004 के मुक़ाबले अधिक सुरक्षित है। वास्तव में, उस दिन भी मज़दूर दीवारों पर

और ज़्यादा तार लगा रहे थे। लेकिन उस घंटे के दौरान भीड़ में से किसी ने भी सुरक्षा को भंग करने और आइकन और आदमी के बीच की दीवार को तोड़ने की कोशिश नहीं की। हम सब फ़ैंटैसी में बुरी तरह डूबे हुए थे। भीड़ को देखते हुए मुझे याद नहीं आया कि 2004 में इतने स्मार्टफ़ोन रहे हों या सेल्फ़ीज़ ली गई हों। लेकिन बीच के पंद्रह साल शाहरुख़ के घर के बाहर उनके प्रशंसकों के बीच पुरानी यादों और उत्साह की भावना को कम नहीं कर सकते। हम सभी अपने हीरो के क़रीब हैं, हमें विश्वास है कि वो हमारी कहानियां सुनाते होंगे।

संबंध और आत्मविश्वास से गदगद, मैं लड़के-लड़कियों के एक मिश्रित समूह के पास पहुंची। वो भोपाल से थे और एक प्रवेश परीक्षा के लिए मुंबई आए हुए थे। 'हमने गेटवे ऑफ़ इंडिया देखा,' लड़कियों में से एक ने कहा, 'और फिर यहां आ गए।' चमकदार गुलाबी लिपस्टिक वाली एक लड़की ने कहा, 'कई लड़के सलमान का घर देखने गए हैं लेकिन हम लड़कियां शाहरुख़ को देखना चाहती थीं।' वो सभी नए ट्रेंड के कपड़े पहने सजी-धजी थीं और बार-बार अपने बालों को ठीक कर रही थीं। किसी भी लड़की ने दुपट्टा वग़ैरा नहीं लिया हुआ था। उनमें से एक ने नक़ली सुएड का जंपसूट पहना हुआ था। 2004 में मुझे इमेज और स्टाइल का इतना गहरा संबंध देखना याद नहीं था।

मन्नत के सामने फुटपाथ पर, मेरी बात बांग्लादेश की एक अधेड़ उम्र की महिला से होती है। उनके साथ उनके पिता और भाई भी हैं। 'इन्हें मैं यहां लाई हूं,' वो मुस्कुराते हुए मुझसे कहती हैं। मैं उनसे पूछती हूं कि क्या वो भी फ़ैन है, और वो जवाब में दांत निकालकर मुस्करा देती हैं। 'हां, बिल्कुल। उनके जैसा कोई नहीं है।' उनके पिता शर्मिंदगी से अपनी पसीने से तर भौंहें घुमाते हैं। वो कहते हैं, 'ये हमारे परिवार को छुट्टी पर बॉम्बे लाना चाहती थी, इसलिए अब यही बॉस है। हमारे घरों में लड़कियां बहुत मज़बूत हो गई हैं।'

अगला कौन है?

'सच यह है कि मैं अब भी पर्दे पर रोमांस देखने की लोगों की ख़्वाहिश को पूरा करता हूं। कोई और मुझसे बेहतर रोमांस नहीं कर सकता।'

—शाहरुख़ ख़ान, 2012

अपनी विज़िट के बाद, मैं मन्नत से आगे बढ़ी और समुद्र के पास बैठने के लिए बैंडस्टैंड के पथरीले बीच की ओर चल पड़ी। मैंने कुछ लड़कों को *गली बॉय*

नाम की एक आगामी फ़िल्म के एक नए गाने पर थिरकते हुए देखा। फ़िल्म में अभिनेता रणवीर सिंह को मुंबई की झुग्गी बस्तियों के एक मुस्लिम रैपर के रूप में दिखाया गया है। उस समय, सिंह 2018 की अपनी सुपर-माचो क्रिसमस रिलीज़ *सिम्बा* के ज़बरदस्त बिज़नेस के बाद लोकप्रिय हिंदी फ़िल्मों के पुरुष आइकन बनने की ओर अग्रसर थे। उन्होंने लगातार तीन बड़ी हिट फ़िल्मों के साथ बॉक्स-ऑफ़िस पर अपने झंडे गाड़ दिए थे। *सिम्बा* शाहरुख़ की *ज़ीरो* के एक हफ़्ते बाद ही रिलीज़ हुई थी और इसने सारे भारत में शानदार सफलता हासिल की थी। रणवीर ने सिम्बा नामक एक भ्रष्ट, भरी हुई मांसपेशियों वाले पुलिसकर्मी की भूमिका निभाई थी, जिसे एक लड़की के क्रूर बलात्कार के बाद 'अच्छी' लड़ाई लड़ने के लिए मनाया जाता है। लगता था जैसे फ़िल्म भारत में #मी टू संदेश को पूरी तरह चूक गई हो: कहानी में मूल रूप से आदमियों के ऐसे गैंग शामिल हैं जो विजिलांटी हिंसा के ज़रिए बलात्कार का बदला लेते हैं, जबकि महिलाएं, जिनके पूरे समुदाय का ये बदमाश कथित तौर पर 'बचाव' करते हैं, बस खड़ी देखती रहती हैं। हीरो के लिए प्यार का इज़हार करने के बाद हीरोइन ग़ायब हो जाती है, और बस नाच-गानों के लिए सामने आती है।

मैंने *गली बॉय* का साउंडट्रैक सुन रहे लड़कों से पूछा कि क्या उन्हें रणवीर सिंह पसंद हैं और कि वो किस तरह की फ़िल्में देखना पसंद करते हैं। उन्हें बात करना अच्छा लगा। उन्होंने कहा कि रणवीर उनके फ़ेवरीट हैं। उन्हें उनकी 'ऊर्जा'और 'ऐटिट्यूड' पसंद था। मैंने उनसे उनके ऐटिट्यूड के बारे में विस्तार से बताने को कहा और उन्होंने 'कड़ी मेहनत' के बारे में, अपनी फ़िल्मों और शरीर पर की गई उनकी मेहनत के बारे में क़सीदे पढ़ने शुरू कर दिए। लेकिन, कोशिशों के बावजूद बात बनती नहीं लग रही थी। 'वो हमेशा मस्ती करता है,' उनमें से एक युवक ने कहा। 'उसे देखना मस्त लगता है।' उसने आगे कहा: 'मुझे वो थॉर भी पसंद है। उसकी बॉडी ज़बरदस्त है और वो बहुत अच्छा एक्शन करता है।' बीस के दशक के उन पांच लड़कों के ग्रुप में जयपुर और भुवनेश्वर के दो प्रवासी भी शामिल थे। वो साथ में एक ऑनलाइन फ़ूड डिलीवरी सर्विस के लिए काम करते थे। उनकी बाइकें बैंडस्टैंड पर खड़ी थीं और वो शाम की शिफ़्ट से पहले ब्रेक का आनंद ले रहे थे। लड़के दो लड़कियों के पास बैठे थे। एक लड़की एक लोकल ब्यूटी पार्लर में काम करती थी और दूसरी एक नए ऑर्गेनिक फ़ूड स्टोर में सेल्सगर्ल थी। लड़कियां बोरीवली में एक कम आय वाले आवासीय परिसर में रहती थीं और एक साथ बांद्रा जाती थीं। हमारी बातचीत से उत्साहित होकर लड़कियां भी शामिल हो गईं। एक लड़के ने कहा कि वो *थॉर*, *आयरन मैन* और *द एवेंजर्स* जैसी डब की हुई हॉलीवुड

सुपरहीरो ब्लॉकबस्टर फ़िल्में भी उतनी ही देखते थे जितनी सस्ते सिंगल-स्क्रीन हॉलों में नई हिंदी फ़िल्में। रणवीर सिंह का मुक़ाबला अब ख़ानों या कम उम्र के भारतीय अभिनेताओं से नहीं है। सिम्बा का मुक़ाबला थॉर से है।

सिंह ने अपने फ़िल्मी कैरियर की शुरुआत 2010 में *बैंड बाजा बारात* नाम की आम ज़िंदगी की कहानी पर आधारित एक फ़िल्म से की थी। फ़िल्म आलोचनात्मक और व्यावसायिक रूप से कामयाब हुई और अब इसे उस दौर की भारत की बेहतरीन रोमांटिक कॉमेडी में से एक माना जाता है। रणवीर ने हरियाणा के एक किसान परिवार के एक भोले, नेकदिल इंसान बिट्टू की भूमिका निभाई है। अपने परिवार के खेत पर काम करने का अनिच्छुक बिट्टू एक महत्वाकांक्षी मध्यवर्गीय लड़की, जिसका किरदार अनुष्का शर्मा ने निभाया है, से विनती करता है कि वो शादी के आयोजनों में अपनी मदद करने के लिए उसे नौकरी दे दे। दोनों साथ में काम करते हुए ज़बरदस्त सफलता हासिल करते हैं लेकिन एक रात सेक्स करने के बाद अलग हो जाते हैं। वो उसे प्यार करने लगी है, और बिट्टू समझ नहीं पाता कि वो कैसा महसूस करता है। कमिटमेंट को लेकर अनिश्चित, इस बात को लेकर अनिश्चित कि उनके बिज़नेस के लिए उनके रोमांस का क्या अर्थ होगा। लेकिन ये सभी भावनाएं अनकही हैं। इसके बजाय वो बहस करते हैं। वो बुरी तरह लड़ते हैं और अलग हो जाते हैं लेकिन तब वो एक बार फिर से एक हो जाते हैं जब कॉरपोरेट क्षेत्र का एक बड़ा आदमी ज़िद करता है कि उसकी बेटी की शादी का आयोजन सिर्फ़ वही कर सकते हैं, और वो भी व्यक्तियों के बजाय एक टीम के रूप में। शादी के दौरान बिट्टू को अहसास होता है कि वो अपनी पूर्व बिज़नेस पार्टनर से प्यार करता है। पर अब बहुत देर हो चुकी है। वो अरेंज्ड मैरिज के लिए मान गई है और वो दुबई चली जाएगी। अंतिम दृश्य से पहले, हीरो प्यार से डरने के लिए माफ़ी मांगता है और अपनी प्रेमिका के प्यार को वापस पाने में कामयाबी हासिल करता है। यह एक शानदार फ़िल्म है, जिसमें एक लाजवाब और बिना किसी अपराधबोध के महत्वाकांक्षी हीरोइन है, उत्साह है, गाने हैं, डांस हैं, और दिल्ली की मज़ेदार बोलियां है। फ़िल्म यह दिखाने की अपनी कोशिश में भी असामान्य है कि जब आधुनिक श्रम बाज़ार नौजवान लड़के-लड़कियों को अपने काम के सिलसिले में साथ आने का मौक़ा देता है, तो उत्तर भारतीय नौजवान विवाहपूर्व सेक्स के मायने खोजने के लिए कैसे जूझते हैं।

लेकिन मि. सिंह के कैरियर के शुरू के कुछ बरसों के बाद उनकी फ़िल्मों से मुख्य थीम के रूप में समकालीन रोमांस ग़ायब हो गया था। उनकी तीन सबसे बड़ी हिट फ़िल्में संजय लीला भंसाली द्वारा निर्देशित ऐतिहासिक कॉस्ट्यूम ड्रामा

हैं। बेशक मर्द और औरत के बीच का प्यार इनमें से हर फ़िल्म की कहानी को आगे बढ़ाने में भूमिका निभाता है, लेकिन केंद्रीय बिंदु और मार्मिक तत्व राष्ट्र या समुदाय के लिए प्रेम है। रोमांटिक उपलब्धि इन फ़िल्मों के लिए गौण है। पुरुष और महिलाएं एक-दूसरे से प्यार कर सकते हैं, लेकिन ज़्यादातर डायलॉग 'महत्वपूर्ण' पर आधारित हैं, यानी परंपरा और मान-सम्मान का महिमामंडन।

दरअसल, रणवीर सिंह की सबसे बड़ी बॉक्स-ऑफ़िस नाकामियों में से एक पूरी तरह रोमांटिक फ़िल्म थी, जिसमें अधिकांश संवाद पुरुष-महिला दोस्ती को स्थापित करने और रोमांटिक कमिटमेंट के मुश्किल क्षेत्र की खोज को समर्पित थे। पेरिस में रहने वाले प्रवासी भारतीयों की पृष्ठभूमि वाली, बड़े बजट की समकालीन रोमांटिक कॉमेडी *बेफ़िक्रे* आदित्य चोपड़ा द्वारा निर्देशित थी, जिन्होंने शाहरुख़ की ग्लोबल-देसी रोमांटिक गाथा *डीडीएलजे* का निर्देशन किया था। 2016 में रिलीज़ हुई *बेफ़िक्रे* का प्रचार सिंह और ख़ूबसूरत वाणी कपूर के बीच चुंबनों और 'बोल्ड' दृश्यों से भरपूर फ़िल्म के रूप में किया गया था। 1995 में, *डीडीएलजे* में कोई सेक्स नहीं था। इसके बजाय *डीडीएलजे* में हीरो हीरोइन को यह यक़ीन दिलाकर अपने संस्कारी मूल्यों को स्थापित करता है कि उन्होंने नशे में होने के बावजूद रात को सेक्स नहीं किया। दो दशक बाद उसी निर्देशक की दुनिया में, मुख्य जोड़ी मुलाक़ात के कुछ दिनों के भीतर ही सेक्स कर लेती है, और हीरो हीरोइन को वेश्या कहने के लिए उससे माफ़ी मांगकर अपनी शालीनता स्थापित करता है। फिर भी, आख़िरकार, शाहरुख़ और रणवीर दोनों को शादी के लिए पारिवारिक नियमों के अनुसार चलना है—प्रेमिका के मां-बाप इस रिश्ते को सपोर्ट दें और उन्हें स्वीकृति दें। जहां *डीडीएलजे* विधा को बदल डालने वाली एक ज़बरदस्त हिट थी, वहीं *बेफ़िक्रे* के साथ ऐसा नहीं था।

इधर बैंडस्टैंड पर, मैं जिन लड़कों से मिली थी, वो *गली बॉय* के गाने में एक रैपर के रूप में सिंह की क्षमताओं का गुणगान कर रहे थे। वो अपने फ़ोन पर गाना सुन रहे थे और गाने के मुखड़े—*'अपना टाइम आएगा'* को दोहराने में लगे थे, जो कि इस पीढ़ी के संकल्प का बयान था। जब मैंने उन लड़कों से बात की, तब गाना सिर्फ़ तीन दिन पुराना था और इसे यूट्यूब पर बाईस मिलियन दर्शक देख चुके थे। फ़िल्म आगे चलकर एक बड़ी हिट बनी और सिंह ने एक्टिंग के सभी प्रमुख भारतीय पुरस्कार जीते।

फ़िल्मों में अपनी शुरुआत के बाद से सिंह ने पिछले एक दशक में बारह फ़ीचर फिल्मों में काम किया है। शाहरुख़ ने अपने कैरियर के पहले दस साल में

अपनी पेशेवर या व्यक्तिगत महत्वाकांक्षाओं को लेकर सकुचाती नहीं है। वो सफल कैरियर और प्रेम जीवन को बनाए रखने की चुनौतियों के बारे में प्रेक्टीकल हैं, यहां तक कि देवियों जैसी दिखने वाली लड़कियां भी। काफ़ी हद तक शाहरुख़ की तरह, महिला सितारों ने ऐसी कई महिलाओं को सराहना में एकजुट किया था जिनका मैंने इंटरव्यू लिया था। शाहरुख़ ने उनकी मांओं की एक विनम्र और कमाऊ पति की फ़ैंटैसीज़ को उकेरा था। भारत की नए दौर की महिला सुपरस्टार्स ने महिला स्वायत्तता और उपलब्धि की उनकी फ़ैंटैसीज़ को उकेरा है।

फ़ैनडम, फ़्रीडम

'कल्पना विलक्षण, कल्पित, अवास्तविक, [और] यूटोपियन है...
यूटोपिया वो विधा है जिसमें हम परिवार, उपभोग, सरकार, धर्म
आदि की प्रकृति पर क्रांतिकारी ढंग से पुनर्विचार करते हैं। 'कहीं नहीं' से जो-है
के लिए सबसे विकट चुनौती उभरती है।'

-पॉल रिकूअर, 1991

एक कामकाजी प्रोफ़ेशनल के रूप में अपने अधिकांश वयस्क जीवन में मैं सोचती रही कि मैं इस बारे में कहानियां एकत्र कर रही हूं कि महिलाएं शाहरुख़ ख़ान और उनकी फ़िल्मों को कैसे देखती हैं। लेकिन वास्तव में, मैं इस बात की कहानियां जमा कर रही थी कि वो ख़ुद को और अपने आसपास की महिलाओं को किस तरह देखती हैं। क्योंकि हममें से न तो कोई शाहरुख़ को जानता हैऔर न ही इसकी उम्मीद करता है; कल्पनाएं इसलिए नहीं होतीं कि वो वास्तविकता से दूषित हों। हमने शाहरुख़ को गढ़ा और वो ख़ुशी-ख़ुशी हमारे बनाए मिथक का भाग बन गए। जिन महिलाओं से मैं मिली, वो शाहरुख़ के बारे में सोचते हुए उस मर्दाना दुनिया के विकल्प की कल्पना करने की कोशिश कर रही थीं जिसका वो भाग थीं। वो अपनी आशाओं और सपनों के महीन ताने-बाने से एक ऐसे पुरुष को गढ़ रही थीं जो महिलाओं की आज़ादी और उनके विकल्प चुनने का समर्थन करेगा—चाहे उसका संबंध काम करने से हो, आराम करने से हो या फ़िल्में देखने से हो। यह काल्पनिक दुनिया, जिसमें आंसू भरी आंखों वाले पुरुष खुली बांहों के साथ महिलाओं को दिलो-जान से प्यार करते हैं, भले ही क्रांतिकारी न हो, लेकिन यह उस दुनिया के लिए एक चुनौती ज़रूर है, जिसमें अभी हम रह रहे हैं, जिसमें बहुत सारी महिलाएं सराहना, सुरक्षा और प्यार की कमी महसूस करती हैं।

अपनी फ़ैनडम की अभिव्यक्ति के माध्यम से—जो अक्सर मां-बाप या पतियों के लिए शर्मिंदगी भरी होती है—इनमें से कुछ महिलाएं स्त्रियों के अनुरूप सदाचार की सीमाओं से बहुत दूर निकल गईं। फ़ैनडम को स्वीकार करने का मतलब था कि एक महिला स्पष्ट रूप से स्वीकार कर रही है कि उसके पास एक शरीर है जिसमें इच्छाएं हैं। कि वो इसे पसंद करती है कि एक आदमी कैसा दिखता है, कि उसमें यौन इच्छाएं भी हैं। मुझे लगता है कि औरतों की सेक्सुअलिटी पर पाबंदी के कारण ही कई ग़रीब और कामकाजी वर्ग की महिलाओं ने शाहरुख़ का फ़ैन होने का कारण उनकी मेहनत और शिष्टाचार को बताया। शाहरुख़ के लिए उनकी पसंद का कुछ भाग सेक्स और सेक्सुअलिटी में निहित था—उन्हें उनका शरीर पसंद था, उन्हें लगता था कि वो हैंडसम हैं, उन्हें उनके बग़ल में जागने में कोई एतराज़ नहीं होगा। शरीर और इच्छाओं की किसी साझा देसी भाषा के अभाव मेंलड़कियां शाहरुख़ की भाषा बोलती थीं।

शाहरुख़ की फ़ैनगर्ल्स के साथ मेरी यात्राओं ने मुझे हमारे ज़माने के बारे में क्या सिखाया? कि कोई सतही जवाब नहीं हैं। कोई सच ऐसा नहीं है जिसे ट्वीट किया जा सके। कि आधुनिक भारत अपनी महिलाओं के लिए उतना आधुनिक नहीं है। कि असुरक्षित नौकरियों और आत्मविश्वासी महिलाओं की इस नई दुनिया में मर्दानगी के चरमराते मुखौटे को बनाए रखने के लिए मर्द भी संघर्ष कर रहे हैं। कि आर्थिक विकास और मीडिया प्रौद्योगिकियों के विस्तार ने मांगों और इच्छाओं को अभूतपूर्व ढंग से उजागर किया है। कि नौकरियां महिलाओं को अरेंज्ड मैरिज और पारंपरिक सामुदायिक जीवन की सुरक्षा और उत्पीड़न से दूर ले जा रही हैं। कि महिलाओं और उनके शरीर को नियंत्रित करने के लिए फ़ैक्ट्रियां और परिवार 'दयालु' तानाशाहों की रणनीतियों का उपयोग करते हैं। कि जीने और प्यार करने के पुराने तरीक़ों से दूर जाना ख़ुशी और बेइंतहा अकेलेपन का विरोधाभासी स्पेस बनता है। कि महिलाएं अपनी नई-नई हासिल हुई आज़ादी का फ़ायदा उठाकर ख़ुद को दुखदायी प्यार में फंसा सकती हैं। कि भारत के ज़्यादातर क़स्बों और गांवों में अकेले सिनेमा जाना अभी भी महिलाओं के लिए बदनामी की बात बना हुआ है। कि टीवी और स्मार्टफ़ोन दिल्ली की झुग्गी बस्तियों में तो काम करते हैं लेकिन अभी भी झारखंड के गांवों में नहीं चलते। और हमारी जवानी के दौरान किसी फ़िल्मी आइकन के लिए पैदा हुई पसंद हमारी युवा कल्पनाओं के फीका पड़ने के लंबे समय बाद भी बनी रहती है। उसकी अपनी जवानी के फीका पड़ने के लंबे समय बाद भी।

धार्मिक दक्षिणपंथ का उदय इस बात पर प्रकाश डालता है कि कैसे भारत में मूर्ति पूजा और भक्ति भावनाओं को बेक़ाबू कर देती है। जैसे-जैसे हिंसा को भड़काने और देश की राजनीति पर हावी होने की संगठित धर्म की क्षमता मज़बूत हो रही है, वैसे-वैसे अपने अनुयायियों को सुकून और राहत देने की इसकी क्षमता कम होती दिख रही है। इस किताब के दौरान मैं जिन फ़ैन लड़कियों से मिली, अपनी मांओं के विपरीत उनमें से कोई भी शांति या आकर्षण पाने के लिए भगवानों की ओर नहीं देखती थी। वो इसके बजाय टीवी देखतीं या यूट्यूब पर वीडियो देखतीं। कोई भी ख़ुद पर या अपनी ज़िंदगी में मौजूद दूसरी महिलाओं पर यौन शुद्धता की पारंपरिक हिंदू या मुस्लिम धारणाएं नहीं थोपती थी। शाहरुख़ ने जीज़स पर जीत हासिल की थी। एक ऐसे देश में जहां हर कोई उपेक्षा की शिकायत करता है या ख़ुद को नीचा दिखाया गया महसूस करता है, हमें किसी की ज़रूरत है जो हमें स्वीकार करे। हमें कोई ऐसा चाहिए जिसकी ओर हम देख सकें। मेरी पीढ़ी की कई महिलाओं के लिए—निश्चित रूप से सभी के लिए नहीं, लेकिन अनेक के लिए—विस्मय और स्वीकृति का वो स्रोत शाहरुख़ ख़ान रहे हैं।

शाहरुख़ की फ़ैनगर्ल्स के साथ मेरे सफ़र ने मुझे हमारे आइकन्स के बारे में क्या सिखाया? भारत में #मी टू आंदोलन के लिए इच्छा से पता चलता है कि शिक्षित महिलाओं की एक ऐसी पीढ़ी है जो उचित बर्ताव और समान अवसरों के लिए बेचैन है। वो भारतीय संस्कृति में पुरुषों को सिर पर बिठाए जाने और उनके सुपरस्टारडम से उकता चुकी हैं। वो चाहती हैं कि उनके प्रेम में, और कार्यस्थलों पर उनकी सराहना, प्रशंसा और सम्मान किया जाए, संरक्षण न दिया जाए। उन्हें शाहरुख़ से शादी करने की ज़रूरत नहीं है, वो शाहरुख़ *बनना* चाहती हैं। वो चाहती हैं कि उन्हें शाहरुख़ की तरह ही प्यार मिले। वो बेहतर कपड़े पहनने, बेहतर दिखने और बेहतर कमाई करने की उम्मीद करती हैं। किसी पुरुष के लिए आहें भरना किसी और युग की बात लगती है, अतीत का एक रोमांटिक अवशेष लगता है, जहां महिलाओं को ज़िंदा रहने और अपना मुक़ाम बनाने के लिए पुरुषों की आवश्यकता होती है।

अपने से पहले की किसी भी पीढ़ी की महिलाओं की तुलना में ज़्यादा शिक्षित, पुरुषों की स्वतंत्रता के प्रति ज़्यादा गहरी ईर्ष्या और आत्मनिर्भरता के लिए लगातार बढ़ती भूख के साथ, लड़कियों का एक समूह संघर्ष करना और सब कुछ अपने दम पर अकेले करने में विश्वास रखता है। उनकी दिलचस्पी सिर्फ़ शादी और मर्द की

कमाई के ज़रिए अपने हितों को पूरा करने में नहीं है, वो अब प्यार और सामाजिक मानदंडों की वेदी पर अपनी आज़ाद ज़िंदगी की क़ुर्बानी देने को तैयार नहीं हैं। जहां एक ओर उनके पुरुष दोस्तों और प्रेमियों के आदर्श नेता और क्रिकेटर हैं, तो वहीं जिन महिलाओं से मैं मिली उनका आदर्श उनकी अपनी स्वतंत्रता थी।

जहां तक मेरा सवाल है, मैं अब ज़िंदगी की रोज़मर्रा की मुश्किलों का सामना करने पर ख़ुद को शाहरुख़ पर निर्भर नहीं पाती हूं। मैं इतना कुछ पढ़ चुकी हूं कि मैं जानती हूं कि मेरे दर्द और इच्छाएं मेरी निजी ग़लतियां नहीं हैं। हमारे दौर में चोट खाना और तड़पना बड़ी संरचनात्मक शक्तियों की कलाकृतियां हैं, मेरी जैसी बाधाओं का सामना औरतें पीढ़ियों से करती आ रही हैं। मुझ जैसी महिलाओं के पास सहारे के लिए सांस्कृतिक संसाधनों का एक विविध भंडार और मैत्रीपूर्ण अपनाइयतें है। लेकिन मैं अब भी शाहरुख़ का हर नया इंटरव्यू और हर नई फ़िल्म देखती हूं, जो मुझसे इतनी दूर मौजूद एक आदमी का लगातार जारी समर्थन है। मैं बेचैनी से इंतज़ार करती हूं कि वो आगे क्या करने वाले हैं। हम जीवन भर के लिए साथी हैं। निजी क्षणों में, मैं उनकी टॉक्स और गानों की ओर लौटती हूं। अपने रोमांटिक लचीलेपन की आज़माइश की घड़ियों में मुस्कुराने के लिए। ख़ुद को यह याद दिलाने के लिए कि पुरुष दुश्मन नहीं हैं।

नवंबर 2019 में शाहरुख़ के चौवनवें बर्थडे पर, मैं फिर से मन्नत गई। दोपहर क़रीब तीन बजे, शाहरुख़ के घर के बाहर की ऊर्जा अजीब ढंग से मर्दाना थी। महिला प्रशंसकों के साथ पंद्रह साल की रिसर्च और बातचीत के बाद, आप मेरे आश्चर्य की कल्पना कर सकते हैं कि पुरुषों की एक भारी जमात दर्शन की प्रतीक्षा कर रही है। 'चाइना से भी लोग आते हैं,' मेरे रिक्शा चालक ने उन पर्यटकों के बारे में कहा जो इस तीर्थस्थल पर आते हैं। शाहरुख़ के घर के बाहर के इलाक़े में पुलिस का भारी बंदोबस्त था। मैंने एक पुलिस अधिकारी से सुरक्षा के परिमाण के बारे में पूछा और उसने मुझे बताया कि ये 'भीड़ को मैनेज करने' के लिए ज़रूरी है। मन्नत का यह मेरा आख़री सफ़र था। शाहरुख़ की सार्वजनिक बर्थडे पार्टी मुंबई में एक सालाना तमाशा है। फ़ैन उनके घर के बाहर इस उम्मीद में जमा होते हैं कि जब वो इस जुनूनी भीड़ का अभिवादन करने के लिए अपनी छत पर आएंगे तो वो उन्हें दिखाई दे जाएंगे।

कई बार सालाना जन्मदिन का यह तमाशा देख चुके एक लोकल फेरीवाले ने मुझे बताया कि उसे लगता है कि शाहरुख़ की प्रमुख फ़ैनबेस होने के बावजूद औरतें उनके घर के बाहर खड़े होने में सहज महसूस नहीं करतीं और शायद वो या तो बहुत समझदार हैं या इतनी व्यस्त रहती हैं कि परवाह नहीं करतीं। 'लेडीज़

लोग ही शाहरुख़ को ज़्यादा पसंद करते हैं। पर वो समझदार हैं और टाइम नहीं है उनके पास।' मन्नत के आसपास घूमते हुए बिताए पांच घंटे के दौरान, मैंने कम से कम सौ पुरुष और सिर्फ़ दस महिला तीर्थयात्री गिने। फ़ैन समुद्र किनारे तक फैले हुए थे। ज्यादातर फ़ैन लड़कियों और महिलाओं के साथ आदमी थे, लेकिन मैंने तीन ऐसी लड़कियों को ढूंढ़कर उनसे बात की जो अकेली आई थीं। उत्साहित और भयभीत, तीनों ने ही 2017 में मन्नत पर जन्मदिन समारोह में पुरुषों की भीड़ द्वारा लड़कियों को छेड़ने और घायल करने के मामलों को याद किया। वो शाहरुख़ से जुड़े स्टॉकर पंथ से अच्छी तरह वाक़िफ़ थीं, कि कुछ फ़ैनबॉयज़ लड़कियों को सताने वाले जुनूनी प्रेमियों के शाहरुख़ के चित्रण से सीख लेते थे। अकेली महिला फ़ैन्स उन जोखिमों के बारे में जानती थीं जिनसे उनका सामना हो सकता था, लेकिन उन्होंने भले-बुरे के बारे के बारे में ग़ौर किया, और भाग लेने का फ़ैसला किया फिर चाहे जो भी हो। उनके फ़ैनडम ने उनके डर पर विजय पा ली थी।

कोलकाता की बीस वर्षीय बी.कॉम. छात्रा वृंदा कुंडू दो साल की उम्र से शाहरुख़ से प्यार करती थीं। वो मन्नत के बाहर भीड़ में अकेली शामिल हुई थीं, और तीन बार पहले भी शाहरुख़ के जन्मदिन पर आ चुकी थीं। वृंदा को शिकायत थी कि पुलिस पिछले साल की तरह प्रशंसकों को शाहरुख़ के घर के क़रीब नहीं जाने दे रही थी। मैंने उनसे पूछा कि जश्न में बहुत ज़्यादा लड़कियां क्यों नहीं हैं। वो हंसीं और बोलीं, 'मेरे ख़्याल से यह सुरक्षित नहीं है। लड़कियां नहीं चाहतीं कि वो इतने सारे लड़कों की धक्का-धक्की में घिरें और उन्हें छुआ जाए। मैं कोलकाता के लड़कों की भीड़ की आदी हूं और शाहरुख़ को देखने के लिए मुझे बहादुर बनना होगा।' एक और अकेली लड़की, जो पहली बार आई थीं, मध्य प्रदेश के जबलपुर की एक लगभग बीस-वर्षीय इंजीनियर थीं। वो मुंबई में एक टैक्नॉलोजी फ़र्म में काम करती थीं और दादर में रहती थीं। वो कंपनी के लिए अपने फ़ोन से चिपकी हुई थीं। 'यहां सिर्फ़ आदमी ही आदमी दिखाई दे रहे हैं। लेकिन लड़कियां उन्हें ज्यादा प्यार करती हैं। हम इस तरह बाहर नहीं निकल सकते,' उन्होंने मुझसे कहा।

वहां मौजूद ज़्यादातर पुरुष फ़ैन आमतौर पर बीसेक साल के थे और गुजरात, उत्तर प्रदेश, पश्चिम बंगाल और महाराष्ट्र से थे। भारत के छोटे शहरों के फ़ैन क्लबों का भी वहां अच्छा-ख़ासा प्रतिनिधित्व था। सिलीगुड़ी में—जहां भारत में गूगल पर शाहरुख़ की सबसे ज़्यादा सर्च की जाती है—पुरुषों के बीच शाहरुख़ का एक विशाल प्रशंसक समूह है। औरंगाबाद का भी एक बहुत मुखर समूह था। मैंने हिंदू और मुस्लिम प्रशंसकों को शाहरुख़ के लिए नारे लगाते देखा। *भारत की शान, शाहरुख़ ख़ान।* शायद बैंडस्टैंड पर शाहरुख़ के घर के बाहर धर्मनिरपेक्षता के

लिए एक चांस है। कई पुरुष फ़ैन्स ने यहां तक आने के सफ़र और इस मौक़े के लिए कस्टम-निर्मित टी-शर्ट ख़रीदने के लिए एक साल तक पैसे बचाए थे। एक लड़के ने कहा कि वो शाहरुख़ को पसंद करता है क्योंकि 'उनके पास दिमाग़ है, बॉडी पर कम ध्यान देते हैं,' उसने सम्मानपूर्वक कहा।

जितनी बार भी मन्नत के दरवाज़े खुलते, तो ये लड़के मर्दाना ऊर्जा की लहर बनाते हुए घर की ओर बढ़ने लगते थे। ज़्यादातर पुरुषों से भरी भीड़ आगे बढ़ती, तो महिलाएं बचने के लिए झुक जातीं। वो या तो इस लहर से एक तरफ़ को हो जातीं या इसके दबाव में फंस जातीं। जिन अकेली लड़कियों से मैंने बात की थी, वो इन हालात से बच गईं, उन्होंने अपने स्टार को देखा और कहा कि वो अगले साल फिर आएंगी। सैकड़ों पुरुषों की धक्का-मुक्की के ख़तरों के बावजूद, वो शाहरुख़ के जन्मदिन पर उन्हें देखने की कोशिश जारी रखेंगी। 'अगर मुझे अगले साल अपने साथ आने के लिए एक बॉयफ्रेंड मिल जाए तो अच्छा रहेगा। लेकिन अगर नहीं मिला, तो भी मैं बंबई में काम करती हूं और मेरे माता-पिता यहां नहीं रहते हैं,' एक छब्बीस वर्षीय लड़की ने कहा। 'उन्हें पता नहीं चलेगा कि मैं कहां हूं। यह पागलपन और बेतुकी चीज़ है लेकिन मैं फिर भी अकेली आऊंगी।'

14
लवेरिया

सर्दी, खांसी न मलेरिया हुआ। मैं गया यारो मुझको लव लव लव लवेरिया हुआ।

—राजू बन गया जैंटलमैन (1992)

अधिकांश लोग प्रेम की समस्या को मुख्य रूप से प्रेम किए जाने की समस्या के रूप में देखते हैं, न कि प्रेम करने या प्रेम करने की अपनी क्षमता के रूप में। इसलिए उनके लिए समस्या यह होती है कि ख़ुद से प्यार कैसे कराया जाए, ख़ुद को प्यार लायक़ कैसे बनाया जाए... ख़ुद को प्यार लायक़ बनाने के कई तरीक़े वही हैं जो ख़ुद को सफल बनाने, 'दोस्तों को जीतने और लोगों को प्रभावित करने' के लिए इस्तेमाल किए जाते हैं। वास्तव में, हमारी संस्कृति में ज़्यादातर लोगों के लिए प्यार लायक़ होने का मतलब लोकप्रिय और सेक्स अपील होने के बीच का मेल होता है।

—एरिक फ़्रोम, 1956

कम ध्यान अवधि और नकारात्मकता के हमारे इस दौर में 'बेतुकी' या 'पागलपन' भरे फ़ैनडम का तर्कपूर्णपक्ष क्या है? ये समझदार लड़कियां किसी अभिनेता को दूर से देखने के लिए ज़बरदस्त ख़तरा और बेआरामी सहन करने को क्यों तैयार हैं? उनका आइकन कैसा प्रेम प्रदान करता है?

वैश्विक आधुनिकता के साथ हमारी भेंट ने नए विकल्प और मानदंड उपलब्ध करवाए हैं जो अपनी समस्याएं गढ़ते और अपने हल बनाते हैं। अध्ययन करने, काम करने और अपना पार्टनर ख़ुद खोजने के अवसर हमें साथियों और पैसों के

कठोर बाज़ारों में ला खड़ा करते हैं। दार्शनिक हमें बताते हैं कि पूंजीवाद ने हम सबको अपने ही वस्तुकरण में सहभागी बना दिया है। श्रम की ही तरह प्यार भी—बाज़ार में घूमते हुए, हमें प्रोत्साहन, लागत और कमी के उचित तर्क का ग़ुलाम बनने के लिए मजबूर करते हुए—व्यापार और विनिमय मूल्य की चीज़ बन गया है।

यह विचार आम समझदारी की बात बन गया है कि सारे सामाजिक संपर्क रणनीतिक कार्य हैं जिनसे हमें व्यक्तिगत लाभ हासिल करना चाहिए। हम लोगों के बारे में अंदाज़ा लगाते हैं कि वो हमें क्या दे सकते हैं। अच्छे के लिए या बुरे के लिए, हम दूसरे इंसान के लिए अपने स्नेह को इस बुनियाद पर तय करते हैं कि वो हमारे फ़ायदे के लिए क्या करता है। आपको मेरी पोस्ट पसंद आती हैं, तो मैं आपका दोस्त बनूंगा। आप बच्चों की देखभाल करने के लिए अपना कैरियर छोड़ दें, तो मैं आपसे हमेशा प्यार करूंगा। आप बाहर की दुनिया में मेरा स्टेटस बढ़ाएं, तो मैं आपका ख़्याल रखूंगा। आप मेरे एक्स की मौजूदा गर्लफ्रेंड का पक्ष लेते हैं, तो मुझे हमारी दोस्ती पर संदेह होगा। हमें सचमुच ऐसा लगता है कि प्यार या दोस्ती जैसी भावनाओं को जब चाहे उभारा जा सकता है और उन्हें नियंत्रित किया जा सकता है, कि इंसान अपनी भावनाओं का इस्तेमाल करने में रणनीति से काम ले सकता है।

मार्क्स और गांधी के लेखन के बीच समानताएं बताने का प्रयास करते हुए दार्शनिक अक़ील बिलग्रामी ने एक महत्वपूर्ण निबंध में इस बात पर प्रकाश डाला कि कैसे दोनों विचारक 'मनुष्यों के बीच संबंधों के वस्तुकरण से चिंतित थे, जिसके द्वारा उन्हें पारस्परिक रूप से विषय के रूप में नहीं बल्कि—अलगाव के साथ—उत्पादन के स्रोत या मूल्य के स्वरूप की तरह देखा जाता है जो एक ही साथ अमूर्त भी है और भौतिक भी।' अपने 1955 के क्लासिक, *द सेन सोसाइटी* में, मनोविश्लेषक एरिक फ्रोम आधुनिक व्यक्तित्व की 'व्यापारिक प्रवृत्ति' के बारे में बात करते हैं, जहां लोग ख़ुद को और दूसरों को पूरी तरह वस्तुओं के रूप में महसूस करते हैं—ऐसी वस्तुओं के रूप में जिनका लगातार विपणन या लेनदेन के लिए इस्तेमाल किया जा सकता है।

आधुनिक समय की विषमलैंगिक मुलाक़ातों में, नीरस अलगाव की कोई कमी नहीं है। एक दूसरे के प्रति हमारे दृष्टिकोण को मुनाफ़े और अर्थशास्त्र की फीकी भाषा निर्धारित करती है। परिवारों में महिलाओं को लगता है कि उन्हें प्यार पाने के लिए मेहनत करनी होगी। वो बाहर की दुनिया तक पहुंच बनाने के लिए परिवार के सदस्यों के साथ डील और सौदेबाज़ियां करती हैं। अगर प्यार पैसे से हासिल होता है, तो एक मर्द की आमदनी ठीक उतनी ही तनख़्वाह पाने वाली औरत की तुलना में कहीं ज़्यादा प्यार ख़रीदती है। प्यार की प्रति रुपए की आपूर्ति लैंगिक

आधार पर भिन्न होती है। जब महिलाएं पितृसत्ता के अनुसार चलती हैं, जब वो शक्तिशाली पुरुषों का सहारा बनती हैं तो वो ज़्यादा प्यार किया गया महसूस करती हैं। फ़ेमिनिस्ट विद्वान इस बात पर प्रकाश डालते हैं कि परिवारों का प्यार हासिल करने के लिए कैसे महिलाएं गर्भ में बच्चियों को मारती हैं, कैसे वो हिंसा को बर्दाश्त करती हैं या घंटों घर के कमरतोड़ काम को सहती हैं। परिवारों के भीतर अगर महिलाएं पूर्वनिर्धारित नियमों और वर्गीकरण के अनुरूप न चलें, तो उनके लिए सबसे बड़ा ख़तरा प्यार गंवाने का होता है। क्योंकि प्रेम *पूंजी* है, औरत की कामयाबी और वजूद को सुनिश्चित करने का एक तरीक़ा है।

पारिवारिक बंधनों से दूर, अपने प्रेम संबंधों में, हम सभी अति-तर्कशील अर्थशास्त्री बन गए हैं। हम शिकायत करते हैं कि हमारे साथी हमारी जोड़ी के बंधन के उद्यम में पर्याप्त *निवेश* नहीं कर रहे हैं और हमारे प्रेम जीवन पर कोई भी बातचीत गेम थ्योरेटिक फ़ॉर्मूलों में बदल जाती है। हम *अवसर लागतों* के फ़्रेमवर्क का उपयोग करके अपने पार्टनर्स को छोड़ देते हैं क्योंकि हमें विश्वास होता है कि बेहतर विकल्प मौजूद हैं; हम अपना वज़न कम करते हैं ताकि ज़्यादा आकर्षक दिखें और बाज़ार में *हमारा मूल्य बढ़* सके। हम सुंदरता को बनाए रखते हैं क्योंकि आकर्षण एक ऐसी अक्षय निधि है जो प्यार पाने की संभावनाओं को बेहतर बनाता है।

प्यार एक जीवनशैली उत्पाद बन गया है: हम लोगों को उन पार्टियों के लिए प्यार करते हैं जिनमें वो हमें ले जाते हैं, या इसलिए कि हमारे प्रेमी हमारे बारे में क्या संकेत देते हैं। हम तब सैटल होते हैं जब जैविक घड़ी *मजबूर* कर देती है, हम पूरे मैदान में खेलते हैं और हम ज़्यादा यौन सुख हासिल करते हैं क्योंकि अनपेक्षित गर्भावस्था द्वारा लगाई गई *लागत* को गर्भनिरोधक तकनीक ने विफल कर दिया है, हम अपनी सफलता को उन प्रेमियों की तादाद और प्रकारों के आधार पर मापते हैं जिन्हें हम हासिल कर चुके हैं, हम अपने रोमांटिक विकल्पों का *आकलन और मूल्यांकन* इस तरह करते हैं जैसे प्यार को हासिल करना एक जोड़ी जूते ख़रीदने जैसा है। हैरानी की बात नहीं है कि दुनिया पहले से कहीं ज्यादा तन्हा हो चुकी है, जिस तरह विपरीत लिंग के लोग एक-दूसरे से जुड़ते हैं, उससे लगता है कि कहीं बहुत गहराई में कुछ टूट गया है। प्रेम को तर्क से ऊपर होना चाहिए, उसमें फंसना नहीं चाहिए।

फ़ेमिनिस्ट पीढ़ियों से प्रेम की स्थिति से परेशान हैं। वो तर्क देते हैं कि पुरुष शक्ति उस प्रेम से बनती है जो औरतें मांओं और पार्टनर्स के रूप में मर्दों को देती हैं। वे 'प्यार' शक्ति देता है, और कि शक्तिशाली को अक्सर सबसे अधिक प्यार किया जाता है। भारतीय फ़ेमिनिज़्म यह नहीं समझ पा रहा है कि इतनी सारी आधुनिक

औरतें जो अर्थव्यवस्था में अपनी पारंपरिक भूमिकाओं से मुक़ाबला करती हैं और घर पर ख़ामोश लड़ाई लड़ती हैं, उन पर पारंपरिक विवाह और रोमांस का विचार क्यों सवार रहता है। उन्हें समझ नहीं आता कि महिलाएं पितृसत्तावादी पुरुषों से क्यों जुड़ी रहती हैं। उनमें से कुछ मीडिया, बॉलीवुड और शाहरुख़ जैसे अभिनेताओं को हमारी महिलाओं में व्यर्थ की रोमांटिक भावनाएं जगाने का ज़िम्मेदार ठहराते हैं। और कुछ रोमांस के लिए किसी भी क़िस्म की आकांक्षा को प्रतिरोध के कठिन काम से भटकाव कहकर ख़ारिज कर देते हैं।

मैं पक्का कुछ नहीं कह सकती। बेशक, ज़्यादातर आदमी चलते-फिरते गर्भनिरोधक हैं। आधुनिक रोमांस आपको इतना उदास और संदेहपूर्ण बना सकता है कि ख़ुद प्यार भी ख़तरे और निराशा से भरी किसी कोशिश जैसा लगता है। प्यार हमारे समाज की सारी असमानताओं को विरासत में ले लेता है और यह असमान और प्रतिस्पर्धात्मक क्षेत्र में काम करता है, जहां कुछ लोग दूसरों की तुलना में ज़्यादा ताक़तवर होते हैं। लेकिन जिन आम महिलाओं से मेरी मुलाक़ातें हुईं, वो अपने प्रेम की पीड़ा को तब तक सहने को तैयार थीं जब तक कि उन्हें ज़्यादा निजी और यौन स्वतंत्रता का आनंद मिलता रहे।

2016 में, विद्या और मैंने *ऐ दिल है मुश्किल में* शाहरुख़ की छोटी सी गैस्ट भूमिका का साथ में आनंद लिया था। उस सिनेमाई पल में, जिसे लाखों लोगों ने देखा और सराहा था, शाहरुख़ ने ताहिर ख़ान की भूमिका निभाई थी, जो एक ऐसा कलाकार है जिसका दिल टूट चुका है, और जो प्यार की भावना पर तीन मिनट का लेक्चर देता है। इस धारणा को मूर्त रूप देते हुए कि प्यार एक कारोबार लायक़ चीज़ हो सकती है जिसे हासिल कर लेना शक्ति का प्रतीक है, रणबीर कपूर का किरदार शाहरुख़ के ताहिर से पूछता है, 'ये आसान है क्या, ऐसी मुहब्बत करना जिसके बदले मुहब्बत न मिले?' जवाब में शाहरुख़ कहते हैं, 'ये दुनिया का सबसे ख़ूबसूरत अहसास है।' रणबीर का किरदार पलटकर कहता है, 'कमज़ोरी नहीं लगती आपको?' और ताहिर कहता है, 'बिल्कुल नहीं। एकतरफ़ा प्यार की ताक़त ही कुछ और होती है... सिर्फ़ मेरा हक़ है इसपे, सिर्फ़ मेरा। मुझे किसी से बेइंतहा मुहब्बत करने के लिए किसी की ज़रूरत नहीं। हो सकता है इससे कोई बेहतर इश्क़ नहीं। अगर बाज़ी इश्क़ की बाज़ी है, तो चाहे लगा लूं आपको प्यार के लिए जुआ खेलना है, जो कुछ भी आपको पसंद है उसे दांव पर लगा लो, डर कैसा? अगर जीत गए, तो क्या कहना। अगर हारे भी, तो बाज़ी मात नहीं।'

यह बातचीत दर्दे-दिल को दिलेरी देती है—दिल टूटना सम्मान की बात है। प्यार अपने प्रति और संसार के प्रति उदारता का रवैया बन जाता है, न कि दो लोगों

के बीच ख़ुदग़र्ज़ी भरा लेनदेन। मुझे लगता है कि यह सीन, और इसमें रोमांटिक बेपरवाही का जश्न, हममें से कई लोगों के लिए शाहरुख़ के लिए हमारे आकर्षण का अक्स है। वो अक्सर कई पुराने हिंदी फ़िल्मी रोमांसों में व्यक्त किए गए इस विश्वास का प्रतिनिधित्व करते हैं कि प्यार एक आला दर्जे का आध्यात्मिक काम है। कि लड़का और लड़की इतनी गहराई से एक दूसरे के प्यार में डूब जाते हैं कि लड़का लड़की और उसके रूढ़िवादी परिवार को लुभाने के लिए ब्रिटेन से पंजाब तक चला आता है। शाहरुख़ के किरदार और उनके रोमांटिक पार्टनर जिस तरह एक-दूसरे से प्यार करने का फ़ैसला करते हैं, उसमें कोई सौदेबाज़ी या रणनीति नहीं होती। किसी भी पक्ष के लिए कोई रक़ीब सामने नहीं आता है, न कोई जाति, न इसकी कोई चिंता कि रिश्ता कितना व्यावहारिक है, न घर के काम के बारे में कोई सौदेबाज़ी, न इस बात का कोई डर कि कैरियर के लक्ष्य एक दूसरे से मेल खाएंगे या नहीं। ये फ़िल्में शानदार रूप से अव्यवहारिक होती हैं।

शाहरुख़ की महिला प्रशंसकों के प्रेम जीवन पर नज़र डालने से मुझे अंदाज़ा हुआ कि ज़्यादा पैसा, सह-शिक्षा, व्यावसायिक पहचान की खोज के प्रति महिलाओं की बढ़ती दिलचस्पी, पोर्नोग्राफ़ी, अधिक यौन स्वतंत्रता के साथ-साथ कमाऊ मर्द में ठोस विश्वास और जातीय अंतर्विवाह महिला स्वाभिमान पर क़हर ढा रहे हैं। ज़ाहिरा की बेटी मीनल ने 2019 में एक कुर्मी बिहारी हिंदू सहकर्मी को किस किया था और उसके हाथ में हाथ डाला था। वो सर्वेक्षण अन्वेषक के रूप में उसके काम के माध्यम से मिले थे। उसे सर्वेक्षण फ़र्म ने घर दिया था और लड़का भी पास में ही रहता था। कुछ महीने बाद उसने धार्मिक बेमेल का हवाला देते हुए मीनल से रिश्ता तोड़ लिया। 'लड़कियां शारीरिक रूप से क़रीब तभी आती हैं, जब वो लड़के को बहुत पसंद करती हैं। लड़के यह जानते हैं। वो शुरू से ही जानता था कि मैं मुस्लिम हूं। लेकिन वो मस्ती करना चाहता था, और हमारे बीच जो हो रहा था वो उसके लिए अच्छा था। यहां के लड़के मुस्लिम लड़कियों के साथ मस्ती करते हैं लेकिन शादी हिंदू लड़की से करते हैं। वो हमें इस्तेमाल करते हैं। मैंने महसूस किया है कि सबसे अच्छा यही है कि सुरक्षित रहो, बस फ़िल्में देखो और अपने आसपास के आदमियों से दूरी बनाए रखो।'

दिसंबर 2019 तक, मीनल अपने बिहारी ब्रेक-अप से उबरने में कामयाब हो चुकी थी। काम पर उसकी सहेलियां उसके लिए कंपनी और दोस्ती का मूल स्रोत बन गई थीं। उसने शाहरुख़ के साथ ब्रेक-अप करने का भी सोचा था। जब मीनल उम्मीद कर रही थी कि उसका हीरो हीरो बनकर दिखाएगा, तो वो पीड़ाजनक रूप से एक इंसान निकला। वो नागरिकता संशोधन अधिनियम (सीएए) और राष्ट्रीय

नागरिकता रजिस्टर (एनआरसी) को लागू करने के भारत सरकार के प्रयासों के बीच शाहरुख़ की चुप्पी से आहत थी। इन सरकारी पहलों की मुसलमानों के साथ भेदभाव करने और एक धर्मनिरपेक्ष गणराज्य के मूल संवैधानिक मूल्यों का उल्लंघन करने के लिए भारी आलोचना की गई थी। जब एनआरसी और सीएए का विरोध करने के लिए छात्रों और आम मुस्लिम नागरिकों को परेशान किया या मारा जा रहा था, तब बॉलीवुड और क्रिकेट से जुड़ी भारत की सांस्कृतिक रूप से प्रमुख ताक़तें ज़्यादातर चुप रहीं। मीनल को लगा कि उसका हीरो उसे सक्रिय रूप से निराश कर रहा है। 'वो अपनी क़ौम के साथ खड़े क्यों नहीं हो रहे,' उसने कहा। इतने साल से शाहरुख़ के बारे में हमारे बीच हुई बातचीत में धर्म के बारे में यह पहला संदर्भ था।

लेकिन मीनल ज़्यादा समय तक शाहरुख़ को नापसंद नहीं कर पाई। उसे आगे यह कहने में बस दो मिनट लगे कि 'हो सकता है कि वो ख़ामोशी से, अपने तरीक़े से मदद कर रहे हों। हो सकता है अभी हमें यह दिखाई नहीं दे रहा हो। कभी-कभी खुलकर कुछ कह पाना बहुत मुश्किल होता है। वो मदद कर रहे होंगे। शायद वो इसलिए नहीं बोल पा रहे कि वो कोई पक्ष नहीं ले सकते, शायद अभी एक मुस्लिम हीरो के लिए बोलने के लिए कठिन समय है।'

जनवरी 2020 में, शाहरुख़ ने सोशल मीडिया पर नए साल की बधाई रिलीज़ की। हिंसा और सीएए-एनआरसी की सार्वजनिक रूप से निंदा करने के आह्वान को दरकिनार करते हुए उन्होंने कहा कि उनमें ख़ुद इतनी सारी कमज़ोरियां हैं कि वो दूसरों को उपदेश देने के लायक़ नहीं हैं। उन्होंने लिखा, 'मुझे उम्मीद है कि हमारी कमियों के बावजूद अल्लाह हम पर मेहरबानी दिखाएगा।' मीनल की ख़ुशी का ठिकाना नहीं रहा, 'अच्छा है। कुछ तो कहा, अपने ढंग से। एक दिन और बोलेंगे,' वो बोली। मुझे हैरत हुई कि एक ऐसा मामूली सा ग़ैर-राजनीतिक संदेश एक समझदार लड़की को इतना ज़्यादा ख़ुश कर सकता है। उस समय, वो मुंबई के ओवल मैदान में लड़के-लड़कियों से बात करते हुए, सार्वजनिक स्थलों पर युवाओं के दृष्टिकोण पर एक नए सर्वेक्षण में व्यस्त थी। मैं उसके शाहरुख़ के ट्विटर फ़ीड के हाथ में हाथ डाले टहलने की कल्पना करने लगी।

एक फ़ैनगर्ल की अव्यावहारिक कल्पना उसकी हक़ीक़त को सामने ला देती है। मीनल की फ़ैंटैसी कि शाहरुख़ एनआरसी के विरोध का खुलकर समर्थन करें, एक ऐसी सार्वजनिक संस्कृति को जीने के उसके अनुभव को दर्शाती है जो मुस्लिम युवाओं के साथ खुलकर एकजुटता व्यक्त नहीं करती है। एक 'अच्छे' रोमांटिक पार्टनर के आदर्श के रूप में शाहरुख़ की उसकी अडिग कल्पना से

ऐसे आदमियों के साथ गंवारू रोमांटिक रिश्तों के उसके अनुभव का पता चलता है जो अपनी नई-नई यौन संभावनाओं को संभालने में ज़रा सा भी सोच-विचार करने से जूझते हैं।

एक बार, एक मीडिया कॉन्क्लेव में मुझे एक सस्ती सीट मिल गई और मैंने दिल्ली की एक ख़ुशदिल अमीरज़ादी को शाहरुख़ से पूछते हुए देखा कि उन्होंने अपनी प्रतिष्ठित स्थिति का इस्तेमाल ऐसी फ़िल्में बनाने के लिए क्यों नहीं किया, जो 'लोगों के सोचने का तरीक़ा बदल पातीं।' यह विचार कि आम लोगों के लिए बनने वाली मसाला या रोमांटिक फ़िल्में हमें सोचने को मजबूर नहीं करती हैं क्योंकि वो पश्चिमी कलात्मक कोड के अनुरूप नहीं होती हैं या 'मुद्दों' का सटीक चित्रण नहीं होती हैं, पूरी तरह दूसरों को नीचा दिखाने वाली और ग़लत सोच हैं। शाहरुख़ और उनकी फ़ैन महिलाओं को देखते हुए मैंने पाया है कि कैसे उनकी फिल्में और सेलिब्रिटी मुक़ाम—विषाक्तता और परंपरा के साथ ठिठोली के बावजूद—बहुत सी आम महिलाओं की प्यार और गरिमा पाने की तृष्णा को बढ़ाते हैं। ये महिलाएं शाहरुख़ के गानों और फ़िल्मों के बारे में लंबे समय तक सोचती हैं। वो उनके दृश्यों का इस्तेमाल अपने जीवन के बारे में सोचने के लिए भी करती हैं। मैंने शाहरुख़ को महिलाओं की कल्पनाओं को प्रेरित करते देखा है। उनकी छवियां और जुमले युवा महिलाओं को पुरुषों से, ख़ुद से और अपने आसपास की दुनिया से और ज़्यादा की उम्मीद करने के लिए प्रेरित करते हैं। अमीरज़ादी को जवाब में शाहरुख़ ने कहा कि सिनेमा कई कारणों से वजूद में है, जिनमें से एक दर्शकों और अभिनेताओं को उनकी वास्तविकताओं से दूर जाने में मदद करना है।

शाहरुख़ के प्रशंसकों के लिए उनकी फ़िल्मों और साक्षात्कारों का मतलब वो सब कुछ है जो मतलब वो चाहते हैं: शाहरुख़ उस सबका संग्रह बन जाते हैं जो मामूली सी निजी ज़िंदगी में हासिल नहीं किया जा सकता; या श्रमिक वर्ग की फ़ैनगर्ल्स के लिए आज़ादी की पुकार; या अपनी मदद ख़ुद करने वाली महिलाओं के लिए सैल्फ़-हैल्प गुरु; एक आम औरत की संघर्ष, निगरानी और रणनीतिक सौदेबाज़ी से भरी ज़िंदगी की उथल-पुथल को शांत करने के लिए एक जज़्बाती मरहम; जिस्मों और उनकी यौन भूख का पता लगाने की इच्छा; या फिर वो एक आध्यात्मिक अनुपस्थिति के प्रतीक का काम कर सकते हैं। हर फ़ैनगर्ल अपनी रोज़मर्रा की ज़िंदगी में शाहरुख़ के लिए तरसती है—एक ऐसा आदमी जिसे मिथक, मेकअप और फ़िल्मों के जादू ने बनाया है। अफ़सोस कि भारत के कई घरों में फ़ैन होना एक ख़तरनाक काम है। लड़कियों को शाहरुख़ को टीवी पर देखने या उनके

गाने गाने के लिए डांटा-फटकारा जाता है। उनके फ़ोन और टीवी तोड़ दिए जाते हैं। और इसके बावजूद मैंने देखा है कि कामकाजी लड़कियां अपनी कड़ी मेहनत की कमाई को शाहरुख़ की फ़िल्म देखने पर या अपने परिवारों और समुदायों की मर्ज़ी के ख़िलाफ़ शाहरुख़ की तस्वीरें देखने के लिए नए उपकरण ख़रीदने पर ख़र्च करती हैं, जिसे उनके परिवार और समुदाय फ़िज़ूलख़र्ची मानते हैं।

अच्छी औरतों से उम्मीद की जाती है कि वो अपनी कमाई अपने ससुरालवालों या पतियों को सौंपेंगी। अच्छी औरतों से उम्मीद की जाती है कि वो अपने परिवार के लिए बचत करेंगी। अच्छी औरतों से यह उम्मीद *नहीं* की जाती कि वो अकेले सिनेमा हॉल जाएंगी, और फ़ैनगर्ल बनने पर तो अपनी बचत क़तई नहीं उड़ाएंगी। कई महिलाओं को अपने मां-बाप, पति या ससुरालवालों से अनुमति लिए बिना महज़ एक फ़िल्म देखने के लिए हिंसक सख़्ती का सामना करना पड़ा। जब मैंने इन महिलाओं से पूछा कि वो इतने महंगे फ़ैनडम पर क्यों अड़ी रहीं, तो उनका जवाब एकदम सीधा सा था: 'हम शाहरुख़ से प्यार करते हैं, भाड़ में जाए कि हमारे घरवाले क्या सोचते हैं।' उनकी प्रेम कहानियां साहस और प्रतिरोध की कहानियां हैं। वो एक ऐसे आदमी से प्यार करती हैं जिसे वो कभी हासिल नहीं कर सकतीं—आधुनिक युग की मेरी मीराएं।

पंद्रह साल पहले जब मैंने अनजाने में रिसर्च शुरू की थी, जिसका नतीजा इस किताब के रूप में सामने आया, तब से अब तक उन सारी औरतों के लिए जिनसे मैंने बात की और उनकी बातों को दर्ज किया, उनके लिए शाहरुख़ आज भी आधुनिक जीवन के अलगाव, तर्कसंगत सौदेबाज़ियों और नियतिवाद से बचने के आध्यात्मिक टाइमआउट बने हुए हैं। वो ऐसे समय में भी राहत देना जारी रखते हैं जब दुनिया मानवीय सी महसूस नहीं होती, जब ये महिलाएं डिस्पोज़ेबल सा महसूस करती हैं। जब परिवार और कार्यस्थल महिलाओं को ऐसा व्यक्ति नहीं मानते जिनके पास इच्छाएं और अधिकार हैं। जब प्यार एक काम बन जाता है। ऐसे समय में एक ब्रेक सा बन जाता है जब अंतरंग संबंधों में जवाबदेही लाने की कोशिश तन्हाई सी महसूस होने लगती है। जब अपने सबसे क़रीबी रिश्तों में सामाजिक परिवर्तन को बढ़ावा देने का नैतिक बोझ बहुत मुश्किल या एकाकी हो जाता है।

एक ऐसे समय में जब हम इस बात को लेकर इतने सावधान हैं कि कौन किसके लिए बोलता है, इतने चिंतित हैं कि कौन किसके अनुभव को हड़प लेता है कि हम अपने पहचानवादी द्वीपों पर फंसे हुए सार्थक बातचीत को खो देने का जोखिम उठा रहे हैं, मैं आभारी हूं कि शाहरुख़ ने मुझ जैसी एक आकांक्षी

अकादमिक को उन औरतों की ज़िंदगियों के बारे में जानने का मौक़ा दिया जो मुझसे बहुत ज़्यादा भिन्न हैं। मैं आभारी हूं कि भारत जैसे विविधतापूर्ण देश में उनके प्रति व्यापक पसंद ने हमें एक दूसरे के जीवन में एक खिड़की खोलने का मौक़ा दिया, और उन्होंने हमें एक दूसरे के साथ सीखने-सिखाने और एक दूसरे की दिलचस्पी का विषय दिया। मैं इस बात के लिए शुक्रगुज़ार हूं कि शाहरुख़ की सारी बातों ने मुझे एक शोधकर्ता की 'डाटा संग्रह' की सारगर्भित मेहनत से आज़ाद कर दिया, कि उनकी फ़िल्मों और गानों ने मुझे औरतों की ज़िंदगियों को सिर्फ़ अभाव और ग़रीबी के चश्मे से देखने से मुक्त कर दिया। मेरे पास शायद कोई ठोस जवाब या सिद्धांत न हो, लेकिन मैंने बेहतर सवाल पूछना सीख लिया है। बिक्री और नौकरियों की संख्या दिखाने वाले ग्राफ़ फिर कभी ऐसे नहीं लगेंगे। अब मैं अर्थव्यवस्था को अधिक स्पष्टता के साथ देखती हूं।

अर्थशास्त्र की प्रधान भाषा में, मैं जिन औरतों से मिली, उनकी अहमियत बहुत मामूली थी। वो उस छोटे से अंश की गुमनाम सदस्याओं से ज़्यादा कुछ नहीं हैं जिससे भारत की महिला रोज़गार दर की गणना करने में मदद मिलती है। शाहरुख़ की फ़िल्में देखने के लिए वो जो टिकट ख़रीदती हैं, उन्हें सिर्फ़ एक सामान्य वित्तीय लेनदेन के रूप में दिखाया जाता है, जो बॉक्स-ऑफ़िस बिक्री का हिसाब करने में मदद करता है। वो मीडिया जिसे ख़रीदने के लिए उन्होंने इतनी मेहनत की, वो टैक्नॉलोजी के किसी देव या मीडिया साम्राज्य के लिए बस एक सामान्य बिक्री आंकड़ा है। इन लेनदेनों के पीछे छिपे उनके संघर्ष और मेहनत धुंधला दिए जाते हैं और अप्रासंगिक माने जाते हैं। वो किसी ग्राफ़ के मामूली डाटा बिंदु बन जाते हैं, जिनकी अहमियत बस समग्र विकास या खपत का अनुमान लगाने के लिए होती है, जिसका इस्तेमाल निगमों, नेताओं, शिक्षाविदों और नीति निर्माताओं द्वारा अर्थव्यवस्था के बारे में राय लिखने और कुढ़ने के लिए किया जा सकता है।

अक्सर, जब हम 'अर्थव्यवस्था' के बारे में सोचते हैं, तो हमें लगता है कि यह कोई डराने वाली धारणा है जो सिर्फ़ ख़ुर्रांट क़िस्म के टैक्नोक्रेट और दावोस जाने वालों को ही सुलभ है, और यह कोई इतनी क़ीमती चीज़ है जिस पर केवल वित्त वाले भाई-बंधु, स्टॉक-मार्केट विश्लेषक और सर्व-जानकार अर्थशास्त्री ही चर्चा कर सकते हैं। हालांकि सबसे अच्छे अर्थशास्त्री जानते हैं कि अर्थव्यवस्था हमारे मूड और रिश्तों के अलावा कुछ नहीं, जो यह परिभाषित करते हैं कि कौन क्या पैदा करता है और क्या लेनदेन करता है। अर्थव्यवस्था की एक समृद्ध भावनात्मक और नैतिक ज़िंदगी है। अर्थव्यवस्था उन महिलाओं के प्यार और नुकसानों, उनकी फ़ैनडम और उनकी कल्पनाओं से बनी है जिनसे मैं मिली—ऐसी भावनाएं जिनके

बारे में हमें नौकरियों के बहीखातों, खपत बिक्री या बॉक्स-ऑफ़िस कलेक्शन को देखते समय समझना चाहिए। उन आंकड़ों में भावनाओं के सागर छुपे होते हैं।

जब कोविड से लड़ने के लिए मुंबई बंद हुआ, तो मीनल के मालिकों ने ऐलान किया कि वो सिर्फ़ एक महीने तक उसके छात्रावास में रहने का ख़र्च उठा पाएंगे; इसके अलावा कोई आवास शुल्क होगा, तो वो उसके वेतन से काटा जाएगा। चूंकि ट्रेनों का चलना बंद हो गया था, इसलिए उसके कई सहयोगियों ने घर वापस जाने के लिए कारों और ट्रकों का इंतज़ाम कर लिया था। लेकिन मीनल खार में एक शेयर्ड फ़्लैट में एक सहकर्मी के कमरे में रहने में कामयाब हो गई थी। वो अपना अधिकांश समय अपनी बिल्डिंग की भीड़ भरी छत पर बिताती थीं। महामारी ने उसकी मां के डरों को, मीनल के लिए पति खोजने के उनके जुनून को फिर से जगा दिया था। लेकिन मीनल एक बिल्कुल ही अलग राह पर चल रही थी। अगर वो बिना किसी मर्द के साथ के एक वैश्विक तबाही से बच सकती थी, तो यह उसे अपनी शर्तों पर जीने के लिए प्रोत्साहित करेगा।

अपनी मां की रिश्तों की बातों और वायरस से डर कर वो अपने फ़ोन पर फ़िल्मों और गानों से अपना मन बहलाती थी। अभी वो अपनी पसंद के कपड़ों पर अपनी बचत को ख़र्च नहीं कर सकती थी, तो ऐसे में नेटफ़्लिक्स एक ऐसी विलासिता महसूस होता था जिसकी वो पूरी तरह हक़दार थी। मीनल ने लॉकडाउन के दौरान हर हफ़्ते शाहरुख़ की एक फ़िल्म देखने की योजना बनाई थी। वो उनके 'कोरोनावायरस गाने' पर भी हंसती थी। 'उनके बाल बहुत अच्छे लगते हैं,' उसने कहा। शाहरुख़ का गाना एक सरल सी धुन था, जिसमें हंसी-मज़ाक़ और आश्वासन था। 'सब सही हो जाएगा,' वो गाते हैं। मेरा ख़्याल है कि जब बॉस लोग और नेता आश्वासन नहीं दे सकते हैं तो फ़िल्मी सितारों को आश्वासन देना चाहिए।

एक ऐसे अभिनेता, एक ऐसे आदमी जिन्हें न तो मीनल कभी जान पाएगी न मैं, हमारी इतनी सारी उम्मीदों का पात्र बन गए हैं। हम उम्मीद करते हैं कि वो हमें बताएंगे कि सब कुछ ठीक हो जाएगा, हम उम्मीद करते हैं कि वो नैतिक साहस दिखाएंगे, हम उम्मीद करते हैं कि वो सहानुभूति व्यक्त करेंगे, हम उम्मीद करते हैं कि वो हमारे साथ चलेंगे। हम भूल जाते हैं कि एक अभिनेता भी महज़ एक इंसान है। वो अपनी ही शोहरत में फंसे है, उन्हीं ढांचों और प्रोत्साहनों से मजबूर है जो हमें चलाते हैं। मुझे संदेह है कि शाहरुख़ हमारी उम्मीदों पर खरा उतर सकेंगे। लेकिन वास्तविक जीवन और इससे जुड़े संघर्ष और भेदभाव तन्हाई का अहसास पैदा करते हैं, और एक फ़िल्म स्टार अकेलेपन को सहनीय बना देता है। वो एक संभावना की किरण पैदा करता है, इंसानों से जुड़ने का एक अलग तरीक़ा पैदा

करता है। उसके काम के संग्रह में हमें उदाहरण और एक नई भाषा मिलती है, परिवारों से और आदमियों से पारस्परिकता और देखभाल की क्रांतिकारी अपेक्षाओं को व्यक्त करने का तरीक़ा मिलता है।

ईमानदारी से कहूं, तो मैं नहीं जानती कि अगला शाहरुख़ कौन होगा, या उनके जैसा कोई दूसरा आइकन कभी होगा भी या नहीं। हो सकता है कि आपको शाहरुख़ बहुत ज़्यादा पसंद भी न हों। लेकिन अभी जब हमारी अर्थव्यवस्था और लोकतंत्र सिकुड़ते जा रहे हैं, तो मुझे इतना ज़रूर पता है कि भविष्य में उन महिलाओं के लिए बहुत संघर्ष है जो स्वायत्तता और उपलब्धि की इच्छा रखती हैं। वो चाहे मार्क्स हों या कोई फ़िल्म स्टारया आप जिसे भी पसंद करते हों, हमारे साझा भविष्य को ऐसे हीरोज़ की ज़रूरत होगी जो हमारी बातचीत और संबंध में हमें एकजुट करें, न कि ऐसे हीरोज़ की जो हमें आध्यात्मिक ख़ानों में बांट दें। उम्मीद करते हैं कि हमारे असाधारण पब्लिक हीरो हमारे साधारण निजी संघर्षों के योग्य साबित हों।

परिशिष्ट

'एक सभ्य व्यक्ति की पहचान आंकड़ों के एक स्तंभ
को पढ़ने और रोने की क्षमता है।'

—अज्ञात (अक्सर बर्ट्रेंड रसेल पर आरोपित)

पैनल 1: गतिविधि की स्थिति के अनुसार भारत की जनसंख्या (सभी आयु) का मिलियन्स में वितरण: 2018

	पुरुष	**महिला**	**कुल**
1. आबादी	696.2	661.8	1358
2. बारोज़गार	363.0	108.5	471.5
3. बेरोज़गार	24.1	6.8	30.9
4. छात्र	198.6	162.8	361.4
5. घरेलू कामों में लिप्त	5.4	293.6	299.0
6. श्रम बल (2+3)	387.1	115.3	502.4
7. *श्रम बल भागीदारी (1 के% के रूप में 6)*	*55.6*	*17.4*	*37*

स्रोत: थॉमस, जे.जे. (2020)। 'लेबर मार्केट चेंजेज़ इन इंडिया, 2005 टु 2018: मिसिंग द डेमोग्राफ़िक विंडो ऑफ़ ऑपॉर्चुनिटी?' *इकॉनोमिक एंड पोलिटिकल वीकली,* खंड 55, नं. 35,पेज 57-63।

पैनल 2ए: भारत में कार्यबल भागीदारीदर: 1911-1971

	1911	**1951**	**1961**	**1971**
महिला	33.7	23.3	28	11.8
पुरुष	61.8	54	57.1	52.5

स्रोत: गुहा, एवं अन्य (1974) 'समानता की ओर: रिपोर्ट। 1911 और 1951 के लिए,' थॉर्नर, ए. द्वारा अनुमानित (1962)। 'भारतीय अर्थव्यवस्था में धर्मनिरपेक्ष प्रवृत्ति 1881-1951।' *दि इकॉनोमिक एंड पोलिटिकल वीकली,* खंड (4): 28-29-30। 14 जुलाई।

पैनल 2बी: भारत में कार्यबल भागीदारी दर (सभी आयु): 1977-2017

	1977-78	**1987-88**	**1993-94**	**1999-00**	**2004-05**	**2011-12**	**2017-18**
पुरुष-ग्रामीण	55.9	54.9	56.1	54	55.5	55.3	54.9
महिला-ग्रामीण	33.8	33.1	33	30.2	33.3	25.3	18.2
पुरुष-शहरी	53.7	53.4	54.3	54.2	57	56.3	57.0
महिला-शहरी	17.8	16.2	16.5	14.7	17.8	15.5	15.9

स्रोत: दिए गए वर्षों के लिए एनएसएसओ पीएलएफ़एस 2017-18 और ईयूएस।

पैनल 3: सामाजिक समूह द्वारा जनसंख्या (सभी आयु) में श्रमिकों की प्रतिशत भागीदारी: 1993-2017

	1993-94	1999-2000	2004-05	2011-12	2017-18
पुरुष-अनुसूचित जाति-ग्रामीण	55.4	53.1	54.5	53.9	52.3
पुरुष-अनुसूचित जाति-शहरी	50.5	50.3	53.7	54.5	52.5
महिला-अनुसूचित जाति-ग्रामीण	35.5	32.5	33.3	26.2	17.4
महिला-अनुसूचित जाति-शहरी	19.9	18.5	20	17.2	17.2
पुरुष-अनुसूचित जनजाति-ग्रामीण	59.1	55.8	56.2	55.7	53.8
पुरुष-अनुसूचित जनजाति-शहरी	52	48	52.3	52	49.9
महिला-अनुसूचित जनजाति-ग्रामीण	48.2	43.8	46.4	36.4	27
महिला-अनुसूचित जनजाति-शहरी	23.4	20.4	24.5	19.2	17
पुरुष-अन्य पिछड़ा वर्ग-ग्रामीण	अनुपलब्ध	53.2	53.7	53.8	50.5
पुरुष- अन्य पिछड़ा वर्ग -शहरी	अनुपलब्ध	53	55.4	54.6	53.2
महिला- अन्य पिछड़ा वर्ग-ग्रामीण	अनुपलब्ध	30.2	33	23.9	16.8
महिला- अन्य पिछड़ा वर्ग-शहरी	अनुपलब्ध	16.9	18.5	15.1	14.3
पुरुष-अन्य-ग्रामीण	54.7	52	55.7	55.2	52.2

पुरुष-अन्य-शहरी	52.3	51.8	55	54.9	53.1
महिला-अन्य-ग्रामीण	29.7	22.3	26.2	20.1	14.1
महिला-अन्य-शहरी	14.5	10.8	13.4	12.9	12.6
पुरुष-मुस्लिम-ग्रामीण	49.4	47.8	49.5	49.9	47
पुरुष-मुस्लिम-शहरी	50	49.6	52.6	53.2	50.9
महिला-मुस्लिम-ग्रामीण	16.2	16.2	17.8	15.3	9.9
महिला-मुस्लिम-शहरी	12.2	9.8	12.1	10.5	7.5

स्रोत: एनएसएसओ: प्रत्येक दिए गए वर्ष के लिए पीएलएफ़एस 2017-18 और ईयूएस रिपोर्टें।

पैनल 3ए: 2017-18 के कुछ चुने हुए राज्यों के लिए शहरी आबादी में श्रमिकों की प्रतिशत भागीदारी (पंद्रह वर्ष और इससे अधिक स्नातकोत्तर डिग्री के साथ)

	पुरुष	**महिला**
भारत	77.6	35.7
दिल्ली	82.5	33.6
तमिलनाडु	82.8	46.3
पश्चिमी बंगाल	65.1	39.1
सिक्किम	91.4	62.3
महाराष्ट्र	75.3	38.3
केरल	68.7	57.6
राजस्थान	74.4	26.1

स्रोत: एनएसओ (2019),वार्षिक आवधिक श्रम बल सर्वेक्षण रिपोर्ट (पीएलएफ़एस) 2017-18*

पैनल 3बी: नियमित वेतन/मज़दूरी वाली नौकरियों वाले मिलियन से अधिक आबादी वाले कुछ चुने हुए शहरों में जनसंख्या की प्रतिशत भागीदारी (पंद्रह वर्ष और उससे अधिक)

	पुरुष	**महिला**
दिल्ली नगर निगम	40.1	12.8
ग्रेटर मुंबई नगर निगम	40.4	15.4
बेंगलुरु नगर निगम	44.5	17.9
चेन्नई नगर निगम	41	15.8
कोलकाता नगर निगम	42.6	13.7
कोयंबतूर नगर निगम	49	22.9

स्रोत: एनएसओ (2019): पीएलएफ़एस 2017-18*

* अधिक जानकारी के लिए उद्त रिपोर्ट की तालिका 23 देखें (पेज ए-132) देखें। सामान्य स्थिति (मूल + गौण) के आधार पर गतिविधि की रिपोर्ट की गई है।

** अधिक जानकारी के लिए उद्त रिपोर्ट का पेज ए-360 देखें। मिलियन से अधिक आबादी वाले शहरों की पहचान 2011 की जनगणना द्वारा की गई है और वो राज्यों के शहरी क्षेत्रों के भीतर नगर निगमों के अंतर्गत आते हैं।

पैनल 3सी: 2019 में वैवाहिक स्थिति के अनुसार टॉप वैल्थ क्विंटाइल में शहरी भारतीय महिलाओं (पच्चीस-पचपन वर्ष) की रोज़गार दर (%)

अविवाहित	15.5
विवाहित	6.5
तलाक़शुदा/अलग	67.8
विधवा	41.9

स्रोत: सीएमआईई 2020

पैनल 4: चुने हुए देशों में औसत आमदनी (यूरो में), 2015

आय समूह	**यूएस**	**पश्चिमी यूरोप**	**ब्राज़ील**	**भारत**
सब	51940	34341	13702	6669
शीर्ष 10%	244204	127410	75813	36164

शीर्ष 1%	1049180	419052	381473	144891
शीर्ष 0.1%	4840770	1559017	1974917	574652

स्रोत: असुआद, एल., चैंसेल, एल. और मॉर्गन, एम. (2018)। 'अति असमानता: ब्राज़ील, भारत, मध्य-पूर्व और दक्षिण अफ़्रीका से साक्ष्य।' *वर्ल्ड इनइक्वैलिटी डाटाबेस वर्किंग पेपर 2018/4*। वर्ल्ड इनइक्वैलिटी लैब। अनुमान प्रति वयस्क आय के लिए है।

पैनल 5ए: सबसे अधिक कमाई करने वाली 10 हिंदी फ़िल्मों में महिलाओं की आवाज़

फ़िल्म	**वर्ष**	**बोलने वाले महिला किरदारों की संख्या**	**बोलने वाले पुरुष किरदारों की संख्या**	**महिलाओं के लिए संवाद का शेयर (फ़िल्म के सारे संवादों का %)**
हम आपके हैं कौन	1994	12	12	41
बाहुबली 2	2017	5	15	28
ग़दर: एक प्रेम कथा	1995	8	19	अनुपलब्ध
दिलवाले दुल्हनिया ले जाएंगे	1995	10	14	46
राजा हिंदुस्तानी	1996	6	12	43
दंगल	2016	20	34	31
बॉर्डर	1997	6	18	28
कुछ कुछ होता है	1998	9	5	60
बजरंगी भाईजान	2015	8	33	20
टाइगर ज़िंदा है	2017	9	17	24

पैनल 5बी: शाहरुख़ ख़ान की सबसे अधिक कमाई करने वाली 10 हिंदी फ़िल्मों में महिला आवाज़ें

फ़िल्म	वर्ष	बोलने वाले महिला किरदारों की संख्या	बोलने वाले पुरुष किरदारों की संख्या	महिलाओं के लिए संवाद का शेयर (फ़िल्म के सारे संवादों का %)
दिलवाले दुल्हनिया ले जाएंगे	1995	10	14	46
कुछ कुछ होता है	1998	9	5	60
कभी ख़ुशी कभी ग़म	2001	17	17	57
करन अर्जुन	1995	10	26	27
दिल तो पागल है	1997	9	9	49
मोहब्बतें	2000	9	18	28
चेन्नई एक्सप्रेस	2013	4	10	38
देवदास	2002	10	14	58
परदेस	1997	13	10	अनुपलब्ध
डर	1993	6	14	33

(*स्रोत:* बॉक्स ऑफ़िस इंडिया, https://www.boxofficeindia.com/india-adjusted-nett-gross.php सितंबर 2020 में एक्सेस किया गया। आय को मुद्रास्फीति के अनुसार एडजस्ट किया जाता है।

स्रोत एवं संदर्भ सामग्री पर टिप्पणियां

प्रस्तावना: शाहरुख़ की शरण

- उद्धरण: गीत – समीर

भाग 1: फ़ैंटैसीज़

अध्याय 1: लवलैस लैंडस्केप

- उद्धरण: गीत – इरशाद कामिल

अध्याय 2: कौन हैं शाहरुख़?

- डेइफ़िकेशन ऑफ़ फ़िल्म स्टार्स: *वुडकॉक, जॉर्ज* (1964), 'इंडियन फ़िल्म (रिव्यू),' *पेसिफ़िक अफ़ेयर्स,* 37 (3) (ऑटम): लॉरेंस, एम.एड. (2020) में उद्त। *इंडियन फ़िल्म स्टार्स: न्यू क्रिटिकल पर्सपेक्टिव्ज़,* लंदन: ब्लूम्सबरी प्रेस।
- 'बिग ब्रेव मैसेज': राना अय्यूब का आलेख एनडीटीवी की वेबसाइट https://www.ndtv.com/opinion/with-3-muslimcharacters-a-rebellion-by-shah-rukh-khan-1648365 पर उपलब्ध है
- 'बीइंग ए ख़ान' पर *आउटलुक* मैगज़ीन में प्रकाशित मि. ख़ान का लेख एनडीटीवी की वेबसाइट https://www.ndtv.com/india-news/read-shah-rukh-khans-article-which-appeared-in-outlook-turning-points-2013-511771 पर उपलब्ध है।

- रजत शर्मा के साथ 'आप की अदालत' का वो इंटरव्यू जिसमें मि. ख़ान ने 2013 के वानखेड़े स्टेडियम प्रकरण पर चर्चा की है,https://www.youtube.com/watch?v=DqIO4YCd0_8 पर उपलब्ध है।
- 'एक्स्ट्रीम इन्टॉलरेंस' एवं 'एक्स्प्लेन योअर इंडियननेस': नवंबर 2015 में राजदीप सरदेसाई के साथ पहला ट्विटर टाउन हॉल, इंडिया टुडे की वेबसाइट https://www.indiatoday.in/watch-right-now/video/exclusive-people-will-throw-stones-if-i-take-a-stand-says-shah-rukh-khan-436287-2015-11-02 पर उपलब्ध है।
- बरखा दत्त के साथ इंटरव्यू https://www.youtube.com/watch?app=desktop&v=L9Kb3nzc1Ps पर उपलब्ध है।
- नेताओं की प्रतिक्रिया का सारांश और वीडियो फुटेज *इंडियन एक्सप्रेस* की वेबसाइट (5 नवंबर 2015) https://indianexpress.com/article/india/india-news-india/no-difference-between-shah-rukh-khan-and-hafiz-saeed-yogi-adityanath/ पर उपलब्ध है।
- 'न्यूसेंस': *मिड-डे* का उद्धरण हिंदुस्तान टाइम्स (25 नवंबर 2015) में इसी विषय पर एक लेख में उपलब्ध है, जो https://www.hindustantimes.com/bollywood/never-said-india-is-intolerant-shah-rukh-khan/story-TcX7o5ZYefPqSf4JSXGkxL.html पर पाया जा सकता है।
- 'दस दर्शकों में से छह पुरुष थे': ऑरमैक्स बॉलीवुड ऑडियंस रिपोर्ट 2017 और दर्शकों में लैंगिक अंतर पर प्रमुख निष्कर्ष फ़िल्म कंपेनियन वेबसाइट (5 अप्रैल 2017) पर प्रकाशित किए गए हैं, जो https://www.filmcompanion.in/features/bollywood-features/bollywood-box-office-gender-imbalance-2/ पर उपलब्ध हैं।
- महीने में एक बार सिनेमा हॉल जाने वाले पुरुषों और महिलाओं की हिस्सेदारी पर डाटा: शहरी भारत में केवल सोलह प्रतिशत महिलाओं के मुक़ाबले सिनेमा हॉल जाने वाले पुरुषों की हिस्सेदारी बत्तीस प्रतिशत थी। आश्चर्य की बात नहीं कि ग्रामीण क्षेत्रों में यह अंतर ज़्यादा बड़ा है, जहां सोलह प्रतिशत ग्रामीण पुरुषों की तुलना में केवल पांच प्रतिशत महिलाओं ने महीने में कम से कम एक बार सिनेमा हॉल

जाने के बारे में बताया। 2015 के नेशनल फ़ैमिली हैल्थ सर्वे की इंडिया की रिपोर्ट से तालिका 3.5.1 और तालिका 3.5.2 (पेज 69-70)। आई.आई.पी.एस। मुंबई।

अध्याय 3: शाहरुख़ का निर्माण

- 'यूएस$2.8 बिलियन फ़िल्म इंडस्ट्री': सैंटोरीनियोस, ए. (2019)। 'बॉलीवुड, हॉलीवुड ऑर चाइनीज़ सिनेमा: व्हिच फ़िल्म इंडस्ट्री मेक्स द मोस्ट?' याहू फ़ाइनैंस। 15 मई।
- 'ए बिलियन फुटफ़ॉल इन 2019': 2019 में कुल भारतीय फ़िल्म राजस्व में हिंदी भाषा की फ़िल्मों केदर्शकों और हिस्सेदारी पर डाटा ऑरमैक्स बॉक्स ऑफ़िस रिपोर्ट 2019 के पेज 6, 9 और 17 से है। इसकी एक प्रति क्रिएटिव फ़र्स्ट फ़ोरम https://creativefirst.film/wp-content/uploads/2020/05/OrmaxBoxOfficeReport-2019.pdf पर उपलब्ध है।
- 'दस प्रतिशत विकास'और '49.5 अरब रुपए': भारतीय फ़िल्म उद्योग के विकास और हिंदी फ़िल्मों के सकल बॉक्स ऑफ़िस कलेक्शन पर आंकड़े फ़िक्की-ई.वाई. मीडिया रिपोर्ट 2020 से हैं। फ़िक्की की वेबसाइट https://ficci.in/pressrelease-page.asp?nid=3667 पर एक प्रेस रिलीज़ उपलब्ध है।
- 'विद्या एक जनसांख्यिकीय विसंगति थी': जनगणना, 2011 की सी-2 तालिका से अविवाहित और सिंगल महिलाओं की हिस्सेदारी,रजिस्ट्रार जनरल ऑफ़ इंडिया।
- 'शहरी मिलेनियल्स का एक हालिया सर्वेक्षण': यूगव-मिंट-सीपीआर मिलेनियल सर्वेक्षण। निष्कर्षों का सारांश सेंटर फ़ॉर पॉलिसी रिसर्च की वेबसाइट https://www.cprindia.org/projects/yougov-mint-cpr-millennial-survey पर उपलब्ध है।
- 'एक अकेली बेटी असामान्य बनी हुई है': नेशनल फ़ैमिली हैल्थ सर्वे 2015 से केवल एक बेटी की रिपोर्ट करने वाली महिलाओं की हिस्सेदारी पर डाटा। अधिक विवरण के लिए नीचे दी गई तालिका देखें।

भारत में आयु वर्ग और निवास के अनुसार केवल एक जीवित कन्या वाली महिलाओं का वितरण, एनएफ़एचएस 2015-16				
	कुल	**<30 साल**	**30-39 साल**	**40+ साल**
केवल एक जीवित बेटी वाली महिलाओं का %: कुल	7.84	9.52	6.74	5.24
केवल एक जीवित बेटी वाली महिलाओं का %: शहरी	9.27	9.77	9.59	7.77
केवल एक जीवित बेटी वाली महिलाओं का %: ग्रामीण	7.08	9.39	5.13	3.8

स्रोत: एनएफ़एचएस 2015 डाटा का उपयोग करते हुए पॉपुलेशन काउंसिल के राजीब आचार्य और सपना देसाई द्वारा साझा की गई गणना

- सांख्यिकी एवं कार्यक्रम क्रियान्वयन मंत्रालय, भारत सरकार द्वारा मई 2019 में प्रकाशित 'पीरियॉडिक लेबर फ़ोर्स सर्वे (पीएलएफ़एस) 2017-18 की वार्षिक रिपोर्ट'से नौकरियों, वेतन और सामाजिक सुरक्षा पर डाटा। (i) तालिका 15, पेज ए-61 सेनियमित वेतनभोगी/ पगार वाली 30-34 वर्ष की आयु की महिलाओं (गतिविधि कोड 31) की हिस्सेदारी। (ii) तालिका 17, पेज ए-68 से शहरी दिल्ली में 15-59 वर्षीय ऐसे पुरुषों और महिलाओं की हिस्सेदारी, जिन्हें श्रमिक (किसी भी नौकरी में) के रूप में सूचित किया गया है। A-68 (iii) तालिका 42, पेज ए-262 से ए-265 तक से, दिल्ली में नियमित वेतनभोगी/ मज़दूरी करने वाली शहरी महिला श्रमिकों के लिए मासिक आय की रेंज। इन्हें पाठ में प्रस्तुत करने के लिए पूर्णांकित कर दिया गया है। (iv) मुख्य रिपोर्ट के वक्तव्य19, पेज 70 से लिखित अनुबंधों वाली महिला श्रमिकों की हिस्सेदारी। (v) पीएलएफ़एस डेटा का उपयोग करते हुए ईशान आनंद और अंजना थम्पी द्वारा 50,000 रुपए से

अधिक कमाने वाले श्रमिकों की हिस्सेदारी पर विश्लेषण। सारांश मिंट वेबसाइट (6 अगस्त 2019) पर एक ऑप एड के माध्यम से https://www.livemint.com/politics/policy/most-regular-jobs-in-india-don-t-pay-well-plfs-1565075309032.html पर उपलब्ध है।

- 'समन द सब्लाइम': सिधर राइट, एन. (2015)। *बॉलीवुड एंड पोस्टमॉडर्निज़्म: पॉपुलर इंडियन सिनेमा इन द 21स्ट सेंचुरी*। एडिनबरा: एडिनबरा यूनिवर्सिटी प्रेस।
- 'भारत में सामाजिक गतिशीलता दर सबसे निम्न है': विश्व आर्थिक मंच वैश्विक सामाजिक गतिशीलता सूचकांक रिपोर्ट 2020 के अनुसार भारत 82 देशों में 76वें स्थान पर है। विश्व आर्थिक मंच वेबसाइट पर यहां उपलब्ध है: http://www3.weforum.org/docs /Global_Social_Mobility_Report.pdf
- 'पांच प्रतिशत से कम लोग आयकर जमा करते हैं': *फ़ाइनैंशियल एक्सप्रेस* समाचार रिपोर्ट (21 सितंबर 2020) https://www.financialexpress.com/economy/only-1-of-india-pays-income-tax-govt-shows-proof-tax-evasion-still-a-major-roadblock/2088141/पर उपलब्ध है।
- 'आठ प्रतिशत भारतीयों के पास कॉलेज डिग्रियां हैं': सी-8 सीरीज़ सेंसस ऑफ़ इंडिया (2011), रजिस्ट्रार जनरल ऑफ़ इंडिया
- कपूर, देवेश (2010)। 'द मिडिल क्लास इन इंडिया: ए सोशल फ़ॉर्मेशन ऑर पोलिटिकल एक्टर?' जूलियन गो द्वारा संपादित *पॉलिटिकल पॉवर एंड सोशल थ्योरी* में खंड 21। बिंगली, यूके: एमेरल्ड ग्रुप पब्लिशिंग लिमिटेड। पेज 143-69।
- मरियम असलानी (2019)। 'दि इंडियन मिडिल क्लास, इट्स साइज़, एंड अरबन-रूरल वैरिएशन्स,' *कंटैंपरेरी साउथ एशिया,* 27:2, 196-213, डी.ओ.आई: 10.1080/09584935.2019.1581727 और सारांश मिंट (24 अप्रैल 2019) पर https://www.livemint.com/news/india/the-anatomy-of-india-s-middle-class-1556088919798.html पर उपलब्ध है।

- 'एक दिल्लीवासी 3,298 रुपये प्रति माह ख़र्च करता है': वक्तव्य 4यू फ़रवरी 2014 में रिलीज़ हुई एनएसएस हाउसहोल्ड कंज़म्पशन एक्सपेंडिचर सर्वे रिपोर्ट (2014) पेज 54 से दिल्ली के लिए औसत मासिक प्रति व्यक्ति ख़र्च। एनएसएस रिपोर्ट 555।
- '"मिडिल इनकम" पॉपुलेशंस': प्यू रिसर्च सेंटर (2015)। *ए ग्लोबल मिडिल क्लास इज़ मोर प्रामिज़ दैन रिएलिटी।* वाशिंगटन, डी.सी।
- आनंद, आई. और थम्पी, ए. (2016)। 'रीसेंट ट्रेंड्स इन वैल्थ इनईक्वैलिटी इन इंडिया।' *इकोनोमिक एंड पॉलिटिकल वीकली,* 51 (50): 59-67।
- 'भारत में महिलाओं के पास बीस प्रतिशत संपत्ति है': क्रेडिट सुइस रिसर्च इंस्टीट्यूट (2018) का पेज 26। 'ग्लोबल वैल्थ रिपोर्ट 2018।' स्विट्ज़रलैंड।
- चैंसल, लूकस व पिकेटी, थॉमस, 'इंडियन इनकम इनईक्वैलिटी, 1922-2015: फ़्रॉम ब्रिटिश राज टु बिलियनेयर राज?' (नवंबर 2019)। रिव्यू ऑफ़ इनकम एंड वैल्थ, खंड 65, पेज एस33-एस62,2019https://ssrn.com/abstract=3619370http://dx.doi.org/10.1111/roiw.12439

अध्याय 4: एक एक्टर और एक एरिस्टोप्रेट

- *स्टैटिस्टिकल स्ट्रेटजैकेट्स*: कृपया नौकरियों पर इस खंड में दिए गए आंकड़ों पर विस्तृत तालिकाओं के लिए परिशिष्ट देखें। किताब में सभी अनुमानों के लिए सामान्य स्थिति (मूल+गौण) का उपयोग किया गया है। विवरण के लिए, परिशिष्ट में उद्धृत पीएलएफ़एस या ईयूएस रिपोर्टों का क्रियाविधि खंड पढ़ें। डाटा की एक महत्वपूर्ण व्याख्या हिमांशु (2011) और जी. रवींद्रन (2008) द्वारा की गई है। संदर्भ नीचे दिए गए हैं।
- 'भारतीय महिलाओं के छियासठ प्रतिशत श्रम का पैसा नहीं मिलता है': वर्ल्ड इकोनोमिक फ़ोरम (2017)। *द ग्लोबल जेंडर गैप रिपोर्ट।* स्विट्ज़रलैंड (पेज 177, इंडिया प्रोफ़ाइल)

- 'अवैतनिक काम के 3.26 बिलियन घंटे': ऑक्सफ़ैम इंटरनेशनल (2020)। *टाइम टु केयर: अनपेड एंड अंडरपेड केयर वर्क एंड द ग्लोबल इनईक्वैलिटी क्राइसिस।* ऑक्सफ़ोर्ड यूनिवर्सिटी प्रेस।
- 'दस में से छह महिलाएं अवैतनिक घरेलू काम में': वार्षिक पीरियॉडिक लेबर फ़ोर्स सर्वे (आगे पीएलएफ़एस) 2017-18, पेज ए-60 से तालिका 15 देखें। 'अवैतनिक गृहकार्य'में 'केवल घरेलू काम किए' (कोड 92) और 'घरेलू काम किए और घरेलू उपयोग के लिए मुफ़्त वस्तुएं (सब्ज़ियां, जड़, जलाऊ लकड़ीआदि) जमा करना, सिलाई करना, दर्ज़ी का काम करना, बुनाई करना आदि भी शामिल था' (कोड 93)। उसी डाटासेट का उपयोग करते हुए आईडब्ल्यूडब्ल्यूएजीई की रुचिका चौधरी के 2021 के एक प्रारंभिक पेपर से पता चलता है कि (पंद्रह से उनसठ वर्ष की आयु के बीच) 68 प्रतिशत शहरी भारतीय महिलाएं 2017 और 2018 में पूरी तरह घरेलू कामों में लगी हुई थीं।
- हिमांशु (2011)। 'एंप्लॉयमेंट ट्रेंड्स इन इंडिया: ए री-एक्ज़ामिनेशन', *इकोनोमिक एंड पॉलिटिकल वीकली*, खंड 46,नं. 37। 10 सितंबर।
- 'ऐतिहासिक निम्न': पीएलएफ़एस रिपोर्ट 2017-18 के पेज 53 पर वक्तव्य 8। पंद्रह वर्ष से अधिक आयु वालों के लिए अनुमान।
- 'महिलाओं में अभी तक की सबसे अधिक बेरोज़गारी दर पाई गई': पीएलएफ़एस रिपोर्ट 2017-18 के पेज 85 पर वक्तव्य 33।
- 'जॉब-लॉस ग्रोथ': कण्णन, के.पी. और रवींद्रन, जी. (2019)। 'फ़्रॉम जॉबलेस ग्रोथ टु जॉब-लॉस ग्रोथ: गेनर्स एंड लूज़र्स ड्यूरिंग 2012-2018।' *इकोनोमिक एंड पॉलिटिकल वीकली*, 54 (44): 38-44।
- आगे और गिरावट न होने की छोटी सी मेहरबानी: सांख्यिकी एवं कार्यक्रम क्रियान्वयन मंत्रालय, भारत सरकार, *एनुअल रिपोर्ट ऑफ़ द पीरियॉडिक लेबर फ़ोर्ससर्वे (पीएलएफ़एस) 2018-19*, जून 2020। आंकड़ों ने महिलाओं के लिए ग्रामीण कार्यबल की भागीदारी में 2017 के 17.5 प्रतिशत से 2018 में 19 प्रतिशत तक मामूली वृद्धि दिखाई। शहरी महिला रोज़गार 2017 में 14.2 प्रतिशत से 2018 में 14.5

प्रतिशत के बीच स्थिर रहा। रोज़गार में लैंगिक अंतर के पैटर्न 2017 जैसे ही रहे। जुलाई 2021 में 2019-2020 के लिए पीएलएफ़एस से जारी नवीनतम डाटा महिलाओं की कार्यबल भागीदारी (पंद्रह वर्ष और उससे अधिक) में 28.7 प्रतिशत तक वृद्धि दर्शाता है। लेकिन, पुरुष कार्यबल की भागीदारी 73 प्रतिशत है। शहरी दिल्ली में भी काम करने वाली या काम की तलाश कर रही महिलाओं (पंद्रह से उनसठ वर्ष की) की हिस्सेदारी 17 प्रतिशत है। पुरुषों के लिए यही अनुमान 79.9 प्रतिशत है।

- महिलाओं पर महामारी का शहरी प्रभाव: 'क्वार्टरली बुलेटिन ऑफ़ पीरियॉडिक लेबर फ़ोर्स सर्वे: अप्रैल से जून 2020,'http://mospi.nic.in/sites/default/files/publication_reports/PLFS_Quarterly_Bulletin_April_June_2020.pdf पर उपलब्ध। रिपोर्ट के पेज 3 पर वक्तव्य 2 देखें। अनुमान सीधे तौर पर 2017 के रोज़गार आंकड़ों से तुलनीय नहीं हैं क्योंकि वो बुलेटिन के विपरीत जिसमें केवल एक सप्ताह की संदर्भ अवधि के साथ 'वर्तमान साप्ताहिक स्थिति' पर रिपोर्ट की गई है, एक वर्ष की संदर्भ अवधि के साथ 'सामान्य स्थिति' पर भरोसा करता है। लेकिन, पैटर्न महामारी के बाद के रुझानों के लिए एक उपयोगी संकेत है।
- 'अज़ीम प्रेमजी यूनिवर्सिटी में अर्थशास्त्रियों द्वारा प्रकाशित रिपोर्ट': अज़ीम प्रेमजी यूनिवर्सिटी (2021) के पेज 6 पर चित्र 3.5 देखें। 'स्टेट ऑफ़ वर्किंग इंडिया 2021: वन इयर ऑफ़ कोविड-19,' सेंटर फ़ॉर सस्टेनेबल एंप्लॉयमेंट, अज़ीम प्रेमजी यूनिवर्सिटी, देशपांडे, ए (2020ए), 'द कोविड-19 पैंडेमिक एंड लॉकडाउन: फ़र्स्ट ऑर्डर इफ़ेक्ट्स ऑन जेंडर गैप्स इन एंप्लॉयमेंट एंड डोमेस्टिक वर्क इन इंडिया,' जीएलओ डिस्कशन पेपर नं. 607; देशपांडे, ए (2020बी), 'द कोविड-19 पैंडेमिक एंड जेंडर्ड डिवीज़न ऑफ़ पेड एंड अनपेड वर्क: एविडेंस फ़्रॉम इंडिया,' आईज़ेडए डिस्कशन पेपर नं. 13815।
- '14.9 मिलियन शहरी कामगार': कण्णन, के.पी. और रवींद्रन, जी. (2019)। 'फ़्रॉम जॉबलेस ग्रोथ टु जॉब-लॉस ग्रोथ: गेनर्स एंड लूज़र्स

ड्यूरिंग 2012-2018।' *इकोनोमिक एंड पॉलिटिकल वीकली,* 54 (44): 38-44।

- भारत के रोज़गार अनुमानों की विस्तृत समीक्षा के लिए कृपया कृष्णमूर्ति, जे. और रवींद्रन, जी. (2008) देखें। 'मेज़र्स ऑफ़ लेबर फ़ोर्स पार्टिसिपेशन एंड यूटिलाइज़ेशन।' वर्किंग पेपर सीरीज़। असंगठित क्षेत्र में उद्यमों के लिए राष्ट्रीय आयोग, भारत सरकार। नई दिल्ली।
- 'भारत का सतत्तर फ़ीसदी श्रम बल पुरुष है': देखिए परिशिष्ट में पैनल 1 और थॉमस, जे.जे. (2020)। 'लेबर मार्केट चेंजेज़ इन इंडिया, 2005 टु 2018: मिसिंग द डेमोग्राफ़िक विंडो ऑफ़ ऑपॉर्चुनिटी?' *इकोनोमिक एंड पॉलिटिकल वीकली,* खंड 55, नं. 34,पेज 57-63।
- '2019 में महिलाएं कार्यबल का 10.7 प्रतिशत थीं': व्यास, एम. (2020)। 'महिला कार्यबल आर्थिक झटकों के कारण सिकुड़ा है।' सीएमआईई इकोनोमिक आउटलुक। 14 दिसंबर। https://www.cmie.com/kommon/bin/sr.php?kall=warticle&dt=2020-12-14%20 12:48:29&msec=703 पर उपलब्ध
- '30 और 34 वर्ष के बीच की इकहत्तर प्रतिशत महिलाएं घरेलू कामों में': वार्षिक पीएलएफ़एस 2017-18 में पेज ए-58 पर तालिका 15। 1993 के अनुमानों के लिए, एंप्लॉयमेंट एंड अनएंप्लॉयमेंट 1993-94, एन.एस.एस.ओ. पर एनएसएस रिपोर्ट 409 में पेज ए-116 पर तालिका 30 (बी) देखें। मार्च 1997।
- 'भारत की सबसे धनी महिलाओं में से एक चौथाई से कम काम करती हैं': पीएलएफ़एस 2017-18 के पेज 60 पर वक्तव्य 12।
- पंद्रह से उनसठ वर्षीयों के लिए कार्यबल में हिस्सेदारी: पीएलएफ़एस रिपोर्ट 2017-18 में पेज ए-68 पर तालिका 17 देखें।
- 'शहरी कामकाजी महिलाओं का लगभग 0.5 प्रतिशत': सरकार ने व्यवसायों का राष्ट्रीय वर्गीकरण 2004 प्रकाशित किया, जो https://labour.gov.in/sites/default/files/CodeStructure.pdf पर

उपलब्ध है। 'मीडिया'में शहरी कामकाजी महिलाओं की हिस्सेदारी का हिसाब लगाने के लिए, मैंने अनुमान के लिए निम्नलिखित व्यवसाय कोडों को जोड़ा: (i) कोड 521 'फ़ैशन और मॉडल' (सभी शहरी कामकाजी महिलाओं का 0.07 प्रतिशत कार्यरत) (ii) कोड 347 'कलात्मक, मनोरंजन और खेल सहयोगी पेशेवर' (सभी शहरी कामकाजी महिलाओं का 0.23 प्रतिशत कार्यरत) और 245 'लेखक और रचनात्मक या परफ़ॉर्मिंग कलाकार (सभी शहरी कामकाजी महिलाओं का 0.24 प्रतिशत कार्यरत)। पीएलएफ़एस 2017-18 रिपोर्ट में तालिका 25 (पेज ए-147) से। निम्नलिखित पेशे कोड 245 के अंतर्गत आते हैं: लेखक, पत्रकार और अन्य लेखक (2451); मूर्तिकार, पेंटर और संबंधित कलाकार (2452); रचयिता, संगीतकार और गायक (2453); कोरियोग्राफ़र और डांसर (2454); फ़िल्म, स्टेज और संबंधित अभिनेता और निर्देशक (2455)। निम्नलिखित कोड 347 के समूह के अंतर्गत आते हैं: सज्जाकार और कमर्शियल डिज़ाइनर (3471); रेडियो, टेलीविज़न और अन्य उद्‌घोषक (3472); स्ट्रीट, नाइट क्लब और संबंधित संगीतकार, गायक और नर्तक (3473); जोकर, जादूगर, क़लाबाज़ और संबंधित सहयोगी पेशेवर (3474); एथलीट, खिलाड़ी और संबंधित सहयोगी पेशेवर (3475)। कोड 521 के अंतर्गत कोई उप-समूह नहीं है।

- 'सीएसडीएस द्वारा सर्वेक्षण': सीएसडीएस-केएएस रिपोर्ट (2017)। 'एटिट्यूड्स, एंग्ज़ाइटीज़ एंड एस्पिरेशन्स ऑफ़ इंडियाज़ यूथ: चेंजिंग पैटर्न्स।' नई दिल्ली।
- 'रिसर्च इंस्टीट्यूट फ़ॉर कंपैशनेट इकोनोमिक्स': कॉफ़ी, डी., हाथी, पी., खुराना, एन., थोराट, ए. (2018)। 'एक्स्ट्रीम प्रेजुडिस: एविडेंस फ़्रॉम ए न्यू सर्वे।' *इकोनॉमिक एंड पॉलिटिकल वीकली*, 53 (1): 46-54।
- प्यू रिसर्च सेंटर (2021)। *रिलीजन इन इंडिया: टॉलरैंस एंड सिग्रीगेशन।* वाशिंगटन, डी.सी।
- 'संस्कृताइज़ेशन': श्रीनिवास, एम.एन. (1956)। 'ए नोट ऑन संस्कृताइज़ेशन एंड वेस्टर्नाइज़ेशन, फ़ार ईस्टर्न क्वार्टरली,'15,

4:481-496। एम.एन. श्रीनिवास में पुनः मुद्रित। (2002)। *कलेक्टेड एसेज़।* नई दिल्ली: ऑक्सफ़ोर्ड यूनिवर्सिटी प्रेस।

- 'भारत निचले पांच में': वर्ल्ड इकोनोमिक फ़ोरम (2020)। 'द ग्लोबल जेंडर गैप रिपोर्ट।' स्विट्जरलैंड, पेज 12।
- 'आंकड़े पढ़ने के आदी...': भट्टाचार्य, प्रमीत। 'इंडियाज़ रिचेस्ट 20% अकाउंट फ़ॉर 45% ऑफ़ इनकम।' मिन्ट, 2 दिसंबर 2016।https://www.livemint.com/Politics/AvHvyHVJIhR0Q629wkPS5M/Indias-richest-20-account-for-45-of-income.html

अध्याय 5: एक समग्र संभ्रांत

- 'अबैंडनिंग ऑल एक्सपेक्टेशन्स...': 'शाहरुख़ ख़ान इज़ रुइनिंग विमेन्स लाइव्ज़। दिस वन डिड समथिंग अबाउट इट,' *हिंदुस्तान टाइम्स,* 19 अप्रैल 2018। https://www.hindustantimes.com/bollywood/shah-rukh-khan-isruining-women-s-lives-this-one-did-something-about-it/storyXaN1PDEFyvyTgjEkb5fk6H.html
- 'मातृत्व की सज़ा': दास, मैत्रेयी बोर्दिया; ज़ुंबाइट आईवा। (2017)। 'द मदरहुड पैनल्टी एंड फ़ीमेल एंप्लॉयमेंट इन अर्बन इंडिया।' पॉलिसी रिसर्च वर्किंग पेपर, नं. 8004। वाशिंगटन, डीसी: वर्ल्ड बैंक।
- 'डिस्करेज्ड वर्कर्स: दास, ए.बी. (2006)। 'डू ट्रेडीशनल एक्सेज़ ऑफ़ एक्सक्लूज़न एफ़ेक्ट लेबर मार्केट आउटकम्स इन इंडिया?' सोशल डेवलपमेंट पेपर 97, वाशिंगटन, डी.सी: वर्ल्ड बैंक।
- 'शहरी महिलाएं पांच घंटे घर के काम में बिताती हैं': इंटरनेशनल लेबर ऑर्गेनाइज़ेशन (2018)। *केयर वर्क एंड केयर जॉब्स: फ़ॉर द फ़्यूचर ऑफ़ डीसेंट वर्क।* जेनेवा। घरेलू कामों और देखभाल करने वाली भूमिकाओं में पुरुषों द्वारा बिताए गए समय के आधार पर भारत के निचले पांच देशों में होने का डाटा। उसी आईएलओरिपोर्ट के पेज 45 से।
- 'सैपरेट स्फ़ीयर: लंडबर्ग, एस., व पोलाक, आर.ए. (1997)। सैपेरेट स्फ़ीयर्स बार्गेनिंग एंड द मैरिज मार्केट। एल. हैडैड, जे. होडिनॉट,

व एच. ऑल्डरमैन (सं.) में, इंट्राहाउसहोल्ड रिसोर्स 35 एलोकेशन इन डेवलपिंग कंट्रीज़: मॉडल्स, मैथड्स एंड पॉलिसी (पेज 75-84)। बॉल्टिमोर एंड लंदन: द जॉन्स हॉपकिन्स यूनिवर्सिटी प्रेस।

अध्याय 6: अकाउंटिंग में एडवेंचर

- शेयर ऑफ़ विमेन इनअकाउंट्स ग्लोबली: कैटैलिस्ट, *क्विक टेक: विमेन इन अकाउंटिंग यूज़िंग ब्यूरो ऑफ़ लेबर स्टैटिस्टिक्स एंड यूरोस्टैट डाटा* (29 जून, 2020)।
- शेयर ऑफ़ विमेन इनअकाउंटिंगइन इंडिया: हरिहरन एस (2014)। '50,000 पर, भारत में 22% सी.ए. महिलाएं हैं।' *टाइम्स ऑफ़ इंडिया,*29 नवंबर, https://timesofindia.indiatimes.com/india/at-50000-22-of-cas-in-india-are-women/articleshow/45313255.cms पर उपलब्ध।
- महिला सीए की संख्या: इंस्टीट्यूट ऑफ़ चार्टर्ड अकाउंटेंट्स इन इंडिया। *विमेन ऐट आईसीएआई प्लेटफ़ॉर्म पोर्टल डैशबोर्ड* 2020 में एक्सेस किया गया।
- 'महिलाओं को अनुमति चाहिए होती है': इंडिया स्पैन्ड (2017)। '65% भारतीय महिलाएं साक्षर, 5% को अपना पति चुनने की पूर्ण आज़ादी।' 17 फ़रवरी
- 'हिडेन टैक्स': मुलैइनाथन, एस. (2018) 'द हिडेन टैक्सेज़ ऑन विमेन।' *द न्यूयॉर्क टाइम्स।* 2 मार्च।

अध्याय 7: एक लड़की जिसका नाम है गोल्ड

- 'भारत में 12 प्रतिशत कमर्शियल पायलट महिलाएं हैं': मंजू, वी. (2018)। 'विमेन पायलट्स परसेंटेज इन इंडिया इज़ ट्वाइस दैट ऑफ़ द ग्लोबल एवरेज।' *द टाइम्स ऑफ़ इंडिया।* 8 नवंबर।
- जौहरी, ए (2016)। 'द ग्लैमरस लाइव्ज़ ऑफ़ '80ज़ एयरहोस्टेसेज़ इन इंडिया।' *क्वार्ट्ज़ इंडिया। 4 फ़रवरी।*

- उड़ानकर्मी दल के साथ बर्ताव: कटाकम, ए. (2003)। 'ए केस ऑफ़ डिस्क्रिमिनेशन।'। *फ्रंटलाइन।* 24 अक्टूबर।
- 'एयर इंडिया में पहली महिला फ़्लाइट इंचार्ज बनीं: कल्पना शर्मा (2011)। 'दि अदर हाफ़ - अनअदर बैटल वन।' *द हिंदू,* 27 नवंबर। https://www.thehindu.com/opinion/columns/Kalpana_Sharma/the-other-half-another-battle-won/article2659397.eceपर उपलब्ध
- मसूदी, ए. (2016)। 'लिविंग द हाई लाइफ़।' मिन्ट। जुलाई।
- ग्रोथ ऑफ़ एयरलाइन्स: नेशनल ट्रांसपोर्ट डेवलपमेंट पॉलिसी कमेटी (2012)। 'रिपोर्ट ऑफ़ वर्किंग ग्रुप ऑन सिविल एविएशन सैक्टर।' नागर विमानन मंत्रालय, भारत सरकार। जून; फड़निस, ए. (2016)। 'इंडिया फ़्लाइज़ हाई इन डोमेस्टिक एयर ट्रैफ़िक ग्रोथ। *बिज़नेस स्टैंडर्ड।* 7 जुलाई।
- टाइम्स न्यूज़ नेटवर्क (2009)। 'एयर इंडिया सेक्स टैन एयरहोस्टेसेज़ फ़ॉर बीइंग ओवरवेट।' *द टाइम्स ऑफ़ इंडिया।* 6 जनवरी।
- मिलर, एम. (2015)। 'एयर इंडिया ग्राउंड्स 130 फ़्लाइट अटेंडेंट्स "फ़ॉर बीइंग ओवरवेट"।' *इंडीपेंडेंट।* 16 सितंबर।
- ए.डब्ल्यू. (2018)। 'स्पाइसजेट्स केबिन-क्रू रिक्रूटमेंट इज़ एक्यूज़्ड ऑफ़ बीइंग सेक्स स्टि।' *दि इकोनोमिस्ट।* बिज़नेस ट्रैवलर गलिवर। 30 अगस्त।
- इंडो-एशियन न्यूज़ सर्विस (2018)। 'मेनका गांधी आस्क्स एयर इंडिया टु सेंसिटाइज़ मेल स्टाफ़ ऑन फ़ीमेल कलीग्स।' NDTV.com. 24 अगस्त।
- 'क्लेमिंग कम्फ़र्ट इन पब्लिक स्पेस': सेव द चिल्ड्रेन (2018)। 'विंग्स 2018: वर्ल्ड ऑफ़ इंडियाज़ गर्ल्स - ए स्टडी ऑन द परसेप्शन ऑफ़ गर्ल्स सेफ़्टी इन पब्लिक प्लेसेज़।' नई दिल्ली। 15 मई।
- 'एन एंटायर इश्यु ऑफ़*इंडिया टुडे*इन 2011 ऑन ऐब्स एवंवेस्टर्नाइज़्डबॉडी': रत्नम, एस., रेगे, पी. और बामज़ई, के. (2011)।

'राइज़ ऑफ़ द नेवल।' *इंडिया टुडे।* 13 जून; दत्ता, डी. (2007)। 'क्रेज़ फ़ॉर दि ऐब्स ।' *इंडिया टुडे।* 15 अक्टूबर।

- इलूज़, ईवा (2012)। *व्हाई लव हर्ट्स: ए सोशियोलॉजिकल एक्सप्लेनेशन।* पोलिटी प्रेस, कैंब्रिज।
- 'आतंकवाद की तुलना में "प्यार" महिलाओं की हत्याओं का अधिक कारण था': ठाकुर, ए., और धवन, एच. (2019)। 'लव थर्ड बिगेस्ट मर्डर मोटिव इन इंडिया।' *द टाइम्स ऑफ़ इंडिया।* 18 नवंबर।
- नेशनल क्राइम रिकॉर्ड्स ब्यूरो (2018)। *क्राइम इन इंडिया 2018। खंड I: पेज xii।* गृह मंत्रालय। नई दिल्ली

अध्याय 8: उदारीकरण में गुम

- 'भारतीय कार्यबल से निकल रही महिलाओं के लिए व्यापक सिद्धांत': चौधरी, आर. और वेरिक, एस. (2014)। 'फ़ीमेल लेबर फ़ोर्स पार्टिसिपेशन इन इंडिया एंड बीयाँड।' अंतर्राष्ट्रीय श्रम संगठन आईएलओ डीडब्ल्यूटी फ़ॉर साउथ एशिया एंड कंट्री ऑफ़िस फ़ॉर इंडिया। नई दिल्ली: आईएलओ, 2014; आईएलओएशिया-पैसिफ़िक वर्किंग पेपर सीरीज़, आईएसएसएन 2227-4391; 2227-4405 (वेब पीडीएफ़)
- चौधरी, आर. (2021)। 'वर्किंग ऑर नॉट: व्हाट डिटरमिन्स विमेन्स लेबर फ़ोर्स पार्टिसिपेशन इन इंडिया?' आईडब्ल्यूडब्ल्यूएजीई वर्किंग पेपर सीरीज़। अप्रैल।
- 'एजुकेशन इफ़ेक्ट': दास, एम.बी. और देसाई, एस. (2003)। 'व्हाई आर एजुकेटेड विमेन लैस लाइकली टु बी एंप्लॉयड इन इंडिया? टैस्टिंग कंपीटिंग हिपोथीसिस।' सोशल प्रोटेक्शन डिस्कशन पेपर नं. 0313। द वर्ल्ड बैंक।
- 'अंडरएस्टिमेशन इफ़ेक्ट': सुदर्शन, आर.एम. एवं भट्टाचार्य, एस। (2009)। 'थ्रू द मैग्निफ़ाइंग ग्लास: विमेन्स वर्क एंड लेबर फ़ोर्स पार्टिसिपेशन इन अर्बन डेल्ही।' *इकोनोमिक एंड पॉलिटिकल वीकली,*खंड 44, नं. 48, पेज 59-66; मोंडल, बिदिशा, घोष, जयति, चक्रवर्ती, शाइनी एवं मित्रा, सोना। (2018)। 'विमेन वर्क्स इन इंडिया –

लेबर फ़ोर्स ट्रेंड्स, ऑक्युपेशनल डाइवर्सिफ़िकेशन, एंड वेज गैप्स।' सेंटर फ़ॉर सस्टेनेबल एंप्लॉयमेंट वर्किंग पेपर 3। बेंगलुरु: अज़ीम प्रेमजी यूनिवर्सिटी।

- 'स्ट्रक्चरल ट्रांसफ़ॉर्मेशन': चैटर्जी, यू., मुरगई, आर. एवं रामा, एम. (2015)। 'जॉब अपॉर्चुनिटीज़ एलाँग द रूरल-अर्बन ग्रेडेशन एंड फ़ीमेल लेबर फ़ोर्स पार्टिसिपेशन इन इंडिया।' *इकोनोमिक एंड पॉलिटिकल वीकली,* खंड 50, 26-27: पेज 5-10
- 'देखभाल और सांस्कृतिक बाधाएं': 'भारतीय महिलाएं किस तरह की नौकरियां करती हैं?': सरल बनाने के लिए, एनएसएस डाटा हमें श्रमिकों के व्यावसायिक प्रोफ़ाइल समझने में दो तरह से मदद करता है। पहला, हम उन उद्योगों/व्यापक क्षेत्रों पर डाटा का इस्तेमाल कर सकते हैं जिनमें श्रमिकों को लगाया जाता है। 2017 पीएलएफ़एस (पेज ए-150 पर तालिका 26) के अनुसार, शहरी भारत में, 25 प्रतिशत महिलाएं विनिर्माण क्षेत्र में कार्यरत हैं, 10 प्रतिशत खुदरा व्यापार क्षेत्र में हैं (जिनमें दुकानों में या सेल्सपर्सन के रूप में काम शामिल है), 15 प्रतिशत शिक्षा क्षेत्र में लगी हुई हैं। लगभग 6 प्रतिशत स्वास्थ्य और सामाजिक कार्य क्षेत्रों में कार्यरत हैं। लेकिन ये डाटा यह नहीं दर्शाता है कि किस तरह का काम किया जा रहा है। मसलन, शिक्षा उद्योग में लगी सभी महिलाएं शिक्षक नहीं हैं। इसलिए, एनएसएस श्रमिकों को उनके व्यवसायों के आधार पर वर्गीकृत करने का एक दूसरा तरीक़ा बनाता है। मैंने पेशों पर जो विवरण दिया है वो इसी डाटा पर आधारित है (पीएलएफ़एस 2017 में पेज ए-147 तालिका 25)। ध्यान दें कि 'पेशेवरों' का अनुमान लगाने के लिएमैंने डिवीज़न 1-4 को मिश्रित किया है (इसमें विधायक, प्रबंधक, पेशेवर, क्लर्क और टैक्नीशियन शामिल हैं)। नर्सों के लिए, मैंने सहयोगी स्टाफ़ और दाई का काम शामिल किया है। (कोड 223 और 323)। देशपांडे, ए. और कबीर, एन. (2019)। '(इन)विज़िबिलिटी, केयर एंड कल्चरल बैरियर्स: द साइज़ एंड शेप ऑफ़ विमेन्स वर्क इन इंडिया।' डिस्कशन पेपर सीरीज़ इन इकोनोमिक्स नंबर 4/19। डिपार्टमेंट ऑफ़ इकोनोमिक्स। अशोक यूनिवर्सिटी। सोनीपत।

- 'एजुकेशन इफ़ेक्ट': भल्ला, एस.एस. एवं कौर, आर. 2011। 'लेबर फ़ोर्स पार्टिसिपेशन ऑफ़ विमेन इन इंडिया: सम फ़ैक्ट्स, सम क्वेरीज़।' वर्किंग पेपर 40, एशिया रिसर्च सेंटर, लंदन: लंदन स्कूल ऑफ़ इकोनोमिक्स एंड पॉलिटिकल साइंस।
- '19 परसेंट ऑफ़ जॉब्स फ़ॉर विमेन': कास्पोस, स्टीवन, सिल्बरमैन, एंड्रिया एंड बोर्मपोला, इवैंजेलीना में पेज 23। (2014)। 'व्हाई इज़ फ़ीमेल लेबर फ़ोर्स पार्टिसिपेशन डेक्लाइनिंग सो शार्पली इन इंडिया?' आईएलओ रिसर्च पेपर नं. 10 आईएलओ पेज 14 http://www.ilo.org/wcmsp5/groups/public/---dgreports/---inst/documents/publication/wcms_250977.pdf पर उपलब्ध है।
- अपने बच्चों के पोषण और मानव पूंजी के उत्पादक के रूप में ग्रामीण महिलाओं का महत्व: आफ़रीदी, एफ़., डिंकेलमैन, टी. एवं महाजन, के. (2016)। 'व्हाई आर फ़्यूअर मैरीड विमेन ज्वाइनिंग द वर्क फ़ोर्स इन इंडिया? ए डीकंपोज़िशन एनेलिसिस ओवर टू डिकेड्स।' आईज़ेडए (इंस्टीट्यूट फ़ॉर द स्टडी ऑफ़ लेबर), डिस्कशन पेपर नं. 9722।

अध्याय 9: सर्वेक्षणकर्ता

- सेवा सदस्यता और इतिहास: सेवा भारत वार्षिक रिपोर्ट, 2019
- अग्रवाल, ए (2007)। 'इंपैक्ट ऑफ़ स्पेशल इकोनोमिक ज़ोन्स ऑन एंप्लॉयमेंट, पॉवर्टी एंड ह्मन डेवलपमेंट।' वर्किंग पेपर नं. 194। नई दिल्ली: इंडियन काउंसिल फ़ॉर रिसर्च ऑन इंटरनेशन इकोनोमिक्स रिलेशन्स।
- विमेन वर्किंग इन एसईज़ेड्स: तेजानी, एस. (2011)। फ़ेरोल, टी. एवं एकिंची, जी. (सं.) में 'द जेंडर डाइमेंशन ऑफ़ स्पेशल इकोनोमिक ज़ोन्स।' *स्पेशल इकोनोमिक ज़ोन्स: प्रोग्रेस, इमर्जिंग चैलेंजेज़ एंड फ़्यूचर डाइरेक्शन्स*। वर्ल्ड बैंक। वाशिंगटन, डी.सी., पेज 257।
- 2008 में एसईज़ेड में महिलाओं का रोज़गार: सिंह, डी. (2011)। *एन एनेलिसिस ऑफ़ स्पेशल इकोनोमिक ज़ोन्स इन इंडिया: ए केस स्टडी*

ऑफ़ हरियाणा में 'रोल ऑफ़ एसईज़ेड इन एंप्लॉयमेंट जेनरेशन, एक्सपोर्ट प्रोमोशन एंड अट्रैक्टिंग इंवेस्टमेंट।' डॉक्टोरल थीसिस। पटियाला: अर्थशास्त्र विभाग, पंजाबी यूनिवर्सिटी, पेज 115।

- 'सरकारी डाटा': वाणिज्य विभाग (2020)। *फ़ैक्टशीट ऑन स्पेशल इकोनोमिक ज़ोन्स,* http://sezindia.nic.in/ पर उपबल्ध। वाणिज्य और उद्योग मंत्रालय, भारत सरकार।
- 'लिखित अनुबंध और 2018 में सामाजिक सुरक्षा की पात्र कामकाजी महिलाएं' वार्षिक पीरियॉडिक लेबर फ़ोर्स सर्वे, 2018-19, एनएएओ, भारत सरकार से वक्तव्य 16।
- डब्ल्यूआईईजीओ पेपर से घर-आधारित श्रमिकों पर डाटा: रवींद्रन, जी। (2020)। 'होम-बेस्ड वर्कर्स इन इंडिया: ए स्टैटिस्टिकल प्रोफ़ाइल।' डब्ल्यूआईईजीओस्टैटिस्टिकल ब्रीफ़ नं. 23। जून 2020।
- अगरबत्ती निर्यात: बजाज, मंजुल। (1999)। 'इंविज़िबल वर्कर्स, विज़िबल कंट्रीब्यूशन। ए स्टडी ऑफ़ होम-बेस्ड वर्कर्स इन फ़ाइव सैक्टर्स अक्रॉस साउथ एशिया।' दक्षिण एशिया में अनौपचारिक क्षेत्र में महिला कामगारों पर क्षेत्रीय नीति सेमिनार में प्रस्तुत बैकग्राउंड पेपर: क्रिएटिंग एन इनेब्लिंग पॉलिसी एनवायरनमेंट। काठमांडू, नेपाल, 18-20 अक्टूबर; ईटी ऑनलाइन (2018)। 'अगरबत्ती इंडस्ट्री एक्सपोर्ट्स वित्त वर्ष 18 में 1000 करोड़ के क़रीब पहुंचा।' *इकोनोमिक टाइम्स।* 6 जून।
- अहमदाबाद में अलगाव और शहरीकरण: महादेविया, डी., देसाई, आर., व्यास, एस. (2014)। 'सिटी प्रोफ़ाइल: अहमदाबाद।' सेंटर फ़ॉर अर्बन ईक्विटी वर्किंग पेपर 26। अहमदाबाद: सीईपीटी यूनिवर्सिटी।
- बापूनगर और दंगे: चंधोक, एन। (2009)। 'सिविल सोसाइटी इन कंफ़्लिक्ट सिटीज़: द केस ऑफ़ अहमदाबाद।' लंदन स्कूल ऑफ़ इकोनोमिक्स एंड पॉलिटिकल साइंस (डब्ल्यू.पी 64, सीरीज़ 2 नवंबर)। www.crisisstates.com
- घरेलू सौदेबाज़ी: अग्रवाल, बी. (1997)। '"बार्गेनिंग" एंड जेंडर रिलेशन्स। विदिन एंड बीयाँड द हाउसहोल्ड। फ़ेमिनिस्ट इकॉनोमिक्स।' 3 (1), 1-51

- फ़ोलबर, एन। (1997)। ऑल्डरमैन, एच. हैडाड, एल. एवं होडिनॉट, जे. (सं.) *इंट्राहाउसहोल्ड एलोकेशन इन डेवलपिंग कंट्रीज़* में 'जेंडर कोएलीशन्स: एक्स्ट्रा फ़ैमिली इंफ़्लुएंसेज़ ऑन इट्राफ़ैमिली इनईक्वैलिटी': बॉल्टिमोर, एमडी: जॉन्स हॉपकिन्स यूनिवर्सिटी प्रेस, पेज 263-74।
- कथित योगदान: सेन, ए. (1990)। टिंकर, आई. (सं.) *परसिस्टेंट इनईक्वैलिटीज़। विमेन एंड वर्ल्ड डेवलपमेंट* में 'जेंडर एंड को-ऑपरेटिव कंफ़्लिक्ट्स। न्यूयॉर्क एंड ऑक्सफ़ोर्ड: ऑक्सफ़ोर्ड यूनिवर्सिटी प्रेस, पेज 123-49; कबीर, एन. (1999) 'रिसोर्सेज़, एजेंसीज़, अचीवमेंट्स: रिफ़्लेक्शन्स ऑन द मेज़रमेंट ऑफ़ विमेन्स एंपॉवरमेंट।'डेवलपमेंट एंड चेंज, खंड 30: 435-464

अध्याय 10: मंजू की बोरियत

- ग्रामीण सड़क परियोजना या प्रधानमंत्री ग्राम सड़क योजना: आशेर, सैम एवं पॉल नोवोसाद। 2020। 'रूरल रोड्स एंड लोकल इकोनोमिक डेवलपमेंट।'*अमेरिकन इकोनोमिक रिव्यू*, 110 (3): 797-823।
- कृषि में लगे ग्रामीण पुरुषों की हिस्सेदारी: निकोर, एम. (2019)। 'व्हेयर आर इंडियाज़ वर्किंग विमेन? द फ़ॉल एंड फ़ॉल ऑफ़ इंडियाज़ फ़ीमेल लेबर पार्टिसिपेशन।' *द टाइम्स ऑफ़ इंडिया।* 14 अक्टूबर।
- जैन, देवकी (1985)।'द हाउसहोल्ड ट्रैप: रिपोर्ट ऑन ए फ़ील्ड सर्वे ऑफ़ फ़ीमेल एक्टिविटी पैटर्न्स,' *टिरैनी ऑफ़ द हाउसहोल्ड*, देवकी जैन एवं निर्मला बैनर्जी (सं.) में नई दिल्ली: विकास पब्लिशिंग हाउस, पेज 215-248।
- जैन, देवकी एवं चंद, मालिनी। (1982)। 'रिपोर्ट ऑन ए टाइम एलोकेशन स्टडी, इट्स मैथडोलॉजिकल इंप्लिकेशन्स।' विमेन्स वर्क एंड एंप्लॉयमेंट पर टैक्निकल सेमिनार में प्रस्तुत पेपर। नई दिल्ली: आईएसएसटी।
- टाइम यूज़ सर्वेज़: देशपांडे, ए. (2021)। 'व्हाट डिड यू डू इन द लास्ट 24 ऑवर्स?' *दि इंडिया फ़ोरम।* 1 जनवरी।

- जैन, देवकी। (1966)। 'वैल्यूइंग वर्क: टाइम ऐज़ मैज़र,' *इकोनॉमिक एंड पॉलिटिकल वीकली,* खंड 31, नं. 43। 26 अक्टूबर, पेज डब्ल्यू. एस. 46- डब्ल्यू.एस. 57।
- नेशनल स्टैटिस्टिकल ऑफ़िस (2020): 'टाइम यूज़ इन इंडिया- 2019।' http://mospi.nic.in/sites/default/files/publication_reports/Report_TUS_2019_0.pdf पर उपलब्ध
- फ़ॉरेन टूरिज़्म फ़्रॉम इंडिया टू स्विट्ज़रलैंड: मैथ्यू, लिज़। (2018)। 'स्विट्ज़रलैंड टु ऑनर श्रीदेवी विद स्टैचू।' *दि इंडियन एक्सप्रेस।* 8 सितंबर।

अध्याय 11: दो टेलीविज़नों की कहानी

- 'दि इरा ऑफ़ कंज़्यूमर ए.आर.टी: इंडियाज़ मीडिया एंड एंटरटेनमेंट सैक्टर।' मुंबई: फ़िक्की-ईवाई। मार्च 2020।
- 'प्लेइंग बाई न्यू रूल्स: इंडियाज़ मीडिया एंड एंटरटेनमेंट सैक्टर रीबूट्स इन 2020।' मुंबई: फ़िक्की-ईवाई। मार्च 2021।
- टीवीज़ इन 2017: 'रीइमेजिनिंग इंडियाज़ मीडिया एंड एंटरटेनमेंट सेक्टर।' मुंबई: फ़िक्की-ईवाई। मार्च 2018।
- स्ट्रीमिंग सामग्री तक पहुंच, उपयोग के घंटे: *फ़िल्म कंपेनियन।* 'ऑरमैक्स ओटीटी ऑडियंस 2019 रिपोर्ट' फ़िल्म कंपेनियन की वेबसाइट https://www.filmcompanion.in/features/bollywood-features/7-revelations-about-indias-ott-space-from-ormax-medias-ott-audience-report-2019/ पर सारांशित।
- 'द वास्ट डिजिटल गैप बिटवीन मेन एंड विमेन': मेहरोत्रा, के. (2018)। 'इंटरनेट इन इंडिया: गैपिंग जेंडर गैप।' *दि इंडियन एक्सप्रेस।* 8 अगस्त।
- टीवी वाले परिवार: 'इंडिया रिपोर्ट फ़्रॉम 2015 नेशनल फ़ैमिली हैल्थ सर्वे।' मुंबई; आईआईपीएस, पेज 34, तालिका 2.8।
- 'दस में से सात महिलाओं ने बताया कि वो टीवी देखती हैं': 'इंडिया रिपोर्ट फ़्रॉम 2015 नेशनल फ़ैमिली हैल्थ सर्वे।' मुंबई; आईआईपीएस, पेज 55, चित्र 3.3।

- ऑक्सफ़ोर्ड पॉवर्टी एंड ह्यूमन डेवलपमेंट इनिशिएटिव (ओपीएचआई) (2018)। 'यूएन'स मल्टी-डाइमेंशनल पॉवर्टी इंडिकेटर्स: ग्लोबल एमपीआई 2018।' यूनिवर्सिटी ऑफ़ ऑक्सफ़ोर्ड।
- विमेन, फ़ार्मिंग एंड लैंड इन संथाल परगनाज़: राव, एन. (2017)। *पॉलिटिक्स ऑफ़ लैंड एंड जेंडर इन इंडिया* (पहला सं.) में 'गुड विमेन डू नॉट इनहेरिट लैंड।'नई दिल्ली: रटलेज।
- घरेलू कामगारों के लिए काम करने की परिस्थितियां: नीता, एन. (2013)। 'पेड डोमेस्टिक वर्क: मेकिंग सेन्स ऑफ़ द जिग्सॉ पज़ल।' *इकोनोमिक एंड पॉलिटिकल वीकली,*रिव्यू ऑफ़ विमेन स्टडीज़, खंड - 48, नं. 43, 26 अक्टूबर; नीता, एन. (2013)। 'मिनिमम वेजेज़ फ़ॉर डोमेस्टिक वर्क: मिररिंग डीवैल्यूड हाउसवर्क।' *इकोनोमिक एंड पॉलिटिकल वीकली,*रिव्यू ऑफ़ विमेन स्टडीज़, खंड - 48, नं. 43, 26 अक्टूबर।

अध्याय 12: नादान हसरतों का पलड़ा

- *टुवर्ड्स इक्वैलिटी* रिपोर्ट: गुहा, पी., कारा, एम., श्याम, एस., डोगरा, एन., महाजन, वी., दुबे, एल., हसन, एस., हक्सर, यू., सरकार, एल. एवं मज़ूमदार, वी. (1974)। 'टुवर्ड्स इक्वैलिटी: रिपोर्ट ऑफ़ द कमेटी ऑन द स्टैटस ऑफ़ विमेन इन इंडिया।' शिक्षा और समाज कल्याण मंत्रालय, भारत सरकार।
- मज़ूमदार, वी. (1985)। 'इमर्जेंस ऑफ़ द विमेन'स क्वेश्चन इन इंडिया एंड द रोल ऑफ़ विमेन'स स्टडीज़।' नई दिल्ली: सेंटर फ़ॉर विमेन'स डेवलपमेंट स्टडीज़।
- संचार उपकरण: बारबोनी, जियोर्जिया, फ़ील्ड, एरिका, पांडे, रोहिणी, रिगोल, नातालिया, शेनर, सिमोन एवं ट्रॉयर मूर, चैरिटी। 'ए टफ़ कॉल: अंडरस्टैंडिंग बैरियर्स टु एंड इंपैक्ट्स ऑफ़ विमेन'स मोबाइल फ़ोन एडॉप्शन इन इंडिया।' अक्टूबर 2018।
- 'कलर्डकॉस्मोपॉलिटनिज़्म': स्लेट, एन। (2009)। "आइ एम ए कलर्ड वुमन": यूनाइटेड स्टेट्स में कमलादेवी चट्टोपाध्याय, 1939-1941।' कंटेम्पोरेरी साउथ एशिया। खंड 17 (1) ब्रिटिश एसोसिएशन फ़ॉर साउथ एशियन स्टडीज़ का वार्षिक सम्मेलन संस्करण।

- 1911 के बाद से महिला कामगारों में भारी गिरावट: परिशिष्ट में पैनल 2ए देखें
- नेहरू: सरकार, एल. (1988)। 'नेहरू एंड जेंडर जस्टिस।' नेहरू और संविधान पर राष्ट्रीय संगोष्ठी में प्रस्तुत पेपर: क़ानून और न्याय मंत्रालय और भारतीय विधि संस्थान, 30-31 दिसंबर, मज़ूमदार, वी. (1998) में उद्‌त। *एन अनफ़ुलफ़िल्ड ऑर ए ब्लर्ड वर्ज़न? जवाहरलाल नेहरू एंड इंडियन विमेन।* नई दिल्ली: सेंटर फ़ॉर विमेन'स डेवलपमेंट स्टडीज़।
- मानसिक स्वास्थ्य और आत्महत्या: डंडोना, आर., कुमार, जी.ए., धालीवाल, आर.एस., और अन्य। (2018)। 'जेंडर डिफ़रेन्शियल्स एंड स्टेट वेरिएशन्स इन सुइसाइड डैथ्स इन इंडिया: द ग्लोबल बर्डन ऑफ़ डिज़ीज़ स्टडी 1990-2016।' *लैंसेट पब्लिक हैल्थ*; 3: ई478-89; नेशनल मेंटल हैल्थ सर्वे, 2015-2016। 'प्रीवेलेंस, पैटर्न्स एंड आउटकम्स।' स्वास्थ्य और परिवार कल्याण मंत्रालय, भारत सरकार द्वारा समर्थित और **नेशनल इंस्टीट्यूट ऑफ़ मेंटल हैल्थ एंड न्यूरो साइंसेज़** (निमहैंस), बेंगलुरु द्वारा कार्यान्वित; रॉय, एस., मॉर्टन, एम., और भट्टाचार्य, एस.। (2018)। 'हिडेन ह्यूमन कैपिटल: सैल्फ़-एफ़िकेसी, एस्पिरेशन्स एंड अचीवमेंट्स ऑफ़ एडोलसेंट एंड यंग विमेन इन इंडिया।' वर्ल्ड डेवलपमेंट, *111*, पेज 161-180.; विश्व स्वास्थ्य संगठन (2018)। 'डिप्रेशन इन इंडिया: लेट्स टॉक।' नई दिल्ली।
- जेपीएएल स्टडी: धर, दीवा, तरुणजैन, और सीमा जयचंद्रन। (2018)। 'रीशेपिंग एडोलसेंट्स जेंटर एटिट्यूड्स: एविडेंस फ़्रॉम स्कूल-बेस्ड एक्सपेरिमेंट इन इंडिया।' एनबीईआर वर्किंग पेपर नं. 25331। दिसंबर।
- मेनन, एन. (2012)। *सीइंग लाइक ए फ़ेमिनिस्ट।* नई दिल्ली: जुबान बुक्स।
- 'बारोज़गार महिलाएं ज़्यादा प्रगतिशील बच्चे पैदा करती हैं': मैकगिन, कैथलीन एल., मायरा रुइज़ कास्त्रो, और एलिज़ाबेथ लॉंग लिंगो। (2019)। 'लर्निंग फ़्रॉम मम: क्रॉस-नेशनल एविडेंस लिंकिंग मैटर्नल एंप्लॉयमेंट एंड एडल्ट चिल्ड्रेन्स आउटकम्स।' वर्क, एंप्लॉयमेंट एंड सोसाइटी 33, नंबर 3. जून, पेज 374-400

अध्याय 13: मन्नत पर दीवानगी

- शाहरुख़ ने इकतालीस फ़िल्मों में काम किया था: विकिपीडिया, https://en.wikipedia.org/wiki/Shah_Rukh_Khan_filmography#Feature_films

अध्याय 14: लवेरिया

- पैरेलल्स बिटवीन द राइटिंग्स ऑफ़ मार्क्स एंड गांधी: बिलग्रामी, ए. (2014)। *सेक्युरलिज़्म, आइडेंटिटी एंड एंचैंटमेंट*। नई दिल्ली: परमानेंट ब्लैक, पेज 151।

उद्धरण और पुरालेख

- 'एंड आई एम क्वाइट फ़्री: मूर्ति क्लासिकल लाइब्रेरी ऑफ़ इंडिया (2015)। मुट्टा। *थेरिगाथा: पोयम्स ऑफ़ द फ़र्स्ट बुद्धिस्ट विमेन*। अनु. चार्ल्स हैलिसी। हार्वर्ड यूनिवर्सिटी प्रेस।
- 'द इकोनोमिक जेंडर गैप': वर्ल्ड इकोनोमिक फ़ोरम (2020)। 'द ग्लोबल जेंडर गैप रिपोर्ट।'
- 'उनकी फ़ैंटैसीज़ हैं': वर्गीस, एस. (2013) 'द साहिब ऑफ़ सिनेमा: बॉलीवुड स्टार शाहरुख़ ख़ान'। *दि ऑस्ट्रेलियन*। 10 अगस्त।
- 'कोई न कोई चाहिए': गीत - समीर
- 'हमें अपने आसपास लोगों की ज़रूरत नहीं होती': शाहरुख़ ख़ान (2020)। इंस्टाग्राम पर @iamsrk। 'लॉकडाउन लैसन्स।' 16 मई 2020।
- 'उलझन भी हूं तेरी': गीत - इरशाद कामिल
- नंदी, ए. (1981)। 'द पॉपुलर हिंदी फ़िल्म: आइडियॉलोजी एंड फ़र्स्ट प्रिंसिपल्स।' *इंडिया इंटरनेशनल सेंटर क्वार्टरली*, 8(1), पेज 89-96।
- शाहरुख़ ख़ान (2017)। 'द क्वैस्ट फ़ॉर लव एंड कंपैशन।' टैड2017 वैनकूवर। 27 अप्रैल।
- पाठक, ए. (2016)। 'द एसआरके इंटरव्यू - भाग 1: 'जब तक भारत फ़िल्में बनाएगा, लोग शाहरुख़ ख़ान को देखेंगे"।' *हफ़िंगटन पोस्ट*

इंडिया। 1 जुलाई https://www.huffpost.com/archive/in/entry/the-shah-rukh-khan-interv_n_10765942 पर

- वारहोल, ए। (1977)। *द फ़िलॉसफ़ी ऑफ़ एंडी वारहोल (फ़्रॉम ए टु बी एंड बैक अगेन)।* न्यूयॉर्क: हार्वेस्ट।
- शाहरुख़ ख़ान (2015)। 'लाइफ़ लैसन्स: लेक्चर एट एडिनबरा यूनिवर्सिटी।' टैक्स्ट इंडियन एक्सप्रेस की वेबसाइट https://indianexpress.com/article/entertainment/bollywood/shah-rukh-khans-speech-university-of-edinburgh-bollywood पर भी उपलब्ध है।
- सीएनएन-आईबीएन पर राजीव मसंद के साथ शाहरुख़ का 2011 का इंटरव्यू https://www.youtube.com/watch?v=ducxQhLVwIY पर उपलब्ध
- क्रेन, एस। (1899)। 'ए मैन सैड टु यूनिवर्स। *वॉर इज़ काइंड एंड अदर लाइन्स।*' प्रोजेक्ट गुटेनबर्ग। https://www.gutenberg.org/files/9870/9870-h/9870-h.htm
- कृष्णमूर्ति, जे. (1977)। ओहाई में सार्वजनिक लेक्चर। 3 अप्रैल। https://www.youtube.com/watch?v=J5VppejtjCI. पर उपलब्ध
- *'उड़ी उड़ी जाए'* : गीत - जावेद अख़्तर
- 'इन माई लेट 20ज़...' शाहरुख़ ख़ान (2017)। 'द क्रैस्ट फ़ॉर लव एंड कंपैशन।' टैड 2017 वैनकूवर। 27 अप्रैल।
- 'हम आधुनिक भारत की बात करते रहते हैं...'मि. सरदेसाई के साथ नवंबर 2015 में पहला ट्विटर टाउन हॉल इंडिया टुडे की वेबसाइट https://www.indiatoday.in/watch-right-now/video/exclusive-people-will-throw-stones-if-i-take-a-stand-says-shah-rukh-khan-436287-2015-11-02 पर उपलब्ध है
- डिकिन्सन, ई (1863)। *द कंप्लीट पोयम्स ऑफ़ एमिली डिकिन्सन* में 'द लोनलीनेस वन डेयर नॉट साउंड' (सं. थॉमस एच जॉनसन)। बॉस्टन: लिटिल, ब्राउन एंड कंपनी।

- *'चांद ने कुछ कहा'*: गीत – आनंद बख़्शी
- चैतन्य, टी. (2017)। 'एसआरके: व्हाई ओनली ए फ़ेमिनिस्ट? आई वुड लाइक टु बी ए वुमन।' *फ़ेमिना।* 9 जनवरी। https://www.femina.in/celebs/indian/srk-trys-to-reduce-gender-disparity-34582-1.html पर उपलब्ध
- सेन, ए. (1987)। 'जेंडर एंड को-ऑपरेटिव कंफ़्लिक्ट्स।' यू.एन.यू. वाइडर वर्किंग पेपर 18। हेलसिंकी।
- इंडिया टुडे कॉन्क्लेव। शाहरुख़ ख़ान के साथ सवाल-जवाब सैशन। 2009। नई दिल्ली। https://www.youtube.com/watch?v=i6mcguPa4p8&t=51s. पर उपलब्ध
- ऑडेन, डब्ल्यू.एच. (1944)। *फ़ॉर द टाइम बीइंग: ए क्रिसमस ओरेशियो।* प्रिंसटन: प्रिंसटन यूनिवर्सिटी प्रेस, 2013 संस्करण।
- *'मैं सवालों में हूं'*: गीत - जावेद अख़्तर
- गंगवानी, आर. (2012)। 'मैं घंटों रोया - एसआरके।' *फ़िल्मफ़ेयर।* 11 दिसंबर।
- रिकूउर, पी. (1991)। *फ़्रॉम टैक्स्ट टु एक्शन: एसेज़ इन हर्मेन्यूटिक्स 2* (अनु. कैथरीन ब्लेमी और जॉन बी. थॉम्पसन)। इलिनॉइ: नॉर्थवेस्टर्न यूनिवर्सिटी प्रेस, पेज 184।
- *'सर्दी, खांसी ना मलेरिया हुआ'*: गीत - महेंद्र देहलवी
- 'हाऊ टू बी लवेबिल: फ़्रोम, ई. (1956)। *दि आर्ट ऑफ़ लविंग।* थॉरसन्स, 2010 संस्करण।

लेखिका के विषय में

श्रयना भट्टाचार्य ने दिल्ली विश्वविद्यालय और हार्वर्ड विश्वविद्यालय में डेवलपमेंट इकोनोमिक्स में प्रशिक्षण प्राप्त किया है। 2014 से, एक बहुपक्षीय विकास बैंक में एक अर्थशास्त्री के रूप में अपनी भूमिका में उनका फ़ोकस सामाजिक नीति और रोज़गार से संबंधित मुद्दों पर रहा है। इससे पहले उन्होंने सैंटर फ़ॉर पॉलिसी रिसर्च, सेवा यूनियन और इंस्टीट्यूट ऑफ़ सोशल स्टडीज़ ट्रस्ट के साथ अनेक रिसर्च प्रोजेक्ट्स पर काम किया था। उनके लेख *इंडियन एक्सप्रेस, इकोनोमिक एंड पॉलिटिकल वीकली, इंडियन क्वार्टरली* और *द कारवां* में छपते रहे है। वे नई दिल्ली में रहती हैं।

अनुवादक-परिचय

शुचिता मीतल एक लम्बे समय से भारतीय अनुवाद परिषद् एवं यात्रा बुक्स से जुड़ी हुई हैं| आपने नमिता गोखले की *शकुंतला*, संजीव सान्याल की *मंथन का सागर*, अमीश की *वायुपुत्रों की शपथ*, *रावण*, नीलिमा डालमिया आधार की *कस्तूरबा की रहस्यमय डायरी* समेत पच्चीस से अधिक पुस्तकों का अनुवाद किया है|